中国经济哲学评论

Chinese Economic Philosophy Review

2018·金融化世界专辑

● 主编/张雄　鲁品越

社会科学文献出版社
SOCIAL SCIENCES ACADEMIC PRESS(CHINA)

编委会

主编 张　雄　鲁品越

顾问 （按姓氏笔画排序）
　　　　马钦荣　许全兴　陈先达　李景源
　　　　余源培　庞元正　陶德麟　唐凯麟

主办 全国经济哲学研究会
　　　　上海财经大学人文学院
　　　　上海财经大学现代经济哲学研究中心

主编寄语

时光荏苒，岁月如飞。《中国经济哲学评论》自2004年出版以来，至今不期忽忽已历经14载，其间我们先后出版了《货币哲学专辑》、《资本哲学专辑》、《财富哲学专辑》、《政治经济学批判专辑》、《社会主义与市场经济专辑》，加上本辑《金融化世界专辑》，总共六辑。我们说过，这一本本凝集着全国学界同仁心血的论文集，犹如我们对中国特色的马克思主义经济哲学探索的阶梯，记录着我们一步步探索真理的足迹，也是我国经济哲学研究逐步走向深入的心路历程。回顾这六期的主题，我们对经济哲学的探索主题在现实经济范畴与经济学理论这条线上展开。而对现实经济范畴的探索主题，正是现代社会经济系统的历史趋势的思想映照。

首先是货币哲学的探索，它是对现实世界的"货币化"的思想映照。所谓"货币"乃是作为人与人的起源与相互服务的劳动之关系的价值的符号，货币数量的背后是抽象劳动的数量，也就是为他人服务的社会劳动量的符号。人世间事物林林总总，多如繁星，平凡如日用百货，复杂如人身价值，其间具有质的差异，不可通约。然而任何事物只要通过市场进入交易之时，则立刻转化为货币，统统由货币数量来度量。事实之间质的差异倏然消失，只留下同一货币数量之差别，统统用货币数量来标示。数量相等之物，在经济活动中被视为可以相互替代的无差别之物。不可公度之质变成了用同一货币量度之量。甚至人的身份地位，也有了"身家×亿"之说。马克思在《共产党宣言》中说，资产阶级"无情地斩断了把人们束缚于天然尊长的形形色色的封建羁绊，它使人和人之间除了赤裸裸的利害关系，除了冷酷无情的'现金交易',就再也没有任何别的联系了。它把宗教虔诚、骑士热忱、小市民伤感这些情感的神圣发作,淹没在利己主义打算的冰水之中。它把人的尊严变成了交换价值,用一种没有良心的贸易自由代替了无数特许的和自力挣得的自由"。而这种"没有良心的贸易自由"正是用货币数量量度的自由。这个过程,就是世界的货币化。货币哲学就是对货币的本质和"世界的货币化"历史过程的本质的哲学探究。

在此基础上对资本哲学的探索,则是对现实世界的"资本化"的思想映照。马克思主义经济学中的所谓"资本",乃是货币与生产要素相结合的产物,也即投入生产过程中追求自身增殖的剩余劳动价值,它是以生产要素为载体的社会关系力量。这二者的婚姻使劳动价值具有了繁殖能力——通过支配劳动者的劳动来生产更多的剩余价值。资本追求自身增殖的扩张性,使它不断地把世界资本化,把世界上的一切事物卷入资本扩张的循环圈中:把人资本化为"可变资本"(可以繁殖新增剩余价值的资本),把土地、机器等生产资料资本化为"不变资本"。而在把本国的人与物资本化之后,资本扩张到国外,把全球的一切都变成资本的载体和资本的支配对象。资本权力甚至逾越了经济领域,而把政治也资本化了——通过政党和选举制度而转化为政治权力。我们的"资本哲学"正是对资本的本质与"世界的资本化"的历史过程的哲学探究。

而货币化与资本化的基础则是社会财富。货币的力量来源于生产财富的劳动所创造的社会关系,来源于它作为这种社会关系(价值)可以支配物质财富,因此货币所拥有的社会力量说到底就是财富对社会的力量,它起源于人对财富的依赖性。世界的货币化,是将一切财富置于货币力量的支配之下,而且通过财富来支配非财富的各种事物和社会关系。离开财富及其对人的作用,货币所代表的社会关系就不再是现实的社会关系,从而沦为一张废纸,不再是货币。同样,资本的力量来源于它以生产要素为载体,并且能够支配生产要素来生产财富。世界的资本化,是将一切自然物与社会物都置于资本力量的支配之下,成为资本实现自身增殖之工具。资本离开财富,便是虚拟的游戏工具,不再是资本。因此,财富哲学,说到底是探索财富的本质,以及财富与货币与资本的关系,财富与世界的货币化与世界的资本化的关系的哲学探索。

而在对货币、资本、财富的哲学探索的基础上,我们分析了政治经济学理论,分析了社会主义市场经济与资本主义市场经济,也即分析了由这三者交织而成的市场经济形态，分析了关于它们的政治经济学理论。现在，本辑将经济哲学的探索主题，引回到现实的经济范畴之中，这就是最高的经济范畴——金融。

从词源学意义上讲，"金融"（finance）一词与"结束"（finish）一词词根相同，其原意为"最后的清算"。而在中文的语境中，"金融"意味着对货币、资本和财富的融通。我们的经济哲学讨论主题进入"金融哲学"，也就意味着经济哲学的"结束"，也意味着它们的融通，因此《中国经济哲学评论》的第一大单元，至此也就意味着到了"最后的哲学清算"的时刻了。因此，此期《金融化世界专辑》在经济哲学研究中具有特殊的意义。

"金融哲学"首先意味着对先前所有的经济哲学研究进行"经济哲学的最后清算"，从而内在地包含着以往所有的经济哲学研究——对货币哲学、资本哲学、财富哲学、市场经济形态的哲学与政治经济学的哲学的研究，建立在以往的这些哲学研究的基础上。因为没有货币、资本、财富，没有使货币、资本和财富相交织的市场经济形态，也就不可能有金融。同样，没有对它们的哲学分析，也就没有金融哲学。而对它们的哲学分析，则统统融入"金融哲学"之中。

然而"终点"也就意味着新的"起点"，金融在对过去进行"最后的清算"的同时，也在倍数化地积极运筹并能动创造未来命运。这是因为"金融"在进行"最后的清算"之后，使货币、资本（实体资本）和财富（实体财富）进入新的形态——证券化形态，包括股票和各类作为所有权证书的票据、期货、形形色色的金融衍生品，汇成了金融世界，生成了建立在实体经济基础上的虚拟经济体系。而这种虚拟经济体系，通过金融杠杆——用小额资金撬动数倍甚至数十倍于自身的大额资本，引导着实体经济中的倍数化的资本扩张运动。于是，"世界的货币化"、"世界的资本化"上升到新的形式——世界的金融化之后，资本的流转速度与数量被倍数式地扩张了。金融化的虚拟世界又通过金融证券的超越时空界限的大规模高速运转，把世界各国，把整个人类世界都卷入金融旋涡之中，从而成为货币之上的货币、资本之上的资本，在虚拟经济的王国中支配着现实世界。由于金融化的虚拟性质，导致一切具有不可确定的波动性的事物（比如股票的价格指数、汇率的变动、一切商品的价格变动、对保险产品的风险的预期，甚至气候的变化，等等），都可以将其用波动变化的指数来标志，然后赋予这个指数以价格，由此将此事物羽化为可以在虚拟世界买卖的金融产品，因此它能够对世界进行最彻底的、无孔不入的金融化，这就使金融成为既威力无穷的天使，又是无恶不作的恶魔，能动地支配着现实世界的未来的命运。

——生产社会财富的企业被金融化了，成为股票市场上的市值。而市值的上下波动牵动着万千股民心脏和脉搏的起伏，引导着他们毕生血汗钱的流入与流出，而金融大鳄们翻手为云，覆手为雨，决定着企业所有权的归属，牵动着整个实体经济的起伏。金融的确是个天使，它能够使一些处于萌芽状态的创意和理念变成巨大的现实生产力，比尔·盖茨的微软、马云的阿里巴巴便是鲜活的例证，也能使一些老旧的企业恢复青春的活力，新中国建立之初的许多国有企业在改革开放中成为屹立于国际产业的巨擘，源于企业的金融化。然而，金融也是个恶魔，它通过一场股灾，使万千小股东毕生的血汗钱化为乌有……

——养老金和医疗保险金被金融化了，成为投入金融系统中的各种证券。与它们一起投入虚拟王国中的，是人们鲜活的生命，生命在此进行"最后的结算"，结算的结果决定着人们的生和死、健康与疾病。金融的确是个天使，它能够使养老金与医疗保险金获得增值的机会，从而使老年人和大病患者能够安度最后的时光，使生命得到幸福的"最后结算"；然而，金融也是个恶魔，它会通过一场危机，使被卷入其中的万千生命被无情地"结算"……

——甚至，政治也可能被金融化了。今天的资本金融已经成为支配各国社会和政治的强大力量。当今的国际资本能够通过国际金融系统，转瞬之间把万亿财富或资产悄然转移，使某国民众数十年积累的财富化为乌有，从而导致国家政权的动荡。而掌握金融霸权的国家则由此实现了自己的政治意志。金融已经成为国际政治的武器。

——人们的精神世界的活动也被金融化了：支配着社会舆论的新闻传媒被金融资本收购，化为股票市场上的市值；据称最严格的自然科学研究也被金融化了，因为国际著名顶级期刊原来只是为了赚钱的商业机构，它依靠按照科学原则生产 SCI 指数（引用率指数）来谋取巨额利润，如此等等。

——最后，由世界的金融化所形成的虚拟经济体系自身，在支配现实世界的命运的同时，必然又被现实世界支配——因为现实的实体经济世界是金融力量的真正根基。资本的扩张意志在虚拟世界中通过资产证券化而疯狂掠夺人间财富，最后必将失去人间财富的支撑而趋于崩溃，于是 2008 年金融海啸接踵而至，全球资本主义经济陷入一片惊恐，实体经济由此一蹶不振，至今仍然处于危机的阴影之中。

对中国来说，金融既是推进中国经济运行和发展所必需，必须通过金融系统的杠杆效应支持科技创新，扶贫济困，支持国家基础设施建设，协调整个经济系统健康运行，使社会的每一份资金都处于积极的运转状态，从而使国民经济迅速发展。没有强大的金融体系，根本不可能推动整个国民经济的有序运行与发展，社会主义市场经济就无从谈起。然而另一方面，金融系统通过金融杠杆的倍数效应，而成为酿成金融风险乃至整个经济风险的温床。而在参加国际金融体系的过程中，国际金融大鳄对我国财富虎视眈眈，稍有疏忽，我国人民辛辛苦苦积累的财富便有可能被其席卷一空。国际金融系统成为悬在中国人民头上的达摩克利斯之剑。

因此，对金融化世界的哲学反思，不仅是理论发展所必需，也为我国社会主义建设所必需。正像金融本身是"最后的清算"一样，这部《金融化世界专辑》的出版，既是我们对先前经济哲学研究的"最后的清算"，也是新的轮回的开始。而这个新的轮回，恰逢在中华民族的发展史上具有伟大意义的中国共产党第十九次代表大会召开，中国进入"习近平中国特色社会主义新时代"。这是中国金融的新时代，也将是中国经济哲学研究的新时代。

在这进入新时代之际，收入这本文集的各种观念与思想，是当代中国学者对金融哲学的探讨的结晶。它记载着当代中国学者对社会理性反思的心灵的记录，也是对未来经济哲学研究的新的轮回的展望。我们希望，这些密切结合当代实际的文章，能够加深我们对当代中国与当代世界的财富运行机制的理解，有助于中国社会主义市场经济的健康发展。紧扣时代的脉搏与人类精神的根基的这些哲学反思，不像晨露般的灿烂而短暂，也不像流星般的稍纵即逝，而能够具有较为持久的文献价值，在学术的星空中持久地闪烁着它那并不耀眼的光芒。这是我们一切研究与探索的最终目标之所在。

是为序。

张雄　鲁品越

2018年3月24日于上海

目 录

21世纪：金融化世界的到来

21世纪金融化世界的哲学反思 …………………………… 张　雄 / 3
经济虚拟化及其精神现象 …………………………………… 鲁品越 / 24
马克思资本批判辩证视域的当代启示
　　——对全球金融危机的哲学反思 ………………………… 任　平 / 36
资本积累和金融化：明斯基与垄断资本学派 ………………… 李黎力 / 50
马克思的生息资本理论与当代资本主义金融化 ……………… 康　翟 / 65
资本与生存世界金融化
　　——《21世纪资本论》经济哲学解读 …………………… 宁殿霞 / 77
资本形态演变中的金融逻辑
　　——基于资本在生产与流通中的限制分析 ……………… 任瑞敏 / 91
时空修复视域中资本金融化的背反属性 ……………………… 王　程 / 103
发达国家经济高度金融化的内涵及本质 ………… 何自力　马锦生 / 115
金融化与现代金融资本的积累 ………………………………… 陈享光 / 129
金融化与工业化：两条不同的发展道路 ……………………… 江　涌 / 147
资本主义"金融化转型"是如何发生的？
　　——解释金融化转型机制的四种研究视角 ……………… 马慎萧 / 164
略论当代金融资本 ……………………………………………… 杨长江 / 178
金融资本的新发展与当代资本主义经济的金融化 …………… 刘元琪 / 204
基于资本循环框架的金融化与空间化 …………… 宋宪萍　梁俊尚 / 222
资本主义发达国家的经济正在加速金融化和虚拟化 ………… 朱炳元 / 242

金融化世界的社会存在论追问

从金融风暴到经济泥潭
　　——当代经济危机的新形态与新对策 ·············· 鲁品越 / 251
对次贷危机深层原因的哲学反思 ················ 徐大建 / 260
财富、资本与金融危机
　　——马克思危机理论的哲学思考 ················ 孙承叔 / 266
虚拟财富及其存在论解读 ···················· 马拥军 / 278
货币的金融化、符号化与幻象化
　　——基于马克思货币思想的哲学阐释 ·············· 沈广明 / 294
考察世界经济的双重经济学视角
　　——兼论资本内在否定性的外在表现 ·············· 沈　斐 / 305
反思"新蒙昧主义"金融范式
　　——金融叙事属性背后的危机与不平等 ·········· 申唯正　李成彬 / 315
经济金融化导致资本主义生产关系的分层与断裂 ·········· 王生升 / 324
经济金融化行为的政治经济学分析
　　——一个演化博弈框架 ··············· 鲁春义　丁晓钦 / 327
金融化与利润率的政治经济学研究 ········ 孟　捷　李亚伟　唐毅南 / 346

金融化世界的中国境遇

金融监管的伦理本质与局限性 ·················· 徐大建 / 369
过度金融化的风险与伦理防范措施 ················ 郝　云 / 377
金融共享：一个伦理学脚注 ··············· 董必荣　张　雄 / 383
建构金融资本市场的"反脆弱性"机制 ·············· 申唯正 / 393
中国实业投资率下降之谜：经济金融化视角 ········ 张成思　张步昙 / 404
非货币金融资产和经营收益率的 U 形关系
　　——来自我国上市非金融公司的金融化证据 ······ 宋　军　陆　旸 / 427

当前中国经济金融化的水平和趋势
　　——一个结构的和比较的分析 ·············· 赵　峰　田佳禾 / 450
经济金融化趋向及其对我国金融发展的启示 ·············· 银　锋 / 473
当代金融化的社会逻辑及其中国语境 ·············· 欧阳彬 / 481
"金融抑制"的法律镜像及其变革
　　——中国金融市场现实问题的制度思考 ·············· 黄　韬 / 490

21世纪：金融化世界的到来

21世纪金融化世界的哲学反思

张 雄

皮凯蒂的《21世纪资本论》激发了我们一个时代直觉：在资本的驱动下，地球上的财富总量大大超过历史上任何时期，世界的贫富分化问题却已成难以逾越的鸿沟，如何解决令人一筹莫展。笔者认为，作者在书中对全球经济正义的价值判断有着激动人心的思考，但总体而论，此书是一部未加反思的21世纪资本论。资本的技术澄明只能说明资本逻辑外部实存的部分内容，它通常从经验或给定的体验出发，通过计算的数据或图表所进行的抽象与推理，从定量的精确性来感觉资本脱域性的存在并预期未来。这种单向度的技术结论，只能是资本形式化运动的外在显现，不能完全阐明人类生命的真正本质，不能深刻揭示世界历史进化运动的深层动因。而精神向度的追问，则注重把资本由感性的杂多性状，转向精神的自觉反思领域，其方法论优势在于：它把资本各种实际发生的变化从感性的世界转移到精神的反思领域，"哲学只具有一项任务，那就是：跟随一个时代，用思想性的表述和所谓概念，甚至用一个'体系'来传达这个时代的过去和当前。"[①] 正如马克思所启示的那样，哲学应当成为改造非理性现实的武器，成为行动哲学，从市民社会财产关系异化的本体论中去寻找扬弃异化事实的历史哲学根据。

一 21世纪：金融化世界的到来

20世纪人类的历史，从前50年的世界性战争，走向后50年的全球理

---

① 海德格尔：《尼采》下卷，孙周兴译，商务印书馆，2002，第778页。

性化社会转型。① 殊不知,一些对资本金融高度敏感的国家,② 正是在 20 世纪下半叶开始了智能化资本运作工具创新的全球战略:以投行金融为主导,以全球资本市场为基础,以流动性和金融合约为特征的全球化资本金融体系的打造与实施。毫无疑问,如此金融战略的拟定,起因于布雷顿森林体系的解体和浮动汇率时代的到来,以及生产与金融的全球化发展趋势。21 世纪,可谓世界走向金融化的世纪,如美国学者詹姆斯·里卡兹所言:"全世界金融联系的规模和复杂性而呈指数增长。""这更像一个充满金融威胁的新世界的开始。"③ 通常而言,经济金融化是指全部经济活动总量中使用金融工具的比重已占主导地位,它是经济发展水平走向高端的显现。而金融化世界是指金融的范式及价值原则对生活世界的侵蚀,它在政治生态圈、经济生态圈、文化生态圈以及社会生活生态圈里占据了十分重要的位置。社会在诸多方面受到金融活动者的控制,并产生实质性影响。毋庸置疑,金融化世界是人类智力发展的标志,其积极的正能量作用不可低估。但过高的社会成本,过度虚拟和无节制衍生带来的生存风险,利益冲突引起的结构性社会矛盾,短期投资行为带来的社会不稳定,尤其是,它对人类精神世界的影响更是创巨痛深的。④

世界在何种意义上已被深度"金融化"?首先,资本金融已构成全球核心的社会和政治力量。经济学家詹姆斯·斯图尔特指出:"许多人力图提高国家的利益却可能会加入毁灭这个国家的行列。"⑤ 被金融合约化的世界,

---

① 参阅张雄《历史转折论》第四章"20 世纪的意义:伟大的历史转折与社会转型",上海社会科学院出版社,1994。

② 有关"资本金融"、"资本金融时代"的学术认知可参阅刘纪鹏教授撰写的《资本金融学》著作。经济学家厉以宁在该书序言中指出:资本金融是当今世界现代金融发展的新领域,它是从传统货币金融单一的间接融资,向资本市场直接融资为主的现代金融发展的方向。笔者以为,资本金融最关键的变革理念,主要来自 19 世纪末和 20 世纪初由 J. P. 摩根提出的现代投资银行创新理念:把证券公司的业务从简单的证券经纪上升到包括行业、企业整合的策划与融资全套服务。以摩根家族为代表的华尔街投资银行导演了世界经济史上第一场企业大并购,成就了美国经济强国和世界新霸主地位。本文对资本金融进行现象学分析,不是全面否定它的存在,而是从精神与实在的关系中探讨现代性无法规避的二律背反问题。

③ 詹姆斯·里卡兹:《谁将主导世界货币——即将到来的新一轮全球危机》,常世光译,中信出版集团股份有限公司,2012,引言第 14 页。

④ 关于金融化概念的理解,还可以进一步参阅法国政治学家、国际马克思大会社会主义学科主席托尼·安德烈阿尼教授的论文《能否再次改革金融化的资本主义》,译文刊发在复旦大学哲学学院主编的《国外马克思主义发展报告 2009》书中,人民出版社,2009,第 257~263 页。

⑤ 转自赫希曼《欲望与利益》,李新华、朱进东译,上海文艺出版社,2003,第 44 页。

严重地存在着高度的经济理性导致高度的政治非理性风险。国家主权往往受到具有创新光环的金融机构或衍生品的攻击，主权极易被资本金融控制，如希腊债务危机。具有130年历史的美国投资银行高盛集团为帮助希腊政府解除债务困境，利用衍生金融工具掩盖政府赤字的真实情况，通过货币掉期交易的作弊手段使希腊进入欧元区。但是，欺诈最终被揭示，被投行玩于股掌之中的希腊政府陷入了严重的债务危机，至今不能自拔。世界的金融化深刻地体现在：世界被锁定在高风险投资中。资本金融的高流动性和无疆界性突破了民族国家的壁垒，实现了全球化和自由化的任性。世界资本市场作为市场经济的最高形态，对于培育新兴产业、促进产业结构调整有着神奇的功效，但我们也更应当看到：当今的资本能够在瞬间以金融合约及其衍生工具的运作方式把千亿、万亿财富或资产悄悄转移，用最小的代价、最短的时间完成用军事手段都难以实现的国家战略目的。金融战争在诸多领域替代了传统的军事战争，政治家们深刻地体悟到：注重21世纪资本金融大格局的战略，远比考量军事大格局战略更紧迫。毋庸置疑，以资本金融为主的现代金融体系，在新的国际经济秩序与分工中占据极为重要的核心地位。资本金融与传统的货币金融相比至少在三个方面显示出它特有的强势和控制力：一是通过从传统的债权关系向股权关系的跨越，使生存世界的关系交往，变得更灵活便捷、更值得利益期待。二是资金来源从个体到全社会的配置，更强化了金融对社会的穿透力。三是融资模式从间接融资到直接融资的变化，大大提升了资本的渗透性和流动性，使生存世界的发展意志更加强硬。因此，拥有智能化的现代资本金融体系乃是一个国家掌握自身命运主动权的关键。

其次，金融秉性的两大特征对生存价值观的侵蚀是深刻的、全方位的。一是追求逐利（套利）的秉性，使越来越多的人对货币、资本和财富的"权利可转让性"过于痴迷。在国际市场上，金融"可转让性"所显示的热情和意志十分高涨，外汇市场每日交易量就已超过全年的世界贸易总量。①二是追求"证券化"、"高杠杆率"的价值偏好，使得日益倍增的全球投行或金融机构倾力推进衍生品的创新，客观导致生存世界从物质资源到知识产权，从公民财产到国家主权，从生活方式到价值观念，都程度不同地被锁定在金融契约中、高杠杆率金融衍生品的巨大泡沫中。随着金融工具的不断创

---

① 参阅罗伯特·L. 海尔布罗纳、威廉·米尔博格《经济社会的起源》，李陈华、许敏兰译，格致出版社、上海三联书店、上海人民出版社，2010，第171页。

新,金融活动的主体结构也发生了深刻变化,原有的以少数金融寡头为主体的结构被打破,充满着疯狂投机意志的"散户"和投资机构成为撬动资本市场的力量。在操作方式上,计算机和移动互联网的发展,使金融交易可随时随地进行,从而使整个生存世界变成一个巨大的风险投资载体或赌场。人类随时可能因为很小的金融事件而爆发危机并产生"蝴蝶效应"。如美国次贷危机、欧债危机。

再次,20世纪70~80年代世界经济进入新的历史转折点。诺贝尔经济学奖得主罗伯特·席勒指出:"20世纪70年代,金融体系在世界范围内兴起,……这不能不称为人类历史上一个重要的转折点,也是我们正在迅速告别历史的象征。"① 80年代世界经济进入里根、撒切尔全面推行新自由主义经济政策的时代,其中货币学派和供给学派对美国金融政策产生重大影响。金融市场的自由化和金融监管的放松,带来了金融衍生品层出不穷,也为国际"金融大爆炸"的局面埋下了伏笔。世界经济逐渐"脱实向虚",实体经济被弱化,追求资本金融的帕累托效率成为理解全球经济发展的动力论原理。90年代出现的互联网股票和互联网金融的问世,也进一步加速了金融功能脱域的进程,资本金融在更为广阔的实体和虚拟空间中征服着世界和"酸蚀"着人类。

值得提出的是,在刚进入21世纪的十几年中,全球资本的金融化导致直接性融资占比趋高,但2008年金融危机的爆发,深刻地显现了马克思《资本论》中所揭示的资本具有内在否定性的哲学真谛。"在经历这种危机之后许多人不禁要问,金融到底能在社会良性发展中扮演怎样的角色?不论作为一门学科、一门职业,还是一种创新的经济来源,金融如何帮助人们达成平等社会的终极目标?金融如何能为保障自由、促进繁荣、促成平等以及取得经济保障贡献一份力量?我们如何才能使得金融民主化,从而使得金融能更好地为所有人服务?"② 在现代性的视阈下,金融化生存世界本质上是一个高度经济理性、高度世俗化、高度价值通约的社会,它使经济得到了快速增长、人性得到了解放、自由得到了发展,但它也是一个充满了二律背反的生存世界:人的精神本质与人的对象化世界的异化更趋深重,金融的"富人更富"的秉性与金融的民主化、人性化的矛盾对立不可调和。因此,

---

① 罗伯特·席勒:《金融与好的社会》,束宇译,中信出版社,2012,第6页。
② 罗伯特·席勒:《金融与好的社会》,束宇译,中信出版社,2012,第2页。

21世纪人类生存的主要问题在于，如何借助金融化，超越金融化，进一步实现人的自由与解放。

二 "金融创新"：人类追求自由意志的定在

不可否认，金融创新对世界历史进程有着举足轻重的影响。四千年的金融发展史，就是一部人类大胆探索、积极变革社会福利配置如何最优化的金融创新的历史。① 金融从来就是经济与社会制度变革创新的重要工具。历史上荷兰东印度公司创新的融资机制，资助了欧洲人在全世界范围内进行航海探险和商业扩张，这是金融史上最重要的事件。② 该公司成立后的300年里，金融创新改变了全球经济格局，并且催生了资本主义制度的重要的特征。③ 13～14世纪在佛罗伦萨等意大利城邦推出现代债券、基金，开启了东西方之间的金融创新大分流，并引发、激励出各种社会制度的变革。④ 事实上，货币起源伴随着价值量度的起源，而金融的创新却促进了量度价值的工具和手段得以提升，使价值跨越时空的配置方式越来越便利。从而使物的交换带动人的社会交往走向更加深入、更加自觉。

金融创新之所以有着推动历史变革的重大作用，从哲学视阈分析，"金融工具"乃是人类智慧的结晶，是人类追求自由意志的定在。人类自从有了经济活动，也就有了金融创新。黑格尔指出："人为了作为理念而存在，必须给它的自由以外部的领域。因为人在这种最初还是完全抽象的规定中是绝对无限的意志，所以这个有别于意志的东西，即可以构成它的自由的领域的那个东西，也同样被规定为与意志直接不同而可以与它分离的东西。"⑤ 实际上，这里有两个重要理念值得比对。①金融作为"自由的领域的那个东西"，有两个本质特征：一是金融乃是人的自由意志的直接性存在。人的意志不完全是纯粹的抽象，它往往体现在我的意志所规制的财产关系中，尤其是体现在不同人格意志所占有的"财产权"转让的关系中。"占有"通常有三种形式：直接占有、使用占有和转让占有，黑格尔认为，"转让"是真

---

① 参阅戈兹曼等编著《价值起源》，王宇、王文玉译，万卷出版公司，2010，第1页。
② 参阅戈兹曼等编著《价值起源》，王宇、王文玉译，万卷出版公司，2010，第13页。
③ 参阅戈兹曼等编著《价值起源》，王宇、王文玉译，万卷出版公司，2010，第13页。
④ 参阅戈兹曼等编著《价值起源》，王宇、王文玉译，万卷出版公司，2010，序第2页。
⑤ 黑格尔：《法哲学原理》，范扬、张企泰译，商务印书馆，2009，第57页。

正的占有取得。① 金融转让是对未来时间的产权索取的运作，它所追求的自由意志，乃是自由秩序对自然秩序的超越，放债人把现在的财富放到"时间机器"中，将它的价值转移到未来某个时间节点，其财富受益有着增量的预期。显然，转让占有比使用占有更需要"理性的狡计"，更显自由意志的本质。二是金融是自由意志的灵性工具。金融创新是通过人的自由意志的中介而变成事物的规定。它是一种意志对另一种意志在时效的约束下所进行的未来权的自由交换。意志的中介作用表现在：推出计算时间价值的手段、运用就随机结果签约的能力以及建立一个允许转让金融权利的法律框架。可以说，金融创新本质上是人类追求自然历史化的意志显现，是人类根据自身实践需要而不断开拓生存时空资源的诉求。大自然赋予人类生存资源是稀缺有限的，但人类可以自觉运用属人的历史时间来超越自然进化时间的极限，未来的时间价值被发现，其积极意义正在于对物的原在性生存世界的改造并超越：首先，超越物所定在的时间价值——物的自然属性一旦被框定在受意志支配的历史时间坐标中，一种交换所有权的抽象符号——货币观念，将当下实物财产的索取权锁定在彼此契约的未来效益的预期中，自由意志的外在物（产权）的交换，"未来"在人的自由意志的运作下，当下占有权的被动性被激活，它可以提前支付或索取，占有权的时效性被改变，它可以使价值发生跨时期转移。人的自由意志在历史时间坐标中获得"当下与未来"、"未来与当下"的双向延展。康德曾高度评价人类拥有支配未来能力的理性智慧。他指出："理性的第三步便是深思熟虑地期待着未来。不是单纯享受目前一瞬间的生活而是要使自己面向将来的、往往是异常之遥远的时代的这种能力，乃是人类的优越性之最有决定性的标志，它使人类根据自己的天职在准备着遥远的目的；——然而它同时也是无从确定的未来所引起的忧虑和愁苦的无穷无尽的根源，而那却是一切动物都可以免除的。"② 实际上，人类对未来的认知和运筹的能力，时下已大大超越了康德所理解的"优越性"：一是未来已不是主客体之间的适应与被适应的关系，而是创造与被创造的关系；二是深入未来的实质性领域——人类对不确定性的变化律的把控，近代的机器思维能力远不及当今的智能化运筹工具能力；三是未来已成为人类生存资源的重要部分，而不是近代意义上的"可移动的箱体"。其

---

① 黑格尔：《法哲学原理》，范扬、张企泰译，商务印书馆，2009，第83页。
② 康德：《历史理性批判文集》，何兆武译，商务印书馆，2009，第67页。

次，超越物所定在的空间价值——它是就未来的偶然结果达成的契约。人类不是僵化无助地等待未来的裁定，而是积极运筹并能动创造未来命运。"或有权利"是金融创新的重要本质，它可以通过套期保值规避未来风险，不仅为人类应对直接的、可预见的风险提供了工具，而且还为人类应对未来的不确定性提供了工具。尤其是通过金融衍生品技术的运用，使未来的风险得到分解、对冲和交易。②金融又可以被规定为"与意志直接不同而可以与它分离的东西"，主要显现在两个方面。第一，金融是货币交易中所承认的"物同视"，① 它的发展给人类生存意志带来挑战：在社会经济事务中金融产生的宏观效应并引发的社会文化主导精神观念的转变，直接对个体心理气质产生刺激和影响。如中国股市现代性发育对亿万股民和基民的心理气质的影响。第二，金融与意志是相互独立的范畴，金融的实在性与精神的实在性的对立，是物性与灵性的对立，逐利欲望与自由意志的对立。精神自由是无所阻碍而表达出的概念，而金融所充盈的自由是金钱式自由，就它的负面作用而言，如西美尔指出的，"消极自由"不过是金钱式自由，在看似相当自由的外表下隐藏是生命的空虚和无聊，和最终的混乱。② 当然，金融所承载的价值作为主观意志的客观化，反过来又对（生活）主体产生制约作用。一方面构成客观价值的心理事实，并诉求着主观价值与之相统一；另一方面多样的、碎片式的金融工具形式与更为深刻的精神的整体主义诉求必然构成矛盾关系，金融价值的逻辑本质上与意义世界价值的逻辑迥然不同。

三 "金融化世界"的精神现象学分析

金融与精神的关系早在中世纪神学家们就把它理解为金融与宗教的关系问题。在他们看来，金融与宗教的冲突主要是因为贷款（loan）一词与生命（life）一词的相似。英语中金融"finance"一词源于古法语，与"结束"（finish）一词有着相同的词根。在 14 世纪，金融是指最后的结算。*Lamentation of Mary Magdelene*，人类精神特有的"整体性自由"是英国诗人乔叟的著作，书中写道："Dethe is my Finaunce."寓意是生命是从上帝那里

---

① 黑格尔语，参阅黑格尔《法哲学原理》，范扬、张企泰译，商务印书馆，2009，第58页。
② 参阅西美尔《货币哲学》，陈戎女译，华夏出版社，2002，译者导言第13页，脚注②。

借来的，而死亡是结束和偿还。① 随着现代性的发育和推动，当代人的价值观发生了变化：金融不再意味着生命的终极结算，而是生命的最具有价值的追求和显现。公允而论，金融的正常体验与人的精神世界有着积极的适应关系，但过度充盈的金融意志和行为与人的精神世界的关系，已构成现代人必须与自己进行自我交战的深刻根源。

第一，人类个体生命的"金融内化"，导致生命与形式的冲突难以通融。生命的本真意义被追求一种价值通约的"可转让性"所贯通。狄尔泰指出："精神脉络具有某种目的论特征。只要心灵通过痛苦和快乐学到某种具有价值的东西，它就会通过注意过程、通过选择过程和对各种印象的详细陈述、通过斗争、通过意志活动、通过对它那些目标进行选择，以及通过寻求实现它那些目的的手段，做出自己的反应。"② 显然，个体生命所具有的内在精神结构，既涉及外部事物所具有的各种价值，也涉及生命所具有的各种价值，更涉及生存世界的意义和理解。通常而论，外部世界构成的整体往往会作为对于某种内在的东西的表达而显现出，有的会形成某种内在的神圣成分，内化为个体生命的生存意志、生活态度以及世界观和价值观。资本金融的逻辑进入个体生命的精神结构主要来自两种"化合反应"。一是金融逐利与人性贪婪的契合，导致人的内在精神朝着货币化、资本化和世俗化方向发展。不可否认，现代人的日常生活程式已离不开现代金融工具及其衍生品的支撑，更灵活的财富管理、更有效的资源配置、更多样的需求选择等，这是生存质量重大提升的显现。但另一方面，资本金融的偏好——唯利是图、金钱至上，会导致人性的裂变。金钱本身并非生来即坏，但对它追求过甚就会产生物欲化的金钱拜物教，产生单向度的人。马克思在《资本论》中对此有着深刻的分析与批判。金融的内在自然性癖——逐利（套利）与人性的内在本质——自私与贪婪两极相通，生存主体和个性都会由此变成事物，变成物品，变成客体。二是过度的"衍生化"金融偏好与人性嗜赌的契合，导致个体生命的自我意识沉浸在"投资－交易－风险"的生存范式中：生命的定在，被日复一日、年复一年的股票流转、资金流转、数字流转而固化、而激活、而冲动、而沮丧，这种充满着风险的零和游戏最能产生生命的节奏感和抗争力，但也会带来精神的堕落性、奴役性和分裂性。精神的无限

---

① 威廉·N. 戈兹曼等编著《价值起源》，王宇、王文玉译，万卷出版公司，2010，第 3 页。
② 狄尔泰：《历史中的意义》，艾彦译，中国城市出版社，2002，第 209~210 页。

性变成十分狭隘的有限性；精神的思辨知性被退化为单纯工具主义的感性；精神的丰富性被衰减为单维的物欲性。

个体生命的"金融内化"，尽管它能体验生命自身的内在矛盾，尤其是生命发展的肯定、否定、否定之否定的辩证转换过程，但如果每天都把生命搁置在关涉瞬间的丰裕回报或巨大财产损失的"读秒抉择"体验中，过度丰盈的欢乐或痛苦，定会招致精神的如此悲剧：精神超越世俗的秉性变得极端脆弱、极端无能、极端异化。被称为"华尔街巨熊"的国际股神利弗莫尔，从事股票操作长达48年，历经无数次兴衰起伏、破产与巨大成功。个体生命的"金融内化"最终导致他走向自杀。他留下最后的遗言："我的人生是失败的旅程"。当一个人的精神信仰不足以支撑他的巨大欲望时，走火入魔就是他的不归之路。如哲学家柏格森所言："我们的思维，就其纯粹的逻辑形式而言，并不能阐明生命的真正本质，不能阐明进化运动的深刻意义。既然我们的思维是由生命在确定的环境下为了作用于确定的事物被创造出来的，那么它就只是生命的一种流溢或一种外貌，它怎能把握整个生命？"[①] 应当说，逐利的金融意志主义蔓延，在全球金融体系的框架中，个体生命的"金融内化"与人类精神持有的"整体性自由"必然发生严重冲突。金融化所承载的世俗性，被理解为当今生活世界新的"基督性"：金融即财富，它拥有着神灵般的想象，宙斯般的力量，拥有它便拥有着通约世界的至高权力，同样也拥有着在瞬间将荒芜的土地变成价值连城的"金字塔"的机会。掌握资本金融工具，便掌握了一切话语权，掌握了用金融手段左右经济、价格和价值再分配的权力。显然，生命的"金融内化"的严重后果在于：它直接导致人类对生命意义及价值认知的颠倒，金融转让价值似乎永远高于生命价值。黑格尔在《法哲学原理》中曾对"财产权至高无上"的政治哲学信条做出深刻批判。他指出："生命，作为各种目的的总和，具有与抽象法相对抗的权利。……生命既被剥夺，他的全部自由也就被否定了。"[②] 因此，生命的价值高于所有权的价值，生命构成了一个比所有权绝对更高的价值。生命作为人格的定在，它是自由的最实质性根据："那些构成我的人格的最隐秘的财富和我的自我意识的普遍本质的福利，或者更确切地说，实体性的规定，是不可转让的，同时，享受这种福利的权利也永远不

---

① 柏格森：《创造进化论》，姜志辉译，商务印书馆，2004，第1~2页。
② 黑格尔：《法哲学原理》，范扬、张企泰译，商务印书馆，2009，第149页。

会失效。"① 因为生命"所享有的权利不因时效而消灭，因为我借以占有我的人格和实体性的本质使我自己成为一个具有权利能力和责任能力的人、成为一个有道德原则和宗教信仰的人的那种行为，正好从这些规定中除去了外在性……"② 黑格尔的观点很清晰：在货币化、资本化生存世界里，从神性走向俗性的现代性发育，人类生命的整体性受到挑战，一方面要积极接纳追求经济性的世俗社会，另一方面更要高扬追求彻底自由的批判精神。可是，难以超越的是：现代性主张主体性与物欲的关联，而不是它与"整体性自由"的关联。

康德提示：人是目的，人就是人，而不是达到任何目的的工具。这一深刻的哲学理念，已成为理解人类精神持有的"整体性自由"内涵的逻辑前提。它植根于文明历史进化的需要之中，是人类由人性的利己主义倾向向更为广阔的社会化倾向进化的历史禀赋，因而也是"道德的整体"和实践原则。"整体性自由"来自人性中高度私向化行为受阻，而被迫产生的"利他主义"道德原则。人类正是不断接受个人的虚荣心、权力欲或贪欲心的挑战，不断创造一种更高的"生存境界"，从而推动人类不断实现自由计划。从历史哲学的维度来理解金融现象的逻辑，人类相关活动实存着特殊性与普遍性相统一的公理。个体生命的"金融内化"本质上割裂了两者关系：只注重特殊性，否弃了普遍性。实际上，两者是辩证统一的关系：一方面，特殊性是普遍性存在的前提和基础。充分肯定感性的个体及私欲的特殊性其合理性和重要性，对金融行为的个人动力学原理予以高度重视，个人乃是各种需要的整体以及自然必然性与任性之混合体存在的根基，充分理解恶的历史作用的具体性、可感性和自我性，没有因个人私欲、利己动机引发的金融活动中一切癖性、一切禀赋、一切冲动、一切激情，整体主义的普遍性就会成为毫无生命、毫无真实存在的空洞幻想。另一方面，特殊性应当接受普遍性的规制和导引，唯有"受到普遍性限制的特殊性是衡量一切特殊性是否促进它的福利的唯一尺度。"③ 这里有两个重要理念。第一，普遍性是特殊性的类本质。马克思指出："本质只能被理解为'类'，理解为一种内在的、无声的、把许多个人自然地联系起来的普遍性。"④ 人的类本质包括欲望的

---

① 黑格尔：《法哲学原理》，范扬、张企泰译，商务印书馆，2009，第83页。
② 黑格尔：《法哲学原理》，范扬、张企泰译，商务印书馆，2009，第84页。
③ 黑格尔：《法哲学原理》，范扬、张企泰译，商务印书馆，2009，第225页。
④ 《马克思恩格斯选集》第1卷，人民出版社，1995，第56页。

需要，更包括精神的自我认知诉求，金融架构越是隐性地侵入人的灵魂，改变人的世界观和价值观，人的本质就会逐渐向经济的物的世界转移。人不能按照事物的种的尺度来生产并创造对象化世界，相反，金融尺度本身定义了人本质的规定性。第二，特殊性只有在普遍性中才能达到真理。特殊的东西只有把自己提高到普遍的形式，才能获得它的生存。此真理有三个重要原则：一是追求利他主义原则；二是追求社会化（社会责任意识）原则；三是追求共有的制度文明原则。在现实的社会中，每一个特殊的人都是通过他人的中介，同时也无条件地通过普遍性的形式的中介，而肯定自己并得到满足。这意味着创设金融机构或金融工具，应当以人类的利他品性为核心，本质地说，金融的原在性有着更为宏阔的美学境界：如诺贝尔经济学奖得主罗伯特·希勒指出，"金融服务的是人类的欲望和潜能，它为我们构成一生中日复一日的各种活动提供资助。这些目标明确的活动本身都具有美感，……正是在为人类所有的活动提供帮助的过程中，也就是为一个拥有为所有成员所分享的富饶和多元化的合约的人类社会服务的过程中，金融才体现出其最真实的美丽"[1]。因此，狭隘的自利动机，极端的敛财心理，不道德的金融欺诈，失去社会责任的种种行为，包括刻板的金融职业习俗，都是与金融的真正本质相背离的。

  显然，生命的意义体验与金融规制的过程体验相渗透，如果让精神世界完全服从市场命令，服从逐利的金融意志主义的行为节奏的召唤，它将招致人类的精神堕落或毁灭。自由是精神性的深度，欲望是经济性的根据，两者是灵魂与肉体、理性与欲望的关系，完全离开精神性的经济性，资本金融只会运动在"原始丛林"中，产权转让关系便成为"狼群撕咬"的关系。尼古拉·别尔嘉耶夫指出："如何在世界上实现精神，即不让它处在未展开的状态，处在仿佛是潜在的状态，同时不对它进行客体化，不使之与自己异化，不把生存向堕落的世界里抛。这就是创造的精神问题。这意味着，精神性应该在世界上被实现，而不是被象征，应该在生存里实现，而不是在客体里。"[2] 这里有两层意思：一是一切客体化存在的绝对首要性属于精神，即自由。精神的堕落不是精神的对象化或客体化的结果，而是精神离开了生命的本质运动方向，放弃了对物欲的批判和超越，精神被纠缠在物欲的世界

---

[1] 罗伯特·希勒：《金融与好的社会》，束宇译，中信出版社，2012，第194~195页。
[2] 尼古拉·别尔嘉耶夫：《精神与实在》，张百春译，中国城市出版社，2002，第59~60页。

里,这才是精神的真正悲剧。二是精神的彻底胜利将意味着作为非真正世界的客观世界的毁灭和消失(表现为不同时代的金融工具、金融体系、金融理念等都不过是人类精神追求自由的产物,在一定的分寸上诞生着,在一定的分寸上消失着。),资本金融永远是人类生存实践的产物,它是可变的,被选择的,被调制的,而不是生活世界的本体或唯一,在当代金融化世界里,诸多光怪陆离的投资理念已成为精神活动的主要偏好,全球拥有人数众多的股民和基民,从清晨到夜晚,人们的生活已深深地被金融工具或产品所规制,有事实表明,21世纪人类对资本金融越来越准确、越来越复杂、越来越依赖的心理适应并盲从,已构成民族或国家的集体无意识。这种人的本质向经济的物的世界转移,全球范围必然出现"富有者更富有、贫困者更贫困"的两极分化的生存世界。

第二,生存世界的金融合约化极易导致人类历史化意识淡薄,金融结构的语义系统与金融所赖以存在的历史文化的意义构成系统发生认识论断裂,意义世界被彻底的平面化了。

现代金融体系已经打乱了人类对时空坐标的基本认识,极大程度地深化了人类对主观时空价值理解的内涵并强烈意识到当下与未来的对比。追求财富的时间幻觉集中体现在:人类的财富被摆放在"时间机器"中,一方面,"时间就是金钱";另一方面,生命的过程与金融合约过程相重叠。人人成为谨慎的签约人和利润回报的算计者,并且永远处在讨价还价的世界里。品种繁多的"金融合约",试图把人类的生存偏好改变为"即时性买卖"过程的唯一体验。不少充满着符号幻象、价格幻象、杠杆率幻象和财富倍增率幻象的金融衍生品,其产品的合理性和有效性证明,往往被"荒诞的叙事情结"、"否定主义美学的逻辑推理"、"虚实有加的比对心理"以及"后现代主义视觉效应"等粉饰并被包装。更值得提及的是,财富的创造及其流转,离不开数字化逻辑程式的运作,虽然在一定程度上使人性的自由获得了进一步的放大,但同时也使得充满生命活力的人类逐渐囚禁在程式逻辑的"牢笼"中不能自拔。数字成为人类强迫性的记忆,一旦失去数字,人类便陷入苦恼甚至灾难。世界意义的生命节奏似乎就在财富之梦的构造与财富泡沫破灭的体验中轮回闪现。不可否认,现代资本金融体系加深了人类对未来时间坐标的生存意义的理解,却相对弱化了对历史时间坐标的生存价值的重视。高度理性化的交易程序,导致人类生存时间更多地被工具化、数字化、计量化和模式化所定义,人类已被金融合约化操纵了:金融市场暗含着原生的对称理论，金融品价格总是因市场不同而发生变化，微小的价格波动实质上反映了强大力量的博弈，在时间的推移下，众多微小的波动将汇集成一个必然结果。该结果已成为当下人类生存体验的重要关注事件，它是如此重要，以至于人们关注的每天第一信息就是国际汇率、大宗商品期货市场报价、股市开盘指数点位等。每日交易所开市时间成为大都市"第一关注时间"。每天被市场涌现的杂多信息影响，技术的灵性吞噬了历史承载的人文精神，金融的历史化被金融的工程化所替代，实体性的历史传统被虚拟性的当下创意所替代，金融的社会历史担当被追求既得利益的形式化套利功能所替代。毫无疑问，理解现代金融体系，必须认真思考思想和社会的历史，人是历史性地存在着，一个缺乏历史感的人类是十分危险的人类。狄尔泰指出："历史本身所产生的某些原则之所以有效，是因为它们使生命所包含的那些关系明显地表现出来了。这些原则都是义务，都是以某种契约、以对任何一个个体仅仅作为人而具有的价值和高贵性为基础建立起来的。这些真理之所以具有普遍有效性，是因为它们使历史世界的所有各种方面都具有了秩序。"① 关注历史中的意义，有必要将金融理性提升到历史理性来把握。金融体系本身是合理的，它实存着现实理性，金融理性的核心要义是追求金融效益的最大化，主要表现为：充分的零和博弈、最大化的风险套利、尽可能的趋利避害、本能的嫌贫爱富等原则。与之不同的是，历史理性不属于私见和任性的主观偶然性，它源出于人类，是经过反思的、以追求自由意志为内核的历史普遍性观念。康德把它诠释为：由恶引起的对抗，由对抗诉求着和谐，从而形成人类觉解自身的历史进步观念："把那种病态地被迫组成了社会的一致性终于转化为一个道德的整体。"（即人类的文明社会）② 这里的关键思想是：尽管完美状态的历史进步，离不开人类过渡状态的恶欲、冲突、犯错以及道德方面的堕落，如康德所言："自由的历史则是由恶而开始的，因为它是人的创作。"③ 但历史的进步离不开人类追求彻底自由意志的能动驾驭，离不开善的正义精神对恶的异化事实的扬弃，离不开从否定主义走向积极的建构主义。从金融理性走向历史理性，至少有如此深刻的思想要义：从对抗性走向和谐性。21 世纪全球资本金融体系的发展，已导致社会财富

---

① 狄尔泰：《历史中的意义》，艾彦、逸飞译，中国城市出版社，2002，第 13 页。
② 康德：《历史理性批判文集》，何兆武译，商务印书馆，2009，第 7 页。
③ 康德：《历史理性批判文集》，何兆武译，商务印书馆，2009，第 70~71 页。

的增长率远远不及资本的收益率,劳动报酬的增长率远远低于资本的收益率。资本收益率为什么能如此偏离全球经济正义的轨道而狂奔?为什么能如此脱离劳动价值论的科学规制而任性?鲁道夫·希法亭在《金融资本》巨著中得出重要结论:"金融资本,在它的完成形态上,意味着经济的或政治的权力在资本寡头手上达到完成的最高阶段。它完成了资本巨头的独裁统治。同时,它使一国民族资本支配者的独裁统治同其他国家的资本主义利益越来越不相容,使国内的资本统治同受金融资本剥削的并起来斗争的人民群众的利益越来越不相容。"① 这说明,金融资本发展的脱域性极易导致社会财富的两极分化,权利与资本的交易必然带来国家与市民社会的对立,资本收益率高倍增长与社会贫富差距日益拉大的矛盾乃是金融化世界最深刻、最普遍的社会存在本体论问题。在全球资本高倍收益率的背后深藏着马克思所担心的社会劳资关系对立的性状,金融资本实质上是特定的社会关系、生产关系和财产关系的反映,资本与劳动关系的对立,证明了相关制度的不公正性和人权发展的不平等性。金融资本,它的私向化程度越严重,其自身的内在否定性越充分,金融与人民的对抗性矛盾越尖锐。毫无疑问,现代金融体系应当从狭隘的逐利群体或阶层自觉走向深刻的"人民金融"内涵。坚持人道主义宗旨,从制度上改变让"富人更富、穷人更穷"的金融秉性,改变与之相应的一切不合理的社会制度安排,尤其是改变"以资本为轴心"的社会核心制度形式。确保实现金融的民主化、人性化和社会公正性。人权问题首先是财产权问题,如果没有一个合理的社会公正制度,多数人的人权是无法保证的。金融制度乃是国家经济制度、政治制度的体现,如若没有一个人民性的制度安排,全球经济正义无从谈起。

第三,资本的精神向度更趋主观性和任性。资本是人类追求自由自觉创造活动的产物,在每个创造行为里都有主观精神的原初自由的因素。早在上世纪初,希法亭曾把高利贷资本、银行资本和金融资本解释为"否定之否定"的发展过程。② 从自由竞争的资本主义过渡到垄断阶段即帝国主义阶段时期,"资本便采取自己最高和最抽象的表现形式,即金融资本形式。"③ 资本的精神向度趋向主观性和任性:由虚拟资本所形成的"价格不再是一个

---

① 希法亭:《金融资本》,福民等译,商务印书馆,2009,第433页。对此观点的进一步理解还可阅读曼德尔:《权力与货币》,孟捷译,中央编译出版社,2002,第199页相关内容。
② 参见希法亭《金融资本》,福民等译,商务印书馆,2009,第254页。
③ 参见希法亭《金融资本》,福民等译,商务印书馆,2009,第1页。

客观决定的量,而变成那些以意志和意识决定价格的人们的计算数例,变成了前提而不是结果,成了主观的东西而不是客观的东西,成了任意的和偶然的东西而不是不依赖于当事人的意志和意识的独立的和必然的东西。"① 在他看来,导致这种主观性和任性的原因在于:①金融资本所形成的垄断价格虽然可以根据经验确定,但是它的水平却不能从理论上客观地认识,而只能从心理上主观地来把握。② 客观的价格规律只能通过竞争为自己开辟道路。如果垄断消除了竞争,它们也就因此而消除了客观的价格规律能够借以实现的唯一手段。价格不再是一个客观的决定力量,而是主观意志的结果。②随着股份公司和资本集中的发展,控制银行的虚拟资本的所有者与控制产业的资本所有者,越来越合二为一,越来越以金融资本的形式操控着市场,操控着价格,直至操控着整个社会。因此,资本的动员同生产过程无关,它仅仅涉及所有权,仅仅创造执行职能的资本主义所有权的转移形式,即作为资本、作为产生利润的货币额的资本转移形式。③ 这样,关于价格的竞争便成为关于价格的权力叙事,关于企业生产力的报告便成为关于上市公司的股票交易性状的报告,虚拟逐渐摆脱实体,甚至真实变为"虚假",虚假反成为"真实",财富的劳动价值论被财富的权力意志论所替代。

  21世纪资本金融时代的到来,既有着希法亭强调的"金融资本"的特性,更有着值得当代人思考的新内容:它已不再是银行的货币资本与产业资本的简单聚合,而是资本的金融化和金融化资本的相契合。资本的金融化,意味着资本集聚和运作重心由产业部门转向金融部门,金融化资本,意味着资本构成和资本运作方式与股权化和衍生工具化相勾连。在资本的全球化和信息技术的智能化(如大数据、互联网、云计算等)背景下,资本与金融的契合,就金融化资本主义制度而言,它是全球资本的垄断与权力控制的结合,是追求垄断资本效率的最大化与追求垄断金融效率最大化的结合。资本的主观性和任性表现为资本的高度私向化:①全球资本金融体系加速了全球公共资本总量的衰减,私人资本总量的飙升,皮凯蒂在《21世纪资本论》中指出:"当前在发达国家,国民资本几乎全部为私人资本:全都占90%以上,有些国家甚至超过100%。"④ ②在逐利的金融意志主义强力推进下,西

---

① 希法亭:《金融资本》,福民等译,商务印书馆,2009,第256页。
② 参见希法亭《金融资本》,福民等译,商务印书馆,2009,第256页。
③ 参见希法亭《金融资本》,福民等译,商务印书馆,2009,第207页。
④ 皮凯蒂:《21世纪资本论》,巴曙松译,中信出版社,2014,中文版自序第XVII页。

方众多的国家核心功能被严重的私有化。哈贝马斯在反思金融危机时深刻指出：国家政纲"以其私有化的幻想掏空国家的核心功能，从而容忍了把政治公共领域残存的一点协商性成分贱价变卖给利润率节节高升的金融投资商，使得文化和教育依附于对经济气候敏感的出资人的兴趣和心情"①。从资本运作的精神向度分析，过度资本化与过度金融化的契合，内生着技术与心理、逻辑与直觉、实体与符号、始基与想象等工作原理的运用。虚拟资本的工作原理离不开意识论，衍生品的创意离不开意志哲学。资本的虚拟创意，从界面到网络空间，处处充满着追求虚拟实在的形而上学。通过形象和意义流通，而非通过简单的产品物质机理的描述，按照预先定义了的现实，通过模式和符码以自我指涉的方式生产出来，从而达到比真实还要真实的"超现实"效果。

21世纪的资本似乎表达了对自由之本质的新规定，资本为人类的自由伸张做出了重大贡献，其所开辟的新的自由，开启了将来人本身能够而且有意识地设定起来的必然性和义务的多样性。实际上，21世纪的资本在现代金融的框架内，已经把主体自由界定为某种无穷无尽的财富创造和想象力，由无障碍的意识流动变成无障碍的财富创造形式。意识有多远，资本就能走多远。资本是一个作为主体的自我表象着的客体，意识越被虚无化，资本就越被虚拟空间化。资本一旦拥有虚拟空间形式，其意志形态空间远远大于物理形态空间。资本的上述特征，说明了现代人精神的不安分。斯宾格勒曾把现代人称为浮士德式的人，也就是追求自强不息，不断进取，不安于任何有限的、完成的、完全古典的东西。另一方面，在资本永无止境的创造自我面前，精神只有拒绝接受僵硬的资本逻辑所带来的命运安排，才能真正获得内在自由。柏格森指出："意识赋予'存在'一词的确切含义是什么，我们认为，对于一个有意识的生命来说，存在在于变化，变化在于成熟，成熟在于不断地自我创造。"② 生命的冲动在于一种创造的需要，这种创造的本质就是力图把尽可能多的不确定性和自由引入物质。如投资银行家们，每时每刻都有可能受灵感火花的启迪而创意出具有极强脱域性的新金融工具或金融衍生品，这些挑战"确定性"、伸张"自

---

① 转引自复旦大学哲学学院编著《国外马克思主义研究报告2009》，人民出版社，2009，第210页。
② 柏格森：《创造进化论》，姜志辉译，商务印书馆，2004，第12~13页。

由意志"的新工具，在一系列恰当的分析、评价及交易过程后，最终进入金融工程师和投资者们心理信赖的永久工具箱中，物质的财富通过抽象和创意，在主观叙事和理性狡计的驱动下，有限的承载变成无限想象的索取权，在特定的态势中，它的确可以以倍增式的财富效应变现，但也回避不了连概念到实体都被归零的命运。

资本运作离不开分析师、评估师的意识判断。如，以股票、权证、汇率和利率期货等产品为代表的资本市场交易主体（以投资银行业务为主的金融公司），由于资本市场虚拟经济的特点，信息成为人们进行买卖交易的主要依据，而电子数字化则是投资人的主要交易手段，没见过黄金的人可以买成百上千盎司的黄金，没见过原油的人也可以买成千上万桶原油，没见过某企业产品的人也可以买该企业的巨额股票，那么决定市场未来走势的重要分析和预测普遍是由投行首席经济学家和分析师提供的，[①] 其中他们在特定环境下的精神状态、心理因素、情感反映等对评估及分析的结论影响是不言而喻的。再一方面，资本运作监管制度的不健全，导致不少衍生品的交易处在"任意叙事"的非理性状态中。如，对期权进行交易并非出于管理民众生计这个高尚的目的，而仅仅是一种非理性行为。这种交易的需求是巧言令色堆叠出来的，是销售期权的人利用顾客心理的弱点编造出来的。他们提出，对期权交易兴趣最大的人是那些不懂市场、可能完全误解期权的功能并夸大期权价值的人。[②] 可见，不完美的衍生品市场，资本运作存在着严重的主观性、意志性和任性。

资本精神向度的主观性还集中反映在三个领域。一是衍生品的创意领域。主观性往往表现为资本脱离金本位制，脱离实体经济，通过衍生工具座架世界的意志主义企图。二是资产证券化的精神生产领域。资本市场是一个生态系统，有它自身的发展规律，资产的证券化是全球经济发展的大趋势，但这又是一个长期发展的过程，倘若资产证券化的意志过强，而实际资本市场的可承载性却很弱，必然导致资本的主观性和任性。三是上市公司股票定价有着过高估值的意志偏好领域。企业的资本打造，主要不靠工业生产，而是靠股票投资，企业的价值只由资本市场来决定。估价过高意味着对资产的估计价值高于资产的实际价值，客观地说，它对于推进资本市场大量新股的

---

① 参见刘纪鹏《资本金融学》，中信出版社，2012，第22页。
② 参见罗伯特·席勒《金融与好的社会》，束宇译，中信出版社，2012，第113～114页。

发行和交易有着一定的作用。但是，正如米切尔所指出的，"过高估价可能只是一个幻景"，① 一方面，公司发行比其自有资产更多的股票将会导致公司未支付更多的股票分工而抬高股票价格。仅靠公司的资产显然不能够使公司以公平的股票价格发行股票；另一方面，它通过股票"掺水"将多余的垄断利润分散到更多的普通资本中，以遮蔽公司的垄断利率；再一方面，它的极端的投机性极易导致市场的波动性。② 2015 年上半年中国发生的股灾事件其原因之一正在于此。这说明，想象的时间与想象的财富，最终不能与真实空间和真实的发展条件相分离。在想象的时间里，前进与后退没有很大的区别，但在真实的时间里前进与后退有着重大差别。

结束语

对金融化世界的哲学反思，并不是呼吁人类要废弃金融价值观，消除现代金融生活范式，而是将人类引入更为深刻的形而上的问题思考。如金融学家、诺贝尔经济学奖得主席勒的发问："我们都生活在金融主导的时代，也就是金融制度对社会经济体制的影响力逐步增长的年代，而 2007 年开始的金融危机使大多数人都认为这种制度已经腐化，我们都需要认真思考这个社会的发展方向是否正确？我们这一代人以及下一代人是否仍要坚持同样的发展方向？"③ 笔者以为，席勒所指的"发展方向"，寓意是人类应当期待着更高的生存状态的完美综合。如何理解这种生存状态，如何实现"完美综合"？有三个要义值得重视。

首先，它需要我们从未加反思状态进入反思状态。只有通过反思才能把握比金融更抽象的社会存在论的思辨道理。毋庸置疑，现代资本金融体系仍然归属现代性发展的高级形态，现代性二律背反的本质深藏其中：欲望与理性的对立、形式与内容的对立、私向化与社会化的对立、自我意识与道德律令的对立、康德式的主体与斯宾诺莎式的实体的对立。唯有深刻反思，才能触及现代性与现代金融本体论存在的关联性，才能对习俗的东西、本能的东西、感性的东西进行辩证超越，才能把属人的自由程式更多地理解为主体性

---

① 米切尔：《金融如何压倒实业》，钱峰译，东方出版社，2011，第 52 页。
② 米切尔：《金融如何压倒实业》，钱峰译，东方出版社，2011，第 52~53 页。
③ 参见罗伯特·席勒《金融与好的社会》，束宇译，中信出版社，2012，前言。

与自由的勾连，而不是单纯客观性、实体性与自由的联结。才能认识到金融的创造力与人类的思想创造力同出一辙，金融在场性的缺陷，本质上是人类历史进化过程中的实践局限、理论局限和制度缺陷的反映，它证明了主观精神（追求彻底的自由精神）与精神的客体化沉沦（它意味着世界的堕落性，世界的分裂性和奴役性，而且生存主体、个性都被变成事物，变成物品，变成客体）[①] 之间的冲突十分严重，人性的弱点只有在更高人类实践活动的历史过程中被加以克服，尽管这一历史充满着矛盾、对立和分歧，充满着强化的需求与力量的较量。人类的智慧正在于：永不停顿的忧患，永不停顿的改造，永不停顿的前进。

其次，21世纪全球资本金融体系的发展已深陷四大"二律背反"中：①公平与效率的矛盾冲突；②技术向度与人本向度的矛盾冲突；③私向化与社会化的矛盾冲突；④金融理性与政治理性的矛盾冲突。事实上，从资本的任性到权力的任性，21世纪人类历史已出现超出人们意料的偏斜运动。世界如何实现全球经济正义？人的异化何时被扬弃？纯粹的经济理性已导致人与人之间关系的疏离，最终使人也成为被深度开发的金融衍生品。国际金融投资大师乔治·索罗斯曾语重心长地告诫人类：世界经济史是一部基于假象和谎言的连续剧。要获得财富，做法就是认清其假象，投入其中，然后在假象被公众认识之前退出游戏。索罗斯的判断尽管比较偏激，但他深刻地提出了千百年来人们一直追问的一个深刻的经济哲学问题：金融的存在有无合理性与合法性？笔者以为，"金融与好的社会"的结合，它深层次关联着一种新的政治经济学批判精神的在场性。传统的自由放任的市场哲学来自于西方个人理性的政治哲学谱系的价值同构，这种历史精神的沉积已被人类实践反复证明：它不再具有"现实性"和历史的合理性。该政治哲学的核心价值观只能导致"让富人更富"的社会制度，如国际货币基金组织和世界银行在1990年做出的"华盛顿共识"这一经济构想——世界改革应当遵循如此方针：Trickle down（渗漏效应），让富人更富，然后福利就自然渗漏到穷人了。[②] 这种社会公正来自然发生论的教条已被历史证明是十分错误的。社会主义国家虽然有着"好的社会"的政治制度基础，但由于存在着上层建

[①] 参见尼古拉·别尔嘉耶夫《精神与实在》，张百春译，中国城市出版社，2002，第55页。
[②] 参阅复旦大学哲学学院编著《国外马克思主义研究报告2009》，人民出版社，2009，第211页。

筑的不完善，社会主义现代市场制度构建的不成熟，尤其是构建现代金融体系的不发达，"金融与好的社会"结合的优越性还很不充分。它也期待着新的政治经济学批判精神的理论先行。

最后，根本上解决皮凯蒂所忧患的世界两极分化问题以及资本发展的主观性、任性和脱域性问题，只有从制度的合理性与合法性、人民性和政党的先进性相一致的政治理性框架中，才有可能辩证地引导资本发展的积极效用，使自由放任的资本历史进化到促进人类全面进步的自由历史。应当清醒地看到，当代全球资本金融垄断集团对世界经济的控制和掠夺日益加重，其投机性、掠夺性和寄生性有加无已，它已从根本上证伪了金融帝国主义政治制度和经济制度的合理性与合法性问题。若不承认这一客观事实，地球上的人类还要历经更多的，也是更为惨重的历史磨难。2008年金融危机后，中国的道路、中国的模式愈来愈成为世界学术领域关注的新视点，这说明历史的偏斜运动尽管有着人类追求自由意志的价值偏好，但它仍然离不开历史的必然性与历史偶然性的辩证运动规律的支配。这也是马克思的思想价值和科学价值在当代再度被唤醒的原因之所在。在中国，21世纪资本已成为追求普遍理性进步意义上的人性自由发展的重要象征，这是21世纪资本论最值得关注、最值得期待、最值得提升与总结的具有世界意义的重大事件。在中国，一个健全的资本市场，一个健全的融资机制，一个健全的市场经济体制是多么的重要。21世纪的资本论最值得研究的是：中国精神与中国资本的互动。它不是单纯资本运动的个别规律，而是极具创新意义的从特殊规律上升到一般规律的实践探索。海德格尔指出："对人类一切能力的至高的和无条件的自身发展的确保，也即对人类一切能力向着对整个地球的无条件统治地位的发展的确保，乃是一种隐蔽的刺激，推动着现代人不断走向新的觉醒。"① 21世纪是什么样的"隐蔽的刺激"使得资本的运动给了当下人类新的觉醒呢？笔者以为，中国资本创新模式是21世纪政治经济学批判再唤醒的学术事件。至少有两个视阈的问题值得研究：①大力促进社会主义资本发展在何种意义上是积极的、有效的、正能量的？让资本在社会主义阳光下最大化运行，重要的要解决哪些深层次的制度问题和改革实践问题？社会主义与市场经济内生关系如何理解？社会主义与资本的内生关系如何认知？中国资本发展独特的制度优势、精神资源优势是什么？②资本：如何从经济理性

---

① 海德格尔：《尼采》下卷，孙周兴译，商务印书馆，2002，第776页。

上升到政治理性，即把追求经济最大化效应扩延为追求社会发展的最优化效应，把经济人的财富论提升到人民的财富论。这是十分重要的制度创新，也是中国为世界做出最重要贡献的历史期待。

（作者系上海财经大学人文学院教授）

经济虚拟化及其精神现象

鲁品越

资本主义生产方式的固有矛盾，使其罹患了"流动性饥渴症"，即不断需要吸收现金来使其存量变成流量，从而进行资本扩张，实现扩大再生产。这是由于资本竞争性地吮吸三种自然力——自然力、自然资源的自然力、社会劳动的自然力——来实现自己的扩张，由此造成了"资本积累"与"贫困积累"的两极分化。而贫困的积累导致社会购买力严重不足，于是形成产品过剩，一部分劳动产品由于卖不掉而使企业资本无法回笼，扩大再生产因此受阻，导致一部分生产要素退出市场而形成过剩的生产力，也即形成存量。社会经济由此衰退。要使存量转变成流量，必须依靠向企业输入现金流，这就是"流动性饥渴症"的产生原因。

那么，如何创造出流动性，以满足资本扩张的需要呢？凯恩斯提出了政府增加财政支出的办法。而这个方法的失灵，则导致了资产虚拟化时代的到来，以金融衍生品为标志的虚拟经济在整个资本主义经济体系中逐渐占据支配地位，并由此产生了虚拟经济时代特有的精神现象。

一　虚拟经济和虚拟经济时代

经济虚拟化的浪潮是20世纪70年代兴起的。而之所以如此，是因为凯恩斯主义失灵与新自由主义的兴起之故。它导致用金融市场创造流动性来取代用政府的财政政策来创造流动性，国际资本主义经济系统由此逐步进入虚拟经济时代。

1. 凯恩斯主义失灵与虚拟经济的兴起

凯恩斯没有从资本主义的生产关系角度，而是从人们的消费行为角度来解释过剩性危机，认为危机产生于人们固有的节约习惯。他称之为"边际消费倾向递减"，以及资本的边际效率递减等行为规律，造成需求的增长速度小于收入的增长速度，从而导致社会有效需求不足，生产系统的产出中越来越多部分不能投入消费而进入再生产流程。用凯恩斯的弟子、新剑桥学派领袖罗宾逊夫人的话说，"私人（勤俭持家的）美德就是公共恶德"，① 是经济危机的元凶。尽管这种解释与马克思相去甚远，但是共同的结论是：经济危机的发生的表层原因是社会购买力不足。

因此，为了应对经济危机，治标之策只能是千方百计扩大需求。由于政府无法直接干预民众的市场行为，只能加大政府的财政支出，以及通过货币政策来诱导社会扩大消费与投资。于是凯恩斯提出，通过扩大政府在公共福利和公共工程上的投资，向市场注入购买力，而使闲置的生产要素投入到公共产品生产中，同时也增加了民众收入水平，从而间接地扩大民间消费。凯恩斯通过简单的数学证明了：如果政府开支增加 N 元，那么它所引起的国民生产总值的增加将是 N 元的倍数，此称"乘数原理"（又译为"倍数原理"）。这项政策成为罗斯福总统等西方国家领导人推行的新政的理论基础，的确在实践中取得显著成功。西方社会也确实在凯恩斯的这一套理论下维持了近 20 年的繁荣与发展。但是实践证明：一项政策只能在短期内发挥作用，其在长期又会引起它的悖论式的结果——这就是所谓"挤出效应"：政府开支的增加，必然会挤出民间投资而导致后者减少。这是因为政府开支增加一方面增加了市场的货币流量而导致利率上升，企业的投资成本提高，于是投资数量减少。另一方面则是政府开支增加必然会增加企业税收，从而也导致投资减少。这种投资减少也会具有"乘数效应"，使社会产出减少。所以从长期与总体上看，社会的总需求并没有变化，资本主义过剩性危机并没有得到克服，社会经济发展必然停滞，失业等现象仍然会不断发生。增加政府开支所新增加的结果只能是：货币流通量人为地增加，从而导致通货膨胀。这就是"滞胀"，它乃是在实行凯恩斯扩大政府开支后，资本主义生产方式所产生的固有危机的新的表现形式。这种"滞胀"危机终于在 20 世纪 70 年代的美国、80 和 90 年代的日本发生。

---

① 琼·罗宾逊：《经济哲学》，安佳译，商务印书馆，2011，第 85 页。

凯恩斯主义不仅带来了"滞胀",而且带来了福利国家固有的弊端——政府赤字的不断增长。这是因为日益巨大的公共开支,越来越超出了全社会乃至全球的资本生产系统的负担,只能借助未来的剩余价值来维系。这种向未来剩余价值的财政透支就是政府债务。政府债务的不断积累,一旦超过一定的上限,便会出现国家债务危机,甚至"国家破产",即整个国家财政的严重的资不抵债导致无法维持其运行。这种债务危机正在欧洲各国蔓延,它所产生的结果是将实行紧缩政策,而紧缩政策无疑会加剧资本主义危机的暴发。因此,债务危机是福利政策下资本主义危机的表现形式。

正是在这种背景下,一种通过市场创造"流动性"的新自由主义金融手段出现了,这就是金融资产证券化,它使资本主义经济体系进入到虚拟经济时代。

最早出现的金融化是对实体资产证券化。这就是实体经济的产业资本的对未来剩余价值的分割权力与实体资本相分离,从而产生出了资本发展史上的"第一代虚拟资本"。它们通常被称为"传统的金融工具",实体资产通过虚拟化而成为"金融资产"。① 而从20世纪70年代开始,一些金融机构进行"金融创新",对这些作为金融资产的虚拟资本进行"再证券化",这就是把金融资产的营利能力再进一步与金融资产本身相分离,从而实现再次虚拟化,由此产生了"第二代虚拟资本"。由于它是在传统的金融工具基础上衍生出来的,所以又称为"金融衍生工具"。

2. 实体资产的虚拟化

我们先讨论实体资产的虚拟化。资本的价值增值目的乃是对财富的实体经济形态的否定因素:因为资本财富的价值不是由其实体的使用价值以及凝结在实体中的现有价值所决定,而是由其未来的增值的分割能力所决定。这种分割能力是实体资本财富所具有的资本权力的最终表现。当资本所具有的分割未来剩余价值的权力被信用化,从实体经济生产过程中分离开出来,用作为"权力证书"②的证券来标志之后,实体资本便派生出新的资本形

---

① 以投机为目的的房地产,以及知识产权、技术专利等,其价格都由未来的收益所决定,而不是由其成本所决定,因而也都是虚拟资本。因为其价格中能够产生未来收益的资本是虚拟的,实际上只是一种对未来收益的分割权。这类虚拟资本并非"金融资产"。但可以理解为变相的金融资产:我们可以将房地产的产权证书、知识产权证书等理解为一种广义上的金融证券,因为其目的是获取货币利益。房地产等在投机者手中只是变相的银行存款。本文对"金融资产"一词持此广义的理解。

② 《资本论》第3卷,《马克思恩格斯文集》第7卷,人民出版社,2009,第529页。

态——虚拟资本，也即资本财富派生出新的财富形态——"虚拟的资本财富"，简称"虚拟财富"。马克思在《资本论》第三卷中用剩余价值理论深刻揭示了当时刚刚出现的几种主要的虚拟资本的本质：股票、国家债券、银行空头汇票和存款等，为我们认识当代虚拟经济的本质提供了基本思路。

最原始的虚拟财富是企业股票，它是实体经济的现实资本的证券化形式，而这种"证券化"实质上是"镜像化"。马克思说："铁路、采矿、轮船等公司的股票代表现实资本，也就是代表在这些企业中投入的并执行职能的资本，或者说，代表股东预付的、以便在这些企业中作为资本来用的货币额。"这样一来，企业的实体资产便被镜像化了——分离出作为实体资本财富的"镜像"的证券。于是整个资本有了"双重存在"和"双重价值"："一次是作为所有权证书即股票的资本价值，另一次是作为在这些企业中实际已经投入或将要投入的资本。"然而一个资本不可能同时获得两种存在，真正能够起到价值增值作用的资本只是实体资本，股票中的资本（本金）部分只是虚拟的，是实体资产的证券化的影子，"股票只是对这个资本所实现的剩余价值的相应部分的所有权证书"。① 无论股票怎样卖来买去，企业的实体资本仍然按照其原来的逻辑运行。因此，股票只是由实体资产通过证券化而得到的作为"镜像"的虚拟财富形式，股票交易系统只是这种作为镜像的虚拟财富买卖系统。

作为金银货币代用卷的"空头汇票"是以银行信用为基础的虚拟资本。汇票可以依法兑换为金银，但是由于汇票只能在规定时期内兑换，而且不会在同一时刻要求兑换，导致开出的汇票总额可以远远超出银行实际拥有的金银。《资本论》援引当时银行家的文献指出：拥有黄金1400万镑，即便按照金本位的可兑换金银的要求，也可依法开出的汇票15300万镑。其间的差额便构成了"空头汇票"，于是"通过单纯流通手段的制造，就制造出虚拟资本"②。空头汇票本身虽然具有兑换本金的能力，但是银行家只是用它来收取借贷者的利息，其本金部分由每天的流出与流入量所抵消而不发生作用，实际发生变化的只是利息部分。所以无金银存量与之对应的空头汇票也能够获取利息。"二战"后以美国为首的资本主义经济体系建立了以金本位为基础、以美元为结算货币、各国货币与美元的汇率相对固定的布雷顿森林

---

① 《资本论》第3卷，《马克思恩格斯文集》第7卷，人民出版社，2009，第529页。
② 《资本论》第3卷，《马克思恩格斯文集》第7卷，人民出版社，2009，第451页。

体系。美元实际上成为黄金货币的"汇票"。这导致实际发行的美元远远大于美国的黄金储备,其间的差额使大部分美元实际上成为"空头汇票",从而成为虚拟财富。然而即便如此也无法满足美元这种虚拟资产的扩张要求,由此产生美元的信用危机,布雷顿森林体系终于彻底崩溃。从此之后,美元以及各国货币都成为一种以国家主权信用为担保的虚拟资产。马克思还分析了银行存款和国家债券等证券的虚拟资本性质:因为它们所代表的本金已经花费,其实际代表的只是收取一定利息的"权力证书",是作为本金的"幼仔(利息)的资本,是幻想的虚拟的资本。"①

3. 金融资产证券化——虚拟经济时代的来临

实体资产的虚拟化而产生的虚拟资本,毕竟是直接依附于实体经济的,因而社会经济仍然是实体经济为主导的时代。然而如上所述,自20世纪70年代以来,由于凯恩斯主义失灵,新自由主义的兴起,一种通过金融市场创造流动性的方式诞生了,这就是将金融资产再度证券化,形成金融创新产品——金融衍生品,它是再度虚拟化的虚拟资本。

那么,金融资产的证券化何以能够创造流动性(现金流)呢?是因为它用利息与价格波动的投机收益来吸收民众口袋中剩余的货币,将其集中起来进行各种投资和投机活动。例如将已将发放的住房贷款再证券化,创造出所谓"CDO"(Collateralized debt obligation,债权抵押证券)出售给社会大众,从而将大众手中的闲钱汇集成现金流,以进行再度投资与投机。诸如此类的金融证券不胜其数。这种通过资产证券化进行的创造虚拟财富的过程,并非真正创造社会财富,而只是"财富镜像化"。正像一个人可以通过镜子创造出"自我"的影像一样,代表实体资本的证券只是原有实体资产的"镜像"。而由此形成的虚拟资产又可以"再证券化",如同镜子里的影像可以再度产生"镜像"。这种"镜像化"过程反复进行,导致虚拟资产无休止扩张,直到大众口袋里闲置货币被吸干为止。形形色色的金融证券将人类社会经济带入虚拟经济时代——虚拟财富极度扩张膨胀,主宰了整个经济系统的命脉。

任何财富都必须具有二重性:一是具有使用价值的物质文化产品,二是赋加在物质文化产品之上的社会关系价值。虚拟资本要成为真正的财富,必须依赖于实体经济财富:一是依赖于它所代表的实体资本创造和分割未来剩

---

① 《资本论》第3卷,《马克思恩格斯文集》第7卷,人民出版社,2009,第527页。

余价值的能力，这是最根本的基础；二是依赖于吸收人们过去劳动所创造的剩余价值——闲置的货币，而这种吸收能力也完全取决于证券所代表的实体资本分割未来剩余价值的能力。因此，一旦离开这个实体经济财富，虚拟财富便一文不值。因此，虚拟财富不是完整的独立财富，而是寄生性、依赖性财富。

二 金融符号拜物教及其精神现象

虚拟财富的价值在于所承载的社会关系力量。正是这种"神秘"的社会关系力量，使这些用数字符号标识的证券化虚拟财富具有了分割社会剩余价值的权力。这样的虚拟资本通过对储蓄、保险、社会保障系统、住房贷款等等进行金融化操作，并且通过现代电子信息通信系统，形成了其触角遍布全球每个角落的国际金融网络，支配和统治每个社会成员。全社会乃至全球劳动者所创造的剩余价值，都不断被吸收到这种金融网络之中，被这种"神秘的"社会关系力量驱使，而其分割的数量则随着金融市场的"看不见的手"的拨弄而大幅度波动，其所分割的剩余价值在各种资产之间随其价格波动而不可预料地流动，导致一些人时来运转一夜暴富，一些人顷刻之间倾家荡产。由此产生了社会对掩藏在金融符号背后的神秘的社会关系力量的崇拜，形成了虚拟经济时代的财富观——金融符号拜物教。它是资本拜物教的派生形态，与实体资本拜物教共同构成当代资本主义世界的主导性价值观念。

那么，那种掩藏在金融符号背后的神秘力量到底是什么？剥离这种拜物教的神秘面纱，我们将会发现它不是别的，正是从各种资本财富中剥离而来的分割全社会剩余价值的权力，而这种权力归根到底来源于转化为资本的剩余价值，即来源于人的社会劳动。这些异化了的社会劳动经过金融机构的层层组装，通过形形色色的金融衍生品表现出来，形成了一种渗透于全社会每个角落，支配和统治全社会每个成员的无形的金融网络权力体系，分割着全社会生产的剩余价值，并由此产生了对金融市场神秘力量的崇拜。

与资本拜物教相比，这种"金融符号拜物教"将资本的内在矛盾分离化了——它源于分割剩余价值的权力与实体资本的分离。如果说，传统的"资本拜物教"追求的是实体经济的剩余价值的生产，即便这种追求伤害资本生产使用价值的能力，从而造成资本主义特有的精神现象与危机；那么金融符号拜物教追求的则是对实体经济过去、现在与未来所能生产的剩余价值的分割,即便这种分割伤及实体经济创造剩余价值的生产能力。于是前面所说的资本吮吸三种自然力而产生的社会矛盾与危机,以及在此过程中特有的精神现象与现实行为,被分离为虚拟经济与实体经济之间的矛盾与对立,产生了下述一系列精神现象与经济现象,在推动社会经济发展的同时积累着层层危机。

第一,虚拟资本使"资本积累"与"贫困积累"的矛盾,分离为发达国家的消费主义与福利主义、发展中国家的"唯生产主义"之间的对立与依存。如前所述,为了实现价值增值与资本权力的扩张,"资本拜物教"一方面要求节约生产成本与压低劳动者工资,另一方面却极力鼓吹奢侈消费与过度消费,宣扬拜金主义与享乐主义财富观,以推销其产品。而随着虚拟经济与实体经济的分离,这两个方面也随之分离开来了:发达国家的国际垄断金融权力系统制造各种金融证券和推行各种金融政策,吸收全球民众口袋里的钞票以创造"流动性",从而将其分割来的剩余价值源源不断地流入其自己口袋,支撑起金融帝国上层人士的高薪,支撑高科技产业的开发与扩张,也支撑起发达国家的高福利社会系统,用发达国家的高消费与高福利来消化过剩性危机。由此产生了发达国家的消费主义和福利主义的价值观:高收入阶层追求高消费,而普通民众追求高福利。另一方面,从事实体经济生产的发展中国家的实体经济资本,却在金融权力系统对剩余价值的分割与支配下,利润微薄,必须尽可能节约生产成本与压低劳动者工资,尽可能廉价地吮吸上述三种"自然力",以低成本来维持全球资本的扩张。由此产生了发展中国家的"唯生产主义"(也即唯GDP发展观)价值观:将GDP增长作为唯一目标,不顾劳动者工作条件与工资待遇的恶劣,不顾生产的产品对消费者的危害,不顾环境污染的蔓延。当然发达国家与发展中国家也不是绝对分明的两大板块,它们之间相互渗透:在消费主义与福利主义的大背景下,发达国家也有社会福利之光照不到的穷人。而在唯生产主义的大背景下,发达国家的消费主义也渗透到发展中国家,股市、房市,虚拟资本大肆分割剩余价值(也即"圈钱"),产生少数人的消费主义和拜金主义。

第二,发达国家的"符号消费"现象与发展中国家的"山寨主义"现象。虚拟财富本身就是一种符号,因为它是代表实体资本分割剩余价值的权力证书。由这种虚拟资产符号所产生的"金融符号拜物教":垄断全球的金融网络系统是它的"教会",其通过无所不在的金融网络触及支配人们头脑,使芸芸股民和炒房者被迫或自愿地成为它的"信众",股票市场、期货市场成为它的"教堂",股票指数等成为其崇拜的"圣物"。这种拜物教由此不可避免地投射于社会生活中,产生了对整个社会的"符号化",而在消费领域则产生了鲍德里亚所说"符号消费":消费的不再是商品的使用价值,而是产品品牌和消费行为本身所蕴含的社会地位符号。消费的逻辑不再仅仅是人对使用价值的需要的逻辑,"而是关于社会符号的生产和操控的逻辑"。它有两个角度的含义:其一是"消费过程是以符号为基础的确定意义与进行通讯的过程,消费行为装配于这些符号中,并且从这些符号中引出其意义";其二是"消费过程是人的等级化和社会区隔的过程,在这个过程中,(作为消费对象的)符号/客体不仅按照其意义差异排序,而且按照等级制社会地位价值而排序"①。总之,消费是显示人们的社会地位与进行社会交往的符号。人们对金融符号的崇拜在消费中投射为对商品的品牌符号的崇拜,"商品拜物教"发展为"品牌拜物教"。而品牌的深层本质乃是品牌符号所承载的社会关系网络。每一个品牌都依靠其巨大的国际营销网络对品牌符号进行操控,将消费者区分为各个不同等级、不同文化、不同价值观的社会群体,以满足资本利润最大化的需要,使全社会牌这种品牌网络力量的支配之下,这就是"品牌拜物教"的本质。

当代资本主义经济体系的重要特征,是国际金融符号网络与国际品牌符号网络共同操控全球经济,从而形成"金融符号拜物教"和"品牌拜物教"的人们的精神统治。在这种统治之下,发展中国家充当为这些符号进行"价值充值"的角色:在金融市场上为国际金融体系输送剩余价值,从而为金融符号充值;而在产品市场上则为国际品牌制造贴牌产品,从而为其品牌充值。金融符号和品牌符号分割全部剩余价值的绝大部分,而消耗了大量资源与劳动的实物产品的劳动及其产业却几乎无利可图,劳动者与发展中国家制造业陷入贫困的陷阱。这种不公平的价值分配现象诱导了发展中国家仿制"品牌符号"的现象的发生,这就是"山寨主义"。其中有些是违法生产冒牌产品,有些则是游走于法律边界的仿制,成为"品牌崇拜"在发展中国

---

① Jean Baudrillard. *The Consumer Society*: *Myths and Structures*, Sage, London, England, 1998, pp. 61 – 62. 译文参考了鲍德里亚《消费社会》,刘成富、全志钢译,南京大学出版社,2008,第41页。

家的实体经济生产中的变形与投影。我们在谴责"山寨主义"的行为的同时，也要同时谴责催生"山寨主义"的"品牌拜物教"，因为二者乃是同一精神现象在不同国家的不同表现。

第三，"劳动创造"与"符号炒作"的对立。金融符号体系与品牌符号体系对全球剩余价值的分割，导致从事"符号炒作"的社会部门获得巨额利润，而进行实物财富的生产的劳动者却日益趋于贫困化。这种客观现实使人类的创造力从创造实物财富上向"符号炒作"和价值投机转移。这种转移虽然一方面能够引导实体经济的走向，例如引导风险资本投入科技创新领域，推动生产力与社会经济的发展。但是由此必然产生巨大的负面作用：社会产生了一批职业食利阶层，他们越来越热衷于通过对金融符号的发明与炒作、对各种品牌的炒作、对明星的炒作等来分割剩余价值，而不从事创造财富的实体经济生产劳动；因为在实体经济中一辈子的辛辛苦苦的脑力劳动与体力劳动所能分配的剩余价值，不如顷刻之间被炒作起来的虚拟资本、品牌资本所能分割的剩余价值。于是真正创造社会真实财富的劳动和劳动者受到冷遇，而对符号价值的热捧成为时尚。这是一种非常危险的倾向：因为它将会枯竭社会财富创造之源。同时，形形色色的金融符号所能分割的剩余价值常常剧烈大幅度波动而无法预期，使虚拟财富的价值量的高度不确定性。由此滋生投机炒作的不良社会风气与赌博心态，制造出社会收入分配不公与两极分化，同时也激起了社会对金融寡头的仇富心态，"占领华尔街"正是这种心态的典型表现。

总之，资产证券化所具有的奇特的创造流动性的功能，驱使社会一切财富被金融化、虚拟化，不断吸收民众口袋中的闲置的货币，产生出作为实体经济"镜像化"产物的虚拟经济体系，产生出远远大于实体资本财富的虚拟资本财富，资本主义由此发展到金融资本主义的新阶段。庞大的虚拟经济一方面为实体经济体系的资本运行提供了流动性来源，从而能够具有不断扩张的能力，延缓了资本主义内在危机。但与此同时也将资本主义经济体系的内在矛盾不断积累在金融体系之中。一旦不断流动的金融资产无法再吮吸人们口袋中的闲置的货币，便会面临资金链断裂的危险，最终导致金融危机。这时庞大的虚拟财富将急剧缩水，"金融符号拜物教"的美梦瞬间破灭，并由此导致"品牌拜物教"的破灭，进而导致实体经济危机。在这种危机中，一种新的财富形式及其相应的财富观遵循着历史的必然性而开始萌发，这就是社会主义的财富形态及其财富观。

三　社会主义财富形态与财富观展望

解决资本主义的内在矛盾的历史必然性导致了社会主义的诞生，这就要求社会的财富形态与财富观都必须发生根本性转变。为了既发挥资本推动社会生产力发展的动力作用，同时克服其财富形态与财富观所造成的危机，中国的社会主义市场经济体系正在创造着新的财富形态与财富观——社会主义的财富形态与财富观。解决资本主义内在矛盾的历史必然性和历史使命，决定了它应当有如下基本特征。

首先，社会主义财富形态是"人本财富"，其财富观是"人本财富观"，它既表现在财富的生产目的上，也表现在财富的创造上。

在财富的生产目的上树立"以人为本"的价值观。资本主义财富形态与财富观是对社会生产的目的与手段的颠倒。人类生产本来应当以有利于人类生存与发展的使用价值为目的。但是在资本主义生产方式下，这种目的变成了手段，其服务于私人资本的价值增值（赚钱）的目的。恩格斯指出，"我们所说的'商品生产'，是指这样一个经济发展阶段，在这个阶段，……物品是作为商品，而不是作为使用价值而生产的"[①]。商品的使用价值不过是获取货币以实现资本权力扩张的诱饵和外衣。金融资本更是完全抛弃了商品的使用价值的外衣，而采取赤裸裸的形式，纯粹以"金融创新产品"的分割剩余价值的能力为诱饵，以达到搜括与囤积社会金钱、转嫁金融风险的目的。资本拜物教、金融符号拜物教正是由这种生产目的所产生的。社会主义市场经济将这个颠倒的目的与手段再颠倒过来。为此，恩格斯提出社会主义生产的目的是"按照社会总体和每个成员的需要"，这就是"人本财富观"。邓小平提出的"三个有利于"，实际上是恩格斯的思想的进一步发展：将其具体化为三个主要方面："有利于发展社会主义社会的生产力，是否有利于增强社会主义国家的综合国力"体现了"社会总体"的需要，而"有利于提高人民的生活水平"体现了"每个成员的需要"。它回归财富本来的价值——人本价值，认为只有那些对人类生存与发展有利的物质文化产品，并且在对人类生存与发展有利的合理的分配与使用过程中，才能够真正成为

---

① 恩格斯：《社会主义从空想到科学的发展》，《马克思恩格斯文集》第3卷，人民出版社，2009，第501页。

财富。货币财富、资本财富、金融财富等必须以这种人本财富为归宿。

在财富的创造上树立"以人为本"的价值观。人的劳动和自然界是财富的来源。然而随着生产力的发展，财富中的文化含量日益增长，而自然资源日益面临枯竭。因此人的劳动在财富创造中所起的作用越来越大，因而在财富的创造上越来越要求"以人为本"，将人的能力的充分发挥作为财富创造的最重要的因素。为此，必须建立能够充分调动人的积极性和创造性的社会机制，在财富分配机制和生产要素的配置机制上，以充分发挥人的创造能力为中心，建立起社会主义的"以人为本"的财富生产体系，克服资本主义生产方式中以资本为中心，用资本支配人的异化的劳动机制。

其次，社会主义财富形态与财富观要求以公有制为主体的所有制结构。上述人本财富观要求财富所承载的社会关系，是人类集体生命和个体生命的生存与发展的需要所要求建立的人与人的关系。承担这种社会关系的财富形态，我们称为"人本财富"。而要建立这样的人与人的关系，必须由社会公共意志而不是逐利的私人资本来主导社会的关键和全局领域的财富的生产和使用，才能使全社会的生产的总体目的"以人为本"，"人本财富观"才能在总体上支配社会生产与生活活动。因此必须实行以公有制为主体，各种经济形式共同发展的经济制度。由体现社会公共意志的公有制资本占据主体地位，控制整个国民经济的关键领域与全局领域。并且在此经济基础上，通过社会主义国家权力机构规范市场行为，确立产品标准，采用各种经济的、行政的手段来制止私人资本以赚钱目的而危害社会的"伪财富"的生产经营活动，将全社会的各种所有制形式各种"赚钱"行为纳入满足社会总体与社会成员的需要的"以人为本"的轨道。否则，只要资本仍然是支配社会生产系统的主导性力量，"资本拜物教"必然会在社会中占据统治地位。

再次，社会主义财富形态需要以资本为手段，并且驾驭资本，使其服务于人的生存与发展的目的。在实现公有制主体地位之后，社会主义人本财富形态与财富观不是简单地消灭资本主义财富形态，因为资本具有强大的自我扩张能力来组织社会再生产，可以作为社会生产力发展的强大动力。因此，应当以资本财富作为手段，将其纳入服务于人的生存与发展的目的。这就要求用社会主义力量驾驭资本，以各种财富形式作为手段，创造出满足"社会总体和社会成员需要"的"人本社会财富体系"。这种体现社会主义价值观的财富体系，既包括私人产品，也包括公共产品和社会福利体系，特别包括生态财富，因为资本财富将生态财富排除在财富形态之外。

复次，在虚拟经济与实体经济关系上，以实体经济为目的，以虚拟经济作为手段，坚持虚拟经济必须为实体经济服务。财富虚拟化以创造流动性的目的，仅仅是为了激活实体经济，给实体经济提供融资条件。坚持制止那种以瓜分和搜括社会财富为目的金融创新活动，因为这种金融创新无异于在合法的外衣下进行的金融诈骗和诱骗，违背了以人为本的原则。

最后，建立以创造财富的劳动者为中心的公平公正的社会财富分配体系。在全社会树立以创造"人本财富"的劳动和劳动者为本的价值观，反对"资本拜物教"与"金融符号拜物教"。要造成以生产物质财富与文化财富的生产性劳动至上的社会主义价值观，一切其他各种社会劳动应当围绕这类生产性劳动，为生产性劳动服务。在这种价值观的主导下建立起公正的社会财富分配机制，这就是坚持按劳分配为主、其他分配形式为辅的分配制度。以一部分人"先富"为手段，由"先富"带"后富"，最终实现共同富裕的目的。

社会主义财富观及其财富形态不是出于某种"普世价值"的理性设计，而是为了解决资本主义经济体系的内在矛盾，在财富生产与分配上的必然形式。在当今资本主义占主导地位的世界经济体系中，这种财富观与财富形态仍然处于萌芽状态和受支配状态，但它必将由历史发展的逻辑所驱使，展现出蓬勃生机。

（作者系上海财经大学人文学院教授）

马克思资本批判辩证视域的当代启示
——对全球金融危机的哲学反思

任 平

"一个幽灵,马克思的幽灵,在欧美重新出场。"在东欧剧变、社会主义遭受挫折之际,曾被西方"神圣同盟"合力驱赶、宣告其"退场",甚至"灰飞烟灭"的"马克思的幽灵",特别是马克思的《资本论》,如今在席卷全球、愈演愈烈的金融危机中被西方社会重新"召唤"、重视,甚至被"热捧"。[①] 这表明:马克思在《资本论》中关于资本全球化批判的思想具有重大当代价值。任何思想都是时代的思想。在全球资本危机语境中重新出场的马克思关于资本的批判视域,不仅是针对资本危机的经济学批判,更是针对整个资本历史命运的哲学批判;不是出于道德化"乌托邦"理想尺度的抽象否定,而是基于历史性"肯定-否定"双重维度的辩证批判。尽管资本全球化的存在形态和特点发生了很大变化,但是马克思关于"资本批判"的辩证视域是完全正确的。同时,全球金融危机也表明:当代资本全球化及其危机出现了一系列新形态、新特点,需要我们做新的分析,进而创新马克思的资本批判理论。

一 马克思资本批判的辩证视域及其方法论意义

马克思一再强调,在《资本论》中对资本批判的方法论视域就是"辩

---

① 见路透社 2008 年 10 月 16 日的报道——《卡尔马克思被金融危机中的欧洲热捧》。

证法"。① 如今,如何理解被西方重新"热捧"的马克思"资本批判"的辩证视域,对于当代分析资本危机问题具有重大的方法论意义。解答这一问题,我们至少可从以下三个维度加以阐释。

(一) 关于危机及其根源——资本关系的辩证批判

探索经济危机发生的根源,存在着表现形式与内在本质、结果形态与总体逻辑的差别。对于两者的关系,非马克思资本批判的辩证视域不能尽解。被前美联储主席格林斯潘称为"百年不遇"、波及全球的金融危机,广泛而深刻地影响甚至改变着当今世界经济格局。危机发生固然有一系列实现途径和技术机制方面的原因,涉及美国的消费模式、房地产投机、金融监管政策、金融机构的运作方式,以及美国和世界的经济结构等因素。在这一层面上,人们普遍认为,房地产泡沫是危机的源头祸水;金融衍生品过多掩盖了巨大风险;监管机制滞后致使"金融创新"犹如脱缰之马。基于新自由主义的西方经济学家或者将之看作"虚拟经济"的"过度膨胀",或者归结为"信号失灵"而导致泡沫过大,或者源于信贷资本总量过剩或者干脆阐释为"银行加息过迟",等等。仅仅从技术或具体表象层面来分析和应对危机发生的原因,只涉及表象而难以显现本质,必然掩盖了危机发生的真正根源。其实,正如马克思在《资本论》中早已揭示的:危机的真正根源就是不断追逐剩余价值最大化的资本本身。对于危机根源的揭示,马克思《资本论》中"资本批判"的辩证视域主要集中在以下三个方面。

第一,危机是资本全球化的必然产物。马克思指出,虽然在简单商品交换中就存在着危机的抽象可能性,但是危机的现实根源只能是资本。资本就是能够带来剩余价值的价值,追求利润最大化的"理性人"不过是资本的人格化。尽管百余年来,资本的主导形态发生了很大变化,但是资本的一般本性依然是最大限度地追求剩余价值。马克思揭示了资本的一般本质,也就揭示了资本的逐利的根本特性。按照这一本质特性,资本在实现自己赚钱目的的同时也就强力地推动社会生产力的极大发展,使资本来到人间最初的一百多年间所造就的生产力就"超过了历史的总和",在当代的发展更加迅猛无比;同时,资本又不断被它创造的庞大生产力的社会形式所制约,而在受到外在阻碍时,就会一定要通过形态和方式的创新排除阻碍,恢复其自由逐

---

① 《马克思恩格斯选集》第2卷,人民出版社,1995,第112页。

利的本性。高额利润，支配社会的权力，获得支配社会的权力，始终是资本的本质目的。资本这一本性使之曾经成为历史的最高原则和非常革命的原则，它在消灭前资本生产方式的过程中摧枯拉朽，势不可当，极大地推动了生产力的发展，创造了惊人的财富。资本也在创造财富过程中不断变革一切经济关系和社会关系，变革文化观念，造就全球化的空间样态，成为社会改造的强大动力。资本也有自身创新的冲动，资本的形态和功能的创新变化，是资本本性之一。

第二，危机是资本所必然导致的根本矛盾——生产的社会化（空间表现形态就是全球化）与资本主义私人占有（资产所有的有限性）矛盾的必然结果。一方面，由于追逐利润的最大化，资本不断榨取各种有利资源，占领一切领域，去扩大再生产，产能惊人的扩大造就了经济扩张与繁荣；另一方面，产权所有的局限，使资本造成分配的两极分化，造成产能的相对过剩和供求信息不对称，造成盲目扩大的生产和投机与"有效需要"（即具备市场购买力的需要）之间的脱节，因而导致危机的不断发生。危机就是由资本本性造成的"生产的社会化"与"生产资料资本主义私人占有"之间根本矛盾内在冲突的激化表现。资本造就的两极分化，即资本不断扩大再生产的冲动和财富的积累，与相对贫困和购买力不足的积累之间矛盾直接导致"生产的相对过剩危机"，以及在资本驱使和信息不对称条件下市场的无政府状态与所有者内部疯狂的投机扩张之间的矛盾，导致危机的发生。在当代条件下，通过各种金融衍生品的大量扩张，资本变异为虚拟资本，通过极度膨胀支配社会资本的权力而使资本扩张能力大大增强，同时也使矛盾加剧和激化。这一矛盾加剧是整个资本逻辑的必然结果。但是，我们应当看到，资本逻辑是一个包括资本繁荣、危机、萧条、复苏等多环节的完整链条。扩张与繁荣，危机与萧条，都是资本逻辑过程性展开的表现形式。马克思对危机的批判，只是对整个资本逻辑链条批判的一个重要环节。危机批判只是为了更深刻地判断整个资本逻辑的状况。因此，我们不能仅仅停留在对危机的经济学分析，不仅需要深切关注马克思的辩证视域对于分析资本危机根源和特点的经济学意义，更需要理解马克思从新世界观高度探索资本的总体历史进程的关键意义。

第三，金融危机是虚拟资本与现实资本矛盾的产物。在《资本论》第3卷中，马克思集中分析了随着信用体系的发展、虚拟资本的扩张而必然带来的与现实资本之间的矛盾。物化劳动对活劳动的剥削日益明显，活劳动主要形态从体力劳动转换为脑力劳动。实体经济转换为虚拟经济，虚拟经济主要改变价值的社会集中和分配，但是改变不了实体经济的生产。资本希望占有越来越多的社会价值并使之转化为供投机驱使的"资本"，用来赚钱。投机借助于信用体系而越来越脱离实体经济，投机本身已经不再受实体经济状况的控制，从而以多倍的暴利来赚钱。因此，在资本主义信用体系下，生产社会化与私人占有的矛盾就必然转化为虚拟资本与实体资本之间的矛盾。马克思说："建立在资本主义生产的对立性质基础上的资本增殖，只容许现实的自由的发展达到一定的限度，因而，它事实上为生产造成了一种内在的但不断被信用制度打破的束缚和限制。因此，信用制度加速了生产力的物质上的发展和世界市场的形成；使这两者作为新生产形式的物质基础发展到一定的高度，是资本主义生产方式的历史使命。同时，信用加速了这种矛盾的暴力的爆发，即危机，因而加强了旧生产方式解体的各种要素。"① 可见，马克思用两个"加速"的二重性来分析虚拟资本内在矛盾，这对于我们科学分析当代资本主义的矛盾本质，具有很大的指导意义。

（二）关于资本逻辑的一般本性与历史形态关系的辩证分析

在《资本论》中，马克思不仅解剖了资本的秘密，科学研究了资本的一般本性和结构特点，揭示了资本在一定历史条件下既造就繁荣又必然造成危机的原因，而且对资本可能的变异形态做了惊人的准确分析，从工业资本到商业资本、土地资本和生息资本，从实体资本到虚拟资本，等等。如果说，《资本论》出场的时代是以大工业资本为主导的旧全球化时代，那么，在新全球化时代，资本的形态和特点已经发生了多次变化。经过银行资本与工业资本的相结合而产生金融资本的垄断统治，再到今天的空间生产的资本化、知识的资本化、信息的资本化，以及形成社会资本、文化资本、人力资本等，资本不断在虚拟化、社会化、弥漫化和全球化中疾步走入知识资本化统治阶段。也就是说，资本不断需要采用新科技来获取超额利润，用全球垄断竞争来加剧这一竞争，其结果使知识、文化、科技等各种能使资本迅速增殖的非物质生产要素资本化。资本不断地弥漫、渗透到日常生活与社会一切微观存在体之中，资本成为真正支配一切、异化一切的"社会权力"。从生产、分配到交换、消费，从市场逻辑到市民社会和国家逻辑，没有什么领域

---

① 《资本论》第 3 卷，人民出版社，1975，第 499 页。

不能成为资本追逐和资本化的对象。只要有现实需要，资本就能够将一切都变成可以增殖、可以投机的对象，即资本化。在每一个创新的资本时期或每一个资本形态中，无疑都有不同于以往或其他形态的新特点、新形式、新运行机制。资本主义根本矛盾的实现形式也因此发生相应改变。新自由主义借此而将资本表现形态和特点的改变当作本质的变化，从而认为在国家与社会兼管下，资本已成为一个"自觉的资本主义"，一个能够不断自我更新和自我调节的资本体系，已经解决了马克思所指认的"无政府状态"的盲目性难题，危机已成为历史。然而，资本形态和特点的变化并不能改变其一般本性。全球金融危机的爆发再度表明：资本的本质并没有在根本上发生变化。马克思关于资本批判的辩证视域要求我们应当将资本本质的一般批判与历史形态特点变化的分析结合起来加以考察。

（三）关于资本的历史地位、历史作用和历史命运的辩证分析

怎样看待资本的历史地位和命运，成为马克思《资本论》资本批判的辩证视域的一个关键。无疑，资本是造就一切现代经济危机和无产阶级的苦难的根源，而对于资本全球化弊端的批判，几乎成为一切社会主义思想体系的出发点。但是，以往空想社会主义之所以是"空想的"甚至是"反动的"，是因为他们不懂得辩证而历史地分析资本作为一种生产方式其产生的历史根源，而仅仅将资本看作"恶"的化身，进而诉诸道德化批判。与之相反，马克思从"肯定－否定"的历史性双重维度辩证地批判资本。一方面，马克思从唯物主义历史观的视域出发，对资本全球化造就的"世界历史性"进步和发展给予了充分肯定："资产阶级在历史上曾经起过非常革命的作用"；① 因为"现代资产阶级本身是一个长期发展过程的产物，是生产方式和交换方式的一系列变革的产物"。② 在推动全球现代性历史中，对于凡是低于现代资本生产方式水平的地区、国家和民族来说，资本就依然具有变革和推动历史前进的某种进步因素："资产阶级除非对生产工具、从而对生产关系，从而对全部社会关系不断地进行革命，否则就不能生存下去。"③ 这是一个不以人的意志为转移的自然历史过程，是大工业生产社会化的空间

---

① 《马克思恩格斯选集》第1卷，人民出版社，1995，第274页。
② 《马克思恩格斯选集》第1卷，人民出版社，1995，第274页。
③ 《马克思恩格斯选集》第1卷，人民出版社，1995，第275页。

形式和世界样态，是推动生产力极大发展的世界形式。在建设中国特色社会主义过程中，依然需要继续发挥资本的"世界历史性"积极作用。承认资本，特别是新形式资本仍然具有相当的发展生产力、推动社会进步的历史作用，强调自主引入境外资本和发展民营资本的积极意义，是改革开放、建设中国特色社会主义理论的重要组成部分。另一方面，资本毕竟是历史现象，在人类历史舞台上终究要退场。金融危机再一次告诫我们：资本始终具有消极和否定性作用。马克思依据全球化历史规律性趋势而指明它被历史地否定的必然性。对资本这一双重的历史作用的分析始终需要马克思的辩证视域："因为辩证法在对现存事物的肯定的理解中同时包含对现存事物否定的理解，即对现存事物的必然灭亡的理解"；辩证法不崇拜任何东西，按其本质来说，它是批判的革命的。① 因此，从《共产党宣言》到《资本论》，马克思都深刻而辩证地阐释了资本的历史命运，科学揭示了资本全球化的性质、特点、内在矛盾和规律性趋势，形成了一个关于资本全球化的历史理论，而不仅仅是经济学结论。这对于我们从历史观的高度去看待当前全球金融危机有特别重要的意义。

二 空间生产的投机：资本危机发端的重要领域

本次金融危机的一个鲜明特点是：房地产业即列菲伏尔、大卫·哈维所说的"空间生产"领域的过度投机成为金融危机的导火索。美国次贷危机，顾名思义，就是美国房地产市场上次级按揭贷款的危机。次级按揭贷款，是相对于资信条件相对较好的贷款而言的。因为相对来说，按揭贷款人没有（或缺乏足够的）收入或还款能力证明，或者其他负债较重，所以他们的资信条件较"次"。为什么这一轮房地产的所谓"次贷危机"会引发金融危机？这说明空间生产已然成为资本逐利的重要领域，消费品资本化，特别是空间生产产品的资本化已经超越马克思当年的阶段，成为消费社会来临的一个显著信号。

房地产等大宗消费品的资本化是马克思当年所分析的"商品资本"形态的一种发展形式。在马克思看来，以工业生产为轴心的资本运转流程，资本形态分别经过了货币资本、生产资本、商品资本三个阶段，形成对应的三

---

① 《资本论》第 1 卷，人民出版社，1975，第 24 页。

个形态。所谓商品资本，就是商品价值本身不仅包括了成本（C+V），而且包括了剩余价值（M），商品价值实现即顺利销售后，重新变现即变回货币资本，资本家才能完成资本增殖的功能。但是，马克思并没有预计到消费者生活消费商品本身也被资本利用来投机增殖，即生活消费品资本化。今天，随着市民社会和日常生活的逻辑日益被资本殖民化，消费社会领域也成为资本投机的主要领域。其中，空间生产产品的消费，由于其投资额和消费额的相对集中，产生利润也相对丰厚，也由于空间生产这一使用价值形态属于不动产业或难以再生的业态，其泡沫生成比其他消费品更具有欺骗性。因而在消费社会，空间生产成为资本投机的首选。

在马克思时代，工业资本成为资本的主要逐利领域，而住房只是安排产业工人居住的地方，一时的居住价格上涨，也曾经引起恩格斯、马克思的关注。《论住宅问题》就是恩格斯专门研究英国工业资本的集聚和集中、产业工人大量集聚而导致城市住宅价格上涨的文章。但是，住宅还仅仅是工业资本的附属物，还不是专门脱离工业化的投机对象。马克思在《资本论》第3卷中讨论土地问题时主要就土地作为"农业生产领域"的资本要素来加以研究，所以"级差地租"主要限于一个特定的产业资本领域：农业资本领域。随着时代的变迁，情况发生了根本变化。当工业化已经不再成为一个发达国家最关注关心的产业之后，后工业文明的一个投资投机的最主要领域，就是房地产业。作为不动产投资，房地产投资额大、回报率高，从而成为资本逐利的主要领域。空间生产的资本化，包括空间资源——土地等空间的资本化、空间生产过程的资本化、空间产品的资本化，等等。资本在城市空间通过增殖的方式，掠夺各种地块，级差地租变成了级差地价，变成了级差房价，再转化为使用房地产商品的各行各业的高价格。房地产成为一切城市行业的底价，控制房地产业就控制了一切城市产业的定价权力。富人区和穷人区、棚户区之间的差别，将贫富的差别以空间形态展现出来。房地产业的资本化表现在以下方面。

第一，一切房地产都是资本投资和为了更多地挣到剩余价值的手段和工具，变成资本赚钱的重要形态。高度城市化和高度产业化之后，作为空间载体的领域越来越成为资本投机的主要领域之一。2007年底，金融危机爆发前，美国的住房抵押贷款市场总值达12万亿美元，是美国资本市场中仅次于公司股票市场的最重要市场。G-G′，即货币资本的投资增殖很重要的部分通过房地产这一中介来实现。根据标准普尔/希尔全美房价指数，1994～

2001 年这 7 年间全美房价已经上升 53.12%，但是 2001~2006 年中这 5 年半时间内却继续大涨 63.41%，其中 2005 年的房价年增长更一度高达 15.66%。

第二，一切房地产运营都采取资本化、证券化的形式，如金融证券、贷款和金融衍生品。空间生产还属于实体资本领域。但是，一旦将空间生产资本化为证券化，那么就同时变成虚拟资本。金融化、票证化都是资本化的虚拟表现。炒卖房地产于是变成了彻头彻尾的虚拟资本投机。房地产成为金融投机的中介。美国住房抵押贷款按质量分三大类：优质贷款（Prime）、中级贷款（Alter-A）和次级贷款（Subprime）。三类贷款在美国住房抵押贷款市场中的份额一般分别为 75%、11% 和 14%。由于房地产债权证券化，使风险转嫁到整个金融系统，因而一旦风险来临，就必然转变为整个资本系统的危机，无论虚拟资本还是实体资本，都在劫难逃。

第三，空间生产资产泡沫的破灭成为危机的直接导火线。2005~2006 年，美联储先后加息 17 次，利率从 1% 提高到 5.25%。由于利率传导到市场往往滞后一些，2006 年美国次贷仍有上升。但加息效应逐渐显现，房地产泡沫开始破灭。2006 年第三季度，全美房价首次出现单季下跌，至 2007 年第一季度则出现年度下跌，且伴随美国经济疲软，年跌幅从 2007 年第一季度的 1.73% 快速扩大至 2008 年上半年的 15.38%。越来越多的次贷者无力偿还本金及利息，截至 2008 年上半年，次级贷的断供率和 90 天以上未还款率分别高达 11.81% 和 17.85%，而同期正常按揭仅为 1.42% 和 2.35%。空间生产资本化的全球布展不仅呈现一荣俱荣、一损俱损的格局，而且从中心到边缘呈现不断放大的剪刀差。发展中国家的房地产业价格上涨和跌幅都大大超过中心，形成放射性波摆效应。

三 金融创新的本质：逃脱国家与社会监管而恢复资本自由逐利本性

金融危机的一个重要特征，就是金融业引入的所谓"新秀精英"都采用不同于传统的商业银行的金融体系操作方式，而大量推进所谓的"金融创新"。金融衍生品大量生产，使资本的自由本性得到了新的释放。

那么，金融创新的本质是什么呢？

从资本批判的角度来看，金融创新的本质就是资本通过创新金融工具和路径找到了摆脱国家监管,使资本再一次成为自由获利而不顾后果的存在物。这一追求的自由,就是资本无拘无束地追求利润最大化的自由,就是资本获利不需监管的自由,就是资本再一次摆脱凯恩斯主义而回归自由放任的资本主义的自由。新自由主义长期以来反对国家监管,认为国家监管就是无效或腐败,不过是为资本重新获得自由叫屈。

金融危机一般是指一个国家或几个国家与地区的全部或大部分金融指标(如短期利率、货币资产、证券价格、房地产价格、土地价格、商业企业破产数和金融机构倒闭数)的急剧、短暂和超周期的恶化。有专家认为金融危机是资本主义经济危机固有的内容,1929～1933年的世界经济大恐慌,更是以严重的金融危机为先导。1994年的墨西哥金融危机和1997年的东南亚金融危机首先发生于资本主义世界。可见,金融危机有其制度根源,是资本主义危机。金融危机的可能性存在于市场经济固有的自发性的货币信用机制,一旦金融活动失控,货币及资本借贷中的矛盾激化,金融危机就表现出来。以金融活动高度发达为特征的现代市场经济本身是高风险经济,包孕着金融危机的可能性。经济全球化和一体化是当代世界经济的又一重大特征。经济全球化是市场经济超国界发展的最高形式。第二次世界大战后各国之间商品关系的进一步发展,各国在经济上更加互相依存,商品、服务、资本、技术、知识在国与国之间的频繁流动,经济的全球化趋势表现得更加鲜明。金融活动的全球化是当代资源在世界新配置和经济落后国家与地区飞跃式发展的重要原因,但国际信贷与投资大爆炸式地发展,其固有矛盾深化,金融危机必然会在那些制度不健全的、最薄弱的环节爆发。综上所述,现代市场经济不仅存在着导源于商品生产过剩、需求不足的危机,而且存在着金融信贷行为失控、新金融工具使用过度与资本市场投机过度而引发的金融危机。在资本主义世界,这种市场运行机制的危机又受到基本制度的催化和激化。金融危机不只在资本主义国家难以避免,也有可能出现于社会主义市场经济体制中。金融体制的不健全、金融活动的失控是金融危机的内生要素。

1929～1932年世界资本主义的经济大危机,使传统的商业银行的经济投资行为被国家套上了监管的枷锁。本来,"看不见的手"之古典自由资本主义理论被凯恩斯主义取代。资本获利的自由被限制,从而使整个资本与国家的关系处在一种矛盾之中。哈贝马斯因此认为晚期资本主义国家的公共政策产出处在一种效率危机之中,因为国家无非为资本获利而执政的政治权力,但是又不能不限制这一资本的自由,于是公共政策处于两难之中而产生危机。反过来，一些新自由主义者也乐观地预计，由于凯恩斯主义和后凯恩斯主义的影响，马克思所揭示的资本的弊端已经被削平。因此，资本似乎已经克服了老毛病，变成充满发展动力而又无风险的存在。但是，资本的本性依然是野兽，它始终需要噬血。自由地、不受束缚地追逐最大化的利润，始终是它的本性。因此，一旦条件适合，资本就会挣脱限制在它身上的魔咒而重新恢复兽性。新自由主义就是祛魔的神曲，它自身及其在金融领域的创新过程，就是摆脱国家对金融的传统商业银行的监管而重新获得自由之身的关键。为此，资本积累高水平的"一流"精英人才，而国家则招揽了二流、三流人才；创新的研究在大学和金融机构不断被推崇，创新而出现的新衍生品层出不穷。国家在这些创新面前无法理解也无所适从。于是，正如我们所看到的那样，资本通过这些创新掠走了大量的金钱和利润，使资本获利自由化。虚拟的资本和虚拟的投机使经济财富被重新瓜分，经济虚火使实体经济创造的财富滚滚地流入了新经济巨子的囊中。

  次贷之所以酿成整个资本的危机，是因为次贷债券化后将风险通过美国金融创新工具放大，散播到了整个美国乃至全球的金融领域。美国这些次级债券基本分散在五类金融机构手中——银行（31%）、资产管理公司（22%）、对冲基金（10%）、保险公司（19%）和养老基金（18%）。在美国，个人向银行等放贷机构申请住房抵押贷款，放贷机构再将住房抵押贷款作为一种资产"卖给"房利美和房地美等机构。后者将各种住房抵押贷款打包成住房抵押贷款支持债券（MBS），经由标准普尔等评级机构评级，然后再出售给保险公司、养老基金、对冲基金等投资者。这个过程被称为"资产证券化"。这不但是一个次贷被证券化的过程，也是一个衍生金融产品被创造出来的过程。如果说次贷是一个基础产品，MBS则可被称为最初级的衍生金融产品，而担保债务权证（CDO）则是衍生的衍生金融产品。信用违约互换（CDS）是次贷危机中扮演重要角色的另一重要衍生金融工具，其作用是将某种风险资产的违约风险从合同买方（信用风险资产的投资者）转移到合同卖方（信用风险保险提供者）。合同买方定期向合同卖方支付"保费"，如果发生参照实体（出售公司债券的第三方）违约、破产等"信用事件"时，保险卖方（可以是投资银行或其他金融机构）就必须向保险买方赔偿损失。这其中任何一个环节产生问题，就会引起连锁反应。此次次贷危机就是形成链式且逐级放大的危机过程。

首先，违约率上升使提供次贷而又未实现次贷证券化的住房金融机构倒闭或申请破产保护。2007年4月，美国第二大次贷供应商新世纪金融公司申请破产保护。

其次，由于MBS和CDO价格急剧下降，或出现有价无市的现象，使购买了大量较低级别MBS和CDO的对冲基金的投资人赎回压力骤然增加，如贝尔斯登公司旗下的两家对冲基金被迫关闭。

再次，较低级别的MBS和CDO的风险上升，导致评级机构对较高等级的MBS和CDO进行重新评估，这些产品的信用级别被调低，其市场价格也相应下跌。这就使购买信用评级较高的MBS和CDO的商业银行、保险公司、共同基金和养老基金等也随之受到冲击。可以说，金融创新不是天使，更像摆脱控制的自由逐利的野兽。

四 经济生活消费化：金融危机的深层基础

金融危机是生活世界危机的金融表现。消费社会，鲍德里亚所说的符号政治经济学，消费社会的统治，加上投机经济就是经济符号化、虚拟化，造成金融危机。在这一意义上说，整个消费社会的资本化，才是造成危机的最深层的原因。

从马克斯·韦伯《新教伦理与资本主义精神》一书中所说的禁欲主义"清教徒"到消费至上，这是资本主义生产逻辑所决定的。在资本原始积累时期，物质普遍匮乏，卖方市场使资本生产需要一定数量的货币，因此，一方面要尽快积累资金，另一方面就需要省吃俭用，于是，贪婪与吝啬必须成为原始积累时期的主要资本主义精神。但是，很快，资本生产能力迅速发展，资本主义的危机迅速表现为生产相对过剩的危机，因此，刺激消费就成为解决供过于求、克服经济危机的主要措施。进而，在一个相对产能与产品过剩的市场，消费亮点就成为资本能否获利、能否实现自己的商品中的剩余价值的关键，因此，消费社会就到来了。进而，决定和引导消费的又是各种品牌、符号、意象，从而使鲍德里亚的一切言论都似乎有了一个关键的理性支撑。的确，美国的超前消费观念、投机观念使生活世界、消费社会资本化，这是金融危机得以发生的社会基础。从19世纪开始，美国基本是靠消费拉动增长。因为工业革命带来全球生产能力的大幅提升，生产能力已不是制约经济发展的主要因素，消费却成为制约增长的瓶颈。美元一直被全球认可并被全世界各国持有，运用金融手段刺激消费就成为首选。引发金融危机的次贷危机其实就是很典型的美国消费过度的一种现象。"花明天的钱，圆今天的梦"，美国是靠信贷来促进消费，然后靠消费来带动经济增长，出现危机让全世界持有美国债券和美元的人来买单。美国依靠美元的特殊地位，片面以为只要大印美元纸片，就什么问题也没有，向外过度举债发展，向内过度贷款消费，这种"寅吃卯粮"的消费发展模式加上充分享受从发展中国家购进的低价消费品，不可避免地制造出巨大的经济泡沫，而泡沫总是要破灭的，最终给全球酿成苦果。地产商鼓动没有能力的消费者借贷买房，提前消费。同样的做法包括汽车贷款、教育贷款等。不仅如此，刺激消费的最强动力就是在证券化的引导下，将一些消费行为变成投资行为，变成可以增殖的资本化行为。消费与投资合一，使整个生活世界彻底被资本控制，生活世界在根本上丧失了自己的相对独立性，被彻底异化了。在这一意义上说，资本就是一种社会权力，是依仗将生活世界普遍异化而支配这一世界的权力。

五 经济虚拟化、知识资本化是金融危机发生的支撑因素

金融创新的关键支撑是那些所谓金融才子和精英们的知识创造及其使用。知识经济就是以知识为基础的经济。金融创新表现形式是金融，本质上是知识的资本化。任何一种金融体制、金融衍生品的出现，都不过是知识创新的结果。关键是：知识创新进入金融就是资本化过程，即通过金融创新而实际地使知识成为资本自由化、增加获利机会的工具。知识资本化使马克思的关于资本的增殖是物化劳动奴役活劳动的观点正好相反：作为高级人力资本的金融界精英，利用物化的金融资本而行其道，使之成为知识资本化的载体和躯壳，然后借尸还魂般地复活为一种高级资本生命体，大获其利。知识资本化是当代资本发展和创新的新形态和新动向。

虚拟资本是实体资本的重新社会化占有与分配形式。马克思说："如果说信用制度表现为生产过剩和商业过度投机的主要杠杆，那只是因为按性质来说可以伸缩的再生产过程，在这里被强化到了极限。它所以会被强化，是因为很大一部分社会资本为社会资本的非所有者所使用，这种人办起事来和

那种亲自执行职能、小心谨慎地权衡其私人的界限的所有者完全不同。"①的确,充分利用这一杠杆加以投机,以将社会资本占为己有,这就是虚拟资本的真正目的。虚拟资本其实并不创造财富,但是它可以改变分配和加速资本的集中。虚拟资本成为资本支配社会财富和实现更大的投机目的的经济权力,是对社会资本乃至"资本所有权的潜在的扬弃"。在这一基础上,知识资本化才有了真正的实现途径。知识通过支配虚拟资本的创新而实现资本化,即更大增殖的目的。

六 新全球化时代:金融危机传导与风险社会的来临

新全球化时代的金融危机,是一次严重的金融震荡,震荡中心未必破坏结果最烈,而波及周边可能受害最甚。新全球化时代的资本建立的"知识经济-工业经济"统治体系或网络结构平时若显若隐,但是在危机中却充分凸显为"危机传导线路图"。知识经济对制造业经济的全球统治,使知识经济遭受的危机很快通过多重渠道被扩散到边缘,边缘受害更深。发展中国家已经至少在遭受三重创伤:金融危机对于发展中国家金融资产的吞没和金融体系的冲击;国际经济依存度较高的地带制造业遭受沉重打击;内地原料产地和相关人员就业继而遭受严重打击。最终表现为发展中国家内部的系统危机,发展速度遭遇"刘易斯拐点"。在新全球化时代,没有真正的旁观者,没有哪个经济体能独善其身。受害程度不仅要看绝对经济总量,而且还要看承受力。发展中国家相对弱小的受害承受力使之受害程度更甚。

金融危机引起了全世界的反思,也使人们对资本和资本主义有了更深入的认识,特别是对那些迷信资本、热衷资本主义的人来说,不啻一副清醒剂。资本的逐利性和贪婪性使人们得出一个共识:资本是风险和危机之源。在现代社会,资本仍然在占主导地位,还有一定的历史作用,但是放任资本必然遭遇祸害。与狼共舞的日子依然没有结束,风险社会和灾害社会愈演愈烈。我们在利用资本的同时必须尽力防止资本对我们事业的"另类牵引"和严重危害。科学地运用资本繁荣社会,造福人民,就必须要对资本加强监管,逐步建立自主的话语权,推进建立公平、公正、包容、有序的全球金融

---

① 《资本论》第3卷,人民出版社,1975,第498页。

新秩序。

  总而言之，马克思对资本的批判，是我们在全球化条件下对资本进行辩证思考，尤其是分析、考察金融危机的重要指南。

（作者系苏州大学哲学系教授）

资本积累和金融化：明斯基与垄断资本学派*

李黎力

近年来，肇始于 2007 年末美国次贷危机的经济"大衰退"，引发了经济学界广泛而深刻的思考。① 主流经济学（主要是宏观经济学和金融经济学）由于未能预测、解释和应对这场危机而名声扫地；与此同时，过去一直被边缘化的非主流经济学思想因为对此次危机提供了替代性的解释，受到学界的关注和欢迎。其中，海曼·明斯基（Hyman Minsky）提出的"金融不稳定性假说"（FIH）理论甚是流行。② 另外，以美国左翼杂志《每月评论》（*Monthly Review*）主编保罗·斯威齐（Paul Sweezy）、哈里·马格多夫（Harry Magdoff）和约翰·福斯特（John Foster）等为代表的垄断资本学派（Monopoly Capital School）或"每月评论"（Monthly Review School）派，凭借其提出的"金融化"理论也声名大噪。著名财经记者、美国《纽约客》专栏作家卡西迪（John Cassidy）甚至认为："明斯基与斯威齐是两位最具先见之明的思想家……他们高人一等的判断天赋，使得他们能够先于很多主流经济学家看到一种由金融驱动的新资本主义模式的出现。"③ 事实上，明斯基与垄断资本学派之间的确有些渊源和联系，因此，本文试图在回顾他们之间渊源的基础上，对其思想进行比较，以期增进对当代资本主义经济运行规律的理解。

---

① 李黎力、沈梓鑫：《经济学向何处去——金融危机以来的经济学反思》，《经济理论与经济管理》2012 年第 7 期。
② 李黎力：《"大衰退"以来明斯基思潮之动向——一个批判性评述》，《经济评论》2014 年第 1 期。
③ 卡西迪：《市场是怎么失败的》，机械工业出版社，2011。

一　明斯基与垄断资本学派之间的渊源

在明斯基所处的时代，无论是其少年时期的20世纪30年代，还是其步入学术生涯的"黄金时代"，传统的马克思主义者都几乎排他性地关注实体经济部门，而忽视了马克思对金融部门的论述①。其中一个很重要的原因在于，这些马克思主义者往往将分析的出发点置于对资本主义生产规律的考察。在他们看来，生产才是真正重要的领域，而涉及货币和金融现象的流通领域，只不过是生产领域这一"本质"的外在表现，是从属于生产的，故而是次要的。② 这种风气和倾向使明斯基对马克思产生了偏见，认为马克思在金融方面的理解不及凯恩斯，因而尽管对马克思有所了解，但却在其研究中鲜少引用和借鉴马克思的洞见。③ 然而，当"黄金时代"结束，金融不稳定性显现后，这种风气发生了转变。一批新马克思主义者，特别是以斯威齐和马格多夫等为代表的垄断资本学派，开始将金融膨胀作为他们所考察的垄断资本主义阶段资本积累过程当中的一个重要的现象，并提出了一套"金融化"理论，从而在一定程度上恢复和发展了马克思图景中被忽视的金融要素。

20世纪70年代末，当斯威齐和马格多夫认识到资本主义经济出现的金融扩张现象时，便开始关注明斯基对金融不稳定性的研究。④ 在他们看来，"他（明斯基——引者注）的观点之所以特别值得关注，是因为在过去几年美国所有的经济学家中，他对发达资本主义国家金融体系至关重要的不稳定性，做了最为深入的研究"，并且"他1982年在《挑战》杂志上发表的那

---

① Crotty, James. "Marx, Keynes, and Minsky on the Instability of the Capitalist Growth Process and the Nature of Government Economic Policy". In Suzanne Helburn, and David Bramhall (eds.). *Marx, Schumpeter and Keynes: A Centenary Celebration of Dissent.* Armonk: M. E. Sharpe, 1986; Arnon. Arnie. "Marx, Minsky and Monetary Economics". In Gary Dymski, and Robert Pollin (eds.). *New Perspectives in Monetary Macroeconomics Explorations in the Tradition of Hyman P. Minsky.* AnnArbor: University of Michigan Press, 1994, p.152.
② Crotty, James. "The Centrality of Money, Credit, and Financial Intermediation in Marx's Crisis Theory: An Interpretation of Marx's Methodology". In Stephen Resnick, and Richard Wolff (eds.). *Rethinking Marxism: Struggle in Marxist Theory.* Brooklyn: Autonomedia, 1985.
③ 李黎力：《明斯基经济思想研究》，中国人民大学博士学位论文，2015。
④ Magdoff, Harry, and Paul Sweezy. *The End of Prosperity.* NewYork: Monthly Review Press, 1977.

篇题为《"它"还会发生吗?》的文章……很有影响力"。① 在此之后,他们开始将过去对垄断资本主义阶段资本积累的考察与金融化结合起来。由于他们与明斯基有着相同的研究旨趣,美国期刊《逆流而行》(*Against the Current*)曾在1988年五/六月号以封面文章的形式,同时发表了明斯基和斯威齐对当时美国经济的看法。而在这次"大衰退"之后出版的两本合著《重大金融危机:原因和后果》②《无尽的危机》③当中,福斯特更是大量参考和引用了明斯基关于金融不稳定性的研究,旨在总结和阐明垄断资本学派在金融化理论方面的观点。因此,我们有理由相信,垄断资本学派在很大程度上受到了明斯基研究的影响。④ 并且,考虑到明斯基和垄断资本学派都不同程度地吸收了凯恩斯、卡莱斯基、熊彼特和马克思的观点,因而他们的思想理当会呈现出一些共性和联系。

在这场"大衰退"爆发之后,自称为"结构凯恩斯主义"的托马斯·帕利(Thomas Palley)在《每月评论》上发表了一篇比较明斯基、垄断资本学派、结构凯恩斯主义和积累的社会结构学派(SSA)危机思想的文章,旨在促进凯恩斯主义与马克思主义之间的交流,增进双方之间的共识。⑤ 在该刊同期,福斯特专文回复了帕利,力图澄清他们与明斯基以及其他凯恩斯主义者之间的分歧和共识。⑥ 遗憾的是,由于他们所讨论的学派太多,并且主要着眼于对自身观点的解释,所以,这种对话没有客观且深入地比较明斯基与垄断资本学派之间的思想。鉴于以上明斯基与垄断资本学派之间的渊源和联系,以及已有研究所存在的缺憾,本文将归纳和理清他们之间的共性与差异,并做出相应的总结和分析。

---

① Magdoff, Harry, and Paul Sweezy. "Financial Instability: Where will it all end?", *Monthly Review*, 1982, 34 (6): 18 – 23, pp. 133 – 136.
② Foster, John, and Fred Magdoff. *The Great Financial Crisis: Causes and Consequences*. NewYork: Monthly Review Press, 2009.
③ Foster, John, and RobertMcChesney. *The Endless Crisis*. NewYork: Monthly Review Press, 2012.
④ Lavoie, Marc, and M. Seccareccia. "Minsky's Financial Fragility an Hypothesis: A Missing Macroeconomic Link". In Bellofiore, R., and P. Ferri (eds.). *Financial Fragility and Investment in the Capitalist Economy: The Economic Legacy of Hyman Minsky*. Cheltenham: Edward Elgar, 2001.
⑤ Palley, Thomas. "The Limits of Minsky's Financial Instability Hypothesis as an Explanation of the Crisis". *Monthly Review*, 2010, 61 (11): 28 – 43.
⑥ Foster, John, and Robert McChesney. "Listen Keynesians, It's the System! Response to Palley". *Monthly Review*, 2010, 61 (11): 44 – 56.

二 明斯基与垄断资本学派思想的共性

首先，明斯基和垄断资本学派都坚持认为，资本主义制度具有内在的根本缺陷，这种缺陷产生自资本主义条件下的资本积累过程。在明斯基看来，"资本主义这种组织积累的方式具有根本性缺陷……资本主义经济中的市场并不能很好地提供适合特定用途的、长期耐用的、昂贵的资本资产……也就不易容纳使用大规模资本资产的生产过程"①。而用马格多夫和斯威齐的话来说，"坦率面对这样的可能性，更确切地说，是将其置于分析的中心——积累过程的破坏，这一经济增长的核心问题可能是内在于市场体制本身的，无法自我纠正"②。这意味着，资本主义条件下的积累过程并不会平稳顺利地进行，而是会内生地产生某种破坏性力量或趋势。对于明斯基而言，这种破坏性力量来自积累的融资过程当中所滋生的金融脆弱性和不稳定性，它会终结资本的继续扩张，并可能诱发债务通缩和经济萧条；而对于垄断资本学派而言，这种破坏性力量来自资本积累过度所导致的经济停滞趋势，而为打破这种趋势的"资本主义金融化过程"则加剧了金融不稳定性，最终不可避免地回复到停滞趋势。因而，他们都认为，20世纪五六十年代资本主义出现的"黄金时代"只是一种暂时的异常情况，是历史的意外和偶然，它源自紧随大萧条之后的"二战"所释放的各种红利"因素"。③ 总之，在明斯基和垄断资本学派的经济图景中，稳定增长和资本扩张并非常态，经济停滞这种所谓的"斯威齐常态"④，或金融不稳定这种所谓的"明斯基动态"⑤，才是资本主义经济的正常状态。

其次，如卡西迪所言，明斯基和垄断资本学派都敏锐地捕捉到了20世纪80年代以来"一种由金融驱动的新资本主义模式的出现"。马格多夫和

---

① Minsky. Hyman. *Stabilizing an Unstable Economy*. New York：McGraw - Hill Professional Publishing，2008 [1986].
② 福斯特、麦克切斯尼：《结构凯恩斯主义对国际金融危机解释的局限性》，《国外理论动态》2010 年第 10 期。
③ Minsky. Hyman. *John Maynard Keynes*. New York：McGraw - Hill Professional Publishings 2008 [1975]；巴兰、斯威齐：《垄断资本》，南开大学政治经济系译，商务印书馆，1977。
④ Foster，John，and Robert McChesney. *The Endless Crisis*. New York：Monthly Review Press，2012，p. 14.
⑤ 李黎力：《"明斯基时刻"之考辨》，《经济理论与经济管理》2013 年第 7 期。

斯威齐从 80 年代开始重点关注"生产停滞与金融膨胀"之间的关系，特别是持续考察新兴的"资本积累过程的金融化"趋势及其对资本主义所产生的影响。① 经济的金融化突飞猛进，以振兴被产能过剩所压制的积累过程，但其代价却是不断加重的金融脆弱性和金融危机。② 这意味着，金融化对于资本主义积累过程具有双重影响：一方面，无论促进投资，还是刺激消费，金融部门的膨胀都起到了抵消垄断资本主义生产停滞趋势的积极作用，使资本主义重新焕发活力；③ 另一方面，金融化则会导致脆弱的"赌场经济"的兴起，"金融充当着经济周期的加速器，在上升阶段推动它更快地扩张，在下降阶段则促使它更快地下降"④，从而使"我们正在见证的经济（具有）根深蒂固的金融脆弱性"⑤，最终带来的债务威胁将逐渐变得巨大，以至于会摧毁国家作为最后贷款人对经济进行有效干预的能力，因而难逃经济深度停滞的厄运⑥。垄断资本学派认为，"明斯基忽视了其他为繁荣的长波循环交替提供更为坚实的基础的长期性因素……忽视了资本主义体系积累过程的长期结构性变迁……未能提出可称为经济的'金融化'的理论，从而未能扩展为一个连贯的分析"⑦。但实际上恰恰相反，明斯基和他们一样，不仅意识到"美国和其他资本主义经济如今是一个金融化的经济"⑧，而且从资本主义长期演化的视角出发，敏锐地捕捉到以"证券化"或金融化趋势为鲜明特征的"基金经理资本主义"的崛起，⑨ 并就此"扩展为一个连贯的分

---

① Magdoff, Harry, and Paul Sweezy. *Stagnation and the Fitiaticial Explosion*. NewYork：Monthly Review Press, 1987.
② Foster, John, and Robert McChesney. "Listen Keynesians, It's the System! Response to Palley". *Monthly Review*, 2010, 61 (11)：44 – 56.
③ Magdoff, Harry, and Paul Sweezy. *Stagnation and the Fitiaticial Explosion*. NewYork：Monthly Review Press, 1987, pp. 102 – 103.
④ Magdoff, Harry, and Paul Sweezy. *The Endof Prosperity*. NewYork：Monthly Review Press, 1977, pp. 111 – 124.
⑤ Magdoff, Harry, and Paul Sweezy. "Financial Instability：Where will it all end?. *Monthly Review*, 1982, 34 (6)：18 – 23.
⑥ 福斯特：《马克思、卡莱茨基与社会主义策略》,《中国人民大学学报》2014 年第 2 期。
⑦ Foster, John, and RobertMcChesney. *The Endless Crisis*. NewYork：Monthly Review Press, 2012, pp. 57 – 58.
⑧ Minsky, Hyman. "Financial Interrelation and the Balance of Payments, and the Dollar Crisis, . InJ. D. Aronson (ed.) . *Debt and the Less Developed Countries*. Boulder：West view Press, 1979.
⑨ Minsky Hyman. "Securitization". Hyman P. Minsky Archive, Paper 15, Levy Economics Institute of Bard College, Annandale – on – Hudson, 1987.

析"①。与他们类似，明斯基同样洞察到金融化过程所具有的两面性：一方面，金融体系是"维持资本主义的生机和活力所必需的"②，金融化演变"产生了资本主义的适应性和韧性"③；另一方面，它却助长了投机行为，加剧了金融不稳定性，使资本主义经济出现不景气④。

再次，明斯基与垄断资本学派对"垄断资本主义"一些方面的分析具有某种相似性。20世纪初，资本主义逐渐进入垄断资本主义新阶段，其中的一个突出特征在于，资本积聚和集中催生了大型股份公司和各种垄断组织。对于这种新的资本主义，垄断资本学派提出了"经济剩余"这个核心概念来分析垄断资本主义的运行规律，并系统提出了经济剩余理论，即关于经济剩余产生和吸收的理论。⑤ 经济剩余的"最简短定义就是，一个社会所生产的产品与生产它的成本之间的差额"⑥，故而它不仅包括利润、地租和利息这些所谓的"剩余价值"（或财产收入），而且包括商业过程中的浪费、销售努力对生产过程的渗透以及政府吸收的剩余。在他们看来，由于生产力的增长以及资本主义向垄断阶段的发展，经济剩余会趋于上升，这是垄断资本主义的基本经济规律。然而，"垄断资本主义是一个自相矛盾的制度，它总是形成越来越多的剩余，可是它不能提供吸收日益增长的剩余所需的，因而是这个制度和谐运转所需要的消费和投资出路。既然不能吸收的剩余就不会被生产出来，所以垄断资本主义经济的正常状态就是停滞"。⑦ 与他们类似，明斯基从不同视角出发同样讨论了垄断资本主义所具有的上述特征。他从发达资本主义经济所具有的复杂金融结构和昂贵资本资产出发，认为"寡头和垄断竞争是资本密集型行业一种天然的市场结构"，"存在着垄断的

---

① Sweezy, Pual. "Monopoly Capital after 25 Years". *Monthly Review*, 1991, 43 (7): 52 – 57.
② Minsky, Hyman. *John Maynard Keynes*, NewYork: McGraw – Hill Professional Publishing, 2008 [1975], p. 11.
③ Minsky, Hyman. "Schumpeter: Finance and Evolution". InHeertje, A., andM. Perlman (eds.). *Evolving Technology and Market Structure: Studies in Schumpeterian Economics*. AnnArbor: University of Michigan Press, 1990.
④ Minsky, Hyman. "The Capital Development of the Economy and the Structure of Financial Institutions". Working paper, No. 72, Levy Economics Institute of Bard College, Annandale – on – Hudson, 1992.
⑤ 巴兰、斯威齐：《垄断资本》，南开大学政治经济系译，商务印书馆，1977，第348页。
⑥ 巴兰、斯威齐：《垄断资本》，南开大学政治经济系译，商务印书馆，1977，第14～15页。
⑦ 巴兰、斯威齐：《垄断资本》，南开大学政治经济系译，商务印书馆，1977，第105～106页。

趋势，以避免竞争导致价格下降"。① 在分析这种资本主义的运行规律时，明斯基并非囿于狭义的"利润"概念，而是提出了类似于"经济剩余"的"剩余"概念，它比通过利润或投资衡量的数额要大得多。② 在他看来，任何一个投资型经济都会产生并分配剩余，它由投资以及其他各种支出通过价格这个载体对由技术决定的产出成本的加成而产生。③ 而政府开支以及与现代企业商业开支相关的广告宣传、行政管理、产品研发和营销努力等没有增加由技术决定的生产所必需的单位劳动的产出的支出，则构成了剩余的分配，或垄断资本学派所称的剩余的吸收。④ 明斯基还发现，在许多情况下，只有一部分，而且只有越来越小一部分企业成本反映了技术上所必需的劳动投入和原材料投入⑤，这似乎暗示着剩余也具有上升的趋势。并且，他还提及，"美国那些大规模的企业却有变得停滞和效率低下的趋势"⑥。

最后，或许是受到马克思的影响，明斯基与垄断资本学派的理论框架中都充满了辩证法。就明斯基而言，一方面，他声称，发达的资本主义经济具有内在的不稳定性，金融过程内生地产生脆弱性加剧的趋向，并容易遭受金融危机的冲击。而另一方面，他又断定，在"大政府资本主义"下，"大政府"和"大银行"却使得"大萧条"未曾再次发生。但是，"大政府"和"大银行"的制度安排虽然可以避免"大萧条"重演，但却无法消除系统的不稳定性——它们会以其他形式表现出来。政府干预带来的道德风险，意味着避免债务通缩和萧条的发生需要更为庞大且更加频繁的干预来实现，因此其干预成本也会不断上升。换言之，一方面，大政府这种制度安排对于防止萧条发生不可或缺；但另一方面，这种制度安排却没有消除资本主义产生金

---

① Minsky. Hyman. *Stabilizing an Unstable Economy*. NewYork：McGraw-Hill Professional Publishing，2008 ［1986］，pp. 187、190.
② Minsky. Hyman. *Stabilizing an Unstable Economy*. NewYork：McGraw-Hill Professional Publishing，2008 ［1986］，p. 172.
③ Minsky. Hyman. *Stabilizing an Unstable Economy*. NewYork：McGraw-Hill Professional Publishing，2008 ［1986］，pp. 160 – 161.
④ Minsky. Hyman. *Stabilizing an Unstable Economy*. NewYork：McGraw-Hill Professional Publishing，2008 ［1986］，p. 174.
⑤ Minsky. Hyman. *Stabilizing an Unstable Economy*. NewYork：McGraw-Hill Professional Publishing，2008 ［1986］，p. 174.
⑥ Minsky，Hyman. *John Maynard Keynes*，NewYork：McGraw-Hill Professional Publishing，2008 ［1975］，p. 165.

融不稳定性的内在趋向。这被称作所谓的"明斯基悖论"(Minsky Paradox)。① 这种类似的悖论同样可以在垄断资本学派关于资本积累的核心图景中找到。在他们看来,发达的资本主义经济由于高度垄断和工业的成熟,所产生的巨大的实际和潜在的经济剩余要大于营利性的投资和消费所能吸收的量,故而会出现有利可图的投资机会倾向于减少的趋势,导致经济内在地具有增长停滞的倾向。但是,他们又认为,这种内在的倾向可以通过政府开支、私人受广告诱致的浪费性支出,尤其是由日益依赖于债务开支所提供的需求刺激(即金融化)来缓解。然而,这些活动的成本会随着时间的推移而不断上涨,滋生越来越大的金融泡沫,金融泡沫的最终破裂将再次把经济推入停滞的泥沼,即形成"停滞–金融化陷阱"②。之所以出现这种悖论或陷阱,其根本原因是在他们的图景中,资本主义制度存在着固有的缺陷,且无法从根本上消除,只能在一定程度上缓解,并会反复出现。

三 明斯基与垄断资本学派思想的差异

尽管明斯基与垄断资本学派在上述方面具有明显的共性或相似性,但他们之间的差异和分歧却十分鲜明。

首先,尽管明斯基与垄断资本学派都认为资本主义存在根本性缺陷,但他们却在基本图景上体现出明显差异。虽然垄断资本学派反对马克思和传统马克思主义者所笃信的资本主义具有"崩溃"的趋势,但是坚持认为资本主义会不可避免地产生"停滞"的趋向:"绝对的经济制度崩溃的预期却是不合理的。最有可能的前景是……发达资本主义经济将长期停滞。资本主义制度'造成其处在被崩溃持续威胁着的静止状态',但是崩溃从未真正发生,因为经济停滞几乎会无限期地延续下去"③。这种所谓的"斯威齐常态"的停滞,源自"在垄断资本体制下,生产中产生的大量实际经济剩余和潜

---

① Pollin, R., and G. Dymsky. "The Cost and Benefits of Financial Instability: Big Government Capitalism and the Minsky Paradox". In Gary Dymski, and Robert Pollin (eds.). *Neiv Perspectives in Monetary Macroeconomics: Explorations in the Tradition of Hyman P. Mitisky*. Arm Arbor: University of Michigan Press, 1994.

② Foster, John, and Robert McChesney. "Listen Keynesians, It's the System! Response to Palley". *Monthly Review*, 2010, 61 (11): 44–56.

③ Foster, John, and Robert McChesney. "Listen Keynesians, It's the System! Response to Palley". *Monthly Review*, 2010, 61 (11): 44–56.

在经济剩余,超过了资本家消费和投资的支出……并表现为低增长、高失业和过剩生产能力"①。可见,垄断资本学派同马克思相似,设想的经济本质上是一个具有"向下的不稳定性"的经济,资本在"过度积累"之后会不可避免地陷入停滞和萧条。然而,正如垄断资本学派所认为的,"他(明斯基)忽视了支撑繁荣的条件的逐渐消失和停滞趋势的重新出现"②。的确,尽管明斯基曾提及垄断使得"美国那些大规模的企业却有变得停滞和效率低下的趋势",③ 而为抑制不稳定性的"大政府"制度性安排则助长了这种趋势④,但事实上,他却明确反对资本主义经济会呈现出这种停滞的长期性趋势的观点。如垄断资本学派⑤所注意到的,明斯基曾责怪道,"凯恩斯在《通论》第17章讨论的关键节点上,停滞主义和投资机会耗竭的思想取代了投资、资产持有和负债结构均由投机性因素所支配的周期性观点"⑥。也就是说,停滞在明斯基的图景中只是一个暂时的周期性状态,而不是常态:实际上,无论是繁荣、债务通缩、经济停滞,还是复苏,抑或是充分就业的增长,都不可能一直持续下去。每种状态都孕育着导致自我毁灭的力量⑦;而垄断资本学派却认为"不存在'超级明斯基周期'及其复苏"⑧。在明斯基的图景中,真正的常态是蕴含着金融不稳定性的周期性扩张和繁荣,因而是一个本质上具有"向上的不稳定性"的情绪高涨的经济。在这种经济中,明斯基并未发现任何像垄断资本学派所识别到的剩余吸收问题对资本积累过程所构成的障碍,唯一的掣肘在于金融领域,但是金融结构却会使资本主义

---

① 福斯特:《马克思、卡莱茨基与社会主义策略》,《中国人民大学学报》2014 年第 2 期。
② Magdoff, Harry, and Paul Sweezy. *The End of Prosperity*. NewYork: Monthly Review Press, 1977, pp. 133 – 136.
③ Minsky, Hyman. *John Maynard Keynes*, NewYork: McGraw – Hill Professional Publishing, 2008 [1975], p. 165.
④ Minsky, Hyman. "The Financial Instability Hypothesis: A Restatement". In *Thames Papers in Political K – conomy*, London: Thames Polytechnic, 1978; Reprinted in P. Arestis and T. Skouras (eds.). *Post Keynesian Economic Theory*. Armonk: M. E. Sharpe, 1985.
⑤ Foster, John, and RobertMcChesney. *The Endless Crisis*. NewYork: Monthly Review Press, 2012, p. 58.
⑥ Minsky, Hyman. *John Maynard Keynes*, NewYork: McGraw – Hill Professional Publishing, 2008 [1975], p. 77.
⑦ Minsky, Hyman. *John Maynard Keynes*, NewYork: McGraw – Hill Professional Publishing, 2008 [1975], p. 126.
⑧ Foster, John, and Robert McChesney. "Listen Keynesians, It's the System! Response to Palley". *Monthly Review*, 2010, 61 (11): 44 – 56.

在遭受危机之后重新焕发出活力,而不是造成"停滞趋势的重新出现"。

其次,虽然明斯基与垄断资本学派都坚持致力于对金融膨胀和金融化问题的研究,但他们在具体研究进路上却存在本质差别。明斯基自其早期研究开始,就把金融视作自己经济图景中的核心,正如他所明确声称的:"资本主义本质上是一个金融体系,资本主义经济所特有的行为属性便主要集中于金融对系统行为的影响"[1]。这意味着,虽然在他看来,发达资本主义经济是一个集金融和生产体系于一体的经济体系,但他却倾向于认为,在这种经济体中,"资本主义本质上的金融属性"[2] 使金融过程具有它们自身的运行规律和逻辑,以至于这种金融的逻辑事实上决定了经济的逻辑。这可以说是构成明斯基研究的基础,并将其研究与其他经济学家的研究区分开来的独特图景和核心洞见之所在。在明斯基看来,我们之所以需要理解金融,并不是因为它是现代经济的重要组成部分,而是因为它是经济的核心和动力。因此,"分析资本主义经济的适切范式并不是一种交换经济,而是一个包含金融城或华尔街的体系"[3]。正是基于这种"华尔街范式",明斯基从金融领域发现了资本主义所固有的不稳定性,在这方面垄断资本学派也给予了明确承认:"在过去几年美国所有的经济学家中,他对发达资本主义国家金融体系至关重要的不稳定性做了最为深入的研究"[4]。而20世纪80年代逐渐出现的证券化或金融化过程,只不过是这种"华尔街范式"框架下的资本主义经济体系长期内生演化动态的表现。这种演化改变了金融和实体经济变量之间的关系,进而改变了经济的动态模式,从而使资本主义具有一定程度的弹性和适应性。相比之下,垄断资本学派对于金融的关注和研究则没有明斯基这样系统和一以贯之。他们最开始是从考察垄断资本主义阶段资本积累的规律出发的,认为垄断资本主义的主要矛盾在于不断增长的巨大的经济剩余与相应的剩余如何被利用和吸收之间的矛盾。该矛盾导致资本积累过度和生产

---

[1] Minsky, Hyman. "Financial Intermediation in the Money and Capital Markets". In Pontecorvo, G., Shay, R. P., and A. G. Hart (eds.). *Issues in Banking and Monetary Analysis*. NewYork: Rinehart and Winston, 1967.

[2] Minsky, Hyman. *John Maynard Keynes*, NewYork: McGraw - Hill Professional Publishing, 2008 [1975], p. 11.

[3] Minsky, Hyman. *John Maynard Keynes*, NewYork: McGraw - Hill Professional Publishing, 2008 [1975], p. 70.

[4] Magdoff, Harry, and Paul Sweezy. *The End of Prosperity*. NewYork: Monthly Review Press, 1977, pp. 133 - 136.

能力限制，于是呈现出经济停滞的状态或趋势。在这种"垄断资本"或"停滞理论"的理论视野中，金融在一开始基本上是缺失的，或者至少是无足轻重的，正如斯威齐在之后所承认的，他未能在早期研究中（主要指其《垄断资本》著作）考虑乃至预见到金融在其中所扮演的重要角色。① 直到80年代金融扩张逐渐显现时，垄断资本学派才意识到金融化在这种理论视野中所起的某种"功能性"作用：金融资本扩张（即金融化）是垄断资本主义消化经济剩余的一种方式，成为解决垄断资本主义经济剩余的有效途径。这种"资本积累过程的金融化"也正是对根植于资本主义垄断阶段的经济深度停滞趋势的反应，停滞的"斯威齐常态"构成了金融化扩张的原因。② 换言之，金融化只不过是经济停滞这一基本趋势的反映，"金融的逻辑"只是从属于垄断资本这一"经济的逻辑"："金融充当着经济周期的加速器"③，而不是经济周期的驱动器。而直到福斯特提出"垄断金融资本"④概念之后，垄断资本学派才致力于考察金融资本特殊的独立的运动规律，并将金融资本与产业资本的积累并称为"资本主义双重积累体制"。⑤ 可见，是否从一开始便将金融作为经济图景的核心，是明斯基与垄断资本学派之间的重大差异。

第三，明斯基与垄断资本学派之间的另外一个明显差异还在于，二者有关阶级冲突，进而关于资本主义经济政策的可行性的立场和看法，或如帕利所说的，对资本主义乐观程度存在差异。尽管明斯基受到左派家庭和导师的熏陶和培养，但在其经济图景中，阶级冲突概念以及相应的阶级分析却是基本上不予考虑的，取而代之的是金融无处不在的角色。⑥ 由于阶级冲突和分析的缺乏，明斯基和凯恩斯一样，成为一位乐观的资本主义的改革主义者，希望通过一整套综合性的政策制度改革安排来弥补资本主义所固有的金融不稳定性缺陷。这种"乐观主义"从根本上来自他对资本主义多样性的理解：

---

① Sweezy. Paul. "Monopoly Capital after 25 Years". *Monthly Review*, 1991, 43 (7)：52-57.
② Foster. John, and RobertMcChesney. *The Endless Crisis*. NewYork：Monthly Review Press, 2012, p. 14.
③ Magdoff. Harry, and Paul Sweezy. *The Endof Prosperity*. NewYork：Monthly Review Press, 1977, pp. 111-124.
④ Foster. John, and RobertMcChesney. *The Endless Crisis*. NewYork：Monthly Review Press, 2012.
⑤ 王旭琰：《从垄断资本到垄断金融资本的发展——评"每月评论"派论资本主义新阶段》，《国外理论动态》2011年第1期。
⑥ Palley. Thomas. "The Limits of Minsky's Financial Instability Hypothesis as an Explanation of the Crisis". *Monthly Review*, 2010, 61 (11)：28-43.

资本主义存在内在的不可避免的缺陷,即金融不稳定性是具有复杂金融体系的资本主义经济的系统性特征。但这并不必然就意味着所有资本主义都是同样的不稳定,以至于我们要拒绝资本主义;相反,存在着各种各样的资本主义,我们的想象力可以构造出无数可能的资本主义经济,其中某种资本主义要比其他的要不那么不稳定,因而,问题或许在于哪种资本主义更好,不见得对于任何时候,而是相较于现在而言更好。① 因此,在明斯基看来,"尽管所有的资本主义均有缺陷,但我们却可以构建一种资本主义,其缺陷没有当前的明显"②。这需要对现有的资本主义进行罗斯福新政那样规模的根本性制度变革,为此明斯基除了提出"大政府"和"大银行"这两种温和的制度安排外,还提出了诸如"投资的社会化""最后雇佣者计划"的充分就业政策以及收入公平分配等更为激进的政策举措,力图在"稳定不稳定的经济"的同时,构建一个通向人本社会的人本经济。③ 然而,在垄断资本学派看来,一旦考虑到资本主义制度下的资产阶级与无产阶级之间的冲突和矛盾,这些激进的政策改革方案是与"社会的政治和意识形态结构完全对立的,在社会性质未发生根本变革之前,绝无施行的可能"④,资产阶级会将这些举措(例如充分就业)视为是对其整体社会权力的威胁,因而所有这些举措都会遭到资本的强烈抵制。他们将采取一切手段(包括破坏活动),阻止任何威胁其阶级地位的变革。⑤ 因此,他们认为,明斯基所提出的政策变革只是一种乌托邦式的空想,要想"真正解决资本积累危机的问题,就要求以公平的、可持续发展的制度终取代资本主义为前提"。⑥

---

① Minsky. Hyman. "The Financial Instability Hypothesis: Capitalist Processes and the Behavior of the Economy' In Kindleberger, C. P. , and J. P. Laffargue (eds.). *Financial Crises: Theory, History and Policy*. Cambridge: Cambridge University Press, 1982.
② Minsky. Hyman. *Stabilizing an Unstable Economy*. NewYork: McGraw-Hill Professional Publishing, 2008 [1986], p. 329.
③ Minsky. Hyman. *Stabilizing an Unstable Economy*. NewYork: McGraw-Hill Professional Publishing, 2008 [1986], p. 326.
④ Foster. John, and Robert McChesney. "Listen Keynesians, It's the System! Response to Palley". *Monthly Review*, 2010, 61 (11): 44 – 56.
⑤ 福斯特·麦克切斯尼:《结构凯恩斯主义对国际金融危机解释的局限性》,《国外理论动态》2010 年第 10 期。
⑥ Foster. John, and Robert McChesney. "Listen Keynesians, It's the System! Response to Palley". *Monthly Review*, 2010, 61 (11): 44 – 56.

四 结论与简评

综上比较研究发现，明斯基与垄断资本学派关于资本主义资本积累和金融化的理论，的确为本次金融危机和经济衰退提供了不同于主流经济学的独特解释。主流经济学通常认为资本主义经济是天生稳定的，将现实当中所出现的不稳定性和危机视作是外部（货币或实体）冲击或政策失误的结果，而不是资本主义经济正常运行的结果。与之不同，明斯基和垄断资本学派均认为资本主义具有内在的不稳定性缺陷，这种缺陷源自资本主义条件下的资本积累过程，而20世纪80年代以来出现的"由金融驱动的新资本主义模式"则加剧了这种缺陷，因而此次危机只不过是这种资本主义正常运行的必然结果。为此，他们从不同角度考察了垄断资本主义的运行特征，并剖析了资本积累和金融化过程中的悖论或陷阱。与主流经济学相比，他们关于危机的系统性解释更有说服力，因而在这场"大衰退"之后引发了大量关注和讨论。然而，尽管在以上核心洞见上相一致，但二者的研究进路却表现出明显的差异。垄断资本学派是从研究垄断资本主义阶段资本过度积累所显现的经济停滞趋势出发，发展出"资本主义的金融化"理论和危机理论。他们认为，垄断资本主义内在经济剩余产生与吸收之间的矛盾而导致资本积累过度和生产能力过剩，最终不可避免地呈现出经济停滞的状态或趋势。而20世纪80年代出现的金融化作为吸收经济剩余的一种方式，在一定程度上缓解了垄断资本主义的内在矛盾，从而延缓了经济停滞的倾向。但是，这种金融膨胀吸收经济剩余的能力会逐渐下降，滋生的金融脆弱性会不断增加，最终以金融危机的形式致使垄断资本主义回复到经济停滞的常态。相比之下，明斯基则是直接从研究发达资本主义资本积累的融资过程出发，提出资本主义的金融不稳定性假说和危机理论。他发现，发达资本主义由于在经济扩张阶段，资本积累债务融资过程中所产生的现金支付承诺的增长速度要快于积累过程中所产生的现金收入（利润）的增长速度，最终不可避免地会滋生金融脆弱性，以至于诱发了金融危机。而20世纪80年代逐渐崛起的以证券化或金融化为典型特征的所谓"基金经理资本主义"这种新的资本主义形式或阶段，则是资本主义经济体系长期演化的结果，它加剧了之前资本主义所内生的金融脆弱性和不稳定性动态，导致金融危机更容易爆发。这两种研究进路虽然有所差别，但从根本上却并不相互排斥，而是可以结合起来更好地理解近三十多年来资本主义不稳定性和危机的产生问题。一方面，垄断资本学派对实体层面生产能力过剩、趋于停滞的捕捉，强化了明斯基图景当中的实体（利润）与金融（债务）之间的失衡以及由此滋生的不稳定性动态；另一方面，明斯基对金融层面过度负债、趋于金融化的强调，同样加剧了垄断资本学派图景当中的经济剩余生产和吸收之间的矛盾以及随之产生的停滞倾向。

明斯基与垄断资本学派上述有关资本积累和金融化的洞见，不仅增进了对近几十年来资本主义不稳定性的理解，而且有助于启发当今对资本主义未来走向的判断和思考。一种流行的观点认为，当今资本主义的去工业化进程助推了制造业的衰落，金融资本取代产业资本占据主导地位，经济增长不再以大规模固定资本更新为支撑。因而固定资本更新对经济全局的影响力大大减弱，难以推动整个经济从衰退走向复苏和繁荣，从一次危机到再一次危机的重复方式成为历史。这意味着西方资本主义经济不再具有鲜明的周期性了，经济停滞将成为当代资本主义的常态。① 显然，这种观点源自马克思的经济危机理论，其中固定资本更新是资本主义经济危机周期性爆发的物质基础：一方面，固定资本的大规模更新，促进了危机过后社会生产的恢复和发展，为复苏和高涨阶段的到来提供了物质条件；另一方面，固定资本的大规模更新，又为生产过剩、为下次危机的到来创造了物质前提。这种观点从根本上是与垄断资本学派所坚持的垄断资本主义具有"斯威齐（经济停滞）常态"的立场相一致的，尽管其论证逻辑有所差别。但值得注意的是，垄断资本学派强调重新金融化对于再次突破经济停滞常态，重启经济周期性扩张的可能性，而重建金融化的条件通常与政府经济政策推动密切相关。② 而按照明斯基关于金融的逻辑，这种对资本主义陷入长期停滞的判断更是有待斟酌的。明斯基曾明确反对任何停滞主义的看法，坚持资本主义的周期性不稳定动态。虽然他在一开始继承了凯恩斯的经济周期的投资理论，从而将投资波动作为经济周期性交替的主要决定性因素，但在以后的学术生涯中却致力于探求经济内部更广泛的经济周期的产生力量。它们不再限于实体领域的投资与产出之间的相互动态，而是拓展至资本主义经济内部实体与金融之间

---

① 何自力：《论西方资本主义经济停滞的常态化》，《政治经济学评论》第 5 卷第 4 期，2014 年 10 月。
② 福斯特·麦克切斯尼：《垄断金融资本、积累悖论与新自由主义本质》，《国外理论动态》2010 年第 1 期。

的相互动态,以及市场与政府之间的相互作用。这些力量将在金融的主导下推动经济周期的交替出现。这种观点可称作"金融周期理论"①,金融而不是实体领域的投资或固定资本更新成为周期性交替的主要驱动力和主要构成部分。这意味着,即便固定资本更新对经济全局的影响力大大减弱,表现为债务与资产价格相互作用的金融力量同样有可能推动经济的周期性扩张和危机。而政府的干预和调控同样可以改变经济周期的形态。面对经济停滞,政府可能会采取再工业化助推固定资本更新,或者像垄断资本学派所说的重启金融化来推动经济走出衰退和停滞,走向复苏。并且,按照明斯基的资本主义多样性和长期阶段性演化理论,当今的"基金经理资本主义"并不是资本主义的终极阶段,未来资本主义还会演变至新的阶段,呈现出新的形式。换言之,即便这种形式的资本主义陷入停滞,也可能破土重生,通过向一种新的形式的演变而摆脱停滞。而其中,技术和创新这种在明斯基与垄断资本学派图景中均基本缺失的要素,或许将在引领未来新的资本主义发展中扮演重要角色。为了增进对资本主义运行规律的理解,未来需要加强明斯基主义和垄断资本学派之间的对话,并将二者同熊彼特和佩蕾丝(Carlota Perez)所坚持的技术研究传统有机结合起来。②

(作者系中国人民大学经济学院讲师)

---

① Borio, Claudio. "The Financial Cycle and Macroeconomics: What have We Learnt?", *Journal of Hanking & Finance*, 2014, 45: 182–198.
② 李黎力、张红梅:《明斯基研究传统:经济学所忽视的金融泡沫研究传统》,《经济学家》2013年第9期。

马克思的生息资本理论与
当代资本主义金融化

康 翟

20世纪70年代以来的资本主义经济金融化带来了虚拟资本的爆炸性增长、积累过程金融化、经济活动重心转移等一系列新的变化。与以往虚拟资本与产业资本携手并进，在经济繁荣时扩张、经济危机时大规模缩水不同的是，当今虚拟资本的扩张恰恰是对应着实体经济的长期停滞。由此，产生了如下迫切需要回答的问题：虚拟资本的积累是否已经与产业资本的积累相背离，如果是，那么它背后的深层机制是什么？马克思曾将货币资本积累与产业资本积累的关系问题视作有关生息资本理论的"仅有的几个困难问题"[①]之一，并就货币资本的积累做了详尽的考察。由于当代金融体系相比于马克思的时代而言已经发生了巨大的变化，货币资本（银行借贷资本）在金融体系中的支配地位已经让位于虚拟资本，在这个意义上，对虚拟资本积累问题进行考察是当代金融体系变革的现实向我们提出的必然要求。

一 金融体系的当代变革与虚拟资本的崛起

大体而言，金融体系的当代变革主要在以下三个方面显示出来。①商业银行的衰落与投资银行的兴起，以及与之紧密关联的间接融资向直接融资的转变。②金融市场的地位提升，以及与之相适应的金融体系权力结构的转型。与列宁所分析的金融寡头统治十分接近的摩根财团、洛克菲勒财团等美

[①] 《资本论》第三卷，人民出版社，2004，第539页。

国八大财团,在"二战"之后纷纷解体,取而代之的是金融市场的统治地位的确立。③金融领域不再仅仅与实体产业、生产过程发生关系,而是将触角伸向了消费领域或者说个人生活领域。当今时代,银行信贷的主体已经不是面向企业的信贷而是面向个人消费的信贷,并且出现了信贷资产证券化的新情况,众所周知,2008年的美国金融危机也正是与此有关。下面就这三点来做一具体展开。

第一,就商业银行的衰落而言,其主要原因在于商业银行的传统业务吸收存款与发放贷款被新兴的金融机构尤其是投资银行挤压,后者绕过商业银行直接通过金融市场进行融资。著名金融学家罗伯特·希勒在《金融与好的社会》一书中对此解释道:"发生这种情况的原因是针对证券的公开信息越来越多,道德危害及选择偏见等问题发生的概率已被大大降低。"① 换言之,银行的存贷业务之所以能够在很长一段时期占据优势地位,一个很重要的原因即是它能够为投资者(存款者)规避风险,因此,当发达的经济体系中由于分析师、评级机构以及新闻杂志开始提供对于投资标的的评估,绕过银行直接进行投资的风险就被降低了。于是,以投资银行为主体的非银行金融机构通过发放有价证券等形式吸收存款就自然而然兴起了,从20世纪60年代以来,这类非银行金融机构形成了日益庞大的所谓影子银行体系。另外,由于股权关系相比于债权关系在降低和分散风险方面具有明显的优势,因此,企业也更倾向于通过金融市场而非银行融资。

第二,金融体系权力结构的转型可以看作是商业银行衰落及金融寡头统治弱化的伴随结果。商业银行的衰落使得希法亭所极力强调的银行资本对产业资本的控制受到普遍质疑,而金融寡头统治的弱化则使列宁所建立的以"参与制"或者说股权融合为主要模式的银行资本对产业资本的统治处于十分尴尬的境地。我们知道,马克思在《资本论》中从不同层次探讨了银行资本与产业资本的关系,比如说从利润与利息的关系、利润率与利息率的关系、生产关系的本质与形式(资本拜物教)、货币资本(银行借贷资本)的积累与产业资本的积累的关系等多个层次展开分析,但却从来没有触及银行资本对产业资本的统治这一维度。在这个意义上,银行资本对产业资本的统治可谓希法亭金融资本理论的独特贡献,有学者甚至将其视为:"希法亭与

---

① 罗伯特·希勒:《金融与好的社会》,束宇译,中信出版社,2012,第58页。

马克思本人在金融资本理论上的分水岭"①。而列宁的金融资本理论则在很大程度上延续了希法亭的思路，这突出体现在他将希法亭强调的通过信贷实现控制的方式进行了拓展，即控制不再仅仅意味着"用扩大或减少、便利或阻难信贷的办法来影响他们，以致最后完全决定他们的命运，决定他们的收入"②，而是包含着另一个重要的层面即建立在"参与制"基础上的控制。这种控制模式与垄断组织的高级形式康采恩十分相似，即首先控股一个巨大的母公司，然后以此为前提通过股权融合依次控股其他公司，形成一个层次严密的大型财团。这方面最为典型的就是20世纪初美国出现的摩根财团，当时以摩根为首的银行家几乎控制了美国全部主要的产业。

第三，就金融体系向个人消费以及生活领域的渗透而言，商业银行的衰落也扮演了至关重要的角色。按照著名激进政治经济学家考斯达斯·拉帕维查斯的解释，正是因为"过去的三十年中，大企业转向公开市场进行融资，从而推动银行去寻找其他的利润来源。一种途径就是对单个工人提供金融服务。这一趋势由于住房、养老金、教育等公共服务的收缩而得到了促进"③。换言之，金融服务从企业转向个人的基本背景是商业银行为求生存而不得不进行的业务拓展或者说转型。个人消费的金融化不仅涉及了住房上的支出，也包括了教育、医疗等其他方面的支出。但仅个人房屋按揭贷款一项，"占GDP比例就从1980年的34%上升到2007年危机爆发前的79%"。④ 另一方面，流入证券市场的资金很大程度上来自居民的收入以及养老金，据统计，美国股市资金的70%来源于养老金等投资机构，而美国普通家庭的资产三分之一以上也投在了以华尔街为代表的金融市场，因此，金融体系的末端连接的是每个普通人的日常生活，影响着每个普通人的命运。2008年的金融危机之后，美国普通居民家庭资产平均缩水四分之一，很多人也在金融危机中失去了工作甚至于无家可归，民众对于以华尔街为代表的美国金融体系的仇视心理由此可见一斑。

以上三点为我们理解金融体系的当代变革提供了坐标，而对这一变革的

---

① 参见杨长江《略论当代金融资本》，《政治经济学评论》2015年第5期。
② 《列宁选集》第二卷，人民出版社，1995，第601~602页。
③ 考斯达斯·拉帕维查斯：《金融化了的资本主义：危机和金融掠夺》，李安译，《政治经济学评论》2009年第1辑。
④ 考斯达斯·拉帕维查斯：《金融化了的资本主义：危机和金融掠夺》，李安译，《政治经济学评论》2009年第1辑。

把握则是我们探讨资本主义经济金融化及相关问题的基本前提。同时，也正是这三点共同促成了虚拟资本的崛起：首先，投资银行是现有证券（虚拟资本）市场的缔造者，其中就包括股票市场，没有投资银行，也就没有这些市场。因此，投资银行的兴起必然带来的是虚拟资本扩张，并且，由于传统商业银行在金融市场的冲击下，迫于生存压力也开始转向投资银行业务，从而一定程度上加剧了虚拟资本的膨胀。其次，随着金融市场地位的提升，以及金融市场的日益发达，虚拟资本也开始获得越来越大的流动性。流动性对于资本增值来说具有重要意义，在传统的银行资本与产业资本的融合模式中，融合发生于特定的银行与特定的企业之间，彼此往往结成命运共同体，使得银行不能够根据收益情况灵活调整投资组合。正是由于虚拟资本在流动性方面具有相对于银行借贷资本的优势，从而也使虚拟资本能够战胜银行借贷资本，成为金融市场的主体。最后，作为虚拟资本扩张重要推手的证券化，恰恰始于与消费信贷有关的抵押贷款的证券化："自美国的政府国民抵押贷款协会（GNMA）于1970年完成首笔证券化交易以来，证券化技术得到了迅猛发展……1980年代以后，证券化的方法被广泛运用到其他资产上，直接导致了金融工具和金融衍生品的爆炸性增长"[1]。证券化的出现原本与规避风险与实现杠杆化经营有关，而其在实现这两个方面的成功反过来又推动了证券化技术的不断创新，由此导致了金融衍生品的泛滥，正所谓满足需要的过程总是会创造新的需要。

二 从货币资本的积累到虚拟资本的积累

马克思在《资本论》中有关货币资本积累的论述构成其生息资本理论的重要组成部分，也为今天我们理解虚拟资本的积累问题提供了重要支撑。这里的货币资本与银行借贷资本是同义词："为了尽快弄清问题，我们不妨把货币资本的积累，理解为银行家（职业的货币贷放者）手中的财富的积累……我们这里只研究银行家作为中介人对产业资本家和商人发放的贷款。"[2] 如果说马克思的生息资本理论始终是围绕着银行借贷资本与产业资本的关系来展开，那么，按照辩证法的根本要求，这种关系就必然可以从正

---

[1] 袁辉、陈享光：《金融主导积累体制下的现代危机》，《当代经济研究》2012年第7期。
[2] 《资本论》第3卷，人民出版社，2004，第541～542页。

反两方面来阐述。事实上,这也正是马克思的生息资本理论的基本结构:其前半部分可以看作是从正面论述了生息资本与产业资本的相互依存、彼此一致的关系,即"货币作为资本贷放——以在一定时期以后流回为条件而放出货币——要有一个前提:货币实际上会当作资本使用,实际上会流回到它的起点"①。这一点同样反应在利息率从长远来看决定于利润率的事实中。与此相反,在马克思生息资本理论的后半部分,则是以对货币资本相对独立性的强调或者说产业资本与货币资本一致性的怀疑开始的:"真正货币资本的积累。它在什么程度上是资本的现实积累的标志,即规模扩大的再生产的标志,又在什么程度上不是这种标志呢?……货币紧迫,即借贷资本不足,又在什么程度上反映出现实资本(商品资本和生产资本)的不足呢?"②

为了回答上述问题,马克思开始在产业周期演变的动态的背景下展开分析。由此,货币资本与产业资本的关系问题也转换为货币资本积累与产业资本积累的关系问题。马克思得出的基本结论是:"表现在利息率上的借贷资本的运动,和产业资本的运动,总的来说是方向相反的……在产业周期的开端,低利息率和产业资本的收缩结合在一起,而在周期的末尾,则是高利息率和产业资本的过多结合在一起。"③ 需要指出的是,产业周期的末端之所以出现高利息率,并不是因为货币资本减少或供给不足,而是因为银行等金融机构开始采取了紧缩信贷的政策,因此,即使在产业周期的末端,货币资本的积累量依然是充足的。如果我们把产业周期大致分为开端、上升、繁荣和危机四个时期来看的话,那么,在这个周期的过程中借贷资本总的运动趋势是从充裕向紧缩前进,而产业资本则是从紧缩向过剩前进。这就表明,货币资本的积累不仅有相对的独立性,甚至于从整个周期的演变来看,它恰恰是和产业资本的扩张逆向而动的。为什么会出现这种情况?马克思从两个层面分析了货币资本的积累问题:第一,货币转化为借贷资本;第二,资本或收入转化为货币,这种货币再转化为借贷资本。就前者而言,一方面由于危机过后生产紧缩导致大量货币转化为借贷资本,从而带来货币资本积累,另一方面单单是由于银行业务的扩大和集中,流通准备金或私人支付手段准备金的节约就会增加货币资本的积累。就后者而言,货币资本的积累大致有三

---

① 《资本论》第 3 卷,人民出版社,2004,第 391 页。
② 《资本论》第 3 卷,人民出版社,2004,第 539 页。
③ 《资本论》第 3 卷,人民出版社,2004,第 553 页。

个方面的原因:"(这种积累)一部分是这种现实积累扩大的结果,一部分是各种和现实积累的扩大相伴随但和它完全不同的要素造成的结果,最后,一部分甚至是现实积累停滞的结果。"① 这里,仅仅第一个原因就表明货币资本的积累反映出的现实积累比实际存在的现实积累更大,第二、第三个原因则使得货币资本积累走向过剩,20世纪70年代以来实体经济陷入"滞胀"危机而导致的货币资本过剩正好印证了马克思的上述分析。不仅如此,由于繁荣时期往往是人们信心十足、商业信用过剩的时期,而信用过剩则大量节约了货币资本,于是,借贷货币资本的过剩在这一方面又得到了加强。总而言之,马克思货币资本积累理论的基本结论是:由于信用制度的发展,经济体系内部开辟出了源源不断的货币资本之源,造成了货币资本的过剩积累。

基于以商业银行为重心的金融体系,马克思重点分析了货币资本积累与产业资本积累的关系。在资本主义深度金融化的今天,当经济的重心已经转向金融领域之时,我们更应该将目光转向货币资本积累与虚拟资本积累的关系问题。如果将虚拟资本看作供给,那么,货币资本就意味着有效需求,正是因为20世纪70年代以来货币资本的长期过剩,推动着金融创新不断前进。这种过剩不仅是资本主义金融化的根本动力,同样也是虚拟资本的爆炸性增长的基本前提。西方著名马克思主义学者,约翰·贝拉米·福斯特也将经济金融化归结为20世纪70年代以来的资本过剩:"资本所有者面临的困境是,在营利性投资机会日益稀缺的情形下,如何营运巨额可支配盈余?20世纪70年代以来,他们采取的主要应对措施是扩大金融产品需求,将金融产品作为货币资本保值、增值的方式之一。这一进程的供给方相继推出了期货、期权、衍生产品、对冲基金等一系列新的金融工具。结果,金融投机甚嚣尘上,并持续至今。"② 不仅如此,这种过剩以及与之相伴随的"廉价信贷"一方面会不断推升虚拟资本的价格,引发资产泡沫,另一方面,资产泡沫本身又使得投机性融资成为可能,即利用短期负债来进行长期投资,从而将更多的流动性注入资本市场,引发虚拟资本扩张。事实上,资产泡沫本身即足以吸引国内外资金的流入,中国股市从去年后半年开始到今年上半年

---

① 《资本论》第3卷,人民出版社,2004,第574页。
② 约翰·贝拉米·福斯特:《资本主义金融化》,王年咏、陈嘉丽译,《国外理论动态》2007年第7期。

的空前繁荣，背后即遵循这一逻辑。同样，2008年美国金融危机之所以爆发，导火索即是美联储上调利率。随着利率的上升，房地产价格下跌并且出现大量住房贷款违约，最终引发金融危机。而在危机之前，金融市场之所以能够呈现出一片繁荣景象，很大程度上正是由房地产价格的泡沫化来支撑的。因此，这里存在着一种金融体系的自我巩固、自我循环的趋势，但这种趋势终究是脆弱和不稳定的，当受到外界的干扰和刺激之时，很容易出现系统性崩溃。

最后，如果我们将马克思从经济体系内部对货币资本积累的分析看作是货币资本积累的一般逻辑，那么，当今资本主义金融体系显然还存在着与之不同的货币资本积累的特殊逻辑，正是这双重逻辑共同推动虚拟资本的日益膨胀。我们看到，当今货币资本的积累主要集中于美国，并且其主要不是靠国内积累实现，而是依赖于其他国家资金的流入。正如利比茨所言："在全球范围内，资本和劳动的失衡是通过富人借钱给穷人进行弥补的。在这种情况下……中国的储户将钱借给美国的穷人。"[①] 简言之，一方面，美国大量消费发展中国家的商品，形成庞大的贸易逆差，与此同时发展中国家则积累了大量美元，为了稳定汇率，这些发展中国家将美元储备当作准世界货币。另一方面，这种储备的大部分都被注入美国的金融市场特别是被用于购买美国的国债，于是，美元储备的大部分又流回了美国，造成美国货币资本的积累以及与之相伴随的"廉价信贷"。正是这种货币资本的积累以及"廉价信贷"为虚拟资本的积累提供了基础，并且不断吹大资产泡沫，造成虚假繁荣，这正是当代金融体系中货币资本积累的特殊逻辑。

三 虚拟资本的积累与金融创新

借助马克思生息资本理论的有关论述，以上我们重点讨论了虚拟资本积累的基本前提——货币资本的积累。下面我们将目光投向金融发展史，探寻那些对于虚拟资本积累起了重要推动作用的金融创新，以便呈现出虚拟资本积累机制的全貌。大体来说，这种金融创新包含四个方面。

首先，投机和证券交易所建构了一个随时能够吸收货币资本的二级市场，不断刺激货币资本投向金融领域。对于大多数普通民众来说，投机意味

---

① 转引自赵超《法国调节学派论金融危机》，《国外理论动态》2011年第11期。

着一种负面的近似赌博的行为，这种行为对于社会发展毫无贡献。历史上诸多经济学家，无论是马克思主义的还是主流经济学的也都曾以批判的态度来看待它。马克思将投机定性为赌博，并使用了"赌棍"这样明显带有贬义的语词来描述投机者。而20世纪最有影响、最为重要的经济学家凯恩斯则评论道："人们一致认可，为了公众利益考虑，普通人应该很难进入赌场，而且就算进去了，里面的消费也应该是极其昂贵的。或许股票交易所也应该做同样的安排。"① 与此相反，我们也听到了一种不是仅仅批判投机而是同样强调投机对于商业机制具有不可或缺作用的不同声音。在谈到投机时，希法亭一方面站在马克思的立场上确认了投机的赌博性质："投机是非生产性的，带有赌博的性质，而且在舆论中受到这样完全正确的评价。"② 另一方面，他也认为投机在资本主义生产中具有必然性，以及投机对执行交易所的职能是必要的。罗伯特·希勒则强调，那些认为投机是一种具有基础性作用的经济活动的人与马克思、凯恩斯这样对投机行为持严重怀疑态度的人之间的分歧之所以长期得不到解决，恰恰是因为："双方的论点都有一定程度的合理性，或者说双方各自申明了真理的一半。"③ 按照希法亭的看法，投机的必要性即在于，它提供了对买卖的不断刺激，因为通过买卖可以实现差额利润，从而保证了一个随时准备吸收货币资本的市场的经常存在，从而为货币资本提供了不断转化为虚拟资本和虚拟资本再转化为货币资本的可能性。简言之，货币资本的积累并不意味着货币资本最终会投向金融市场并转化为虚拟资本，这里，投机或证券交易所的存在恰恰为这一转化提供了必要的刺激，因而对于虚拟资本的积累具有十分重要的意义。

其次，股东的有限责任制使得虚拟资本的潜在投资者规模扩大，从而促进了虚拟资本的积累。1811年，美国纽约州通过了一项法案，规定了公司的股东无须为公司负债承担连带责任，并且首次明确了投资者可以持有多元化的投资组合，即由不同公司股票组成的投资组合。这一法案极大地刺激了虚拟资本的投资者，参与股票投资的人最终能够损失的不过是当初购买股票的资金，这个理念激起很多人内心一种游戏的刺激感。同时，因为存在损失

---

① 罗伯特·希勒：《金融与好的社会》，束宇译，中信出版社，2012，第248页。
② 希法亭：《金融资本》，福民等译，商务印书馆，1994，第144页。
③ 罗伯特·希勒：《金融与好的社会》，束宇译，中信出版社，2012，第248页。

的上限以及避免了卷入诉讼，投资者开始愿意持有多元的投资组合，而多元组合有效地降低了风险，从而使得市场上潜在投资者规模大大增加，极大地丰富了投资银行家可以出售股票的对象。

再次，经理人的股权激励将企业与股票市场绑定在一起，使得股东的利益被置于优先地位，从而增强了投资者信心，刺激了虚拟资本的积累。从大萧条开始到20世纪70年代是所谓"经理革命"的阶段，这一阶段的突出特征是经理人对企业的控制力较强，由于持股高度分散，股东只能被动接受管理层确立的收益分配的局面。进入20世纪90年代，随着机构投资者的崛起，股东重新掌握了对企业的控制权，从此，企业的经营以追求股价上升或者说提升金融市场对其估值为最终的和唯一的目的。企业经营策略的改变极大地推动了股票市场的繁荣，但是，这种经营策略也由于一味强调短期套利而为未来的危机埋下了伏笔。

最后，证券化、衍生化加速了虚拟资本的积累，并使得虚拟资本离实体经济越来越远。以2008年的美国金融危机为例，大量的金融机构提供了次级贷款，并在此基础上创造了许多组合债券和金融衍生产品，包括住房抵押贷款支持债券（MBS）、担保债务凭证（CDO）、CDO平方、借助信贷违约掉期（CDS）等等。由此可见，仅仅以次级贷款这样一种资产为基础就可以不断衍生、再衍生出这么多的金融产品，若是将此种创造金融产品的方法加以扩展，那么，金融衍生品的规模将会是十分巨大的。事实上，20世纪80年代以后，证券化的方法就被广泛运用到其他资产上，直接导致了金融工具和金融衍生品的爆炸性增长。据不完全统计，证券化的债券几乎是全球GDP的1.4倍，而金融衍生工具产品竟超过了全球GDP的8倍。

以上几点在推动虚拟资本积累方面具有十分重要的意义，但同时，虚拟经济与实体经济的此消彼长也使得伴随虚拟资本积累的结构性矛盾愈加凸显，这种矛盾成为今天金融体系脆弱性及内在不稳定性的根本原因，也是金融危机爆发的最为深刻的原因。投机在促进虚拟资本积累的同时，也带来了投机性泡沫，一旦泡沫破裂就会引发金融震荡甚至于金融危机，后两个方面的金融创新则使得虚拟资本积累严重脱离产业资本的积累，这意味着，虚拟资本不再扮演服务于产业资本的角色，而是力图取而代之成为经济的重心。在当今体系金融最为发达的美国，这一点或多或少已经成为现实。

四 虚拟资本积累的结构性矛盾及其结果

20世纪70年代以来,在货币资本过度积累的大背景下,金融部门的扩张与虚拟资本的爆炸性增长成为吸收货币资本的主要场所,并且以其在流动性方面的优势与高利润率不断吸引产业资本转向金融领域。杜梅尼尔和莱维指出:"美国非金融企业拥有的金融资产和债务与现实资本的比例分别从1960年的40%和50%左右飙升至2001年的90%以上。"[①] 这表明,社会资源配置出现了极度的不平衡。实体经济本来就已陷入了停滞,由于社会资源过度流向金融领域,从而使实体经济雪上加霜。并且,剩余资本日渐被用于投机性、赌博般的逐利行为,而非用于实体经济的长期投资,资本主义的经济效率不断降低。从宏观层面看,社会资源配置失衡导致的结果即是虚拟资本的积累日益脱离产业资本的积累,陷入了相对独立的自我膨胀、自我维持的怪圈。我们知道,金融业的利润绝大部分是来自对实体经济利润的分割以及对个人的金融掠夺,在这个意义上,虚拟资本的过度积累越严重,对实体经济抑制作用越大,它赖以获得积累的利润源泉就越萎缩,从而实体经济与金融领域的结构性矛盾就越加深。美国学者洛仁·戈尔德在《虚拟资本与资本主义终结》一文中指出:"金融化已经给世界实体经济造成损害,同时也使得世界劳动人民处境更为艰难……1973年以来的资本主义危机和以前危机最大的不同之处在于,它是一场大规模的全球性的长期隐蔽萧条,资本主义已进入慢性死亡阶段。"[②]

从微观层面看,20世纪90年代以来的"股东至上主义"尤其是经理人的股权激励机制则使得企业在追求收益时更加直接和短期化,从而对于企业的长期战略投资产生了抑制作用。在这一阶段,"企业成为一个金融概念,从追求长期增长与创新的非流动性实际资产的组合转变为以每时每刻都在追求股价最大化的流动性单位的金融资产组合"[③]。为了实现短期内将企业股

[①] 热拉尔·杜梅尼尔、多米尼克·莱维:《美国金融道路必须终结》,张春颖译,《国外理论动态》2009年第9期。

[②] 洛仁·戈尔德:《虚拟资本与资本主义终结》,谷明淑、姜伟译,《国外理论动态》2008年第6期。

[③] James Crotty, "The Neoliberal Paradox: The Impact of Destructive Product Market Competition and Modern", Financial Markets on Nonfinancial Corporation Performance in the Neoliberal Era, 2005.

价尽可能推升的目标，管理层可能会采取一些揠苗助长的行动，忽略长此以往造成的危害，也可能给其继任者留下一个难以收拾的烂摊子。不仅如此，为了不造成股价的波动，管理层甚至会利用财务手段隐瞒经营的真实情况，而一旦危机爆发，将会对大多数小股东造成巨大的损害。另外，由于近些年来对冲基金和私人股本基金在金融市场上的兴起，从而加剧了金融领域的投机性和短期套利性。由于对冲基金、私人股本基金包括养老金、共同基金等机构投资者，将企业仅仅看作是投资组合的组成部分，并且越来越倾向于短期持有企业股票，企业相比于过去更加频繁地受到金融市场力量的冲击。面对这种情形，企业只能选择主动适应并参与到金融化的浪潮中去，由此导致的结果是，即使在非金融企业内部，产业资本与虚拟资本的不平衡也日益凸显。

最后，虚拟资本的积累与金融体系的脆弱性一同增长，当投机性泡沫最大的时候也就是金融体系最为脆弱的时候。正如前文中所述，虚拟资本的积累需要投机所建构的二级市场，但投机会不定期引发资产泡沫，尤其是在信用扩张时期泡沫现象将十分严重。现如今，泡沫事件已经成为在金融体系下人们生活不可或缺的一部分，当泡沫破灭时，往往会造成剧烈的经济波动与失衡，并且由于银行的流动性问题与偿付能力问题的相互叠加，经济波动将愈演愈烈。这构成了伴随虚拟资本积累而来的第三重结构性矛盾，即一方面虚拟资本的积累、金融市场的繁荣需要投机，另一方面投机本身所蕴含的泡沫倾向将使繁荣终结并带来经济衰退。但是，泡沫究竟是如何产生的呢？查尔斯·金德尔伯格曾在《新帕尔格雷夫经济学大辞典》中给出了一个著名的表述："一项资产或者一系列资产的价格，在一个连续的过程中，陡然上升，最初的上升将产生进一步上升的预期，吸引新的买主，通常投机者只对从资产交易中获得利润感兴趣，而不是对它的用途和获利能力感兴趣。"[①]换言之，这里存在着一个反馈循环，即实际的上升引发对进一步上升的预期，而这种预期将吸引更多的投资者进入，造成新的实际上升。由此，资产价格严重偏离其内在价值，形成泡沫。可以说，泡沫从产生－成长－放大－破灭的周期构成了股市运行的周期，在这个意义上，泡沫与股市乃至虚拟资本的积累是相伴相生的。

马克思以一种辩证的态度来看待信用制度对于经济发展的重要意义，认

---

① 参见刘纪鹏《资本金融学》，中信出版社，2012，第86页。

为:"信用制度加速了生产力的物质上的发展和世界市场的形成;……同时,信用加速了这种矛盾的暴力的爆发,即危机,因而促进了旧生产方式的解体的各要素。"① 不言而喻,当代金融体系的复杂程度已经远远超过马克思所言的信用制度,但是,以一种辩证的眼光看待实体经济与金融领域(信用制度)的关系仍然对我们具有重要启示意义。上述种种伴随虚拟资本积累而来的结构性矛盾共同导致了周期性的金融危机,从1998年的亚洲金融危机到2008年的次贷危机再到2010年的主权债务危机,世界经济似乎始终摆脱不了金融危机的阴影。金融危机暴露出虚拟资本积累的毁灭性及狰狞的一面,激发了人们对于金融领域从业者的敌对情绪,2011年的"占领华尔街"运动可以看作民众怒火的集中爆发。但同时,我们也应看到虚拟经济积极的、推动实体经济的一面,没有虚拟经济,实体经济将会长期反复出现资金链的断裂和过剩资本的闲置浪费,从而使经济效率十分低下。正是虚拟资本的存在使得企业的发展获得了源源不断的资本支持,突破了产业资本积累的固有限制,并且,市场上大量的普通投资者在为企业提供融资的同时,也能够分享企业发展带来的利润,实现社会各个主体间的共赢。因此,我们既不应对金融发展持一种质疑和仇视的态度,也不应放任金融领域过分膨胀,相反,我们应该理顺金融领域与实体经济的关系,认识到虚拟资本应当为产业资本服务,只有产业资本才是价值的第一创造者。如果虚拟资本脱离产业资本自我膨胀、自我循环,那么它也就成了无源之水,不但不会实际增加社会财富的积累,反而会拖累实体经济的发展。

(作者系上海财经大学人文学院讲师)

---

① 《资本论》第3卷,人民出版社,2004,第500页。

资本与生存世界金融化

——《21世纪资本论》经济哲学解读

宁殿霞

《21世纪资本论》用实证的数据证明了资本收益率大于经济增长率,揭示了21世纪的不平等"与任何形式的市场缺陷都无关。而恰恰相反,资本市场越完善,r＞g的可能性就越大"①。皮凯蒂在世俗时间坐标里获得了历史数据、找到了资本的感觉、得出了不平等的结论、看到了未来的发展趋势,这一点毫无疑问是成功的。但是如果我们只是简单地关注两极分化的问题,只是纠缠于那个被皮凯蒂自称是"乌托邦"的全球资本累进税的问题,似乎又陷入了亚当·斯密式的自然和谐论。21世纪的根本问题不是简单的收入分配的问题,更是人类生存境遇越来越遭到金融化的一个深层次问题,金融化正在改变着人类的生存世界。

一 生存世界金融化:21世纪资本的内涵及其显现

《21世纪资本论》数据显示,20世纪70~80年代,美国的资本收益率突然产生指数式的上升,其实,这是世界走向金融化的开始。20世纪50年代美国发生的最大的变化是"白领工人人数第一次超过蓝领工人的就业人数",② 这标志着以美国为代表的人类逐渐告别本能化的生存时代,走向知识经济与智能化的生存时代的开始。20世纪80年代,美国金融衍生品的创

---

① 托马斯·皮凯蒂:《21世纪资本论》,巴曙松译,中信出版社,2014,第28页。
② 丹尼尔·贝尔:《后工业社会的来临》,高铦等译,新华出版社,1997,第146页。

立推动了全球范围内的资产证券化和资本市场杠杆化。这一时期金融产品创新不断,"1982年2月,世界首个股指期货指数合约在美国堪萨斯交易所正式推出,美国作为全球率先推出股指期货的国家,成功地将美国股市现货市场和期货市场打通"①,从此股票指数作为交易标的物也可以交易了。随之而来的是各级金融衍生品作为杠杆化的工具在全球范围如雨后春笋般迅速出现。而美国的资本市场成为金融自由化、金融全球化的领跑者。到了21世纪,整个世界越来越被金融化了,金融化的现状与趋势从以下三个主导性特征显现出来。

1. 整个世界锁定在风险投资领域

金融资本越来越取代产业资本而占据主导性的地位。"资本一出现,就标志着社会生产过程的一个新时代",② 因为"它按照自己的面貌为自己创造出一个世界。"③ 资本在21世纪为自己也为人类创造了一个金融化的生存世界。"从世界范围来看,21世纪可称为'金融帝国主义新阶段',在资本主义增长缓慢的情况下,这构成了今天全球化的主要现实……新兴出口国家所产生的大量出口剩余被吸引到北半球高倍杠杆化的资本市场,在这里,全球剩余发挥了促进积累过程金融化的作用,这主要发生在富裕国家。"④ 因此,"与金融化相关的'泡沫引起的增长'在世界层面上掩盖了积累的根源问题:'全球收入不平等加剧'以及全球'剩余增长的趋势'。"⑤ 金融化对事实的掩盖反映在经济的方方面面:"一是金融利润在总利润中的比例越来越大;二是相比于GDP,债务越来越多;三是金融、保险、房地产部门在国民收入中的比重上升;四是出现各种奇怪的金融工具;五是金融泡沫的影响扩大。金融化可以定义为资本主义经济重心从生产到金融的长时间的转向。"⑥ 总之,生产和金融发生了角色颠倒,在全球范围内,金融资本的规模和重要性大大增长,取代产业资本而占据主导性的地位。

风险投资伴随金融化推动创新从而推动经济持续发展。金融化让创新在深层次上与风险投资紧密相随。"开启资本主义发动机并使其不断运动的基

---

① 陈晗:《全球股票市场卖空交易机制的演进与发展分析》,《证券市场导报》2012年第9期。
② 《马克思恩格斯文集》第5卷,人民出版社,2009,第198页。
③ 《马克思恩格斯文集》第2卷,人民出版社,2009,第36页。
④ 约翰·贝拉米·福斯特:《资本积累的金融化》,《国外理论动态》2011年第9期。
⑤ 转引自约翰·贝拉米·福斯特《资本积累的金融化》,《国外理论动态》2011年第9期。
⑥ 约翰·贝拉米·福斯特:《资本积累的金融化》,《国外理论动态》2011年第9期。

本推动力来自于新的消费品、新的生产方法、新的市场、新的原材料供应来源和资本主义企业所创造的新的工业组织形式",熊彼特当年提出的各种创新在今天无不与风险投资相伴随。风险投资追求高风险与高回报的有机结合,"在政策制定领域,始终将'风险投资促进创新'作为政策制定的基石"①。作为一种新型的投融资机制,风险投资改善了新兴产业融资的障碍,解决了核心资本供给的难题,使以资本力量推动的创新不断涌现,实现了经济社会的快速发展。

风险投资普遍化推动生存世界金融化。"金融活动是一切经济活动的灵魂和控制器,是一切经济活动的集中体现与核心;金融资本是工商业资本的控制者,金融运行状态的好坏直接决定整个经济运行的好坏。"② 在移动互联网如此发达的今天,金融资本已经大大突破了民族国家的壁垒,实现了全球化和自由化。金融活动的主体发生了深刻变化,原有的少数金融寡头为主体的局面被打破,散户和投资机构成为可以撬动资本市场的力量,每个人都成为金融的终端,通过触手可得的设备进行网上交易。在金融全球化浪潮的冲击下,整个生存世界变成了一个巨大的风险投资的载体,表现在人们对财富的观念、对财富的追逐、财富的迅速增长和迅速缩水的特点上。21 世纪伊始,美国华尔街金融危机就带领我们坐了一次金融过山车,人们不禁要问:美国人惹的祸,为什么波及这么多国家,为什么大家都要承担,这就是整个世界锁定在风险投资之上的必然结果。21 世纪的今天整个世界都处在风险投资之中,一方面,通过投资获得高额的利润;另一方面,风险必然伴随,人类随时都处在危机的边缘,随时可能因为很小的金融事件而爆发危机并产生"蝴蝶效应"。

2. 整个世界的财富都锁定在抽象化的符号之中

金融资本是资本最高级的表现形式,金融化的最大的特点就是抽象化。金融化的生存世界里流转的不再是真实的黄金白银,而是一个个完全抽象化的符号规定,几乎所有个人、集体、国家都在这个抽象的符号上面进行着财富的博弈。换句话说,今天的世界,如果完全守在实体经济领域,意味的是落后、挨打与被剥削。只有在发展实体经济的同时把国家的力量聚焦到抽象

---

① 杨大楷:《风险投资与创新:作用、因果关系及研究前景》,《天府新论》2010 年第 3 期。
② 王西华:《经济理性的哲学批判与金融理性的科学建构》,《福建行政学院学报》2010 年第 1 期。

的金融符号上，才能真正体现国家的整体力量。

财富的抽象是在市场交换过程中进行的，金融化生存世界的一切财富都抽象到一个金融符号概念上。市场的抽象在三个层面进行：第一层是劳动在实体市场的抽象，即使用价值通过市场抽象为负载价值的货币；第二层是货币在虚拟市场的抽象，即价值通过虚拟市场抽象为财富的数字符号；第三层是符号在客观化载体中的抽象，即财富的数字符号被抽象为技术设备和互联网载体中的数字电流。从微观层面看，个人可以通过手机玩转银行的功能，传统银行的实体性的机构逐渐式微。主导的银行具象到个人，银行就是个人，个人就是银行，银行24小时都在向客户敞开，每个人都成为金融的终端。一个庞大的、全面联系的金融网络实体已经成为我们筹划未来一切活动的基础。移动互联网已经成为人身体的进一步延伸，人们越来越习惯于自助的金融服务，在任何时间、任何地方都可以发起交易，享受快捷便利的金融服务。这场巨大的金融革命把支付也变成了抽象。这个支付的抽象非常精确地表现在数字符号的流动上，数字支付普遍流行，所有个体都可以直接"玩"金融。尤其是金融与移动互联网捆绑之后，已经进入家庭，走到每个人的手掌上，人们惊呼：个人金融终端化了。从宏观层面看，金融抽象为一种动力，深层次激活了人的激情与欲望，从而推动生存世界的迅速变化。现在的人们对抽象符号的企盼往往大于对实体财货的获取。鲍德里亚所言极是，人们生活在一个镜像的时代，拟像和镜像变成了被抽象化、感觉化的艺术包装堆砌的一种金融载体，作为景观的广告聚集的都是资本的力量，它通过媒体把世界改装成一种颜色，那就是金融的颜色。在金融的高度抽象能力面前世界幻觉化了。马克思时代的世界是异化的、物化的，21世纪的今天，在金融化的生存世界里，已经从物化、异化上升到幻化的阶段，这个问题的关键牢牢锁定在抽象概念上，生存世界被抽象化了。

3. 整个世界锁定在杠杆化的精神创意之中

金融化是一个"金融加工机"的工作过程，主要功能是资源配置与规避风险，主要手段是加杠杆。金融杠杆是指在信用前提条件下，用少量的资金完成足够多的资金才可以完成的各类金融产品的交易。以美国华尔街为代表的世界各国的金融机构组成一个巨大的金融机器，这一领域汇集了一流的金融大师、一流的金融技术，他们在追求理性、规避风险中寻求利益最大化，不断制造杠杆化的金融工具。机器一端输入整体的普通资产甚至问题资产，另一端输出的却是可分割、可切片的、颇为人们感兴趣的高级金融衍生品，而且推广到世界各地为人们所购买。华尔街巨大的金融高级研发中心是这一"金融加工机"的发动机，这里高级金融衍生品的杠杆并不是阿基米德的物理意义的杠杆，而是欲望驱动的精神的杠杆，是黑格尔的"理性狡计"的杠杆。华尔街金融危机的本质在人的心理层面，而不是物质层面。虚拟的衍生品是心理的预期、精神的动力、意识的创意等经过精密加工的结果，它虽然是虚拟的，却显得更重要，因为与实体相比，它获得回报的预期更丰富。人们购买的就是对未来预期的心理价位。华尔街的危机，方法发动的起点在边际革命。19世纪边际革命最大的特点就是把劳动经济学反转为效用经济学，把劳动价值论翻转为效用价值论，金融产品的价格不再是由生产它的劳动量决定，而是完全按照边际效用来决定，精神意向性追求开始主导潮流。由黄金为本位的财富的运作变成了所谓的创意的金融体系的运作了。21世纪之前人们处在以财货、物质为主导的经济领域。21世纪，经济学不断映照了19世纪下半叶边际革命的原理，人类已经进入意识经济学的时代，整个世界都在为获取意向性财富而进行不断的博弈，在金融化符号体系内表现为不断加杠杆的精神创意。

二　21世纪生存世界金融化的现代性反思

从现代性的整体视角看，21世纪人类金融化的生存世界是典型的现代性表现，具有理性化、世俗化、价值通约三个维度的深刻属性，这三个属性是人类生存世界从自发、落后的传统社会进入自觉、快速发展的现代社会的必然结果。《21世纪资本论》的重要意义在于证明这个世界是不平等的，而且不平等正在加剧。其实，在金融化的生存世界里这种不平等是必然的，不过，皮凯蒂的资本只是局部的、狭义的资本，而由这种资本导致的生存世界金融化背后的现代性的发育发展的内在机制才是更需要我们进行深度关注与反思的。

1. 生存世界金融化：高度理性化的社会

金融化的生存世界与以往相比发生的巨大变化之一就是理性化的不断发展，金融世界的架构需要理性的设计，没有这种不断地设计，庞大、复杂、精密的金融世界则无从谈起。西方启蒙运动以来遵循理性的思维模式决定了今天金融化的必然性。金融化的生存世界中所有的程序高度符合理性的逻辑预设。整个网络化的经济空间中，从所有的平台经过一系列程序再到个人终端,完全是物化了的理性,尤其是工具理性的中介。高度的智能化背后是资本逻辑驱动的工具理性。过去人们生活交往中的时间、空间障碍全部被理性化的工具智能地压缩、处理、记录并存储了。"资本逻辑是现代人类发展的主导力量,理性工具化是现代人类发展的主要特征。资本逻辑与工具理性本质上是一致的。"① 在生存世界金融化进程中,工具理性不仅为资本逻辑开路,而且无微不至地为其服务,与资本逻辑共同打造了生存世界金融化的图景。

作为生存世界金融化基础性条件的全球化的金融体系完全遵循着理性的原则。金融全球化是一个开放的巨系统,具有严密的、逻辑的、理性的层级结构:"投资主体集群→金融市场组群→国家组群→金融全球化体系,整个金融全球化体系是由三种水平的嵌套层级界定的:第一种水平代表与投资主体个体有关的主观世界,第二种水平代表金融市场形态的客观世界,第三种水平代表金融全球化体系的国家宏观规模。按照嵌套的层级,投资主体根植于金融市场组群的市场单元中,金融市场又根植于国家组群的国家单元中,最后由不同的国家联结成了金融全球化体系。"② 这一系统首先是遵循一整套严密的技术构建而成,它是工具理性充分发展的结果。

金融化的生存世界中人的交往离不开理性。金融全球化时代与传统社会相比,时空发生了转换,"正是时空的分离以及标准化、虚化尺度的形成,使社会生活摆脱了地域性情境的限制,扩展了时空伸延的范围,冲破了地方习俗和日常实践的限制,开启了变迁的多种可能性。同时它还为现代社会生活的独特特征及其合理化组织提供了运行机制,并且使各民族、各地区的历史成为世界历史的一部分"③。现代性以其开放与扩张的特性推动金融全球化迅猛发展,同时也推动理性的发展。现代人必须打破传统社会感性的"自然而然的人"的状态,排除自然的、感觉的干扰,与自然的东西、感性的东西相决裂,推崇理性,追求历史的辩证综合,从未加反思的状态进入自觉反思的状态。正是借助现代性的工具理性,生活世界金融化才得以迅猛发展,它使标准化的交往可以在更大时空范围内进行。

---

① 麻海山:《工具理性与资本逻辑的一致性》,《内蒙古师范大学学报》2013 年第 4 期。
② 刘湘云:《全球化下金融系统复杂性、行为非理性与危机演化》,《经济学动态》2011 年第 7 期。
③ 王金宝:《吉登斯全球化理论的深度解读及其批判》,《南京社会科学》2007 年第 6 期。

2. 生存世界金融化：高度世俗化的社会

金融化的生存世界与以往相比发生的巨大变化之二就是世俗主义的进一步发展，即欲望被进一步激活、个人概念的充分发育发展、网上交易及互联网金融推动财富在全球快速流动。生存世界金融化使人的欲望被进一步激活。世俗化把人解放出来，让人放下贵族的矜持和学者的严谨，放下由习俗与教条组成的既有模式，大方地去追求那种无限的可能，也坦坦然然地接受无情的失败。个人的逐利性与资本的扩张逻辑契合到一起，才有金融的发展。早在奥古斯丁那里，尘世之城被认为世俗的、充满欲望的，对金钱和财富的贪婪被视为令人堕落的。但是"世俗主义发生是人类自我意识的客观化显现，一方面作为将神性俗化的变革理念，其在场性来自教徒们对冲破传统教义束缚的大胆企盼，另一方面，作为实质性历史变革的价值理念，它的合法性存在来自一种目的论的自然经济向机械论的资本经济进化的历史必然性。"① 人类天性喜爱财富和权力，而人的永不知足的欲望正是推动历史发展的基本矢量。欲望是资本市场繁荣的重要内驱力，造就了现代市场。在金融化的生存世界里，"纯粹世俗的情欲和物欲"借助电子货币、金融终端、虚拟经济空间占据了支配世界的绝对地位。世俗化作为历史进步的引擎，使现代性的发展加速度进行。

生存世界金融化使个人概念得到充分发育，个人自由得到进一步确认。人类无时无刻不在追求自由，自由一旦被物化，必定落到个人的概念上。个人概念发育的背后就是自由的召唤。只有在个人概念上，自由才是可获得、可感知的，个人与自由才是一体的。"近代最根基的、实证的、物质主义的就是经济自由，进一步呼唤个人的财产所有权。"早在黑格尔那里，个人被认为是历史的特殊性，他一方面认为，在现代社会中，个人与国家民族相对立，但另一方面，个人的私欲不能灭，私欲的活力通过中介引向民族主义、国家主义，从而上升到民族精神。所以黑格尔将英国人的经济个人主义与法国人的政治个人主义相契合，上升到具有普遍意义、整体主义精神的个人主义，而且他认为人类的欲望、任性、情欲都是贵重的，个人主义经济、个人主义政治都是合理的。只有充分发育作为历史特殊性的个人，才能达到历史普遍性的整体。金融化的生存世界正是让黑格尔意义上的个人的自由得到了进一步的确认与发展。

---

① 张雄：《现代性的逻辑预设何以生成》，《哲学研究》2006 年第 1 期。

生存世界金融化是个人主义在经济领域显现的时代，个人金融终端化是经济个人主义发育的真实显照。首先，人类进入现代社会最大的发明就是货币反转为资本，财富不再是存着，而是让它流动起来。今天的财富更是在虚拟经济空间网络中超越时间空间的持续流动，这在皮凯蒂的资本定义里表达的最为贴切，即"资本与财富含义完全一样，两个词可以相互替换"①，事实上就是所有的财富都资本化了。网络金融几乎囊括所有人的财富，空间上它把全社会的财富，甚至全球的财富都网入其间；时间上它把过去积累的财富与未来可能的财富都吸取其内。其次，世俗化最为核心的就是交换。金融化的生存世界里，交换突破了传统交换在时间、空间的限制，通过终端使财富在全球范围内实现跨时间、跨空间的交易。最后，人与人的交往发生了变化，交往的对象从传统社会的熟人关系到现实中的陌生人，再到现在的网络的另一端；交往的范围通过网络化的平台从地区扩展到全世界的任何地方。金融终端就像人的身体的一部分，已经成为人们体验整个经济生活的感受器。所有人的欲望、激情、任性都在金融化的生存世界里活跃着。

3. 生存世界金融化：高度价值通约的社会

金融化的生存世界与以往相比发生的巨大变化之三就是高度的价值通约，即一种抽象化的、经济性的符号从时间上、空间上通兑了全部社会财富。价值通约是产品－商品－实物货币－信用货币－资本－证券－符号，这样一个步步深化的经济世界得以推进的逻辑所在。首先，价值通约是指异质化的物通过货币变成可量化、可交换、可通兑的一种均匀的、统一的、可计算的单位，它是经济价值作为主观价值的客观化，从客观上表现为主体实现价值的意志的强化。其次，价值通约使人类学会了把异质变为同一，把同一变为异质。人类拥有价值通约不是消解特殊性，而是使特殊性更加自由的确保，从而确保异质性。异质的本质等于差异，差异的本质在于个性。价值通约一方面把异质上升到同一，更能满足社会财富的积累，另一方面，同一性又加速了异质化，满足了人的个性化的需求，让世界永远充满个性、充满矛盾、充满活力的发展。这是一个齐一化的世界，同时又是一个异质化的世界。人们可以自由穿梭其中，金融终端化的个人可以随时把所有财富兑换为金融符号获取意向性财富，也可随时把符号化的财富兑换为具体的使用价值。

---

① 托马斯·皮凯蒂：《21世纪资本论》，巴曙松译，中信出版社，2014，第47~48页。

价值通约让金融资本从时间空间上积聚了所有价值。"从形式上看,金融资本的运动是一种独立的运动,它是资本的一种反映形式。在资本运动的过程中,金融资本与产业资本分道扬镳。"① 金融资本的强大力量之一在于它把劳动者分配到的剩余价值,再次吸收到资本市场并证券化为金融资本。生产力越发展,人力资本越增加,社会生活水平越高,人们积累的财富就越多,从而可金融化的财富就越多,这给投机活动提供的可分割的价值就越丰厚。"规模化生产力需要众多个别资本投资于共同经济活动,于是每个个别资本就要求取得投资证券来标记其对未来收益的分割权及其转让权,资产证券化由此应运而生。"② 以资产证券化为手段形成的在实体经济体系之外又产生的经济体系就是虚拟化的金融体系,它是从蕴藏在资本中的权力分离出的一个纯粹的权力体系。不断开发的种类繁多的金融衍生品则是对这些证券化资产的不断的"再证券化",这一过程同时也不断地创造经济空间。金融系统通过各种证券、金融衍生品来吸取现实中所有财富(皮凯蒂笔下的资本)来分割实体经济创造的剩余价值。金融资本的这种逐利性在空间上表现为金融资本通过各种金融工具可以在世界任何地方流通和积聚;在时间上,金融资本通过抵押、借贷等一系列工具,可以把过去积累的财富和未来可能的财富全部吸入自己的体系。金融化的生存世界是一个高度价值通约的世界,现存的财富与未来的财富都可兑换为抽象符号进行交易。

三 21世纪人类生存世界金融化的存在论追问

生存世界金融化是现代性的典型表现,现代性的本质特征就是二律背反,所以,金融化的生存世界必然是一个二律背反的世界,在经济得到快速增长、人性得到更大解放、自由得到更多发展的同时,人类也同样遭遇了被金融化定义的境遇。所以,《21世纪资本论》中资本性收入导致的不平等所牵动的属人的本性和人的生存状态及其前景才是我们进一步追问的目标。

1. 金融化伴随纯粹的经济理性

经济理性就是理性人自身利益最大化的目标,最早由亚当·斯密提出。具有经济理性的人能够慎重权衡经济活动,用越来越便于操作的度量标准对

---

① 希法亭:《金融资本》,曾令先等译,重庆出版社,2008,第1页。
② 鲁品越:《资本逻辑与金融风暴》,《马克思主义研究》2009年第10期。

要素的耗费和利润的增减加以预测和核算，使自身的成本最小、收益最大，其核心在于对利益最大化的追求。经济理性的合理运用使生产要素能带来更多的经济效益，精确的算术借助现代社会的数字化的计算工具，求尽一切可能在成本上节约，从而实现成本的最小化和利润的最大化。"借助资本的惊人物质力量，理性形而上学得以冲出书斋和实验室，成为资本的知识要素，并经由科技、教育、文化、信息等意识形态产业而殖民生活世界，建立了汪洋大海般的现代性统治。"① 寻求人自身利益最大化的经济理性要求理性的经济组织和理性的组织行为具有完全信息、数学精算，这一过程为信用关系铺就可拓展之路，但是人的个性化的因素却受到了排挤。

金融化把人性中丰富的价值因素、个人情感因素以及其他传统因素变成单一的追求增殖的意识，导致人的经济理性过度膨胀。在金融化的生存世界里，人们更强调财富效应的倍增，经济理性对最大化利益的追求是金融资本增殖属性的必然要求。人们崇尚金钱万能，而忽视了对人生价值和意义的追问。"获利带来的满足比从事单调职能的工作导致的自由的被剥夺感更重要。在很大程度上，挣钱获利成为人们工作的首要目的，任何其他不能带来经济收益的活动都被废止了。金钱成为衡量一切价值的唯一尺度。"② 价值量的产生与社会必要劳动时间脱离了原有的亲密关系，效用价值占据了绝对高地。"财富梦"的不断编织与幻想成为经济社会的动力学原则，不断放大的杠杆让人们患上投机性金融妄想症。

经济理性的过度膨胀必然导致非理性的结果。传统社会的财富主要靠积累，金融化生存世界的财富主要靠杠杆的倍增，经济的光怪陆离的景观引领着人们的欲望在永不停歇的舞动。个人追逐剩余的偏好、互联网的技术的链接、金融领域的无限创意、市场信息的不断捕捉等因素建构了一个虚幻的财富世界，这一虚幻对激情与任性的萌动远比传统社会的财货更具爆发力。一夜暴富的可能性使人的欲望不断地膨胀，同时，一夜破产也随时可能发生，等级与差别从来没有如此瞬息万变和如此明显。金融化打造了一个五彩缤纷的生存世界，但"嗜赌成性"的本质却让其时刻处在危机的边缘，多米诺骨牌游戏随时可能上演。

---

① 王善平：《现代性：资本与理性形而上学的联姻》，《哲学研究》2006 年第 1 期。
② Andre Gorz. *Critique of Economic Reason*. London and NewYork，Verso，1989. p. 46。转引自梁飞《经济理性的限度及其扬弃》，《齐鲁学刊》2013 年第 3 期。

2. 金融化导致人与人之间关系的疏离

金融化带来的人与人之间关系的变化同样令人警醒。经济理性将人的价值抽象为物的价值，经济理性的合理化精算原则和个人金融终端化，也使人在经济活动过程中"越来越多地失去自己的主动性"，成为"一些孤立的原子"。① 经济理性对个性化、差异化的要求从根本上瓦解了人与人的依赖关系，个人的人格越来越趋向于相对独立，孤立的原子感不断强化。人被忽略了"活生生的表现性统一"，以二分的形式将理性与感性的机能、灵魂与肉体、理性与感情加以割裂和扭曲。马克思在《共产党宣言》中写道："资产阶级在它已经取得统治的地方，把一切封建的、宗法的和田园诗般的关系都破坏了。它无情地斩断了把人们束缚于天然尊长的形形色色的封建羁绊，它使人和人之间除了赤裸裸的利害关系，除了冷酷无情的'现金交易'，就再也没有任何别的联系了。"② 而金融化生存世界里，"现金交易"也被借助网络平台进行的数字化交易挤出市场了。客观化的理性的平台与数据阻碍和中断了人与自然的合一，而且进一步导致人的主体性的迷失和对存在的遗忘。人们似乎只需要熟练地操作好手中的设备就可以完成所有的日常活动，面对面的交往变得越来越稀缺。

金融化导致人也被"资源化"为他者。在追求利益最大化的进程中，自然首先成为二分的他者，成为人的反思的对象。自然被资源化为人类可资利用的对象，人在与自然的关系中第一次成为绝对的主体性的存在。随之而来的是人本身也被"资源化"了。人的全部意义就在于其能够提供"利益最大化"这种增殖的动力，人的价值在于能为资本带来多少收益，人的力量越来越被资本增殖过程的成本核算模型加以科学的精算和框定。在处处宣扬个性的金融化世界里，"个性"反而成为最稀缺的资源；在处处鼓吹自由的理性世界里，自由却被资本所定义并加以默认；在经济理性面前，非理性因素普遍失语，一旦人的固有"性质和特点与这些抽象的局部规律按照预先合理的估计起作用相对立"，那么就"越来越表现为知识错误的源泉"③，人与人之间的关系因工具化而变得更加疏离。金融化的生存世界最大限度地唤醒了人们的追逐财富的梦想，释放生命本能，激活人的创造欲，但不可否

---

① 卢卡奇：《历史与阶级意识》，杜章智、任立、燕宏远译，商务印书馆，1999，第154~155页。
② 《马克思恩格斯文集》第 2 卷，人民出版社，2009，第 34 页。
③ 卢卡奇：《历史与阶级意识》，杜章智、任立、燕宏远译，商务印书馆，1999，第 153 页。

定的是它也侵蚀人的完整人格，导致生命存在感的萎缩。丰满的非理性逐渐为经济理性所制约，人的个性直接通兑为可量化的货币，人们沦为疯狂风险投资与财富获取的经济动物。"人与人之间仅留下赤裸的金钱关系，在阶级之间仅留下残酷的权力关系，在人与大自然之间仅留下无情的工具关系。"①符号化的意向性财富通过互联网数字化平台进行的交易是一场"空套空"的财富分配与博弈的过程，用合法化的程序把人与人之间的不平等加以掩盖，除了越来越悬殊的贫富差距以外，只剩下一堆使人与人疏离的心理符号。

3. 金融化不断地把人对象化为深度开发的衍生品

意向性财富排挤实体性财富，且越来越占据主导地位。金融化生存世界的财富有两种形式：一是在世俗时空中存续的以使用价值呈现的实体性财富；一是在想象的精神空间中绵延的以精神意识的抽象形式显示的意向性财富。意向性财富是"人们脱离财富的物质实体构成、财富生成的社会历史关系和财富的属人性，而在主观上通过感觉、意念、联想和想象路径所形成的关于财富的意向性存在"②。借助创意思维空间的运作，人们对未来财富占有的美好憧憬在潜移默化中滋生，似乎只有进行投机性投资和冒险才可以获取更多财富。经过杠杆不断放大的金融衍生品市场正为意向性财富的创造与获取提供了充足的运作空间，"想象的财富"不断冲击着个人疯狂逐利的欲望，人们凭借自己的智慧创意不断地打造出一个金融化的虚拟价值载体，不断地把自己的主体性对象化为意向性财富。一种基于信用制度的财富创造机制在不断完善着，与之相适应的投资动力机制也不断生长着，金融衍生品市场不断走向深层成为必然。

金融化的生存世界作为人的本质力量的一种外化形式，一方面是人不断开发金融产品，另一方面人也被金融产品所改造，变为深度开发的衍生品。劳动的对象性决定了人是对象性存在，没有与他人他物的关系，人就不能成为真实的存在。"财富的本质就是人的主体存在"③，作为主体存在的人在以虚拟价值为载体的金融衍生品市场面前，也被对象化为深度开发的衍生品。金融化的生存世界作为人的对象化世界，反过来也不断地开发人的潜能，使

---

① Andre Gorz. *Critique of Economic Reason*. London and NewYork，Verso，1989，p.19.
② 范宝舟：《财富幻象：马克思的历史哲学解读》，《哲学研究》2010年第10期。
③ 《马克思恩格斯文集》第1卷，人民出版社，2009，第181页。

人也成为不断衍生的存在。资本的唯一目的就是追求自身价值无限增殖,金融化的生存世界使一切存在都纳入这种追求自身增殖的社会关系力量之中,人的一切行动都被资本绑架。金融衍生品的意向性增殖与人继续开发衍生品的智慧之间形成正反馈机制,杠杆越大越能激活人的购买欲望和对衍生品的开发欲望;越是购买越是开发,衍生品的杠杆也就也被放大,在市场中所占的份额也就越多。在这一过程中人自身变成了不断开发衍生品的衍生品、不断与衍生品狡计的衍生品。另外,金融衍生品发展速度快,复杂程度高,推动经济的力量强,激活欲望能量大,被开发的程度也就越高,这注定它在不断分散风险的同时,也使风险的堆积越来越快,越来越严重。一旦发生危机,意向性财富会迅速缩水,人随即也变成了风险的牺牲品。

结束语

金融化的生存世界是一个极具时代魅力的社会,生产力得到不断提高,人性得到不断解放,自由得到了进一步发展,同时,这也是一个人类"自我交战"升级的时代,不平等不断加剧,人性遭遇杀伤,自由遭遇限制。从更深层意义上看,这是一个处处充满二律背反的现代性社会,一方面,人们在财富带来的繁荣与富足中评判着自由、平等、进步的永恒话题:生存世界金融化促进了经济空间的拓展和网络平台的建立,提高了人类财富管理、自身管理的能力,协调了社会发展的各个层面;越来越完善、越来越智能的金融系统最突出的贡献是现代市场机制的形成;这是一个人们梦寐以求的、"着了魔的"、取得了重大历史进步的时代。另一方面,人们又在财富展示的矛盾与冲突中体昧着财富不平等带来的阻碍、被动与无助:社会陷入了普遍的对金钱和权力的追逐与崇拜,过分强调消费与增殖的重要性,而忽略了人与人之间的交往和社会精神文化的再生产;生存世界金融化导致社会的畸形发展,贫富差距的急剧拉大,人与人之间的交往关系沦为高度理性化的终端与终端的联系;人的本质力量异化成为制造商品的工具和追求消费、牟取暴利的手段。

对金融化生存世界存在论追问告诉我们,人类在追求自由过程中打造了一个金融化的对象化世界,金融化的各种工具作为一种物化了的客观力量反过来又制约着人的生活,人的本质力量在这个物化的生存世界中被更加深刻地异化了。这表明人类至今没有摆脱"人对物的依赖"阶段,人类在追求文明、进步的同时，又被资本所绑架、被理性所定义，至今仍然与对象化世界对立着。《21世纪资本论》不平等的结论从经济哲学的视角看不仅是必然的，而且还会进一步扩大，皮凯蒂通过经济数据的技术分析来体现，而重要的是这一不平等的背后那个打上金融化烙印的、光怪陆离的生存世界带给人类的进步与杀伤、文明与野蛮。因此，21世纪人类的主要问题不在于要不要金融化，而在于如何利用金融化，超越金融化，在金融化的过程中因势利导，实现人的自由与解放。

（作者系上海财经大学人文学院博士、西安翻译学院思政部教师）

资本形态演变中的金融逻辑*
——基于资本在生产与流通中的限制分析

任瑞敏

资本作为社会关系的表征，在形态上是动态演化的。自产业革命以来，资本分别经历了产业资本、金融资本和资本的金融化三种形态。从本质上看，资本形态的演化源于资本自身的限制。资本并不简单是一种生产关系，而是一种过程，在这个过程中，资本自身的限制会阻碍生产和流通的循环。这些限制包括四个方面：①必要劳动是活劳动能力的交换价值的界限；②剩余价值是剩余劳动和生产力发展的界限；③货币是生产的界限；④使用价值的生产受交换价值的限制。[①] 从本质而言，这些限制源于生产资料私有制与社会化大生产之间的矛盾。同时，资本又具有超越这种限制的本性，利用金融的社会化属性是资本克服自身限制的隐性逻辑。金融作为人类的智能设计和社会安排，对社会资本进行筹集和调配的社会化属性有利于拓宽资本增的边界，超越生产和流通所固有的限制。但同时改变了资本的运行机制，使资本在不同的发展阶段呈现不同的形态特征。以大银行控制产业资本为基础的金融资本，形塑了以大企业和大公司为特征的垄断组织；以影子银行等多样化金融机构支持产业发展的资本金融化，形塑了个性化、小规模和多层级的生产组织。

---

* 本文系国家社科基金项目（项目编号16CZX003）阶段研究成果，中国博士后基金面上资助（项目编号2016M601519）研究成果。

① 《马克思恩格斯全集》第30卷，人民出版社，1997，第397页。

一　产业资本在扩张过程中的限制

马克思对资本的研究以产业资本为主，他认为资本不是物，而是一种社会关系。但他对资本的考察不是从社会关系着手，而是开始于商品与货币。通过揭露资本所打造的社会性格（商品拜物教和货币拜物教）、商品所形成的社会关系载体（使用价值与价值），探讨资本的生成。然而，在马克思看来，"资本绝不是简单的关系，而是一种过程，资本在这个过程的各种不同的要素上始终是资本。"[①] 在商品与货币交换活动的表象下暗含着资本的产生过程，生产和流通构成了这个过程的枢轴。具体而言，产品在生产阶段完成了价值的增殖，在流通阶段实现了商品的交换价值并将其转化为货币，货币重新投入生产转化为资本，这样一个不间断的循环构成了资本的产生过程。资本交替地成为商品和货币，背后体现了资本和劳动的特殊经济关系。商品凝结着工人的劳动，通过交换价值转化为货币从流通中出来，其前提是必须成为劳动所消费的对象。也即资本生成的内在机理是在流通中将剩余价值从原价值中分化出来，以获得自行增殖的形式。

生产阶段包含着资本与劳动这一对立主体的二元对抗。资本主义生产的前提是存在可以出卖劳动力的工人，货币占有者得到对劳动力这种商品的使用价值，通过对劳动力的消费得到商品和剩余价值。在这个过程中，货币占有者被称为资本家，劳动力所有者被称为工人，两者所结成的社会关系是雇佣与被雇佣关系。资本家通过对劳动力所创造的剩余价值的无偿占有生产出资本的蛹，通过商品这个载体实现价值增殖。但应注意的是，价值增殖在流通中实现并不在流通中产生，它是由工人在生产阶段创造的超过等价物的价值，也即工人的剩余劳动是资本增殖的奥秘。资本的增殖本性需要不断地增加劳动力以生产出更多的剩余劳动。但生产力的进步所带来的机器生产倾向于减少对劳动的使用，并由此导致资本有机构成提高，从而使社会平均利润率下降。扩大生产规模能够对社会平均利润率下降产生相反的作用，产量的迅猛增长可以补偿企业由于利润率下降而造成的损失。但资本在扩大规模的过程中会遇到到资本总量的限制，通过剩余价值的逐步积累以实现这一目的的线性扩张是不能及时满足这一需要的。这是资本在生产阶段所面临的

[①] 《马克思恩格斯全集》第30卷，人民出版社，1997，第214页。

限制。

　　产品在生产出来以后要进入流通领域,最终通过交换才能真正实现资本的转化。"资本创造绝对剩余价值－更多地对象化劳动－要有一个条件,即流通范围要扩大……因此,以资本为基础的生产,其条件是创造一个不断扩大的流通范围,不管是直接扩大这个范围,还是在这个范围内把更多的地点创造为生产地点。"[1] 资本产生的第二个步骤要求流通部门按生产增长的比例扩大。商品承载了剩余价值到资本的蝶变,只有在流通中将商品转到消费者手中换回货币,才能实现价值增殖。但这只是对资本产生过程的静态分析,流通领域与生产领域不是各自独立和互不相干的,它们存在承接关系。从实质来看,这两个阶段又是一种充满了矛盾的经济关系。在生产阶段,资本家通过支付工人报酬得到了对劳动的使用价值,工人得到了收入用于满足自己的生活需要。但这种交换是不平等的,工人创造了超过等价物的价值－剩余价值,这部分价值是没有被补偿的。由于资本家支付给工人的报酬与其提供的劳动价值量并不对等(工人的报酬<工人创造的价值),意味着工人在流通阶段的购买力是不足的。这是因为交换价值的实现是在流通阶段通过消费完成的,消费的顺利完成需要社会购买力的提升,但大量工人的贫困却无法满足资本的这一诉求。资本所带来的生产力的进步,不能转化为整个社会的财富增长限制了交换价值的实现,并进而影响交换价值向资本的转化。

　　生产和流通中的限制使价值无法及时转化为资本,产生了对"时间－价值"和"空间－生产"具有转化功能的信用的需求。信用允许商品的出售和商品的货款回收在时间上进行分离,也即商品在售出一段时间后才能被支付,信用在此发挥了货币的支付手段功能。正如马克思所说:"建立在资本主义生产的对立性质基础上的资本在增殖……事实上为生产造成了一种内在的、但会不断被信用制度打破的束缚和限制。"[2] 在生产和流通阶段自发产生的信用首先是商业信用,商业票据代替货币行使支付职能缩短了商品的周转时间,有利于缓解商品积压,使资本的生产和流通再循环顺利进行。随着经济发展在深度和广度上的增加,资本的这种信用也在扩大。生产资本家与商业资本家、生产资本家之间都相互提供信用,那么就突破了企业在生产上的资本总量和在流通阶段价值增殖实现上的限制。商品和货币之间的转化

---

[1] 《马克思恩格斯全集》第30卷,人民出版社,1997,第387页。
[2] 《资本论》第3卷,人民出版社,2004,第500页。

由于信用的介入而加快了，信用成为生产和流通的助推器。但这同时也改变了资本的运行机制，信用成为资本扩张中的另一个影响因素。信用的本质是对社会资本的集中与再分配，它赋予资本的所有人在一定界限内支配他人资本、财产和劳动的权力。因此，资本的积累就不再是纯粹的节约，而是如何拥有这种现存的对社会劳动的支配权。

在产业资本时期，商业信用主要表现为票据，这些票据代替货币执行支付职能，实际上相当于在流通中投入了同等数量的货币，但这些"货币"并不构成真实的物质财富，它只是一种未来可取得一定收入的符号。在没有兑换为真实的货币以前，这些"货币"可以像商品一样交易。即只要它充当等价物的功能和商品交换行为在时间上发生分离，就可以发挥它作为商品的功能。但它只能是以租的形式将货币暂时让渡，在一定时间以后收回更多的货币（指货币的时间价值），实质上是货币投机。货币的流动性加快，虽然能够拓展资本在生产与流通中的限制，但会导致贸易上的过度竞争和生产的无序。另一方面，扩大产量可以带来边际成本下降的规模经济效应，使产品的价格更有竞争力，从而导致一些缺少成本优势的中小企业破产，这种市场上自然发生的"优胜劣汰"会推动资本走向集中。马克思对此做过深刻揭示："信用制度固有的二重性质是：一方面，把资本主义生产的动力——用剥削他人劳动的办法来发财致富——发展成为最纯粹最巨大的赌博欺骗制度，并且使剥削社会财富的少数人的人数越来越减少；另一方面，造成转到一种新生产方式的过渡形式。"[1] 信用改变了资本扩张的路径，资本的权力不再取决于资本自身，信用成为另一个不可忽视的力量。

二　金融资本：资本克服自身限制的第一次尝试

信用成为资本扩张的另一主要力量会导致信用这种商品的稀缺与整合。自由竞争市场所导致的结果首先是信用的集中，银行作为市场上的最大信用供给者，用自己广泛联结的记账系统和便捷的支付体系代替了商业信用，扩大了商业贸易中的资金服务范围，造成对信用的垄断。银行主要通过筹集社会资本为客户服务，资金实力较之单个企业雄厚，更能发挥货币的支付手段职能，赋予企业以杠杆式扩张的能力。而商业信用是企业之间相互提供的，

---

[1] 《资本论》第3卷，人民出版社，2004，第500页。

在资本实力、信用度、便捷性和有效性方面都不如银行。资本扩张离不开信用的支持，那么信用与资本扩张之间的内在关系便会反映到信用的供给者和资本所有者之间的关系上，即银行和产业资本家。产业资本家为超越资本在生产和流通中的限制，克服社会平均利润率下降而借助于信贷杠杆，从而将扩张的权力转交给了银行。信用集中在银行手中，使银行成为资本市场的权力者。最后形成了产业资本家只有通过银行才能支配产业利润的格局，产业资本被银行资本所控制并形成一种新的资本形态——金融资本。

资本扩张的这种"权力转向"会产生两个方面的后果。一方面是造成产业的集中。信用能够扩大企业生产规模，假设其他条件不变，只要利润率高于银行利率，利用银行提供的资金进行扩大再生产就是有利可图的。因此，在不改变社会平均利润率的水平下，积极运用银行信用，比其他资本家更早地扩大生产规模，就能够获得超额利润。那些在市场中无法利用外部资本获取超越自身的能力的小企业就会逐步被消灭，从而导致产业内部的调整。另一方面是导致资本的积聚。银行通过债权和权益两种方式将资本积聚在自己手中，一是将流通在社会上的资本通过储蓄和支付结算体系积聚起来，然后将资本借贷给企业，获得企业的控制权；二是持有企业的股份，以权益融资的方式获得对企业的支配权。银行控制了资本的流通渠道，其身份不再只是资本的中介，而是资本的掌控者。但银行控制产业的目的是获得利润最大化，它只能通过产业资本才能实现自己的目的。因此，二者在利益上是一致的。然而，信用通常会导致无序竞争和生产过剩，造成社会平均利润率下降，消灭竞争对于两者都有积极意义。由于自由竞争市场不存在政府干预，如果消灭竞争能够保持超额利润率，企业和银行就会进行联合。从本质而言，大企业和大银行出于自身利益而结成的联盟是市场自由竞争的结果。正如希法亭所说："银行资本和产业资本消除竞争的想法是一致的，同时银行资本实力的增强使得它可以达到这一目标……产业资本应该感谢银行资本，在没有干预的自由竞争依然存在的经济发展阶段就将竞争消除了。"[1]

金融资本作为对自由竞争所出现的矛盾进行克服的产物，旨在消灭竞争。它打造了新的生产方式——垄断，这是金融资本的存在基础。垄断表现在生产和流通两个领域。在生产阶段，生产者之间采取联合的方式形成利益共同体，最常见的类型是卡特尔。它通常根据市场状况，采取协议的形式

---

[1] 希法亭：《金融资本》，李琼译，华夏出版社，2013，第211~212页。

(如共同提高市场价格)来增加利润,通过减少产量、提高价格的方式保持超额利润,避免了企业由于竞争而盲目生产或生产过剩。在生产上,卡特尔通常会根据市场的需求与供给状况设定生产限额,规定各成员的产量,以达到整体利益最大化的目标,但对成员只有指导性而没有强制性的权力。由于符合整体利益的举措未必符合个人利益,因此卡特尔经常面临被破坏的情况。还有一种垄断形式——辛迪加可以采取强制措施,剥夺参与者的商业独立性,成为一个商业共同体。卡特尔和辛迪加增加了企业生产的计划性,避免了自由竞争时期企业在生产上的盲目性和无序性。

在流通阶段,垄断厂商通常会采取"产销一体化"的形式,减少流通环节的资本让渡以获取尽可能多的利润。产业联合使商业资本失去了独立性,削弱了商业资本家的利益。在自由竞争时期,产业资本家和商业资本家在职能上是分离的,产业资本通常会将获得的利润让渡一部分给商业资本家。垄断形成以后,借助于银行的力量将垄断从生产领域延伸到流通领域。为维护自身利益,垄断厂商通常会建立自己的销售渠道以方便控制,减少市场对价格的波动,这导致商业资本很难再保持自己的独立性。即使在银行资本没有涉足的中小企业,商业资本也难以独立。他们通常利用自身的资本优势,通过金融方式参股企业生产,将商业资本转化为产业资本。再迫使企业以较低的市场价格卖给他们,以产业损失利润的方式来增加他们的利润。[①]这实际上是一种产销相结合的纵向联合,也是垄断的一种形式。商业资本的这一变化改变了资本的结构和形态,通过金融工具与产业资本结合在一起,失去了作为贸易性货币资本的纯粹性。"曾经骄傲的商人变成了被金融资本垄断的产业的代理人。"[②]

从一定程度来看,资本的生产由于垄断组织的内部管理而变得有计划性了,似乎潜藏在资本主义自身的生产过剩危机解决了。但事实上,垄断组织阻碍了资本主义的进步。从社会总资本规模上看,垄断组织通过限制产量维持高价阻止利润平均化趋势的做法,没有扩大生产规模,造成了资本扩张的停滞,那么就会产生一个矛盾:资本积累增大与资本扩张停滞。资本扩张在内部受阻会转向外部进行资本输出,占领国外的销售市场和生产资源。但金融资本的本性是垄断,排斥竞争,对于来自国际市场上的激烈竞争通常诉诸

---

① 希法亭:《金融资本》,李琼译,华夏出版社,2013,第240页。
② 希法亭:《金融资本》,李琼译,华夏出版社,2013,第260页。

政治权力进行解决，这构成了金融资本的另一个逻辑——与政权的结合。自由的市场经济已不复存在，金融资本对经济区的占领和殖民地的瓜分，背后体现了国家之间的较量。希法亭对此做过精辟论述："金融资本要的是统治而非自由……它需要一个政治上强有力的、不用考虑与其他国家在商业政策上有利益冲突的政府，这个政府能够保障海外的金融资本的利益，并通过政治权力将对自身有利的供应合同和贸易协议强加给较小的国家；能插手世界各个角落，将全世界纳入金融资本的投资范围；能维持其扩张政策并吞并新殖民地。"①

金融资本的目的是要在世界范围内建立自己的统治。它统一了大资本家的利益形成垄断同盟，对内压制工人阶级的反抗，对外推行帝国主义。垄断组织通常限制产量，提高价格，造成生产扩张的停滞，过剩资本只能以资本输出的方式转到国外，造成了主要资本主义国家在世界经济区的竞争和对殖民地的抢占。国家往往成为金融资本在资本输出方面的政治保障，经济斗争常常转化为政治斗争。金融资本这种以邻为壑的做法，违背了商业的基本伦理和资本主义精神。商业的本质在于平等基础上的互利互惠，金融资本的"统治"本性否定竞争，靠垄断试图消除一切与之竞争的力量，从而掠夺中小资本家、殖民地、工人阶级的利益，最终必然导致资本过剩、商品过剩，从而爆发危机。从外部来看，金融资本的目的是获取超额利润，不讲和平，金融资本的扩张通常体现为帝国主义的扩张。

金融资本塑造了一个不稳定的经济政治结构。从经济角度而言，垄断组织减少产量、提高价格维护超额利润的做法，虽然搭配了行业的社会平均利润率下降，但从全社会来看，生产规模没有扩张，社会总资本没有增加，从而也难以推动生产力的进步。金融资本对政治权力的控制，使政治功能变得狭隘，国家关系和阶级关系被金融资本的逻辑所主导，必将导致国家权力的沦丧，加剧阶级矛盾和国际关系紧张。金融资本在殖民地的血腥掠夺，激起了当地人的强烈反抗，民族意识增强使得反抗帝国主义的斗争此起彼伏。资本主义国家之间为争夺世界市场而经常诉诸武力，两次世界大战的爆发都与之有重要关系。以垄断为特征的金融资本，异化了政治权力，损害了其他社会阶级的利益，导致经济政治的不稳定，必然会走向覆灭。美国在1890年颁布了用于反垄断的《谢尔曼法》，认定以契约、联合或共谋等限制市场竞

---

① 希法亭：《金融资本》，李琼译，华夏出版社，2013，第382~383页。

争的行为属于非法行为。1914 年又相继出台《克莱顿法》和《联邦贸易委员会法》，共同构成了美国的反垄断法，用于维护公平竞争，保护消费者的利益。英国、德国、法国、日本也分别于第二次世界大战以后制定了本国的反垄断法。至此，金融资本所赖以存在的垄断组织不存在了。国家对金融机构的监管，禁止其直接参股控股产业，金融又回复到"服务者"的角色。

三 资本的金融化：资本克服自身限制的第二次尝试

"二战"后，随着科学技术和国际贸易的飞速发展，资本主义世界积累了大量资本。与此同时，风投、基金、投行等影子银行逐渐兴盛起来，对实体经济的发展起了重大推动作用，但也提高了资本收益率，使产业资本的运行逻辑被金融思维所主导。到 20 世纪 70 年代以后，资本主义世界基本形成了这样的格局：企业利润日益来源于金融渠道；金融资产呈爆炸式增长；金融部门在经济体系中居于主导地位。西方左翼学者将这一现象称为"金融化"，如大卫·科茨认为将"金融化"取代"金融统治"，能够准确把握近几十年来金融在经济中的地位变化，更好地揭示金融在经济活动中的扩张性作用[①]。对于金融化的概念，目前并没有统一的定义，但都是基于金融在经济中的主导作用。金融化作为资本形态上的又一次变化是由于社会化大生产需要新的生产关系。"二战"以后，资本主义生产力得到了飞速发展，需要在更大范围内进行商品贸易和社会分工。但需注意的是，资本的金融化与金融资本有着根本的差别：在形成原因上，前者是由多样化的金融机构塑造的，其中非银行金融机构发挥了主导性作用，而后者是由单一的大银行塑造的；在与产业关系上，金融在资本金融化中仅提供融通资金和风险管理功能，并不直接干预企业运营，而后者是银行资本直接控制产业发展；在产业发展上，前者导致多样化、个性化生产，而后者导致产业垄断。

资本的金融化是资本克服自身限制的又一次尝试。在资本与劳动的关系上出现了新的调整，阶级关系更为缓和。二战以后，资本主义经济在经历了恢复和繁荣以后产生了新的发展问题。生产力的发达必然会减少从事直接生产的劳动者的数量，制造过剩劳动与过剩资本。而资本主义国家的高福利政策，又使得过剩资本难以通过传统那种赤裸裸的剥削驱动过剩劳动。因此，

---

① 大卫·科茨：《金融化与新自由主义》，《国外理论动态》2011 年第 11 期。

资本需要改变那种建立在资本与劳动二元对立基础上的增殖方式,增加自愿参与到资本运行体系中的人口。金融灵活调配资本的能力为过剩资本和过剩劳动提供了良好的匹配机制,这得益于灵活多样的金融结构。风投、私募、基金等影子银行善于发现新的利润增长点,通过融通资金和风险管理支持了有成长前景的中小企业,如美国的硅谷和"新经济"得益于各种风险投资。并由此形成了新的社会分工:金融机构提供资本,企业家、科学家则专注于企业经营和技术改进,而由资本负责成果转化。同时也产生了新的生产方式,小规模和个性化生产兴起,消解了以机器大生产和流水线为特征的福特主义,赋予资本家和劳动者的概念以新的内涵。金融不再仅仅与大工业相结合,而是逐渐向社会生活领域渗透,成为投资理财和风险管理的重要工具。罗伯特·希勒曾提出"金融大众化"的设想,即将原本仅由华尔街的客户享有的特权传播给所有沃尔玛客户,我们需要将金融覆盖的领域从资金资本延展到人力资本,使金融能够协助人们应对平常生活中的真实风险。[1]

在生产与流通方面,资本扩张着眼于世界范围内的资源配置与商品交换。"二战"以后,各国致力于经济建设,生产力得到了飞速发展,为了使商品有更大的市场,以新自由主义为推动力的金融化倡导和平贸易,推动了全球化进程,促进了世界经济一体化。与金融资本时期充满掠夺的对外扩张不同,全球化背景下的资本扩张以跨国公司为载体,它们在全球的产业配置多借助金融渠道完成,通过收购或入股当地公司获得对市场份额的控制权。如在我国的食用油市场,新加坡的益海嘉里收购了龙头企业金龙鱼,直接获得了进入中国市场的资格,而不是以早期那种设立公司的形式。20世纪90年代以后,私募基金和跨国公司联手,开启了全球行业、全球银行和金融业大整合时代[2]。风险资本在全球寻找具有增长点的行业,促进了产业格局的调整。如著名的风险资本——红杉资本,40多年来投资的公司超过500家,在中国投资的互联网企业包括新浪网、阿里巴巴、京东商城、唯品会、聚美优品、奇虎360等[3],中国网络购物浪潮的背后正是这些金融力量的推动。整体而言,资本的金融化重塑了产业发展模式和全球的社会分工,通过国际贸易所搭建的网络在全球调配资源。发达国家主要是资本输出(包括直接

---

[1] 罗伯特·希勒:《新金融秩序》,束宇译,中信出版社,2014,第2页。
[2] 向松祚:《新资本论》,中信出版社,2015,第67页。
[3] 向松祚:《新资本论》,中信出版社,2015,第72页。

输出和间接输出），发展中国家则主要以产业发展为主。

资本在金融逻辑的作用下还打造了新的运行机制，体现了鲜明的金融特征。这首先表现在资本扩张方式上的杠杆性，即更多地利用社会资本。当代企业投资理论主要研究如何有效地使用外部融资，外部融资包括债务融资和权益融资。企业的资本结构包含了保持合适的债务融资与权益融资比例，以使企业价值最大。从债务融资来看，利用债务杠杆实现资本扩张是当代企业扩张的自觉行为。莫迪利亚尼和米勒的 MM 定理反映了在企业投资行为中，债务在提高企业价值方面的作用，在投资理论中具有代表性。权益融资以让渡企业所有权的形式无须还本付息，避免了债务融资的这一弊端，是现代企业常用的另一融资工具。即企业扩大生产既可以在实体经济中投资建厂，也可以在金融市场上通过购买市场流通股对现有企业控股实现自身的扩张。在这方面较有代表性的是经济学家托宾的 q 理论，它反映了金融市场对企业投资行为选择的影响。借贷资金和资本市场的循环使资本扩张成为一种金融现象。股票实际上是享有受益权的凭证，本身是一种权利。这种权利可以被金融的技术工具开发成可转让、可流通的商品，从而丰富和扩大了商品的内涵，也提供了企业扩张的另一条路径——并购。但资本的产生过程不再取决于产业自身循环，而是取决于外部因素，即融资能力。

资本扩张的实现路径是持续的投资，现代企业投资理念的金融逻辑设定了资本的社会性，但也增大了企业生产投资的不确定性。对企业价值的评价主要体现在资产获利能力和债务偿还能力方面，使得未来现金流成为决定企业价值的关键要素。在其他条件不变时，投资所形成的资产在未来创造的收入现金流越大，则公司价值越大。这是由杠杆式扩张所决定的，金融的时间价值使得企业的资产不再仅仅体现为当下的实物资产和真实资产，未来收入也可以被资本化为当前价值。这使衡量企业价值的标准发生了变化，当下的财富增加了企业的信用度，但更重要的是未来所能产生的现金流。银行主要提供短期性融资。在以前，企业的外部融资主要用于弥补流动资本不足，如对存货和商品周转进行融资。企业通过未来销售产品的收入偿还银行债务，暗含了银行债务与未来收入的对应性。但在当代，外部融资也用于固定资产的投资。由于固定资本的价值是随生产过程慢慢转移到产品中去的，转化为产业利润是一个长期过程。而债务通常是短期的，使得债务偿还与运营收入之间缺乏同步性。特别是在投资资本密集型产品时，这类生产往往距离最终消费阶段较远而具有成本高、生产时间长的特点。这就存在债务偿还与经营收入的时间错配，使企业不能用经营收入偿还债务。在这种背景下，企业会转向资本市场寻求资金帮助。由于企业融资通常是基于内部融资与外部融资的适当比例，即企业预期所产生的现金流要能够补偿外部融资所产生的成本，因此凸显了现金流在资本运行机制中的作用。

资本利用金融工具虽然缩短了资本积累时间，有利于企业更新技术、扩大生产规模，推动了现代经济的高速增长。但利用不经过产业资本循环而派生出的外部货币发展经济的做法，意味着没有实际的储蓄和真实的社会资本相对应，资本扩张依赖于用新增贷款维持企业投资增加，会导致真实的经济运转被金融所"架空"，破坏了经济规律，孕育着金融危机的种子。金融工具的过度使用导致经济循环路径和生产结构发生改变，企业行为的决定权不再是市场而是金融机构，是一个市场向金融机构交权的过程。"经济发展，金融先行"的格局还产生了新的阶级力量，掌握资本流通渠道的金融精英成为经济中的权力者。金融具有功能性和虚幻性，它的收益主要来源于两个渠道：一是为产业提供的服务性收入，如融资、并购和重组，这直接促进了产业的发展，主要体现了金融的功能性；二是来源于金融市场的资本运作，如信贷扩张、金融市场和金融衍生产品存在联动关系，相互之间能够以真实资产为基点形成一个自我循环的虚拟体系（如常见的住房抵押贷款），信贷扩张形成原生资产→对其开发形成衍生产品→转移到金融市场回收款项→下一轮信贷扩张，主要体现了金融的虚幻性。由于金融的功能在于配置资源和促进资本流通，本身并不创造资本，这两种收益来源渠道最终都是对实体经济所创造的物质财富的分割。尤其是随着经济在深度和广度上的提升，金融在实体经济之外打造了一个相对独立的虚拟经济体系，它的规模越大，对产业资本家和劳动者的剥夺程度就越高，且具有很高的隐蔽性。

结　语

资本的形态变化是资本对自身在生产与流通中的限制进行超越的结果，不同的形态代表不同的阶级力量：产业资本主要表现为产业资本家与工人阶级的对立；金融资本则体现为以银行资本为推动力的垄断组织同中小资本家和工人阶级的对立；而资本的金融化体现了金融精英阶层同产业资本家和实体劳动者的对立。从资本形态的演变过程来看，似乎遵循了黑格尔所说的"正－反－合"路径，每一段时期的表现形态都体现了对前一阶段的矛盾的扬弃。金融思维之所以成为资本形态演变中的隐性逻辑，其根本原因在于资本的私人性和其增殖本性的不平等性，而金融的社会化属性能够缓解这一矛盾，但又会带来新的问题，直到新的形态扬弃前一形态。也即资本每一次的形态变化都是对前一次的扬弃，同时也在更高层次上对资本提出新的要求。这是因为金融并不能彻底解决资本所存在的根本问题，资本的形态变化只是资本对自身矛盾的修复，它并没有改变资本增殖的本性，而是打造了一种更加有利于发挥资本增殖本性的社会关系。资本的增殖依然建立在对劳动的剥夺基础之上，但不再是产业资本时期那种尖锐的二元对立，因为阶级关系缓更加有利于资本扩张。然而，阶级差距却拉大了。一个明显的例证是托马斯·皮凯蒂在21世纪重新发现的马克思关于经济增长与收入不平等之间的关系，但他认为资本收益在财富和收入不平等的决定机制中发挥了关键性作用，$r > g$ 是导致财富产生两极分化的根本性力量。因此，皮凯蒂将研究定为《21世纪资本论》，旨在揭示资本在21世纪的新变化，从而与马克思的《资本论》遥相呼应。皮凯蒂的局限性暂且不论，但他所提出来的问题是真实存在的，即伴随着金融逻辑对资本的渗透，资本在金融杠杆的作用下加大了对劳动进行剥削的力度，使马克思所揭示的"资本-劳动"关系更加具有现实性。因此，只要资本存在，以资本增殖为核心的生产性质就不会改变。

（作者系复旦大学哲学学院博士后流动站研究人员）

时空修复视域中资本金融化的背反属性

王 程

美国学者大卫·哈维运用历史-地理唯物主义理论研究资本在时间-空间运动的"分子化过程",从而解密资本主义消化和吸收两种盈余（劳动盈余和资本盈余）,缓解危机的机制：通过时间推移和空间转移,或是二者相结合,推迟资本价值进入流通环节的时间,扩大资本占用资源和生产能力的权力,使资本主义生产关系在爆发危机之后或将要爆发危机之前就可以迅速地得以修复,然而,这种"治标不治本"的方式并未从根本上解决资本主义的内在矛盾。21世纪,由资本金融化所主导的时空修复又具有新的特征,全球金融资本的过度积累,加速了资本时空修复的速率,资本主义体系呈现出深度的背反属性。

一 公平与效率的矛盾

后凯恩斯主义代表人物戈拉德·爱泼斯坦把金融化界定为"金融动机、金融市场、金融参与者和金融机构在国内及国际经济运行中的地位不断提升"。[①] 法国调节学派则认为,金融化是福特制解体后资本主义制度新的调节范式,这种新的调节范式是围绕金融市场尤其是证券市场所形成。标榜

---

① 戈拉德·A.爱泼斯坦：《金融化与世界经济》,温爱莲译,《国外理论动态》2007年第7期。

"理性"的西方经济学一贯倡导范式的优先性①，通过审理资本主义发展史可以发现，在资本主义发展的每个时期，经济危机的出现－危机的修复－西方经济学说的发展，都隐藏着一组反复出现的类标准式的范畴，而范畴的核心就是效率优先，这便是资本主义共同体的发展范式，虽然西方经济学学派林立，但都是从不同角度演绎这个范式，因此，对公平的牺牲在资本主义市场经济中具有天然的合法性。在金融资本高度积累的当代，资本金融化所主导的时空修复实质仍是解决资源配置的效率问题，迅速修复的资本主义经济表面再次呈现欣欣向荣的景象，公平与效率的矛盾却更为凸显。

第一，由金融资本主导的时空修复，对剩余价值的分割和对劳动力的分配依靠时间推移来实现，对未来财富的提前榨取成为资本牟取超额利润的秘密手段，这是造成当代资本主义社会贫富差距悬殊、代际不平等、区域发展不平衡等严重问题的重要原因之一，严重威胁着国际资本主义体系的稳定。哈维在《新帝国主义》中分析指出，资本金融化在三个层级循环的目的仍然是追求剩余价值最大化，危机所造成的公平缺失不但未得到缓解，反而进一步深化。资本在时空修复过程中需要经历三个层级的循环，即从直接的生产与消费领域（第一层级）进入以固定资本和消费基金所构成的第二级循环，或者进入以社会支出和科研、开发为内容的第三级循环。② 在当代，以金融资本为主要载体的 FDI 流动主要有两个层次，这两个层次对剩余价值的分割和劳动力的配置都可以通过时间推移来实现。其一，金融资本与产业资本相结合，以现代期权、股权或债权的形式迅速进入上述三个层级，追求长期稳定的资产回报率。金融资本利用各种凭证权利，实现对未来剩余价值的分割，这从根本上改变了剩余价值分配格局，大量固定资产投入不但实现了对劳动者当代剩余价值的掠夺，更挤占了未来发展的空间，未来时间成为金融资本分割剩余价值的无限空间，经济不平等从当代延续到了未来。同时，金融资本通过对劳动力的重组，不断地把分散的工人阶级分配到新指定的地点工作，劳动者不得不面对世代打工的命运，资本主义制度通过"公平"的法律将这种新的社会关系加以固化，代际不平等不断循环，而这种"饮

---

① 参见托马斯·库恩《科学革命的结构》（第四版），金吾伦、胡新和译，北京大学出版社，2012，第 36 页。
② 大卫·哈维：《新帝国主义》，初立忠、沈晓雷译，社会科学文献出版社，2009，第 90 页。

鸩止渴"的方式却使公平与效率的危机不断积累,在未来某个时刻会最终爆发。正如列斐伏尔所言:"经济和生产力在数量上的增长,并没有带来社会的发展,而是相反,带来了社会生活的恶化。"① 其二,FDI另一个流向直接选择金融投机,成为纯粹的流动资本,它具有高度流动性与"游猎性"特征,在世界范围内自由流动,在短期内迅速形成"次贷",获得巨额回报,未来财富在当代被直接分割殆尽,在这个层次中,公平与效率的矛盾更加凸显。有数据表明,FDI对有价证券的投资将直接推高劳动力成本差距②,金融从业人员的高额工资与普通行业人员形成鲜明的反差,"投入生产和空间的维护中的劳动力,投入交通和各种所谓的'服务'活动中的劳动力,得到的报酬一般都很少"。③ 资本主义社会贫富悬殊进一步加大,"金融贵族"成为新的食利阶层,富人更富,穷人更穷的资本主义世界图景愈演愈烈。其三,中心－外围差距进一步扩大。资本金融化所主导的时空修复具有脆弱性的特征,金融资本对未来价值的分割也具有较高的风险性。由于金融资本的"分子化"扩散速度比工业资本快,二级循环和三级循环内部会快速形成新的过度积累,而未来又充满了各种不确定性,这将成为下一次金融危机的导火索,但是,金融资本可以利用其高度垄断性,根据自身需要控制未来商品价格,当风险不可控时,金融集团(中心)可以通过金融资本的高度流动性将风险转嫁到别国(外围),使自身的损失降至最低,尤其是发展中国家通常需要花费数十年的时间为发达国家的金融危机"埋单",由此造成了发展中国家的人道主义危机。

　　第二,由金融资本主导的时空修复,对剩余价值的分割还依靠空间转移来实现,金融集团的资本权力在全世界范围内运行,它比工业资本更为便捷和普遍,其显著特征在于跨空间分割剩余价值、分配劳动力。其一,发展中国家的空间发展权利被发达国家剥夺。虽然发展中国家的FDI持续流入,客观上带来了经济的复苏,资源配置效率的提升,但"剥夺性积累"却不可避免,全球经济正义面临新的挑战。在金融资本的驱使下,新圈地运动被披上"一切为经济发展"的"神圣"外衣,发展中国家的自然资源被大规模地进行商品化重组,城市中平民的生存环境不断恶化,密集的农业规模生产

---

① 亨利·列斐伏尔:《空间与政治》,李春译,上海人民出版社,2015,第101页。
② 参见李辉、唐世平、金洪《帝国的光环:美国金融危机的历史制度解释》,《世界经济与政治》2014年第3期。
③ 亨利·列斐伏尔:《空间与政治》,李春译,上海人民出版社,2015,第101页。

造成土壤的严重退化,这给农村产业经济也带来一系列的负面影响,经济发展陷入不可持续的恶性循环。而发达国家却享受着清新的空气,干净的水源和舒适的生活条件,为了延续这种不平等的空间生产,发达国家通过一系列的"国际准则"强行维持这种状态,使空间服从于资本权力,使其被资本主义生产关系所容纳,使这种恶性循环进入代际循环中;其二,公平的缺失造成经济效率的降低,这种副作用在发展中国家更加凸显。尤其是大规模的土地私有化运动,使公共空间愈发狭窄,发展中国家人民的"损失厌恶"将不断增长,禀赋效应不断攀升,时空修复的社会成本不断增加,发展中国家开始陷入"中等收入陷阱",经济发展在经历前期的高速增长之后变得停滞不前。张雄教授指出:金融资本"通过权力与资本的互动,最大化地占有全球范围内的剩余产品、剩余劳动和剩余价值,从而导致全球贫富差距进一步拉大,两极分化更为严重的生存态势",① 因此,《资本论》的深刻性与科学性仍然具有时代指导意义,资本主义国家基于私有制条件下的"平等"与"正义",以抽象的国家观念隐藏了它与资产阶级利益和属性捆绑的本质,发达国家只允许它的富人安安静静地躺在床上。

第三,空间内的现有固定资产成为价值重构的严重障碍,因而,时空修复不可避免地面临重复破坏-建设-破坏的恶性循环,这种恶性循环在资本金融化的驱使下更为迅猛,公平与效率矛盾的恶果最终由发展中国家的民众承担。哈维指出:"如果资本确实发生转移,那么在身后会留下破坏和贬值的痕迹"。② 列斐伏尔将这种现象称为不动产的"空间动产化"。金融资本一旦进入时空修复轨道,首先会将空间内原有的制度格局加以破坏,形塑适合金融资本扩张的产业价值链、价格和资源配置体系、收入分配制度等环节,重塑空间内的宏观经济战略、货币金融政策、汇率政策、产业发展策略,为破坏-建设打通制度通道;其次,随后开启的大规模融资行为使循环速率明显加快,由信贷支撑的固定资产开发与城乡改造相结合带来的经济增长数据,已成为发展中国家经济发展的支柱和宏观经济战略的重点考量指标,以中国为例,地方 GDP 的增长主要依靠房地产市场的繁荣。然而,不断攀升的房产价格实质是金融资本分割剩余价值迅速而隐蔽的手段,当泡沫积累到顶点,金融资本的迅速撤离将留下一堆贬值的"废墟",普通劳动者多年来

---

① 张雄:《金融化世界与精神世界的二律背反》,《中国社会科学》2016 年第 1 期。
② 大卫·哈维:《新帝国主义》,初立忠、沈晓雷译,社会科学文献出版社,2009,第 95 页。

创造的剩余价值在一夜之间被分割殆尽，公平再一次成为效率的牺牲品。迅速转移的金融资本将在另一区域开启新的时空修复，虽然剩余资本暂时得到了吸收，国际资本主义体系大规模的危机风险暂时得到了降低，但地域性的贬值危机却十分严重，尤其是发展中国家，往往成为金融危机的重灾区，使时空修复成为"负和博弈"。

当西方经济学从古典经济学向新古典经济学衍化后，主流经济学的价值判断逐渐丧失，对公平的追求由追求公平原则蜕化为追求规则公平，这实际上确立了效率优先的范式，元伦理学中的语义分析和逻辑推导已不复存在，规则公平导致的结果不公必然会与效率发生冲突，这便是以功利主义为指导思想的当代西方经济学不能解决公平与效率矛盾的原因。大卫·库尔珀认为，黑格尔的范畴链运动可以从哲学层面上对这个问题予以反思，"范畴链的推演方向是差异性愈益增强，但存在着重复与循环；绝不只是前进"。①资本金融化在时空修复的循环中正体现出上述范畴运动的特征，它将功利主义的教条推演到极致："它把善理解为幸福或者理解为合理欲望之满足。这样一来，制度的正义就会过分依赖于当时恰好占支配地位的欲望"。② 这是一种不恰当的善的观念。由金融资本支配的时空修复，虽然短期内实现了资本分割剩余价值的效率，但致使公平问题雪上加霜，公平缺失的反作用又会造成经济效率的降低，这已成为资本主义世界难以克服的顽疾，深深地陷入"恶的无限"之背反属性中。

二 私向化与社会化的对立

追求整体主义精神是人类与生俱来的禀赋，"社会"概念的本身就体现出整体主义的维度。现代性发育以来，形而上学的发展提供了这样一条原理：个体在分裂过程中不断地向整体凝聚，因此，人类追求社会化的倾向总是和威胁分裂社会的阻力结合在一起，黑格尔在《法哲学原理》中系统地论述了市民社会形式化的普遍性与特殊性之间的矛盾运动，揭示了人类最终走向社会化的历史进程。在资本金融化时代，由金融资本所主导的时空修复过程，更为深刻地体现出现代性的二律背反属性，由于新技术的不断运用，

---

① 大卫·库尔珀：《纯粹现代性批判》，臧佩洪译，商务印书馆，2006，第83页。
② 涛慕思·博格：《实现罗尔斯》，陈雅文译，上海译文出版社，2015，第49页。

金融工具和金融制度的创新使资本金融化可以通过便捷的电子终端交易而实现,人类财富体系被编织成一张密网,形式化的财富共同体背后,私向化的交易模式,实质上带来的是深度的个体分裂。

第一,以金融资本为载体的时空修复掀起新的私有化浪潮,社会化经济基础不断被私有制吞噬,资本主义在时空修复过程中不但创造新的剩余价值,更不断生产出新的资本主义生产关系和意识形态,空间内原有的经济制度和意识形态受到严峻挑战,市场经济的盲目性、自发性和无政府状态加剧,金融危机一旦爆发,空间内原有的经济基础与制度屏障早已被摧毁,世界范围内的灾难将不可避免。马克思一针见血地指出:"社会生产过程既是人类生活的物质生存条件的生产过程,又是一个在特殊的、历史的和经济的生产关系中进行的过程,是生产和再生产着这些生产关系本身,因而生产和再生产着这个过程的承担者、他们的物质生存条件和他们的互相关系即他们的一定的经济的社会形式的过程"。[①]虽然资本主义已经进入资本金融化时代,但马克思的论断无疑仍然是深刻和科学的,资本主义生产关系的再生产并非简单的复制,而是在保持质的规定性的同时,产生新的变化。金融资本的时空修复,使"空间成为新的稀有物中的一种,围绕着这些中心而被维持着、被利用着的这种稀有性,使得疯狂的投机成为可能"[②],空间内的人力资源、自然资源、社会关系被不断地迅速加以重组,其中最核心的步骤就是"私有化",因此,该空间原有的社会关系也被转变成资本主义生产关系。其一,资本金融在时空修复过程中所带来的"经济民主化"、"组织扁平化"、"产品个性化"和"生活全球化"不断冲击着空间内原有的经济基础,各种公有制、集体所有制经济成为空间修复同质化的资源。与此同时,发达国家不但输出金融资本,更以隐秘的方式输出意识形态,通过占据"道德制高点"的方式,利用"和平演变"与"颜色革命"颠覆空间内原有的民族国家政权,使该空间完全纳入金融资本的统摄之中。其二,面对不断攀升的"市值",人们的整体主义信仰正被贪欲侵蚀,资本金融的巨大魔力不断伸向人的精神领域,"集体主义"观念正在承受资本主义制度下"经济个人主义"和"价值通约主义"前所未有的挑战。其三,在当代,金融资本进行时空修复的路径主要依靠网络信息化传输方式,因而,意识形态的

---

① 《马克思恩格斯文集》第7卷,人民出版社,2009,第927页。
② 亨利·列斐伏尔:《空间与政治》,李春译,上海人民出版社,2015,第104页。

传导机制与工业化时代有着根本的区别，互联网的普及使新自由主义思潮更为隐秘、伪善、便捷和快速地传播，民众对"私有制"不但具备了经济上的被动依附性，更产生了主观上的精神认同感。然而，大规模的金融危机一旦爆发，私有制带给民众的只能是灾难，当人们再次期待社会能够提供更多财产保护时会发现，原有的社会共同体已被私有化浪潮摧毁，金融危机的巨大损失最终只能由普通民众承担。

第二，金融资本在时空修复的过程中导致高度垄断的形成，劳资关系进一步恶化。金融集团通过资本的三级循环控制了社会各个行业，由于生产资料受金融资本的支配，生产资料可以在短期内大量集中到金融集团手中，这与劳动的社会化形成了更为严重的对立。马克思指出："资本的垄断成了与这种垄断一起并在这种垄断之下繁盛起来的生产方式的桎梏。生产资料的集中和劳动的社会化，达到了同它们的资本主义外壳不能相容的地步。"① 其一，这种桎梏在金融资本主导的时空修复中具体表现为实体经济的"异化"。阿瑞基认为，金融化造成的积累模式与工业资本主义时代有着很大的差别，该模式的利润主要来自金融部门而非工业和商业渠道，在工业化为金融化奠定基础之后，资本和收入开始由实体经济向金融领域转移。产业资本和金融集团在更高的垄断程度相互融合形成金融资本，资本金融化实质上是资本摆脱物质形态，实现最大程度的自主性与流动性的过程，在股份制发达的基础上，大量企业通过资本市场进行融资，实现了股权分散化和社会化，资本社会化程度提高的同时，金融资本又渗透到社会各阶层，社会各阶层的剩余价值被逐步吸纳到金融体系中，实体经济逐步失血。自20世纪70年代以来，资本主义体系中的剩余资本开始逐步向金融部门转移，布雷顿森林体系的崩溃，有锚货币时代的终结，使生产作为金融的基础功能彻底瓦解，到21世纪初，实体经济已被金融资本所宰制；其二，时空修复所导致的金融资本的膨胀和实体经济的萎缩并没有解决利润率下降的问题，虚拟经济和实体经济间的失衡造成资本主义矛盾新的发展，为了解决这个矛盾，金融集团利用消费信贷等手段使得工人阶级的收入金融化，利用金融掠夺的方式快速将剩余价值向金融集团转移，劳资对立进一步加深。金融集团为了保证高额的利润率，通过各种手段打压各类工会组织和社会团体，实体经济下的产业工人组织逐渐被分解，工人不再专研通过改进生产技术提高收入，而是寄希

---

① 《马克思恩格斯文集》第 5 卷，人民出版社，2009，第 874 页。

望于金融投资，各种金融投资占家庭支出份额不断增加，财富是未来预期收入流的贴现值这一财富原理通过各种美妙的"金融叙事"和金融衍生品开发刺激居民借贷消费，个人债务和家庭负债总额不断飙升，一旦金融泡沫破灭，居民消费紧缩，资本主义经济便遭受极大冲击。由此可见，金融资本所主导的时空修复不但没有缓和生产的社会化与生产资料私有制的矛盾，反而使之进一步演化和加剧。

第三，资本金融化所主导的时空修复不断地瓦解传统的社会共同体结构。其一，在时空修复的过程中，传统的社会共同体已成为障碍，原有的社会共同体结构被摧毁。由于工业时代的生活方式无法适应资本金融化的特征，金融资本的"分子化"必须通过选择新的去向，激发民众新的消费欲望，开辟新的消费空间。投行、IT、动漫、影视、电商等新兴行业成为金融资本主要流入的领域，它将人类带入后工业化时代。全球化、后福特主义、弹性积累、各种反传统的因素不断冲击着原有的生产方式和集体意志的形成方式，工会组织、教会组织、各种福利互助组织面临全面的挑战，全面兴起的各类金融场所（证券交易所、基金公司、私募机构）、网络购物平台、网络交流平台（网络直播台、网络游戏平台、网络交友平台）等成为民众新的聚集地，随时到来的金融风险却使民众处在更加脆弱和无助的状态。英国学者保罗·霍普指出，金融化使个人主义更为严重，"由于进一步强调了个体的自我依靠，政府与民众之间的关系也发生了变化……一旦当人们变得越来越独立与自立，他们就不需要参与公民的共同体活动……那么，他们也可能不愿意为国家承担太多的义务"。但这会使社会面临"长期风险"。[①] 其二，人的社会化价值被"金融内化"融解，生命的本真意义被金融行为所追求的"可迅速转让性"所通约，社会共同体的价值基础被瓦解。马克思指出，人的本质是一切社会关系的总和，体现为物质、精神、情感的交往与支撑，在现实中通过物化的形式体现在经济生活、家庭生活、社交生活和精神生活中，这是人的社会性的根本标志，而金融化所构成的生活方式使工业资本主义时代形成的"单向度的人"更为极端和纯粹，生命的定在被各种金融产品的流转所定义，精神在社会交往中的无限性被金融交易中的有限性所规制，变得十分狭隘，思辨的知性被单纯的工具理性取代，原有社会共同

[①] 保罗·霍普：《个人主义时代之共同体重建》，沈毅译，浙江大学出版社，2010，第46~53页。

体中的价值和情感依托被衰减为单调的物欲与贪欲，人逐渐堕落为被金融工具异化的奴隶。

三 金融理性与政治理性的冲突

金融理性是经济理性在金融领域的表现形式，其核心仍是以"理性经济人"为基础的西方经济学教条，追求金融利益最大化成为金融理性最高目的，利益膨胀的表面被所谓的理性所掩盖，不断发展的计算机技术和金融专业人员使资产管理"科学化"与"专业化"，工具理性用冷静中立的"科学"标准通兑金融化生存世界人类社会的价值原则。政治理性是政治活动中主体间相互认同的思考和处理问题的规则，体现为人类对稳定共同体的追求，政治哲学泰斗列奥·施特劳斯认为，政治理性的最终目的在于"建立一个自由平等的国家构成的世界社会，其中自由平等的人们享有普遍的富庶，因而享有普遍的正义和幸福。"这是从苏格拉底以来就被开创的传统。[①]现代性发育以来，二者在资本的驱动下成为一对辩证的矛盾体，马克思在《资本论》的开篇详细论述和批判了由资本逻辑（经济理性）导致权力逻辑（政治理性）的发展路径，揭穿了资本主义制度"伪善"的面纱，列宁在《帝国主义是资本主义的最高阶段》一文中发展了马克思所开创的思维范式，认为"帝国主义"应体现为政治、经济、文化、意识形态等方面的"辩证的总体"，汉娜·阿伦特则认为，资本的无限积累离不开权力的无限积累，政治权力的增长维持和保护资本收入的增长。在当代，哈维继承了马克思主义分析传统，并将这二者予以区分，哈维认为，由资本扩张导致的资本逻辑与由政治权力扩张导致的领土逻辑虽然有着联系，但有着根本的区别，资本逻辑追求个人或小团体利益最大化，而领土逻辑则受到多方面因素的约束，需要对全体国民负责，虽然资本逻辑在一定程度上必须依附和热切地期盼领土逻辑给它带来垄断性权力，但政治上的垄断所导致的地缘危机又危及资本逻辑的进一步扩张，因此，时空修复过程中"资本主义活动的地理学景观充满了矛盾与紧张，在面对各种各样的技术和经济压力的时候，这

---

① 列奥·施特劳斯主编《政治哲学史》（第三版），李洪润等译，法律出版社，2009，第903页。

一地理学景观永远处于不稳定的状态"①。

第一，金融理性扩张导致主权国家面临解体的危机，而领土逻辑的扩张又使金融体系呈现"蝴蝶效应"，金融理性与政治理性间发生了康德意义上的"理性越界"，必然导致二律背反。美国学者阿里夫·德里克认为，在当代，塑造世界政治经济秩序的过程中，"最显著的和最具有根本意义的是在资本主义世界经济体系为统治而进行的斗争"。② 随着世界一体化进程的发展，经济性已成为人类生存世界的主导，政治、军事权力的背后实际上是经济性起着根本的作用，21世纪以来，资本金融化主导的时空修复改变了经济体系的价格结构和市场权力结构，改变了世界分工体系，但在空间内也造成了金融理性与政治理性的悖论。其一，西方世界原先"铁板一块"的政治格局正被金融化逐渐肢解，从亚洲金融危机、希腊主权债务危机、欧债危机、英国脱欧事件等一系列动荡可以发现，资本主义的领土逻辑正承受着前所未有的挑战，金融理性在科学技术的支撑下不断脱域，使资本权力与政治权力从同构走向异构，新自由主义者费尽心思地证明国家和市场是相对分离的，金融市场有一种独特的力量，无须国家的辅助就可以保证经济体的协调运转，因此，新自由主义政策再次全面推行使凯恩斯主义黯然失色，自由放任的市场再次成为包治百病的良方，这就为资本金融化的扩张提供了宽松的政治土壤，美国社会结构学派（SAS学派）代表人物大卫·科茨坦言，金融化并非金融资本扩张的直接产物，而是20世纪70年代以来新自由主义制度重构的结果。在新自由主义制度的笼罩下，国家机器也随着资本金融化而进行不断地转变，国家作为公民借以调节社会和经济结构的功能逐步弱化，政府必须"谦卑地站在市场之外"③，公共选择学派代表詹姆斯·布坎南更是放言，政府应当代表具有独立目标的独立个体利益，而不是具有共同目标的社会整体利益。因而，全面推行的私有化浪潮、自由放任的市场经济政策被标榜为"良好的商业投资环境"，否则将被列入专制和无赖国家的行列，金融理性追求利益最大化的教条不断地消解着政治理性追求公平正义的稳定共同体的信念；其二，由政治理性导致的政治非理性使地缘冲突随时可能爆

---

① 大卫·哈维：《新帝国主义》，初立忠、沈晓雷译，社会科学文献出版社，2009，第83页。
② 阿里夫·德里克：《全球现代性：全球资本主义时代的现代性》，胡大平、付清松译，南京大学出版社，2012，第3页。
③ 参见维托·坦茨《政府与市场：变革中的政府职能》，王宇等译，商务印书馆，2014，第1页。

发，金融资本在空间内的积累面临周期性危机，"蝴蝶效应"使国际金融体系十分脆弱，时空修复的不确定性日益增长。发达国家的执政集团从未放弃用资产阶级的自由、民主、公平等价值观将世界"均质化"的幻想，因此，这些原属于政治理性范畴的概念在政客的冲动下极易成为政治非理性的借口，由于不均衡的地理发展、宗教信仰冲突、地缘政治博弈、意识形态的敌对等多重因素，发达国家的执政集团并非完全服从资本逻辑，"冷战"思维仍然在西方世界盛行，亨利·基辛格博士指出："这个世界的政治组织和经济组织不同步。国际经济体系已经全球化，而世界政治结构还是以民族国家为基础……因此，国际秩序面临一个悖论：繁荣取决于全球化的成功，而这个过程经常产生不利于实现夙愿的政治反应。"[①] 随时爆发的地域性冲突不但造成该空间资本主义经济秩序解体，更会带来全球金融资本市场的大规模动荡，时空修复不但未能在区域内取得成功，还会危及全球资本主义体系的稳定。

第二，资本金融化主导的时空修复，极易导致理性的脱节，发生金融理性与政治理性的相互抵触。由于金融理性追求利益最大化的本性，在时空修复过程中必然不会充分考量空间内的民族特征、权力传统、文化心理等政治因素，这就造成了经济理性与政治理性间缺乏相互转化的环节。其一，资本金融化主导的时空修复迅速划定了不同的势力范围，各势力范围之间相互渗透，企图挤占更大的空间，但资本追求剩余价值最大化的本性使它忽略了民族国家的权力边界，尤其在拉丁美洲与东南亚地区，现代性带来政治、经济、文化等各方面的重组，这种重组体现为以金融理性为价值核心的时空修复产生了新的经济结构和意识形态，产生了广义的价值重构，新的结构对原有的政治理性产生了强烈的抵触性与排斥性，由于缺乏与政治理性间的相互转换机制，这些国家在社会转型期发生了严重社会危机，有序的政治生活迅速被严重的政治动荡所取代；其二，政治理性的丧失必然造成金融理性的毁灭性的后果。政治环境的动荡使资本失去了良好的运行环境，与之相伴的是反全球化运动在不发达国家广泛兴起，"追求有效的民族国家"这一目标得到了民众的肯定，民众开始对金融资本和机构的权力进行攻击，在一些拉美和非洲国家，掠夺、暴力与对暴力的反抗成为常态，文明的市场秩序荡然无存，一群新的"民粹主义政治家"在动荡中重新掌握政权，时空修复被民

---

① 亨利·基辛格：《世界秩序》，胡利平等译，中信出版社，2015，第483~484页。

族国家壁垒所阻断,发达国家与不发达国家开始萌发新的冲突。不难发现,政治理性与金融理性之间的脱节而导致的恶性循环已经在金融化主导的时空修复过程中蔓延。

结　语

　　由金融资本主导的时空修复呈现深度的背反属性,它给人类发展带来了三个方向性的抉择:一是全球资本金融运行能否实现"非零和博弈",实现人类共同富裕、协调发展,还是会加剧世界经济失衡,导致两极分化更加严重?二是金融资本主宰的国际格局能否促进人类永久的和平,还是会激化地缘政治冲突,制造新的战争和灾难?三是资本主义国家是否愿意创造一个新的全球性制度安排和治理机制?这三个问题的解决非资本主义国家自身可以完成,社会主义中国的制度优越性能否显现,对于解决这些问题至关重要,它不仅关涉中国自身的发展,更关涉社会主义道路的走向和"人类命运共同体"能否最终形成。社会主义制度能否用她巨大的生命活力使以"合作共赢"为核心的新型国际关系成为现实,迫切需要我们提交出一份思考人类未来发展的"中国方略"。因此,挑战与机遇并存,这些新的挑战要求我们对人类经济体系的历史演变规律和人类社会历史发展规律加以宏观把握,找到国际秩序变迁的核心密码,使社会主义成为体现所处时代特征的社会制度,呈现对历史进步的引领力量,成为播下人类永久和平的种子。

(作者系安徽财经大学马克思主义学院讲师)

发达国家经济高度金融化的内涵及本质[*]

何自力　马锦生

理论界用全球化、新自由主义和金融化来概括1970年代以来世界资本主义发生的深刻变革。随着"二战"后"黄金时代"的结束，1973年危机爆发后施行传统凯恩斯主义政策带来的滞胀现象的出现，使得英美等发达国家采取了新自由主义的经济政策，经济政策的重点由刺激需求转为增加供给，发达资本主义国家进入了新自由主义阶段。在这一阶段，发达国家最基本的特征便是经济发展的高度金融化。①

一　发达国家经济高度金融化的内涵

金融化是激进政治经济学的一个创新概念。对金融化的研究源于激进政治经济学对金融与生产之间关系的探讨，至于其内涵，理论界则尚未达成广泛共识。对于发达国家经济高度金融化的内涵，可以从三个角度进行把握。

（一）企业治理视角的金融化内涵

法国调节学派关注积累过程中制度的作用，认为任何一个特定时期的资

---

* 本文系教育部人文社会科学重点研究基地南开大学政治经济学研究中心重大项目"中国模式的政治经济学分析"（项目号12JJD790014）的成果。
① 王旭琰：《从垄断资本到垄断金融资本的发展——评"每月评论"派论资本主义新阶段》，《国外理论动态》2011年第1期。

本积累都是通过一定的制度作为中介的,①而金融化是福特制瓦解后出现的新的调节范式,这种新的调节范式是围绕金融市场尤其是股票市场而形成的。金融化的微观基础就是企业内部权利结构的变化。企业治理模式的目标从1900年代至1970年代管理资本主义时代的增长最大化,转变为1980年代以后的股东价值最大化,而这种转变的最主要原因就是机构投资者的恶意收购和管理者以股票期权为主的薪酬结构。拉佐尼克和奥沙利文把金融化归因于"股东价值"的支配地位,并把后者作为公司治理的一种模式,认为"在创造股东价值的名义下,近二十年来见证了一个非常明显的转变,即高层管理者配置公司资源的战略导向从'保留和再投资',转向'裁员和分红'"②。福特制的崩溃使得依赖于资本市场的公司从"保留+再投资"的增长最大化偏好,转为"裁员+分红"的股东价值导向。作为资本积累的当事人,企业治理模式的转变导致非金融部门的金融化发展,金融投资正在挤出真实的生产性投资,非金融企业在金融活动中寻求利润。斯托克哈默尔也指出,金融化、股东革命等的出现使得权利转向了股东,从而改变了管理优先权,非金融部门的金融投资在上升而资本商品的积累在下降,最终导致增长率的下降。因此,对于美国、英国和法国来说,金融化对积累有负效应。③可见,在调节学派看来,金融化是资本主义积累模式的一种转变,其所提出的积累体制概念揭示了资本积累一般规律在特定制度形式下所采取的具体形式,而且尤其关注后福特制积累体制的走向。总之,企业治理视角下的金融化揭示了金融化的一些基本特征:非金融公司与银行间的关系发生了变化,资本市场取代银行成为动员社会资本和投融资的主渠道;股东价值导向的公司治理模式占据了支配地位。但调节学派从微观视角及制度层面对金

---

① 法国调节学派试图通过分析资本积累过程和影响该过程的一整套社会制度之间的关系,来解释资本积累的长期模式。(参见科兹《法国调节学派与美国积累的社会结构学派之比较》,《高级政治经济学》,经济科学出版社,2002,第318页。原文收于 Kotz, et. al, eds., Social Structures of Accumulation: the Political Economy of Growth and Crisis, CUP, 1994.)调节学派在一般理论和具体历史这两极之间,自觉地发展了一种属于中间层次的分析方法。根据这种中间分析方法,资本积累过程中各个变量的关系,不仅嵌入特定的制度体系之中,而且是其中介所在。(孟捷《资本主义经济长期波动的理论:一个批判性评述》,《开放时代》2011年第10期。)
② Lazonick, W., O'Sullivan, M., Maximizing shareholder value: a new ideology for corporate governance, Economy and Society, 29 (1): 13–35, 2000.
③ Engelbert Stockhammer. Financialization and the slowdown of accumulation. Working Paper No. 14 Nov., 2000.

融化的解读很难解释资本主义金融化的周期性问题,即,既然在资本积累的不同阶段所采取的具体的制度安排不同,那么,资本主义为什么会出现周期性的金融化现象?① 可见,仅从企业治理视角对金融化进行解读似乎还难以穷尽金融化的全部内涵。

(二) 资本之间关系视角的金融化内涵

后凯恩斯主义学派从金融资本与工业资本之间的关系角度对金融化进行了解读——把货币借贷者作为食利者引入分析之中,认为源于新自由主义经济政策的食利者阶层以牺牲工业利润为代价促进了金融的发展。其代表人物戈拉德·爱泼斯坦将金融化界定为"金融动机、金融市场、金融参与者和金融机构在国内及国际经济运行中的地位不断提升"②。后凯恩斯主义学派的这一概念与法国学者热拉尔·迪蒙和多米尼克·莱维的概念有相似之处,他们都把金融化看作与一个特定阶层兴起相伴发生的经济现象。热拉尔·迪蒙和多米尼克·莱维将金融化理解为"食利者阶层收入、财富和权力的恢复及其政治、经济势力的不断增强"的过程,是金融资本权利的重新恢复和扩张过程。③ 以上这些概念通过引入金融主导的积累模式和国际食利者阶层的概念,从经济运行的角度强调金融资本对生产资本的统治,揭示了金融资本家等食利阶级政治经济地位和力量的上升,并左右着政府金融政策导向的现象。谈到金融资本与工业资本的关系,必须首先从希法亭和列宁对 19 世纪末 20 世纪初金融资本主义的分析谈起。根据对当时资本主义深层次的积累关系的研究,希法亭提出了金融资本的概念:金融资本由工业资本和银行资本融合而成,且银行资本占据支配地位。按照希法亭的论述,金融资本由垄断企业对银行投资融资的依赖而生成,但这忽视了垄断在金融资本形成中的重要作用。列宁在希法亭的分析基础上强调了垄断的作用,他指出:"生产的集中;从集中生长起来的垄断,银行和工业日益

---

① 正如法国历史学家布罗代尔所说的:金融资本主义不是 20 世纪的新生儿,而是随着商业资本的兴起和资本积累超过正常投资渠道就出现了,至少暂时性地获得了对所有工商界活动的支配地位"。(Braudel. *The Perspective of the World*. New York: Harper and Row, 1984)
② 戈拉德·A. 爱泼斯坦:《金融化与世界经济》,温爱莲译,《国外理论动态》2007 年第 7 期。
③ 热拉尔·迪蒙、多米尼克·莱维:《新自由主义与第二个金融霸权时期》,丁为民、王熙译,《国外理论动态》2005 年第 10 期。

融合或者说长合在一起，——这就是金融资本产生的历史和这一概念的内容。"① 列宁的论述增加了对寄生性食利者的关注，从而形成了马克思主义帝国主义理论。希法亭和列宁都把金融化看作资本主义的全面转型。② 那么，这就需要回答 1970 年代以后的资本主义金融化与 19 世纪末 20 世纪初希法亭和列宁笔下的金融资本主义在本质和特征上有何区别？金融资本的含义是否发生了变化，以及在金融资本对工业资本确立主导地位的过程中，为什么工业资本和金融资本之间并没有发生大规模的冲突？金融化到底是金融资本强加于工业资本的产物还是二者共谋的产物？如果是共谋的产物，二者共谋的动机又是什么？这是资本之间关系视角的金融化内涵未能解释的问题。

（三）积累模式视角的金融化内涵

阿瑞基把金融化理解为一种积累模式，关注利润的来源和形式。该模式中利润的来源发生了变化，即日益依赖于金融渠道而非商品生产和贸易渠道。阿瑞基认为，金融化是资本主义体系积累过程中周期性出现的现象，在每一个体系积累中期都有一个处于主导地位的中心国家，处于主导地位的中心国家都会经历物质扩张和金融扩张两个阶段。"金融资本不是世界资本主义的一个特殊阶段，更不用说是它的最新和最高阶段，而是一种反复出现的现象，标志着中世纪后期和现代早期欧洲资本主义时代的最初开端。"③ 迄今为止，资本主义体系经过了四个积累周期，处于主导地位的中心国家分别为热那亚、荷兰、英国和美国。当今资本主义体系正处于以美国为中心的第四个体系积累周期。阿瑞基指出，在四个体系积累周期中，荷兰通过保护成本的内部化取代了热那亚的中心地位，英国通过生产成本的内部化取代了荷兰的中心地位，而美国通过销售成本的内部化取代了英国的中心地位。任何一个中心国家当进入金融扩张阶段即金融化时，则代表其危机的出现，资本将由衰落中心向新兴中心流动，作为衰落中心获得新兴中心积累起来的大规

---

① 《列宁专题文集论资本主义》，人民出版社，2009，第 136 页。
② 金融资本和垄断使得生产过剩危机越发激化，从而导致了两次世界大战和 1930 年代的大萧条，迫使资本主义国家通过政府干预强制金融机构处于附属角色，支持和恢复非金融资本主导的积累。
③ 杰奥瓦尼·阿瑞基：《漫长的 20 世纪》，姚乃强等译，江苏人民出版社，2001，"前言与致谢"第 2 页。

模剩余资本的一种手段。从历史上看,热那亚、荷兰、英国在失去了其生产和贸易的竞争优势时进入了金融化阶段,而今天的美国正在经历着相同的金融扩张。然而,当前的金融扩张已经与以前的模式不再相同,与美国的金融化阶段伴随的却是大量的资本流入。

这里就有一个问题需要思考,马克思写作《资本论》的年代主要是工业资本主义,而今天我们面对的资本主义与马克思当时面对的资本主义已经有了极大的区别。马克思在《资本论》中指出,资本主义本质上是一种生产方式,这种生产方式建立在生产资料私有制和雇佣劳动基础之上。但在阿瑞基的著述中我们知道,在资本主义体系积累周期中,只是到了英国为中心的积累周期时,资本主义才实现了生产成本的内部化。[①] 技术的发展改变了工业和商业之间的关系,商业开始从属于工业,并且以工业为基础重建世界市场。一旦蒸汽机和机器使工业技术发生了革命性的变革,工业扩张本身就成了使全世界市场合并成单一市场的世界市场的主要因素。单一世界市场的形成反过来又作用于工业扩张,赋予各国的生产和消费一种'世界特征'。[②] 但"在历史上,作为一种世界制度的资本主义,诞生于与工业的脱钩而不是与工业的结合"。[③] 资本主义国家在进行资本输出的同时,也在输出资本主义的生产关系,而金融的扩张总是伴随着工业的转移。毋庸置疑,工业化为金融扩张奠定了物质基础,但是对于工业的发展是否一定会转变为国家财富和权力的扩张,阿瑞基指出:在资本主义世界经济中,工业发展只有在高附加值活动取得突破的情况下,才能转变成国家财富和权力的扩张。而且,这种突破必须既足以使资本在工业化国家中比在与之竞争的国家中更快地积累起来,又足以在工业化国家中重新产生有利于这种自我扩张的社会结构。[④] 那么资本主义的竞争力究竟是工业制造能力还是资本增值能力呢?由于只有当工业制造能力能够快速促进资本积累时,它才能转变为国家财富和权力的扩张。因此,资本增值能力才是资本主义的核心竞争力,而资本的增值能力通过资本积累的速度和规模表现出来。资本积累既包括物质

[①] 阿瑞基指出,"历史资本主义作为一种世界积累制度,只是在第三(英国)发展阶段才成为一种'生产模式'。那就是说,它实现了生产成本的内部化。"(杰奥瓦尼·阿瑞基:《漫长的20世纪》,姚乃强等译,江苏人民出版社,2011,第247页)
[②] 杰奥瓦尼·阿瑞基:《漫长的20世纪》,姚乃强等译,江苏人民出版社,2001,第280页。
[③] 杰奥瓦尼·阿瑞基:《漫长的20世纪》,姚乃强等译,江苏人民出版社,2001,第202页。
[④] 杰奥瓦尼·阿瑞基:《漫长的20世纪》,姚乃强等译,江苏人民出版社,2001,第218页。

资本的积累，也包括金融资本的积累，不能把"预设的生产中心论强加于资本之上"①。

因此，资本主义可以理解为一种特定的积累模式，而金融化则代表了积累模式的重大转变，即资本和收入从实体经济向金融领域的转移。金融化的这一内涵在一定程度上涵盖了以上两种含义：当金融成为进行积累的主要领域后，金融市场将要求公司治理制度反映其规则，金融资本的投资将会挤出生产领域的投资，握有金融资本的阶层将会获得政治权利和经济权力。这一含义揭示了资本主义金融化的周期性问题，商业资本主义、工业资本主义和金融资本主义是资本主义的三种形态"而不是资本主义发展的三个阶段，资本市场和金融资本既不是到垄断资本主义时期才出现，也不是源于重商主义时期，而是早于重商主义时期"。② 但是这种积累模式的转变主要指的是处于资本主义体系积累周期的中心国家，即该理论存在普适性问题。佩蕾丝指出，"由于不平衡发展是资本主义的显著特征，事件反复出现的规律性只是在世界体系的核心国家才能观察到……努力确定那些反复出现的现象并不是为了简化历史，或是将机械的模型应用于无限的复杂性和不可预料性"，③ 从而在一定程度上回答了普适性问题。"如果有人愿意接纳基于一再发生的事情序列的参考框架，并将每个时期的独特性列为研究的对象，这种解释的力量就非常强了。"④ 然而，尽管资本主义金融化意味着"越来越多的资本从贸易和生产转向金融买卖和投机"，⑤ 但金融资本的收益终究是对生产领域的剩余价值的再分配。⑥ 这便引申出金融资本扩张是否可以持续的问题。当资本主义的积累模式发生转变以后，利润不再来自生产和贸易，那么金融资本的收益就只可能有三个来源：收入在资本家之间的再分配，即金融资本家对产业资本家创造的利润的再分配；

---

① 见福斯特在《垄断资本的新发展：垄断金融资本》中对斯威齐《25年之后的垄断资本》一文的转述。
② 沈汉：《重新认识金融资本形成和资本输出的时间》，《史学理论研究》2002年第1期。
③ 卡萝塔·佩蕾丝：《技术革命与金融资本——泡沫与黄金时代的动力学》，田方萌等译，中国人民大学出版社，2007，第10~11页。
④ 卡萝塔·佩蕾丝：《技术革命与金融资本——泡沫与黄金时代的动力学》，田方萌等译，中国人民大学出版社，2007，第173页。
⑤ 杰奥瓦尼·阿瑞基：《漫长的20世纪》，姚乃强等译，江苏人民出版社，2001，第241页。
⑥ 金融资本积累虽然可以脱离于产业资本积累、但又必须最终依赖资本主义实物生产过程的矛盾，福斯特称之为资本主义双层积累体制的矛盾。

金融对工人工资收入及储蓄的"金融化掠夺"①，即国民收入在资本家和工人之间的再分配；金融交易促进资源的有效配置，从而促进新一轮的物质扩张。②

在阿瑞基研究的基础上，克里普纳从两个角度揭示了美国经济的金融化问题：非金融企业收入的来源中证券收入与生产活动的收入相比越来越重要，金融化使非金融企业资本不断从创造剩余价值的生产领域退出，并投身于金融市场以获取更高的利润；金融业利润全面增长，发达国家以金融、保险、不动产部门为主的虚拟经济部门的附加值超过了实体经济的制造业部门，且差距在不断扩大。③ 基于此，克里普纳认为，金融化是资本主义经济性质本质改变的结果，而不是由经济全球化带来的经济活动空间重组的结果。

二 资本积累的矛盾

在资本主义的不同阶段，资本积累的主要领域和主要模式也不相同，因此，需要把资本积累的一般规律与特定时期的不同历史条件结合来看待资本积累过程，从资本积累的内在矛盾来理解资本积累过程。④

（一）资本主义生产与资本主义市场的矛盾

资本主义生产与资本主义市场的矛盾的实质是剩余价值生产和剩余价值实现的矛盾。马克思指出，这种矛盾源于进行直接剥削的条件和实现这种剥削条件的不同，直接剥削的条件只受社会生产力的限制，而实现这种剥削的条件受不同生产部门的比例关系和社会消费力的限制。以对抗性的分配关系为基础的消费力使得生产力越发展，它就越和消费关系的狭隘基础发生冲

---

① Costas Lapavitsas. Structural accounts the crisis of 2007 – 9. Discussion Papers, 2010.
② RobertPollin. Contemporary Economic Stagnation in World Historical Perspective. *New Left Review*, September – October 1996, pp. 109 – 118.
③ 格·R. 克里普纳：《美国经济的金融化（上）》，丁为民、常盛、李春红译，《国外理论动态》2008 年第 6 期。
④ 资本积累的矛盾是资本主义生产方式的基本矛盾在积累过程中的体现，具体表现在资本主义生产与资本主义制度的矛盾、资本主义生产与资本主义市场的矛盾。（高峰：《20 世纪世界资本主义经济的发展与演变》，《政治经济学评论》2010 年第 1 期）

突,从而产生资本过剩和人口过剩。① 巴兰和斯威齐在《垄断资本》一书中指出,由于生产力的发展以及从自由竞争到垄断资本主义生产关系的变化,"剩余上升趋势规律"代替了马克思的"利润率下降趋势规律",如何利用和吸收剩余已经取代了如何生产剩余而成为垄断资本主义的主要矛盾,建立在对抗性的分配关系之上的收入分配使得扩张的资本遇到了消费极限,这必然造成垄断资本主义生产的相对停滞。② 马格多夫和斯威齐认为,源于资本主义生产停滞的金融部门的膨胀抵消了垄断资本生产停滞的趋势,从而既反驳了主流经济学认为的金融扩张带来生产扩张的观点,也反驳了金融扩张导致生产停滞的观点。1980年代的金融扩张脱离了资本主义生产的周期。与以往金融扩张建立在生产扩张的基础上不同,这种金融扩张建立在生产停滞的基础上,并且成为资本积累的一种主要方式。在此基础上,福斯特指出,由于资本主义生产的固有特征,生产资本的积累和货币资本的积累是资本积累过程的同一个过程,生产与金融的矛盾存在于资本主义之初,垄断资本主义阶段金融市场的成熟使得货币资本的积累与生产资本的积累出现分化,金融资本积累脱离生产资本周期而发展为独立的积累过程。综上所述,以斯威齐、马格多夫和福斯特为代表的垄断资本学派认为,由于发达资本主义经济内在的需求约束以及产能过剩的趋势,垄断资本主义经济所固有的停滞趋势使得积累率下降,具体体现为产能过剩和生产性投资机会的匮乏,而金融化则是这种停滞趋势的进一步结果。资本积累的金融化是对资本主义垄断阶段经济停滞趋势的回应,是经济停滞的结果而不是原因。③

(二) 资本主义生产与资本主义制度的矛盾

资本主义生产与资本主义制度的矛盾的本质是"资本主义经济的物质

---

① 马克思指出,"所生产的剩余价值的量虽然会增加,但是生产剩余价值的条件和实现这个剩余价值的条件之间的矛盾,恰好也会随之而增大。"(马克思:《资本论》第三卷,人民出版社,2004年,第272页)

② 而非生产性行业的兴起和以金融为核心的寄生性经济领域的发展成为解决垄断资本主义经济剩余的有效途径。(王旭琰:《从垄断资本到垄断金融资本的发展——评"每月评论"派论资本主义新阶段》,《国外理论动态》2011年第1期)

③ 对此,斯威齐认为,答案似乎是明显的:他们应该投资于金融,而非实际的生产性资产。正是1970年代的危机使经济再度陷于停滞后,金融家所从事的活动的规模开始日益增长。而在供给方面,变化的条件也成熟了。从实体经济中游离出来的资本被金融部门照单全收,并引发了接下来二十年间的经济增长与金融资本的胜利。[Sweezy, P. M., "The Triumph of Financial Capital," *Monthly Review*, Vol. 46, No. 2, 1994 (June)]

内容与社会形式的动态性的对立统一"。① 资本主义经济的物质内容就是资本主义生产过程即资本积累过程。资本主义经济的社会形式是资本积累运行其中的经济制度环境。资本主义生产与资本主义制度的矛盾具体来说是指"资本积累与支撑这一积累的制度环境之间的矛盾"。② 高峰教授把资本主义的经济制度分为三个层次,即最基本的决定资本主义经济性质的私有制度、雇佣劳动制度以及资本主义经济制度的实现形式和宏观经济体制,并在此基础上提出了"制度-市场二元假说"③。该假说否定了资本主义制度变革的外生性,指出资本主义制度变革对资本主义资本积累的重要性,主张从制度和市场两个方面看待资本积累的矛盾问题。法国的调节学派和美国积累的社会结构学派(SSA)显然也意识到了这一点。④ 如,SSA 学派的大卫·科茨认为,金融化并不是金融资本崛起的产物,而是 1970 年代以来新自由主义制度重构的产物。垄断资本学派虽然意识到在资本积累过程中剩余价值生产和剩余价值实现的矛盾,并将其归结为"经济剩余在增加,而经济剩余的吸收日益困难",但却忽视了内生性的资本主义制度变革对资本积累的影响,把垄断资本主义的发展仅仅归结为一些如战争等的外生因素,因而没有意识到 1980 年代资本主义积累金融化的出现。

在调节学派和 SSA 学派中暗含着一个相同的问题:相关制度形式既然是在协调资本积累过程的矛盾中内生的,那么由此而形成的制度形式是否就是促进资本积累的最优制度形式呢?对此,克拉克指出,资本积累过程同时

---

① 高峰:《20 世纪世界资本主义经济的发展与演变》,《政治经济学评论》2010 年第 1 期。
② 孟捷:《资本主义经济长期波动的理论:一个批判性评论》,《开放时代》2011 年第 10 期。
③ 其含义为:"任何长时期的资本积累缓慢与停滞(即所谓资本主义经济的萧条长波阶段),必然是资本主义的制度问题和市场问题空前尖锐化的时期;而长时期的资本迅速积累,则必须有资本主义制度的重大变革和世界市场的大规模开拓作为前提条件。资本主义经济的演变就是在这一矛盾运动中实现的。"(高峰:《20 世纪世界资本主义经济的发展与演变》,《政治经济学评论》2010 年第 1 期)
④ 调节学派已经发现资本积累过程中各个变量及其与特定制度体系的关系。而社会结构学派认为,应该以调节方式或积累的社会结构来区分资本积累的不同阶段。(孟捷:《资本主义经济长期波动的理论:一个批判性评述》,《开放时代》,2011 年第 10 期)SSA 学派的戈登等指出:"不仅资本主义经济在资本积累的速度上倾向于长期波动,且这些波动是由确定的制度结构,即积累的社会结构为中介的。不能将这些制度结构与资本主义经济本身分离开来(因而不是作为资本主义经济的外生因素)进行分析。"(D. M. Gordon, et al., Segmented Work, Divided Workers, CUP: 1982, p. 26)

也是资本主义阶级关系再生产的过程。① 凯恩斯主义者把新自由主义的制度安排看作是食利者重掌经济的结果,流通领域成为利润最主要的来源地,而金融资本的盈利性是一个基本上内生于流通领域的收入再分配问题。迪米萃斯则从卡莱茨基困境②出发,认为新自由主义制度安排不能被简单理解为非生产阶级重掌经济权力的过程,其性质是资本主义权力结构的重组,本质是资本加强对劳动的剥削,工业资本和金融资本在维持对劳动的政治统治上的利益是高度一致的,权力的关系已经超过分配关系占了上风。金融市场不仅能对未来剩余价值的索取权进行商品化(资本化),而且能对与职能资本相联系的具体风险进行商品化(风险管理),适合于整个资产阶级(包括工业资本家和金融资本家阶级)加强资本对劳动的剥削。由此,迪米萃斯得出结论:"货币资本和职能资本是一体的,它们之间的分歧不是根本性的。新自由主义和金融化是它们二者共谋的产物。"③ 这在一定程度上说明了为什么金融资本在加强对工业资本的统治时,二者之间并没有引起大规模摩擦。

  资本主义生产方式蕴含着无限制发展生产力的趋势。虽然随着物质资本积累的增加资本有机构成会提高、利润率会下降,从而使资本积累率下降,但"资本主义生产方式包含着绝对发展生产力的趋势,而不管价值及其中包含的剩余价值如何,也不管资本主义生产借以进行的社会关系如何"④。资本主义再生产过程就是资本积累的过程。随着资本积累的增加,虽然资本家可以控制数量越来越多的劳动力,得到一个越来越大的资本所有权,但资本积累或投资的实际成果——日益增长的社会产品,却是由全体社会成员所享有的。⑤ 也就是说,随着物质资本积累规模的扩大,资本家阶级和工人阶级的力量会发生变化,从而不利于资本加强对劳动的控制与剥削。资本积累

---

① 积累体制内部的生产和交换的数量关系应该隶属于围绕阶级关系的再生产而展开的那些斗争,源于协调积累过程的内在矛盾而产生的构成调节方式的那些制度形式是由阶级斗争的发展格局所决定的。因此,它们不是某种经济必然性带来的结果,而是作为阶级关系和阶级统治的产物出现的,自身镌刻着路径依赖的特征。(Clarke, S. Overaccumulation, Class struggle and the Regulation approach, pp. 127 – 128)

② 卡莱茨基困境是指如果按凯恩斯的理论去做以实现充分就业等目标,那么不仅将铲除凯恩斯反对的食利者利益,而且将会动摇大企业主和高级管理者确保劳动纪律的可能,因此,企业主和管理者将不会支持这种改良。

③ 迪米萃斯·P. 索提罗波罗斯:《卡莱茨基与凯恩斯理论体系的困境——兼论国际金融危机》,张建刚译,《国外理论动态》2011年第8期。

④ 《资本论》第3卷,人民出版社,1975,第278页。

⑤ 杨文进:《论马克思资本积累理论的逻辑结论》,《经济评论》2007年第1期。

的金融化使得掠夺性积累成为金融利润来源的主要形式，汉娜·阿伦特指出："资本的无限积累必须建立在权力的无限积累之上……资本的无限积累进程需要政治结构拥有'权力的无限积累过程'，以通过持续增长的权力来保护持续增长的财产。"[1] 这意味着资本的无限积累要求以权力的无限积累为基础，所以笔者认同是新自由主义政策重构导致了金融化而不是金融化导致了新自由主义政策重构的观点。"对于所发生的这一切而言，它不仅需要金融化和自由贸易，还需要采取截然不同的途径来部署国家权力——通常在剥夺性积累中扮演主要角色。新自由主义理论的兴起和与之相关的私有化政治表征着这一转变的大部分内容。"[2] 卢森堡的资本积累理论也揭示了资本积累具有两面性——作为经济过程的扩大再生产和资本主义生产方式与非资本主义生产方式之间的剥夺性积累，并指出这两方面是有机联系、辩证统一的。

三 发达国家经济高度金融化的实质

1970年代以后发达资本主义国家金融活动空前繁荣，并且金融投资对实际生产性投资产生了挤出效应。在已有的金融化研究文献中，主流经济学过于强调金融在现代经济体系中的核心地位，而异端经济学则过于强调生产对金融的被动适应过程，从而过分强调了金融资本对产业资本的主导地位。金融化作为一种资本积累模式，更多地体现为从使用价值生产和流通中分离出来的价值积累，开启了资本主义财富积累的新阶段。而资本积累是如何摆脱使用价值的生产和流通这一问题，是金融化的实质研究必须要回答的问题。

在资本主义生产关系下，货币和资本的本质都是体现了一定社会关系的社会形式。货币作为价值独立的社会表现形式，将商品世界分裂为作为使用价值的商品和作为价值的货币的对立。"金银作为货币代表一种社会生产关系，不过这种关系采取了一种具有奇特的社会属性的自然物的形式。"[3] 也就是说，货币本质上是一种社会关系。是与使用价值或技术完全无关的价值

---

[1] 大卫·哈维：《新帝国主义》，初立忠、沈晓雷译，社会科学文献出版社，2009，第29页。
[2] 大卫·哈维：《新帝国主义》，初立忠、沈晓雷译，社会科学文献出版社，2009，第127页。
[3] 《资本论》第1卷，北京，人民出版社，2004，第101页。

的独立的表现形式,但货币的商品本源使得货币本身也有价值和使用价值。作为一种社会形式的货币具有价值独立于使用价值的趋势,从而导致了货币的虚拟化。劳动力成为商品的同时,货币转化为资本。"资本的本质是社会关系,是一种介于资本家和雇佣工人之间的、以物质的东西(生产方式)所表示的社会关系,它以利息、利润和地租的形式给予资本家剥削的权力,而同时这个剩余价值又是由雇佣工人的剩余劳动创造的。"① 资本作为一种社会形式,不仅具有价值独立于使用价值的趋势,还具有价值增值独立于新价值创造的趋势。生息资本、借贷资本和虚拟资本作为资本发展的新形式,其增值更是独立于生产过程,独立于使用价值和剩余价值的生产。金融资本的积累同时破坏了资本积累的来源——新价值的生产,这成为资本难以解决的矛盾。② 这就是金融化的实质。生息资本、借贷资本和虚拟资本之所以在资本主义经济关系下能够不通过使用价值和剩余价值的生产来实现积累,是因为资本主义难以避免利润实现的危机。在以对抗性的分配关系为基础的资本主义经济中,要解决利润实现危机必然会发展为信贷现象,甚至超额信贷现象。因此,资本主义本质上是一种货币经济,具有潜在的负债过多的危机。"货币形式的内部矛盾通过金融活动与实际交易及现实贸易的分离得以外化。"③ 综上所述,发达国家经济的高度金融化不过是"资本主义交换的内在矛盾逻辑演绎和历史发展的必然结果"④。

金融资本在1980年代以后的崛起或资本积累的金融化,是资本积累内在矛盾的发展形式,是资本积累的"金融修复"。⑤ 就如布罗代尔所说,资本主义关注资本的灵活性和兼容性。资本的灵活性是指资本增值的能力,资本的兼容性则指资本在不同时间和不同地点呈现的具体形式。"货币资本代表流动性、灵活性和选择自由。商品资本指从利润着眼投资于某个特定的投

---

① E. K. Hunt. Marx as a Social Economist: The Labor Theory of Value. *Review of Social Economy*, 1979, 37 (3), pp. 275 – 94.
② T. N. Rotta, R. A. Teixeira. Valueless Knowledge – Commodities andFinancialization: Productive and Financial Dimensions of Capital Autonomization. Review of Radical Political Economics, February 3, 2012.
③ 让玛·瓦苏德万:《国际金融体系的历史演进与当前国际金融危机——基于马克思货币理论的分析》,贺钦译,《国外理论动态》2010年第6期。
④ 让玛·瓦苏德万:《国际金融体系的历史演进与当前国际金融危机——基于马克思货币理论的分析》,贺钦译,《国外理论动态》2010年第6期。
⑤ 孟捷:《资本主义经济长期波动的理论:一个批判性评论》,《开放时代》2011年第10期。

入——产出组合的资本。因此,它代表具体化、僵硬化以及选择的缩小和丧失。"①② 资本积累金融化并没有改变资本主义的本质,而只是改变了资本增值的方式。不通过生产过程而要实现资本的价值增值,就必须依靠哈维所说的剥夺性积累,即通过对国民收入的再分配和金融化积累方式等来实现资本的价值增值,但"连接剥夺性积累和扩大再生产之间的纽带是由金融资本和信贷机构所提供的,而这一切则依然是由国家权力所支持的"。③ 剥夺性积累的实现必须依靠国家权力的支持,体现为通过公共资产及权力的私有化来实现国家对财产和收入的再分配。伦敦大学亚非学院的学者拉帕维萨斯指出,"金融剥夺"已经成为经济金融化后的资本主义国家的主要利润来源,流通领域已经成为利润来源的主要领域,但"应该和发生在生产当中的剥削清晰地区别开来,后者仍然是当代资本主义经济的核心。金融剥夺发生于流通领域,是利润的追加来源。它和个人收入相联系,所涉及的只是货币和价值的既有流量,而非剩余价值的新增流量。不过,金融剥夺尽管发生在流通领域,它的产生系统地贯穿于经济过程之中,因而具有剥削的性质"④。

关于资本主义金融化的周期性问题,研究资本主义长波的新熊彼特学派的代表人物佩蕾丝,在其著作《技术革命与金融资本》一书中对资本主义体系的发展从技术-经济-制度协同演化的角度进行了论述。佩蕾丝写道,"资本主义的每一次技术革命都会形成与其相适应的技术-经济范式,'技术-经济范式'是一个最佳惯行行为,它由一套通用的、同类型的技术和组织原则组成。"⑤ 每次技术革命带来的巨大的财富创造潜力的展开都需要一套完善的社会-制度框架与新的技术-经济范式相适应。而在每次技术革命及其扩散的过程中,金融和信用制度起到了关键的作用。佩蕾丝提出,资本主义体系的动力存在于持续相互作用的技术变迁、经济变迁和制度变迁三个领域,经济领域中金融资本和生产资本之间的耦合和再耦合决定了每个阶

---

① 杰奥瓦尼·阿瑞基:《漫长的20世纪》,姚乃强等译,江苏人民出版社,2001,第5页。
② 马克思指出,资本积累会周期性地产生冲动,脱离实际商品的生产,直接通过 M—M' 来实现资本增值。"生产过程只是为了赚钱而不可缺少的中间环节,只是为了赚钱而必须干的倒霉事。因此,一切资本主义生产方式的国家,都周期地患一种狂想病,企图不用生产过程做媒介而赚到钱。"(《资本论》第2卷,人民出版社,2004,第67~68页。)
③ 大卫哈维:《新帝国主义》,初立忠、沈晓雷译,社会科学文献出版社,2009,第124页。
④ Lapavitsas, C. Financialised Capitalism: Crisis and the Financial Expropriation, *Historical Materialism*, Vol. 17, 2009, pp. 114-148.
⑤ 卡萝塔·佩蕾丝:《技术革命与金融资本——泡沫与黄金时代的动力学》,田方萌等译,中国人民大学出版社,2007,第21页。

段经济增长的形式。①

作为资本积累基本矛盾空间修复的全球化、金融修复的金融化、技术修复的信息技术革命，都是使资本积累基本矛盾获得暂时"修复"的手段。虽然给资本积累基本矛盾创造了新的发展空间，但却无法从根本上解决资本积累的基本矛盾，只是延缓了危机并赋予资本主义经济危机以具体的形式。伴随实体经济停滞所出现的资本主义去工业化过程，使得金融资本内涵发生了变化，金融资本由"工业垄断资本与银行垄断资本的融合"转变为由金融业资本和虚拟资本组成，其职能由服务于职能资本向主宰职能资本异化"金融已经倒退到马克思称为高利贷资本的东西，并且其政治盟友已变为房地产和其他吸取租金的垄断部门而不是制造业"②。这就是与资本主义去工业化相伴随的金融化，也有的学者称之为虚拟化的过程。

四 结论

发达国家经济的高度金融化，作为资本积累模式的转变体现为资本积累的金融化，意味着利润的来源日益依赖于金融渠道而非商品生产和贸易渠道，即资本的价值积累独立于使用价值的生产和流通。在资本主义的不同阶段，资本积累的主要领域和主要模式也不同，这就需要把资本积累的一般规律与特定时期的具体历史条件相结合来分析资本积累过程，从资本积累的内在矛盾来理解资本积累过程。资本积累的矛盾是资本主义生产方式的基本矛盾在积累过程中的体现，表现为资本主义生产与资本主义制度的矛盾和资本主义生产与资本主义市场的矛盾。本文从货币和资本的本质出发，揭示了资本积累不通过使用价值的生产和交换而进行价值化积累的趋势，指出金融化是资本主义生产关系下资本增值独立于新价值创造的必然结果，是资本主义交换的内在矛盾逻辑演绎的结果。

（作者系南开大学经济学院教授）

---

① 卡萝塔·佩蕾丝：《技术革命与金融资本——泡沫与黄金时代的动力学》，田方萌等译，中国人民大学出版社，2007，第85页。
② 迈克尔·赫德森：《从马克思到高盛：虚拟资本的幻想和产业的金化（上）》，曹浩瀚译，《国外理论动态》2010年第9期。

金融化与现代金融资本的积累

陈享光

金融化是与货币化、货币资本化和资本虚拟化相联系的一种经济现象。金融化的快速发展极大地强化了金融部门通过货币和非货币金融工具的创造进行资本集中和积累的能力，使金融领域的资本能够快速扩展其活动领域和范围。同时，金融资本借助于货币资本化和资本虚拟化把社会不同部门纳入积累轨道，使资本得以在不同形式上进行积累并在不同形式上转换。然而，过度金融化必然造成金融资本的过度积累，造成发展的陷阱，我们必须要警惕过度金融化和金融资本过度积累造成的陷阱。

一 金融化与金融资本

金融化涵括了一系列不同的现象，不仅包括放松金融管制、金融市场相对于以银行为基础的金融制度地位的上升，还包括金融工具的创新和金融交易的膨胀、国际金融市场的形成、各种信贷的增加等等。戈拉德·A.爱泼斯坦把金融化理解为"金融动机、金融市场、金融行为者和金融机构在国内国际经济中的地位不断上升"。[①] 另一种典型的观点是把金融化定义为一种积累模式，认为"在这种模式中，利润主要是通过金融渠道而非贸易和商品生产生成"。[②] 根据这种观点，所谓金融化，就是非金融企业日益通过

[①] Gerald A. Epstein. Introduction: *Financialization and the World Economy*. Edward Elgar, 2005, p. 3.

[②] 格·R. 克里普纳:《美国经济的金融化》(上),《国外理论动态》2008 年第 6 期。

金融途径而非贸易和商品生产途径获取利润的积累模式。① 第三种观点是把金融化定义为："资本主义经济重心从生产到金融的长时间的转向。这一转变反应在经济的方方面面：①金融利润在总利润中的比重越来越大；②相比于GDP，债务越来越多；③金融、保险和房地产（FIRE）在国民收入中的比重上升；④出现许多奇怪的金融工具；⑤金融泡沫的影响扩大"。② 第四种观点认为，"所谓经济金融化是指，依靠增加企业、家庭、公共部门、众多发展中国家债务负担维持市场需求，通过持续性资产通胀（泡沫）使金融机构和机构投资者及其控股企业获取金融性收益的虚拟资本市场发展为'金融资本主义'体制"。③

　　显然，学界对金融化还没有一个被普遍接受的定义。不过有一点是可以肯定的，那就是金融化是一个与货币化、货币资本化和虚拟资本化发展相联系的经济现象。

　　货币具有垄断性的购买力，是一般财富的代表。货币化构成金融化的一般基础。货币本来是从商品世界中分离出来充当一般等价物的特殊商品，货币要适应商品生产和商品交换的发展。但随着现代商品经济的发展，被纳入市场交易的商品和商品化了的有形、无形产品的不断扩大，不断地拓展了货币的购买对象和作用范围，客观上促成了货币化发展。与之相伴随的是货币拜物教的不断发展，这反过来成为推动货币化发展的力量。从理论上说，货币就是货币，货币不是资本，但在现代货币经济中，货币到资本的转化不存在任何困难。资本市场的发展，货币在持有者手里随时作为资本、作为货币资本使用。二级银行体制下，商业银行吸收的存款，通过信贷业务创造新的货币，央行向商业银行提供由央行储备做保证的信用货币以满足公众对货币的需求，"创造新货币与信贷扩张之间的这样一种联系使货币本身变成了金融资本，一种更特殊的、利息计在商业银行头上的借贷资本"。④ 货币还作为储藏货币发挥职能，这些储藏通过纸币和存款的形式，由银行积累起来并转化为生息资本。"资本的一定部分，必须不断作为储藏货币，作为可能的货币资本存在，这就是：购买手段的准备金，支付手段的准备金，一种在货

---

① 戈拉德·A.爱泼斯坦：《金融化与世界经济》，《国外理论动态》2007年第7期。
② 裘白莲、刘仁营：《资本积累的金融化》，《国外理论动态》2011年第7期。
③ 高田太久吉：《国际金融危机与现代资本主义的困境》，《国外理论动态》2010年第7期。
④ 弗朗索瓦·沙奈等：《金融全球化》，齐建华、胡振良译，中央编译出版社，2001，第54页。

币形式上等待使用的闲置的资本；而且资本的一部分不断以这种形式回流。"① 作为价值的储存，货币取得了固有的购买力，并且通过'M－M'的循环，获得了自我扩大的价值。货币转化为生息资本，通过信用成为生产扩张的强有力的手段。而生产的扩张和积累的扩大增加了货币储藏的形成并开始进一步的信用货币扩张，直至国家货币基数所施加的约束。所以弗朗索瓦·沙奈等认为，信用货币包含了借贷资本也包含了虚拟资本。"货币显然是一种资本形式。实际上人们可以把货币看作纯粹形式下动态资本的化身，因为今天的任何投资都是一种支出形式，为的是将来实现利润。此外，信用货币也肯定代表金融资本。"②

货币资本伴随货币的资本化不断积累，并且越来越采取虚拟资本的形式。虚拟资本从本质上来说，只是代表已积累的对未来生产的索取权或权利证书。无论是货币资本还是虚拟资本，都不等于现实资本，它们的积累也不等于现实资本的积累。货币资本的积累实际上是积累者以货币的形式或对货币的直接索取权的形式占有资本和收入，大部分不外是对生产的索取权的积累，是这种索取权的市场价格即幻想资本价值的积累。虚拟资本的积累同样不过是证券形式表示的这种索取权或权利证书的积累，是这种索取权幻想的资本价值的积累。如果说货币资本能够以货币或货币索取权的形式占有资本和收入，那么虚拟资本则以非货币金融资产的形式占有资本和收入。在马克思看来，由于借贷资本很大程度上是以货币索取权的形式存在的，其相当部分也是虚拟的。因此，货币资本积累和虚拟资本的积累，推动了资本的虚拟化发展，特别是金融创新不断催生出各种金融衍生工具，使虚拟资本获得了前所未有的地位。

我们把金融化理解为伴随货币化、货币资本化和资本虚拟化出现的一种经济现象。因此，所谓金融化，就是人们日益以货币或货币资本和虚拟资本的形式进行资本和收入的占有与积累，通过金融渠道沟通人们之间的经济联系。金融化使得金融领域的资本日益广泛地渗透到物质和非物质生产领域，并与这些领域的资本结合，并且使金融资本具有了自我扩张、自我循环的机制，同时使得金融资本发展到一个新的历史阶段。

"金融资本"这一概念是由拉法格在1903年发表的文章《美国托拉斯

---

① 《马克思恩格斯全集》第46卷，人民出版社，2003，第352页。
② 弗朗索瓦·沙奈等：《金融全球化》，中央编译出版社，2001，第66页。

及其经济、社会和政治意义》中最早提出的,①而真正对"金融资本"理论进行了系统阐释的则是马克思主义理论家鲁道夫·希法亭,他在《金融资本》一书中写到产业资本的一个不断增长的部分不属于使用它的产业资本家了。他们只有通过代表同他们相对立的所有者的银行,才能获得对资本的支配;另一方面,银行也不得不把它们资本的一个不断增长的部分固定在产业之中。因此,银行在越来越大的程度上变为产业资本家。于是,希法亭把通过这种途径实际转化为产业资本的银行资本,即货币形式的资本,称为金融资本。简言之,希法亭的金融资本就是指归银行支配的和由产业资本家使用的资本。1917 年,列宁对希法亭的金融资本概念提出了批评,他指出,希法亭"这个定义不完全的地方,就在于它没有指出最重要的因素之一,即生产和资本的集中发展到了会导致而且已经导致垄断的高度"。②也就是说,尽管希法亭注意到了垄断组织在资本主义经济社会中的作用,并且论述了随着产业垄断化的发展,金融资本势力范围的不断上升,但其在界定金融资本概念的时候,却没有明确地把这一重要因素囊括进来。这个疏忽或者遗漏,削弱了金融资本的理论和分析价值。因为"生产的集中;从集中生产起来的垄断;银行和工业日益融合或者说长合在一起,——这就是金融资本产生的历史和这一概念的内容"。③列宁对金融资本的分析,特别强调了银行的新作用,银行由普通的中介人变成万能的垄断者,金融资本是"与工业家垄断同盟的资本融合起来的少数垄断性的最大银行的银行资本"。④

20 世纪 70 年代以来,随着金融化的发展,一些学者对希法亭和列宁的金融资本理论提出质疑。斯威齐在 1995 年的一篇文章中指出,80 年代末,传统的由金融机构支撑着的生产体系已经让位于一种新的经济形态,在这种经济形态中,金融部门急剧膨胀,并且高高凌驾于实体经济之上,金融部门和实体部门之间的反向变动关系成为理解当前世界经济发展新趋势的关键。⑤ 这些质疑实际上反映了金融化发展产生的新情况和新问题,需要对金融化引起的新情况和新问题做出新的理论概括和总结。

---

① 保尔·拉法格:《美国托拉斯及其经济、社会和政治意义》,《国际经济评论》1980 年第 8 期。
② 列宁:《帝国主义是资本主义的最高阶段》,人民出版社,2001,第 39 页。
③ 列宁:《帝国主义是资本主义的最高阶段》,人民出版社,2001,第 39 页。
④ 列宁:《帝国主义是资本主义的最高阶段》,人民出版社,2001,第 82 页。
⑤ Paul M. Sweezy. Economic reminiscences. *Monthly Review*, 1995, 47 (5), pp. 1 – 11.

在马克思的著作中，并没有对金融化和金融资本的直接论述，但马克思对生息资本和虚拟资本的研究，为我们理解金融化和现代金融资本的矛盾运动提供了许多有价值的思想洞见和理论启示。马克思指出，资本在历史上起初到处是以货币形式，作为货币财产，作为商人资本和高利贷资本出现的，现在每一个新资本仍然是作为货币出现在舞台上，经过一定的过程，这个货币就转化为资本。① 因此，资本是由货币转化而来的，是货币借以扬弃自身的最后形式。现代金融资本的规定性就蕴含在货币与资本的区别与联系之中。

在马克思的分析中，资本以诸多的具体形式存在，如货币资本、生产资本、商品资本、生息资本、借贷资本、虚拟资本等，前三者构成职能资本（产业资本或商业资本）的循环，后三者与银行资本密切相关。货币资本，最精确的含意就是货币形式的资本价值；② 生产资本可以划分为不变资本和可变资本，以生产资料和劳动力工资的形式表现出来；商品资本在客观形态上表现为包含价值和剩余价值的商品，代表"可能的货币资本"，③ 需要完成"惊险的跳跃"，才能完成从商品资本到货币资本的转化；生息资本、借贷资本在马克思那里内涵几乎是一致的，④ 是用来作为商品出售的（贷放）、作为商品的资本；虚拟资本是以国债、股票、债券等有价证券形式表现的资本，是每一个有规则的会反复取得的收入按平均利息率来计算所幻想出来的资本，在作为可能的货币资本的意义上，虚拟资本与商品资本具有某种共同之处。

从流动性方面来看，货币、货币资本的流动性最强，其次是商品资本、生息资本和虚拟资本，生产资本的流动性最差，因为资本一旦被束缚在生产过程之中，由于资产专用性等因素，几乎排除了流动性的可能；从增殖性的角度来说，生产资本的增殖性最高，价值的转移和剩余价值的创造是在生产过程中完成的；生息资本和虚拟资本次之；货币、货币资本、商品资本就其静止的实物形态——货币和商品来说，并不会自行发生价值的增殖，因为在商品资本和货币资本实际执行职能时，商品资本仅仅起商品的作用，货币资

---

① 《马克思恩格斯全集》第 44 卷，人民出版社，2001，第 171~172 页。
② 《马克思恩格斯全集》第 46 卷，人民出版社，2003，第 459 页。
③ 《马克思恩格斯全集》第 46 卷，人民出版社，2003，第 560 页。
④ 《马克思恩格斯全集》第 46 卷，人民出版社，2003，第 428 页。

本仅仅起货币的作用。①

金融化大大促进了货币资本化和虚拟资本化，导致了现代金融资本的快速扩展和膨胀，并使之具有了新的特点。既然金融化追求的是货币流动性与资本增殖性的某种结合，那么，很显然，在资本的诸多形式中，只有生息资本和虚拟资本满足这一要求，而恰恰是在生息资本的形态上，资本关系取得了最表面、最富有拜物教性质的形式，创造价值、提供利息，成了货币本身的属性，表现为资本的真正果实，就像生长表现为树木固有的属性、梨树的属性是结梨一样。② 正因为如此，我们把生息资本（或借贷货币资本）和虚拟资本的总和，称为现代金融化资本。这一定义一方面与希法亭的界定相区别，另一方面排除了职能资本家自己拥有的、用于购买生产资料和劳动力的货币资本。考虑到货币资本是一个比生息资本、虚拟资本更为宽泛的概念，马克思在某些地方也不加区别地将生息资本和货币资本混合使用，并且指出，"一切借贷资本，不管它们的形式如何……都永远只是货币资本的一个特殊形式"，③ 所以，我们把扣除职能资本家用于参与现实资本循环的货币资本之后的货币资本，称为狭义的货币资本即借贷货币资本；把包含职能资本家使用的货币资本，称为广义的货币资本或货币金融资本。这样，现代金融资本也就有广义和狭义之分：狭义的金融资本就是指狭义的货币资本与虚拟金融资本的总和，广义的金融资本就是指广义的货币金融资本与虚拟金融资本之和。

二 金融化与货币金融资本的积累

作为运动中增殖的价值，资本总是力求获得增殖性和流动性的统一。资本的本性驱使其不断冲破各种限制获得与其本性相适应的存在形式和运动形式。最初，资本更多地采取职能资本的形式，在职能资本运动中游离出来的资本形式通常是与产业资本结合在一起的，但在其发展中这些资本形式由于受产业资本运动的限制和产业资本运动中阶级矛盾的限制，存在一种脱离产业资本物质形式和阶级矛盾限制的运动趋势。

---

① 《马克思恩格斯全集》第46卷，人民出版社，2003，第383页。
② 《马克思恩格斯全集》第46卷，人民出版社，2003，第441、443页。
③ 《马克思恩格斯全集》第46卷，人民出版社，2003，第385页。

货币资本的相对独立运动造成了不同于也不依赖于现实资本的货币资本的积累，特别是货币脱离了金本位约束，货币资本的积累更不受生产活动和产业资本的羁绊。随着信用制度的发展，单纯的货币，不管是代表已经实现的资本，还是代表已经实现的收入，都会通过单纯的出借行为，而变为借贷资本。货币在资本主义生产的基础上转化为资本，并通过这个转化，由一个一定的价值变为一个自行增殖、自行增加的价值。但货币资本的积累过程，与货币实际转化为资本的过程，是很不相同的。这只是货币在可能转化为资本的形式上所进行的积累。但这种积累，可以表示各种与现实积累很不相同的要素，它可能是现实积累扩大的结果，也可能是各种和现实积累的扩大相伴随但与它完全不同的要素造成的结果，甚至是现实积累停滞的结果。尽管货币资本的积累有别于现实积累，但这种积累同样使得所有者能够以货币形式或对货币的直接索取权的形式占有资本和收入。事实上，仅仅由于这些和现实积累相伴随的要素扩大了借贷资本的积累，就总会在周期的一定阶段出现货币资本的过剩；并且这种过剩会随着信用的扩大而发展。因此，驱使生产过程突破资本主义界限的必然性，同时也一定会随着这种过剩而发展，即产生贸易过剩，生产过剩，信用过剩。不过，在货币/金融受到控制、金融化程度较低的情况下，货币资本的积累通常难以成为危机的主导因素。然而，随着金融化的发展，货币资本的过度积累和所引发的矛盾逐渐成为引发危机的一个新的主导因素。

　　资本在其运动中具有不同存在形态，存在形态不同，其流动性也不相同。在货币资本、生产资本和商品资本形态中，货币资本的流动性最强，其次是商品资本，生产资本的流动性最差，因为生产资本受生产过程的束缚，特别是固定资本部分一旦投入生产过程，其物质形态几乎排除了流动的可能性。这样资本运动中其所有者就会受到流动性的限制。而以货币形式或对货币的直接索取权形式和所有权证书的形式占有资本和收入，则可以使所有者突破这种限制。事实上，资本在其发展过程中，不断在货币形式或对货币直接索取权形式和所有权证书形式上积累，这种积累固然促进了资本的流动和重组，但由于其自身特性和运动的相对独立性及随之而来的投机性，不可避免地造成社会生产的扰动因素和新的矛盾的形成和累积，对此资本主义国家曾通过金融和资本管制而加以控制。而金融和资本的管制由于与资本运动的趋势和目标相冲突，特别是它限制了资本的活动范围，抑制资本的活力，因而从 20 世纪 80 年代开始，各主要资本主义国家纷纷解除金融和资本管制。

在这种情况下，资本逐利本性和金融机构的竞争，诱发了大量的金融创新，促进了金融衍生产品的快速增长。这些衍生品使冒险行为更为快速便捷、成本更小，它们可以用来规避法律约束、扭曲价格发现的过程，甚至操纵会计规则。① 同时，对利润的追逐刺激金融机构均采用杠杆经营的模式，即金融机构的资产规模远远高于自有资本的规模。在追求利润和流动性目标的驱使下，货币资本家和金融机构不断开拓次贷市场，并以"次级贷款"的债权为抵押，整合、分割、编制成一系列的证券化商品，并通过层层分割和金融技术设计，衍生出更多的虚拟金融产品，在全球范围内销售，从而导致了金融化的快速发展，这引起金融资产占国内生产总值（GDP）的比例的快速提高。大量复杂的新型金融产品从传统债券、股票、大宗商品和外汇中衍生出来，国际互换和衍生工具协会的数据显示，到2006年底，利率互换、汇率互换和利率期权交易的发行在面价值达到286万亿美元（约为全球GDP的6倍）。② 要提及的是，当今发达资本主义国家的金融化和货币资本、虚拟资本的积累由于全球化的发展已不局限在国内，也不再仅受国内因素的限制，而是能够借助于金融资产的创造和全球范围内的行销以及对世界货币的主宰，影响世界范围内货币资本的积累和各国储蓄的转移。全球化特别是金融全球化的发展把不同国家的货币和金融市场逐渐联结起来，并且金融市场越来越自由化，这样不仅可以集中全世界的储蓄，而且为资本所有者的投资提供赚取利润的机会。因此，随着全球化的发展，金融化和货币资本的积累越来越具有全球性。

过度的金融化和货币资本的过度积累，不仅激化了资本固有的矛盾发展，而且造成新的矛盾的不断累积和发展。货币资本的过度积累导致货币资本的相对过剩，并且这种过剩会随着信用的扩大而发展，在这种情况下生产和消费在借贷资本的支持下得以超过资本主义界限而增长，且随着货币资本虚拟价值泡沫化而把它推向极端，一旦这种货币资本虚拟价值泡沫破灭，金融危机便接踵而来。随着货币资本的不断积累，银行和信用不断扩张，银行和信用的扩展成为资本主义生产超过它自身界限的有力工具，同时也成为推动消费超过它自身界限的强有力工具。资本主义生产超过应有的界限会产生

---

① Randall Dodd. *Derivatives Market: Sources of Vulnerability in US Financial Market*, *Financialization and the World Economy*. Edward Elgar, 2005: 132.
② 马丁·沃尔夫：《从管理资本主义到金融资本主义》，《中国企业家》2007年第14期。

生产过剩的危机，借贷资本积累支持下的消费超过其资本主义界限也同样不可避免地造成金融危机的隐患。马克思说："社会消费力既不是取决于绝对的生产力，也不是取决于绝对的消费力，而是取决于以对抗性的分配关系为基础的消费力；这种分配关系，使社会上大多数人的消费缩小到只能在相当狭小的界限以内变动的最低限度。这种消费力还受到追求积累的欲望的限制，受到扩大资本和扩大剩余价值生产规模的欲望的限制。"[1] 在货币资本过度积累条件下，社会消费力的限制会由于借贷货币资本的支持得到一定缓解，使得消费在一定范围内超过社会消费力规定的界限而增长，但是这种情况不可能长期维持下去，当借贷货币资本由于收入增长的限制不能正常回流，依托借贷资本支持的消费增长终将把金融体系拖到危机的境地。由于"货币资本的积累，大部分不外是对生产的索取权的积累，是这种索取权的市场价格即幻想资本价值的积累"[2]。这就决定了货币资本积累中的相当大部分必然只是虚拟的，也就是说，完全像价值符号，只是对价值的权利证书。在货币资本过度积累基础上对生产和消费的借贷货币资本的支持就难免存在金融泡沫。当这个泡沫破灭时，借贷货币资本的虚拟价值因此大幅缩水，危机也就到来了。

货币资本的过度积累由于经济全球化的发展而能够在世界范围展开。由于货币资本的过度积累造成其国内货币资本相对过剩，而生产资本和商品资本相对不足。因此，过剩的货币资本一方面在国外金融市场寻求有利的投资或投机机会，每当其大规模流向国外金融市场，就会对一些国家或区域性金融市场造成冲击，往往成为这些国家或区域性金融市场动荡甚至危机的直接原因；另一方面，过剩的货币资本或货币本身成为转移国际储蓄和输入商品的工具，而这往往不可避免地造成国际经济不平衡和相关国家对其货币或货币索取权的过度积累。因此，全球化条件下由货币资本过度积累导致的金融危机具有全球性特点。

三 金融化与虚拟金融资本的积累

随着货币资本的不断积累，以有价证券形式存在的虚拟资本得到快速发

---

[1] 《马克思恩格斯全集》第46卷，人民出版社，2003，第272~273页。
[2] 《马克思恩格斯全集》第46卷，人民出版社，2003，第531~532页。

展。特别是20世纪80年代开始的世界范围内的私有化浪潮和金融自由化浪潮，极大地促进了虚拟资本市场的发展和虚拟资本的快速积累。虚拟资本的过度积累不仅造成财富的集中和收入分配状况的恶化，而且极大地强化了虚拟资本对实体资本的相对独立性，造成偏离实体经济的资产泡沫化，从而助长了金融市场的投机性和不稳定性，导致了金融风险的不断累积，最终诱发金融危机进而经济危机。

虚拟资本与信用制度和未来收益的资本化过程密切相关，是能够带来收益的以纸制复本形式表现的资本。马克思通过对银行资本的考察指出："银行家资本的最大部分纯粹是虚拟的，是由债权（汇票），国家证券（它代表过去的资本）和股票（对未来收益的支取凭证）构成的"。① 在当代，货币资本的积累一方面促成了银行资本以及非银行金融化资本的发展和壮大，另一方面货币资本越来越多地采取了虚拟资本的形式，货币资本的过度积累必然带来多种形式虚拟资本的过度积累。

虚拟资本就其实质来说，只是代表已积累的对于未来生产的索取权或权利证书，② 因此虚拟资本的积累依然可以归结为对劳动占有权的积累。马克思指出："有价证券不仅是对资本价值的所有权证书，从而也是对这种价值的未来再生产的所有权证书，而且同时是对未来的价值增殖的所有权证书，即对整个资本家阶级必然从工人阶级身上榨取的剩余价值的份额（利息等）的所有权证书。……资本主义社会极有权势的那部分人竭力追求这种积累形式，以便支配生产和积累的实际运动。"③ 可见，虚拟资本的积累尽管不同于现实资本的积累，但它依然会造成资本和劳动矛盾的积累，造成财富在少数人手中的积累和他们在生产中获取收益权利的积累，从而造成劳动者收入增长的限制和收入差距的扩大。不仅如此，由于虚拟资本的虚拟性、投机性和流通中代表货币资本的不确定性，虚拟资本的过度积累必然造成与实体经济的脱节和矛盾，导致金融风险的累积，造成资本扩张和收缩的运动，在一定条件下引发危机。

虚拟资本的虚拟性是指虚拟资本的货币价值是虚拟的。构成虚拟资本的有价证券，即使是对收益的可靠支取凭证（例如国家证券），或者是现实资

---

① 《马克思恩格斯全集》第46卷，人民出版社，2003，第532页。
② 《马克思恩格斯全集》第46卷，人民出版社，2003，第531页。
③ 《马克思恩格斯全集》第49卷，人民出版社，1972，第418~419页。

本的所有权证书（例如股票），"它们所代表的资本的货币价值也完全是虚拟的，是不以它们至少部分地代表的资本的货币价值为转移的；既然它们只是代表取得收益的权利，并不是代表资本，那么，取得同一收益的权利就会表现在不断变动的虚拟资本上"。① 人们之所以购买和持有这些虚拟资本，一方面是因为它们能在一定时期内获得一定的收益；另一方面，还因为可以通过它们的出售而得到资本价值的补偿。它们的市场价值会随着它们有权索取的收益的大小和可靠程度而发生变化。更为重要的是，在没有任何现实积累的时候，虚拟资本的积累，可以通过各种纯技术性的手段而实现，一切东西"都会增加一倍和两倍，以致变为纯粹幻想的怪物一样"。② 这个在社会上存在的、理论上可以无限扩张的部分，形成过剩资本的一个"大吸收器"；特别是在金融化的条件下，这个部分资本本身具备了自我创造的能力；同时，因为较高的利润率和流动性，还吸引着实体资本向它的转化。这样，货币资本的积累和伴随货币资本积累而进行的虚拟资本的过度积累，不可避免地会导致资产的泡沫化。因为，过剩的货币资本不断转向虚拟资本领域和其他易于泡沫化的资产，促使虚拟资产和易于泡沫化的资产的价格不断上升，这种上升在一定时期也会刺激相关领域实际投资的增加。然而，这些领域的资产泡沫化终究会破灭，从而可能引起这些领域的危机。

由于构成虚拟资本的有价证券的市场价格不是由现实的收入决定的，而是由预期得到的、预先计算的收入决定的。因此，有价证券的市场价值不可避免地、部分地具有投机性质。随着市场的扩张——贸易在更长的距离间发生——投机因素将越来越主导着交易的过程。在一个具有由先进信用与金融支持的发达交换过程的经济中，虚拟资本价值由预期决定的性质本身会导致其趋利性的自我膨胀，从而放大其内在的投机因素。只不过它不再通过空头汇票的形式表现出来，而是通过复杂的金融衍生产品——CDO 平方、立方及 CDS 等伪装起来，直至危机爆发后才清楚地显露出它的本性。明斯基曾分析了现代金融方式中的投机性以及由此引起的金融脆弱性。他区分了反映长期预期的资本资产价格与反映短期预期的当前产出价格，提出了三种金融方式即套利金融、投机金融和庞兹金融。③ 在一个充满不确定性与投机的市

---

① 《马克思恩格斯全集》第46卷，人民出版社，2003，第532页。
② 《马克思恩格斯全集》第46卷，人民出版社，2003，第535页。
③ 伊藤·诚、考斯达斯·拉帕维查斯：《货币金融政治经济学》，孙刚、戴淑艳译，经济科学出版社，2001，第189页。

场上，SPV 的融资方式［在资产证券化中扮演重要角色的特殊目的机构（SPV）通过发行短期证券来融资，然后投资于更长期限的资产支持证券（ABS）或企业债券，通过两者的息差收入来赚取利润］即使最初是套利金融，也很容易演变成投机金融、庞兹金融，从而造成金融系统的不稳定性，从而在一定条件下引发金融动荡和危机。如今的金融市场出现了新的参与者，特别是对冲基金和私人股本基金，使其更具有投机性。与传统基金一般投资于股票和债券不同，对冲基金扮演着典型的投机和套利角色。虚拟资本的过度积累无疑会导致金融市场的过度投机，在这种情况下，尽管虚拟资本的价格始终依赖于"预期得到的、预先计算的收入"，这一收入在一定限度内可以自我维持和自我膨胀，而一旦由于回流延迟、预期的现金流在一定时期内不能实现，危机就爆发了。并且，在危机爆发之前，由于乐观预期、信息不对称、欺诈等因素，引起金融市场上投机因素增加。而这样一种未来预期的现金流往往根源于某一实际商品价格的不断上涨，或者实际生产、贸易过程的实现，尽管这种商品价格的上涨或生产、贸易过程的实现完全可以是假想的——这在投机的情况下尤其如此。

　　虚拟资本是作为货币资本流通的，它本身处在不断扩展和收缩运动中，这种扩张和收缩运动易于引起货币危机或加剧货币危机和经济危机的程度。在资本循环运动中，商品资本本身同时也是货币资本，是表现在商品价格上的一定的价值额。作为使用价值，它是一定量的有用物品，这些物品在危机期间出现过剩。但是，作为货币资本自身，作为可能的货币资本，它总是处在不断的扩展和收缩中。在危机前夕和危机期间，商品资本在作为可能的货币资本的这个属性中会收缩。虚拟资本，生息的证券，在它们本身是作为货币资本而在证券交易所内流通的时候，也是如此。在扩张时期，它的所有者在市场上获取货币或货币资本的能力大为增强，带动实体经济的扩张。但它们的价格会随着利息的提高或者信用的普遍缺乏或者有权要求的收入减少而下降，从而引起作为可能货币资本的收缩，这时虚拟的货币资本大大减少，从而它的所有者凭它在市场上获得货币的力量也大大减少，这不仅会造成生产和消费增长的限制，而且由于从市场上获取货币或货币资本的能力下降，从而可能阻塞货币和资本的流通，造成货币和经济危机。

　　全球化发展使虚拟资本积累的相对独立性发展到了极致，它造成了一些国家仅仅是所有权或收益权证书的积累，这种积累与实体资本积累完全脱离开来。主导世界货币的国家由于货币资本的过度积累通过贸易和货币或货币资本的输出引起相关国家对其货币或货币形式索取权的积累，而这些国家实际积累的增加有赖于国际资源的实际转移。在这种情况下，所有权证书或收益权证书的国际发行成为其实现这种国际资源转移的手段。其结果是，一方是所有权证书或收益权证书的积累，另一方则是实际的资本积累。随着货币资本和虚拟资本的过度积累引起的相对过剩增加到一定程度进而由扩张转向收缩时，虚拟资本或生息证券所代表的货币资本价值大为减少，其持有国将因此遭受巨大的经济损失。这时，国内和国际上从市场上获取货币或货币资本的能力大为下降，从而造成贸易和货币、资本流动的巨大限制，引起国际的连锁反应，使危机扩散和蔓延，并自我强化。因此，全球化条件下资本主义国家虚拟资本的过度积累所带来的危机也具有全球性。

在高度金融化的情况下，货币资本的积累与虚拟资本的积累是交织在一起的，且是相互作用的，它们共同构成了金融化资本的积累。我们知道，在产业资本积累主导下，资本循环周转虽然不断游离出货币资本，也会造成过度的货币资本的积累以及虚拟资本的积累，并且这种货币资本和虚拟资本的过度积累不仅对资本积累和循环周转造成一定阻碍，甚至造成独立的货币危机，但由于金融领域的资本特别是货币资本从属于产业资本，游离和积累的货币资本最终以借贷资本和虚拟资本的形式回流到产业资本主导的循环周转中，否则就会限制甚至失去其增值性，因此，货币资本和虚拟资本的过度积累有一定的限度，即便发生货币危机，所造成的影响也会相对较小。

与产业资本积累主导的情况不同，金融化条件下产业资本循环周转中游离出的货币资本不一定回流到产业资本的循环周转中去，金融自身不断创造出新的投资对象，吸纳着资本循环周转中游离出来的货币资本和社会剩余。我们的分析表明，无论是货币资本形式的金融化资本的过度积累，还是虚拟资本形式的金融化资本的过度积累，都埋藏着金融危机的种子，都存在触发金融危机的机制。在高度金融化的条件下，金融化资本的积累与现实积累之间的断层和矛盾更深，金融化资本的积累不等于现实的资本积累，金融的繁荣不代表实体经济的繁荣。不仅如此，有时甚至是相反，金融化资本积累是现实积累减少或现实积累受阻的结果，金融繁荣是实体经济停滞或衰退的结果，金融化资本积累与现实积累、金融发展与实体经济发展相背离，这种背离由于金融化发展甚至可以达到很高的程度，这不可避免地催生金融泡沫。金融投资获得的金融利润不同于产业资本积累主导下的金融利润，后者由剩余价值转化而来。金融投资获得的金融利润更多地是来自社会收入的再分配，因此，这部分利润的增加是以社会各阶层收入的减少为条件的，这样一来，金融利润的增加可能带来两方面后果：一是社会各阶层收入减少而抑制实际有效需求的增加；二是金融化资本的投资和投机带来金融利润的增加。在平均利润率既定的条件下，金融利润的资本化将引起资本的相对过剩或加剧资本的过剩，而过剩的资本又可能流入金融领域成为金融投资和投机的资本来源，这不仅促进了金融化资本的过度积累，而且进一步助长金融泡沫化。进一步的分析发现，金融化的发展，会使货币资本和虚拟资本能够脱离产业资本的制约而积累，它们的过度积累支撑了借贷资本的过度扩展和房地产金融的过度发展，这不可避免地导致房地产和其他资产的泡沫化，这种泡沫必将随着金融资本的积累到一定程度而破灭，从而引发金融和经济的危机和动荡。

四　警惕金融化和金融资本过度积累的陷阱

　　金融化的发展，导致了金融化资本的扩展及其社会权力的强化，使得金融化资本借助于货币资本化和虚拟资本化实现对社会资本和再生产过程的控制，通过对金融过程进行资本和财富的集中和积累，同时借助金融化实现损失的社会化、全球化。金融化发展造成了现实资本积累与货币资本、虚拟资本积累的更大程度的分离，扩大了资本积累过程中的断层和矛盾，在推动货币资本、虚拟资本积累的同时，造成货币资本、虚拟资本积累的扩张和收缩运动，金融的繁荣和金融化资本的积累可能不是建立在实体经济繁荣和现实积累增加基础上，甚至是完全相反。金融的繁荣和金融化资本的积累是建立实体经济萎缩和现实积累转化为金融化资本积累基础上的。不仅如此，金融化的发展还造成了资本和资本积累的货币化、证券资产化，强化了资本的流动性、投机性和金融体系的内在不稳定性，在一定条件下会触发金融和经济的危机和动荡，这种情况我们可称为国内资本积累和经济发展的金融化陷阱。

　　伴随金融化和全球化的发展，各国积累被纳入西方发达国家主导的资本积累进程中。现实积累与货币资本、虚拟资本的积累在世界范围内的分离，造成一些国家进行现实积累，而另一些国家进行纯粹金融化资本积累即以货币或货币索取权或所有权证书的形式进行积累，导致这些国家积累和产业的空洞化或空壳化，危机时使这些国家遭受巨大资本损失，从而陷入国际金融化的陷阱。

金融化条件下,还存在另一种形式的陷阱,即福斯特和迈克切斯尼称谓的"停滞－金融化陷阱"。根据福斯特和迈克切斯尼的解释,随着工业的成熟和垄断程度的提高,实际的和潜在的经济剩余日益增长的生产,大于盈利性的投资和消费所能够吸收的量,积累越来越依赖于特殊的刺激因素,通过经济金融化以振兴被产能过剩压制的积累过程,其代价确是不断加重的金融危机。而经济停滞则是依然有其顽强的不断表现,最近的一次便是本轮金融崩溃后的大萧条。因为在这时重新开始积累过程的唯一可行的办法是恢复金融化,……政府将炮制更大的金融泡沫,它的最终破裂将再次把经济推入谷地。这就是福斯特和迈克切斯尼所说的"停滞－金融化陷阱"。[1][2]

金融化陷阱反映了资本和资本积累过程中金融化造成的深刻矛盾,必须加以重视。特别是发展中国家,更要警惕金融化的陷阱。这不仅是因为发展中国家经济基础薄弱和金融脆弱,它们抵御金融风险和金融冲击的能力有限,更因为它们不是全球货币金融体系的主导者和控制者,它们可能主动或被动地卷入发达国家主导的金融化资本积累过程,它们中的一些国家往往由于本国金融化程度低而具有发展金融化特别是参与全球金融化的强烈愿望,因而它们主动或被动地成为全球金融化的参与者,成为全球重要的金融投资者和金融资产的持有者,而为他国提供现实积累所需的要素,促成了本国积累和产业的空洞化。可以说,金融化充满着诱惑,但金融化也充满着陷阱。

避免陷入金融化陷阱,就要避免无节制的过度金融化。金融本来是沟通不同经济部门资金联系的纽带和桥梁,是实现资本集中进而促进积累的机制。完善的金融体系有利于把资本循环周转中游离出的货币资本以及货币和收入转化来的货币资本配置到高收益的领域和部门,促进资本积累和资本配置效率的提高。而过度的金融化不仅不能强化金融的上述功能,而且将导致资本积累过程断层的深化,导致过度的货币资本化和虚拟资本化。这不仅无助于现实积累的扩大,甚至可能引起生产资本的货币化和虚拟化,从而减少生产领域的资本,阻碍现实积累的扩大。同时,过度金融化及其相伴而来的过度货币资本化和虚拟资本化强化了资本的流动性和投机性,加剧了金融市

---

[1] 约翰·B. 福斯特等:《结构凯恩斯主义对国际金融危机解释的局限性》,《国外理论动态》2010年第10期。

[2] Ilene Grabel. Averting Crisis Assessing Measures to Manage Financial Integration in Emerging Economies, Financialization and the World Economy. Edward Elgar, 2005, p. 178.

场的不稳定性，并催生巨大的资产泡沫，不仅损害金融市场的效率，而且可能触发金融危机和金融动荡，陷入资本积累和发展的金融陷阱。

防范金融危机需要避免金融化资本的过度积累。货币资本的积累实质上是货币形式或对货币索取权的积累，在其积累过程中总会在一定阶段出现货币资本的过剩，并且这种过剩会随着信用的扩大而发展，结果导致贸易过剩、生产过剩、信用过剩。脱离现实资本积累的货币资本积累越多，造成的这种后果就越严重，危机爆发引起的经济和金融波动就越大。因此，要避免脱离现实积累的货币资本的过度积累，必须鼓励产业资本积累而不是金融化资本的积累；鼓励资本向生产领域的转移，而不是相反；鼓励积累的货币资本的产业化而不是产业资本的货币资本化；鼓励货币资本投资而不是投机。

在避免货币资本过度积累的同时，避免虚拟资本的过度积累。虚拟资本的膨胀从本质上来说是非生产性的，它并不增加一国的实际财富，各种金融游戏在浪费了大量的实物资源的同时，还吸引人力资本向金融部门集中，大大降低了整个经济的资源配置效率。所以，政府在一开始限制复杂金融衍生工具使用的同时，还应该出台各种政策鼓励资本、人才向生产性部门的流动。特别是在全球化的条件下，一国应避免对外国货币形式或货币索取权和虚拟资本的过度积累，否则进行国外金融化资本的过度积累所引发的危机会给该国造成重大的损失。国外金融化资本的积累仅仅表现为外国货币或货币索取权的积累，或仅仅是所有权证书的积累，这种积累与本国资本积累几乎没有任何关系。在某种意义上是对本国现实积累的限制要素，因为它导致了本国实际资源的国际转移。不仅如此，而且易于遭受货币贬值的损失，发生危机时，积累的来自国外的金融化资本体现的实际价值会大为降低。来自国外金融化资本应限定在必要的范围之内，应着眼于现实资本的积累，着眼于实体经济的发展和竞争力的提高，而不是金融化资本的积累。

特别要提及的是，不能割裂生产和金融二者之间的关系，更不能颠倒它们之间的关系，试图通过金融化和金融化资本的积累解决经济发展问题，是不现实的，最终只能适得其反，拖累经济发展。生产是社会生产和再生产的根本环节，生产发展是经济发展的关键。金融对生产和经济发展的推动作用并不是无条件的，无视条件的限制刻意搞金融化，单纯进行货币资本的积累和虚拟资本的积累，超越一定限度，不仅无法对发展产生积极的促进作用，还有可能造成实际积累的障碍，阻碍经济发展。金融发展应着眼于经济发展的需要，特别是生产发展的需要，为社会生产和再生产的顺利进行创造有利的金融条件，使金融成为加速资本积累和集中、促进资本有效配置的有力杠杆。适应经济发展的金融发展和金融工具的创造，能够为经济发展提供资本和金融支持，适度使用一些金融衍生工具，比如期货等，有利于分散和规避风险，使资本或要素能够按风险调整的收益进行合理配置。但是，脱离实体经济需要的过度金融化及相应金融工具的过度创造，将会极大地强化实物运动和价值运动的相对独立性，弱化乃至割断金融投资与实体投资的联系，不仅会导致经济和金融风险的累积，造成难以控制的经济不平衡性和金融的不稳定性，而且可能造成现实积累的障碍，加剧积累过程中的矛盾，阻碍经济发展。特别是在全球化的条件下，复杂金融工具的反复衍生和过度证券化不但不能最终消灭风险，还可能在全球范围内传递和放大风险，加剧全球性金融危机，放大其冲击力和危害性。

政府在对金融化和金融资本积累进行适度管控的同时，要强化生产资本的积累，避免资源配置过度向金融部门和非生产领域的倾斜，鼓励资源向生产性领域的流动配置。金融体系的膨胀从本质上来说是非生产性的，它并不增加一国的实际资源和现实生产能力。相反，它需要不断转移和攫取实体经济生产的剩余来维持自身的生存和发展。金融化带来的一个潜在危险就是使资源过度流入非生产领域，过度流入具有自我膨胀能力的金融领域，非生产领域在金融的支持下获得了虚假的繁荣，这种虚假的繁荣又提出了更多的金融服务需求，二者相互强化。这不仅造成产业结构的虚高度化，而且弱化了甚至阻碍了金融对生产领域生产资本积累的支持，对发展中国家经济来说是十分不利的。对一个国家特别是发展中国家来说，现实积累的扩大和生产能力的提高比虚拟财富的积累要重要得多。因此，要对金融领域的自我膨胀进行有效节制，防止其对非生产性领域的过度支持而弱化和损害生产资本的积累，应鼓励资本、人才向生产性领域流动，强化金融体系对生产资本积累的支持，以促进产业资本和实体经济的发展。为强化生产资本的积累，国家要在国内资源与国际资源的转换中不断提高转换能力和转换效率，通过借助于资源的转换和转换能力及效率的不断提高，疏通本国资本积累和产业发展的瓶颈，避免转换过程中金融化资本形式上的过度累积。前面曾经论及，当今世界的资本和资本积累金融化具有国际性特点。这种情况下，金融化资本的积累与其实体资本积累在世界范围内完全脱离开来。其结果可能是：一方是金融化资本的积累，实际上是货币或货币索取权或权利证书的积累，另一方则是实际的资本积累。作为发展中国家，重要的是实际资本积累和在此基础上现实生产能力的扩大，而不是货币或货币索取权或权利证书的积累。货币或货币索取权或权利证书的积累对经济发展的实质性意义不大，而且存在遭受损失的巨大风险。因为随着货币资本和虚拟资本的过度积累引起的相对过剩增加到一定程度进而由扩张转向收缩时，虚拟资本或生息证券所代表的货币资本价值大为减少，其持有国将因此遭受巨大的经济损失，这时国内和国际上从市场上获取货币或货币资本的能力大为下降，从而造成贸易和货币、资本流动的巨大限制，引起国际的连锁反应，使危机扩散和蔓延，并自我强化。因此，在全球化条件下资本主义国家货币或虚拟资本的过度积累不可避免地导致国际金融化资本的输出，而使卷入这一过程的输入国蒙受巨大损失。我国在发端于美国的金融危机中由于过度持有外汇储备和美国国债所遭受的损失就是一个明证。因此，发展中国家，要强化国内资源与国际资源的转换能力，提高转换的效率，把转换的国际资源不失时机地转化为资本积累的要素投入实体经济，强化本国实体经济的实力和竞争力，而不是把转化的资源停留在金融化资本形式上。

我们的分析表明，金融化发展把各国金融市场紧紧联系在一起，使金融化资本更具流动性和投机性，这种流动性和投机性更强的国际金融化资本带有更大的冲击力和破坏性，它的频繁和大规模流动对发展中国家会导致货币风险、资本外逃风险、金融脆弱性风险、传染风险甚至主权风险。特别是全球化条件下，国外过度金融化和国外金融化资本的过度积累，不可避免地导致其他国家对其货币或货币索取权的过度积累和虚拟资本的积累，当金融化资本过度积累引发危机时将引起所代表的货币资本的大大减少，从而造成资本的损失，且金融危机的国际传染产生的影响更大，造成的损失更严重。因此，不仅要避免本国金融化资本的过度积累，而且要防止国际金融化资本的过度积累向本国的过度转移，避免因这种过度转移而造成的国际金融化资本的累积。因此，我们既不能在资源转换中过度积累金融化资本，同时应对国际金融化资本的跨境流动进行有效的管控，在不能对此进行有效管控的条件下，应有节制地开放资本市场，并进行适当的资本项目管制，以避免国际金融化资本的冲击，避免陷入国际金融化积累中的金融陷阱。

（作者系中国人民大学经济学院教授）

金融化与工业化：两条不同的发展道路

江 涌

世界发展史表明，工业化是现代化的核心，是一国实现繁荣富强的关键，工业化带来的收入潮水可以浮起港湾内所有的船只，催生培育中产阶层，令全体国民受益。适度的金融化，可以加速国民财富的增进和人民福祉的提升。但过度的金融化则在根本上属于零和游戏，只能让极少数人获益而绝大多数人受损，甚至导致中产阶层蜕变为负产阶层而固化为无产阶级，并可能使诸多后进国家成为先进国家的经济附庸。近年来，由于受新自由主义的误导，我国在工业化远没有完成的情形下，出现了过度金融化的苗头，这种超越发展阶段的金融化进程使国民经济出现了"虚热实冷"的迹象，进而使中国面临去工业化的风险。

一 工业化与金融化：两条发展道路的激辩与抉择

金融化与工业化对立统一于近代资本主义的发展进程。金融化与工业化两条发展道路的激辩与不同国家的选择，是理解当代资本主义发展趋势的关键。金融资本越来越脱离产业资本循环而具有独立化的倾向，并凭借其强大的资本实力与特殊的组织形式，逐步使工业资本从属于金融资本。金融资本的强势扩张，代表金融资本的势力开始逐步控制西方社会与政府，甚至利用大众舆论与国家政权，用金融化的逻辑来刷新经济、刷新世界，是谓经济金融化与金融全球化，由此逐渐形成了"国际金融资产阶级（集团）的核心——以美国为首的西方发达国家的中心——广大发展中国家的外围"这样一个不公正的国际秩序,广大发展中国家客观上面临成为国际金融资产阶级以及西方发达国家的附庸的危险境地。

(一) 商业资本、工业资本和金融资本

资本的本性就是追逐利润,哪里的利润率高就流向哪里,从流通领域、生产领域转移到金融领域,呈现出明显的阶段性。与之相对应,资本主义具有商业资本主义、工业资本主义和金融资本主义三种主要形态。

商业资本主义,从15世纪初到18世纪中叶的英国工业革命,为期约300年。威尼斯人、热那亚人、葡萄牙人、西班牙人、荷兰人等都曾热衷于商业贸易,但这种贸易主要是面向落后地区。在商业贸易乃至整个经济形态中,"占主要统治地位的商业资本,到处都代表着一种掠夺制度"。① 商业资本是具有高利贷性质的生息资本,"有资本的剥削方式,但没有资本的生产方式",② 侵占和欺诈是商业资本获取利润的典型手段与特征。

工业资本主义,从18世纪中叶的英国工业革命到20世纪70年代资本主义世界出现的经济滞胀,为期约200年。工业资本极大地提高了人类生产力,社会物质财富与精神财富被空前地创造出来。"资产阶级在它的不到一百年的阶级统治中,所创造的生产力,比过去一切世代创造的全部生产力还要多,还要大。"③ 在追求利润的动机下,经济生活中的各类商品应有尽有,与工业资本主义相适应的各种规则与秩序纷纷呈现,如时间就是金钱,效率就是生命,各类非政府组织成为社会基础。

工业资本主义的伟大成就是使生息资本从属于"资本主义生产方式的条件和要求"。④ 但是,20世纪70年代资本主义世界出现的"滞胀"的危机,对利润的追逐驱使资本不断向金融领域集中,生息资本的实力与势力得到前所未有的膨胀,成为现代金融资本。金融资本以其自己的标准对生产过程进行了重组并主导着企业的兼并与收购,并以所谓市场的力量迅速向社会与政府渗透,在逐步控制社会(舆论、大众)的同时,成功地把权力关进了由资本设计的制度笼子里(集中体现于新自由主义理论、政策与

---

① 《马克思恩格斯全集》第46卷,人民出版社,2003,第369页。
② 《马克思恩格斯全集》第46卷,人民出版社,2003,第676页。
③ 《马克思恩格斯选集》第1卷,人民出版社,1995,第277页。
④ 迈克尔·赫德森:《从马克思到高盛:虚拟资本的幻想和产业的金融化》(上),曹浩瀚译,《国外理论动态》2010年第9期。

机制），主要资本主义国家纷纷被金融资本逻辑所刷新，是谓金融资本主义。

（二）美国工业资本与金融资本的斗争

在资本主义社会，工业资本与金融资本之间的斗争一直没有停止。作为宗主国与殖民地，英、美资本主义的传承与继起，完整地演绎了工业资本与金融资本的复杂斗争。从1775年独立战争到2008年金融危机，美国经济、社会与政治发展史始终贯穿着工业资本与金融资本、工业化与金融化两条发展道路的斗争。

美国建国伊始，就存在经济自主与经济依附、农业化、工业化与金融化的发展道路的分歧。由于受英国自由经济思想的深刻影响，以及以伦敦城为代表的金融资本的广泛渗透，美国的政治精英对国家开办银行、节制金融资本一直持怀疑态度，这就使第一国民银行（1791~1811年）以及第二国民银行（1816~1836年）在到期后都没有被延续。一直到1863年《国民银行法》通过，美国一直处于所谓的自由银行时代，也是金融资本发展的繁荣时期。在所谓的自由主义思想的引领下，银行像野草一样疯长，出现了一大批"野猫银行"。① 但是，这一时期，美国的主要矛盾，并不直接表现为工业资本与金融资本的矛盾，而是集中于北方工业领域的民族资本与集中于南方农业领域的附庸买办资本之间的矛盾，走独立自主的工业化发展道路还是走国际分工的农业化发展道路，成为美国社会政治斗争的主旋律。

南北战争解决了美国独立自主与殖民依附的选择问题，为其工业化扫清了经济、社会与政治障碍，美国工业化迅速推进。到19世纪70年代，美国就已超过英国，成为世界第一大经济体。以电力的广泛应用、内燃机和新交通工具的创制、新通信手段的发明以及化学工业的建立为代表的第二次工业革命在美国进展得如火如荼，工业资本及其意识形态在国民经济与国家意志中占据主导地位，强调用关税保护市场借以保护工业资本成长的民族主义、国家主义，与英国鼓吹的自由主义、国际主义在世界体系内形成鲜明对立。

---

① 美国俚语：指在偏远地区（有野猫出入）开设的银行。1836年第二国民银行的特许经营被终止，各州只能根据本州立法机关的专门法案来批准银行。1837年密歇根州率先采用自由银行制度，任何人只要符合那些相当一般的条件就能开办一家银行，并可发行银行券和接受存款。一些投机者有意将银行开设在偏僻地区，使客户难以将所持银行券向其兑现铸币，赚取不正当利益，这就是所谓"野猫银行"。

这段时期，美国经济上的保护主义与外交上的孤立主义是一致的。

然而，19世纪末20世纪初期的产业并购浪潮，使得以约翰·皮尔庞特·摩根（J. P. Morgan）为代表的金融资本的实力与势力快速提升，在对政府权力操控、国家意志、经济发展以及对外交往等一系列政策上，与以安德鲁·卡内基（Andrew Carnegie, 1835 – 1919）和亨利·福特（Henry Ford, 1863 – 1947）为代表的工业资本的矛盾日益突出。最终，金融资本制造并利用金融危机（"1907年恐慌"），成功将金融资本的意志上升为国家意志，进而把国家力量嬗变为金融资本的力量，其重要标志就是1913年美国联邦储备局成立，货币（美元）发行权由财政部移交给美联储，而美联储实质上是华尔街的代理机构，由此，金融资产阶级窃取了美国的货币主权。"在资本主义制度中，掌握货币的人也就是最有权力和影响力的人"，① 金融资本再次取得了对工业资本的竞争优势。

第一次世界大战，美国大发横财，美国工业资本与金融资本比翼齐飞，相安无事。战争结束时，美国已经从资本输入国变为资本输出国，从债务国变成了债权国，而且是世界最大的债权国。"大萧条"出现前10年，美国工业生产增长近一倍，美国工业的标志性行业——汽车制造业实际生产量从1919年到1929年增长了255%，汽车保有量从1921年的1050万辆增至1929年的2600多万辆，1929年资本主义世界使用的汽车81%是美国制造。② 由此出现了所谓"柯立芝繁荣"（1923~1929年）。但是，经济繁荣背后潜藏着日益严重的结构失调：金融资本势力扩张导致虚拟经济——股票市场的日益膨胀。金融寡头操纵证券交易，操控舆论，把社会各个阶层都吸进了证券市场，使其渐趋疯狂地追逐股票价值上涨，金融泡沫越吹越大。然而，色彩斑斓的肥皂泡终究要破灭，经济学家鼓吹的"永久繁荣时代"在1929年10月23日迎来了终结，股票市场坍塌，犹如拦洪堤坝决口，冲垮了沉浸在泡沫中的各类金融机构，然后危机席卷了各个经济部门，整个美国经济濒临崩溃。

金融资本、金融寡头是"大危机"的主要始作俑者，"大危机"引致"大萧条"，产生的"大冲击"终结了"镀金时期"（Gilded Age）。代表工业资产阶级的富兰克林·德拉诺·罗斯福（F. D. Roosevelt）上台后，基本

---

① 乔治·索罗斯：《开放社会：改革全球资本主义》，商务印书馆，2001，第167页。
② 吴于廑、齐世荣：《世界史：现代史编》（上卷），高等教育出版社，1994，第153页。

上终结了古典自由主义理论与自由经济政策，代之以凯恩斯主义与干预经济政策，通过系列政策手段打击金融资本。1933 年，美国国会通过的《格拉斯－斯蒂格尔法案》（简称 GS 法案），严格禁止商业银行从事投资银行业务，尤其是证券承销和自营买卖业务，严禁商业银行和从事证券业务的机构联营或人员相互兼职。罗斯福政府在对金融资本实行抑制与打压的同时，积极鼓励和支持工业资本的发展，把福特及其所代表的汽车业树立为美国社会发展乃至国家振兴的典范。"罗斯福新政"为美国工业资本的发展拓展了空间，也为美国经济社会迎来新的繁荣开启了一个所谓的"伟大社会"的时代。然而，金融资本与工业资本的争斗并未因此而画上句号。

20 世纪 70 年代，西方世界的普遍"滞胀"使凯恩斯主义日渐式微，新古典自由主义即新自由主义在重构中复辟。1980 年，作为金融资产阶级代理人的罗纳德·威尔逊·里根（R. W. Reagan）赢得了美国大选。在 1981 年就职典礼上，里根急切地表白："政府并不是解决问题的方法，政府本身才是问题所在。"里根政府的整个施政理念集中体现在所谓"里根经济学"，实际是以哈耶克的思想为基础，以拉弗、费尔德斯坦等为代表的供给学派的理论。供给学派极力鼓吹"资本优先"，主张国家的收入分配、税收财政政策向资本倾斜，并以刺激资本投资、增加供给的名义，主张降低资本所得的边际税率。里根担任美国总统时期，实施了新自由主义的减税、去监管和削减政府开支的"三大"标志性政策，削减了食物券、住房补助、教育津贴、医疗救济等一般社会福利的支出，努力使政府变小，把政府权力关进所谓的制度笼子。美国政府也相应地放松了金融监管，增加金融垄断资本的自由。"美国真正开始放松行业监管是在 20 世纪 80 年代罗纳德·里根执政期间。从那时放松对交通业的管理法规开始，美国政府对银行、电信、能源和媒体的监管在接下来几十年发生了巨大变化。"①

工会是社会力量的重要组成部分，里根政府在削弱政府权力的同时，以铁腕手段镇压工人运动（如 1981 年对美国职业航空交通管制工会发起罢工运动的镇压），打击、肢解、改造各种有组织的社会力量。由此开启了用"铁扫帚"——休克方式——积极推进新自由主义政策的先河，巩固金融资本在美国的政治统治。金融资本借助政权力量，全面而深入地向经济领域渗

---

① 斯蒂芬妮·基希格斯纳：《50 Ideas：放松监管》，FT 中文网，2013 - 08 - 07［2015 - 09 - 15］. http://www.ftchinese.com/story/001051835.htm。

透,企业管理由多年来的"企业利润最大化"向"股东利益最大化"转变,如此导致越来越多的企业更像一个金融公司而不是生产实体,企业利润越来越倚重于金融资产运营。

美国企业——国民经济的微观基础——纷纷走向金融化,导致国家产业空心化,利润的源泉越发枯竭,国家债务迅速攀升,财政悬崖日趋逼近。为持续获取利润,金融资本积极推动经济金融化由生产者转向消费者,各类消费信贷层出不穷,家庭金融化的结果是家庭负债迅速攀升,房奴、卡奴纷纷涌现。华尔街金融化不仅通过资产证券化广泛影响了中产阶级,而且通过债务证券化广泛渗透了无产阶级,由此出现了日趋庞大的次级债券产品,最终引爆了 2007 年"次贷危机"以及 2008 年国际金融大危机。

二 经济金融化:经济殖民化与后进国家附庸化

马克思指出,资本主义生产的动机就是赚钱,生产过程只是为了赚钱而不可缺少的中间环节,只是为了赚钱而必须干的倒霉事。因此,一切资本主义生产方式的国家,都周期性地患一种狂想病,企图不用生产过程作媒介而赚到钱。① 资本主义发展到金融资本主义阶段,主要资本主义国家——掌握最先进金融工具与最强大金融机构的国家——就可以省去"必须干的倒霉事"而"不用生产过程作媒介而赚到钱"。为了轻松赚取更多的利益,就必须用金融资本的逻辑对整个国民经济进行格式化,这就是所谓的经济金融化,通过金融游戏,将秩序与规则直接兑换为利润与金钱。

(一)现代金融的"艺术性"远大于"科学性"

金融化是金融市场、金融机构以及金融业精英们对经济运行和经济管理制度的重要性的不断提升,金融资本对实体经济持续渗透、融合与操纵和金融资产阶级用金融资本的逻辑对整个国民经济进行格式化的过程。随着经济金融化的推进,"经济活动的重心从产业部门(甚而从诸多正在扩大中的服务业部门)转向金融部门"。② 约翰·福斯特将金融化定义为资本主义经济

---

① 《马克思恩格斯全集》第 45 卷,人民出版社,2003,第 68 页。
② 约翰·贝拉米·福斯特:《资本主义的金融化》,王年咏、陈嘉丽译,《国外理论动态》2007 年第 7 期。

重心从生产向金融的长期转变,其转变包括以下一些基本指标:其一,金融利润占总利润比重的不断上升;其二,不断上升的债务/GDP 比例;其三,FIREs(即金融、保险与房地产)占国民收入份额不断增长;其四,舶来的和不透明的金融工具的不断扩散;其五,金融泡沫的不断膨胀。[1]

早在 17 世纪,威尼斯金融家就首创了泡沫经济骗局,就是把相关资产价格拼命炒高,诱骗当地市场投资者跟风追涨,金融家获利后突然撤资,使泡沫破灭,迫使套牢者恐慌抛售,等相关资产价格大幅下跌后,金融家再杀个回马枪,实施廉价收购。这就是著名的"威尼斯骗局"。后世的各类金融骗局,都可溯源到威尼斯金融家的"垂范"。因此,金融化进而泡沫化不是金融资本主义社会所特有的,有金融资本抑或有金融家就会有金融化、泡沫化,只是在金融资本主义下伦敦城、华尔街的银行家将金融化玩到了极致——将一个个主权国家玩于股掌之间,将整个国际经济体系玩到近乎崩溃的边缘。

经济金融化首先损害的是金融资本的宿主——金融资本发育成长的母国。美国资本主义黄金时代孕育成长的福特主义,代表着工业资本,本质上必须形成资本家与工人——谁也离不开谁的利益共同体,劳资间斗争与合作构成经济社会的主旋律。在这一矛盾相互作用的历史进程中,工业资本的社会责任感(如福特 T 型车的大获成功)推动着企业创造出使用价值与价值,进而推进国民经济增长与社会进步。然而,与工业资本不同的是,生息资本而后金融资本无视乃至蔑视社会责任,过去的银行家以及而今的金融家在经营与投机时并无什么道德羁绊,所谓无德一身轻。著名金融投机大师乔治·索罗斯曾经反复强调,"我绝没什么错。人们很难理解这一点,因为我在金融市场进行投机,是按照通行的规则来做的,如果禁止投机,我也不会投机。如果允许投机,那我就会投机,所以我实际上是参与者,一个金融市场的合法参与者。我的行动无所谓道德或不道德,这里没有所谓的道德问题。"[2] 实际上,整个经济金融化程序,就是一整套游戏规则,正是金融资产阶级自己或通过政权代理人制定了这些游戏规则。

事实上,索罗斯这位喜欢哲学思考的金融投机家对金融有着不同一般的

---

[1] J. B. Foster. "The Financialization of Accumulation". *Monthly Review*, 2010, 62 (5).
[2] 索罗斯:《我的投机行为合乎规则,无所谓道德》,《羊城晚报》2009-06-17 [2015-09-15]. http://tech.qq.com/a/20090617/000331.htm。

深刻理解，"理性预期理论认为，按照定义，市场总是正确的；但我认为，金融市场几乎总是错误的，只不过在一定的限度内它有自我验证的能力罢了。"① 很显然，投机大师否定了新自由主义者所一贯鼓吹的市场正确性，实际上从根本上否定了金融资本乃至于现代经济学的固有逻辑。现代经济学中貌似科学的理论，最终也未能将现代金融（学）打造成一门真正的科学，而是改造成为一门实在的艺术，即一门赌博的艺术、投机的艺术。最起码，现代金融的艺术性要远大于其科学性。经济金融化就是金融资本试图把整个经济物品（各类商品与服务）变为艺术品，其价值与价格可以严重分离，如今已经分离到十分离谱的境地。因此，现代金融远远背离了传统金融的存在与发展宗旨，即为实体经济服务，为创造价值服务而严重异化——独立并控制实体经济，罔顾实际价值而直接作用于资产价格，将以钱生钱的游戏发展到极致，甚至成为金融资产阶级实行新殖民主义统治的工具。

（二）金融化使美国成为"半殖民地"

从美、英等国的金融化实践来看，经济金融化的结果必然导致一国的国民经济"去工业化"以及产业空心化，整个经济基础愈加脆弱，从而使资本主义危机呈现常态化，从时有发生到随时发生。在不时发生的危机中，美国这个当今不可一世的霸权国家，竟然也沦落为国际金融资产阶级（集团）的"半殖民地"。

经济金融化导致美国经济日趋泡沫化。依照不同口径计算，美国虚拟经济是实体经济的数倍，数十倍，甚至数百倍。"次贷危机"爆发前，美国GDP不到14万亿美元，而各类金融资产最高达到GDP的440倍。美国经济出现严重泡沫化。企业、机构等各类市场主体日益依赖金融游戏，以钱生钱，投机逐渐取代了投资，成为日益显著的经济活动，资本拜物教在美国社会各个社会阶层愈演愈烈。金融投机一方面由单一化趋于立体化，如外汇投机就有即期外汇、远期外汇、外汇互换、外汇期货、外汇期权等等；另一方面越发严重的杠杆化，以小博大、以少博多的金融赌博掀起一波接一波、一浪高一浪的投机热潮，从而放大了金融市场的波动性。经济金融化、金融赌场化、赌场社会化，使金融资本主义由此蜕变为"赌场资本主义"。

产业空心化，经济泡沫化。经济金融化既广且深地改变了美国的经济结

---

① 乔治·索罗斯：《开放社会：改革全球资本主义》，王宇译，商务印书馆，2001，第80页。

构,虚拟经济膨胀,实体经济萎缩。根据美国经济分析局的统计资料,自1950年以来,金融、保险、房地产业(FIRE)部门在美国GDP中所占份额由1950年的约10%持续上升到1990年的约18%,首次超过制造业,2005年达到约25%,到金融危机爆发前的2007年,更是达到约30%的历史高点。与此同时,实体经济在美国GDP中所占份额不断下降,1950年为61.78%,2007年则为33.99%,其中同期的制造业由27%下降为11.7%。日趋严重的产业空心化使得经济体系的内在不稳定性不断增加。普遍的金融投机以及家庭、企业与政府的过度负债,推动国民经济尤其是房地产市场和股票市场走向"非理性繁荣",由此制造出一个又一个而且一个比一个更大的经济泡沫。一旦泡沫破灭,经济衰退就不可避免。

中产阶级坍塌,社会两极分化。经济金融化导致国民收入分配越发有利于金融机构和金融寡头、高层经理。与此同时,随着工会组织的削弱和集体谈判工资合同能力的下降,工人的工资和大众福利被不断削减,两极分化日趋严重。自1980年以来,美国的收入不平等开始快速度扩大。"前10%人群"(对应"资产阶级")的收入比重从20世纪70年代的30%~35%上涨到21世纪伊始的45%~50%,提升了15个百分点[①]。金融危机爆发的2008年,"前10%人群"的收入略超过美国国民收入的50%,而90%人群分享另外不到50%的国民收入。2007年,美国福布斯400人的财富几乎等于美国社会最底层50%人群(对应"无产阶级",大约1.5亿人口)的财富总量(1.6万亿美元)。[②]

(三)金融化使后进国家成为先进国家的附庸

今日美国俨然成为金融资本的天堂,华尔街的银行家俨然成为立在针尖上的天使。在工业资本统治下,美国创造了诸多的世界辉煌,赢得了世界的尊敬,"美国梦"风靡天下。金融资本统治下,美国不断丧失过去的荣耀,"美国梦"断,美国由昔日的资本主义世界灯塔逐步沦落为展示资本主义弊端的橱窗。

著名马克思主义理论家罗莎·卢森堡认为,资本主义总是以非资本主义

---

① 托马斯·皮凯蒂:《21世纪资本论》,巴曙松等译,中信出版社,2014,第282页。
② 张茉楠:《美国金融资本主义危机拉响警报》,《中国财经报》,2011-10-28 [2015-09-15].http://news.hexun.com/2011-10-18/134301590.html。

存在为前提，剥削掠夺落后地区内在于资本主义制度，因此殖民主义成为资本主义发展的必然。然而，到了金融资本主义发展阶段，因为产业空心化，资本丧失了利润的源泉，因此，资本主义发展客观上更需要非资本主义的存在。集中于华尔街的国际金融资产阶级（集团）以美国为平台和工具，借助美元、美军、美谍，不断向世界扩张，将越来越多的国家和地区变为金融资本盘剥的对象，变为西方发达国家的附庸。于是便有了在经济金融化、金融自由化基础上的金融国际化——"新殖民主义"。新殖民主义的实质是，在金融资本的控制下，发展中国家从理论上说是独立的，而且具有国际主权的一切外表。但实际上，它的经济制度，从而它的政治政策，都是受外力支配的。"新殖民主义是以大财团控制名义上取得独立的国家作为基础的"。①

新殖民主义一开始用贸易、投资把发展中国家纳入西方国家主导的国际分工体系，在该国际分工中，发达国家处于设计、专利、核心制造、营销的"微笑曲线"高端，而发展中国家则处于代工制造的"微笑曲线"的低端。随着金融资本在美英等发达资本主义国家内占据主导地位，在完成国内经济金融化——所谓"去工业化"与"后工业社会"之后，金融垄断资本操控国家政权以及国际组织，以所谓的"华盛顿共识"施压于一个个发展中国家尤其是新兴市场，使其致力于金融开放，其中最为关键的是资本账户开放与货币自由兑换。

自由主义是工业资本主义的意识形态，体现了工业资产阶级（集团）的意志。工业资产阶级借助自由主义（理论与政策），推进国际分工与贸易自由化；新自由主义是金融资本主义的意识形态，体现了国际金融资产阶级（集团）的意志；金融资产阶级借助新自由主义（理论与政策），推进金融自由化。新殖民主义推销员，他们手中拿的是计算器而不是枪支；他们穿的是上班时的服装，而不是战斗服装；他们宣传的是自由市场经济的福音，而不是传教的福音。新殖民主义者是以世界银行和国际货币基金组织为首的国际捐赠者，但也包括西方各国大使馆、商业银行和新兴的非政府组织人员。他们并不大肆声张，也不使用枪炮，便在发展中国家里扩展了势力，这种势力要比任何武力所达到的大得多和阴险得多。在新殖民主义推销员推销的一

---

① 克瓦米·恩克鲁玛：《新殖民主义：帝国主义的最后阶段》，北京编译社译，世界知识出版社，1966，第33页。

揽子"华盛顿共识"的新自由主义政策中,经济金融化是核心内容,是金融资本主义的主导经济政策。广大发展中国家,在经济金融化、金融自由化能增进资源配置、促进经济增长的海妖歌声的诱惑下,相信并接受新自由主义。这样新自由主义便在相关发展中国家落地生根、发芽成长、开花结果。"当发展中国家向全球资本的动物本性敞开胸怀的时候,它们与魔鬼达成了一笔交易"。① 如此,继发达国家之后,国际金融资本逻辑开始刷新相关发展中国家的理论与政策,金融资本开始渗透到相关发展中国家的每一个领域,如此,经济金融化便在世界范围内浩浩荡荡近乎成为一种潮流。西方发达国家"要求广大发展中国家特别是社会主义国家推行新自山主义改革模式和经济政策,取消国家对经济生活的管理特别是计划管理,洞开国内市场,与西方国家牢牢控制的世界经济接轨,其目的无非是要在发展中国家恢复殖民主义统治,在社会主义国家搞和平演变,演变为资本主义,或外围资本主义"。②

三 持续推进工业化是中国的战略抉择

自阶级国家形成以来,国家之间的竞争一直存在。近代以来,尤其是西方开启资本主义文明以来,民族国家之间竞争日趋激烈,由此爆发了两次世界大战,区域与次区域战争更是不计其数。落后国家在国际竞争中通常处于被动挨打地位。因此,争取或保持先进性成为国家治理的主要目标。从世界发展史来看,国家先进性就是要实现现代化。就发展中国家而言,实现现代化是毋庸置疑的国家战略,而现代化的核心是工业化。20世纪80年代以来,在参与国际分工的思想指导下,中国的工业化走上了并非完全独立自主的发展道路。近些年来,受新自由主义的误导,在工业化远没有完成的情形下,中国开启了金融化的魔瓶,国民经济出现了"虚热实冷"的迹象。

(一)工业化是实现国家富强的关键

工业化给国民经济带来的不仅是量的增长,而且有质的改善。著名经济学家、"德国经济民族主义之父"的弗里德里希·李斯特给工业化的神奇功

---

① 苏珊·斯特兰奇:《疯狂的金钱》,杨雪冬译,中国社会科学出版社,2000,第128页。
② 陈岱孙:《西方经济学与我国社会主义经济改革》,《中国合作经济》1996年第5期。

效作了鲜明注解,"工厂和制造业是催生国内自由、智慧、艺术与科学、国内外贸易、航海、改善交通、文明以及政治力量的原因,是冲破农业的枷锁使其重获自由并提升其商业地位的手段,它使租金、农业利润和工资大获增长,使土地财产大量增值"。① "制造业对国内贸易、对国家的文明和实力、对国家独立自主地位的维护以及对由此取得的物质财富的能力等方面都有影响。"②

在欧洲,英国原本是一个不起眼的蕞尔小国,长期受到欧洲大陆强国的欺凌,甚至还有北欧海盗的不时骚扰。有鉴于此,后来的英国统治阶级励精图治,以发展工业来富强国家。"每一个欧洲大陆国家都是这个岛国的老师,它的每一种工业技术都是向这些国家模仿得来的,它学会了以后就把这些工业建立在自己的国土上,然后在关税制度下加以保护,促使它们发展。威尼斯在玻璃制造技术上(还有其他许多奢侈品制造业)不得不甘拜下风;波斯对于地毯织造与染色的技术终于不得不告放弃。"③

英国以工业实现富强的同时,全力遏制潜在对手发展工业,推进工业化。1815年英国国会议员亨利·布鲁阿姆勋爵公开宣称,"为了将外国工业扼杀在摇篮里,英国工业品出口就是有些损失也是值得的"。④ 另一位国会议员休谟则叫嚷,"大陆工业应趁其蓓蕾之时加以剪除"。⑤ 英王明令,在北美殖民地区就是一只马蹄钉也不准制造,北美殖民地的一切工业都垄断在英国手里。

在美国独立并建国后,英国的著名理论家亚当·斯密和萨伊都断言,美国"就像波兰一样",注定应当经营农业的。⑥ 两位理论家认定,"在美国以极低代价可以获得最丰饶的耕地,情况既然是这样,美国人民就生来被老天

---

① 弗里德里希·李斯特:《政治经济学的国民体系》,邱伟立译,华夏出版社,2009,第105页。
② 弗里德里希·李斯特:《政治经济学的国民体系》,邱伟立译,华夏出版社,2009,第165页。
③ 弗里德里希·李斯特:《政治经济学的国民体系》,邱伟立译,华夏出版社,2009,第45页。
④ 弗里德里希·李斯特:《政治经济学的国民体系》,邱伟立译,华夏出版社,2009,第90页。
⑤ 弗里德里希·李斯特:《政治经济学的国民体系》,邱伟立译,华夏出版社,2009,第91页。
⑥ 弗里德里希·李斯特:《政治经济学的国民体系》,邱伟立译,华夏出版社,2009,第102页。

指定专门从事农业的。美国人民就能这样老老实实地服从造物主的安排,在这一点上诚然是对他们做了很大的赞扬,事态如果是如此演变,自由贸易原则在这里就可以获得极其圆满的应用,就可以为这些理论家提供一个理想的范例"。① "据说像美国这样一个国家,还有着无限广阔的膏腴之地没有开垦,工资又这样高昂,要充分利用国家的物质财富与增加了的人口,再没有比发展农业更好的方法;而且农业有了充分发展,工业到那时自然会跟着兴盛起来,更无须用人为方法督促;如果美国使工业作不自然的发展,不仅将损及久已享有文明的那些国家,而且受害最大的就是美国自己。"② 可以想见,原宗主国英国对新生美国的发展道路是如何关切。然而,美国后来的工业立国战略及取得的成就,毫不客气地否定了两位"先贤"。

(二) 中国的工业化仍未完成

多年来,在"不求所有,但求所在"的思想指导下,从中央到地方,从沿海到内陆,政府的首要任务就是迅速把GDP搞上去。当然,不容否认,在"唯GDP主义"下,中国的经济建设取得了巨大成绩,GDP位居世界第二。这一成就美国用了100多年,日本从明治维新开始也用了100多年,而新中国只用了60年的时间就坐二望一。如今,世界都在关注中国赶超美国的时点。华尔街机构高盛最初认为是2027年,后来修正到2019年。2014年4月30日,世界银行更新数据,认为中国已经超过美国成为世界头号经济体。由于存在很多重复建设,产品低端同质恶性竞争,国内外市场需求很快就一个接一个趋于饱和,中国产能严重过剩。有鉴于中国GDP的快速提升以及产能严重过剩,一些学者专家认为,中国的工业化已经完成,未来面临的主要任务是产业转型升级。在产业发展布局上,应大力发展服务经济,尤其是着力于发展城镇化与金融化。

新中国成立后,虽然在工业化方面取得了令世人瞩目的成就,但由于受多种主客观条件的限制,工业化并不均衡。事实上,我们的工业化还存在诸如工业化时间延续不够长、地域展开不够广、行业推进不够深入、定价权与关键技术掌握在国际资本手中等诸多不尽人意之处。因此,中国的工业化仍

---

① 弗里德里希·李斯特:《政治经济学的国民体系》,邱伟立译,华夏出版社,2009,第103页。
② 弗里德里希·李斯特:《政治经济学的国民体系》,邱伟立译,华夏出版社,2009,第103页。

在路上。历史上,英国、美国与日本都曾因为成功的工业化而形成强大的制造能力,先后扮演了"世界工厂"的角色,源源不绝地生产出各色产品、各种机器与各类设备,成为"全球经济和贸易的核心国"。从英国、美国、日本的成功工业化的硬指标来看,倘若中国完成了工业化,中国为世界贡献了什么?是富士康的"军事化管理",是小米手机真假难辨的模仿,还是用廉价资源、廉价环境、廉价货币、廉价劳力制造出廉价商品的比较优势?我们不用妄自菲薄,但也不能妄自尊大,我们应当老老实实承认,中国还没有完成工业化。

(三) 持续推进工业化的战略选择

工业化对于一国现代化——繁荣富强如此重要,怎么强调似乎也不过分。那么,如何实现工业化?对德国、日本等国的成功工业化有着显著影响的弗里德里希·李斯特在《政治经济学的国民体系》一书中对英国的经验以及他国的教训作了细致而深入的总结。

1. 工业化应在适度保护中成长

李斯特执着地坚持"在保护中成长"主要源于他所认定的常识以及对英国成功经验的观察。"固然,经验告诉我们,风力会把种子从这个地方带到那个地方,因此荒芜原野会变成稠密森林,但是要培植森林因此就静等着风力作用,让它在若干世纪的过程中来完成这样的转变,世上岂有这样愚蠢的办法?"[①] 英国的工业革命由纺织业开启,第一桶金主要是由纺织业积累的。但是,英国的纺织业原本无任何竞争优势可言,完全是在高额关税与强权政治保护下逐渐成长的。为了鼓励本国纺织品的发展,同时抑制殖民地印度纺织品的壮大,英国采取严重失衡的关税政策。1814 年英国对来自印度纺织品的进口关税是 70% ~ 80%,而英国向印度出口的纺织品关税只有 3.5%。英国控制伊朗后,在伊朗大肆开采石油,但是为了抑制伊朗能源工业的发展,老奸巨猾的英国在开采石油时的用电,竟然用进口煤炭、燃煤发电提供,而白白浪费掉采油过程中冒出的油层气。在最大也是收益最丰厚的殖民地印度,英国统治的一切努力,集中于一点,就是吸取在北美统治的教训,不让印度走向近代化、工业化,而是努力使之传统化、农业化,为此英

---

① 弗里德里希·李斯特:《政治经济学的国民体系》,邱伟立译,华夏出版社,2009,第 113 页。

国不惜恢复印度王室以及消失已久的种姓制度。

"英国一旦掌握了任何一个工业部门就锲而不舍,给予密切的注意和照顾,经几个世纪而不倦,就像保护幼苗那样地小心周到。任何一种工业,靠了勤奋、技术和节约,不久总有所成就,总有利可图的;任何一个在农业上、文化上已经有了发展的国家,其幼稚的工业如能加以适当的保护,不论开始时怎样缺点累累,成本高昂,通过实践、经验与国内竞争,其产品一定能够在任何方面与国外竞争者的老牌产品相匹比而毫无愧色;任何一种工业的成功总不是孤立的,总是与许多别的工业的成就相辅相依的;任何一个国家,对于工业工作如果能代代相传,历久不懈,把前一代留下的工作由后一代紧接着继续下去,这个国家的生产力就必然会发展——如果还有人不相信这些,或者对于这些情况完全无知,那么在他大胆建立自己的理论体系以前,或者在他向操着国家祸福之权的执政诸公献策以前,我们敢请他先读一读英国工业发展的历史。"①

基于英国的成功经验,同样还包括波兰、葡萄牙、西班牙等国的失败教训,李斯特得出"在自由竞争下一个一无保护的国家要想成为一个新兴的工业国已经没有可能"②的结论,并认为"事实上最大限度的国际贸易自由,它的结果甚至能使国家沦落于奴隶地位"。③

2. 渐进地有重点地保护本国工业成长

李斯特极力倡导用关税制度保护,并非不加甄别地保护,而是适时地保护,阶段性保护,为了未来更好地竞争而保护。李斯特强调,"第一个阶段是,对比较先进的国家实行自由贸易,以此为手段,使自己脱离未开化状态,在农业上求得发展;第二个阶段是,用商业限制政策,促进工业、渔业、海运事业和国外贸易的发展;最后一个阶段是,当财富和力量已经达到了最高度以后,再行逐步恢复到自由贸易原则,在国内外市场进行无所限制的竞争,……保持既得的优势地位。"④

---

① 弗里德里希·李斯特:《政治经济学的国民体系》,邱伟立译,华夏出版社,2009,第45页。
② 弗里德里希·李斯特:《政治经济学的国民体系》,邱伟立译,华夏出版社,2009,第144页。
③ 弗里德里希·李斯特:《政治经济学的国民体系》,邱伟立译,华夏出版社,2009,第18页。
④ 弗里德里希·李斯特:《政治经济学的国民体系》,邱伟立译,华夏出版社,2009,第118页。

就第二个阶段的商业限制政策，李斯特指出："实行保护制度时也并不是没有步骤的，如果一上来就完全排除国外竞争，使处于这样制度下的国家同别的国家完全隔离，那么这样的制度……与正确理解下的国家本身利益相违背。如果要加以保护的那个工业国还处于发展初期，保护关税在开始时就必须定得相当轻微，然后随着国家的精神与物质资本以及技术能力与进取精神的增长而逐渐提高。工业的不同部门也并不是一定要在同等程度上受到保护；应当予以特别注意的只是那些最重要的部门。这里所谓重要的工业部门，指的是建立与经营时需要大量资本、大规模机械设备、高度技术知识、丰富经验以及为数众多的工人，所生产的是最主要的生活必需品，因此按照他们的综合价值来说，都有着头等重要意义的工业。"[1] 当今世界，无论从广度还是深度来看，潜力最大、增长最快的市场当属中国市场，单位资本收益率数倍于发达国家市场，国际资本包括世界500强企业都将进入、拓展中国市场当作战略选择。中国市场培育了众多跨国企业，其中包括三星、现代等巨型韩国的跨国企业，成为众多跨国公司成长的摇篮。然而，多年来，中国的经济自由主义者跟随世界银行的指挥棒，拼命鼓噪"华盛顿共识"，推行经济自由化，一方面在国内资本严重过剩的情势下，依旧用诸多优惠政策积极引进外资进入高附加值行业，依靠外资来实行产业结构升级；另一方面积极鼓动中资企业"走出去"，"充分利用国际资源与国际市场"，到国际"红海市场"去拼杀，而把国内的"蓝海市场"让给跨国公司。

3. 规制金融，节制资本，推进工业化，避免落入系列陷阱

多年来，受到新自由主义理论的蛊惑，利益集团的诱导与误导，很多发展中国家认为，经济金融化与金融自由化是促进经济增长、增加国民收入、追赶发达国家的捷径。实际上，经济增长与社会发展，对于后进国家而言，没有捷径可走，只有老老实实发展实体经济，走农业现代化进而工业现代化道路。工业化是发展中国家，尤其是发展中大国稳定增长、持续发展、不断追赶、实现强大的不二选择，任何试图寻求发展捷径——抛弃工业化而追寻城镇化、金融化、信息化——都是机会主义，最终可能招致失败。

新殖民主义的"核心-中心-外围"的世界秩序，有利于"核心"——国际金融资产阶级（集团），也有利于"中心"——西方发达国

---

[1] 弗里德里希·李斯特：《政治经济学的国民体系》，邱伟立译，华夏出版社，2009，第175页。

家，因此为国际金融资产阶级（集团）所主导的西方发达国家，不可能让发展中国家走上成功工业化进而实现富国强兵之路。于是，它们不断通过变换马甲的新自由主义经济理论，以及以经济金融化与金融自由化为内核的经济政策，通过在发展中国家内部培育买办利益集团、跨国金融资产阶级代理人，将经济自由主义的工业化与金融化的发展思路兜售给发展中国家，企图将发展中国家引向邪路，从而使之成为"核心"与"中心"的长期甚至永久的经济附庸、低端商品的代工生产基地、环境污染的集中地，成为源源不绝的利润来源地。

值得注意的是，在越来越多的发展中国家中，金融不仅独立于实体经济，而且越来越广泛深入地控制实体经济；金融资本实力与势力得到空前提升，金融资本控制社会大众与政府官员越来越突出。更为突出的是，发展中国家的金融资本并不必然地成为民族资本的一部分，而是越来越多成为国际金融资产阶级（集团）的附庸与代理，由此使得发展中国家的金融资本服从并服务于国际金融资产阶级（集团），为国际金融资产阶级（集团）的利润最大化而兢兢业业，从而陷入"过度金融化"的陷阱。

（作者系中国现代国际关系研究院经济安全研究中心教授）

资本主义"金融化转型"是如何发生的?
——解释金融化转型机制的四种研究视角

马慎萧

"金融化"概念是国外马克思主义学者概括20世纪70年代末以来美国等发达资本主义国家经济领域发生的新变化而提出的一个分析资本主义经济动态的核心范畴。因其分析方法的不同,学者们对"金融化"做出不同视角的定义,最具代表性的有三种:第一,"金融化"是指金融动机、金融市场、金融参与者和金融机构在国内及国际经济运行中的地位不断提升;[1] 第二,金融化主导下资本的利润不再是主要通过贸易和生产渠道产生,而主要来自金融渠道,如利息、股息、红利等,资本主义积累体制发生了改变;第三,金融化是股东价值导向的公司治理模式占据支配地位、资本市场取代银行成为动员社会资本的渠道而展现的一种经济现象。[2] 这三种最常用的定义分别适用于研究特定的经济问题,主要是从现象层面对金融化的基本特征进行概括。

而在传统马克思主义视角中,金融化是与价值运动、资本运动相联系的经济现象,脱离价值运动、资本运动就难以正确把握金融化的实质和意义。20世纪70年代末以来资本主义经济发展新阶段最重要的变化发生在金融资本之中,金融化过程中金融资本与职能资本的关系发生系统性的改变,其本质是金融资本的独立性和重要性日益增强,在时间和空间上对剩余价值的生

---

[1] Epstein, Gerald. Financialization, *Rentierinterests and Central Bank Policy*. Am-herst: University of Massachusetts, 2001.

[2] Iazonick, W., O'Sullivan M. "Maximizing shareholder value: a new ideology for corporate governance". *Economy and Society*, 2000, Vol. 29, No. 1.

产实现全面的、持续的、有效的控制；其核心在于资本积累体制的转型，亦即资本主义积累结构发生系统性的金融化转型。转型后金融主导的积累体制存续了将近30年（即使金融化经济存在不稳定），那么美国主导的积累体制下资本主义金融化转型到底是如何发生的呢？

考察金融化转型机制，解释资本主义金融化转型是如何发生的这一问题，学术界存在多种视角和多重争议，当前的研究主要着眼于四个方面：实际生产停滞与金融部门繁荣之间的相互作用关系，新自由主义下社会积累结构的转型，金融资本对生产的全面控制，以及非金融企业、金融机构及家庭金融化路径。

一 因果关系视角：生产停滞与金融化转型

自20世纪70年代以来，金融化是资本主义国家的显著趋势，而实际积累停滞是金融化转型过程中实体经济的重要特征。学者们把生产领域的停滞和马克思的利润率下降规律联系起来，发达工业经济体的利润率在20世纪80年代早期出现很大下降，随后虽然80年代中期到末期和20世纪90年代反复出现突发的复苏，但直至2000年也没有恢复到第二次世界大战后资本主义黄金时期的利润水平，而美国所有非金融公司的利润水平在2000～2006年的利润水平比20世纪50年代和70年代低1/3左右，比20世纪70年代早期也低了将近1/5——经验分析证实资本主义的生产增长率和利润率下降确实存在。而将实际积累或生产的停滞与资本主义金融化相联系并讨论其相互作用关系的研究主要集中在每月评论派及后凯恩斯主义学派。

每月评论派学者斯维奇和马格多夫在20世纪70年代就提出金融化的原始思想，其后福斯特等学者将资本主义经济金融化现象的内在机理与生产停滞结合起来，其主要观点有四个方面。[①] 第一，20世纪的资本主义积累是由增长率的降低及金融化趋势导向的，这些趋势与成熟资本主义体制对"经济剩余"的吸收这一基本问题紧密联系。第二，在垄断资本主义经济阶段，马克思的"利润率下降趋势规律"转化为"剩余上升趋势规律"，在该阶段，资本家们能够联合维持一个相对稳定的利润率水平和利润率等级，从而

---

① Foster, J. and Holleman, H. "The Financial Power Elite". *Monthly Review*, 2010, Vol. 62, No. 1.

积累了大量无法进入资本再循环的剩余资本，当剩余上升而生产停滞时，资本开始在流通中寻找避风港，金融投机活动增加，金融化便产生了。20世纪80年代之后的金融膨胀，是垄断资本主义生产停滞的结果，是垄断资本主义消化经济剩余的一种方式。第三，资本主义的金融化过程中，经济活动的重心从产业部门转向金融部门，实体经济已无法吸纳寻求大量投资机会的剩余资本，经济陷入严重的停滞状态，而金融膨胀在短期内缓解了这一状况，直接导致经济变得越来越依赖金融化作为增长的关键手段。第四，从较长的时期看，资本主义都难以摆脱经济的滞胀——金融化的困境，不管经济的金融化如何发展，金融扩张仅仅是弥补经济停滞的一种方式，金融化无论发展到何种程度，都不可能破解生产停滞的难题。

同样，后凯恩斯学者爱泼斯坦、奥祖尔·奥尔汉加济、托马斯·I. 帕利等对金融化过程中生产部门的利润率下降与金融部门的急剧膨胀进行研究，强调资本倾向于金融投资而非生产投资，其研究主要集中在三个方面。第一，将金融化用于描述非金融企业资产负债表结构的重要变化，即金融投资的增长以及向金融市场支付回报的增长。通过实证分析，他们指出美国经济的金融化和实际投资二者之间的联系呈负相关，原因是金融投资的增加和金融利润机会的增多促使企业把较多的资金投向金融产品，从而减少了对实体经济的投资，同时，缩短了企业管理的计划周期以及增加了不确定风险，金融化因而可能延缓资本积累的增长。第二，金融化同时改变了经济体系的运行方式，导致实体经济增长出现了放缓的趋势：首先，金融部门相对于实体部门的重要性上升；其次，将实体部门的收入转移到金融部门；再次，收入分配更加不平等并导致一般工人工资增长停滞。第三，金融部门利润的增加是以工人工资增长停滞和收入分配不平等为代价，从而影响长期的经济增长。由于对债务金融的膜拜支配着新商业周期并导致经济波动增加，最终金融化可能导致经济容易陷入债务型通货紧缩和长期衰退状态。

每月评论派与后凯恩斯学派的主要分歧在于生产停滞与金融化的相互作用机制。第一，研究生产停滞与金融化现象时的逻辑起点与侧重点不同。每月评论派强调经济剩余的转化，认为随着产出与收入的增长速度会下降或放缓，失业率上升以及产能利用率的下降，剩余资本在资本主义社会的消费与投资之外寻找出路，国家账目中有大量的剩余被转化进金融、保险和房地产部门，以此来避免资本主义经济陷入长期停滞，除非某些特殊历史因素起作用，经济停滞是资本主义的常态①；而后凯恩斯学派则强调新自由主义政策的作用，指出政策促使了金融部门的不断扩张，导致企业债务增长、金融部门利润份额增加、劳动力收入转移、公司留存利润降低的后果。第二，研究这两个现象之间相互作用关系时的分析机制不同。每月评论派认为金融化是资本应对实体经济停滞的措施，金融化的危机不过就是实体经济停滞的外化；而后凯恩斯主义学派认为金融部门扩张下的劳动力收入转移等因素倾向于降低短期的均衡增长率，即导致经济缓慢增长。第三，认为当前资本主义经济结构中的主导因素不同。每月评论派认为，经济停滞导致金融扩张与爆炸即经济的金融化，其中实际积累停滞在当前经济中起主导作用；而后凯恩斯学派则认为，是金融化导致生产停滞，金融化成为当代资本主义经济停滞的主要特征和主导因素。

但是，我们需要明晰的是，生产停滞与金融繁荣都只是现象层面的判断，其实质仍是经济现象背后的资本运动与内部斗争关系，每月评论派虽然敏锐地发现金融部门和实体经济之间的反向变动关系是理解世界经济新趋势的关键，但却忽视了这种反向变动关系的运行机制。在他们的描述中，金融化仿佛是萧条自然而然的后果，正如考斯达斯·拉帕维查斯所指出的，寻找生产困境进而导致金融化或者金融化导致生产困境的直接联系是一种误导。②

二 积累体制视角：资本主义转向金融化积累体制

无论是像每月评论派那样将金融化转型视为经济剩余上升而生产停滞导致资本流向金融投机的结果，还是像后凯恩斯学派将金融化视为经济萧条自然而然的后果，这种将生产停滞与金融化转型之间关系解释为因果关系的看法并不符合马克思主义以辩证发展的眼光分析问题的传统，也并没有将

---

① 布伦纳与每月评论派持相似观点，他们认为，生产能力的过度扩张加剧了竞争，从而降低了利润率，企业为了维持自身的地位不断加深对低借贷的依赖，政府为确保低借贷的持续进行而放松对金融业的管制，而放松管制的主要后果是，加剧了金融业的竞争，这使盈利变得更加困难，助长了投机和冒险行为，并推动房地产和信用市场泡沫的形成。克里斯·哈曼（Chris Harman）和卡利尼科斯（Callinicos）与布伦纳的观点一致，都认为金融扩张和信贷供给能够保持一定时期的繁荣，但是信贷的增长加快了危机爆发的过程。

② Lapavitsas. "Theorizing financialization". *Work, Employment and Society*, 2011, Vol. 25, No. 4.

"金融化转型"置于资本主义历史发展阶段中进行考察,而积累的社会结构(SSA)学派和调节学派在这一点上进行扩展,将资本主义的发展阶段和经济制度结合起来,提出一种在资本主义积累体制交替的基础上解释金融化转型发生原因的分析方式。

SSA 学派对金融化转型源起的分析,是在新自由主义社会积累结构下进行的。一方面,新自由主义的小政府信条使整个资本主义实际积累的基础越来越脆弱:新自由主义的核心主张就是限制政府活动,小政府、自由市场、低税率通常被认为是对资本和追求最大化利润有利的,但私人资本需要公共部门的补充投资,特别是在教育和基础设施中的投资,这些投资和先行资本的缺乏最终将导致生产力增长的放缓以及资本回报率的降低。另一方面,新自由主义时代的低利率政策和鼓励金融创新带来了资本主义经济的金融化:20 世纪 70 年代后期,以美联储为首的资本主义中央银行为降低通胀大幅上调利率以抑制通胀,导致 1980 年和 1982 年的连续衰退,此后通货膨胀率和利率便开始了为期十多年的下降;这为金融经济扩张创造了极为有利的条件,由此开始了新自由主义时代金融创新的爆炸,债务抵押债券、结构性投资工具、信用违约掉期等金融创新产品极大地拓展了信贷的获取途径,带来了资本主义经济体系的金融化转型。

与 SSA 学派注重研究政策影响而弱化政策产生的原因及其背后的资本利益关系不同,调节学派对金融化的研究强调了虚拟资本的扩张并解释了这个过程中微观企业决策。以阿格利塔、布瓦耶等人为代表的法国调节学派学者认为[1],第一,福特主义的积累模式在 20 世纪 70 年代解体,新的调节机制在 20 世纪 90 年代开始在金融市场形成(尤其重要的是在股票市场),发达资本主义国家出现新的积累体制,即金融资产积累体制-资本主义的金融化转型。第二,金融资产积累体制的产生与全球化和新技术革命,特别是信息革命有着紧密联系,譬如在市场竞争方面,强调产品价格由国际价格加汇率决定。第三,在这一新的积累体制中,企业行为变化的中心是股利:在企业的治理方面,随着养老基金、共同基金等机构投资者的出现,它们逐渐成为世界各地大公司的主要股东,把每股收益作为评判公司经营效果的标准。

---

[1] Aglietta, M. and R. Bretton, "Financial systems, corporate control and capital accumulationw", *Economy and Society*, 2001, Vol. 30, No. 4; Boyer, R., "Is a finance_ led growth regime a viable alternative to Ford ism?", *Economy and Society*, 2001, Vol. 29, No. 1.

第四，在劳资关系的处理方面，强调在价格的制约下，尽量降低工资成本，采用个别谈判方式决定工资标准。

SSA 学派和调节学派把资本主义的发展阶段和经济制度结合起来，强调了特定的社会经济制度对资本积累的重要性。但是，积累体制视角对金融化转型的解释也存在很大的问题和漏洞。第一，这两个学派尤其是 SSA 未能将金融化框架与新自由主义框架分开来。① 新自由主义方案是对资本主义在 20 世纪 70 年代由利润率下降所导致的停滞和危机的回应，其实质是通过重建资本在资本－劳动关系、资本－国家关系以及资本间竞争关系上的统治性权力的一组经济社会政策，而没有体现出金融资本的所谓"主导性"；同时当前金融化的发生或金融统治地位的恢复是其摆脱了自"大萧条"和"二战"以来对金融资本严格限制的结果，金融业的去管制和宽松的货币环境作为金融化过程的制度要件，并非由新自由主义方案所直接实现的。第二，在对资本主义发展阶段的马克思主义分析传统中，占主导地位的是对资本之间关系的分析，而 SSA 学派和调节学派都试图寻找马克思主义抽象与现实之间的中间环节，因而在积累体制视角下对资本主义发展阶段的分析则是多维度的，这两个学派全面考虑了资本、劳动、政府、公民多主体之间复杂的相互关系，这些制度形式是一个具有内在联系的有机整体，但是在分析金融化转型过程中，这种多维度多因素的分析角度会带来的问题是忽视了主要矛盾与次要矛盾、矛盾的主要因素与次要因素，由此主要将转向金融主导型积累体制的原因解释为政治、经济突发事件等偶然因素，而并没有揭露转型背后更深刻的资本之间、劳资之间的矛盾关系。

三 资本权力视角：金融资本周期性全面控制生产过程

金融化是与价值运动、资本运动相联系的经济现象，脱离价值运动，资本运动就难以正确地解释金融化转型背后的逻辑。在传统马克思主义视角中，纯粹金融扩张与金融资本势力的上升都不是资本主义体系偶然发生的情况，而是资本主义积累体制在历史发展中反复出现的格局，具有其内在发展必然性。正如马克思所说："一切资本主义生产方式的国家，都周期性地患

---

① 张层、马慎萧：《新自由主义与金融化》，《政治经济学评论》2014 年第 4 期。

上了一种狂想病，企图不用生产过程作媒介而赚到钱。"① 因而以 G - G′ (G + △G) 形式进行增殖循环的金融资本周期性地在资本主义经济活动中取得主导地位。

与马克思主义这种从金融资本权力周期性扩张角度来解释金融化转型相似的还有热拉尔·杜梅尼尔、多米尼克·莱维和阿瑞基。杜梅尼尔和莱维从资本主义社会变迁的角度将金融化转型解释为金融资本权力在第二次世界大战之后的重新恢复和扩张；② 而阿瑞基把金融化转型与世界经济的霸权周期交替相联系，把金融化解释为权力转型阶段资本之间和国家之间竞争加剧的结果。③ 他们认为，第一，金融资本家是食利者特定阶层，其收入、财富和权力的恢复及其政治、经济势力的不断增强，资本家阶级获得了相对于工人阶级更大的权力；第二，在资本家阶级内部，金融资本家阶级获得了相对于产业资本家阶级更大的权力，金融化反映了金融食利者阶层享有越来越大的政治力量和经济力量；第三，金融资本的扩张和金融化是一种周期性的趋势，标志着在一个特定的国家，特定的物质扩张后进入衰退期，金融化的冲击是积累状态危机的信号，随着时间的推移（通常是半个世纪左右），终极危机必将到来。

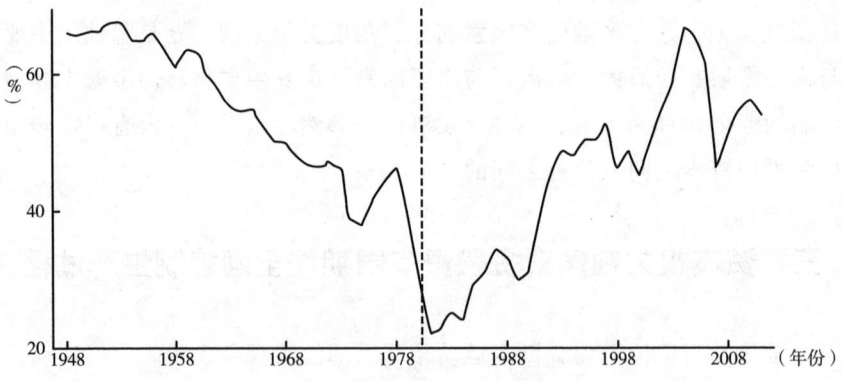

图1　金融部门利息收入/经济总利息收入

---

① 《资本论》，第2卷，人民出版社，2004，第67页。
② Dumenil, G. and D. Levy, *Capital Resurgent: Roots of the Neoliberal Revolution.* Boston: Harvard University Press, 2004.
③ 杰奥瓦尼·阿瑞基：《漫长的20世纪》，姚乃强等译，江苏人民出版社，2011。

他们对"金融资本"的定义不仅包含了传统意义上的金融资本，还包含了"资本所有者的上层"即"大资本"。正如大卫·科茨所批评的，"如果'金融'被定义得如此宽泛，以至于它将所有大资本都包括在内，那么，所谓新自由主义代表金融的胜利和利益的观点就没有解释的价值了。自从资本主义进入垄断阶段以来，大资本一直都是统治联盟的组成部分"。① 杜梅尼尔等学者仍未对金融化转型过程中资本之间，尤其是金融资本与生产资本之间的矛盾斗争进行界定和分析。

其实，马克思在《资本论》第二卷和第三卷中，使用了"资本循环分析法"和"阶级分析法"两种不同的分析方法在金融资本与生产资本的矛盾关系中论证金融资本对生产过程周期性的全面控制。② 后经希法亭、伊藤·诚等学者发展，③ 这两种方法对金融资本的分析共同强调资本对最大化剩余价值的追求，两种分析均聚焦于金融资本和生产资本对剩余价值的争夺，统一于对资本积累历史动态过程的矛盾分析中，而这两种分析方法正是研究 20 世纪 70 年代以来以美国为中心的资本主义金融化转型的关键。如图 2 所示，20 世纪 70 年代末之前，以阶级分析法解释更为合理，即金融资本的增长保持相对稳定，资本家阶级明确地表现为金融资本家和生产资本家团体，以金融部门为中介，金融资本家借给生产资本家生息资本，以利息即利润的一部分获取回报，配合生产资本完成资本周转过程，保证黄金时期经济的稳定增长；而 70 年代之后，以资本循环分析法研究更为明晰，即在金融部门稳定发展的同时，来自非金融部门的利息收入快速增长，非金融部门中金融资本比重明显增加。在信用体系的作用下非金融部门闲置资本系统转变为金融资本，社会经济部门中金融资本快速膨胀，其对生产资本的干预和渗透、对生产过程的控制和权力急剧增强。

在这个过程中，金融资本与生产资本之间关系的改变导致金融化转型的发生，其本质是金融资本的独立性和重要性日益增强，在时间和空间上对剩余价值的生产实现全面的、持续的、有效的控制，成为决定经济周期和经济危机的主导因素。传统马克思主义在研究这一问题时善于构建理论框架，但

---

① 大卫·科茨：《金融化与新自由主义》，《国外理论动态》2011 年第 11 期。
② 赵峰、马慎萧：《金融资本、职能资本与资本主义的金融化——马克思主义的理论和美国的现实》，《马克思主义研究》2015 年第 2 期。
③ 希法亭：《金融资本》，福民等译，商务印书馆，1994；Itoh, M. *The Basic Theory of Capitalism*, London: Macmillon, 1988.

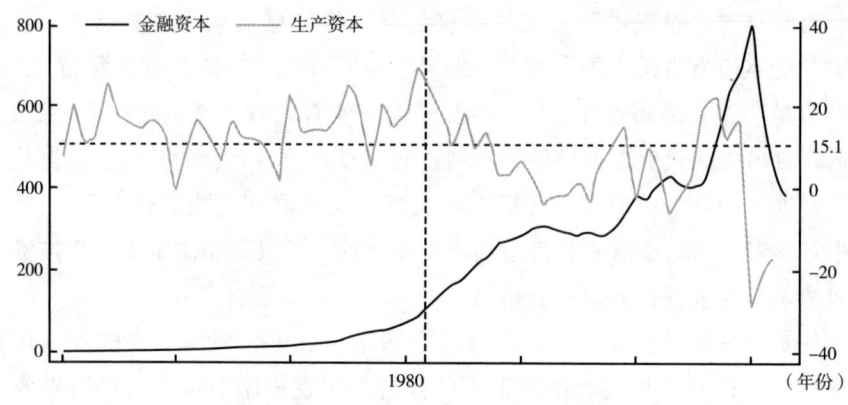

图 2 金融资本利息收入与生产资本利润

对细节却缺乏重视,即在这个转型过程中,资本主义经济中企业、家庭等微观层面又发生了怎样的转变,从而造成金融资本权力的极大扩张呢?

四 经济部门视角:发达资本主义国家各部门的金融化转型路径

前面的三种分析金融化转型视角,无论是考察实际积累还是积累体制,抑或是资本关系,都是从宏观整体的角度分析资本主义经济的变化,缺乏对微观转型机制的分析,而一些学者从发达资本主义国家内部各部门视角对非金融企业、金融机构及家庭的金融化转型进行研究,主要有拉普维查斯、艾克哈德·海因、保罗·桑托斯、布瓦耶等[①]。他们发现在金融化转型过程中,各经济部门的主要变化有三点:第一,大型非金融企业对金融机构的依赖性减少,并且逐步具有独立金融融资能力;第二,金融机构尤其是大型商业银行的职能开始转向作为开放金融市场和家庭的融资中介;第三,工人、家庭越来越深入地被动纳入金融活动。

1. 关于非金融企业的金融化转型机制分析

20世纪70年代以来推动非金融企业金融化的三个主要因素:①非金融

---

① 参见 Lapavitsas, Costas, *Financialisation Crisis*, Brill, 2012; Hein. Eckhard. *The macroeconomics of finanfe dominated capitalism and its crisis*. Edward Elgar Publishing, 2012; Lapavitsas, Costas, *Profiting without Producing : How Finance Exploits Us All*, Verso Books, 2014.

企业广泛地参与金融业务；②企业治理目标转向强调股东价值和资本市场运作；③企业不稳定性提高，以及由此带来的积累结构的转变①我们从这三个方面考察非金融企业资产结构，即资本存量、金融资产以及负债结构（K^*，M^*，D^*）的改变。

首先，企业在目标和约束条件不变的情况下，会依据金融利润率和负债成本的改变来调整企业金融结构（K^*，M^*，D^*）。当金融回报率相对于负债成本有一个显著提高时，企业可以通过纯粹借款和金融投资来获得利润。经验证据表明，在 20 世纪 70 年代后期，紧缩的货币政策和利率的反常而导致非金融企业能够通过持有债券赚取利润。②同时，负债成本的下降与金融回报的上升对金融资产存量和负债存量的影响是一致的。当负债成本下降和金融回报上升时，非金融企业金融活动范围广泛扩大反映在其金融资产存量和负债存量的大幅提高。由此，20 世纪 70 年代后期以来，非金融企业广泛地开展金融业务，金融资本与负债存量与比例大幅提高。

其次，随着"股东价值"在企业诸多目标中占据支配性的地位，即股利和出售股权所得（S_v）在企业进行资产结构决策调整中占有决定性作用，有 $Ks_v<0$，$M_{Sv}>0$，$Ds_v>0$，即随着"股东价值"的增加，企业倾向于减少资本存量，增加金融资产和负债。因此，金融公司在公司战略和收入分配方面倾向于更多地向股东分红，在投资决策领域倾向于更多地注重公司资产的流动性和更多地涉足金融业务。

再次，企业需求不稳定（V）会带来更强的流动性偏好，同时会降低长期固定资本投资的意愿，可证明有 $K_V<0$，$Mv>0$，$D_V<0$，即企业会增加金融资产 M^* 的持有，会降低占优资本存量 K^* 以及减少负债存量 D^*。

2. 金融化过程中金融机构的职能转变

对金融机构的金融化转型研究主要集中在商业银行的职能转变方面，这种转变主要来源于两方面的激励。第一，银行转向向工人和家庭等个体提供金融服务，并将其作为主要利润来源之一。一方面，随着住房、养老金、教育等公共服务的收缩，个体和家人更迫切地向银行寻求贷款等服务；另一方面，发达资本主义国家通过国家政策将工人及家庭的储蓄引向了公开金融市

---

① 需求不稳定首先带来更强的流动性偏好，因此会增加金融资产的持有，其次会降低长期固定资本投资的意愿，因此会降低最优资本存量；再次会减少负债。

② Krippner, Greta R. "Age of greed: the triumph of finance and the decline of America, 1970 to the present", *Contemporary Sociology: A Journal of Reviews*, 2012, Vol. 41, No. 5.

场，例如，美国引入政策使得养老金存款可以用于股票市场投资，而英国通过个人参股计划、免税特别存款账户等鼓励个人进入银行金融系统。第二，随着"金融化了的"非金融企业不断地发生合并与收购浪潮，银行广泛地开展金融市场中介业务，商业银行执行投资银行的职能。例如在股票市场通过首次公开募股、杠杆收购等类似的交易服务来促进资本进行积聚和集中，由此逐渐增多投资银行职能，在公开金融市场中从事投资银行业务。美国1999年废除的《格拉斯-斯蒂格尔法案》加强并促进了商业银行向金融市场中介的转变。

在这个过程中，银行金融系统在资本积累中的作用与传统银行不同，同时也与希法亭、列宁等马克思主义传统中描述的"金融资本"不同。纯粹"银行资本家"或金融资本家阶级成为一个理想化的抽象，而由信用体系集中的社会闲置资本构成金融资本的组成部门；金融资本更多地由工人家庭和其他社会群体货币收入的临时限制部分创造出来，由信用体系集中并转变成生息资本，构成金融资本的组成部分；银行信用系统职能的转变在一定程度上导致并促进了工人家庭的金融化过程。

3. 家庭与工人阶级的金融化

金融化转型过程中家庭和工人阶级被动纳入金融系统，其实质是资本对工人阶级不断加深的剥削。一方面，面临生产严重过剩和资本利润率不断趋向下降，非金融企业减少实际投资意愿，银行等金融中介部门转向工人家庭部门寻找利润，工人家庭债务比例和金融资产所占比例不断攀升，美、日、德三国家庭金融资产占GDP的比例分别从1973年的200%上升到2007年的325%，从1980年的150%上升到2007年的260%，从1990年的110%上升到2007年的180%。[①] 另一方面，生产停滞进一步导致失业及工人工资增长的停滞，工人家庭不得不通过消费借贷尤其是住房抵押贷款以满足自己的刚性消费需求。以美、日、德为例，美国的个人消费信贷和抵押贷款占银行总贷款的比例从1965年的约30%上升到2007年的近50%，日本的个人贷款占银行总贷款的比例从1997年的27%上升到2007年的约37%，德国的住房抵押贷款占总贷款的比例从1973年的2%上升到2007年的10%。

工人家庭在近30年间被动纳入金融系统的根本原因，是以"二战"后

---

① 考斯达斯·拉普维查斯：《金融化了的资本主义：危机和金融掠夺》，李安译，《政治经济学评论》2009年第1期。

美国为主导的资本主义积累体制出现严重的生产停滞和积累困境，大量剩余资本涌入金融领域，在激烈的竞争下资本转向家庭寻求更多利润来源；工人阶级在生产领域被一次剥削剩余价值后，被迫依赖金融机构后在金融领域被二次剥削，甚至"透支"未来剩余价值。而随着工人家庭家庭债务和金融资产比例的提高，工人家庭遭受的违约等各种风险更高，这种个体家庭的不稳定一方面构成总体经济不稳定的主要因素之一，并可能触发经济危机，如2007 年次贷危机导致的金融危机；另一方面，工人阶级家庭也是金融经济危机中最无力抵抗也最深重的受害者。

五 总结：资本主义金融化转型的未来

按照阿瑞基的说法，美国主导的资本主义积累体制巩固和进一步发展时期（M - C）是资本主义发展的黄金年代，终于 20 世纪 70 年代，继而开始金融扩张时期（C - M′）。① 本文想讨论的简单说来，就是在美国主导的资本主义积累周期中，资本主义是如何从产业资本主导的物质扩张机制（MC）向由金融资本主导的积累体制（CM′）转型的，这个金融化转型过程是如何发生的，其内在机制又能被怎样解释。

学术界对这种转型机制的解释大概可以分为四种：第一种是生产停滞与金融化转型的因果关系视角，这种分析角度来源于金融化转型过程金融繁荣与生产停滞伴随发生的现象，学者们试图通过梳理这二者间的因果抑或相关关系逻辑脉络来找寻金融化转型发生的线索；第二种是资本主义转向金融化模式的积累体制视角，这种分析方式通过对社会经济结构各方面的考察，将社会积累结构区分为 20 世纪 70 年代以前的福特主义的积累模式（调节学派）与近年的新自由主义社会积累结构（SSA），进而将金融化转型解释为这两种社会积累模式交替的过程；第三种是金融资本全面控制生产过程的资本权力视角，秉承传统马克思主义视角中对金融资本的分析脉络，认为金融化转型过程是在资本主义进入国际金融垄断资本主义阶段过程中，金融资本与生产资本的动态博弈、权力斗争过程；第四种是各部门金融化转型路径的经济部门视角，探讨非金融企业、金融部门尤其是银行、工人及家庭在金融化转型过程中具体的企业治理、职能、消费模式的改变。这四种分析视角虽

---

① 参见阿瑞基《漫长的 20 世纪》，姚乃强等译，江苏人民出版社，2011。

侧重点不同，但具有逻辑连贯性，在解释具体问题时层层深入且愈趋细化，逐步接近研究问题的本质。

第一，前两种视角分别从经济现象和经济体制入手，重于对金融化各因素的全面分析及其相关关系的讨论，却都疏于分析具体问题背后的资本斗争关系。生产停滞与金融繁荣都只是现象层面的判断，每月评论派和后凯斯主义学派虽然试图厘清这两者间反向变动关系的运行机制，但并没认清其实质是资本在资本主义特定阶段中的运动与内部斗争关系。SSA学派和调节学派虽然强调了资本主义的发展阶段和经济制度对资本积累的重要性，但是，这两个学派尤其是SSA学派首先未能将金融化框架与新自由主义框架分开来；其次，在积累体制视角下，SSA学派和调节学派因其多维度的分析范式，偏向于将资本主义转向金融主导型积累体制归因为政治、经济突发事件等偶然因素，而并没有揭露转型背后更深刻的资本之间、劳资之间的矛盾关系。

第二，传统马克思主义分析范式即资本权力视角的分析善于揭示问题本质和构建理论框架，但对细节却缺乏重视．而经济部门视角金融化微观转型机制的分析对其进行了关键的补充。在金融化转型过程中，金融资本获得主导权力和巨额利润的具体路径在经济部门层面主要分为三个方面：非金融企业金融化转型、金融机构的职能转变、家庭与工人阶级的金融化。具体而言，①随着企业治理目标转向强调股东价值，非金融企业广泛地参与金融业务和资本市场运作，企业不稳定性提高带来了积累结构的转变；②银行转向工人和家庭等个体寻求利润，商业银行执行投资银行的职能；③工人家庭债务比例和金融资产所占比例不断攀升，失业及工人工资增长的停滞导致工人家庭不得不依赖消费借贷以满足刚性消费需求。由此，凭借在各个领域的扩张所形成的经济金融化趋势，金融资本在时间和空间上对剩余价值的生产实现全面的、持续的、有效的控制，成为决定经济周期和经济危机的主导因素。这两种视角相结合，能够对资本主义金融化转型进行很好的解释。

而在2008年由美国金融危机引发的资本主义经济危机爆发之后，我们不禁要思考，以美国为核心的资本主义在金融化转型后形成的金融主导型积累体制，在过去30年中为什么可以存在而现在又出现怎样的问题？未来是否还能持续？事实上，20世纪70年代资本主义金融化转型后的金融资本主导下金融自由化的经济从未稳定，资本主义并未建立起一种有效的资本积累体制，2008年经济危机是其必然后果；同时，非金融企业内源性投资不足、金融机构金融脆弱性增加，由于家庭部门债务驱动性的消费难以为继、政府赤字财政及资本积累全球化格局难以持续等原因,资本主义金融化发展模式的不可持续性日益暴露,危机后金融主导的资本积累经济体制难以为继,危机后资本主义的积累结构变化和未来走向值得我们密切关注。

(作者系中国人民大学经济学院博士生)

略论当代金融资本

杨长江

资本主义经济自 20 世纪 70 年代以来，呈现出了越来越明显的"金融化"趋势，这在当时就引起了不少学者的重视。在 2008 年美国金融危机后，"金融化"问题更是被马克思主义经济学界公认为当代资本主义最重要的时代特征，围绕这一问题涌现了大量成果。但是值得关注的是，在这一轮研究热潮中，曾经是马克思主义货币金融理论重要发展阶段的"金融资本"理论在相当程度上被冷落，甚至可以说出现了某种意义上的研究传统断裂：国内外不少研究者在运用马克思、恩格斯关于借贷资本及虚拟资本等理论作为分析工具的同时，对于希法亭、列宁等人共同构建的"金融资本"理论框架或者直接否定其在当代的生命力，或者只是借用了"金融资本"的概念而忽视乃至于回避这一理论。例如，作为当代西方新马克思主义经济学重要代表人物、《每月评论》的主将福斯特，在提出资本主义已经进入"垄断金融资本"新阶段的若干论文中，或是根本没有提及与论文主题有着极为密切关系的希法亭等人的相关研究，或是简单说明"这是在性质上有别于金融资本的经济现象";[①] 而另一位著名激进政治经济学学者拉帕维查斯也明确认为："金融化代表了金融资本的回归吗？简短的答案

[①] 前者情况见于约翰·B. 福斯特《垄断资本的新发展：垄断金融资本》，云南师范大学马克思主义理论研究中心译，《国外理论动态》2007 年第 3 期；后者可参见约翰·B. 福斯特《资本主义的金融化》，王年咏、陈嘉丽译，《国外理论动态》2007 年第 7 期。

是'不'"。①

因此,正确评价金融资本理论在当今时代的生命力问题,是马克思经济学界必须要面对的一个重大课题。这不仅关系马克思主义货币金融理论的脉络疏浚而具有经济学说史上的研究意义,更为重要的是,金融资本理论中的实质内涵及相关论断是否还具有适用性,对于构筑对当前的资本主义经济"金融化"问题的分析框架,具有非常重要的价值。

一 希法亭、列宁等人建立的金融资本理论体系及相关争议

(一) 金融资本理论简介

"金融资本"概念并不是由马克思本人所提出的,所描绘的也是马克思逝世前刚刚出现的经济现象,但是被一致公认的是,马克思、恩格斯的相关论述奠定了金融资本理论的基础。② 在建立金融资本理论框架的过程中,拉法格、凡勃伦、希法亭、列宁、布哈林等人都做出了重要努力,其中贡献最大的则是希法亭与列宁。过去在论述金融资本理论时曾经有两种倾向,或是强调希法亭的贡献而认为列宁没有对这一理论做出新的贡献,或者是强调列宁的贡献而对希法亭的研究有过多苛刻的批评乃至于忽视,这两种倾向都是值得商榷的。

希法亭的《金融资本》一书首次对金融资本问题进行了系统性的理论阐述,他所建立的金融资本概念具有非常丰富的内涵,我们认为可以从四个层次来理解。第一,作为一种反映金融部门与产业部门互动关系的金融资本:金融资本被定义为"归银行支配和由产业资本家使用的资本",其形成的关键在于"银行权力的增大,它们变成了产业资本的创立者以及最后变成产业的统治者"。③ 第二,作为一种社会生产关系的金融资本:金融资本

---

① 考斯达斯·拉帕维查斯:《金融化了的资本主义:危机和金融掠夺》,李安译,《政治经济学评论》2009年第1期,他对金融资本理论更为详细的分析可参见 Lapavitsas, Costas, *Profiting without Producing: How Finance Exploits Us All*, Verso Books, 2014, pp. 44 - 67.
② 参见张宇、蔡万焕《马克思主义金融资本理论及其在当代的发展》,《马克思主义与现实》2010年第6期。
③ 希法亭:《金融资本》,福民等译,商务印书馆,1994,第253、254页。

是"资本自己最高和最抽象的表现形式",同时也"意味着资本的统一化",① 这些新特征带来了资本主义剥削关系的新变化以及资本运动的新规律。希法亭对当时的银行、证券交易所、期货市场等金融活动进行了深入分析,提出了"创业利润"以及"金融技术"等概念,补充和丰富了马克思在《资本论》中的论述。第三,作为一种资本主义发展阶段的金融资本:"金融资本的发展,根本地改变了社会的经济的从而政治的结构",② 特别是通过改变各类资本之间关系而使得资本主义进入一个新的阶段——资本主义兴起使得商业资本从属于产业资本,而金融资本出现后,"产业资本日益依赖于银行资本","随着卡特尔化和托拉斯化,金融资本达到了它的权力的顶峰,而商业资本却经历了最严重的衰落",从而"资本主义的循环完成了"。③ 第四,作为一种政治力量的金融资本:金融资本"表现为君临社会生活过程的统一力量","对经济统治的同时也提供了对国家政权的权力手段的支配","它完成了资本巨头的独裁统治",④ 操纵国家机器而制定符合其利益的内外政策,富有侵略扩张的内在本质特性。

在上述对金融资本的论述中,银行资本对产业资本的控制问题是希法亭的金融资本概念给人最突出的印象,也是他在这一问题上最重要的贡献,被视为"希法亭与马克思本人在金融理论上的分水岭",⑤ 有的研究者还将这一因素视为金融资本概念成立的关键要件:"金融资本的概念对晚期资本主义社会是否有效,取决于这样一个问题,即以各银行控制与其有联系的工业企业为基础的这一实力是不是还存在。"⑥ 但是,这一点即使在马克思主义经济学内部也存在着非常大的争议,列宁就曾有意识淡化了这一问题。现在来看,希法亭是在马克思相关理论的基础上首次系统性探讨了金融部门在资本主义经济中的地位变化问题。当前金融部门不再作为附庸存在而是在相当程度上支配了生产活动的现实,显示了他在理论上的深邃洞察力。正是希法

---

① 希法亭:《金融资本》,福民等译,商务印书馆,1994,第1、343页。
② 希法亭:《金融资本》,福民等译,商务印书馆,1994,第389页。
③ 希法亭:《金融资本》,福民等译,商务印书馆,1994,第253页。
④ 希法亭:《金融资本》,福民等译,商务印书馆,1994,第265、429页。
⑤ Zoninsein. Jonas. "Rudolf Hilferding's Theory of Finance Capitalism and Today's World Financial Markets". in Koslowski. Peter. ed. *The Theory of Capitalism in the German Economic Tradition: Historism. Ordoliberalism. Critical Theory. Solidarism.* Boom Koninklijke Uitgevers. 2000. p. 280.
⑥ 劳伦斯·哈里斯:《金融资本》,《马克思主义思想辞典》,陈叔平等译,河南人民出版社,1994,第208~213页。

亭的这些分析启迪了后来的凯恩斯、熊彼特、明斯基等不同思想流派的经济学者关于金融与实体经济关系的研究。① 这些思想在美国金融危机后更是成为经济学反思的焦点。可见，希法亭的金融资本理论在经济思想史上的特殊重要位置。当然，希法亭试图按照金融的逻辑来建立其分析体系时，对社会生产等更深层次的分析认识还不够，这也使得其研究存在一定缺陷。②

在希法亭之后，列宁重新诠释了金融资本理论并使之成为帝国主义理论的核心。列宁对金融资本理论的贡献主要体现在三个方面：第一，强调生产领域内垄断的产生是金融资本形成的最深刻基础，弥补了希法亭研究中对生产领域突出不够的缺陷；第二，对金融资本的运行规律有了更细致深入的分析，例如指出"参与制"在促进银行资本与产业资本融合中的作用，进一步强调了金融资本的寄生性与腐朽性等；第三，将金融资本视为资本主义发展到帝国主义阶段的核心特征，从而大大加强了金融资本理论的政治斗争性。列宁还有意识淡化了希法亭曾经强调的银行资本主导地位问题，重新界定了金融资本概念的含义："生产的集中；从集中生长起来的垄断；银行和工业日益融合或者说长合在一起——这就是金融资本产生的历史和这一概念的内容。"③ 列宁对金融资本的新定义影响深远，也是我们今天讨论金融资本问题的基础。

（二）围绕着"金融资本"理论的有关争议

金融资本理论所引起的种种争议与时代背景密切相关。20 世纪初被称为"第一次金融化"时期。而在 1929 年金融大危机后，这次金融化所带来

---

① King, J. E. "Hilferding's Finance Capital in the Development of Marxist Thought", *History of Economics Review*, 2010. pp. 52 – 62.
② 我们认为，对于希法亭的一些批评可能过于苛刻了。"垄断化"与"金融化"是资本主义进入 20 世纪并延续至今的两个主要发展维度，希法亭在论述中确实对前者认识不足。但其选取后者作为其著作的分析主线来展开是无可厚非的。甚至对于探讨金融问题相对独立的规律而言是必要的。不宜简单将这一结构安排视为"流通决定论"的表现而予以批判。此外，希法亭还曾被批评在"货币论的问题上犯了错误"，同样被认为是"流通决定论"而背离了马克思的劳动价值论和货币理论。但实际上他的某些思想恰恰在很大程度上与今天纸币流通条件下的货币流通规律相符。例如，他所提出的纸币"完全可以不依赖金的价值而直接表现商品价值"。这与后来很多学者运用马克思主义经济方法的分析结论一致，尽管这一问题依然存在很大争议。可参见李崇淮《论货币形式发展的新阶段——兼同刘光第同志商榷》，《中国社会科学》1982 年第 2 期。
③ 《列宁全集》第 27 卷，人民出版社，1990，第 362 页。

的巨大破坏，使得危机后主要资本主义国家政府都采取了针对金融部门的严厉压制政策，这一压制政策在"二战"后凯恩斯主义主导了各国经济政策的情况下得到延续。20世纪70年代后，新自由主义的经济政策逐步占据主导地位，各种金融管制政策逐步取消，金融业迅速发展，资本主义经济进入了被称为"第二次金融化"的时期。

历史背景的差异，使得对金融资本理论的评价可以分为三个时期。在希法亭的著作出版后立即获得了热烈的赞扬，被誉为"《资本论》的第四卷"而"标志着《资本论》的完成"。但在大萧条后至70年代，金融资本理论经历了漫长的冷落期。斯威齐较早对这一概念提出较为明确的否定意见，他在《资本主义发展论》中认为，"经历过全盛时期的银行资本正再一次下降到从属于工业资本的地位"，银行地位的改变使得金融资本这一概念存在问题，"更好的做法是，把这个词完全抛弃不用，而以'垄断资本'来代替它"。① 同期的另一位著名激进经济学家曼德尔也认为，"金融资本在发达国家已是一个逝去的现象"。② 这些看法比较具有代表性。

70年代后，金融资本理论的影响力又逐步恢复，相关争议则在2008年美国金融危机后趋于热烈。1994年斯威齐发表了《金融资本的复归》，在回顾其研究历程时，承认了对资本主义经济的金融化问题估计不够。③ 目前，争议依然激烈，差不多存在于构成金融资本概念基本要素的每一个方面，除了作为基础的生产领域中的垄断是否存在之外。④ 争议主要集中在以下两点。

首先，关于银行在金融部门中地位问题。目前，金融系统被公认为主要是英美为代表的"市场主导型"与德日为代表的"银行主导型"，前者拥有世界上最为发达的金融系统，金融化问题最为突出，但其银行业的吸收存款和发放企业贷款这两项基本功能被金融市场严重侵蚀，"银行衰亡论"一度

---

① 保罗·斯威齐：《资本主义发展论——马克思主义政治经济学原理》，陈观烈、秦亚男译，商务印书馆，1997，第292、294页。
② Mandel, E. 1966. "The Marxist Theory of Imperialism and Its Critics, from Two Essays on Imperialism". New York, http://www.crnestmanclcL org/en/works/1xt/1955/marxist_theory_of_impcrialismc.him
③ Sweezy, Paul M., "The Triumph of Financial Capital", *Monthly Review*, 46 (2), 1994, pp. 1–11.
④ 这可参见约翰·B.福斯特等《21世纪的资本主义垄断和竞争》，金建译，《国外理论动态》2011年第9、10期。

非常流行，这就使得较为符合德国情况而建立在银行业务基础上的金融资本理论处于尴尬的位置，特别是对以"证券化"、"衍生化"为主要特征的当代金融领域新情况，显得难以运用。①

其次，关于银行资本与产业资本的关系问题。美国在 20 世纪初曾经存在过于接近于金融资本理论描述的洛克菲勒等八大财团，"二战"后这些财团纷纷解体，不仅经典的银行资本与工业资本的直接股权融合不复存在，连较为宽泛意义上的银行资本对工业资本的控制力也被质疑。例如"经理革命"理论认为，经理阶层已经成为公司运营的真正支配者与控制者，股东及债权人对公司的控制力已经名存实亡。②

二 金融资本理论的核心内涵分析

（一）当前对金融资本理论的使用情况

当前，对于金融资本理论的看法大体上可以分为如下四类。

第一，基本否定金融资本理论在当前的适用性。这种否定又具有不同的形式。一是在否定金融资本概念的同时，并没有提出其他替代性的概念，而是转化为对金融化等问题的分析。③ 二是认为应该回到马克思的对虚拟资本及借贷资本的分析中去，金融资本的概念不再需要，例如有研究者认为，希法亭的金融资本理论"在当时就与现实有着较大偏差"，更不能反映当前情况："资本的现代形态与其说是银行资本支配下的、以借贷资本为基本形态的'金融资本'，不如说是以资本市场（证券交易所）为中介的、以股份资本为主体形态的'虚拟资本'"。④ 也有的研究者认为，"现代金融资本是狭义的货币资本和虚拟资本的总和"。⑤ 三是认为当前的金融化已经进一步倒

---

① 参见 Costas Lapavitsas, *Profiting without Producing : How Finance Exploits Us All*, Verso Books, 2014, pp. 44 - 67。
② 相关争议参见劳伦斯·哈里斯《金融资本》，《马克思主义思想辞典》，陈叔平等译，河南人民出版社，1994，第 208~213 页。
③ 姚顺良：《第二国际关于资本主义现代形态理论的当代审视——兼论列宁经典帝国主义理论的贡献和缺陷》，《南京大学学报》（哲学社会科学版），2007 年第 1 期。
④ 姚顺良：《第二国际关于资本主义现代形态理论的当代审视——兼论列宁经典帝国主义理论的贡献和缺陷》，《南京大学学报》（哲学社会科学版）2007 年第 1 期。
⑤ 陈享光、袁辉：《论现代金融资本的循环和积累》，《学习论坛》2011 年第 9 期。

回到高利贷资本的时代,应该用马克思对高利贷资本的相关分析来认识。①四是反映银行统治力量的金融资本已经转化为金融市场的统治力量,可以相应用"货币经理资本主义"或者"养老基金社会主义"来替代。②

第二,沿用金融资本的概念,但是淡化其原有内涵。鉴于金融资本一概念曾经被广泛接受,所以很多研究者出于习惯还是使用,但是对这一概念的原有内涵或者予以回避,或者则是明确进行淡化处理。例如,福斯特认为:"我在使用金融资本这一概念时,并不是希法亭巨著《金融资本》中被定义的那样意味着是'由银行控制并由企业使用的资本'。这一名词的含义是更为宽泛意义上的在金融市场及投机活动中使用的货币资本。"③ 与此看法非常类似的是品托提出,"应该去除原有的通过金融机构所达到金融控制的含义","更为宽泛意义上的金融资本应该不仅包括支配银行业的资本,也包括支配非银行机构及个人的资本。以银行存款、可交易证券形式持有的具有流动性及收益性的流动资产都应该被视为金融资本"。④ 国内也有不少研究者持类似看法,例如明确说明其所采用的金融资本概念有别于希法亭、列宁等人的经典含义,只是"金融部门的'营运资金'被统称为金融资本"。⑤

第三,借用金融资本的概念,但是进行重新定义。代表之一是法国学者迪蒙和莱维认为,在现代企业所有权和经营权分离的情况下,所有者可以通过金融机构来行使其控制权,因此"我们称其为'金融资本',即由资本所有者的上层和金融机构组成的异质实体,并使之与金融业区别开来"。⑥ 代表之二则是霍卡,他认为希法亭的金融资本理论已经与当前现实存在着很大

---

① 迈克尔·赫德森:《从马克思到高盛:虚拟资本的幻想和产业的金融化》,曹浩瀚译,《国外理论动态》2010 年第 9、10 期。
② 分别参见 Minsky, Hyman P., "Uncertainty and the Institutional Structure of Capitalist Economics: Remarks upon Receiving the Veblen - Commons Award." *Journal of Economic Issues*, 1996. pp. 357 - 368; Peter Ferdinand Drucker. et al. *The unseen revolution: How Pension Fund Socialism Came to America*. London: Heinemann. 1976.
③ 约翰·福斯特:《垄断资本的新发展:垄断金融资本》,云南师范大学马克思主义理论研究中心译,《国外理论动态》2007 年第 3 期。
④ Pinto, M P. "A Finance Capital Revisited", in Bellofiore. R., ed. *Marxian Economics: A Reappraisal. Essays on Volume III of Capital*. Vol 1. London: Macmillan Press, 1998, pp. 216 - 232.
⑤ 王定祥、李伶俐、冉光和:《金融资本形成与经济增长》,《经济研究》2009 年第 9 期。
⑥ 热拉尔·迪紫、多米尼克·莱维:《新自由主义与第二个金融霸权时期》,丁为民、王熙摘译,《国外理论动态》2005 年第 10 期。

差异．需要从更为抽象的角度来对这一概念进行定义，而最合适的依据则是马克思在分析生息资本时所提出的"资本的商品化"问题，即货币转换为资本而进行借贷等金融活动后，"由一个一定的价值变为一个自行增值、自行增加的价值"，从而"货币除了作为货币具有的使用价值外，又取得一种追加的使用价值，即作为资本来执行职能的使用价值"，此时"资本作为资本，变成了商品"。① 霍卡认为，现代金融活动的本质在于资本由其所有者过渡给其他人使用，这就是"资本商品化"的表现，因此可以从这一角度来对现代意义上的金融资本进行更为深刻、更为宽泛意义上的界定："金融资本是商品化了的资本，它在金融市场上流动，并由金融资本家主要通过金融机构来进行控制，垄断工业资本也构成其重要且持续增长着的一部分，在危机后尤为如此"。②

第四，肯定金融资本理论在当前的适用性，但是根据当前现实进行了必要的拓展。澳大利亚学者金在纪念希法亭《金融资本》发表一百周年的论文中，认为当前全球金融业距离一个世纪前所发生的众多变化，例如新自由主义经济政策、美国等国的银行地位下降、对冲基金等机构投资者兴起、跨国公司金融动活跃等，都可以在希法亭的框架中通过拓宽修正等方式纳入，但是消费者债务、住房贷款市场这两个问题可能在原来理论中进行解释比较困难。③ 在国内研究者中，吴大琨等人的《金融资本论》（1993 年）与张宇、蔡万焕（2010 年）都认为，列宁所提出的金融资本概念的三个要素对于当前美国依然有效，也都根据美国市场型金融系统现状以及银行与企业之

---

① 《资本论》第 3 卷，人民出版社，2004，第 378 页。
② Hoca, Bulent, "A Suggestion for A New Definition of the Concept of Finance Capital Using Marx's Notion of 'Capital as Commodity'". *Cambridge Journal of Economics*, 2012, pp. 1 – 16. 我们认为，霍卡的研究非常值得重视。但是马克思针对借贷资本所提出的"资本的商品化"问题是否适用于概括证券等其他形式的金融领域内的资本还值得进一步探讨。马克思本人在分析这一问题时，强调资本成为商品后就存在着与商品类似的流通问题："它的运动中保存自己，并在执行职能以后，流回到原来的支出者手中"。这比较适合概括借贷资本以及证券发行市场的运行规律，而国债、股权等作为现实资本"纸质复本"在交易市场上的运动规律与此有着明显差异，"（国债）这个金额从来不是作为资本支出的，不是要作为资本投下的，而只有作为资本投下，它才能转化为一个自行保存的价值"。因此，股票等虚拟资本反映的并非是资本自身的商品化，而是资本所有权证书的商品化："这些所有权证书……已经成为商品，而这些商品的价格有着独特的运动和决定方法。"（《资本论》第 3 卷，人民出版社，2004，第 384、527、589 页）
③ King. J. E. "Hilferding's Finance Capital in the Development of Marxist Thought". *History of Economics Review*, 2010, pp. 52 – 62.

间的复杂关系而对原有的概念进行了拓展。吴大琨等人的拓展方法主要在于：一是将原来的银行资本与产业资本的概念分别拓展，"现代金融资本是在战后生产和资本进一步垄断的基础上，以垄断性商业银行为中心的金融业垄断资本与垄断工业公司为主体的企业资本的融合或混合生长"，其中金融业资本包括了金融市场上的保险公司、投资银行等其他垄断型金融机构的资本，企业资本还包括了垄断性交通运输、公用事业和商业等资本；二是将原来金融资本对企业的金字塔式垂直控制转为网络状的联合控制结构。① 张宇、蔡万焕的拓展方法主要是：其一，将金融资本的外延拓宽为两个层次，即所有金融领域的食利性资本构成第一层次，而列宁所分析的金融资本含义构成第二层次；其二，就金融资本与产业资本的结合方式问题，考虑到多种可能而拓宽为四种方式。② 上述研究在理论上具有非常重要的贡献，但是其中也有些还可以进一步探讨的地方。③ 此外，刘元琪也进行了类似的论证，但是他不认为金融资本还对产业资本具有实质的控制力，而是通过对关键技术、大宗商品、销售终端等当今时代的关键点实施控制。④ 还有一些国内学者的类似研究则不一一列举。

（三）重新认识希法亭、列宁等人所建立的金融资本理论的核心内涵

我们认为，作为在一个世纪前提出的理论体系，希法亭、列宁就金融资本的相关论述自然依据的是当时的经济发展状况，其提法与表达方式都与当时金融体系的具体特征有关，但这一理论体系的核心内涵在当今时代依旧成立，这可以从三个方面来理解。

首先，金融资本是以银行资本等金融业资本与产业资本的相互融合为核心特征的资本新形态。银行资本与产业资本的融合是金融资本概念的核心内容，这一"融合"的理论意蕴需要进一步挖掘。从希法亭等人的研究看，

---

① 吴大琨：《金融资本论》，人民出版社，1993，第57、77页。
② 张宇、蔡万焕：《马克思主义金融资本理论及其当代的发展》，《马克思主义与现实》2010年第6期。
③ 例如吴大琨等人的《金融资本论》由于成书较早，对于美国金融市场的崛起以及银行被边缘化等问题没有反映，所提出的养老基金不属于金融资本等问题也值得商榷；张宇、蔡万焕（2010年）的分析对于两个层次的金融资本之间的内在联系等问题还有待论证，金融资本与产业资本的关系问题还未及具体展开。
④ 刘元琪：《金融资本的新发展与当地资本主义经济的金融化》，《当代世界与社会主义》2014年第1期。

这一融合应该理解为"双重融合",即银行资本与产业资本的融合是以货币资本与虚拟资本等金融领域内的资本融合为前提,货币资本与虚拟资本相融合形成银行资本,进而实现银行资本与产业资本的融合。上述两个融合过程的具体形式在不同历史时期存在着不同特征,双重融合后所形成的金融资本在今天已是同质的统一整体。

其次,金融资本具有相对独立且不断发展着的运动规律。金融领域内的资本具有极大限度的流动性,是资本运动的最高级和最纯粹形式,而其运动规律则是独特、充满假象而且不断发展变化之中的。在第一次金融化浪潮兴起的初期,马克思就指出,"生息资本一般是一切颠倒错乱形式之母",以及"虚拟资本有它的独特的运动",并初步分析了借贷资本以及虚拟资本如何径直达到"钱生钱"的基本原理,这些分析是我们认识金融资本运动规律的主要基础。希法亭所建立的金融资本理论框架,最为重要的贡献之一就是大大丰富了马克思的分析,特别是引入"创业利润"等概念,将对金融资本运动规律的认识提高到一个新的阶段。当前的金融活动已经呈现了高度复杂化、高度专业化等特点,其运动规律需要在已有理论基础上进一步深入开展研究。

再次,金融资本具有超越金融领域的控制力的本质属性。希法亭曾着重强调银行资本对产业资本的控制问题。列宁则是更多强调了银行资本与产业资本相互融合后形成的金融资本在整体上的控制力,如他所指出的:"金融资本对其他一切形式的资本的优势,意味着食利者和金融寡头占统治地位,意味着少数拥有金融'实力'的国家处于和其余一切国家不同的特殊地位。"为了达到直接获取资本增殖的最终目的并且保持这种获取方式的有效性,金融资本始终发挥着对外界的积极影响力与控制力,并且总的来说,随着金融活动的迅猛发展,这种影响力在今天已经大大加深了,但是其具体形式则依据不同的历史条件而发生着灵活的变化,对产业资本的直接控制只是其控制力在当时历史条件下的表现。

金融资本理论就是由上述三方面核心内涵所构成的理论体系,在本文随后的分析中可以看到,这些核心内涵在当代条件下都是成立的,当然也都呈现出了新的形式与特征。从金融资本理论核心内涵的角度,我们可以基本把握住当代金融资本的总体状况,研究当前资本主义经济的金融化等货币金融领域问题,需要以金融资本理论为主要理论框架。

三 当代金融资本是金融领域内高度一体化的各种资本形式所构成的同质整体

作为资本的一种新形态，金融资本由银行资本与产业资本两种不同形式的资本相互融合所形成，这种"融合"的含义历来存在着不同理解。例如，有学者认为，两种资本"融合"的含义需要进一步解释："主要困难在于两个不同的独立的东西即掌握在银行手中的银行资本和有机地纳入公司中的工业资本虽被认为是融合在一起的，但依然是不同的……虽然希法亭指出金融资本具有'相对独立性'，但在有些地方又轻易地认为银行资本简直变成了工业资本：'银行……越来越成为工业资本家的了'。而列宁在为布哈林的《世界经济和帝国主义》所写的序言中，则把马克思赋予银行资本的普遍特性（表现为生息资本）赋予金融资本，他说：'金融资本在国内和国际上特别流动灵活，特别错综复杂；它特别不固定，脱离直接生产……'"[1]

上述疑问涉及了金融资本概念中的一个基本问题，即金融资本的资本形态具有同质性还是异质性？我们认为，理解金融资本的资本形态问题关键在于正确理解希法亭所提出的银行资本与产业资本的融合机制，这一融合机制应该用"双重融合"来概括：金融领域内各类资本的融合是银行资本与产业资本融合的基础，前者决定了后者融合的深度与形式，以及金融资本的形态。当金融领域内的各类资本融合还处于较低阶段时，金融资本就会体现出明显的异质性；反之则会使得银行资本与产业资本的融合呈现出作为金融领域内高度一体化的各种资本从整体上对产业资本的控制力，此时金融资本所呈现出的形态是金融领域内高度一体化的各种资本形式所构成的同质整体。

（一）作为金融资本概念前提的是金融领域内各类资本的融合

金融领域内各类形式资本的融合是金融资本产生的基础，也是金融资本最终形成的关键条件，银行资本在这一进程中发挥了主导作用。马克思对金融领域内各类形式资本的融合就高度重视，例如他指出，银行使得分散的货

---

[1] 劳伦斯·哈里斯：《金融资本》，《马克思主义思想辞典》，陈叔平等译，河南人民出版社，1994，第 208~213 页。

币资本融合为一个整体:"出现在市场上的货币资本……会越来越不由市场上现有资本的这个部分或者那个部分的所有者来代表,而是越来越作为一个集中的有组织的量,这个量……是受那些代表社会资本的银行家所控制的";同时,银行资本的各构成部分中,不仅债券、股票等有价证券属于虚拟资本,信用制度的发展使得全部存款包括准备金也都成为虚拟性的,"借贷资本期初总是以货币形式存在,后来却作为货币索取权而存在,……转化为所有权证书了"。① 希法亭在分析银行资本如何部分转化为产业资本时指出,银行的一项重要的新职能就是先将货币转化为货币资本,再将货币资本转化为虚拟资本,其中后者"发生了虚拟资本的两重化",即货币资本虚拟地转化为银行股份资本,银行资本再虚拟地转化为产业股票,金融领域内各种资本之间的相互转化构成了银行资本与产业资本融合的基础。而在金融资本最终形成阶段,金融领域内各类资本之间的关系也发挥着极为重要的作用:"随着财产的日益集中,控制银行的虚拟资本的所有者与控制产业的资本所有者越来越合二为一。如我们已经看到的,当大银行愈益获得对虚拟资本的支配权时,更是如此。"② 因此,理解金融资本这一概念,首先要分析金融领域内各类资本之间的关系。

在20世纪初期,金融领域内的各类资本的融合还处于较低阶段,这表现在两方面:第一,金融领域内各种资本融合以银行为中心,"一切资本被以货币资本的形式集中起来,只有通过银行的中介才能提供生产者支配";③ 第二,由于金融市场还不够发达,金融领域内各种形式资本的一体化程度还比较低,彼此形态上的互相转化还具有较高的成本,同时银行所持有的产业部门的虚拟资本的流动性也较低,从而使得银行资本与产业资本的融合固化于某些特定银行与某些特定企业之间,而不是根据收益情况在不同的企业中随时灵活调整布局。

资本以货币金融形式持有时,就意味着获得了最强的流动性,在不同的金融业务、金融工具、金融机构乃至不同的地域与不同的国家之间自由流动

---

① 《资本论》第3卷,人民出版社,2004,第413、576页。
② 希法亭:《金融资本》,福民等译,商务印书馆,1994,第194、253页。有研究者依此认为应该用银行对虚拟资本的控制权这一关系来定义金融资本。参见 Guillen. A and Mexico, D. F. "Contributions of Rudolf Hilferding to an Understanding of the Current Global Economic Crisis", *Economie Appliquee*. Vol. 66, Issue 2, 2013, pp. 115-132。
③ 希法亭:《金融资本》,福民等译,商务印书馆,1994,第198页。

与转换，是其内在需求。20世纪90年代，美国、英国、德国、法国、日本等主要资本主义国家相继完成了以金融自由化和混业经营为核心的金融改革后，在政策上为金融领域内资本的一体化创造了条件。当前，不同类型的金融体系彼此趋同、不同形式的金融活动互相融合、不同种类的金融中介业务高度交织，资本在金融领域内的不同部门间以非常灵活的方式流动与转换，并以高度一体化的整体方式呈现出来。

当前，不同金融领域资本的融合与集中主要通过资本整合与业务融合这两种方式实现。首先是以上市或者购并等资本运作的方式，商业银行、保险机构等金融机构在证券市场上市，这本身就意味着银行资本、保险资本等与证券资本的进一步融合。这种融合已经非常普遍，例如在纽约证券交易所上市的银行达到900多家，超过上市公司总数的30%。从并购方式看，20世纪90年代末，在国际范围内掀起了金融业的购并热潮，其中银行业内部的并购形成了一批超级银行，并奠定了美国、英国、法国、德国、瑞士等国家银行业的主要格局，跨行业的并购也极为活跃，例如美国花旗银行同旅行者公司的兼并，合并后的集团的业务范围包含商业银行、投资银行和保险业，成为全球第一家业务范围涵盖最广的国际金融集团。

其次，不同金融中介机构之间以及银行等金融中介机构与金融市场之间在业务上的互相融合。这一方面体现在商业银行在受到金融市场迅速发展的冲击下，为了生存而进行金融创新，特别是借助于各类金融衍生品，将传统的银行业务渗透到资本市场中去，例如从事资产管理业务与投资银行业务、推行信贷资产证券化，等等，证券市场相关业务已经是美国商业银行最主要的收入来源；另一方面则体现在自20世纪60年代开始，基于金融市场上的各种非银行金融中介机构及其工具与产品发挥着类似传统商业银行职能，形成了所谓的影子银行体系，其规模已经超过了传统的银行体系。[1]

---

[1] 从美国情况看，影子银行系统的总负债及净负债额分别在1991年与1996年超过了传统银行系统的负债额。在2007年发展达到高峰，当年传统银行系统的负债额不足10万亿美元，但影子银行系统的净负债额超过了15万亿美元，总负债额则接近20万亿美元；至2011年底，影子银行系统的净负债额略低于传统银行系统，而总负债额依然高出。参见 Pozsar, Z., et al. "Shadow Banking", Federal Reserve Bank of New York Staff Reports, No. 458 (February 2012)。

（二）银行等金融业资本与产业资本的融合方式——从"个体性融合"至"整体性融合"

在希法亭、列宁的分析中，大工业垄断资本家与大银行家通过"个人联合"所形成的金融寡头是金融资本的主要表现形式，金融寡头通过"参与制"等方式形成了层次多重、控制紧密的大型财团，这是当时银行资本与产业资本融合的主要方式。我们可以将这种以特定的银行与特定的企业之间的较为固定的融合方式称为"个体性融合"。

当前，与希法亭、列宁等描述较为一致的美国八大财团在"二战"后纷纷消失，而在金融市场高度发达、资本职能高度分离、持股高度分散的新形势下，银行等金融业资本与产业资本之间的融合依然存在，但是采取了新的方式，即以金融领域内各类资本为主体、以金融市场为主要活动场所、以现代公司治理模式为主要控制机制所实现的金融资产所有者与产业资本所有者的高度融合。这一融合使得金融部门内的资本从整体上高度控制了产业资本等其他资本形式，我们可以称之为"整体性融合"。

"整体性融合"可以从两个方面来理解。

首先，金融资本由"个体性融合"走向"整体性融合"的根本原因是资本自身增殖逻辑的需要，主要推动力量则是金融体系的不断发展。流动性是资本增殖过程中的重要影响因素，为了及时获得经济各个领域中有利可图的投资机会，金融资本采取以金融资产持有方式而非固化在某些特定企业之上，这种融合方式更加符合资本的利益，这可以在金融市场高度发达、各类金融资产具有极强的流动性与可转换性的情况下实现。马克思曾预见过这一发展逻辑，即随着生产规模的扩大与股份公司的成立，越来越多的"资本所有者则转化为单纯的所有者，单纯的货币资本家"，[①] 为了保证这些货币资本家根据资本所有权而获得相应报酬，金融系统将迅速发展并提供制度性的保障。

其次，"整体性融合"体现在资本所有者以金融资产持有者的身份对企业进行着实质控制，其实现机制就是现代金融体系与现代企业制度的结合点——公司治理机制，目前已经形成了不同的模式及相应的系统性制度安排。金融资本对企业的控制可以通过银行等金融中介机构与金融市场两种不同的渠道进行，前者通过贷款、派遣金融中介机构代表参与企业董事会等方

---

① 《资本论》第 3 卷，人民出版社，2004，第 495 页。

式,与传统的银行控制模式较为接近;后者则是通过金融市场来进行的,在美英等国家居于主导地位。在美国所形成的基于金融市场的公司治理模式中,股东对企业的控制权主要有内部治理机制与外部治理机制两种途径,前者简单来说是股东通过行使投票权这一"用手投票"方式来决定企业重大事务;外部治理机制包括股东通过抛售股票这一"用脚投票"方式以及兼并、收购等行为对企业经营者的外部制衡。

(三) 当代金融资本的新形态

我们可以从以下方面来理解当代金融资本的新形态。

第一,当代金融资本是由金融领域内高度一体化的各类资本形式所构成的整体。金融资本的形成是"双重融合"的结果,当前金融领域内的各类资本已经形成了高度一体化的整体,其与产业资本等其他资本形式之间的融合呈现出了"整体性融合"的特征。因此,当代金融资本不再依然存在银行资本与产业资本两类异质主体形式,而是融合后采取统一的金融资产形式,这使得金融资本具有极强的流动性,在获得剩余价值时更加灵活主动。值得注意的是,传统融合方式的主体仅限于极少数控制了银行或垄断企业的大资本,现在则是规模不同的资本均可以以持有金融资产的方式转化为金融资本。

第二,当代金融资本具有高度的垄断性。金融资本的高度流动性推动其不断走向集中,实现垄断。以银行为例,在 1980 年,美国共有 19069 个银行及储蓄机构。而到 2010 年,这一数字已经下降至 7011 个,在此期间发生了超过一万次、累计金额超过 7 万亿美元的银行间并购交易。相应的,美国银行领域内的垄断问题大大加剧,在 1980 年,10 家最大的银行机构持有银行系统总资产的 13.5%;而在 2000 年,这一数字上升至 36%;至 2010 年,则超过了 50%,形成了寡头垄断格局。[①]

第三,在各类金融资本中,银行资本依然具有特殊地位。这可以从两个角度理解。一是,吸收公众存款这一银行特有职能使得其具有较为稳定的资金来源,对于金融风险有着更强的抵御能力。美国曾经长期流行过"银行

[①] 参见 Adams, Robert M.,"Consolidation and Merger Activity in the United States Banking Industry from 2000 through 2010", *Finance and Economics Discussion Series*, Vol. 51, 2012, pp. 56 – 73。

衰亡论",但在 2008 年美国金融危机冲击下,美国前五大投资银行中,一家倒闭,两家被银行收购,另外两家转型为银行控股公司,从而为这一争论做了历史结论。二是,银行与金融市场之间并非彼此替代或者彼此排斥的,相反,银行不仅是金融市场的积极参与者,还以其在规模以及管理上的优势而在金融市场上发挥着特殊重要的作用。例如,银行是市场上主要的资产管理者之一,养老基金等众多资产管理者都要与银行建立密切的合作关系,银行积极参与证券化、衍生化的各种市场交易,占据衍生品市场交易绝大部分份额的场外交易就是以银行为载体进行的。

四 当代金融资本具有新的运动规律

第二次"金融化"浪潮中,金融活动的活跃程度及复杂程度史无前例,其具体形式也发生了深刻的变化。在 1980 年前的 30 年中,美国金融服务业占 GDP 的比例年增长 7% 左右,而此后至金融危机前,年增长速度上升到了 13%。这一增长主要来源于两个方面:证券资产的迅速扩张与商业银行个人信贷业务的不断上升,其中房屋按揭贷款总额占 GDP 比例从 1980 年的 34% 上升到 2007 年危机爆发前的 79%。[1]此外,商业银行的收入结构也发生了巨大变化,来自非传统信贷业务的各种表外收入成为收入的主要来源。美国金融活动的上述特征,需要从当代金融资本运动规律的角度予以分析。

资本是一种能够带来价值的价值,从理论上认识金融资本的运动规律,关键在于将其运动纳入剩余价值的生产与分配的价值关系框架之中。我们认为,马克思对金融资本运动规律的分析大体可以概括为两个方面:分割价值与博取价值。分割价值主要是针对借贷资本而提出的,借贷资本的利息是剩余价值的转化形式,反映了剩余价值在产业资本与借贷资本之间的分割关系,总利润被分割为利息及企业主收入,"总利润的这两部分硬化而且独立化了"。[2]博取价值则是主要针对虚拟资本而言,其交易本质是在以赌博的方式来对既有的剩余价值进行再分配。马克思指出:"由这种所有权证书的

---

[1] 参见 Greenwood, R. and Scharfstein, David, "The Growth of Modern Finance", *Journal of Economic Perspectives*, 2012。
[2] 《资本论》第 3 卷,人民出版社,2004,第 420 页。

价格变动而造成的盈亏……就其本质来说,越来越成为赌博的结果。赌博已经取代劳动,表现为夺取资本财产的本来的方法,并且也取代了直接的暴力。"① 分割价值与博取价值都属于剩余价值的分配问题,金融资本运动本身并不创造价值。

在希法亭的分析中,对马克思所提出的金融资本在分割价值和博取价值方面的运动规律进行了补充与丰富,并且提出了一种新的运动规律——获取"创业利润"。创业利润是指"产生平均利润的资本与产生平均利息的资本之间的差额";"创业利润不仅仅是在真正意义上的创建时才得到的……在现有股份公司每一次增加资本的时候,也同样可以获得";"创业利润既不是欺诈,也不是补偿或报酬,而是一种特殊的(suigeneris)经济范畴"。② 在希法亭的分析中,这种特殊性在随后被解释为,"创业利润或发行利润,既不是利润,也不是利息,而是资本化的企业主收入",③ 其来源不是对现在已有的剩余价值进行分配,而是对未来的剩余价值进行资本化,这实际上反映了一种对剩余价值的在不同时间上的再分配关系。④ 希法亭对"创业利润"的相关分析是我们认识今天金融资本运动规律的重要依据。

我们认为,当代金融资本的运动规律既有历史的延续性,又有众多新的特点。其中,分割价值与博取价值在今天依然存在,不过其形式也更加多样且复杂了,限于篇幅,我们对此不予展开。当代金融资本新的运动规律体现在三个方面:跨时分配剩余价值、跨时配置劳动力价值、创造价值。其中,跨时分配剩余价值是"创业利润"理论的当代形式,也是当代金融资本的最为重要的运动规律;跨时配置劳动力价值是一种全新的金融资本运动规律,主要针对的是与劳动者有关的养老基金、房产信贷等各种个人金融业

---

① 《资本论》第 3 卷,人民出版社,2004,第 541 页。
② 希法亭:《金融资本》,福民等译,商务印书馆,1994,第 111、133 页。
③ 希法亭:《金融资本》,福民等译,商务印书馆,1994,第 190 页。
④ 日本学者伊藤·诚认为,希法亭对"创业利润"的理解有误,其来源应该来自于当期货币资本在交易者之间的再分配,而非未来的剩余价值。拉斯帕斯卡指出,这两者并不矛盾。当期再分配就是以购买者持有后获得未来剩余价值为基础的。这一观点是正确的。但拉斯帕斯卡在利用股息资本化模型面对"创业利润"的数学表达中,将当前利润作为分子而稳定不变,从作为分母的不同贴现率角度来认识创业利润的来源。我们认为这值得商榷,应该从对未来利润的不同预期这一分子角度来认识创业利润的来源,采用当前利润作为分子就是一种对未来利润情况的预期方式。分别参见 Itoh, M., *The Basic Theory of Capitalism*. London: MacMillan, 1988, p. 287; Lapavitsas, C., *Profiting, without Producing: How Finance Exploits Us All*, Verso Books, 2014, p. 165.

务，反映了金融资本的活动空间已经从生产领域而拓展至大规模介入到个人生活领域；创造价值则是针对金融服务业日益具有的为社会化大生产服务的一面，也是一种对金融资本运动规律的新的归纳。

（一）跨时分配剩余价值

希法亭所提出的"创业利润"概念，首次涉及了现代意义上的金融系统的关键职能，即对资源在不同时间上进行跨时配置与转换，从而将金融资本在流通领域内对剩余价值的分配功能动态化了。这是我们理解当代金融资本运动规律的关键之一，具有非常重要的理论意义。

首先，金融资本对剩余价值的动态分配功能体现在金融活动的方方面面，"创业利润"的适用范围需要大大拓展，用"时际利润"来替代可能更为精确：它不仅存在于企业上市阶段或者增加股份之时，也存在于企业的并购重组之时；不仅存在一级市场与二级市场之间的价格比较之中，而且存在于二级市场上的交易价格比较之中，例如持有在市场上价格被低估的公司股票以获得的价差收入；不仅存在于证券市场交易之中，而且可能存在于银行的存贷款业务之中，例如新出现的银行可以根据企业运营情况而分享其股权超额收益的"选择权贷款"等。上述现象中，从"创业利润"的角度来认识证券市场上的金融资产交易行为最为重要，这些交易行为既有高度投机的博取价值的一面，也有基于企业基本面情况而较长时间持有以获得未来剩余价值的一面。

其次，金融资本对于剩余价值的跨时分配功能从根本上改变了剩余价值的分配格局，使得剩余价值分配呈现为了更为迅捷、更为专业、更为脆弱的持续不间断进程。当代金融资本的高度发达，使得资本家对剩余价值的索取与分配由现在延长至未来无限的时空，对冲基金等机构投资者往往成为剩余价值跨时再分配过程中的最为敏感而凶悍的猎手，剩余价值在有未来持续提高的迹象时，股价就会波动，从而使得未来的超额剩余价值在即期的瞬间就被争夺走，而后续接盘的投资者分享的是市场上的正常收益；在剩余价值的跨时分配中，风险投资、私募股权基金、共同基金、养老基金等各种类型的金融资本各有侧重，各得其所，从而呈现专业化分工协作的特点。由于金融资本所争夺的对象是建立在预期基础上的未来的剩余价值，未来的不确定性使得剩余价值的跨时分配具有高度的脆弱性并容易酿成金融危机。

(二) 跨时配置劳动力价值

剩余价值的生产是与作为工资的劳动力价值形成密切相关的。金融资本在对剩余价值进行跨时分配的同时，对劳动力价值也发挥着跨时配置功能，通过养老金、医疗保险、住房按揭贷款等金融业务工具而对未来若干年内的工资进行时间上的优化配置，金融资本则从中获取了管理费、利息等相应的利润。20 世纪 80 年代后，商业银行业务日益转向个人，按揭贷款成为金融资本增加最为迅速的领域之一，工人的部分工资也被强制转化为养老金、医疗保险等金融资产方式持有，工人被广泛卷入金融机制中。由于上述现象并非发生在生产领域，之前的金融资本运动规律均与之不相符，而劳动力价值的跨时配置角度则提供了一种解释的可能。以住房抵押贷款为例，这意味着劳动者预支了未来的工资，并且承担相应的利息费用，从时间维度上看，是资本阶层与劳动者协商后的劳动力价值支付过程的动态调整，是在相应时期内的工资总额扣除利息费用之后的结果。此外，美国个人金融业务的兴起是与实际工资的长期停滞相联系的，这就意味着个人信贷业务在一定程度上替代了劳动力价值的正常提升，并且劳动者工资的相当部分已经直接转化为养老基金等金融资产，可见金融资本与劳动力价值两者的密切关系。

金融资本跨时配置劳动力价值的效应是双重的，它显然首先意味着按照资本的逻辑而对劳动者施加的一种剥削，增加了劳动者的负担，同时未来的不确定性又往往使得劳动者陷入债务陷阱的困境。拉帕维查斯将商业银行从个人金融业务中获取的利润称为"金融掠夺"，需要将之与生产中系统性发生的剥削区分清楚，"金融掠夺是流通领域中产生的一项额外的利润来源，它与个人收入相联系，包括已经存在的货币和价值的流动，而不是新的剩余价值"①。但需要同时看到的是，上述活动同时也具有一定的正面意义，它为劳动者提供了一定的自主选择权，不宜仅仅从欺诈与掠夺的角度来认识。

---

① 上述分析见于考斯达斯·拉帕维查斯《金融化了的资本主义：危机和金融掠夺》，李安译，《政治经济学评论》2009 年第 1 辑。"金融掠夺"理论渊源在于马克思在于提到用于个人消费的房屋租借行为时，曾提到的"这是伴随着在生产过程本身中直接进行的原有剥削的一种第二级剥削"。可参见《资本论》第 3 卷，人民出版社，2004，第 689 页。

(三) 创造价值

金融资本的价值增殖已有较大比重来自专业化的金融服务活动，或者与这些金融服务活动紧密相关，而这些金融服务活动是社会化大生产顺利进行的必然要求，例如信用调查和风险评估、财务分析、风险评估与管理等金融业务，因此金融资本的增殖过程不能视为纯粹是寄生性的。德罗奈曾指出，不能只从流通领域内的剩余价值分配这一"寻租"性质上来理解现代金融资本，"金融资本的发展不但不置身于生产变革之外，而且是发展信息和服务业的载体。金融资本的发展促使信息和服务转化为商品，并通过高新技术的开放，实现资本的增殖"。①

马克思在《剩余价值理论》中写道："自然，所有以这种或那种方式参加商品生产的人，从真正的工人到（有别于资本家的）经理、工程师，都属于生产劳动者的范围。"② 而当代金融服务业的相当一部分从业者显然应属于这一范围。目前，关于当代条件下如何理解马克思的劳动价值论还有着较大争议，③ 我们认为，如果承认企业的经营管理活动是生产劳动的一部分而创造价值的话，那么有相当大比例的金融服务活动与经营管理活动属性相同，自然一样也是创造价值的。金融资本在以投机性、寄生性为主要特征的同时，也具有生产性的一面，这是当代金融资本的新运动规律。

五 当代金融资本对经济其他领域及社会具有非常强大的控制力

金融资本对经济其他领域及社会所具有的控制力是金融资本的本质属性。希法亭、列宁都对"一战"前金融资本的统治地位进行了深刻描述，在20世纪80年代金融资本重新兴起后，再次呈现出了特殊而强大的控制力，使得以美国为代表的资本主义经济呈现出了"哥白尼式的革命"："原来围绕着公司及其规则运转的社会体系现在变成了一种以金融市场为中心的体系，

---

① 让-克洛特·德罗奈：《金融垄断资本主义》，张慧君编译，《马克思主义理论与现实》2001年第5期。
② 《马克思恩格斯全集》第26卷，人民出版社，1972，第147页。
③ 我国关于劳动价值论问题的争论情况，可以参见蒋南平、崔祥龙《不能脱离马克思的理论框架来发展劳动价值论》，《经济纵横》2013年第10期。

在这一体系中,公司本身以及家庭和政府都受金融市场力量的牵引"。[①]

金融资本只是在金融领域内循环,这种循环既获得了最大限度的自主性与灵活性,但也存在着高度的脆弱性,保持对金融以外其他领域的控制力是必然要求。金融资本对其他领域的控制力以保证资本增殖为最终目的,因此其控制力的表现形式随着历史条件的变化而变化:控制程度是时紧时松的,当金融资本的收益比较有保障时,可能更多处于"引而不发"的状态,而当金融资本的利益受到了损害或者挑战时,其控制力就会更为明显展示出来;控制方式是若隐若现的,既有比较直接的掌握控股权等方式,也通过对社会文化、思维方式等的影响而以较为隐蔽的方式发挥影响;控制领域是渐行渐广的,随着金融化的加深从生产领域逐步扩展到其他领域;控制手法的复杂性是愈演愈烈的,已经形成了非常专业化的合约安排、产品设计与运作模式。

金融资本的控制力可以从以下几方面来具体认识。

(一) 金融资本控制力的权力结构

金融资本所具有的控制力从根本上讲,是资本主义社会权力结构的重组,涉及阶级关系、统治秩序调整的诸多方面。

首先是各类资本之间的关系。金融资本的兴起,最先引起的是各种形式资本之间关系的变化,其中金融资本对产业资本的统治地位尤为引人注目。这种关系是斗争还是合谋的产物有待解释。迪米萃斯认为,这种关系是两者合谋的结果,因为两者在维持对劳动的政治统治上的利益是高度一致的,金融资本所具有的风险管理等功能有利于整个资产阶级加强资本对劳动的剥削。[②] 我们认为,这种看法是正确的,需要进一步补充的是,当代金融资本具有双重属性,它既是与产业资本、商业资本相并称的职能资本形式之一,同时在各类资本所有者基本上都是以证券化的方式来掌握资本的情况下,它又是资产阶级作为一个整体来体现资本所有权的一种工具,具有"元资本"的性质。因此,当前金融资本在各类资本中的统治地位不仅是合谋的结果,更是理所当然的权力逻辑。各类资本都以金融资本为载体来实现对资本的掌握,特别是以金融资本所有者的身份来获得剩余价值。在此情况下金融部门获得超过产业部门的利润也就很容易理解了。

[①] 杰拉尔德·戴维斯:《金融改变一个国家》,李建军、汪川译,机械工业出版社,2011,第5页。
[②] 迪米萃斯·P. 索提罗波罗斯:《卡莱茨基与凯恩斯理论体系的困境——兼论国际金融危机》,张建刚译,《国外理论动态》2011年第8期。

其次是资本所有者、管理者与劳动者之间的阶级关系。"二战"后，西方国家曾经经历了被称为"凯恩斯妥协"的阶级关系调整：金融资本的权力相对下降，管理阶层的权力上升，雇佣工人的福利有所上升。在金融资本重新兴起后，这种妥协就被打破了，重新形成了基于新自由主义的社会秩序。热拉尔·迪蒙和多米尼克·莱维将其特征归纳为两个方面：首先，金融资本"与最高管理层达成的紧密联盟，给予最高管理层的巨额报酬（如各种"工资"和股票期权）；其次，上层工薪人员以及自主就业的中产阶级也加入到这个对资本所有者有利的新经济进程之中"[1]。这种新的阶级关系显然是更加不平等的，劳动者的工资被刻意压低而长期停滞，食利阶层再次兴起，管理层的自主性明显下降，资本主义社会阶级关系的对抗性有所增强。2008年的美国金融危机引起的"占领华尔街运动"中，以"我们是99%"为主要示威口号，就体现了金融资本在成为控制经济的极少数精英权势集团的同时，也最大限度地孤立了自己。

（二）金融资本控制力的主要模式

社会学家柏拉图曾经将掌权者分为资源掌控型（allocative domination）与权威型（authoritative domination）两类，其中前者可再分为依仗力量的强制型掌权者与进行操纵的诱导型掌权者，可以用狮子和狐狸来分别形容；后者可再分为基于法统的掌权者与专家型掌权者，可以用熊和猫头鹰来分别形容。[2]

金融资本在对社会施加控制时，上述四种角色兼而有之，从而构成了复杂多样的控制模式。首先是强制型控制，这既体现在其在剩余价值的创造过程中，即金融资本统领其他资本而扩大资本主义生产方式、限制工资增长以尽可能压榨剩余价值，也体现在剩余价值的再分配过程中，即金融资本在剩余价值再分配中相对于其他类型资本的份额不断增长；更体现在对劳动者的直接剥削中，抵押贷款利息、信用卡罚息、基金管理费等金融息费收入不断攀升。这些都是通过金融资本与劳动者以及其他资本之间的力量不对等而强行施加的。其次，诱导型控制突出体现在对金融市场的操纵之上，同时也体现在对社会文化的操控之上：金融资本将其思维方式深深灌输给了社会各阶

---

[1] 热拉尔·迪蒙、多米尼克·莱维：《新自由主义与第二个金融霸权时期》，丁为民、王熙摘译，《国外理论动态》2005年第10期。

[2] V. Pareto, *A Treatise on General Sociology*, New York: Dover, 1916.

层,产业利润、个人收入等都可被视为金融资产的现金流而进行资本化,企业被异化为一个个可以分拆出售的金融工具,劳动者则被异化为"人力资本",朋友、家庭和社区都成了"社会资本",这对社会的影响是极其深远的。再次,金融资本以金融资产所有者的身份而依据法律规范行使其权利,或者作为债权人介入企业运营,或者作为股东而参与董事会直接决定企业重大事务,这些都是基于法律制度而发挥其控制权。最后,作为专家型的控制则体现在金融资本依据其在风险管理、资产价格分析、财富管理等方面的专业知识而发挥影响,信息生产是现代金融系统的一项重要功能,金融资本在为社会生产力的发展提供服务的同时,也通过影响预期而谋取私利。

在上述金融资本对社会控制所扮演的不同角色与采取的不同模式中,以资产所有者身份而行使相关权利是最为直接和显而易见的,通过对社会的操纵以及作为专家发挥影响而进行的控制要间接和隐蔽一些,依仗强力而直接控制资源分配这种最为重要的方式,其控制过程往往最为隐蔽。金融资本通过上述方式形成了强力而又细密的控制系统,覆盖到社会的方方面面,整个资本主义经济也呈现出了"金融化"的特征。

(三) 金融资本控制力的发展历程

金融资本对企业的控制是其控制力的核心,以此为基础将控制范围扩大到家庭、政府并演变为对社会的总体控制。金融资本对企业控制的具体模式随着社会经济的发展情况而不断演进,控制程度有着明显差异,银行与金融市场两类主体在控制模式中的地位也不断变化。

金融资本对企业的控制情况大体可以分为四个阶段。

第一阶段是在19世纪后期所发生的以股份公司大量出现为代表的"企业革命"阶段,希法亭所提出的银行资本对产业资本的控制就是这一时期的主要特征。大萧条至20世纪70年代是"管理革命"阶段,在持股人高度分散的情况下,经理人控制问题突出,金融资本的控制力明显下降了。在这一阶段,银行对企业的控制有着重大争议,斯威齐提出银行资本已重新下降为工业资本的附属物。而不少研究者则提出,银行通过信托部门代持的企业股票、企业对银行资金的依赖性、企业互派董事等机制依然控制着企业。[①]

---

① 争议的具体情况可以参见 Bulent Hoca. "A Suggestion for a New Definition of the Concept of Finance Capital Using Marx's Notion of 'Capital as Commodity'"。

第二阶段进入20世纪80年代后，金融资本对企业的控制情况发生了重大变化，进入了"收购运动"阶段。一方面，由于企业与家庭都越来越直接从金融市场上投放或获得资金，银行在存贷款业务中逐渐被边缘化，从以企业为贷款主要客户转型为以居民家庭为贷款主要客户，并且在共同基金等规模迅速扩大情况下银行信托的持股比重不断下降，这样，银行曾经对企业的控制力就难以维持了。例如有的研究者以银行与企业间的董事互派情况作为衡量银行控制力的指标，发现自1980~1995年间银行在企业中的传统中心地位已经显著下降。① 另一方面，从金融市场来看，金融资本已经越来越难以容忍股东权利被漠视而只能被动接受管理者的收益分配的局面，机构投资者地位的上升则为改变这一局面提供了条件，以敌意收购与杠杆收购为主要手段而形成了"公司控制权市场"，金融资本向曾经侵害其利益的管理层挥舞起大棒，通过对于业绩不够理想的公司直接进行并购以重组企业而提高业绩。在这一阶段，美国差不多一半的大型企业收到了收购要约，1/3的大型企业被成功收购。②

第三阶段20世纪90年代后，随着机构投资者持股数量超过了个人投资者而高于企业总股本的40%，机构投资者有能力联合起来维护金融资本的权益，从而出现了"机构投资者积极主义"，金融资本从企业内部彻底掌握了企业的控制权，公司治理模式进入了"股东价值至上"阶段。此时，"企业成为一个金融概念，从追求长期增长与创新的非流动性实际资产的组合转变为以每时每刻都在追求股价最大化的流动性单位的金融资产组合"，③ 股价驱动着企业从事一切有助于提升金融市场对其估值的经营行为。金融资本通过股权激励等胡萝卜而成功地将企业管理层收服，在追求收益时则更加直接和短期化，机构投资者对股票的平均持有期只有一年。进入2000年后，机构投资者中的对冲基金在公司治理机制中日益活跃，形成了追求收益更为激进的"对冲基金积极主义"，它们通过高杠杆的收购控制企业后即按照华尔街的估值标准来对企业进行重组与改造，随后再将股份出售以获得股价收

---

① Gerald F. Davis and Mark Mizruchi, "The Money Center Cannot Hold: Commercial Banks in the US System of Corporate Governance", *Administrative Science Quarterly*, Vol 44, No. 2 (1998), pp. 215 – 239.

② Uzgiir Orhangazi, *Financialization and the US Economy*. Edward Elgar Publishing. 2008, pp. 35 – 39

③ James Crotty, "The Neoliberal Paradox: The Impact of Destructive Product Market Competition and Modern". *Financial Markets on Non financial Corporation Performance in the Neoliberal Era*. 2005.

益。有研究者认为，对冲基金超额收益的九成来自于此。①

第四阶段在金融资本牢牢控制了企业之外，还通过信用卡、抵押贷款、基金投资等个人金融业务而控制了居民家庭，并且通过股市价格波动以及直接派出高管担任政府官员等方式对政府政策有着强大的影响力，华尔街甚至被称为"财政部长制造商"。来自华尔街的政府官员显然在维护金融资本利益方面不遗余力：鲁宾推动了取消金融业混业经营限制的1999年《金融服务现代化法案》的通过，金融资本借此开始大规模地兼并收购扩张；鲍尔森则在2008年美国金融危机中用尽全力救助华尔街金融机构。此外，金融资本通过金融而对外国特别是发展中国家具有强大的影响力，这需要另外专文予以阐述。

六　结语

希法亭、列宁等人建立的金融资本理论，是马克思主义货币金融理论的重要阶段，是将马克思经典著作与当前现实问题联系起来的枢纽桥梁，其核心内涵在今天依然是科学的。在讨论当前作为资本主义经济核心特征的"金融化"问题时，从金融资本这一金融化的主体来建立理论分析框架较为合理，金融资本理论中的一系列重要结论依然是我们认识现实问题的有力武器。

金融资本是货币、信用、借贷资本等金融现象按照历史的逻辑所演变的必然结果，马克思曾经指出的"信用制度固有的两重性"，也是我们认识金融资本问题的基本出发点。金融资本毫无疑问具有极强的投机性，使得资本主义的寄生性与腐朽性问题更加严重，一次次引发了全球金融危机，使得资本主义的固有矛盾进一步激化；但在此同时，它也具有一定的历史进步性：它是社会化大生产的产物，反映了社会化大生产的需要，对现代经济运行具有重要的促进作用，其对风险的识别、定价、转移、管理等专业方法是任何一种经济形态都必然需要的。以金融资本的早期形态银行资本为例，马克思曾说过："银行制度，就其形式的组织和集中来说，正如早在1697年出版的《对英格兰利息的几点看法》一书已经指出的，是资本主义生产方式的最精

---

① Lucian A. Bebchuk and Michael S. Weisbach. *The State of Corporate Governance Research*, Springer Berlin Heidelberg, 2012.

巧和最发达的产物。"① 今天的银行业的信用创造、风险管理、财富管理等技术早就远远超越了一个世纪前的状况，金融市场更是成为金融技术进步最快的场所，金融资本对社会生产的重大推动作用是不应否定的。因此，有人将金融资本视为是完全投机性的，认为金融资本的增殖完全靠投机诈骗，这一看法值得商榷。

当前，资本主义经济的金融化给马克思主义经济学带来了巨大的挑战，福斯特就认为："垄断资本的金融化代表一个全新的历史时期……仅仅依据现存的经济学说（包括主流经济学和激进经济学），这种现象在很大程度上直到今天仍不可能被解释清楚。"② 作为资本运动最纯粹、最自由和最高级的形式，金融资本尚在不断发展与演变之中，我们需要在列宁、希法亭所建立的金融资本理论体系基础上，遵循马克思所提出的历史与逻辑统一的方法，结合近年来理论研究的新进展及新的现实情况，进一步探索金融资本的运行规律，并进而深刻认识资本主义的历史命运。

(作者系复旦大学经济学院教授)

---

① 《马克思恩格斯全集》第25卷，人民出版社，1998，第682页。
② 约翰·福斯特：《垄断资本的新发展：垄断金融资本》，《国外理论动态》2007年第3期。

金融资本的新发展与当代资本主义经济的金融化

刘元琪

20世纪70年代末以来，资本主义经济出现新自由主义、全球化和金融化三个重大变化，其中金融化对于资本主义经济的影响又是最深刻和根本的。本文首先将结合生产社会化的新发展以及新自由主义、全球化等新变化，考察金融化的形成过程和基本表现，然后根据马克思主义金融资本理论的本质精神界定金融化的本质内涵，最后对照列宁论述金融资本的其他重要结论进一步考察金融化如何导致其背后的主体——金融资本在其他方面表现出新的特征。

一 资本主义经济金融化形成的历史过程

资本主义经济金融化是金融资本适应生产社会化以及新自由主义、全球化等新条件而形成的，其主要经过了如下步骤。

（一）财团的衰落和金融市场的崛起

19世纪末20世纪初，经典意义上的金融资本产生了，即大的银行和大的垄断工商企业开始融合，形成金融集团。到20世纪30年代，保罗·斯威齐在其调查报告《美国经济结构》中提出，当时美国有八大利益集团。苏联学者以此为基础，并根据列宁的金融资本理论，将之改称为美国八大金融集团。20世纪40年代的中国学者把金融集团翻译成财政集团（简称财团），这就是后来中国学界多年流行的财团这一概念的来历。

财团中金融和企业的结合是很紧密的。财团的传统控制模式是，以家族财团为核心，通过控股控制一个巨大的母公司，然后这个母公司以同样的控股方式再控制子公司，如此层层严密控制，形成垂直的金字塔式的所有制结构。19世纪后期，以摩根财团为首的纽约银行家们几乎控制了所有的美国大企业。为了维护财团的稳定，摩根等财团当时既铲除那些自己不能控制的同行企业，也打击那些想通过金融投机掠夺工商企业的金融机构，以维护银行和企业之间的稳固联盟。①

但是，随着生产力的不断发展和生产社会化的不断推进，企业的产权结构和治理模式不断变化，资本日益社会化，金融机构和具体的企业之间的关系开始变得更加松散和富有弹性，它们之间的关系从紧密结合为财团发展为主要通过金融市场发生联系，金融市场取代财团成为金融资本的主要活动空间。

这种变化主要是由如下因素造成的。

资本社会化最早的一步是股份公司的出现，这是和修建铁路紧密相关的。铁路的巨大规模使大公司不得不通过出让股权来募集社会资本，这导致最早的股份公司和垄断公司（由于规模极大）的产生。股份制的出现，使资本的所有权和使用权开始分离，对企业的所有权从直接的个人所有权转为多人的间接的金融证券的所有权，这奠定了以后金融机构和企业分离以及以股票买卖为基础的金融市场的扩张的基础，也可以说是奠定了金融化的基础。

后来，由于生产和竞争的推动，资本集中进一步发展，垄断公司的规模越来越大。垄断资本发生过三次大规模的兼并。第一次是19世纪末20世纪初，大公司兼并同一部门的公司，这也被称作"水平兼并"或"横合并"。第二次是从20世纪20年代开始，大公司兼并与自己生产部门有业务联系的其他部门，这也被称作"垂直兼并"或"纵合并"。第三次是20世纪50年代中期开始的，垄断公司开始进行跨行业的兼并，这些行业之间彼此并没有必然的联系，这也被称作"综合兼并"。这一系列愈演愈烈的兼并导致垄断公司的规模越来越大，公司和整个社会生产之间、公司内部生产之间的联系日益复杂化，即生产的社会化日益深化。这导致整个社会的融资机制和公司治理机制发生了巨大变化。

---

① 参见 http://people.umass.edu/dmkotz/Neolib_and_Fin_08_03.pdf。

原来由单个银行通过控股等方式长时间稳定控制一个大垄断企业已经不可行。因为单个银行的实力不足，同时，单个银行如果想控股这样大的公司，自己投入的资产占自己总资产的比例将很大，它们这样把所有鸡蛋放在一个篮子里，风险太大。更重要的是，这样大的联合企业涉及的生产和社会关系如此广泛和复杂，它们即使控制了股份，也没有办法真正控制公司的运营环境，因此也不能保证进行这么大的投资的安全性。

当代生产力发展还带来一个重要变化：与钢铁、汽车等传统行业的技术较稳定不同，当代科技创新日新月异，并日益成为企业成败的关键，而科技创新具有很大的偶发性和风险性，实体企业随时可能因为新产品和新技术的出现而使原有的设备和技术变得一钱不值。因此，金融机构并不愿意与具体的企业紧密结合，它们更愿意让企业独立承担创业风险。但是一旦企业开发出新产品、新技术，它们又希望能够马上分到一杯羹。要达到既能避险又能迅速获益的目的，最好的办法是不把巨额资本固定在一个公司、一项技术产品上，而是随时准备把资本转移到开发出新产品和新技术的产业。而且随着企业的规模、技术等的升级，随着经营企业面临的竞争日益激烈和多变，资本的所有者已经不再具备经营自己资产的能力，公司的实际运营越来越委托给职业经理人去做，而且这些经理层的权力有日益扩大的趋势，这也导致资本所有者和大公司的经营之间的关系越来越疏远。

以上这些因素导致大银行资本和大工商业资本的紧密结合关系被瓦解，20 世纪 70 年代以来，美国大的金融机构都开始不再将自己与任何具体的公司或行业紧密捆绑，财团衰落了。由私人家族银行层层控股的金字塔式的较稳定的紧密的所有制和控制结构转变为横向联系的蛛网式的更灵活、更有弹性的所有制和控制结构，

这主要表现在以下方面。

其一，从 70 年代开始，美国最大的金融机构不仅不再受原来的财团控制，而且也不受任何新的财团控制，金融机构之间交叉持股，而且互相持股比例很低，没有任何一家金融机构可以控制另外一家。其二，大财团对大的工商企业的股权控制已经大为削弱，基本没有直接的控制权。以摩根财团为例，根据 1980 年美国国会调查报告，在 100 家最大的非金融公司中，摩根公司只在其中 13 家有最大表决权，而且即使在这 13 家公司，其持股比例都不超过 5%。到 1979 年，洛克菲勒财团只在一家工业公司，即埃克森石油公司拥有最大表决权股票，但是也仅占公司总股权的 1.71%。银行占有这

样微弱的股票是无法实现直接控制的。其三，原来用人事安排来控制公司，现在也改变了。仍以摩根财团和洛克菲勒财团为例。到1959年，摩根公司领导中已经没有摩根家族的成员了。而1981年4月，大卫·洛克菲勒从大通曼哈顿银行董事长职位退出后，就结束了该财团的家族人事控制①。这些金融家从大企业中退出后将自己的战场转向了金融市场，那里有更多的企业和机会。

另外，20世纪80年代以后，金融市场的股票日益从由家族私有转变为机构投资者即法人所有，也导致向金融市场的转向。"当前法人持股已经占有相当高的比例，在个人股权高度分散的条件下，法人在当代美国经济中已经成为占支配地位的资本形态。在个人持股比例较高的美国尚且如此，在日德等法人资本形态更发达的国家，上述趋势表现得更为明显。"②

法人资本的兴起，大大加深了资本的社会化，因为其中的养老基金、人寿保险公司和投资基金等网罗了大量普通人的资金。1982年，美国直接持有股票的人数为3200万，但是通过法人间接持股的人数超过1亿。法人资本和企业之间的关系比私人资本和企业之间关系更疏远，它们唯一的关注点就是如何通过在金融市场的投资操作更快、更多地实现增殖。

因此，在20世纪80年代以后，投资者和企业都转向金融市场，经济从间接金融转为直接金融。很多金融机构不再和企业同命运，而是开始专门通过收购和拆卖企业来盈利，因此，80年代以后新的一波资产并购运动与以前的并购大为不同。金融市场取代金融集团成为金融资本活动的主要空间，这为金融市场的规模及其重要性的急剧膨胀奠定了基础，而金融自由化又大大推动了这一进程。

（二）金融自由化与非金融企业的金融化、全球化经济体的金融化

金融自由化的第一个重要事件是美国尼克松政府1971年8月宣布美元与黄金脱钩，这标志着"二战"后国际金融经济秩序的核心金融安排即布雷顿森林体系的瓦解，从此以后世界金融秩序开始因为失去规制而变得日益混乱。

20世纪70年代末，新自由主义在西方开始逐渐取得主导地位。受新自

---

① 唐思文：《马克思主义与当代资本主义经济新特征》，中国金融出版社，1990，第84~87页。
② 张彤玉、邱海平主编《当代资本主义经济的新发展》，经济科学出版社，2005，第134页。

由主义迷信市场可以自我调节，无原则地反对政府调控的影响，美国在新自由主义时期几乎废除了全部罗斯福新政以来所建立的对金融资本的限制。美国1980年的《存款机构解除管制与货币控制法案》和1982年的《加恩－圣杰曼储蓄机构法案》初步解除了对利率的限制和对金融部门的监管。金融自由化最关键的一步是1991年冷战结束后，全球金融市场全面解除管制。这使跨国界的大规模的投机性的资本流动成为常态。1999年11月实施的《格雷姆－里奇－比利雷法案》，实际上废除了长期以来禁止银行业务与证券或保险业务混合的《格拉斯－斯特格尔法案》，允许银行混业经营。

金融自由化为金融市场的无序的爆炸性膨胀扫清了一切政策障碍，而后者又倒逼整个经济使之金融化。

首先，金融自由化导致的全球汇率和利率的巨大波动使全球化的经济体不得不金融化。全球金融市场全面解除管制使各国货币经常遭受投机性攻击，这迫使各国为了稳定本国货币，不得不大幅增加美元储备。亚洲金融危机以后这一点尤其明显，以中、日两国为代表的全球化经济体大量增加外汇储备，这些外汇储备一方面流入美国成为美国资产泡沫和金融化的基础，另一方面它们在这些外汇储备国兑换成当地国家货币也大大增加了这些国家货币的流动性，推动了这些国家的金融化。

其次，更重要的是，它推动了非金融企业的普遍金融化。当前资本主义大企业集团如同国家一样，也面对着自由化导致的汇率、利率、原材料价格等的巨大动荡，它们不得不开始金融经营，以减少风险，否则它们赚取的货币也许会急剧缩水，它们的原材料价格也无法大致稳定。于是它们的母公司不再只是生产销售中心，而开始成为一个金融决策中心，将集团的全部资产进行金融运作，以实现资产的保值和增值。

当然，除了金融自由化，非金融企业的金融化还有一个原因是，金融市场上法人金融机构力量加大。以共同基金和养老基金为代表的法人金融机构把企业只是当作一组金融资产的组合，它们考虑的问题是多盈利、快盈利，工业集团不可能不理会以这些机构为代表的金融市场的力量，它们只能主动适应并参与到金融化大潮中。另外，新自由主义时期企业治理还有一个重大变化，就是高级管理者的报酬日益用股权支付，他们的收入日益取决于股票的上涨，因此企业高管现在也倾向于金融化。这些大的非金融企业最初也许是被动参与，但是一旦参与，它们便获得了相对于做实业来说的巨大收益，这使它们开始热衷于此，并日益成为金融变革的先锋。

今天，"跨国集团掌握着连银行都望洋兴叹的交易大厅"，"国际货币基金组织对1992年夏季汇兑市场的冲击方式作了详细研究，并明确指出，如果说养老基金起着开路先锋作用的话，那么，金融冲击的真正力量来自非金融性机构和企业投资者（即大的跨国集团）"。[1] 结果是，非金融企业走向金融化，例如，"美国非金融企业拥有的金融业资本与产业资本的比率，20世纪60年代不足40%，到了2001年则飙升到约90%。以通用电气为例，2002年其属下的GE金融公司的总资产达到近5000亿美元，在通用电气中占85.15%"[2]。

（三）新货币主义的全球化央行体制的主要政策与资本主义经济金融化的初步形成

20世纪90年代以来，新货币主义一直主宰大部分市场经济国家，它坚持自由放任政策，并主张在经济下滑的时候大量注入货币，防止危机发生。新货币主义的两大核心政策极大地推动了经济的金融化。

第一项关键政策是，无原则地、持续地对金融行业实行接近自由放任的政策，这样就导致金融产品的品种和规模不受限制地肆意增加。

第二个关键错误政策是，一旦出现危机苗头就无节制地向经济中注入流动性。面对1987年的美国危机，美联储通过注入流动性来援救，导致市场充斥自满情绪，衍生出以互联网技术为核心的新经济泡沫。新经济泡沫破裂后，美联储又注入流动性，催生了更大的房地产泡沫。房地产泡沫2007年下半年破裂导致次贷危机和全球金融危机，危机规模极其巨大，美联储的应对方案有所变化，但是基本倾向还是注入流动性，即所谓的量化宽松。20多年持续大规模向经济中注入流动性，使世界经济日益陷入泡沫化。

由于上述两项政策，有统计认为，现在美国金融市场上仅场外衍生工具涉及的名义价值就超过了150万亿美元，也有人说超过600万亿美元。美联储一直不支持对这些新的金融活动进行调查和监管。

（四）资本主义经济金融化的最高阶段——金融全球化

金融全球化是指各国货币体系和金融市场之间的一体化。局部性的金融

---

[1] 弗朗索瓦·沙奈主编《金融全球化》，齐建华、胡振良译，中央编译出版社，2001，第170页。
[2] 张宇、蔡万焕：《金融垄断资本及其在新阶段的特点》，《中国人民大学学报》2009年第4期。

国际化阶段开始于20世纪60年代的欧洲美元市场以及70年代的石油美元的国际循环。但是真正的大发展开始于70年代末美国和英国开始实施金融自由化之后，美英当时这样做是因为它们有巨大的政府赤字需要向国际金融市场融资，同时它们有发达的法人投资机构如共同基金和养老基金等，也想向世界投资以攫取利润。其后其他西方国家也开始开放金融市场，大工商企业的金融化也随后跟进。20世纪90年代初由于苏东社会主义的瓦解，自由化和全球化进一步发展，新兴市场国家加入金融自由化的行列。至此，自1929年危机以来建立的对资本运动进行严格控制的制度全面废除，全球金融市场一体化开始初步形成。

全球金融市场一体化形成还有两个物质条件，即全球国际金融中心网络开始形成以及以互联网为基础的全球金融交易平台。"二战"前最大的国际金融中心是英镑帝国的中心伦敦，"二战"后，美元帝国的中心纽约取而代之，并在20世纪70年代后，围绕纽约和伦敦，形成以开曼、东京、悉尼、香港、新加坡、巴林、法兰克福、巴黎、苏黎世等为节点的遍布全球的金融密网。而20世纪90年代开始建成的全球互联网，使全球电子金融交易平台建立，可以保障在全球24小时昼夜不停地进行金融交易和资本流动。

有了这两个基础，金融资本可以更便利地对全球利润进行全空间和全时间的控制和攫取，并对全世界经济活动产生巨大的影响。金融市场无时不在流动，其走向对几乎所有国家来说都是生死攸关的。其投机性极强，破坏性也极大，以致出现一个新术语——电子游牧："全球极少数人通过信息技术将全球的所有的重要投资和贸易，事实上是所有的主要利润渠道进行全方位的控制。世界出现电子游牧，资本如同成吉思汗的蒙古骑兵，以云速度、电速度控制和掠夺全球，所到之处，一片狼藉。所以现在资本越来越疯狂投机，危机周期越来越短、越来越深重。"①

2000年特别是国际金融危机以来，越来越多的资金投资于商品期货，全球商品期货以及期权方面的投资额从1995年时的大概1000多亿美元增加到2007年的7000亿美元，20世纪90年代大概有300多只对冲基金在商品市场上交易，2009年已超万只。② 而这些大宗商品中就有粮食等民生物资，这些市场的金融化已经开始危及世界很多人的生存。

---

① 尹斌：《金融资本主义的危机与中国发展战略》，《国外理论动态》2011年第12期。
② 史晨昱：《大宗商品金融化》，《中国金融》2011年第7期。

二 对资本主义经济金融化的深入界定

上面主要遵循历史过程论述了金融化的种种表现,这里需要对其作进一步的理论概括。

关于金融化,国外学者有不少界定。美刊《每月评论》2006年12月号中题为"垄断金融资本"的文章和2010年10月号中题为"积累的金融化"的文章认为,金融化是指:美国和全球资本主义经济的金融部门极度膨胀,金融市场代替制造业大公司控制了经济的最高权力,金融利润在总利润中的比例越来越大。而法国学者热拉尔·杜梅尼尔和多米尼克·莱维一直认为,金融化就是指"二战"后一度被削弱和压制的金融资本的霸权力量的恢复,其结果就是金融公司利润大增,而生产性的非金融公司的净利润率和积累率下降。格里塔·R. 克里普纳把金融化理解为一种积累模式,该模式中利润的来源日益依赖于金融渠道而非贸易和商品生产。[①] 戈拉德·A. 爱泼斯坦则将金融化界定为金融动机、金融市场、金融参与者和金融机构在国内及国际经济运行中的地位不断提升。

国内学者张宇认为,金融化作为现象表现在:"不仅金融部门相对于实体经济部门不断扩张,在国内生产总值中所占比重不断上升,而且在非金融企业拥有的资本中,金融业资本相对于产业资本的比重也在上升,金融部门在国内利润中所占比重、来自金融业的利润在企业利润中所占的比重均在不断上升。"以美国为例,美国金融业利润在国内总利润中所占比重"从80年代初的不足20%上升到90年代末的30%左右,并在2002年一度达到45%,在此次金融危机爆发前的2006年也高达56%,而同期包括制造业、运输业和信息业等在内的非金融业利润的比重则大幅度下降,曾一度降到54%以下"。而作为本质"金融化趋势是资本积累的必然结果"。一方面,随着资本积累的发展和资本有机构成的提高,实体经济的利润率下降,过剩资本不得不从产业部门转向流动性更高的金融部门。"另一方面,只有在金融资本这一形态上,资本才完全摆脱了物质形态的束缚,获得了最大限度的自主权和灵活性,才能最充分表现出其最大限度追求

[①] Greta R. Krippner, "The Financializalion of the American Economy" in *Socio - Economic Review*, 2005, Issue 3.

价值增殖的本性。"① 这些定义涉及金融化的现象及其背后的本质力量即金融资本的变化,笔者也认为金融化的科学定义应该包括这两个方面。关于现象层面,戈拉德·A.爱泼斯坦的定义比较全面,基本上可以概括其他定义的相关论述。

但是问题比较大的是关于本质的论述。杜梅尼尔和莱维的金融资本概念是狭义的,因为马克思主义理论是将制造业大公司和大银行的融合看作金融资本,在这样的意义上,金融资本的势力一直没有衰减过,因此也谈不上恢复。张宇关于金融化现象背后的金融资本的新发展的分析是很有理论深度的,只是需要进一步展开。由于金融化的现象层面的论述很多,下面主要从本质角度展开论述,而这需要借助马克思主义金融资本理论的基本视野。马克思已经认识到金融的巨大力量。他说,银行的信用制度"不仅周期地消灭一部分产业资本家,而且用一种非常危险的方法来干涉现实生产"②,"小的金额是不能单独作为货币资本发挥作用的,但它们结合成为巨额,就形成一个货币力量"③。银行资本"很快就变成了竞争中的一个新的可怕的武器,最后它变成一个实现资本集中的庞大的社会机构"。④ 列宁进一步分析了新阶段银行作用的质变。他说:"随着银行业的发展及其集中于少数机构,银行就由普通的中介人发展成为势力极大的垄断者,它们支配着所有资本家和小业主的几乎全部的货币资本,以及本国和许多国家的大部分生产资料和原料产地,为数众多的普通中介人成为极少数的垄断者的这种转变,是资本主义发展成为资本帝国主义的基本过程之一。"⑤ 因此,列宁指出,垄断资本主义的实质和核心,就是金融资本的统治,因为正是依靠金融资本的巨大统治力量的帮助,新的资本主义才能够完成从自由竞争到垄断的质变。列宁指出:"生产的集中,由集中而成长起来的垄断,银行和工业的融合或混合生长,——这就是金融资本产生的历史和这一概念的内容。"列宁诸如此类的分析的实质精神有二:一是金融资本的统治必须和经济中实体性的关键力量,在当时就是垄断的产业资本结合才能控制经济和社会;二是通过这种融

---

① Gerald A. Epstein, *Financializalion and the World Economy*, UK: Edward Elgar Publishing, 2006.
② 《马克思恩格斯全集》第25卷,人民出版社,1974,第618页。
③ 《马克思恩格斯全集》第25卷,人民出版社,1974,第453~454页。
④ 《马克思恩格斯全集》第23卷,人民出版社,1972,第687页。
⑤ 《列宁专题文集·论资本主义》,人民出版社,2009,第120页。

合要达到的目的是，使"一切经济机构和政治机构罩上一层依附关系的密网"，通过建立这一"依附关系的密网"，金融资本可以获得巨大的支配力量。列宁说："金融资本是存在于一切经济关系和一切国际关系中的巨大力量，可以说是起决定作用的力量，它甚至能够支配而且实际上已经支配着一些政治上完全独立的国家。"① 而这种层层依附网的最后控制中心是金融资本。这里的第二点是更根本的，而第一点只是达到第二点的方式。随着时代的不同，控制所采取的具体方式可能会有改变，但是控制却在加强。

如前所述，当代金融资本在第一点上确实发生了很大的变化，金融机构和大企业不再是紧密结合。这是因为如钢铁、汽车等大企业不再是当代经济的核心和关键，不过金融资本仍然通过直接方式控制着我们时代的经济的关键点，如关键技术、大宗商品、销售终端等。

除了这些关键点，金融资本一般通过金融市场进行更有弹性的间接控制。实践证明，金融市场能够更好地扩大和深化全球经济对金融资本的依附关系。例如，美国金融资本通过金融市场，早在1972年就使个人消费信贷超过了原来主要的对企业的信贷，大大扩展了资本的力量。当前全球一切地区的一切经济活动包括相当多年的未来经济活动都已经纳入金融的密网而被金融控制了。

如上文所述，当代金融资本的垄断地位和控制能力大大增加，"当代资本主义经济最深刻的变化发生在金融领域"，而这里所说的变化就是指金融资本势力的爆炸性增长，直至使"金融资本在时间和空间上，对资本使用价值的生产实现了全面的、不间断的、有效的控制，从而实现了资本的增殖，即资本利润的最大化。从这个意义上说，金融垄断资本是资本对人类社会生产的最高统治，它把生产的社会化又向前推进了一步"。② 因此，金融化的金融资本的本质性定义可以这样表述：生产的全球化和去管制化，垄断资本的停滞趋势和经济的急剧动荡，导致金融部门不得不也有条件主要借助自由化、全球化和互联网技术将全球一切经济因素引入金融市场，在全球建立了一个依附关系的密网，并最后实际上控制了全球几乎所有国家的所有经济领域的利润的生产和汲取，其外在表现是金融动机、金融市场、金融参与者和金融机构在国内及国际经济运行中的地位不断提升。

---

① 《列宁专题文集·论资本主义》，人民出版社，2009，第169页。
② 李其庆：《马克思经济学视阈中的金融全球化》，《当代经济研究》2008年第2期。

三 金融资本其他方面的新发展

列宁对帝国主义五大基本特征的概括对于认识金融资本是一个更全面的理论参照，它们是：①生产和资本的集中造成了在经济生活中起决定作用的垄断组织；②银行资本和工业资本已经融合起来，形成了金融寡头；③和商品输出不同的资本输出具有特别重要的意义；④瓜分世界的资本家国际垄断同盟已经形成；⑤最大资本主义大国已把世界领土瓜分完毕。

上文的论述主要集中在第二个特征的变化上——当然这是最关键的变化。这里就其他四个特征的新发展，以及列宁曾重点论述的金融资本导致停滞、不平衡发展、危机和战争等趋势方面的新发展，略述如下。

（一）关于产业资本和金融机构资本的集中和垄断情况

和 20 世纪初的垄断相比，金融业的垄断大为加强。比如，"1995 年，六家最大的银行控股公司（摩根大通、美国银行、花旗集团、富国银行、高盛投资公司和摩根士丹利公司）拥有的资产相当于美国 GDP 的 17%。到 2006 年底，上升为 55%，2010 年（第三季度）则到了 64%。……就在 1990 年，美国最大的 10 家金融机构只持有全部金融资产的 10%；今天它们拥有的是 50%。前 20 位的金融机构现在持有金融资产的 70%，这是从 1990 年的 12% 上涨起来的，到 1985 年底，美国有 18000 家联邦存款保险公司的成员银行。到 2007 年底，这一数字减少到 8534 家，而从那时起已经更进一步减少。美国在 1991 年的 15 家最大银行（在那时总共持有 15000 亿美元的资产）中，到 2008 年底只有 5 家（持有 89000 亿美元的资产）还存在。"① 另一资料表明，当前，"美国前 10 家金融机构托管资金总额为 93.9 万亿美元；世界前 10 家资产管理公司管理着 16.7 万亿美元的资产；世界前 10 家对冲基金管理的资产总额为 1.7 万亿美元。上述这 30 家金融机构控制了超过 112 万亿美元的财富。美国作为世界最大的经济体，2011 年创造的 GDP 为 14.5 万亿美元，而全世界各国 GDP 的总和约为 62 万亿美元。'富可敌世

---

① John Bellamy Foster and Robert W. McChesney, "Monopoly-Finance Capital and the Paradox of Accumulation", in *Monthly Review*, 2009, Volume 61, Issue 5 (October).

界'正是这 30 家金融集团的真实写照"①。而调节美国和世界金融行业的当代美国的联邦储备体系已成为美国和世界的超级垄断力量。美联储主席虽然是美国政府任命,但是美联储其实是私人银行组成的央行,这样一个亦私亦公的机构一方面通过使私人银行和金融机构加入联邦储备体系,或者参加联邦存款保险的直接方式控制美国的金融机构,另一方面通过自己的利率等政策间接控制它们。考虑到美国在全球的金融霸权,其实它就是全球的金融控制和金融垄断中心。为了支持金融资本,美联储具有极权主义特点:它不受国会的限制,也不受美国总统的制约——美国总统任期只有 4 年,美联储主席任期则长达 14 年。20 世纪 70 年代末以来,美联储的货币政策代替财政部的财政政策成为政府经济调节的核心,但是对于社会来说生死攸关的这个部门的管理完全没有民主可言,这反映了金融资本的垄断性本质。

　　金融资本垄断的最高表现就是金融寡头直接参政,直接控制政府的金融管理部门,因此出现这样的现象:"召开行政会议时,大金融利益集团的代表发现自己桌子对面坐着的就是以前的同事或主管(有时是竞争对手)","比尔·克林顿挑选高盛集团联合董事长罗伯特·鲁宾为其第一任财政部长,小布什则选择高盛集团董事长亨利·保尔森为其第三任财政部长"。②而产业资本的集中与垄断却表现出比较复杂的特点。一是在传统的制造业如钢铁、汽车等领域,垄断在进一步加强。二是在以信息产业为代表的新兴工业部门,垄断虽然存在,但是垄断的形式开始由规模垄断转向技术垄断。"技术垄断形态具有开放性,而规模垄断具有封闭性。在技术垄断形态下,没有任何力量会阻止潜在竞争者开发出比现有市场先导者更先进的技术和产品。新技术、新产品是没有穷尽的,竞争也就不可能停止。"③ 由于信息技术是 20 世纪下半叶以来的主导产业,它的这一特点使整个产业资本行业出现了更多的竞争态势。三是出现全球产业链控制和垄断模式。20 世纪 70 年代初,为了克服普遍而深重的滞胀危机,西方国家开始通过外包的方式将工业制造和组装环节转移到发展中国家,自己仍然控制产业链的顶端如核心技术和产品设计。所以,信息产业等虽然加大了产业资本的竞争,但是总的来说,在全球,垄断资本通过控制生产链却扩大了垄断的广度和深度。它们还

---

① 王立强:《国际金融危机的深层思考》,《传承》2012 年第 7 期。
② John Bellamy Foster and Hannah Holleman, The Financial Power Elite", *Monthly Review*, 2010, Volume 62, Issue1 (May).
③ 杨晓玲、梁华:《用发展的观点理解列宁关于垄断的理论》,《教学与研究》2001 年第 7 期。

一如传统帝国主义时代,控制原料和燃料。它们利用自己的金融优势将大宗商品的交易引入金融市场,这种控制比旧时代尤烈。另外,它们还创造了一个新的控制环节——销售环节,从传统的卖家垄断发展出新的买家垄断,像沃尔玛这样的超级买家运用自己的垄断销售的力量来控制生产环节的价格。

(二) 从单向的资本输出变为双向的资本流动

列宁指出,商品输出是与工业资本占统治地位相适应的特征,而资本输出则是与金融资本占统治地位相适应的特征。由于资本输出是立足于各个民族国家向国外争夺殖民地,所以,资本输出必然导致瓜分世界斗争的激化。但是,全球化和自由化的金融市场的形成,导致中心国家和外围国家的资本出现双向性流动,拉丁美洲所有国家和美国之间的资本收益流动数据就说明了这一点。"1965~2005年间,自拉丁美洲流入美国的资本收益急剧增加,从20世纪60年代的0.2%升至70年代晚期以来大约0.7%的水平……但我们也可以注意到自美国流入拉丁美洲的资本收益的急剧上升,在上述增加的大约六年后,即1978~1988年间,达到大约0.5%的水平。"① 从美国流入拉美的资本收益的大增正是拉美国家上层阶级大量投资美国的结果。这种双向流动使原来的列强的统治者之间以及弱国反对列强的民族主义的斗争大大减少,全世界的上层普遍更多地融合了,但是各国内部的阶级斗争加剧了。列宁曾经论述的富国利用垄断超额利润豢养工人贵族的现象减少,在富国也开始出现大规模的第三世界化现象。20世纪70年代以后,跨国公司通过外包将产业转移到发展中国家,跨国公司因此得到很大发展,即使在危机时期也是利润高涨,但是国内税收等却没有相应增长,因为这些盈利主要来自海外。美欧大企业当前的海外盈利均超过了国内。2007年,美国大企业海外盈利8840亿美元,而国内盈利只有7140亿美元。到2008年,美国大企业海外盈利9563亿,而国内盈利减至5320亿美元。这些海外盈利一般纳税很少。但是西方国家的政府和私人的开支却不能减少,只好都通过借债消费,最后先后形成次贷危机和主权债务危机。发达国家的经济基础事实上已经改变,但是它们仍然基本保留着"二战"后以福利国家和阶级妥协为基础的上层建筑,这二者之间的矛盾现在终于爆发了,导致占领华尔街式的被统治阶级反对统治阶级的政治危机和美国政府关门这样的统治阶级内部的政治危机。

---

① 参见 http://www.jourdan.ens.Fr, 2006年11月2日。

（三）金融资本的停滞性和危机趋势

20世纪70年代以来垄断资本主义的停滞趋势重新显现出来，资本主义经济的金融化的基本背景就是这种停滞化。法国学者弗朗索瓦·沙奈认为："金融化是世界资本主义生产方式的经典矛盾（这一矛盾在1950年到1974年的衰退以前被长期抑制）在特定历史条件下重新出现导致投资于生产的资本日益无利可图，于是逐渐积累起来的大量资本作为借贷资本力图以金融的方式增殖。"[1] 美国每月评论学派对此有深刻的阐述，他们说"美国经济的真正增长率，20世纪70年代低于20世纪60年代；20世纪80年代和90年代低于20世纪70年代"；而21世纪头十年"成为20世纪30年代到目前为止，经济表现最差的十年"。面对停滞的困境"金融扩张成为体系的主要修复手段，但却不能克服经济体根本的结构缺陷。就像毒品上瘾一样，仅仅为了保持系统的运行，每一步都需要新的、更大规模的修复"[2]。在这次金融大危机以及其后的大衰退中，全球央行机构和政府投入了数十万亿美元以救助金融机构，后果之一是政府债务大增，于是欧洲和美国都爆发了新的危机即主权债务危机。被救助的金融机构继续窝藏着自己的有毒资产，甚至继续扩大经营有毒资产，因为它们的股票的价格主要来自有毒资产市值的波动。这其实意味着下一次的规模更大的金融危机还会到来。而由于金融化经济就是建立在不透明和对风险的追逐之上，对它们实施任何限制都会威胁、动摇整个金融化进程。这表明当前的经济体系已经病入膏肓。

（四）金融资本内在的不稳定性、不平衡性和战争趋势

列宁的帝国主义论的一个重要内容是关于国际政治的，其要点是：金融资本都力图占有更多的殖民地，以输出资本、控制原料产地和输出商品，导致世界领土被瓜分完毕；由于列强之间斗争关系的法则是完全取决于实力，而列强之间发展不平衡又是绝对的规律，所以列强之间会不断掀起重新瓜分殖民地的战争，帝国主义就意味着战争。

"二战"后列强之间并没有发生战争，这说明列宁关于金融资本之间的

---

[1] 弗朗索瓦·沙奈主编《金融全球化》，齐建华、胡振良译，中央编译出版社，2001，第7页。

[2] John Bellamy Foster and Robert W. McChesney, Monopoly - Finance Capital and the Paradox of Accumulation", in *Monthly Review*, 2009, Volume 61, Issue 5 (October).

民族主义的激烈竞争的相关论述已经很大程度上不适用了。这是因为，金融资本不再是和大企业结合，以民族国家为后盾，激烈争夺殖民地。"二战"后美国在政治、经济、军事、文化等各方面比其他西方国家都强大很多，它极力膨胀自己的国家力量，削弱战前列强的政治力量和军事力量，从而根本性地改变了战前较平等的以民族国家为主角的列强格局，民族国家在西方大为削弱。"二战"后垄断资本总的来说是一个接近毛泽东三个世界式的金字塔结构，美国垄断资本处于金字塔顶尖，享有超级的垄断力量，包括金融垄断、军事垄断、高科技垄断和资源、粮食垄断力量，压制了列强之争。同时，金融资本的争夺战场从实体性的殖民地转向较虚拟的全球金融市场，这种虚拟空间中的争夺的广度和弹性要比对具体领土的争夺大得多。但是，列宁关于金融资本统治时代国际政治的基本原则，即所有金融资本拼命追求绝对统治，它们互相之间的关系完全决定于实力多寡，它们之间的实力不断走向不平衡，因此它们之间必然不断爆发激烈冲突，这些都还是基本适用于当今时代的现实的。

"二战"后垄断资本以一种超级垄断和超级实力来遏制金融寡头之间的恶性竞争。但是，不平衡规律仍然在顽强地发生作用。到20世纪60年代末，德国和日本的经济实力开始接近美国，于是传统的列强之争又出现了端倪。1971年，美国宣布美元与黄金脱钩，但是长期维持庞大的国际收支赤字的美元仍然作为国际主要的储备和结算货币，这种情况对国际经济的长期平衡发展不利，特别是对拥有大量美元储备的德日不利，但是对美国经济霸权的恢复却极为有利。1973年，中东石油危机爆发，美国接受了高油价，但是要求石油生产国石油以美元计价，这样美国又把德日置于比自己不利的地位，因为德日的石油基本完全依赖进口，它们不得不支付更多的钱，美国虽然也必须支付钱，但是由于石油是以美元计价，所以它事实上只要印刷美元就可以了，但是德日却必须辛苦去挣。20世纪70年代末，美国利用第三世界的廉价劳动力和低环境标准，外包低报酬的工作岗位，以之与欧洲和日本有利于劳工的强大社会福利传统展开竞争。后来又对德日展开金融战，先后通过卢浮宫协定和广场协定，强迫德日货币升值，瓦解德日制造业出口对自己的威胁。通过以上措施，美国在20世纪90年代迎来大繁荣，又将德日远远甩在身后。

美国这样做，不仅复活了传统的列强争霸，而且恢复了帝国主义时代的高度经济动荡。美英利用自己的金融优势地位，一直顽固地推动金融自由化，即使在2008年全球金融危机后仍然拒绝加强监管，以维持自己的金融利益。但是其代价是全球一直伴随着严重的不稳定和危机：日本从1990年至今的危机，墨西哥危机（1994年），亚洲金融危机（1997～1998年），俄罗斯金融危机（1998年），巴西危机（1999年），美国互联网泡沫破裂（2000年3月），阿根廷危机（2001年）以及2008年至今的全球金融经济危机。正是因为看到了世界重回以邻为壑的时代，所以西方国家内部也纷纷自找出路，欧盟推出欧元并追求政治自主，日本和中国对抗，同时又借此企求从美国统治下摆脱出来。展望未来，可以看出列宁关于金融资本在国际政治中的发展规律基本上仍是正确的。

（五）当前金融资本的部分技术进步性和历史意义

马克思指出，银行资本"是资本主义生产方式的最精巧和最发达的产物"①，"银行制度造成了社会范围的公共簿记和生产资料的公共的分配的形式"②。可见，马克思认为，银行资本等是很精巧而发达的技术，在生产的社会化上起到了重要作用。列宁也高度重视金融资本在技术上的进步意义，他说："大家都知道，银行是现代经济生活的中心，是整个资本主义国民经济体系的神经中枢。谈调节经济生活而避开银行国有化问题，就等于暴露自己的极端无知。"③ 他认为，正是这种已经建立的联系才使社会主义在技术上成为可能而不是纯粹的空想。他还说："资本主义和资本主义以前的旧的国民经济体系不同，它使国民经济各部门之间形成了一种极密切的联系和相互依存的关系……由银行统治生产的现代资本主义，又使国民经济各部门之间的这种相互依存关系发展到了最高峰。银行和各大工商业部门不可分割地长合在一起……要认真调节经济生活，就要把银行和辛迪加同时收归国有。"④ 他后来谈到的建设国家资本主义所涉及的集中性、统计能力和监管能力等社会化功能很大程度上是和金融资本在经济中建立的密网分不开的。

因此"金融资本不是经典意义上的食利资本。不能把金融资本与经济发展简单对立起来，资本的增殖过程需要金融资本的介入，它有利于提高劳动生产率。金融资本并非置身于生产变革过程之外……金融资本特别是风险

---

① 《马克思恩格斯全集》第25卷，人民出版社，1974，第685页。
② 《马克思恩格斯全集》第25卷，人民出版社，1974，第686页。
③ 《列宁专题文集·论资本主义》，人民出版社，2009，第216页。
④ 《列宁专题文集·论资本主义》，人民出版社，2009，第222页。

资本的发展为促进新技术和资本主义经济的发展提供了强大的动力"①。确实，金融资本如果利用得当的话确实是有利于生产力的发展的，而且将成为未来向社会主义过渡时期的重要经济调节网络。

四 结论

综上所述，当前的金融资本和列宁时代相比，确实有了很大变化，它的顶层是比"二战"前更高的超级垄断，它的上层和中层甚至下层统治者之间具有了更多的国际性，因此避免了列强战争，它的统治方式更多采用了金融市场手段而不是直接控制垄断企业的超经济垄断手段，因此是一种更精致也更广泛而深入的垄断。

全球化的自由化的金融市场的发展使普通人都卷入了金融，好像资本主义更具有了人民性和社会性，因此有人主张新的资本主义应该叫"人民资本主义"或者"社会资本主义"。这些说法如果是指当前资本主义将更多的人卷入了市场关系或者其生产关系更加社会化了，是可以的。但是如果以此认为资本主义变得更民主或者倾向社会主义了，那就是错误的，因为事实是，这样的变化使金融资本获得了更大、更普遍的权力。

资本很久以来就扩大社会持股和员工持股，使整个社会中持有股票的人的比例越来越大。后来通过金融化，资本对工人的统治就更加深入而精致了。由于信息化和金融全球化，银行能够准确及时并24小时地处理全球信息，而且银行业务越来越多样化、全能化，原来没有被纳入金融剥削的领域，例如工人的消费、养老金等，都金融化了，甚至居民的债务也被打包作为证券出卖。通过这样的新安排，工人的整个生活，无论哪个方面，无论过去、现在还是未来，都被卷入资本的逻辑。正是由于工人的未来收入被纳入金融剥削，所以无产阶级现在负债大量增多，从"无产阶级"变成"负产阶级"了。

金融化的本质是将更多的人卷入金融游戏，使金融社会化，但是社会化中的收益由垄断资本获得，而将风险转嫁给社会。被卷入的民众大多不可能理解金融操纵内幕，危机发生后，那些大资本及其代理人早已经赚得盆满钵满，而大量的普通人却失去了家园、工作和养老金。由于金融化，民众更深

---

① 李其庆：《马克思经济学视阈中的金融全球化》，《当代经济研究》2008年第2期。

地卷入资本体系，更普遍、更经常地受害。这样看来，很多媒体对所谓工人也能得到资本性收入的赞美就只是一个讽刺了。

金融化后的金融资本的权力不是分散了，而是更加集中了。美国的国家垄断资本主义仍然存在并强化，它通过军事技术和能源垄断以及美联储、财政部等机构继续给金融资本以坚决支持，形成一个超级垄断集团，"这个统治集团是一个网络，其中心是经营银行、保险公司、投资银行和对冲基金的人以及能源、军事外交集团"[1]。全球化金融网络这样一个精制的调节世界经济的机器现在服务于以美国超级垄断集团为代表的金融资本。这意味着，未来向新社会的过渡，必须改变这一机器的服务方向，同时必须借鉴和利用其非阶级性的生产社会化管理功能的一面。

(作者系中央编译局马克思主义研究部研究员)

---

[1] John Bellamy Foster and Hannah Holleman, The Financial Power Elite", in *Monthly Review*, 2010, Volume 62, Issue 1 (May).

基于资本循环框架的金融化与空间化*

宋宪萍　梁俊尚

一　问题的提出

面对西方发达国家金融危机之后持续的经济低迷以及高失业率，目前很多学者都主张"回到马克思"，对《资本论》第一卷剩余价值的生产以及第3卷的总过程进行深入挖掘，基于这两卷的分析主要围绕利润率的下降和利润榨取的减少来展开。利润率确实是一个很好的工具，利用实证主义数据和精致的模型能够直接反映资本积累的程度，以此为突破口对于寻求当前危机的形成和解决的途径确实很有帮助。然而本文认为，资本主义社会是一个不断结构化的总体，而不是一个已经完成了的总体，危机的形成过程和方向来源于资本主义经济循环中涉及的矛盾冲突各方之间的力量对比，从对资本的内在结构与运行过程的分析与批判入手，发现这一结构化总体的内在矛盾，并不断地超越这个结构化总体，才是分析现实问题的突破口。对于危机理论的一般方法及分析积累和危机的框架而言，不应从利润率开始，而应从马克思提出的资本循环的框架开始，"资本循环路径是资本主义危机分析最好的入手点，因为它考虑了剩余价值创造和实现过程中可能给资本积累带来的潜在障碍"①。目前资本循环的理论价值远没有被充分挖掘，甚至哈维认为，

---

*　本文系国家社科基金一般项目（12BJL012）、教育部人文社科研究一般项目青年基金项目（11YJC790156）、北京市社科基金一般项目（13KDB007）的阶段性成果。

①　大卫·科茨：《利润率、资本循环与经济危机》，童珊译，《海派经济学》2012年第4期。

由于《资本论》第3卷很少提到第2卷的发现,因此未能稳固地奠基于应该同时包含生产和流通的理论领域,于是,"这个模型(《资本论》第3卷关于整合生产-分配关系和生产-实现要求的模型——笔者注)必须当成理解一个困难复杂问题的初步且相当不完整的尝试"①。因此,本文认为,对资本主义动态(资本主义生产之整体)的综合模型而言,"分析资本积累的最基本的概念性工具就是资本循环"②。

二 资本循环框架

资本循环是《资本论》第2卷的开篇,然而这部分内容不是按照"逻辑"进路对第1卷的深入,而是基于社会结构对资本历史实体的进一步"社会展开",因为"只有当资本同时不断地以不同的形式存在,被分割在不同阶段之间,并且这些部分中的每一部分,而不是全部资本,不断地完成它自己的周转时,才是可能的,才是现实的"③。所以,对资本循环的理解相对有一定的难度,正如恩格斯指出的:"《资本论》第二册比第一册更伤脑筋,至少开头部分是如此。但是,这是异常出色的研究著作,人们从中将会第一次懂得什么是货币,什么是资本,以及其他许多东西。"④

(一) 马克思的资本循环框架

马克思的资本循环理论是资本主义再生产的系统性图景,在这里,资本主义经济体现为资本自我扩张的循环运动。在马克思看来,资本主义的总流通过程是由一个相互交错互为补充的多个资本循环运动组成的。

$$G—w(A, P_m)\cdots P\cdots W'(W+w)—G'(G+g)$$

在这种循环运动中,"资本表现为这样一个价值,它经过一系列互相联系的、互为条件的转化,经过一系列的形态变化,而这些形态变化也就形成总过程的一系列阶段。在这些阶段中,两个属于流通领域,一个属于生产领

---

① David Harvey, *The Limits to Capital*, New York: Verso, 2006, p. 157.
② Duncan K. Foley, *Understanding Capital: Marx's Economic Theory*, Cambridge: Harvard University Press, 1986, p. 66.
③ 《马克思恩格斯全集》第49卷,人民出版社,1982,第299页。
④ 《马克思恩格斯全集》第36卷,人民出版社,1974,第168页。

域"①。产业资本连续进行的现实循环,不仅是流通过程和生产过程的统一,而且是它的三个循环的统一:货币资本循环 G—w(A,(m)…P…W'—G'),生产资本循环 P…W'—G'·G—W(A,Pm)…p,以及商品资本循环 W'—G'·G—W(A,Pm)…P…W'。这三个循环是过程的连续性借以表现的不同形式,并且"所有这三个循环都有一个共同点:价值增值是决定目的,是动机"②。在单个资本的循环中,货币资本、生产资本、商品资本诸形态在时间和空间上的相互转化和相互映照,体现了社会现实过程性整体的运动本质,是运动过程中整体与具体的对象性规定之间的对立与统一,也是资本的存在本质。通过奠基于资本流通和交换的理论领域而对资本价值连续转换的系统分析,马克思提供了一个关于投资、生产、销售、消费的集成分析,处理的是资本透过消费而实现的条件。

按照马克思的资本循环框架,资本唯有在其各个阶段不受干扰地跨入下一个阶段时,才能正常描述其循环回路。在资本循环中,有三种情况会导致积累受阻,第一种情况出现在货币资本的循环中,货币资本在执行一般购买手段和一般支付手段对劳动力和生产资料进行质与量的分割中,由于货币供给不足以及劳动力和生产资料的质与量的结构性偏差而出现的积累受阻。第二种情况存在于生产资本的循环中,当资本有机构成不断提高,而且比剩余价值率的提高更快,以及在劳资谈判中工人处于弱势的情况下,利润率会下降。当利润率下降到一定程度的时候,资本所有者就宁愿把钱放到银行里也不愿投入生产,这样就会导致生产的进一步萎缩。第三种情况则是商品资本的循环中,剩余价值出现实现问题,生产严重过剩,这会导致资本所有者向下调整产量。实现问题所引发的利润率的下降,总是伴随着由于存货过多、生产过剩而导致的生产意愿的减少。尽管作为流通过程的货币资本的循环和商品资本的循环,都不创造剩余价值,只有生产资本的循环才创造剩余价值,但是流通中的资本一样对资本积累有重要影响,"没有通过流通检验的资本,就不再是资本"③。流通资本的顺利实现,是资本积累的必要环节,正如马克思所说,"如果资本的不同部分是相继通过循环的,也就是总资本价值的循环是在资本的不同部分的循环中依次完成的,那就很清楚,资本的

---

① 《马克思恩格斯文集》第6卷,人民出版社,2009,第60页。
② 《马克思恩格斯文集》第6卷,人民出版社,2009,第116页。
③ David Harvey, *The Limits to Capital*, New York: Verso, 2006, p. 84.

各组成部分在流通领域不断停留的时间越长,资本在生产领域不断执行职能的部分就必定越小"①。

随着分工的发展,在资本循环框架中,资本的社会结构的整体性运动会促使资本实体不断转向资本形态和各种层次的资本表现:从产业资本转向商业资本,从职能资本转向借贷资本,从实体生产资本最终转向虚拟化运动资本,从而表现为资本本身的自我生长和扩展。资本循环运动蕴含了资本自我发展和再造的历史生长可能性。因此,资本循环框架并不是仅仅为了表明资本系统历史规定性本身的社会生活化,即成为"存在的历史",而是为了"把自己的理论注意力放到说明使这类结果作为社会发生作用的机制的任务上,从而放到说明产生资本主义生产方式所固有的社会作用'的机制上"②。

(二) 目前国外文献对资本循环框架的发展

马克思的资本循环框架在理论上阐明了资本的运行轨迹,但主要是一种定性分析,为了加强资本循环框架对最新经验现实的解释力,国外一些最新文献对这一框架进行了发展和应用。在这些学者中,弗利(Foley)是最突出的一位。

弗利构建了关于资本循环、价值实现和资本积累之间定量关系的数学框架,在假定扩大再生产积累率不变的情况下,分析了资本积累和价值实现之间的关系。弗利认为,在扩大再生产的条件下,后续生产出来的价值总是需要通过前期的经济收入来实现,但前期收入总是比后期产出要小,所以不断扩大的资本主义生产内在地造成了有效需求的不足,如果没有市场的不断扩大或者信贷关系的不断发展,生产就是过剩的,资本积累与价值实现就是不相容的。持续的符合比例的借贷增长能有效地解决生产过剩的问题。然而根据弗利的数学模型,借贷规模的增长决定了积累率有一个上限,这个上限并不是像新古典增长模型认为的由外生的资源、技术和劳动等要素的供给约束所决定,而是内生于资本积累与价值实现的过程之中③。可以说,弗利对资

---

① 《马克思恩格斯文集》第 6 卷,人民出版社,2009,第 141 页。
② 路易·阿尔都塞、艾蒂安·巴里巴尔:《读〈资本论〉》,李其庆、冯文光译,中央编译出版社,2001,第 68 页。
③ Duncan K. Foley, "Realization and Accumulation in a Marxian Model of the Circuit of Capital", *Journal of Economic Theory*, Vol. 28, No. 2, 1982, pp. 300 – 319.

本循环的建模工作具有奠基性意义,他成功地量化了马克思的资本循环理论,使其在现实经济政策的制定中能够得到更为直接的应用,对经济增长和货币政策提供了一个崭新的宏观视角。后来一些学者关于资本循环的研究或多或少地受到弗利的启发。

科茨(Kotz)参考并发展了弗利的思想,直接用资本循环理论来分析资本主义危机[①]。他认为,资本主义是货币经济而不是交换经济,这从根本上影响了资本的积累要求。他与弗利不同之处在于,弗利认为在一定假设条件下借贷要与积累相一致,而科茨则认为积累必须完全由借贷来支撑,信用在积累中起着更基础性的作用,而不仅仅是促进交换和增加积累率。马修斯(Matthews)在弗利的基础上,以美国1948~1989年的数据为依据,建立了一个关于资本循环的宏观经济计量模型,拓展了对资本循环的各个组成部分的定量研究,从生产、投资、需求的角度解释了可持续再生产和赤字减少政策的蕴涵,批驳了主流经济学认为马克思的资本循环理论不具有操作性的谬误[②]。艾尔米(Alemi)和弗利则运用弗利的分析思路,以美国1966年起29年的统计数据为依据,分析了资本在制造业和非金融公司业务部门中关于剥削率、资本流量的构成、价格的涨幅、周转时间、利润率以及美国资本化程度的研究[③]。纽瑟姆(Newsome)另辟蹊径,对资本循环理论的检视,是以零售业对产业间的关系重组为切入点的,探讨了生产、分配、交换、消费之间的复杂联系,并辅以对企业组织间的劳动过程的研究。他认为,随着物流革命的发展,大型零售业在不同部门间的关联中起了重要作用,零售势力和物流革命重塑了生产的政治[④]。桑托斯(Santos)也借鉴了弗利的思想,从资本主义经济的内在稳定性的角度提供了一个关于经济中存贷、资金流的宏观经济视野的相对静态分析。他认为,资本循环框架是资本主义再生产的系统性图式,这个框架把资本主义经济看作通过资本价值的自我增值而进行的连续的循环运动。通过资本的形态变化及其运动,资本循环理论提供了一个

---

① David M. Kotz, Accumulation, "Money and Credit in the Circuit of Capital", *Rethinking Marxism*, Vol. 4, No. 2, 1991, pp. 119 – 133.

② Peter Hans Matthews, "An Econometric Model of the Circuit of Capital", *Metroeconomica*, Vol. 51, No. 1, 2000, pp. 1 – 39.

③ Piruz Alemi and Duncan K. Foley, "The Circuit of Capital, U. S. Manufacturing and Non – Financial Corporate Business Sectors", An *NSSR – JJCUNY Working Paper*, 2010, pp. 1 – 34.

④ Kirsty Newsome, "Work and Employment in Distribution and Exchange: Moments in the Circuit of Capital", *Industrial Relations Journal*, Vol. 41, No. 3, 2010, pp. 190 – 205.

关于商品投资、生产、销售和消费之间的显著的综合性分析。认为资本主义经济的内生演化能力使所有的信贷配置（生产信贷和消费信贷）都会有助于需求、销售和利润流，从而能够适应资本积累的速度和变迁①。巴苏（Basu）完全吸取了弗利对资本循环理论的认识，并建立了一个离散时间视角的资本循环模型来分析资本主义经济的宏观行为，以区别于新古典主义和凯恩斯主义的视角。他认为，资本循环模型不仅提供了利润引致的增长模式分析思路，同时也提供了工资引致的增长模式分析思路，并且认为如果信贷流动太大的话，稳定状态下的资本主义经济增长率对总信贷净值中的消费信贷，将是一个负面冲击②。

三 资本循环框架的拓展与金融化

按照弗利和巴苏的理解，马克思的资本循环理论表现为如图 1 所示。这一模型突出强调了生产资本、商业资本和金融资本之间的互动关系，尽管也指出了消费者的地位和功能，但是相比较生产部门、商业部门、金融部门，消费者就像是一个外生的变量，这多少迎合了一些人对马克思主义关于社会生产体系的认识。在一些人看来，马克思主义主要是侧重于从对现实生产过程与生产方式的研究，没有正面阐释消费的社会功能及效应的问题。

但是本文认为，在马克思主义的研究体系中，广义的生产过程包括生产、分配、交换、消费四个环节，马克思主要运用唯物史观，立足于生产过程来解释资本主义的社会再生产体系，从生产过程来解释消费过程的社会效应及其观念拜物教的解放路径，"无论我们把生产和消费看作一个主体的活动或者许多个人的活动，它们总是表现为一个过程的两个要素，在这个过程中，生产是实际的起点，因而也是起支配作用的要素。消费，作为必需，作为需要，本身就是生产活动的一个内在要素"③。也就是说，马克思是在一个生产和消费相统一的过程的辩证性关系中，来讨论生产和消费的相互关系的，"生产和消费彼此关联，而使得每一方都在完成自身时创造了对方，并

---

① Paulo L. dos Santos, Production and Consumption Credit in a Continuous – time Model of the Circuit of Capital, *Metroeconomica*, Vol. 62, No. 4, 2011, pp. 729 – 758.
② Deepankar Basu, Comparative Growth Dynamics in a Discrete – time Marxian Circuit of Capital Model, *Review of Radical Political Economics*, Sept., 2013, pp. 1 – 22.
③ 《马克思恩格斯文集》第 8 卷，人民出版社，2009，第 18 页。

且将自身创造为对方"①。这是马克思主义视域中关于关系意义的辩证法。马克思在这里想要传达一个过程意蕴,即生产过程指向消费过程并在消费过程中完成了生产过程,反之也是这样,消费过程创造了生产过程并在生产过程中完成了其自身。而且在过剩经济背景下,相对于价值的生产,价值的实现更具有难度,"所有的危机都是实现的危机,导致了资本的贬值"②。

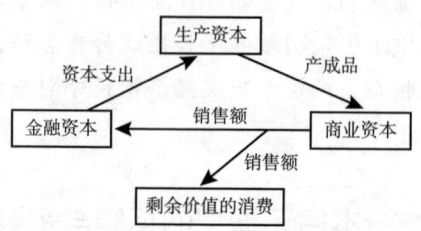

图1 资本循环框架(弗利、巴苏)

因此,马克思是在生产与消费的辩证统一中来描述消费过程的,并没有忽视消费者,甚至马克思认为财富的消费过程对作为个人而存在的工人能够实现再建构。马克思曾经直截了当地指出:"人民群众能充分就业,并且生活也还不错——当然那些与不列颠的繁荣分不开的贫民除外;因此在目前人民是不大听信政治鼓动的。"③ 在资本主义生产过程处于繁荣的时候,工人同样也会陷入观念拜物教的泥潭。在马克思看来,社会主体必然不可能是以个体身份而存在的消费者,而是负载着特定生产关系的阶级主体。所谓平等交换关系中的消费者只是资本建构的一种表象,是一种颠倒的主客体,"事实上这种平等已经被破坏了,因为这种表面上的简单交换是以如下事实为前提的:他是作为工人同资本家发生关系,是作为处在与交换价值不同的独特形式中的使用价值,是同作为价值而设定的价值相对立;也就是说,他已经处在某种另外的在经济上具有不同规定的关系中了——在使用价值的性质,商品的特殊使用价值本身都是无关紧要的那种交换关系之外"④。因此,消费者是资本循环的重要环节。

同时,在这样一个体系中,金融资本的地位日益突出。"随着资本主义

---

① David Harvey, *The Limits to Capital*, New York: Verso, 2006, p. 80.
② David Harvey, *The Limits to Capital*, New York: Verso, 2006, p. 85.
③ 《马克思恩格斯全集》第11卷,人民出版社,1995,第455页。
④ 《马克思恩格斯全集》第30卷,人民出版社,1995,第243页。

生产方式的发展，利润率会下降，而利润量会随着所使用的资本量的增加而增加。"① 利润率下降扩大了资本主义体系生产商品的能力与市场吸收这些商品的能力之间的差距，积累得越多就越难积累，从而形成积累悖论，这种悖论反映了资本积累的内在矛盾。"积累由于被放在其整个社会环境中来看待而成为辩证的。它发展成为整个资本主义制度的辩证法。"②利润率的下降必然导致"单个资本家为了生产地使用劳动所必需的资本最低限额，随着利润率的下降而增加"③。追加资本的需要迫使资本家不得不更加依赖于生息资本，同时，达不到预付资本最低限额的大量分散的中小资本，由于利润预期的降低不得不进行各种金融投机。于是，"金融化"应运而生，它虽然不能挽救整个体系，但能使个别资本家获得比生产性投资更高的利润率。

金融资本不仅贷款给产业资本以参与剩余价值的分配，而且逐渐从一个适应产业资本积累的辅助系统，演变成使所有其他经济活动从属于自身的独立系统。产业资本为了获得积累所需的货币资本而负债，同时又将负债用于运作各种金融资产及其衍生品以获得更多虚拟的利润，从而试图摆脱利润率下降的桎梏；商业资本作为独立化的产业资本，执行商品资本的职能，与产业资本的金融化路径是一致的，既要向金融资本举债，又将负债运作于各种金融资产；金融资本还鼓励工人和中产阶级负债消费，在一定时期内创造了短期的消费需求增长，实际上也是为了减少存货供应，缓和过剩经济程度，同时消费者通过负债和买卖金融产品使个人的未来收入资本化。

通过对整个社会关系领域的渗透不断再生产出新的金融积累能力，"巨额融资的这个'令人迷惑的'世界包含着同样令人迷惑的交叉活动的变化，在其中，各个银行从其他银行、保险公司和养老基金大量短期借款，这些投资资金大量聚集起来，起着支配'市场创造者'的作用，而工业、商业和不动产资本变得如此集中于金融运作和机构，以至于要说出商业和工业利益始于何处以及严格的金融利益终止于何处，正日益变得很困难"④。

在实体资本通过不断增强金融活动以改善资本盈利能力的同时，金融资本自身也变为一个在经济活动中越发具有特权的积累机构。随着金融业的繁

---

① 《马克思恩格斯文集》第 7 卷，人民出版社，1995，第 276 页。
② 卢卡奇：《历史与阶段意识》，杜章智等译，商务印书馆，2009，第 91 页。
③ 《马克思恩格斯文集》第 7 卷，人民出版社，2009，第 208 页。
④ 戴维·哈维：《后现代的状况》，阎嘉译，商务印书馆，2003，第 208 页。

荣，商品和服务领域的真实资本的积累越来越隶属于金融，极大地改变了资本循环和资本积累的本质，实体资本的资产所有权变得从属于股票或纸面资产所有权——通过举债而实现的杠杆化经营越来越多。金融资本的参与使资本积累近乎疯狂地肆意发展，严重脱离实体经济而过度膨胀，不断侵蚀着作为价值尺度的货币基础。金融资本独立于实体资本的运作形成了一种非经营性的资本主义，在这种条件下，大资本通过吸附中小财富来获得"再分配式的增长"和"剥夺性积累"。

按照上述分析，本文对资本循环框架的描述为图2所示。

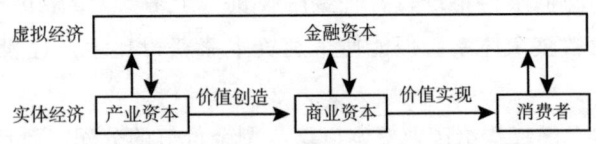

图2 拓展的资本循环框架（金融化）

四 资本循环的全球性空间生产

资本的运行过程是一个有着内在裂变关系的总体化过程，即是一个不断寻求突破、有涨落、有危机的动态过程。尽管金融化可以暂时保证资本的顺利循环，并能得到更多的积累，但是在不断扩大的循环运动之中，资本主义体系内部无法消化的大量盈余资本，最终会形成资本过度积累危机，"特定地域系统（territorial system）的过度积累意味着该地域出现了劳动盈余（表现为不断上升的失业率）和资本盈余（表现为市场上大量没有卖掉而只能亏本处理掉的商品），表现为闲置的生产能力和/或缺少生产性和赢利性投资的货币资本的盈余"①。因此，当资本主义经济发展到一定阶段，其制度的自我调整能力就会受到资本规定性的制约，不能再统筹其经济的整体性及长远发展，并体现为一种更为本质化的功能，这就是空间生产。正如马克思早就指出的："资本一方面具有创造越来越多的剩余劳动的趋势，同样，它也具有创造越来越多的交换地点的补充趋势——从本质上说，就是推广以资本为基础的生产或与资本相适应的生产方式。创造世界市场的趋势已经直接

---

① 大卫·哈维：《新帝国主义》，初立忠、沈晓雷译，社会科学文献出版社，2009，第89页。

包含在资本的概念本身中。"① 资本逐利的本性必然要求突破民族国家的地理界限走向世界，打破一切阻碍资本增值的自主经济，它本身也发展成为世界市场总体。所以，"空间生产是指通过地理的扩展来吸收过剩的资本和劳动力，是一种资本的空间修复方式"②。这种空间生产"有一种永不停息地减少（如果不是消灭）空间障碍的动力，以及与之相伴随地永不停息地加速资本周转的冲动"③。

进入 21 世纪以来，外包、精益库存体系、模块化生产等后福特制生产方式促使形成全球性空间生产，这种空间化的"灵活"性资本积累，借助资本在国际空间的协调与合作，使得资本循环的外延和内涵不断扩展。资本循环的空间生产，不仅仅是一种地理环境或者几何学意义上的存在实体，而且是一种虚拟的网络空间，是当代资本存续的新的发展路径。随着信息与通信技术的迅猛发展，先进的电脑系统容许全新而强大的数学模型，能够掌握复杂的金融商品，并且能够高效执行交易，复杂的电信系统即时连接全球的金融中心，线上管理使公司得以跨越国界，在虚拟世界运作，同时"以微电子为基础的生产促成零件的标准化，以及最终产品能够以量产、弹性生产的方式定制"④，这样就实现了一种流动的网络空间。在这种网络空间中，通信网络是基本的空间样貌，任何地方的领土逻辑与意义都被吸纳进网络。网络中的节点与核心根据它们在网络中的相对重要性形成有层级的组织，这种层级组织保证着一切元素的顺利流动，形成了支配性的资本逻辑。占支配地位的管理精英的空间组织，操纵着使这些空间得以接合的指导性功能，具有寰宇主义（cosmopolitan），而民众在一定意义上则是地方的代表。正是这种流动的网络空间，刺激着地方空间的发展，"区域和网络其实在全球创新的新空间镶嵌里构成了互赖的极点"⑤，新工业空间得以形成。这种新工业空间具有强大的技术与组织能力，可以将生产过程分散到不同区位，通过电子通信的联系重新整合为一体，同时具有以微电子为基础的精确性和弹性。

---

① 《马克思恩格斯文集》第 8 卷，人民出版社，2009，第 88 页。
② 宋宪萍、孙茂竹：《资本逻辑视阈中的全球性空间生产研究》，《马克思主义研究》2012 年第 6 期。
③ 大卫·哈维：《新帝国主义》，初立忠、沈晓雷译，社会科学文献出版社，2009，第 81 页。
④ 曼纽尔·卡斯特：《网络社会的崛起》，夏铸九等译，社会科学文献出版社，2001，第 159 页。
⑤ 曼纽尔·卡斯特：《网络社会的崛起》，夏铸九等译，社会科学文献出版社，2001，第 484 页。

在这种空间生产的多重维度中,资本循环发展了一种开放式的多元循环路径。无论是金融资本和产业资本的分离与融合,还是产业资本和商业资本的循环及其相互关系,每一种资本都以不同的方式依赖物质的市场空间与概念化市场空间之间的多重关系。资本循环的各个单元都能够在全球地理空间和网络空间中寻找到突破点,尤其是随着网络和信息技术的发展,跨国生产网络,跨国销售网络,消费者虚拟空间都成为强烈的趋势,全球网络为跨国金融资本和国际生产商、国际销售商以及全球消费者的服务提供了这种领土化的新"坐标"。这种新奇的空间发展根植于网络空间为大量的实体和关系同时并存提供的可能性,并影响着不同经济层面运动发展动力学和不变性之间新的越来越复杂的关系。在这种多元循环路径中,资本不仅可以从具有空间特质的地方物质资源甚或边缘上的低成本中获得积累,而且,"企业能力、风险投资、科学技术的实际知识、社会态度方面的地方差异也成了其中的一部分,而影响与权力的地方网络、地方主导精英(与民族国家的政治相对立)的积累战略,也更深刻地隐含在灵活积累的体制之中"[1]。尽管更多的经济活动转移到网络空间,但是网络空间只是空间拓展的一种新的形式,开辟网络领土依旧是资本的逻辑,领土逻辑完全被纳入资本逻辑中。

无论是地理空间还是网络空间,资本空间化在达成一种"灵活"性资本积累的同时,也带来了资本对劳动的"软性"统治。在资本的全球性空间生产中,无论在哪里、在什么领域布局,都使得工资弹性化、就业弹性化以及功能的弹性化,都能够保证一种低工资制度和培养驯服的劳动力,实现了一种"没有集权的权力集中"[2]。当代的"技术控制"使资本能够利用计算机和信息网络技术对劳动进行远距离操控,因而形成一种"空间化"的积累的社会结构(SSA spatialization, SSAs),即以劳动过程的空间重建和技术控制体系为前提的一种积累的社会结构[3]。出于对先进技术的认可,工人

---

[1] 戴维·哈维:《后现代的状况》,阎嘉译,商务印书馆,2003,第369页。

[2] Michale Wallace and David Brady, "Globalization or Spatialization? The Worldwide Spatial Restructuring of the Labor Process", in Terrence McDonough, Michael Reich, David M. Kotz ed., *Contemporary Capitalism and Its Crises: Social Structure of Accumulation Theory for the 21st Century*, New York: Cambridge University Press, 2010, p. 136.

[3] Michale Wallace and David Brady, "Globalization or Spatialization? The Worldwide Spatial Restructuring of the Labor Process", in Terrence McDonough, Michael Reich, David M. Kotz ed., *Contemporary Capitalism and Its Crises: Social Structure of Accumulation Theory for the 21st Century*, New York: Cambridge University Press, 2010, pp. 121–122.

对这种技术控制的形式感到认同,而忽略了或难以抗拒资本控制的本质。在SSAs 中,资本利用全球化对劳动在"空间上"进行"分割"(segmentation)(不仅是前一时期沿着部类和级别的分割),这种"分割"通过对工人的"分裂和征服战略",使劳动市场分割为垄断优先层级和竞争附属层级,从而逆转了劳动的均衡化。垄断资本与垄断层级的工人联合起来,使这种分割得到加强①。这种新泰勒主义使工人的地位得到固化,并使中心-外围的格局得到加强。对于这样一种日益深化的格局,在苏贾看来,"资本主义……内在地建基于区域的或空间的各种不均等,这是资本主义继续生存的一个必要手段。资本主义存在本身就是以地理上的不平衡发展的支撑性存在和极其重要的工具性为先决条件的"②。网络空间同样也是这种关系,"互联网在很大程度上受制于资本的积累过程,这一过程具有自己清楚的逻辑体系,并与数字通讯所具有的许多民主潜能相抵触。而且互联网越向前发展,这一现象就会越严重"③。因此,资本在全球性空间生产过程中获得了新的相对于劳动的权力,民族国家也从建构凯恩斯主义的积累的社会结构发展到为跨国资产阶级的全球积累服务。

在空间化作用下,资本循环框架发展为图 3 所示。

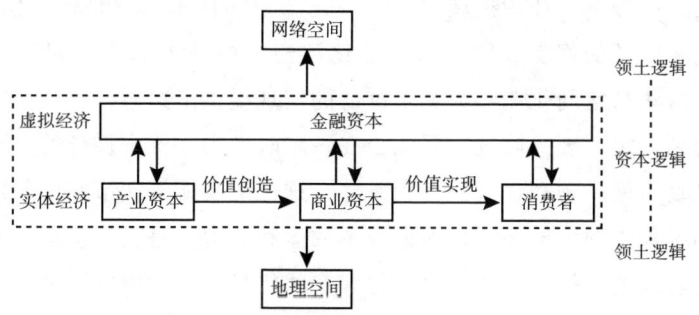

图 3　拓展的资本循环框架(空间化)

---

① Michale Wallace and David Brady, "Globalization or Spatialization? The Worldwide Spatial Restructuring of the Labor Process", in Terrence McDonough, Michael Reich, David M Kotz ed., *Contemporary Capitalism and Its Crises: Social Structure of Accumulation Theory for the 21st Century*, New York: Cambridge University Press, 2010, p. 131.
② 爱德华·W. 苏贾:《后现代地理学》,王文斌译,商务印书馆,2004,第 162 页。
③ John Bellamy Foster and Robert W. McChesney, "The Internet's Unholy Marriage to Capitalism", *Monthly Review*, Vol. 62, No. 10, 2011, p. 3.

五 资本循环的断裂与修复

从资本循环的内在机理来说，"只有在三个循环的统一中，才能实现总过程的连续性，而不致发生上述的中断。社会总资本始终具有这种连续性，而它的过程始终是三个循环的统一"①。但是由资本逻辑决定的资本主义循环运动的过程，却是一个充满矛盾、冲突和不确定性的过程，资本循环的扩展并不能消除资本主义本身所蕴含的矛盾与冲突。在资本循环过程中，资本主义生产的各个组成部分所产生的紧张和矛盾，会因矛盾达到一定程度的不可调和而显现出来，并且得到自我强化和反复爆发，从而产生资本循环的断裂以及由资本循环断裂而引发的危机。

资本循环的断裂主要表现为资本循环中剩余价值的实现，而并非创造，"所有的危机都是实现的危机，导致了资本的贬值。对于资本流通及其可能分解的检视，指出了这种贬值可能采取不同的可触知形式：①闲置的货币资本；②未利用的生产能量；③失业或低度就业的劳动力；④商品的剩余（超额存货）"②。要想修复这种断裂，必须要为剩余价值的实现找到出口。

其实，在资本循环的扩展中，金融化与空间化本身就是资本修复方式，有利于资本循环的修复，能够从外部化解资本循环内部聚集起来的各种矛盾。当金融化与空间化能够为剩余价值的实现提供出口时，则资本循环的断裂能够得到一定程度的修复。因此，在一定时期内，资本循环的金融化与空间化，是资本循环顺利进行的有利条件，这样确实能够调节和限制资本主义经济运动过程中的矛盾冲突，保证资本的盈利能力，是促进资本积累和经济增长的有效制度安排。因此，金融化和空间化是资本增值的需要。

然而，金融化和空间化作为一种资本循环修复方式，毕竟只能起到一种短期调和的修复作用，它们并不可能根治资本循环的断裂，在虚拟经济脱离实体经济的情况下，没有任何一个社会空间的生产能力，能够长期支撑以复利速度增长的金融资本。和资本增值的无限性比较起来，金融化和空间化毕竟是有限的，当金融化与空间化承载不了过剩产品时，则资本循环的断裂就成为必然。

更为严重的是，作为资本增值需要的金融化和空间化，发展到一定阶

---

① 《马克思恩格斯文集》第 6 卷，人民出版社，2009，第 121 页。
② David Harvey, *The Limits to Capital*, New York: Verso, 2006, p. 85.

段，不仅不能修复资本循环的断裂，反而会加剧资本循环的断裂。在资本运行的总体性过程中，各种矛盾因素在这个结构化总体的现实进程中存在着深层的二律背反，当促进资本运行的因素积累到一定程度时，就会极大地破坏这种运行，资本的运行本身就是一个内在悖论。随着金融化和空间化的不断建构，金融资本侵入一切可以带来收益的空间领域，金融资本在全球空间的膨胀，形成了新的金融化积累模式。然而这种积累模式却使镶嵌在资本循环中的各种矛盾因素不断激化，促使循环系统本身不断被迫脱离有序均衡状态，大大增加了资本循环修复的难度。主要表现在以下几个方面。

第一，金融资本垄断加剧。列宁指出："金融资本特别机动灵活，在国内和国际上都特别错综复杂地交织在一起，它特别没有个性而且脱离直接生产，特别容易集中而且已经特别高度地集中，因此整个世界的命运简直就掌握在几百个亿万富翁和百万富翁的手中。"[①] 当前在发达国家，金融和保险、房地产形成了一种共生的、相互支持的约定，其结果就是形成了 FIRE (Finance、Insurance、Real Estate) 的垄断部门，通过"公司洗劫" (corporate raiding)、"垃圾债券" (junk bonds)、"政府救助" (government bailouts) 以及"风险的社会化" (socialization of risk) 等方式，将任何非金融、保险和房地产部门 (non - FIRE) 的收入流——产业利润、税收以及超过基本需求的可供支配的个人收入等，都看作其以利息、金融收费以及资本收益的形式来吮吸经济剩余的对象。

从表1可以看出，金融部门在美国经济中的重要性不断增强。从1977年到2012年，金融、保险、房地产部门的产值在 GDP 中的占比，从 14.1% 上升到 18.4%，总体处于上升趋势，2008 年有一个小幅下降，从 2007 年的 18.8% 下降到 17.9%，但是 2012 年已经基本接近危机前的水平。

表1 美国金融、保险、房地产部门 (FIRE) 产值占 GDP 的比重

单位：十亿美元，%

年份	GDP	FIRE	FIRE/GDP
1977	2030	287	14.1
1982	3253	511	15.7
1987	4736	798	16.9
1992	6342	1118	17.6

---

① 《列宁全集》第 27 卷，人民出版社，1990，第 142 页。

续表

年份	GDP	FIRE	FIRE/GDP
1997	8608	1516	18.0
2002	10980	2099	19.2
2007	14480	2712	18.8
2008	14720	2627	17.9
2017	16245	2995	18.4

资料来源：美国商务部经济分析局网站（www.bea.gov）。

目前，"债权人这一特权集团已将其金融权力转化为政治权力，并集中到了华尔街及其国外的同行手中"[1]。华尔街已经把自己的经济理论和竞选捐助转换为政治权力，从而得以掌握对公共金融的监管权，所以人们才会理解 2008 年金融危机发生以后，美国政府牺牲纳税人的利益为金融部门的损失买单，是多么不可想象，然而又是匪夷所思的真实现象。金融部门不仅在美国高度集中，在全球空间中，"美国金融利益集团对今天的那些债务国家的做法极其相似，即他们以金融危机来威胁债务国家放弃对公共领域的金融控制权，而转交给那些跨国银行"[2]。金融资本垄断的加剧破坏了资本循环的内在机理。

第二，虚拟经济与实体经济严重分离。金融资本获取利润的基本条件是资产价格的上涨，为了获得预期收益，金融部门必须不断发行新的贷款，提供抵押贷款、个人贷款以及信用卡贷款，使资产价格膨胀。金融资本通过对汇率、利息率、股票和债券价格、信用违约掉期（CDS）以及各种相关衍生品的投机，使房地产、股票和债券的价格膨胀起来，债务人可以凭借他们作为抵押品而质押的财产的收益获得更高额度的贷款，一轮又一轮，生生不息，完全是一种以债务为杠杆的资产价格膨胀。这种资本循环的结果就是，负债者将靠借来的资金去偿还债务产生的以几何级数增长的利息，相当于是金融资本对产业资本、商业资本和消费者的洗劫。这种资本的循环使得实体经济无力去创造经济剩余以投资于扩大再生产，"金融资本主义已经变成了由缠绕在生产性经济上的生息索取权所织成的网络，它以几何级数的增长速

---

[1] Michael Hudson, "Form Marx to Goldman Sachs: The Fictions of Fictitious Capital, and Financialization of Industry", *Critique*, Vol. 38, No. 3, 2010, p. 438.

[2] Michael Hudson, "Form Marx to Goldman Sachs: The Fictions of Fictitious Capital, and Financialization of Industry", *Critique*, Vol. 38, No. 3, 2010, p. 433.

度榨取着复利"①。

从图4可以看到,在金融部门的地位和赢利性一路攀升的形势下,制造业和商业部门的产值比重则呈不断下降趋势,制造业的产值占比从20世纪70年代初的22.7%下降到2012年的12.5%,由于制造业普遍不景气,商业部门的产值占比也处于下降趋势,从70年代初的14.5%下降到2012年的11.6%。

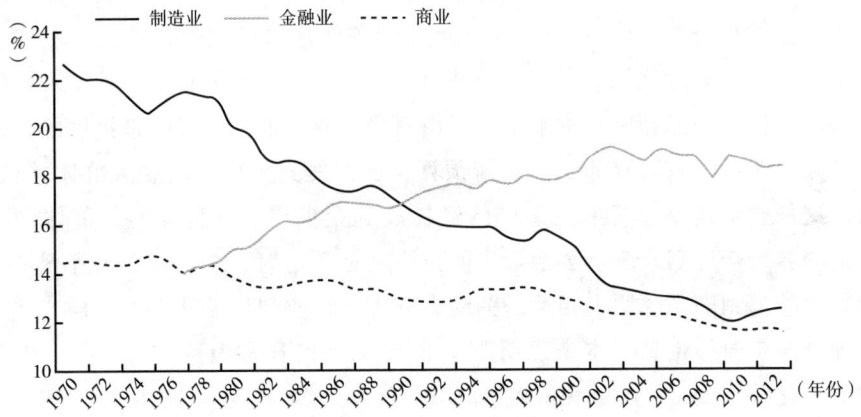

图4 美国国内各产业产值占GDP的比重（1970~2012年）

资料来源：美国商务部经济分析局网站（www.bea.gov）。

在金融资本全球膨胀的情况下,金融资本逐渐脱离了产业资本的循环,脱离了实体经济的发展,形成以未来价值索取权的占有为基础的独立状态,资本循环已经纯粹发展为 $G - G'$ （etc.）的形式,直接与实物生产无涉,通过"零和"转移支付,由钱自己来生钱,金融资本已经退化为靠生息贷款的高利贷资本,资本增值的本性史无前例地表现得如此直白。这样一种资本循环,完全挤压了社会资本的形成,腐蚀了劳动生产率,削弱了实体经济生产的能力,进一步导致整个利润率的下降和资本循环的脆弱性。

第三,收入差距越来越大。近些年来,通过具有"诱惑利率"的抵押贷款和消费信贷等结构化金融业的零售信贷业务创新,金融扩张在很大程度上是靠发放给低收入人群的利润极高的贷款,然后用这些贷款补贴发放给投

---

① Michael Hudson, "Form Marx to Goldman Sachs: The Fictions of Fictitious Capital, and Financialization of Industry", *Critique*, Vol. 38, No. 3, 2010, p. 441.

资主体的贷款。美国蓝领工人工资收入的大约40%用于住房，15%用于支付其他债务，如学生贷款、汽车贷款、信用卡债务等，用于支付社会保障和医疗需要10%~15%，这样只剩下大约1/3的工资收入可用于食品、衣服、交通等最基本的开支。在用于支付社会保障的部分，还形成了"养老基金资本主义"（pension-fund capitalism），这是一种新的剥削工人的后工业模式，即在授权的基础上对工人实行强制储蓄，将这些钱转交给专业的货币经理去购买股票或者债券，以最快和最有把握的赚钱方式——拆卖资产来剥削工人。在缩小公司规模（downsizing）和劳务外包的过程中，工人自然成为最终受害者。同时这种"养老基金资本主义"还严重破坏了不同收入人群的差距，社会保障和医疗本来是可以由对最高收入群体的税收来提供的，现在被强制储蓄，被财政部拿去平衡预算，从而使其可以对高收入群体减税。目前这种"养老基金资本主义"已经扩展到全世界，全世界的经济体都把它们的养老金计划建基于金融资本的投机之上。这时，"资本的增殖不是用劳动力的被剥削来说明，相反，劳动力的生产性质却用劳动力本身是这样一种神秘的东西即生息资本来说明"[1]。不仅工人的日常消费，工人的一生都被资本化了。通过金融化、空间化，工人已经成为"被围困的工人"（workers in box）[2]，工人日益受到全球化、小政府、弹性劳动力市场以及摒弃充分就业目标的四面围困。

另外，最富的1%阶层的收入份额（含资本收入）从1970年的9.03%，上升到危机之前2007年的23.5%；危机发生时有所下降，2009年是18.12%，然而这显然没有触动分配结构的整体格局。此后最富的1%阶层的收入份额一直上升，2012年这一数据是22.46%，已经逼近危机前的状态（如图5）。这样的数据与在危机发生几年后美国仍然面临着的经济波动和高失业率，是严重不相匹配的。"这种'虚拟式'的增长和积累除了改变利润分配、造成两极分化之外，并没有构成真正的经济发展动力。"[3] 收入的巨大差距为资本循环的修复设置了难以逾越的障碍。

---

[1] 《马克思恩格斯文集》第7卷，人民出版社，2009，第528页。
[2] Thomas I. Palley, "Financialization: What It Is and Why It Matters", *Working Paper*, The Levy Economics Institute, No. 525, 2007, p. 21.
[3] William K. Tabb, "Financialization in the Contemporary Social Structure of Accumulation", in Terrence McDonough, Michael Reich, David M. Kotz ed., *Contemporary Capitalism and Its Crises: Social Structure of Accumulation Theory for the 21st Century*, New York: Cambridge Universtiy Press, 2010, p. 159.

第四，全球经济泡沫的蔓延与破灭。金融创新导致了金融衍生产品不断涌现，强化了杠杆作用，催生了金融泡沫，全球金融资本的持续扩张和嵌入在该体系中的结构性权力关系，导致资本循环系统风险达到了前所未有的水平。由于金融部门进行的是一个"零和博弈"，无论金融产品再怎么创新，一旦社会上的资金（主要是实体经济部门的资金）被吸纳殆尽，则泡沫必然破裂，中产阶级投资者和借款者会被留下来慢慢承担金融化扩张的后果。空间化是金融化的必然趋势，金融化的空间拓展不是资本循环本质改变的结果，而是与全球经济相联系的经济活动空间重组的结果。去金本位制后的美元就像海绵吸水一样吸收、利用外围国家的经济空间，并向外围国家输出金融脆弱性。

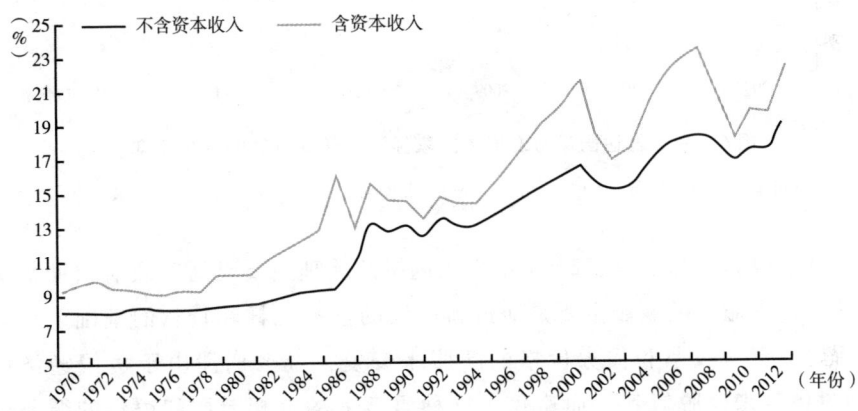

图5　美国富1%人口的收入占比（1970~2012年）

资料来源：World Top Income Database （http：//topincomes. g—mond. parissehoolofeconomics. eu/）。

在全球化空间中，全球经济融合造成的经济周期同步化使危机易于扩散且难以控制。对发达国家积极推广的结构性的金融体系，尽管很多发展中国家"多次试图制定完美的政策框架，以利用开放金融市场的好处，控制开放金融市场的弊端，结果都以失败告终，例如'华盛顿共识'，名誉扫地，新金融设计，已不复存在"[1]。2008年全球金融危机的爆发，就是一个最好的例证。从图6可以看到，近些年主要发达国家和主要发展中国家的经济增长率都处于下降趋势，尤其是2008年的金融危机使2009年的增长率严重下

---

[1] Johnna Montgomerie, "Bridging the Critial Divide: Global Finance, Financialisation and Contemporary Capitalism", Contemporary Politics, Vol. 14, No. 3, 2008, p. 246.

滑,除了中国和印度,其他国家都是负增长,俄罗斯的增长率甚至为-7.82%。中国和印度的突出表现也是对金融化全球空间拓展的一个反证,正是中国和印度对金融化的审慎态度,才没有深陷金融危机的泥潭。

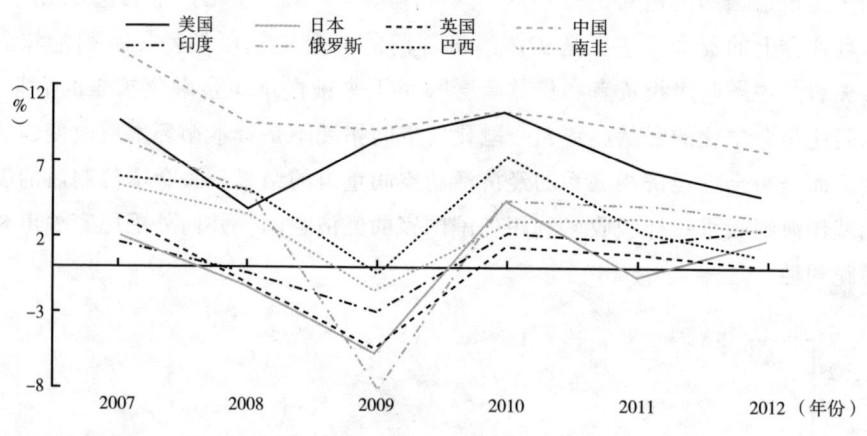

图6 主要发达国家与发展中国家经济增长率(2007~2012年)

资料来源:世界银行(http://data.worldbank.Org/indicator/NY.GDP.MKTP.KD.ZG)。

具有讽刺意味的是,2008年金融危机的治理主要是通过政府救助来实现的,资本循环的断裂主要是通过新一波的债务杠杆在贷款的基础上重新激活房地产、股票和债券价格的膨胀来修复,金融崩溃由于负债经济体"通过借款来摆脱债务"而避免,这种语言上的自相矛盾和逻辑的循环论证,正是当前发达国家"泡沫恢复"政策的写照。金融化、空间化导致的资本循环断裂却还要用负债来修复,催生资本循环的断裂与修复的举措之间的因果互置和倒挂的恶性关联,这是资本的穷途末路,抑或又是"创新"?

六 结论

资本主义长期的经济危机内生于资本循环过程及其内部结构的矛盾运动过程。资本循环框架让我们看到了资本运行的真貌:一种不断从自身内部转变自己的生产方式,同时也不断逼迫维持它的社会和物理世界的能力,这当然是个矛盾的过程。内存于资本主义生产方式的"各种互相对抗的因素之间的冲突周期性地在危机中表现出来。危机永远只是现有矛盾的暂时的暴力的解决，永远只是使已经破坏的平衡得到瞬间恢复的暴力的爆发"[①]。危机甚至成为唯一对抗不均衡、恢复生产和消费的均衡的有效手段。资本一方面生产了需求及其手段的极其精致复杂，另一方面又造成了野兽般的简单粗暴的完全未经修饰的解决方式。

无论资本循环系统发展到什么情况，只要是资本的生产，则"生产只是为资本而生产，而不是反过来生产资料只是生产者社会的生活过程不断扩大的手段"[②]。当然，资本主义经济这个矛盾着的总体在不断地结构化自身的同时，也在经历着总体自身的解构，这种解构来自于资本主义社会结构的内在本质规定，即生产的社会总体化与个人私有的内在矛盾，这是资本循环总体性过程中各个部分能否顺利进行的最终内在尺度。

（作者系北京理工大学人文与社会科学院副教授）

参考文献

Thomas Piketty, *Capital in the Twenty – First Century*, Translated by Arthur Goldhammer, London: the Belknap Press of Harvard University Press, 2014.

David Harvey: *A Companion to Marx's Capital* (Volume 2), London: Verso, 2013.

《程恩富选集》，中国社会科学出版社，2010。

《胡钧自选集》，中国人民大学出版社，2007。

道格拉斯·凯尔纳、斯蒂文·贝斯特：《后现代理论——批判性的质疑》，张志斌译，中央编译出版社，2011。

大卫·哈维：《资本之谜》，陈静译，电子工业出版社，2011。

[①] 《马克思恩格斯文集》第 7 卷，人民出版社，2009，第 277 页。
[②] 《马克思恩格斯文集》第 7 卷，人民出版社，2009，第 278 页。

资本主义发达国家的经济正在加速金融化和虚拟化

朱炳元

今天，资本主义经济的虚拟化和金融化发展到了一个新的阶段：金融部门相对于实体经济部门日益膨胀，利润的来源越来越以虚拟经济为主，金融资本无论在微观层面还是宏观层面都占据了主导地位。当代资本主义经济正呈现出经济加速金融化、金融日益虚拟化、实体经济空壳化、日常消费借贷化、国家走向债务化、人民大众贫困化等六大趋势。

一 经济加速金融化

1. 金融业在国民经济中的地位大幅上升

金融资本在资本主义国家国民生产总值和利润总额中所占的比例越来越大。据研究，20世纪70年代，美国金融部门所获得的利润仅仅是非金融部门所获得利润的1/5，到了20世纪末，这一比例上升到了70%。整个美国金融行业在2004年所创造的利润大约为3000亿美元，而美国国内所有非金融行业创造的利润为5340亿美元，即金融行业"创造"的利润占40%左右。而在60年代，金融行业的利润不到国内总利润的2%。仅仅40年，这一比重就增长了19倍。

2. 实体经济部门的金融化

20世纪60~70年代以后，资本主义国家由于实体经济的资本利润率趋于下降，面对激烈的竞争，实体经济部门不得不把利润的一部分投向金融领域，导致了金融资本的急剧膨胀。非金融公司金融资产与实际资产的比例在

70年代为40%左右,到了90年代已经接近90%。

3. 以金融为核心的服务业的就业人数逐步提高

从1950年到2000年,美国在金融等服务业就业人数逐步提高,而1997年以来美国制造业流失了1/5以上的劳动力。制造业就业人数减少的现象在英国似乎更加严重,1997年末以来已经导致英国制造业工人裁减了近1/3或者说130万个工作岗位。制造业的衰退,导致了成千上万工人的失业,直到2011年9月,美国的失业率仍然高达9.1%。

二 金融资本虚拟化

1. 金融资产的运作越来越脱离实体经济

据统计,同2004年相比,2007年全球外汇市场的日均交易量提高了69%,达到了史无前例的3.2万亿美元。其中,外汇互换和远期外汇合约增长速度超过外汇市场日均交易量的速度,分别达到了80%和73%。另外,参与外汇市场交易的对冲基金、养老基金、共同基金和保险公司所涉及的外汇日均交易数量也由2004年的5850亿美元增加到2007年的1.235万亿美元,这些金融机构进行外汇交易的金额占到了整个外汇交易总量的40%。由于这些交易是在没有任何贸易基础和生产背景的情况下发生的,交易的目的完全是为了获得资本的利润,故这样的交易数量越大,风险也就越高。

2. 金融资产迅速膨胀

过去20多年里,银行业、债券市场和股票市场的金融资产迅速膨胀。据国际货币经济组织统计,1980年全球金融资产价值只有12万亿美元,与当年全球GDP的规模大体相当。1993年全球金融资产的价值为53万亿美元,达到当年GDP的2倍。2003年全球金融资产价值达到124万亿美元,超过当年GDP的3倍。2007年全球金融体系内的商业银行资产余额、未偿债券余额和股票市值达到了230万亿美元,是当年GDP的4.21倍。全球金融资产与GDP的比例,从1倍增长到2倍用了13年,从2倍增长到3倍用了10年,从3倍增长到4倍仅用了4年。

从债券市场看,1991年债券总市值是16万亿美元,到2005年达到了58.95万亿美元,15年时间里市场容量增加了两倍多,年均增长速度大约为7.5%,使债券市值占GDP的比重从72.45%提高到132.63%。从股票市场看,1999年全球股票市场市值一度超过全球GDP,之后因为新经济破灭而大幅度缩水。2003年全球进入新一轮经济上升周期，股票市场再度迅速膨胀，在美国次贷危机全面爆发前，2006年全球股票市场市值规模达到50.6万亿美元，再创历史新高。

3. 金融衍生品恶性泛滥

国际金融危机爆发前的10年，在金融自由化浪潮的推动下，再加上金融监管的放松，全球衍生品市场保持着迅猛发展的势头。1998年，全球衍生品名义价值（衍生品对应的基础资产的金额）存量为80.3万亿美元，总市值（衍生品交易的实际市场价值）为3.23万亿美元。而到2007年末，全球衍生品名义价值为630万亿美元，为同年全球GDP的11.81倍。其中场外交易是衍生品交易的主体，规模大约为600万亿美元，占全部衍生品交易的95%以上。到2008年上半年为止，全球衍生品的名义价值进一步增加到766万亿美元，规模达到了历史新高。

国际货币和金融市场发展到今天，"流动性"的定义已经发生了根本性的变化，把流动性仅仅理解为货币供应量或者银行存贷差已经不再具有现实意义。虽然目前全球广义货币量M2占全球GDP的比重为122%，但是只占全球流动性比重的11%；证券化债权占全球GDP比重为142%，也只占全球流动性比重的13%；而金融衍生品占全球GDP比重则高达802%，占全球流动性的75%左右。因此，从全球金融市场的角度来看，今天流动性的概念已经发生了根本性的变化。传统定义中的流动性就是金属货币，就是货币供应量M1和M2，而在过去几年里全球发生的一个最大变化就是金融市场的发展，特别是衍生品的发展。任何一个金融产品，即使是流动性较差的10年期贷款，都可以随时转化为任何期限、任何货币、任何利率的资产支持证券或者其他金融衍生品，出现在金融市场上进行交易和流通，最后都可以演变为流动性。

三 实体经济空心化

1. 发达资本主义国家虚拟经济的发展

虚拟经济的核心是资本的信用化，从而又进一步发展到资本的金融化。而正是这一金融化的过程，造成了实体经济的空心化。在20世纪70年代以后，各国的货币相继和黄金脱钩。黄金的非货币化最终导致了全部资本的符号化，加速了资本主义经济的虚拟化和金融化的进程，最终使资本主义国家的实体经济日益空心化，使发达资本主义国家经济结构呈现"倒金字塔"的状态。

"倒金字塔"经济结构的第一层和第二层是实体经济，第三层是债券、股票和商品期货等基础性虚拟经济，最顶层是金融衍生品之类的纯粹虚拟经济。支撑庞大国民经济部门的是微小的物质生产部门。"倒金字塔"结构预示现代资本主义经济结构存在着巨大的风险，一有风吹草动，整个经济结构的大厦就会发生动摇，甚至轰然倒地。这种经济结构的层级递进，本质上是按照信用发展的逻辑顺序演进的。从信用发展的逻辑上看，以商品、服务和贸易为基础的商业信用是信用发展的起点。商业信用起源于商品交易和价值实现在时间和空间上的分离，从而使价值实现形式由现金交易演变为延期支付。债券市场作为以证券信用工具为载体的交易市场，通过证券信用工具这个中介使资本的权能发生分离，从而使依附在资本上的各种职能分离出来单独进行交易，再通过风险定价和再分配，将资本引导到有利可图的部门，从而实现资本的优化配置。金融衍生品市场则是更高一级的信用派生市场，它是适应不同投资者的需要通过金融创新而产生的。20世纪70年代以来的证券化和金融衍生品的发展，使虚拟经济的发展呈现日益脱离生产过程的趋势，证券投资的风险分散化和证券投资的多元化在西方发达国家已经成为一股潮流，源源不断地创造出远离生产过程的金融创新工具。经济的虚拟化制造出空前庞大的虚拟财富体系，和实体经济的距离越来越远，以致使人们产生了华尔街等金融市场能够创造巨大财富的印象。

2. 美国的"去工业化"浪潮

在金融化浪潮的推动下，美国的一个又一个工厂、一个又一个地区遭受一波又一波的打击。这种打击首先体现在低附加值商品上，如鞋类、纺织品，这些部门首先向东南亚等发展中国家转移；随后逐步扩大到钢铁、造船、电子等高附加值产业。美国大量从中国等发展中国家进口日常生活用品，以满足美国人的消费需求。全世界价廉物美的商品潮水般地流向美国，助长了美国永无止境的消费主义。随着美国在全球制造业中的地位逐步削弱，它开始在金融领域建立自己的霸权。随着时间的推移，金融在服务业中占的比重会越来越大。

在金融化、虚拟化、去工业化浪潮的推动下，美国经济走上了畸形发展的轨道。据统计，制造业在GDP中的比重，1990年仅为24%，2007年进一步下降到18%；制造业投资的增长率2006年仅为2.7%，投资额仅相当于

GDP 的 2.1%。20 世纪八九十年代，美国的服务性行业（主要是金融行业），已占 GDP 的 70% 左右。20 世纪末，美国的军事工业仍然是全球之冠，石油、IT、房地产、汽车、飞机制造以及农业等产业也在世界处于领先地位。但是进入 21 世纪，先是 IT 产业受到沉重打击，继而因"9·11"事件使飞机制造业受到重创。21 世纪初为摆脱经济衰退，美实行房地产贷款最低利率购房政策，营造了房地产业的巨大泡沫，2007 年泡沫破裂引发次级贷款危机，直到今天房地产业仍一蹶不振。次贷危机又引发了经济危机，美国为数不多的实体经济部门——汽车工业又遭到重创。按照目前的趋势，美国制造业空心化的趋势无法改变，除了军事工业和农业无法转移以外，飞机制造业和汽车工业早晚也会向其他国家转移。这一现象会对美国和世界经济产生怎样的影响，值得高度关注。

四 日常消费借贷化

资本主义生产方式的基本矛盾是生产的社会化和生产资料的私人占有。在这一基本矛盾的支配下，一方面，生产呈无限扩大的趋势，物资的供给无限增长；另一方面，由于资本主义私有制的限制，人民群众日益贫困化，他们的社会购买力跟不上生产力发展的速度，导致相对过剩的经济危机周期性地发生。为了缓解资本主义的基本矛盾，在金融垄断资本的主导和推动下，近一二十年来，在美国逐步形成了一种"负债消费模式"，即普通民众靠借贷维持日常生活消费。这种消费模式对金融寡头来说，可以起到一箭三雕的作用：一是鼓动借贷消费可以暂时缓解劳动人民由于贫困化而导致的产品相对过剩；二是可以从借贷消费的人民群众身上进行再一次的剥削；三是可以通过对各种债券（包括坏账和死账等有毒债券）的重新包装，"创新"出新的金融衍生品对购买者进行欺骗，以转嫁损失。据统计，美国家庭债务占其可支配收入的比重，1983 年为 75% 左右，2000 年上升为 125%；美国家庭债务占其税后收入的比重，1980 年为 60%，2000 年为 110%。进入 20 世纪八九十年代，美国民众家庭已经入不敷出，所以消费信贷急剧增长。从 1971 年到 2007 年的 36 年间，美国民众的消费信贷从 1200 亿美元激增至 2.5 万亿美元，增加了近 20 倍。这还不包括 11.5 万亿美元的住房债务，如果把两者相加，总共负债 14 万亿美元，超过了美国当年的 GDP。平均每个美国人负债近 5 万美元。美国民众的工资 40% 用来偿还住房贷款，15% 偿还上学贷款，

11%用于缴纳社会保障基金，剩下用于日常生活消费的不足19%。

英国的家庭也"借贷成瘾"。1997年夏英国工党上台执政时，个人借贷总额达到5700亿英镑，仅仅在10年以后这一数字猛增到15117亿英镑，增幅高达165.2%，也就是说年均增长10%。个人借贷与可支配收入的比例从101.6%猛增到创纪录的173.1%。如果把公司借贷因素考虑在内，英国私人贷款总额从占GDP的133.5%增长到227.4%，比任何一个西方工业化国家都高。其他资本主义国家，如加拿大个人债务与可支配收入的比例是126.5%，法国是89.6%，德国是104.8%，意大利是57.7‰。

五　国家运行债务化

资本主义国家不仅民众靠借债维持日常生计，而且国家和政府也靠举债维持日常运转。国际金融危机爆发以来，欧美发达资本主义国家不断发生债务危机。先是冰岛、爱尔兰，后是希腊、葡萄牙等。希腊已经爆发了两次债务危机。针对希腊的债务危机，欧盟和国际货币经济组织通过了新一轮大规模紧缩政策，使希腊暂时躲过了债务危机。但欧元区的债务危机并未解除，只是热度稍微减轻了一些，随时有可能爆发新的危机。与希腊、葡萄牙等国一样，美国政府多年来也是入不敷出，靠借债维持。随着美国贸易逆差的持续扩大、军费开支的不断飙升，美国的国债也一路走高，国债上限占GDP的比重不断上升，特别是最近几年更是如此。

从理论上说，美国是全球首创从法律上规定国债上限的国家。美国宪法明确赋予国会确定联邦政府债务总额最高限额的权力。但是从规定国债上限以来，美国政府的债务数额不断上升。其实，提高债务上限并不伤害美国的利益，美元是国际货币，美联储通过购买美国国债使美元流向全世界，所以美国的债务很大程度上是由全世界承担的。尼克松时期的美国财政部部长约翰·康纳利有句这样的名言："美元是我们的货币，但却是你们的问题。"美国的债权人考虑到美元贬值会对他们造成损失，不愿看到美元贬值幅度过大，不得不继续购买美国国债和继续借钱给美国人。因此，不管产生什么样的结果，美国的基本做法仍然是"以债养债"，即借新债还旧债；美国仍然不可能出现大幅约束行政、军费支出的意愿和决心，仍然不会改变举债消费的传统。因此，至少在可以预见的将来，美国的债务会继续增加，且幅度会越来越大。

六 人民大众贫困化

资本主义国家经济的虚拟化和金融化必然带来劳动人民的贫困化。为了维持金融资产膨胀、避免经济泡沫破裂，金融寡头不断地催生永无止境的资金需求。这就要求提高剥削水平，不断增大收入和财富分配的差距，从而造成劳动人民的相对贫困和绝对贫困。20世纪60年代末，资产阶级发动了一场挤压工人阶级利益、提高利润的运动，结果使不平等持续增加，工资在GDP中的份额急剧下降。尽管这一时期利润水平和生产效率大幅度提高，但以1982年的美元价值衡量，美国非农业工人的实际工资从1972年的最高每小时8.99美元下降到2006年的8.24美元。

在这次国际金融危机中，资本主义国家通过政府干预把危机成本转嫁给最底层的社会公众。只要人民群众处于贫困化状态（不管是绝对贫困化还是相对贫困化），周期性产生的经济危机和金融危机就不可避免。

通过前面的分析可以看出，发达资本主义国家已经从以工业生产为核心的经济转变为虚拟化、金融化的以食利主义为主的经济。而虚拟资本和金融资本的固有特点，是食利性、寄生性和投机性。

资本作为能够自行增殖的价值，必须经过生产阶段和流通阶段，依次表现为货币资本、生产资本和商品资本的形式，产业资本家必须从市场上购买生产资料和劳动力，并且使生产资料和劳动力相结合，通过生产过程增殖价值，通过流通过程实现价值。而虚拟资本和金融资本的循环形式是从货币到货币，资本家不通过生产过程也可以获得剩余价值。虚拟资本和金融资本的出现，意味着资本积累的方式不再仅仅通过价值和使用价值的转换来实现，虚拟资本和金融资本的形式逐渐在资本积累过程中占据主导和统治地位，资本主义因此具有了明显的寄生性和腐朽性。可见，经济的虚拟化、金融化是资本主义经济结构发展和演变的必然趋势，而一步一步地走向寄生性是资本主义经济虚拟化和金融化的必然结果。

（作者系苏州大学教授）

金融化世界的社会存在论追问

从金融风暴到经济泥潭

——当代经济危机的新形态与新对策

鲁品越

哈伯勒名著《繁荣与萧条》以 1929～1933 年的大危机为蓝本，提出资本主义市场经济由两大过程交替组成：扩张过程与收缩过程。而这两大过程之间存在着两种转折点——向下转折（危机）和向上转折（复苏）。因此，资本主义经济体的发展过程由四个阶段的周期性重复：危机－萧条（收缩）－复苏（向上转折）－高涨（扩张），再发展到下一个周期。然而随着资本主义内在矛盾的加深，虚拟经济体的出现，哈伯勒所描述的这种由清晰的四个阶段组成的经济周期的模型很可能将会退出历史舞台。资本主义经济危机的表现形态正在发生深刻的历史性变化。我们发现：2008 年金融风暴使全球经济迅速进入萧条期之后，人们一次又一次地期待和预言经济复苏阶段的到来，然而一次又一次的复苏萌芽又不断被国际债务危机、主权信用降级、就业指数下降等负面状况的洪水所淹没，而且在这些经济停滞和衰退面前，各国经济政策处于宽松政策与紧缩政策都会使经济陷入困境的两难情境，因而时刻面临着未经复苏而再次陷入更深层危机的威胁。我们把这种社会宏观经济态势称为"经济泥潭"，在造成这种状态的根本原因没有消除之前，全球经济的"泥潭期"不会结束，对此我们务必有充分的思想准备。

这种"经济泥潭"的表现形态可以用现代系统科学中的"混沌理论"来刻画。一个生物种群由于受到资源（食物）总量的限制，其个体数量（我们称为"虫口"）会发生围绕着该资源能够养活的那种"均衡虫口"上下周期性波动：高于这个数量的种群发展到一定的繁荣阶段会导致食物匮乏的危机,于是虫口将下降直至低谷。低谷时食物供给恢复而有利于繁殖,于是种群复苏而使虫口不断上升而进入繁荣期,直至新的食物危机开始,由此形成了生物种群的四阶段构成的虫口周期,它与资本主义经济周期具有深刻的一致性。现代系统科学进一步指出,这种由所谓"逻辑斯谛方程"描述的周期现象,当相互作用参量不断变化而越过某一阀值时,由明显的四阶段组成的周期性现象将会消失,而进入复杂的非周期性的"混沌状态"。在这个混沌状态中,每一局部的微小区间中以相似形式重复着大范围的周期波动(这种现象被混沌理论称为"自相似性")。现代混沌理论所揭示的这种情形,正在当代经济现象中演绎:整个经济的复苏并没有真正出现,但是在每一时间与空间中局部性"复苏"与"危机"的波动,时刻不停地在进行。所以,这种"经济泥潭"也可以称为"经济混沌",这是当代经济体系内部深刻的内在矛盾所导致。

一 经济泥潭的直接原因与三大表现

当代经济危机是由金融风暴拉开序幕的。而金融危机直接源于上世纪70年代开始的新自由主义思潮。我们知道,由于其深层原因,资本主义市场经济总产出的货币流量,总有一部分流入投机、储蓄等形态中,而不进入下一轮的实体经济再生产,此称"流动性不足",由此必然会造成实体经济萎缩,这些萎缩的部分形成了凯恩斯所说的"非自愿性失业",造成经济危机与萧条。为了扭转这种趋势,凯恩斯提出了扩大政府开支以扩大内需的财政政策,将这些减少的货币流量以政府财政支出的形式重新注入实体经济再生产中。这种财政政策的确在一定时期内避免了经济危机的出现。然而政府扩大财政开支又会产生增加企业成本等等一系列负面作用,最后导致了上世纪70年代的"滞胀"危机。于是新自由主义登场,反对凯恩斯的政府干预政策,主张市场问题由市场自身来解决。而市场解决这个问题的途径是金融自由化:由金融机构自身通过市场来创造流动性,以取代政府用财政机器向市场输入流动性。那么,金融机构怎样创造流动性呢?其最主要途径是"资产证券化":把缺乏流动性的能够长期营利的资产(如房贷的债权)打包分割成一份份证券向市场发行,吸引社会大众掏钱购买证券而获得流动性资金,这些资金注入市场而创造了源源不断的"流动性",这就是"金融创新"。这种金融创新的确为经济繁荣发挥了巨大的作用,特别是有力地支持了那些有前途的科技创新企业向市场融资。然而，由于缺乏必要的约束，这种创新逐步演变为向市场"圈钱"，使全球资金高速运转。国际资本通过反复进行的资产证券化来创造流动性以维持资本扩张，这不可避免地产生了巨大的金融泡沫，使经济体到处都存在着资金链断裂的风险。于是，总有某些局部的资金链发生断裂。2008年9月13日，华尔街雷曼兄弟公司发生了巨额资金链断裂。而局部性资金链断裂通过错综复杂的规模巨大的全球金融网络和产业网络扩张开来，同时造成全球性心理恐慌，从而使全球经济流量骤然减少，由此一方面导致虚拟经济大幅度缩水，与此同时也必然地导致实体经济再生产流程萎缩。于是，金融风暴席卷全球，把全世界带入经济危机的关口。

而在当今的资本主义经济体系下，拯救这种金融危机的唯一办法是向市场经济体再次输入流动性，也即增加市场经济的货币流量，以补充资金链断裂所产生的资金缺口，这就是放松银根的"宽松货币政策"。放松银根的常规手段是三大货币政策：降低利率、降低准备金率，以及公开市场业务（中央银行向商业银行买卖债券，放松银根时则买入债券以增加银行的初始货币存量）。这些措施是放松对货币流量的控制门槛，通过杠杆效应影响利率从而间接增加货币流量。常规货币政策的核心是维持某种能够使社会经济顺利运行的利率，因为利率是控制货币流量的杠杆效应的核心。然而这些常规货币政策的作用是有限的，一旦利率降得很低，出现了所谓"流动性陷阱"，无论怎样的降低利率的措施都会统统失效。怎么办？于是作为"最后的手段"的超常规宽松货币政策就出笼了，这就是"定量宽松货币政策"（Quantitative Easing Monetary Policy，又译为"量化宽松货币政策"，缩写为QE）。

所谓"定量宽松货币政策"，就是以根据经济运行的需要确定直接注入市场的货币总量，通俗地说即定量地增加钞票发行数量。日本中央银行在日本经济走投无路的时刻，于2001年3月19日最早实施这项政策。2008年金融风暴之后，美国则以史无前例的巨大规模使用这一政策，以拯救其面临的经济危机。美联储开启了第一轮量化宽松政策（被称为QE1），向市场投放了1.4万亿美元的储备，这使得它的负债由8800亿美元扩大至2.3万亿美元，其目的在于稳定美国的金融体系，而不是直接投入实体经济。到了2010年11月3日，为了解决居高不下的失业率，美联储又开启了第二轮量化宽松（QE2），起始为1000亿美元，然后每次联储开会，再以1000亿为单位进行加减，直至失业率有明显改善为止，估计这个过程可能持续三年左右，"宽松"的资金总额可能要达 2 万亿美元。如果这轮量化宽松不能达到明显降低失业率的作用，据说即将启动第三轮理化宽松（QE3）。在美国实施定量宽松的货币政策的同时，欧洲各国也采取各种宽松的货币政策。各国政府都大把大把地花钱，并且努力使自己的货币贬值来增加出口，与此同时使他国的外汇储备贬值，从而实现"赖账"的目的。正是这种为了对付金融危机的定量宽松货币政策，导致国际资本主义危机从"金融风暴"发展到新阶段——经济泥潭。陷入这种泥潭的经济，不论采取怎样的举措，都将在相当长的时期内越陷越深，不能自拔。这种"经济泥潭"主要表现在以下三个方面。

第一，虚拟经济膨胀与动荡，造成资本在"虚拟资本"与"休眠资本"之间流转，实体经济持续萎缩

当代经济体系实际上包括三个部分：一是实体经济，它是直接生产人们社会物质生活的部门，是全部社会经济的基础；二是由资产证券化所产生的虚拟经济，它的功能原本是通过组织社会资金来服务实体经济，但是在这个过程中产生了大量的投机性活动，在一定程度上与实体经济相脱离；第三是退出实体经济与虚拟经济而暂时处于"休眠"状态的"休眠资本"，如用于保值的黄金和其他不动产、股市上空仓资金等，这些休眠资本时刻准备注入虚拟经济之中进行投机增值。正是"休眠资本"与"虚拟资本"之间的不断转移和流动，造成了当代虚拟资本市场行情的剧烈动荡。

在这样的当代经济结构中，那些被"定量宽松政策"投入到经济体的货币，一旦转化为资本，则由资本的逐利本性所决定，总是争先恐后地注入获利能力快的虚拟资产，如期货、楼市、股市、黄金等，特别是新兴国家的虚拟资产中，造成这些虚拟资产价格飞涨，制造出金融泡沫。而注入真正的实体经济中的货币数量相当之少，这是刚刚具有某种复苏势头的实体经济还处于不稳定状态，投资风险大而效益少。因此，以就业率作为重要指标的实体经济仍然会处于疲软的停滞状态。美国的 QE2（第二轮量化宽松）本来是要增加就业，但正是因为这个原因，2010 年 12 月 3 日美国劳工部报告称 11 月非农就业人口仅增长 3.9 万人，远低于宽松政策预期增长的 14.0 万人。而失业率不降反升，又增加了 0.2 个百分点而达到 9.8%。这说明：在当今由实体经济、虚拟经济与"休眠资本"所构成的经济结构中，不论施行怎样的宽松的货币政策，也无法真正起到使实体经济复苏的作用。

然而，如果政府防止金融泡沫而对其实行紧缩政策，那些具有强烈的投机性的虚拟资本便立刻纷纷出逃，造成资产价值大跌。然而这些出逃的资本并不是转而投向实体经济，而是转变为"休眠资本"（其原因我们将在后面分析）。随着休眠资本的储量越来越大，虚拟资本市场的价值震荡就越来越剧烈。而股市等虚拟资产大跌又会造成融资困难和社会的心理恐慌，造成对实体经济发展预期的进一步恶化，从而导致社会实体经济进一步萎缩。于是，政府的货币政策处于两难境地：无论是实行宽松的货币政策，还是实行紧缩的货币政策，都会造成实体经济的萎缩，这就是"经济泥潭"。尽管量化宽松的货币并没有降低失业率，然而美国经济学家大卫·塞蒙斯声称，"如果没有第二轮宽松，美国经济可能更坏，而且只要经济没有好转，第 N 次量化宽松都有可能"。而这"N 次量化宽松"将会使社会经济陷入越来越深的泥潭。

第二，竞赛性通货膨胀，最后将导致长期滞胀。

在当代金融资本操纵市场的当代资本主义经济体制下，投入的货币首先满足的是爆炒虚拟资产价格的需求，然后才有可能惠及实体经济来进行扩大再生产以提升就业率。但是这又会受到滞胀的威胁。随着美国实行定量宽松的货币政策，美元通过战略性贬值增加出口。各国为了保护自身出口竞争力必然被迫实施宽松的货币政策，于是各国之间出现了"宽松货币"的竞赛，这些宽松的货币最终必然带来整个物价体系上涨。这就是说，发达国家企图通过定量宽松政策来解决自己经济的燃眉之急，必然向新兴经济体输出通货膨胀。由于各国政府在宽松货币上竞赛，这种通货膨胀也可能是竞赛性的，愈演愈烈。今年以来，在"金砖五国"中，印度前 5 个月批发价格平均涨幅为 9.25%，已连续 17 个月超过 8%；俄罗斯 5 月消费者物价指数同比上涨 9.6%；巴西前 5 个月通胀率累计达 3.71%；中国消费者物价指数（CPI）也持续走高。越南、印尼 2011 年通胀率也上升到 13.5% 和 7.1%。而通货膨胀必然导致生产成本提高。如果各国不采取正确的措施，将会发生比较严重的"成本推进型通货膨胀"，最后导致整个实体经济萎缩，于是将重蹈 20 世纪 70 年代"滞胀"的顽疾。

第三，政府的主权债务危机。

由于实施宽松的货币政策，政府背上了巨额债务。一旦负债超过其 GDP 的 60% 的警戒线，政府就缺乏偿还能力，从而陷入主权债务危机中，如果发展到极端，甚至会造成国家破产。金融危机之后，在各国放松银根以刺激经济发展的大背景下，欧元区从希腊主权信用下调开始，比利时、葡萄牙、西班牙、爱尔兰、意大利如多米诺骨牌依次惨遭调降。欧元区债务总额占GDP比率约85%左右。实施定量宽松的货币政策后，截至2011年1月，美国国家债务总额已经超过14万亿美元，占GDP约为100%，相当于每位美国公民人均负债4.53万美元。最重要的是美国目前每分钟负债速度达到2.6亿美元，穆迪公司预测美国在10年内负债总额将占GDP的400%。这是个何其惊人的数字！作为美国的第一大债主的中国，不能不担心已经缩水的美国国债的偿还能力：到时候甚至连足额的不断缩水的纸币都拿不到！

主权债务危机将会产生"信用黑洞"，因为一旦某些对全球经济有一定影响的国家举债不还，必然会造成全球巨大的资金链断裂，其产生的多米诺骨牌效应将远比小小的雷曼兄弟公司引起的金融风暴恶劣，其后果简直不堪设想。因此，一旦这种情况发生，世界各国必然千方百计地继续投入巨额货币以挽救其面临破产的局面。这将把全球各国经济再次拖入更深的泥潭，全球经济将陷入长期萧条的状态。

由上述三个方面构成的经济泥潭，必然会蔓延到政治领域和社会生活领域，而形成整个社会的泥潭。它将使发达国家陷入政治泥潭与社会泥潭。这是因为解决金融链条断裂与就业问题需要投入巨额资金，而巨额债务负担又需要开源节流，即增加税收与减少福利，这必然要导致经济紧缩。这就使国家决策陷入左右为难的两难境地，各个阶层与政党之间各执一词，使其国内政治斗争加剧。从国际上看，定量宽松的货币政策本质是发达资本主义国家利用自己的金融、军事、政治上的优势地位，通过转嫁危机，牺牲全世界各国的利益来解决自身经济面临的问题。这些不仅造成了国际冲突的激化，也不可避免加剧了发展中国家内部矛盾的激化，同时也引起国际摩擦与冲突。一些发展中国家由此发生反政府的事变，发达国家企图利用这些事变来推行其"民主化"价值观，企图将发展中国家纳入其势力范围，加强对石油等重要资源的控制。然而这种"民主化"进程又可能导致反西方的民族主义力量迅速崛起，形成对西方资本主义世界的威胁，西方国家由此在国际上也陷入了两难境地的泥潭。在阿富汗、伊拉克、利比亚和埃及等国发生的事变，正是这种政治和社会泥潭的典型表现。

这就是说，当前资本主义危机正在经历从短期的金融风暴向长期的经济社会泥潭的转变，而不是按照"危机－萧条－复苏－高涨"的周期运行。只要造成这种社会经济泥潭的原因没有消除，新自由主义仍然在经济决策中占据主导地位，这种局面就会一直持续下去。只有当经济决策思想发生巨大的改变，重新塑造社会经济基础，或者新的划时代的科技发明开辟了新的市场，从而打破当今僵局之后，全球经济才有走出泥潭的希望。

二 经济泥潭的深层原因及其出路

以上所言是经济泥潭的直接的表层原因及其产生的结果。而在这些直接的表层原因的背后掩藏着深层原因。那么，这些深层的根本原因是什么？这就需要用马克思主义经济学理论来解释。

在马克思主义经济学看来，资本主义根本特征就是私人所有制通过社会化大生产结构，通过一层层的资本权力放大器（也即通过支配劳动力而支配全社会的劳动价值，剩余价值率于是形成了资本的市场权力的放大率），形成了对全社会劳动成果的支配体系。由此形成了资本主义的根本矛盾是对生产资料的私人占有制与生产的社会化的矛盾。这种私人权力体系在无政府主义的自由竞争状态会导致各个个别资本为了追求增值而盲目生产，最后形成过剩性经济危机。而在垄断资本时代，国际性垄断性金融资本通过对全球化产业链的控制而形成了对全球劳动的控制。为了维系经济扩张，垄断资本利用其在金融体系中的权力通过资产证券化等等手段疯狂地吮吸民间资金而减少社会购买力，最后导致高度膨胀的虚拟资本与日益枯竭的民间购买力的矛盾，这必将导致金融泡沫的破裂而产生全球性金融风暴，由此引起实体经济的萧条。

而社会经济要从萧条走向复苏和高涨的动因，是萧条导致生产要素价格降低，一些闲置的资本就会趁机进行生产要素重新组合而恢复和扩大再生产。这些资本通过产业链对上下游产业产生拉动与影响作用，最后带领全社会的实体经济走向复苏。这是经济周期中最根本的"复苏"机制。然而在当今虚拟经济占主导地位的时代，这种复苏势头会很快被汹涌澎湃的虚拟经济浪潮所吞没，从而使经济陷入复苏与衰退交织的经济泥潭。其具体过程是：由于生产要素价格下跌而产生的复苏萌芽会迅速点燃虚拟经济之火，引起相关虚拟资产价格（如石油期货、股市、房市等）暴涨。由于资本逐利本性，那些本来可能投资于实体经济的资本便转向虚拟经济的投机，因为虚拟经济的盈利能力与速度远远高于前景尚未明朗的实体经济，于是复苏萌芽得不到充足的资金支撑而被淹没,实体经济又迅速回归于萧条。这种萧条又会导致虚拟经济资产暴跌,于是投机性资本纷纷抽逃。如上所述,这些抽逃的资本不会是实体经济,而是转化为"休眠资本",其原因是复苏苗头正被淹没,前景难测中,同时因为投入实体经济中的资本会转化为生产要素的消耗,从而具有不可逆性,一旦投资失利将无法挽回。于是,整个社会经济处于虚拟资产价格振荡,而实体经济萎靡不振的状态。在这种情况下,发达国家政府无法紧缩货币——因为它将导致经济萎缩、失业增加、福利减少,从而民怨沸腾。于是又会进一步实行定量宽松货币政策来提振经济以减少失业率而把本国经济困境向全球输送。这些定量宽松的货币又会流向虚拟经济,进一步加重这种泥潭状态而难以自拔。于是,随着巨额资金不断填补到资本主义经济机体之中,追求扩张的资本所到之处都在给自己制造运行的阻力,使资本主义内在矛盾在各个层面和各个领域出现与展开,制造出一个个相互纠结在"宽松不能、紧缩不得"的两难困境,这就是当代资本主义世界的"社会经济泥潭"。这种局面在相当长的历史时期内无法改变,因为它是资本主义固有矛盾的深层表现。这才是对当代资本主义经济危机的科学解释。

那么,面对这种危机我们应当怎么办?限于篇幅,我们在此不能详细讨论。然而根据马克思主义对当代经济危机的解释,可以得到以下几点结论。

第一,仅仅靠加强政府对金融衍生品的监管无法摆脱经济危机,因为真正严格的金融监控将使众多的资产证券化无法进行,从而使社会经济陷入流动性缺乏的困境,导致经济危机早早发生。

第二,仅仅靠对货币流量的总量调控无法摆脱经济危机,因为陷入社会经济泥潭已经使这种调控处于两难困境:放松银根会导致虚拟资产价格飞涨而实体经济滞胀,收紧银根又会导致社会经济衰退,失业率上升。

第三,作为社会主义国家的中国,应当充分发挥社会主义对社会经济进行强有力的结构性干预的优越性,导控与驾驭资本,而不是放任资本的逐利行为,或者被动地与社会资本博弈。这就要求一方面设立资本流动禁区,扼制资本的投机性,另一方面引导与鼓励社会资本(包括我国巨额的外汇储备)注入提升产业结构、提升劳动者素质、发展新兴产业的领域,在国家财政负担允许的前提下提高社会保障与社会福利水平,发展民生工程。这样一来,拯救经济危机所花费的巨额资金就转化为能够造血的生产力,从而真正"转危为机"。通过这样的克服资本主义危机的过程,使我国经济中的社会主义力量进一步得到加强和巩固,成为我国经济结构的牢不可破的领导性力量。社会主义市场经济将日臻成熟。一个真正的有伟大的历史性生命力的社会主义制度,不是按照某种预先设计好的蓝图来建造的,而是在大风大浪中形成的,在克服资本主义危机的过程中逐步生成的。

(作者系上海财经大学人文学院教授)

对次贷危机深层原因的哲学反思

徐大建

关于目前这场"二战"以来最严重的金融危机的原因,现有的反思大多集中在经济学领域,在微观上把危机的主要原因归结为过度的金融创新和缺乏监管,在宏观上把危机的主要原因归结为"宏观经济失衡和信用过度膨胀所产生的美国房地产泡沫"。经济学的这些反思,虽然详细地说明了危机的实际状况和具体过程,对如何克服和防止金融危机提出了有益的救治方案,但正因为这样的反思非常具体,是就事论事的,因此其分析往往限于表层的原因,由此提出的对策虽然在短期内可能十分有效,却也往往是治标不治本的。

要从根本上防止金融危机,还必须对金融危机的原因进行更深层次的探究。显然,引致金融危机的原因是多重的,不仅有表层的原因,还有深层的原因,表层的原因在每次金融危机发生时都各有不同,深层的原因对不同的金融危机来说却往往是相同的。只有抓住了危机的深层原因,才有助于我们提出长期有效的治本方案。本文打算对这场金融危机的深层原因作一简要的探讨。

关于这次金融危机,现在比较清楚的事实是,它是一个由次级房贷及其证券化所形成的金融风险的放大和引发导致的信用危机。简要地说,这次金融危机的具体过程可分析为三个节点:①大规模的次级房贷产生了巨大的风险;②房贷证券化这一金融创新将次级房贷原有的巨大风险又放大了成百上千倍;③房地产泡沫的破灭和房价的下跌导致次贷违约率上升而引发风险。

首先,这次金融危机爆发的最直接原因是次级房贷的违约率上升,所以其基础是大规模次级房贷。在一般情况下，商业银行出于次级贷款的贷款人缺乏足够的信用保证，在向他们发放贷款时通常是很谨慎的，次级贷款即便存在，量也不会很大。但从世纪之交以来一直到2006年，由于政府的间接干预，美国出现了大量的次级房贷。一方面，美国政府不愿意动用国家财政来解决低收入群体的住房问题，早在20世纪八九十年代便出台了各种政策，例如放松对商业银行的监管，利用政府支持性机构"房利美"和"房地美"这样的特殊房贷公司来为次级房贷作担保，等等，鼓励低收入群体自己贷款买房。另一方面，美联储在21世纪初为了刺激经济采取了低利率的货币政策，在3年时间内将联邦基金利率从6.5%下调到1%，由此带动了房贷利率的下降和房价的上涨，乃至房价的上涨得益于可以超过房贷的支出，使贷款人即便到了还不起贷款的时候，也能通过出售房屋偿还房贷甚至还能略有盈利，也就是说，使得原来还贷能力很差的人似乎也有了还贷能力。这两方面的间接干预不仅使得次贷合法化，而且掩盖了次贷所蕴含的巨大风险，使得大规模次贷成为现实。

其次，仅仅一定规模的次级房贷还不足以形成系统性风险和危机，由于华尔街的贪婪和缺乏政府监管而催生的过度金融创新，才使得大规模的次贷演变为系统性风险和危机。在华尔街的金融创新之前，商业银行发放的房贷，往往要等二三十年之后才能完全收回本金，资金周转得很慢。为了加快资金的周转率，华尔街的银行家们进行了金融创新，将房贷证券化，即商业房贷公司和银行，通过上述"两房"和投资银行的运作，把发放的房贷加工成"按揭抵押债券"（Mortgage Backed Securities 或 MBS）和"债务抵押凭证"（Collateralized Debt Obligations 或 CDO）等各种金融衍生品，出售给世界各地的各种投资者，由此回收房贷资金，以便再次放贷，如此循环往复。这样的金融创新，对商业银行来说，可以盘活有限的资金并提高盈利水平，而对投资银行来说，则可以使自己获得同样的信贷收益，却不必像商业银行那样建立庞大的风险稽核机构和柜台业务，也不会受到商业银行那样的严格监管，更重要的是，只有这样的金融创新，才能让华尔街的银行家们获得比其他行业高出成千上万倍的收入。可是，由于房贷的证券化中含有大量高风险的次级房贷，这样的金融创新将次级房贷的原有风险变成了一种放大了成百上千倍的系统性风险。

最后，在某些条件下，上述大规模次贷及其证券化形成的系统性风险虽然存在，却是潜在的，具体一些说，当美联储实行低利率政策、使得房贷利率较低而房价较高的时候，由于次贷的违约率较低，次贷及其证券化所形成的风险便是潜在的。这也是华尔街的过度金融创新能够在一时蒙骗投资者的原因之一。可是这样的条件并非常态，因为低利率所造成的繁荣一定会过头而形成泡沫和通货膨胀，而且美联储的低利率政策也确实导致了2003~2004年的房产泡沫和通货膨胀。于是，为了可持续的经济增长，美联储于2004年6月掉头实行升息政策，将联邦基金利率从1%逐步上调至2006年8月的5.25%，这就带动了房贷利率的上升和房价的下跌，最终导致次贷的违约率大幅上升，引发次贷危机。

综上所述，我们可以把危机的表层原因总结如下：首先，是美国政府的干预，包括鼓励低收入群体贷款买房的政策和美联储刺激经济的低利率政策，导致了大规模的次级房贷；其次，是赌博和冒险性质的过度金融创新和美国政府的缺乏监管，使得银行家们赌输了可以不负责任，赌赢了却能够名利双收，将次级房贷的高风险演变为危机；最后，是美联储的升息货币政策，引发了危机。

基于这样的事实和表层原因的分析，我们能够在它们的背后挖掘出何种潜藏的深层原因呢？就此而言，目前存在着三种比较流行的看法：其一，这次金融危机是人性贪婪和政府放任的必然结果，因此它表明了自由市场的失败；其二，这次金融危机是政府干预的结果，因此它表明了政府的失败；其三，它是美国借债消费文化的结果。

第一种看法的逻辑是：次贷危机的根本原因是投机和欺骗性质的过度金融创新，但这种金融创新之所以能够大行其道，不仅在于华尔街的贪婪，在于自由市场的竞争中人们为了盈利和优胜不顾他人利益的本性，更重要的是在于美国政府有关部门对这样的贪婪和本性视而不见，对金融创新缺乏有效的监管。究其根源，是由于很多美国政府官员和学者，包括危机爆发前执掌金融监管大权的前美联储主席格林斯潘在内，都是自由市场经济的信徒，都认为自由市场经济制度是最有效率的制度，投资者出于自己的利益不会做出不负责任的行为，因此对这样的金融创新采取放任自流的态度。由此可见，次贷危机宣告了自由市场经济观念和制度的破产。

第二种看法与第一种看法恰恰相反，在它看来，次贷危机的直接原因是不该借钱买房的人借钱买房，但不该借钱的人之所以能够借到钱，却完全是由于政府的干预。首先是美国政府鼓励低收入群体买房的政策，包括自克林顿政府开始推行的"居者有其屋"政策和房贷担保政策；其次是美联储为了刺激经济而实行的低利率信贷扩张政策，才使得不该借钱的人借到了钱，即便金融创新产品的定价和利润发生了扭曲，也是低利率货币政策的结果。因此，次贷危机的深层原因不是别的，而正是政府的干预，是政府干预的失败。

第三种看法则认为，无论是认为次贷危机表明了自由市场经济的失败，还是认为次贷危机表明了政府干预的失败，其实都是将危机的根源归之于美国少数金融决策人物及其思想理论基础。从表面上看，这次金融危机是一场由于借贷过度而造成的信用危机，其形成与美国的少数金融决策人物相关，但深入地看，这场危机却不是少数决策人物就能发动的，因为这些决策人物的做法和过度的借贷也迎合了人们的普遍心理需求，得到了当时人们的普遍赞扬，否则便不可能实行。在这种心理需求和普遍赞扬的背后，不仅有刺激消费发展经济的理念，更为深层的原因是"及时享乐""举债度日"等消费主义的文化价值观念。因此，次贷危机"并不仅仅是金融危机，它同时也是文化危机、价值危机和哲学危机"。

如何看待这些分析呢？笔者以为，深层的原因不同于表层的原因，表层原因是对公认事实的一种陈述，不会产生大的分歧；深层原因则是对表层原因的进一步追究，由于看问题的角度不同，人们对深层原因的看法往往有很大的分歧，这不仅很正常，而且有助于拓宽人们的思路。不过，合理的深层原因分析至少要满足两个条件：一要符合事实，二要有助于提出长远的救治方案，否则便无意义。

先来看前两种看法。无疑，这两种看法都有合理之处，因为它们都是基于事实的反思，都符合某些事实。第一种看法的合理之处在于，次贷危机确实与人性的贪婪和这种贪婪缺乏制约有关，如果华尔街不是那么贪婪地进行过分的金融创新，如果政府对这种过分的金融创新进行了有效的制约，那么次贷危机是不可能发生的。而第二种看法的合理之处在于，次贷危机也确实与政府的干预有关，如果美国政府没有出台那些鼓励低收入群体购房的政策，如果美联储没有实行刺激经济的低利率货币政策，那么根本不会产生大规模的次级贷款，次贷危机就更不必说了。

然而，这两种看法又都是正相反的，肯定了一方的合理性，就构成了对另一方的反驳，肯定了双方都有合理性，也就同时否定了双方的结论。它们的结论之所以都不正确，在于它们都是片面的，都强调自己看到的事实而无视对方所说的事实。更为主要的是，这两种看法的结论都是抽象而空洞的。

第一种看法强调人性的贪婪和政府的干预，但它没有看到，人性的贪婪还是发展的动力，对贪婪的完全否定会导致动力的消失。第二种看法强调了市场的效率，因此强调自由放任，但它没有看到，贪婪不受到制约的市场注定要崩溃。实践已经表明，市场经济比计划经济更有效率，因此不能否定市场经济；同时实践也已经表明，自由放任的市场经济会由于发生危机而濒临崩溃，因此需要政府的干预。所以，问题不在于要不要政府干预，而在于政府如何干预，干预的界限应当在哪里，抽象地谈论政府干预或放任是没有意义的。

再来看第三种看法。表面上看，这种看法相当有道理，一方面，这次次贷危机确实是借贷过度引起的，而借贷过度不能不说与消费主义文化无关；另一方面，美国也的确盛行某种享乐主义、消费主义的文化和储蓄率过低的生活方式，于是，将次贷危机与享乐主义、消费主义的文化相联系似乎理所当然。

不过，稍微深入一点的思考就可提出如下的疑问：就事实而言，我们是否能说，引起次贷危机的穷人贷款买房行为体现了享乐主义和消费主义文化？从理论上说，日本的储蓄率相当高，不也在20世纪80年代末爆发了类似的由于房产泡沫和股市泡沫破裂引发的经济危机吗？所以，享乐主义和消费主义的文化是否必然会引起金融危机，是值得怀疑的。此外，即便享乐主义和消费主义的文化必然会引起金融危机，这种看法是否有利于我们提出防止金融危机的长远举措，也是值得思考的问题。因为，有效的需求，包括充分消费，是保持经济增长的必要条件，为了反对享乐主义和消费主义的文化而提倡节俭，反而会使消费下降而引起经济危机。

总结起来说，前两种反思有失偏颇，后一种反思则不免牵强，而且，从这些反思中都看不出防止金融危机的治本之策，所以都是不能令人满意的。在笔者看来，要分析市场经济条件下金融危机的深层根源，不能陷入对某种表层原因的随意解释，而应探讨经济危机的本质与市场经济的基本缺陷两者之间的必然联系。

经济危机的本质是什么呢？事实表明，在市场经济条件下，经济危机是因社会供求不平衡而发生的企业大批倒闭、员工大量失业、股市崩盘、信用紧缩等严重的经济衰退现象，其本质是有效需求不足。这也是马克思主义经济学和凯恩斯经济学的一致看法，只不过两者对有效需求不足的原因有不同的解释。奥地利学派否认市场经济本身会产生有效需求不足，由此否认经济危机的本质是有效需求不足，是因为他们对市场经济必然会导致的贫富悬殊问题视而不见。

而这样的经济危机，我们应当看到，并不是外生的偶发事件，而是由市场经济内生的基本缺陷决定的必然事件。从效率的角度看，市场经济本身的无政府生产状态必然会造成生产过剩、产生供给大于需求的矛盾；从公平的角度看，市场经济本身的自由竞争必然会造成分配上的贫富悬殊，导致社会购买力不足而产生供给大于需求的矛盾。当市场经济的上述两种基本缺陷相结合，共同产生出有效需求不足时，由于这种有效需求不足无法迅速地通过政府的宏观调控和企业的目标调整得到解决，就会导致经济危机。值得指出的是，虽然市场经济的这两个基本缺陷都会产生供给大于需求而导致经济衰退，但仅仅生产方面的供给大于需求，往往可以比较迅速地通过政府的宏观调控和企业的目标微调得到解决，不至于发展为经济危机。由此可以说，市场经济条件下金融危机的深层原因，是贫富悬殊导致的有效需求不足。

表面上看，这次次贷危机不同于以往的生产过剩经济危机，相反却表现为一种消费过度。但次贷危机中表现出来的消费过度，不是有钱人的纸醉金迷，而是穷人或没有消费能力的人的贷款消费；在自由放任的市场经济中，穷人无法贷款消费，有效需求不足的问题马上就会显现出来，但在美国政府各种政策的鼓励下，穷人的贷款买房使得"有效需求不足"表现为"消费过度"。可见，这次危机所表现出来的消费过度，本质上仍然是有效需求不足。

为了克服有效需求不足从而防止经济危机，可以采用凯恩斯主义的财政扩张政策，也可以采用货币主义的货币扩张政策，但这些办法的本质都是借钱消费，只能救急，不能治本，而且有很大的副作用。在穷人太多社会购买力不足的情况下，如不借钱消费，会引起1929年式的经济危机，但如借钱消费，则又会引起目前这种形式的金融危机，次贷危机在很大程度上就是美联储为了防止经济衰退采取货币扩张政策的恶果。如果明白了社会分配不公是导致金融危机乃至经济危机的深层原因，那么就可以知道，对付有效需求不足的根本办法是对资本的贪婪进行制约，消除贫富悬殊，由此提高整个社会的购买力。

（作者系上海财经大学人文学院教授）

财富、资本与金融危机

——马克思危机理论的哲学思考

孙承叔

一场近百年来最严重的金融危机发生了，对这次金融危机的思考，不能仅仅停留在经济学上，也不能停留在伦理学上，而必须上升到历史观，因为金融危机的爆发，不仅是经济问题，而且是国家问题，是国家对资本的态度问题，因而也是国际社会最高生活原则问题。

一 财富与资本

金融危机的发生，首先与人类片面的财富观有关，正像恩格斯所说："卑劣的贪欲是文明时代从它存在的第一日起直至今日的动力；财富，财富，第三还是财富——不是社会的财富，而是这个微不足道的单个的个人的财富，这就是文明时代唯一的、具有决定意义的目的。"① 为什么"这个微不足道的单个的个人的财富"，会成为"文明时代唯一的、具有决定意义的目的"，同时也成为理解今天危机的根源呢？要深刻理解这一点，只有深入到财富的当今形态——资本，才有可能。

财富是人类生存、发展、享受的物质基础和根本条件，没有财富，也就没有人类的发展，因而人类的历史首先是和财富的创造、享受相联系的，这是人类生生不息的原因。然而自私有制产生以来，随着财富的积累，财富的社会功能得到极大的拓展："一方面，财富是物，它体现在人作为主体与之

---

① 《马克思恩格斯全集》第 21 卷，人民出版社，1965，第 201 页。

相对立的那种物即物质产品中；而另一方面，财富作为价值，是对他人劳动的单纯支配权。"[①] 正是这种支配权，使财富的积累获得了加速增值的可能，从而私人财富成为大多数人的生活目的。尤其在财富高度集中的资本主义社会，"财产——过去的或客体化了的他人劳动——表现为进一步占有现在的或活的他人劳动的唯一条件"[②]。因而离开了资本，我们不可能真正理解财富，因而也就不可能真正理解这次金融危机的深刻根源。

从历史上看，财富的存在主要有四种形式：作为劳动成果，财富是人的本质的对象性存在；作为商品，财富凝结着一般人类劳动时间；作为货币，财富是商品世界的上帝，并具有与一切商品交换的能力；作为资本，财富意味着对劳动及其产品的支配权。在第一种形式下，财富仅仅是满足人的需要的某种使用价值；随着交换的产生，作为商品的财富具有了满足人的各种需要的可能性；随着货币的出现，作为货币的财富不仅具有与一切商品交换的能力，而且使人的贪欲发展为致富欲。因为贪欲的对象是有限的商品的使用价值，而致富欲的对象则是无限的货币的交换价值，正像马克思所指出的："贪欲在没有货币的情况下也是可能的；致富欲望本身是一定社会发展的产物，而不是与历史产物相对立的自然产物。"[③] "没有货币，就不可能有致富的欲望本身，"[④] 正是随着货币的产生，致富欲望才成为文明社会发展的一大杠杆。"作为目的的货币在这里成了普遍勤劳的手段。生产一般财富，就是为了占有一般财富的代表。这样，真正的财富源泉就打开了。"[⑤] 尤其是在商品经济充分发展的资本主义社会，任何人都必须凭借货币才能生活，货币成为人与人之间关系的唯一纽带，成为物质财富的唯一代表，成为资本主义生产的唯一目的，成为致富欲望的唯一对象，成为占有他人劳动的权力象征和唯一条件，可以说，离开了货币就不能理解现代资本主义社会。但是财富的真正发展是在它的第四阶段——作为资本的财富。

"资本不是一种物，而是一种以物为媒介的人与人之间的社会关系"[⑥]，

---

① 《马克思恩格斯全集》第46卷上，人民出版社，1979，第486页。
② 《马克思恩格斯全集》第46卷上，人民出版社，1979，第454页。
③ 《马克思恩格斯全集》第46卷上，人民出版社，1979，第172页。
④ 《马克思恩格斯全集》第46卷上，人民出版社，1979，第109~110页。
⑤ 《马克思恩格斯全集》第46卷上，人民出版社，1979，第173~174页。
⑥ 《马克思恩格斯全集》第23卷，人民出版社，1972，第834页。

一种以雇佣劳动为基础的关系，离开了这种关系，资本就不能发展，所以马克思说"雇佣劳动是设定资本即生产资本的劳动"①，而"资本是对劳动及其产品的支配权"②。正是这种支配权，使创造财富的劳动者失去财富，并使以偷盗为基础的财富积累成为可能，正如马克思所揭示的："现今财富的基础是盗窃他人的劳动时间"。③ 商品拜物教、货币拜物教、资本拜物教表明了人类追逐个人财富的三个不同阶段，只有第三阶段才使财富的增长获得了爆发性的积累。

在财富的四种历史形式中，资本是财富的最集中表现，同时也是创造财富的最主要形式，它以雇佣劳动为基础，使人摆脱政治的、地域的、宗教的人身束缚，通过交换而不是强制的方式，把一切人力、物力组合进社会化机器大生产，通过发展社会生产力的方式积累相对剩余价值，发展交通、通信、信贷，激励教育、科学为直接的生产过程服务，通过竞争，瓦解着一切传统的生产方式和生活方式，激发起一切人的致富欲望，并把市场交换推向全世界，自资本诞生以来，资本创造了无数人间奇迹。

但是，资本主义的财富积累是在社会对立中完成的，"在一极是财富的积累，同时在另一极，即在把自己的产品作为资本来生产的阶级方面，是贫困、劳动折磨、受奴役、无知、粗野和道德堕落的积累"。④ 因而资本一开始就蕴含着它不可克服的内在危机——经济的与社会的。

二 经济危机和金融危机

资本主义危机的最初表现就是直接的经济危机，即巨大的财富堆积和劳动者消费不足引发的经济动荡。随着金融资本的产生，危机向更深更广的方向发展。

1857年，马克思在长期研究的基础上预见到了金融危机的发生，1856年9月26日他给恩格斯写信："我不认为，一次大的金融危机的爆发会迟于

---

① 《马克思恩格斯全集》第46卷上，人民出版社，1979，第461页。
② 《马克思恩格斯全集》第46卷上，人民出版社，1979，第461页。
③ 《马克思恩格斯全集》第46卷下，人民出版社，1980，第218页。
④ 《马克思恩格斯全集》第23卷，人民出版社，1974，第708页。

1857年冬天。"① 结果，危机果然在1857年冬天爆发，这一成果使马克思特别高兴："美国危机妙极了（我们在1850年11月的述评中就已经预言过它一定会在纽约爆发）"②，"虽然我自己正遭到经济上的困难，但是从1849年以来，我还没有像在这次危机爆发时这样感到惬意"③。为什么马克思能精准地预见到危机的发生？在《1857～1858年经济学手稿》中，马克思对危机的性质作了精确的判断："在生产过剩的普遍危机中，矛盾并不是出现在各种生产资本之间，而是出现在产业资本和借贷资本之间，即出现在直接包含在生产过程中的资本和在生产过程以外独立（相对独立）地作为货币出现的资本之间。"④ 马克思这一判断对于我们理解这次全球性金融危机具有极大的意义。产业资本，即生产过程中的资本，非产业资本，即生产过程以外的独立资本，表现为证券、股票、期货、游资等金融资本，正是产业资本与非产业资本的矛盾导致了全球金融危机的发生。

金融资本是为适应产业资本的需要而发展起来的，"信用制度和银行制度把社会上一切可用的、甚至可能的、尚未积极发挥作用的资本交给产业资本家和商业资本家支配"，从而成为"使资本主义生产超出它本身界限的最有力的手段"，但同时由于金融资本的虚拟性和投机性，金融资本也成为"引起危机和欺诈行为的一种最有效的工具"⑤。即一方面，"信用制度加速了生产力的物质上的发展和世界市场的形成。……同时，信用加速了这种矛盾的暴力的爆发，即危机"⑥。

金融资本有两个基本特征：一是它的虚拟性，二是它的投机性。正如马克思所说："银行家资本的最大部分纯粹是虚拟的，是由债权（汇票）、国家证券（它代表过去的资本）和股票（对未来收益的支取凭证）构成的。……它们只是代表取得收益的权利，并不是代表资本"⑦。"它们的市场价值，会随着它们有权索取的收益的大小和可靠程度而发生变化"。"因为它不是由现实的收入决定的，而是由预期得到的、预先计算的收入决定

---

① 《马克思恩格斯〈资本论〉书信集》，人民出版社，1976，第94页。
② 《马克思恩格斯全集》第29卷，人民出版社，1972，第189页。
③ 《马克思恩格斯全集》第29卷，人民出版社，1972，第198页。
④ 《马克思恩格斯全集》第46卷上，人民出版社，1979，第397页。
⑤ 《马克思恩格斯全集》第25卷下，人民出版社，1974，第686页。
⑥ 《马克思恩格斯全集》第25卷上，人民出版社，1974，第499页。
⑦ 《马克思恩格斯全集》第25卷下，人民出版社，1974，第532页。

的"①,因而"这种证券的市场价值部分地有投机的性质"②。这是一种"所有权证书的价值的独立运动",由于上市交易,因而"它们已经成为商品,而这些商品的价格有独特的运动和决定方法。它们的市场价值,在现实资本的价值不发生变化(即使它的价值已增值)时,会和它们的名义价值具有不同的决定方法"③。正是金融商品价格的"独特的运动和决定方法",决定了金融危机发生的必然性。"只要这种证券的贬值或增值同它们所代表的现实资本的价值变动无关,一国的财富在这种贬值或增值以后,和在此以前是一样的。"④ 因而证券的虚拟价值越高,它的泡沫也就越大,因为它的虚拟价值不由产业资本的现实收入决定的,而是人们的一种预期,因而也就包含着投机成分。

具有规律性的是:"这种货币危机只有在一个接一个的支付的锁链和抵销支付的人为制度获得充分发展的地方,才会发生。当这一机构整个被打乱的时候,不问其原因如何,货币就会突然直接地从计算货币的纯粹观念形态变成坚硬的货币。"这时危机就会到来,每一次股市、期货、外汇崩盘,都证明了这一规律的必然性。"这时,它是不能由平凡的商品来代替的。商品的使用价值变得毫无价值,而商品的价值在它自己的价值形式面前消失了。昨天,资产者还被繁荣所陶醉,怀着启蒙的骄傲,宣称货币是空虚的幻想,只有商品才是货币。今天,他们在世界市场上到处叫嚷,只有货币才是商品!像鹿渴求清水一样,他们的灵魂渴求货币这唯一的财富。"⑤ 因此,2007 年美国次贷危机的爆发的诱因可能只是金融支付链条某一环节的中断,而它的本质则是整个金融泡沫的破裂。

由于以证券为核心的金融资本仅仅"只是代表取得收益的权利",因此,它的收益必须以实体经济的增长为前提,一旦超越这一前提,它就可能成为泡沫,它的价格被炒得越高,泡沫也就越大。2007 年是全球金融泡沫极度膨胀的一年,根据麦肯锡全球研究所的报告统计,2007 年全球证券化债券的市场虚拟价值相当于全球 GDP 的 142%,而全球金融衍生品的市场虚拟价值则达到了全球 GDP 的 802%,如此膨胀的泡沫怎么不会引发金融危机?

---

① 《马克思恩格斯全集》第 25 卷下,人民出版社,1974,第 530 页。
② 《马克思恩格斯全集》第 25 卷下,人民出版社,1974,第 530 页。
③ 《马克思恩格斯全集》第 25 卷下,人民出版社,1974,第 530 页。
④ 《马克思恩格斯全集》第 25 卷下,人民出版社,1974,第 531 页。
⑤ 《马克思恩格斯全集》第 23 卷,人民出版社,1972,第 158~159 页。

三 金融危机与国家战略

如果要追问如此巨大的金融泡沫是如何形成的,答案只能是两个,一是资本追求财富的本性,二是美国长期的资本主义国策。

纵观人类近现代历史,有三种基本的国家发展战略:第一种是强化资本、忽视社会和谐的资本主义发展战略,它追求资本与财富的高速增长,而把人的发展和社会公平、和谐放在次要地位;第二种是传统社会主义发展战略,它强调计划经济,把社会平等、和谐放在第一位,而忽视经济与市场的发展;第三种,则是中国特色社会主义发展战略,把市场、资本与社会公平、社会和谐相结合,以经济的发展促进社会和谐的实现。美国长期执行的是资本主义战略。

住房是民生大事。2000年小布什上台,许诺让每个美国家庭都有房子住,当时约9400万美国人4600万户面临住房问题,占人口的36%。按美国的实力,它完全能通过财政的方式解决这一问题,然而它却通过市场的方式对民众进行了一次欺骗。它一方面通过降低门槛,鼓励房贷,另一方面下调利率,引诱贷款,美国利率从2000年的6.5%下调到2003年的1%,一直持续到2004年6月。同时由政府出面向全世界推广房贷按揭证券,由于从2000年到2006年,美国的住房零售总值翻了一番,从11万亿美元增加到22万亿美元,由此也吸引了世界各国购买美国的各种债券和金融衍生品。当一切安排妥当,美国政府又从2004年起至2006年,17次调高利率,从1.5%调到5.25%,由于极大地加重了购房者负担,导致次贷危机爆发。要问美国把钱用到什么地方去了,答案只有一个,那就是打了一场耗资3万亿美元的伊拉克战争。①

在国际事务中,主导美国的基本原则依然是资本原则、财富原则。1971年,美国单方面废除了布雷顿森林体系。由于美元的发行不再受黄金的刚性制约,从此美国走上一条放纵美元发行,确保美国利益的美元霸权

---

① 2008年3月,2001年诺贝尔经济学奖得主约瑟夫·斯蒂格利茨和哈佛大学教授琳达·比尔米斯重新核算了伊拉克战争的开销,比美国政府公布的7000亿美元多出3倍,惊爆出3万亿美元的巨额数字。他们出版的《3万亿美元的战争》一书向世人揭开了伊拉克战争与次贷危机间的神秘关联,这就是大部分战争军费并不是公开的政府拨款,而是靠银行借贷,从而造成了巨大的财政预算赤字。

道路。美国每印刷100美元，成本只有0.03美元，却能换得别国100美元的商品，美国每年因此而获得250亿美元的铸币税收益，这是任何一个其他国家所没有的权力。1971年，1盎司黄金等于35美元，至2009年，1盎司黄金等于1000美元，2010年则达到1200美元，美元膨胀的规模可见一斑（约34倍）。美国经济学家迈克尔·赫德森在《美元霸权与美国对外战争融资》一文中深刻地指出："美国财政部债券的国际金融标准使美国能够获得历史上前所未有的免费午餐。美国已颠覆了整个国际金融体系。从前他国中央银行的储备以黄金为支撑，而现在是以发行数量不受限的美国政府借条的形式持有。实际上，美国已用纸币信用即美国财政部借条收购欧洲、亚洲和其他地区，并告知世界它根本就没想过要清偿这些借条。"因此，美国与世界其他国家的关系不是平等的关系，而是以资本为最高指导原则的掠夺关系。

在世界所有国家中，美国是独一无二的。

美国是世界上借债最多的国家，按照美国审计总署（GAO）前总审计长大卫·沃克的估计，美国的真实负债已接近已公布国债数字的6倍（9万亿美元的6倍），达54万亿美元。并且近年来在以每年9%的速度上涨，远远超过GDP的增长速度（3%）。从1980年开始，美国总债务（不仅仅是国债）占GDP的比重连续攀升了近30年，从163%飙升到目前的370%。

美国政府是世界上最敢于财政赤字的国家，2009年美国政府财政赤字高达1.42万亿美元。

美国是世界上军费开支最多的国家。2010年预算高达7000亿美元，将近世界军费的1/2。

美国是世界上最过度消费的国家。近年来，美国的个人消费开支在国内生产总值中所占的比重始终高达2/3。

只有美国敢打一场耗资3万亿美元的战争。

所有这些对于任何一个其他国家都是不可承受的，如果没有铸币税，美国敢于这样花钱吗？

1971年以来，近40年的美元霸权，使美国依然居于不可替代的世界强国地位。从GDP数据来看，2008年美国一国的经济总量占到了世界总量的18.29%，这对于只占世界总人口大约4%的国家来说，意味着美国人均GDP占有量大约为世界人均量的4.5倍！加之其庞大的GDP，不可谓不是世界超级经济帝国。美国的GDP相当于日本、中国、德国、法国和英国这五个国家的总和。

美国有世界上最大的黄金储备，美国掌控着世界黄金总量的2/3。

美国在高科技和教育领域远远领先于其他各国。

美国有世界上最强大的军事力量。

美国是世界上最主要的粮食生产国和出口国，大豆占世界产量的42.7%，玉米占34.4%，小麦占11.6%。

美元在世界上的经济、军事地位依然是最高的，没有一种货币能取代美元。

因此这必将是一场长期的资本战争、金融战争。尽管道路极其遥远，但这场金融危机则是美国从霸主地位跌落的开始。

四 几点反思

1. 金融危机是资本主义制度的必然，只要主导世界的主要原则还是资本原则，金融危机就不可避免

市场经济的必然趋势就是两极分化，从国际上看，20世纪是世界经济发展最快的世纪，但是也是两极分化最严重的世纪。根据世界银行1998~1999年世界发展报告，至1999年底，全世界20%富人和20%穷人人均GNP相比，1965年为30∶1，1990年扩大为60∶1，2000年达到74∶1，经济越发展，财富越向少数人积聚。这种财富必然分成两块，一块是产业资本，另一块是金融资本，由于产业资本的增长是有限的，因而金融资本则处于长期的增长过程中，正是非产业的金融资本的独立存在，决定了金融危机的必然性。正像马克思所说："一旦劳动的社会性质表现为商品的货币存在，从而表现为一个处于现实生产之外的东西，独立的货币危机或作为现实危机尖锐化的货币危机，就是不可避免的。"[1] 同时由于金融资本的财富效应，由于金融资本的虚拟性和投机性，因而经常吸引产业资本转化为金融资本，从而产生两类金融危机：危及产业的金融危机和不危及产业的金融危机。正如马克思在《资本论》第1卷第3版注释中所说："本文所谈的货币危机是任何普通的生产危机和商业危机的一个特殊阶段，应同那种也为货币危机的特种危机区分开来。后者可以单独产生，只是对工业和商业发生反作用。这种

---

[1] 《马克思恩格斯全集》第25卷下，人民出版社，1974，第585页。

危机的运动中心是货币资本,因此它的直接范围是银行、交易所和财政。"每一种金融危机都极大地危害了社会,但本质上又是对金融泡沫的一次强制清除,使金融资本与产业资本取得某种平衡。正如马克思所深刻指出的:"世界市场危机必须看作资产阶级经济一切矛盾的现实综合和强制平衡。因此,在这些危机中综合起来的各个因素,必然在资产阶级经济的每一个领域中出现并得到阐明。"因此,只要资本主义制度存在,只要金融资本在世界范围内不断地积聚,强制性的金融危机就必然要发生。同时由于金融资本的财富效应,由于金融资本的虚拟性和投机性,因而经常吸引产业资本转化为金融资本,从而产生两类金融危机:危及产业的金融危机和不危及产业的金融危机。正如马克思在《资本论》第1卷第3版注释中所说:"本文所谈的货币危机是任何普通的生产危机和商业危机的一个特殊阶段,应同那种也为货币危机的特种危机区分开来。后者可以单独产生,只是对工业和商业发生反作用。这种危机的运动中心是货币资本,因此它的直接范围是银行、交易所和财政。"①每一种金融危机都极大地危害了社会,但本质上又是对金融泡沫的一次强制清除,使金融资本与产业资本取得某种平衡。正如马克思所深刻指出的:"世界市场危机必须看作资产阶级经济一切矛盾的现实综合和强制平衡。因此,在这些危机中综合起来的各个因素,必然在资产阶级经济的每一个领域中出现并得到阐明。"② 因此,只要资本主义制度存在,只要金融资本在世界范围内不断地积累,强制性的金融危机就必然要发生。

2. 面对金融危机,中国必须树立以人为本的社会主义国家财富观

马克思在《资本论》中指出:"在资本主义体系内部,一切提高社会劳动生产力的方法都是靠牺牲工人个人来实现的;一切发展生产的手段都变成统治和剥削生产者的手段,都使工人畸形发展,成为局部的人,把工人贬低为机器的附属品,使工人受劳动的折磨,从而使劳动失去内容,并且随着科学作为独立的力量被并入劳动过程而使劳动过程的智力与工人相异化;这些手段使工人的劳动条件变得恶劣,使工人在劳动过程中屈服于最卑鄙的可恶的专制,把工人的生活时间变成劳动时间,并且把工人的妻子儿女都抛到资

---

① 《马克思恩格斯全集》第23卷,人民出版社,1972,第158页。
② 《马克思恩格斯全集》第26卷,人民出版社,1973,第二册,第582页。

本的札格纳特车轮下。"① 因而"不管工人的报酬高低如何，工人的状况必然随着资本的积累而日趋恶化"②。在资本面前，国家不是驾驭资本，使资本为人民的幸福服务，而是堕落为资本的帮凶："把财富本身和财富的生产宣布为现代国家的目的，而把现代国家看成只是生产财富的手段。"③ 与资本主义财富观相反，马克思认为："真正的财富就是所有个人发达的生产力。"④ 因此，社会主义国家的财富观，不是以资为本的财富观，而是以人为本的财富观，不是人为资本服务，而是资本为人的发展服务。30 年前，为了减少改革开放的阻力，我们曾对"姓资姓社"的问题采取了不争论的策略，30 年后的今天，我们已经很清楚地知道，社会主义与资本主义的区别不是要不要搞市场经济，而是在市场经济的基础上，用什么作为国家最高指导原则问题，是在经济发展基础上如何解决社会和谐的关系问题。以资为本，并把资本作为解决一切社会问题最高原则的，我们把它称为资本主义；而以人为本，并把社会和谐和人的发展作为解决一切社会问题最高原则的，我们把它称为社会主义。因而构成社会主义财富基础的不是工人的血汗，而是工人自身的发展，不是金融资本的无限膨胀，而是人民生活水平的实实在在的提高和整个社会生活的幸福与和谐。这是一次真正的转变，社会财富发展基石的转变，正像马克思所说："在这个转变中，表现为生产和财富的宏大基石的，既不是人本身完成的直接劳动，也不是人从事劳动的时间，而是对人本身的一般生产力的占有，是人对自然界的了解和通过人作为社会体的存在来对自然界的统治，总之，是社会个人的发展。"⑤ 社会主义不是空想，但社会主义必须在生产力发展的基础上，逐步提高人民的生活水平并使人民真正成为国家的主人。

3. 在国际关系上，由于美国不可动摇的美元霸权地位，因此我们依然首先要韬光养晦，把自己的事情做好，使经济发展、人民幸福、国家富强

为此，必须在经济领域承认资本、发展资本，这是市场经济的必然，除此不能发展经济，但在非经济领域，在整个社会发展方面要引导资本并驾驭资本，使资本更好地为人的发展和社会和谐服务。为此，必须继续改革开

---

① 《马克思恩格斯全集》第 23 卷，人民出版社，1972，第 708 页。
② 《马克思恩格斯全集》第 23 卷，人民出版社，1972，第 708 页。
③ 《马克思恩格斯全集》第 46 卷上，人民出版社，1979，第 46 页。
④ 《马克思恩格斯全集》第 46 卷下，人民出版社，1980，第 222~223 页。
⑤ 《马克思恩格斯全集》第 46 卷下，人民出版社，1980，第 218 页。

放,使中国进一步融入世界,无论世界对中国的意义,还是中国对世界的意义,都不仅是经济的,而且是政治的、社会的。然而在金融领域,则必须要继续坚持有限的金融开放政策,即金融的开放度必须要与中国有限的经济实力相对应。几百年来,世界上早已积累起庞大的金融资本,它的虚拟性和投机性,尤其是游资的贪婪性,使它对新兴国家具有极大的杀伤力,加上难以避免的金融危机,我们必须要认真研究、谨慎对待。反过来说,有限的金融开放政策正是我们 30 年来改革开放的成功经验之一。在国际上,我们还必须要与一切反对美元霸权的国家和人民团结起来,逐渐建立公平、公正的世界经济新秩序和世界政治新秩序,使世界人民的发展有一个良好、平等的国际环境。

  国际金融危机的发生,说明了国际信用制度的堕落。正如马克思所说,"信用制度……把资本主义生产的动力——用剥削别人劳动的办法来发财致富——发展成为最纯粹最巨大的赌博欺诈制度,并且使剥削社会财富的少数人的人数越来越减少。"① 以美元为霸权的金融制度,已经脱离了自己服务于创造和生产的本性,并蜕变为欺骗和掠夺的工具。国际金融危机的发生,也说明人类创造的财富已经蜕变为人类无法控制的力量,正如恩格斯引证摩尔根的话所说:"自从进入文明时代以来,财富的增长是如此巨大,它的形式是如此繁多,它的用途是如此广泛,为了所有者的利益而对它进行的管理又是如此巧妙,以致这种财富对人民说来变成了一种无法控制的力量。人类的智慧在自己的创造物面前感到迷惘而不知所措了。"国际金融资本的盲目扩大,国际信用制度的堕落和欺骗,使金融泡沫成为危害人类的最不稳定因素。"然而,总有一天,人类的理智一定会强健到能够支配财富,一定会规定国家对它所保护的财产的关系,以及所有者的权利的范围。社会的利益绝对地高于个人的利益,必须使这两者处于一种公正而和谐的关系之中。只要进步仍将是未来的规律,像它对于过去那样,那么单纯追求财富就不是人类的最终的命运了。自从文明时代开始以来所经过的时间,只是人类已经经历过的生存时间的一小部分,只是人类将要经历的生存时间的一小部分。社会的分解,即将成为以财富为唯一的最终目的的那个历程的终结,因为这一历程包含着自我消灭的因素。管理上的民主,社会中的博爱,权利的平等,普及的教育,将揭开社会的下一个更高的阶段,经验、理智和科学正在不断向

---

① 《马克思恩格斯全集》第 25 卷上,人民出版社,1974,第 499 页。

这个阶段努力。这将是古代氏族的自由、平等和博爱的复活,但却是在更高级形式上的复活。"① 人类企盼着这一天的到来,即"建立在个人全面发展和他们共同的社会生产能力成为他们的社会财富"② 的未来社会一定会实现,而道路一定是极其漫长的。这就是对当前金融危机的哲学思考。

（作者系复旦大学哲学学院教授）

---

① 摩尔根:《古代社会》,第552页,参见《马克思恩格斯全集》第21卷,人民出版社,1965,第202页。
② 《马克思恩格斯全集》第46卷上,人民出版社,1979,第104页。

虚拟财富及其存在论解读

马拥军

马克思和恩格斯指出："一当人开始生产自己的生活资料，即迈出由他们的肉体组织所决定的这一步的时候，人本身就开始把自己和动物区别开来。"[①] 恩格斯晚年在批评政治经济学家关于"劳动是一切财富的源泉"的观点时，一方面说明"劳动和自然界在一起才是一切财富的源泉，自然界为劳动提供材料，劳动把材料转变为财富"，另一方面认为"劳动是整个人类生活的第一个基本条件，而且达到这样的程度，以致我们在某种意义上不得不说：劳动创造了人本身"。[②] 马克思和恩格斯的存在论立足于对劳动的异化、物化状态的研究，认为在资本主义生产条件下，"日常的平均状态"的劳动表现为抽象劳动，并由此导致全部生活的物化；只有扬弃抽象劳动，人才能进入更高的存在状态，即"每个人的自由发展"的状态。然而，虚拟经济的出现改变了马克思政治经济学批判的初始分析条件。现在仅仅对财富进行存在论解读已经远远不够了，我们必须把政治经济学批判扩展到对虚拟财富的存在论解读。

一 财富与人的存在

人是对象性存在物，因此，谈到人的存在，必然要涉及财富。因为财富无非满足人的需要的对象。

---

① 《马克思恩格斯文集》第1卷，人民出版社，2009，第519页。
② 《马克思恩格斯文集》第9卷，人民出版社，2009，第550页。

所谓"对象性",是指人的存在不是自足的,而是依赖对象的;只有在与对象的联合中,主体才能存在。与此相对的是"自足性",它指的是主体的依靠自身的存在,也就是"独立"的、无须对象就能保持的存在。人的存在的对象性突出表现在"需要"范畴中。需要意味着需要对象:没有对象意味着存在处于残缺不全的状态,会令主体感到痛苦;获得了对象意味着存在得到实现,会令主体感到快乐。因此,需要既有其客观方面,也有其主观方面。客观方面表明,存在总是与"对象性"联系在一起的;主观方面表明,主体总是对对象有一种特定的情感评价。

费尔巴哈已经研究了人的存在的对象性。马克思和恩格斯立足于人的社会存在,试图寻找实现对象性的途径,以便使自足性显现出来,让每个人都得到"自由发展"。因此,马克思和恩格斯总是把人的存在与"财富"联系在一起。

在现阶段,人的自然存在表现为人的肉体存在,它是人的精神存在和社会存在的基础。费尔巴哈与黑格尔的区别,正是在于他理直气壮地强调人的肉体存在相对于精神存在和社会存在的基础地位。对于费尔巴哈来说,只有感性意义上的对象性才是真正的对象性。它与思维意义上的对象性不同。思维意义上的"对象性"是可以被扬弃的,感性意义上的对象性却无法被扬弃。人作为感性存在物,只能是要么需要得到满足,要么得不到满足。就得到满足来说,可以是局部满足,也可以是全面满足。满足了就快乐,不满足就痛苦。这意味着,人不仅是知性存在物,而且是感性存在物、意志存在物。因此,在"对象性"意义上,人的本质可以概括为知、情、意三个方面。

马克思和恩格斯注意到,单就"对象性"来说,人和其他动物是一样的。我们甚至可以说,对人来说,自然界本身就是对象性的。真正把人跟动物区别开来的,并不是人能通过修行戒除或消解对象性;恰恰相反,按照马克思和恩格斯的观点,人与动物的区别在于人类可以通过生产活动,自己创造出满足对象性需要的手段。因此,马克思和恩格斯反对禁欲主义。他们是从承认"需要",而不是从否定"欲望"出发的。

禁欲主义把所有肉体需要和欲望都看作不合理的、应当戒除的,但在实际上,对于作为自然存在物的人来说,只有超出肉体需要的部分欲望即贪欲才是不合理的。正如人通过思维把握对象一样,人也通过需要及其满足来感性地把握对象。肉体需要并不违背自然,相反,需要本身就是人的自然性和社会性的体现,不仅如此,肉体需要还构成精神需要和社会需要的基础。

马克思在《1844年经济学哲学手稿》中专门研究了人的动物性需要和需要的人化。他把所有能满足需要的对象都当作人的财富,这样,财富就不仅包括物质财富,而且包括精神财富和社会财富。物质财富即使用价值,在它成为人的精神需要和社会需要的基础的时候,它也是人性的对象,但是如果物质财富脱离了精神财富和社会财富,成为人的唯一的需要对象,它就不再是人性的表现,而表现为纯粹的动物性需要的对象。另一方面,需要的人化不仅意味着人的精神需要和社会需要得到发展,而且意味着物质需要本身以合乎人性的方式表现出来。在后来的著作如《1857~1858年经济学手稿》和《资本论》中,马克思都把《1844年经济学哲学手稿》中的自足与"自由"联系起来。这样,人类共同的生产能力和人们的社会关系作为财富,就使自由与自足联系为一体,从而完成了从亚里士多德的实践哲学到马克思主义财富哲学的演化过程。

众所周知,亚里士多德的实践哲学是以"自足"作为出发点的。但精神上的自足需要一定的物质条件。因此,与柏拉图的共产主义主张不同,亚里士多德以适度的财富作为现实自由的前提条件。马克思所理解的自足,即"自然界的和人的通过自身的存在",则是在满足了人的物质需要和精神需要之后的状态,即消除了贫困和富有的对立的状态。[1] 但在当代人眼里,由于欲望的无限扩张,对象性异化成为客体性,"自足"成为一个完全无法理解的概念。

欲望仅仅是感性的,而需要则体现在感性、知性和意志等各个方面,因此,一旦人类以欲望在量上的无穷扩张代替了需要的质的(即从肉体需要到精神需要、社会需要的)进化,人类的存在就必然进入幻化之境。欲望会使人的注意力集中到对象性存在物上面,从而使自身的自足性被遮蔽。禁欲主义者认为,只要抑制或消解了肉体需要或欲望,人本身自足的方面就会显现出现。马克思和恩格斯则认为,肉体需要或自然需要一旦被满足,它就不再发挥作用,更高级的需要即精神需要和社会需要自然就会显现出来。因此,与禁欲主义者不同,马克思和恩格斯不是主张通过抑制肉体需要或欲望获得自由,而是主张通过提高生产力、满足肉体需要而让精神需要和社会需要自然显现。在马克思和恩格斯这里有一种需要生成的历史现象学。问题是

---

[1]《马克思恩格斯文集》第1卷,人民出版社,2009,第194~195页。

一旦肉体需要超过了自然需要的界限，成为依靠人工来维持的人造需要，人的存在就完全幻化了。比如，食和色是正常需要，人人都有食欲和性欲，因此不能自足，必待有了食物和异性才能得到满足。按照禁欲主义者的讲法，只要消解了食欲和性欲，人们的眼睛就不会再盯着香甜的食物和漂亮的异性，被食欲和性欲遮蔽的真理就会把人们的注意力吸引过来。马克思和恩格斯的看法则不同。他们认为，只要食欲和性欲得到满足，食、色的对象自然不再发生作用（就像马斯洛的心理学揭示的那样），高一级的需要即发展需要（马克思和恩格斯称为"享受需要和发展需要"）就会显现出来；一旦发展需要得到满足，自我实现的需要就会显现出来。从此，人与自然的关系、人与人的关系都不再成为人们关注的主题。人与自身的关系就会成为人们关注的焦点。

马克思和恩格斯没有想到另外一种可能：黑格尔的"恶无限"会在感性层面上表现出来。这就是欲望的无穷扩张。人们不仅吃饱了，而且已经过饱，但他们关心的仍是吃，哪怕需要用药品来维持自己的胃口。这时候的欲望已经不再是自然的需要，而成为人工制造和维持的欲望。人成了地道的欲望机器。存在完全幻化了。

这一切之所以可能，是因为资本为欲望的无穷扩张提供了条件。资本是能够带来剩余价值的价值。资本的原则是量的原则，或恶无限原则，其结果集中表现在虚拟财富及其对人的存在状态的改变。

二　虚拟经济与财富虚拟化

当今时代，自然需要的满足是与财富联系在一起的，人工制造的欲望的满足则是与虚拟财富联系在一起的。虚拟财富是从虚拟经济中获取的财富。因此，要把握虚拟财富概念，首先必须把握虚拟经济概念和财富的虚拟化概念。正如虚拟财富的对照物是实际财富一样，虚拟经济对应的是实物经济或实体经济。

马克思对人的存在的财富哲学分析限于实体经济。对虚拟财富的哲学分析要求把政治经济学批判的触角延伸到虚拟经济，特别是需要对金融市场学的相关原理展开批判。

1. 虚拟经济与虚拟资本

有的学者把虚拟经济理解为以虚拟技术为依托的经济，比如网络经济。

这种学说诚然有其自身的根据，但与多数人所理解的虚拟经济不合。通常把虚拟经济理解为以金融市场为依托的经济。众所周知，金融市场与产品市场和要素市场不同：产品市场和要素市场以商品为交易对象，在其中，货币仅仅是交易的中介；金融市场则以货币本身为交易对象。正因如此，以产品市场和要素市场为依托的经济被称为实物经济，而以金融市场为依托的经济则被称为虚拟经济。

从马克思的观点看，劳动价值论是政治经济学批判，而不是政治经济学。政治经济学批判实际上是存在论视野中的经济学。同理，存在论视野中的虚拟经济学也是金融市场学批判，而不是金融市场学。金融市场学的研究对象是资金的融通，虚拟经济学研究的则是虚拟资本的运动。在虚拟经济学的视野中，虚拟经济是以虚拟资本为核心，以金融市场为依托形成的经济。

虚拟资本是通过"收入的资本化"形成的。按照马克思的政治经济学批判，资本是能够带来剩余价值的价值。政治经济学把剩余价值看作资本的收入即"利润"，这样，能够带来固定收入的所有权凭证，如商业票据、债券、股票等，也就被政治经济学家当作资本看待，马克思则称之为"虚拟资本"。

为什么被政治经济学当作"资本"来看待的，马克思却当作虚拟资本呢？

因为政治经济学混淆了财富和价值，误把财富的创造和价值的创造混淆起来，以为资本的"收入"同劳动的"收入"一样，本质上是一种财富。马克思则明确区分了财富和价值，以及创造两者的不同劳动即具体劳动和抽象劳动，在马克思看来，资本的收入同劳动力的收入一样，本质上是由劳动者的抽象劳动所创造的价值。

马克思指出："不论财富的社会的形式如何，使用价值总是构成财富的物质的内容。"① 就是说，财富的社会形式在不同的历史条件下有所不同，但它的物质内容始终是一样的，这就是使用价值。在市场经济条件下，财富的社会形式表现为价值，但其物质内容仍然是使用价值。相应的，财富的生产也包括两个方面，一是价值的生产，二是使用价值的生产。马克思区分了具体劳动与抽象劳动，认为价值是由抽象劳动创造的，使用价值是由具体劳动创造的。但与抽象劳动是价值的唯一来源不同，具体劳动只有与生产资料

---

① 《马克思恩格斯全集》第44卷，人民出版社，2001，第49页。

结合起来才能创造使用价值。

政治经济学家误把财富的物质内容即使用价值的生产与它的社会形式即价值的生产混淆起来，因而从"资本、土地和劳动都是财富的生产要素"这一前提出发，得出了利润、地租和工资是产品价值的三个构成部分的结论，这就是要素分配论、要素价值论。实际上，财富的生产要素只是使用价值的生产要素，不是价值的生产要素，但分配的对象却是价值而不是使用价值，这样，传统政治经济学就无法研究资本的再生产过程即资本主义的扩大再生产是如何实现实物补偿和价值补偿的。马克思通过对财富和价值的区分，以及创造财富的劳动和创造价值的劳动的区分，正确地解决了这一问题。

因此，对于马克思来说，资本并不是能够带来剩余财富的财富，而是"能够带来剩余价值的价值"。虚拟资本不创造价值，只是参与价值分割，在这一意义上，它能够为所有者带来"剩余价值"，但虚拟资本作为带来剩余价值的"价值"，本身却是虚拟的。这就意味着，马克思所说的"虚拟资本"是对（能够带来剩余价值的）价值的虚拟，而不是对财富的虚拟。

相反，价值作为财富的社会形式，本身是对财富的自然形式即使用价值的虚拟。要研究虚拟财富，就必须把价值的虚拟和使用价值的虚拟区分开来。虚拟资本作为价值虚拟是对被虚拟了的使用价值的再次虚拟，是使用价值虚拟的二阶存在。

2. 财富的虚拟化

使用价值是财富一般。这就是说，无论财富的社会形式如何变化，它的物质内容始终是使用价值。在市场经济时代，人们把价值（货币和资本）当作财富，这是误把作为财富一般的使用价值在特定社会形式中的表现当成了使用价值本身。这是使用价值的虚拟化必然带给人们的错觉。货币和资本，只有当它们能够代表一定量使用价值的时候，才是货真价实的财富；相反，如果它们失去兑换使用价值的能力，就会变成一张废纸或一堆废物。但人们常常忘记，货币和资本转化为使用价值是需要条件的，并由此把货币和资本等财富的价值形态直接等同于财富本身。这当然是一种错觉，然而却是一种必然的错觉。

从存在论角度看，造成政治经济学失误的主要原因在于它的非历史观点。财富表现为货币和资本，这并不是一切时代共有的特征，而只是商品经济时代、资本主义时代所具有的特征。货币和资本表现的是特定时代的人与人之间的经济交往关系，虽然就其作为财富的实现来说，最终必须表现为特定的使用价值，但那是在间接意义上，如果忽略这种中介性，直接把货币和资本看作是使用价值或"物"，其结果必然是导致商品拜物教、货币拜物教、资本拜物教。这是一种由财富的货币幻觉和资本幻觉所必然导致的、根深蒂固的意识形态，只有依靠唯物辩证法才能戳穿它的外观。但唯物辩证法并不能消除这种意识形态本身；要消灭这种意识形态，只有消灭货币和资本①。

国内最早研究虚拟财富的刘骏民先生正是在拜物教意义上理解财富概念的。刘先生的观点具有广泛的代表性，因此需要专门进行分析。

在刘先生看来，"马克思将经济过程看作是一个社会过程和物质过程的统一，而且，其本质是社会过程，经济活动不是物质的，是社会的"。② 说经济过程是"社会过程和物质过程的统一"，当然是正确的，但说"其本质是社会过程"，却是对"经济"和"市场经济"的混淆；至于说"经济活动不是物质的，是社会的"，则是对马克思的误解，是完全站不住脚的错误观点。马克思怎么可能脱离人与自然的物质变换来谈论"经济活动"呢？

刘先生接着说："在市场经济中，经济行为的目标历来就不是物质指标，而是其价值指标。""物质和物质生产并不是市场经济的本质属性，价值和价值增殖才是市场经济的本质属性。""传统的物质财富观越来越不适应当代日益虚拟化了的市场经济。""人们持有的财富形式基本上越来越与物质财富相脱离"，因此，"我们使用'虚拟财富'，只不过是借用马克思'虚拟资本'中的'虚拟'一词。它不是不存在的财富，相反，只有单纯以价值形式存在的财富，才更能体现市场经济中财富的真正属性，即市场经济承认的财富的本质属性——它的社会性。""坚持物质财富观，就必然得出结论：虚拟经济创造的财富是'不存在'。""虚拟财富是真实的财富，这是市场经济的客观要求，不是人们的一厢情愿。"③ 显然，这是把人们的意识

---

① 人们喜欢用"哥白尼革命"的说法来呼科学对常识的颠倒。由于感受不到地球的自西往东的自转，人们曾经长期把太阳东升西落当作是太阳围着地球转的"证据"。甚至在接受了哥白尼学说之后，我们的感觉仍然是太阳在升、落，而不是地球在自转。因此，地心说虽然是一种错觉，但却是一种必然产生的错觉。同样，马克思的拜物教理论实现了社会科学领域里的哥白尼革命，但它并不能消解货币和资本的魔力。后文我们还将专门讨论这种颠倒的世界观是如何由颠倒的世界产生的。
② 刘骏民：《财富本质属性与虚拟经济》，《南开经济研究》2002 年第 5 期。
③ 刘骏民：《财富本质属性与虚拟经济》，《南开经济研究》2002 年第 5 期。

形态错觉当成了客观现实。

抛开刘先生对马克思的误解不论，把"市场经济所承认的财富"即价值当作"财富的本质属性"，正是一种非历史的观点。任何财富都是其自然形式和社会形式的统一。在市场经济条件下，这种统一表现为财富的物质内容和价值形式。价值无非抽象劳动的凝结；只有在存在抽象劳动的时代，才有可能把价值从使用价值那里分离开，当作"财富的本质属性"。按照马克思的观点，把价值这一社会形式当作"财富的本质属性"，用（抽象）劳动衡量人，而不是用人来衡量（抽象）劳动，这是人的异化的、物化的存在状态的理论表现。这一做法同传统政治经济学一样，是把异化的、物化的劳动当成了劳动的唯一可能的形态。在此基础上，借口生产的社会性，把财富的物质性抛开，实际上就是把抽象劳动当作财富的唯一源泉。这同传统政治经济学没有区别。

误把价值这一财富的特定社会形式与财富本身混淆起来，正是拜物教的表现。其必然结果，是混淆使用价值的虚拟化和价值的虚拟化。由此得出"虚拟财富"与"虚拟资本"无关，甚至对立的结论，也就不奇怪了。

要准确把握虚拟财富，就必须回到马克思政治经济学批判的立场，区分它的物质内容与社会形式，弄清使用价值的虚拟化与价值的虚拟化的区别。

三　虚拟经济与虚拟财富

1. 虚拟财富是财富的物质内容与虚拟价值形式的统一

财富有其物质内容与社会形式，虚拟财富也不例外。虚拟财富是其物质内容和虚拟价值形式的统一。

对此已经有学者注意到了，例如李宝冀认为，"马克思指出'不论财富的社会形式如何，使用价值总是构成财富的物质内容'，而价值则是（市场经济条件下）财富的社会形态"。"在市场经济中，人们的财富占有关系并不直接表现为财富的物质形态，而表现在价值形态上，随着财富的价值形式逐渐发展为（虚拟）货币和虚拟资本形式，人们对财富的占有也越来越多地采取虚拟的形式"，"虚拟财富或者说财富的虚拟形式，是财富的一种复杂的社会形式，而不是财富本身。在虚拟经济中，财富是其虚拟的社会形式（本质上是财富的价值形式在现代市场经济中的表现）和使用价值形态（或物质形态）的统一"。与刘骏民相比，这种观点更接近马克思和恩格斯关于劳动和生产资料的结合才是财富的源泉的说法，但李先生关于"对于个人和家庭来说，虚拟财富是财富……对一个封闭的经济来说，……虚拟财富的增加并不能带来物质财富的增加"的结论值得推敲。虚拟财富是对于整个虚拟经济来说的，而不是"对于个人和家庭来说"或"对一个封闭的经济来说"的。至于虚拟财富相对于特定主体（个人、家庭或封闭的经济体）的意义，只有放在虚拟经济的语境中才能理解。

在马克思的时代，资本的虚拟化已经得到了很大程度的发展，但由于存在金本位，货币的虚拟化尚未实现，这使虚拟经济处于萌芽状态。随着布雷顿森林体系的瓦解，美元与黄金脱钩，各国货币与美元脱钩。货币不再与黄金和实物挂钩，意味着它不能再作为抽象劳动即价值实体的代表，从而实现了虚拟化。这样，价值的虚拟化就不仅体现在资本中，而且体现在货币中。以货币作为交易对象的金融市场逐渐脱离产品市场和要素市场，成为相对独立的纯符号系统，导致虚拟经济的产生。在虚拟经济中，人们从货币符号即虚拟货币的交易中获利，就像在马克思的时代，人们从资本符号即虚拟资本中获利一样。

人们通过虚拟货币或虚拟资本的交易获得的财富就是虚拟财富。

现在可以看到，为什么说"虚拟财富"与"财富的虚拟化"不是一回事。财富的物质内容即财富一般，表现为使用价值，就此而言，财富在商品经济、市场经济条件下的社会形式，即价值，如果脱离它的物质内容，可以视为财富的虚拟化。这是因为，财富总是它的物质内容与社会形式的统一，但在特定条件下，人们有可能抛开它的物质内容，只去关注它的社会形式，甚至误把它的社会形式混同于它的物质内容。由此必然导致拜物教。

由于虚拟经济是价值虚拟，而不是技术虚拟，因此就其社会形式来说，虚拟财富并不代表使用价值的虚拟，而是代表价值的虚拟。一方面，虚拟财富作为财富，同样既有其物质内容，又有其社会形式。就其物质内容来说，虚拟财富虽然是从虚拟经济中获得的虚拟价值，但只要它能够兑现为实体价值（特定的抽象劳动量），从而进一步兑现为使用价值，就不能说它不是"财富"。另一方面，由于它表现为价值的虚拟，即在对使用价值虚拟化的基础上的再次虚拟，因此它与使用价值的关系更加间接。正因如此，笼罩在虚拟财富观点上的拜物教就更加严重。

虚拟财富是不是财富，与虚拟财富能否实现为使用价值是两回事，正如价值是不是财富，与价值能否实现为使用价值是两回事一样。众所周知，价值并不总是能够实现为使用价值。同样，虚拟财富也并不总是能够实现为价值，当然就比价值实现为使用价值更加困难。但在市场经济条件下，由于财富观本身是被物化了的，人们不会质疑价值作为财富的社会形式是否合乎理性。相反，人们会像刘骏民先生那样，坚持价值才是财富的"本质属性"。同样，虚拟财富不仅是财富，而且被认为是比价值形式更加符合财富"本质"的财富。"颠倒的世界产生颠倒的世界观"，这句话于此得到了准确的印证。

这不是说人们不够聪明，恰恰相反，它无非反映了世界是颠倒的这一"事实"。只要不从否定的立场出发理解这一事实，人们就只能满足于拜物教的世界观。在这种缺乏自觉的世界观中，越是聪明人，世界的颠倒就越是深入其心灵深处，从而越能以倒为正，其颠倒的反映越容易为人所接受。

2. 虚拟经济的二重性与虚拟财富的二重性

虚拟经济是否创造财富？这与虚拟经济是否创造价值是两回事。正如"虚拟资本并不创造价值，而只是分割剩余价值"，但并不能由此得出"虚拟资本不创造财富"一样；虚拟经济不创造价值，当然也不创造剩余价值，它只是分割剩余价值，但不能由此得出"虚拟经济不创造财富"。虚拟经济不仅创造财富，而且在当今历史条件下，它在创造财富中所起的作用越来越大。现代实体经济已经离不开虚拟经济，虚拟经济发展的程度往往与实体经济发展的程度呈正相关。

马克思分析了虚拟资本的作用。以股票为例，他不仅认为股票的发行能促进资本集中，而且认为这种资本的社会化方式能为未来的工人合作提供一种可资借鉴的形式。当然，股票本身并不是虚拟资本，只有当它在股市上流通时，才是虚拟资本。同样，股票分红所得收入并不是虚拟财富，而是资本所有权的收入，即实体财富。只有单纯通过股市流通所获得的收入，即通过所有权的交易而获得的财富，才是虚拟财富。但股票在股市的流通为股本提供了退出机制，这解除了原始股购买者的后顾之忧，为通过股票发行实现资本集中提供了便利。金融市场之所以成为现代"服务业"的组成部分，恰恰来源于它的这种机能。

分析金融市场的功能不是本文的任务。本文仅仅满足于说明，以虚拟资本为核心、以金融市场为依托形成的虚拟经济虽然不创造一丝一毫的价值，但如同从商品资本中独立出来的商业资本参与财富的创造一样，从货币资本中独立出来的金融资本参与虚拟财富的创造，并因此成为现代生产力的有机构成部分。

既然如此，我们就必须从虚拟经济的二重性出发研究虚拟财富：从肯定的方面说，虚拟经济是生产力发展的客观要求，是促进生产力向社会生产力转化的中间环节，对虚拟财富的追求有助于实现这种转化；从否定的方面说，虚拟财富是金融资本瓜分剩余价值的特定形式，无论是在一国范围内，还是在世界范围内，它都是一种为现存制度所认可的掠夺形式。因此，正如对资本主义制度不能单纯从道德角度进行评判一样，对虚拟经济和虚拟财富也不能单纯从道德角度进行评判。恶是历史的动力。一种制度或体制并不因为它不道德，而只能因为它的自相矛盾而走向毁灭。

资本主义的自相矛盾表现在经济危机中，虚拟经济的自相矛盾则表现在金融危机中。传统的经济危机主要是商业危机，即产品相对过剩的危机。在马克思的政治经济学批判中，商业资本是商品资本的独立化。金融危机是虚拟经济的危机，即虚拟货币和虚拟资本相对过剩的危机。金融资本是货币资本的独立化。无论是货币资本的循环，还是商品资本的循环，都要顺次经过货币资本、生产资本和商品资本三种形式，只不过起点不同而已，即：货币资本的循环是从货币资本开始，经生产资本和商品资本，回到货币资本；而商品资本的循环是从商品资本开始，经货币资本和生产资本，回到商品资本。由于资本循环的这种相互包容的特征，金融危机与商业经济或虚拟经济危机与实体经济危机，通常总是交织在一起的：虚拟经济的危机会通过货币资本的循环传导给实体经济，因此金融危机通常会导致经济危机；商业危机会通过商品资本的循环传导给虚拟经济，导致实体经济资金链断裂，破坏剩余价值的生产，因此商业危机通常会导致金融危机。最严重的是商品资本和货币资本同时产生相对过剩，从而使实体经济泡沫和虚拟经济泡沫一起出现，相互叠加。泡沫的破裂导致虚拟财富瞬间蒸发，虚拟经济大量缩水，实体经济长期停滞。

总之，虚拟财富作为使用价值与虚拟价值的统一，从它的物质内容即作为使用价值来说，是财富；从它的社会形式即作为虚拟价值来说，这种财富又是虚拟的。虚拟财富的物质内容与社会形式的统一，以虚拟经济这种特定历史时代的经济形态为前提。因此，虚拟财富是财富，但只在虚拟经济中才是财富，而且只在虚拟经济正常运转时才是财富。一旦虚拟经济出现危机，虚拟财富的虚拟性就会以大幅缩水的形式表现出来，而一旦虚拟经济消失，虚拟财富也将随之消失，被强制还原为使用价值。

只有理解了虚拟财富的这种双重性，我们才能理解在虚拟经济时代人的存在状态。

四 虚拟财富与人的存在

如果说，在自由资本主义条件下，财富使人的存在表现为异化的存在，使人的世界成为颠倒的世界，那么，在虚拟经济条件下，就更是这样了。

虚拟财富之所以作为"财富"，是由于它与使用价值的内在联系，而不是由于它的虚拟价值形式。使用价值在任何时代都是财富的物质内容。认为"虚拟财富才是真正的财富"，而财富的物质内容却是财富的非本质属性，这是典型的拜物教观点。这不仅是把价值与财富相混淆，而且是把虚拟价值与财富相混淆。如果说，前者是把异化的社会存在当成了人的永恒的自然存在，那么，后者就更是把异化的极端形式——幻化，当成了人的存在的自然属性了。

人们为了维持自己的生命存在，需要衣、食、住、行等生活资料。因此，生产物质财富即使用价值，是任何人类社会存在的第一个前提。只要生产力还没有发展到足以满足所有人的肉体需要的水平，精神需要和社会需要的满足就只是部分人的特权。全面发展和每个人自由发展，是以发达的社会生产力作为基础的。就此而言，人的存在方式与动物的存在方式的区别只是表明：只要生产力不够发达，人就仍然没有完全摆脱动物状态，人类社会就仍然处于"史前时期"。

生产力发展的不同水平要求不同的社会形式与之相适应。表现在财富上，就是财富的社会形式的演变。在市场经济条件下，财富的社会形式是价值即抽象劳动。在这种条件下，"人类劳动的等同性，取得了劳动产品的等同的价值对象性这种物的形式；用劳动的持续时间来计量的人类劳动力的耗费，取得了劳动产品的价值量的形式；最后，生产者的劳动的那些社会规定借以实现的生产者关系，取得了劳动产品的社会关系的形式"[①]，由此必然导致商品拜物教。商品拜物教的根源在于私人劳动不能直接表现为社会劳

---

① 《马克思恩格斯全集》第44卷，人民出版社，2001，第89页。

动，它只有通过交换才能实现为社会劳动。有交换就需要确定交换价值的形式。价值形式的发展经历了多个阶段，而货币则是完成形态的价值形式，"但是，正是商品世界的这个完成的形式——货币形式，用物的形式掩盖了私人劳动的社会性质以及私人劳动者的社会关系，而不是把它们揭示出来"。①

从拜物教中只能产生政治经济学的各种范畴，因此，对于市场经济来说，传统政治经济学，而不是政治经济学批判，才是所谓的"客观真理"；这是因为"对于这个历史上一定的社会生产方式即商品生产的生产关系来说，这些范畴是有社会效力的、因而是客观的思维形式"②。只有从整个人类历史的角度，而不是把市场经济当作永恒的人类生产方式，才能看到政治经济学批判的正确性。马克思不仅举了政治经济学家喜欢引用的鲁滨逊的例子，而且分析了中世纪的农奴劳动和自给自足的自然经济条件下的劳动，甚至设想了在"自由人联合体"中的劳动，说明在不存在私人劳动与社会劳动对立的社会里，"人们在劳动中的社会关系始终表现为他们本身之间的个人的关系，而没有披上物之间即劳动产品之间的社会关系的外衣"。③

如果在价值形式上会产生拜物教，在虚拟价值形式上就更不用说了。虚拟价值形式比价值形式更容易迷惑人。作为货币资本的独立化，它给人"钱能生钱"的假象。这不仅让金融资本能理直气壮地占有他人的劳动，连被剥削者都被迷惑住，甚至为自己的被剥削感到惭愧，似乎这种被剥削不仅是应该的，而且表明了自己在智力上的低人一等。

戳穿了拜物教，就可以看到剩余价值理论的真理性。同样，认识到虚拟经济虽然通过为实体经济服务，参与财富的创造，但不参与价值的创造，而只参与虚拟价值的创造，就可以看到虚拟财富对人的存在状态的毒害：它不仅使剥削者不把人当"人"看，而且使被剥削者也不把自己当"人"看。在以物衡量人而不是以人衡量物的时代，人们必然会认为："人"只不过是财富，物才有"价值"。

剩余价值的分割，说穿了就是凭借所有权取得财富的价值形式。虚拟财富参与剩余价值的分割，不仅同商业资本参与剩余价值的分割一样，在拜物

---

① 《马克思恩格斯全集》第44卷，人民出版社，2001，第93页。
② 《马克思恩格斯全集》第44卷，人民出版社，2001，第93页。
③ 《马克思恩格斯全集》第44卷，人民出版社，2001，第94~96页。

教形式上显得"公正""合理",而且以"金融创新"的形式创造虚拟价值,从而为虚拟经济罩上一层"知识经济"的光环。在这种条件下,作为拜物教产物的金融市场学的各种范畴具有社会效力,因而是客观的思维形式,而金融市场学本身的认识则显得是客观真理;尽管实际上,它不过是以虚拟价值的对象性即以异化形式表现出来的财富的对象性的理论反映而已。

财富作为具体劳动与生产资料相结合的产物,是人的对象性活动的凝结。商品的价值作为抽象劳动的产物,则是人的异化劳动的凝结。商品是用于交换的劳动产品,因此是使用价值和价值的统一体。虚拟财富是以虚拟资本为核心、以金融市场为依托的虚拟经济的产物,是使用价值和虚拟价值的统一体。正如交换活动使价值被当作物一样,虚拟经济活动使虚拟价值被当作真实的财富。虚拟财富的拜物教正是在这一基础上形成的。

既然是拜物教,它就不仅仅是资产阶级对无产阶级的恶意欺骗,而且是一种客观的假象,正如太阳围着地球转虽然是假象,但它是客观的假象(我们能够看到太阳每天东升西落,但感觉不到地球的转动)一样。不管是无产者还是资产者,只要不懂辩证法,就必然处于拜物教的统治之下。即使懂得了辩证法,也只是在思维中理解了世界的颠倒,并不能消除世界的颠倒。在以头立地的时代,以脚立地的人不仅被看作疯子,而且很难找到生存空间。

拜物教是从物对人的统治中必然产生的,只有消除物对人的统治,才能消除拜物教。但虚拟财富却使拜物教的消除几乎成为不可能,它不断侵蚀着无产阶级的阶级意识,并强使以脚立地的人同样以头立地。这使"人类解放"几乎成为不可能。

马克思之所以把无产阶级的自我解放与人类解放统一起来,既是由于无产阶级的相对贫困即价值意义上的贫困,也是由于无产阶级的绝对贫困即财富意义上的贫困:在价值意义上,无产阶级是剩余价值的创造者,但在财富意义上,他们即使在经济繁荣时期也只能得到维持最低生活水准的工资。在这种情况下,"有产阶级和无产阶级同样表现了人的自我异化。但是,有产阶级在这种自我异化中感到幸福,感到自己被确证,它认为这种异化是它自己的力量所在,并在异化中获得人的生存的外观。而无产阶级在异化中则感到自己是被消灭的,并在其中看到自己的无力和非人的生存的现实"。[①] 要

---

① 《马克思恩格斯文集》第 1 卷,人民出版社,2009,第 261 页。

消灭异化,就必须使这种异化成为不堪忍受的力量,即成为革命所要反对的力量,为此"必须让它把人类的大多数变成完全'没有财产的人',同时这些人又同现存的有钱有教养的世界相对立","而这两个条件都是以生产力的巨大增长和高度发展为前提的","只有随着生产力的这种普遍发展,人们的普遍交往才能建立起来",才能产生"一切民族中同时都存在着'没有财产的'群众这一现象"。① 在绝对贫困和相对贫困并存的情况下,马克思相信生产力的发展和普遍交往所开辟的世界历史必然导致人的全面发展和自由发展的新时代的到来,这是因为,从无产阶级的绝对贫困中产生出必须实行彻底革命的意识,即共产主义的意识,"无论为了使这种共产主义意识普遍地产生还是为了实现事业本身,使人们普遍地发生变化是必需的,这种变化只有在实际运动中,在革命中才有可能实现;因此,革命之所以必需,不仅是因为没有任何其他的办法能够推翻统治阶级,而且还因为推翻统治阶级的那个阶级,只有在革命中才能抛掉自己身上的一切陈旧的肮脏东西,才能胜任重建社会的工作"。②

福利国家和消费社会的兴起消灭了绝对贫困意义上的无产阶级,虚拟财富的分享则使相对贫困意义上的无产阶级失去其阶级意识,还原为原子式的利己主义者。于是,拜物教深入人们的潜意识层面,物化、异化与对象化的区别被完全抹杀。马克思反对从单纯"客体"或"直观"的角度去理解"对象、现实、感性",要求从"革命的实践"的角度理解它们③,但在物化深入骨髓的时代,主体和对象的关系变成了主体和客体的关系,革命的潜力被消解,对象性活动的"自我改变"一面被删除。现在每个人都想"以钱生钱"了。

扬弃物化需要从最先进的国家开始,发动一场持续不断的社会革命。但在一个发达国家全民普遍分享虚拟财富的时代,到哪里去寻找革命力量呢?显然,这一问题远远不是关于财富的经济学所能够解答的。从理论上说,人们必须深入到财富的哲学这一新的领域,反思需要的物化性质与属人性质的关系,以便在人的存在中去寻找答案。从实践上说,人们必须把解决虚拟财富与实体自然的关系这一问题提上日程,超越人与自然、人与人的对立,在

---

① 《马克思恩格斯文集》第 1 卷,人民出版社,2009,第 538 页。
② 《马克思恩格斯文集》第 1 卷,人民出版社,2009,第 543 页。
③ 《马克思恩格斯文集》第 1 卷,人民出版社,2009,第 500~501 页。

实现自足的基础上进入自由自觉的存在状态；这就意味着：需要一场处理人与自身关系的自我革命。

（作者系上海财经大学马克思主义学院教授）

参考文献

《马克思恩格斯文集》，人民出版社，2009。
《马克思恩格斯全集》第44卷，人民出版社，2001。
刘骏民：《财富本质属性与虚拟经济》，《南开经济研究》2002年第5期。
李宝翼：《虚拟经济和虚拟财富的内涵》，《南开经济研究》2005年第2期。

货币的金融化、符号化与幻象化

——基于马克思货币思想的哲学阐释

沈广明

马克思以劳动价值来界定货币，发掘了货币的价值通性和增殖性。人及其生活的世界在劳动价值的统摄下，被商品化、货币化和资本化，形成了"商品－货币－资本"内在一体化的运转机制。它在生成物化世界的进程中，促成了从传统社会到现代社会的历史转折。然而在马克思看来，现代社会却是货币统治下的异化社会。人在货币增殖机制下被工具化和财富化，成为货币化了的存在者，进而人的"自由"仅仅表现为自由买卖、自由竞争、自由放任的有限度的"自由"。正如马克思所概括，资本主义商品交换条件下的个性自由和发展"不过是在有局限性的基础上，即在资本统治的基础上的自由发展。因此，这种个人自由同时也是最彻底地取消任何个人自由，而使个性完全屈从于这样的社会条件，这些社会条件采取物的权力的形式，而且是极其强大的物，离开彼此发生关系的个人本身而独立的物"①。综观马克思的货币思想，货币化在现代社会主要体现为货币的金融化、符号化与幻象化。

一 金融化

在马克思货币学说中，金融是通过货币的信用化来实现价值增殖的产物。劳动价值作为一种以人与人之间的社会关系为内涵的抽象物，在与具体

---

① 《马克思恩格斯全集》第31卷，人民出版社，1998，第43页。

物质材料相结合中取得具体而客观的实体形态——商品与货币。商品的多元化特质，使劳动价值与物质材料的结合能够形成繁杂的商品种类；而货币的单元化特质，使劳动价值只能与个别特殊的物质材料结合，形成相对稳定和固定的货币品，如金币或银币。货币作为商品流通的媒介在劳动时间的中介下与商品之间存在着一定的比例值。在现代社会的资本化生产中，绝对劳动价值量越来越大，商品品种、数量以及流通速度也越来越多、越来越快，而货币由于受到其物质材料载体的自然限制（如金、银产量）就只能以扩大与商品价值量的比例值的方式来承担交往媒介及价值增殖的作用，进而导致货币自身成为价值不断增殖的障碍，货币就必然要脱掉物质材料的躯壳，而以抽象形态承当交换媒介与货币资本。国家权力和银行的信用就承担了捍卫和保证作为"抽象形态"的货币的经济有效性的责任，从而逐渐形成以信用货币为核心的信用制度，"资本主义生产按它现在的规模，没有信用制度（甚至只是从这个观点来看），只有金属流通，能够存在。显然，不能存在。相反，它会受到贵金属生产的规模的限制"①。尽管马克思主张"流通的银行券的数量是按照交易的需要来调节的，并且每一张多余的银行券都会立即回到它的发行者那里去"②，但当货币以"抽象形态"被人为掌控的时候，货币的发行量就可能与实际的商品价值量相脱节，而被虚拟性地无限放大或缩小。在以资本为动力源的社会大生产下，资本家的绝大多数货币资本是通过银行借贷、证券融资等途径从社会中募集而来。同时，银行家、存款人、证券投资商、各层次的股民等都要以利息、股息等方式来分割产业资本家的利润。为了赢得更多的财富收入，银行系统、证券市场等则会强化货币资本的虚拟化程度，使之脱离于产业资本而"有它的独特的运动"③，从而形成虚拟资本。货币的信用化和虚拟化在银行系统、证券市场领域的实际运作就产生了各种金融行为和金融现象，肇始了货币的金融化。

货币的金融化对现代社会各领域产生了深刻的影响。

第一，金融控制社会经济命脉。金融对资源的跨时间配置力使得商品从多元化的、实体性的存在形态变换为数量化的期货票据；金融的信用化兑换力使得货币从硬邦邦的金属体变换为符号化的纸质、电子的数字；金融的虚

---

① 《资本论》第 2 卷，人民出版社，2004，第 383 页。
② 《资本论》第 3 卷，人民出版社，2004，第 594 页。
③ 《资本论》第 3 卷，人民出版社，2004，第 527 页。

拟化增殖力使得资本从工厂、机器、工人、材料等物体形态的生产能力变换为银行资产、证券市值的升值能力。总之，金融对劳动价值的数量化、信用化及虚拟化的重塑，诱使人们的注意力从关注工厂中实在的劳动价值的增殖量转移到金融资本市场上的财富升值空间，进而激发这种人为炮制的虚拟空间无止境膨胀。正如在世行走传道的基督所具有的信仰力远远小于死后复活的基督所拥有的宗教崇拜力，货币在脱掉躯壳发展为金融资本之后所具有的抽象形态的财富效应取得了凌驾于产业资本之上的拜物教属性。金融资本家通过信贷、证券等金融力量在对产业资本家的劫持中与之合谋，形成了金融财团、金融寡头，控制着社会的经济命脉。

第二，金融干预国家的政策法规。金融的"信用"行为只有在国家权力的守护下才具有可信度，也只有在国家政策法规的监管下才能守信用。在财富增殖的刺激下，金融家们借助货币的权力不断向政治构架渗透，通过参与政治体制的设计与改革、影响政治领袖的选举等途径，篡夺政策法规的规制权，在绑架国家的势力范围下实现利益最大化，"那种以所谓国家银行为中心，并且有大的货币贷放者和高利贷者围绕在国家银行周围的信用制度，就是一个巨大的集中，并且它给予这个寄生者阶级一种神话般的权力，使他们不仅能周期地消灭一部分产业资本家，而且能用一种非常危险的方法来干涉现实生产——而这伙匪帮既不懂生产，又同生产没有关系"[①]。西方国家的选举、议事等政治活动背后隐藏着金融家们财富意志的博弈与财富品的分割。

第三，金融不断制造科技浪潮，引领社会发展潮流。经济发展的实质就在于创新，而创新的实质就在于以科学技术的创新来重新组合生产要素。现代社会的科技创新已经从科学家的个别性、兴趣性研究转换为以收益为目的的公司投资性研究，往往伴随着极高的成本风险和收益风险，需要金融资本的资助与金融市场的分散和化解风险。金融始终以推动科技创新、制造科技浪潮作为创造财富的手段，从而站在科技进步的前沿，引领社会发展的潮流。

第四，金融把持着现代生活。金融的跨时间配置能力能够将劳动者的未来劳动时间纳入当下的资本增殖活动中，从而将劳动者在未来可能创造的财富拿到今天来占有。金融资本家一方面为产业资本家提供融资服务，推动产

---

① 《资本论》第3卷，人民出版社，2004，第618页。

业投资、科技创新等，生产出大量高档奢侈消费品，另一方面为劳动者提供透支未来的借贷服务，刺激他们购买奢侈消费品，金融资本的运作既推动社会生产力的发展、提高劳动者的物质生活水平，又占有了劳动者未来的剩余财富，更大规模地扩展了金融资本的增殖力。通过对人们当下和未来的生产、消费行为的支配和掌控，金融实质上把持了人们的现代生活。

现代社会的经济、政治、科技、社会生活等各领域的金融化，隐埋着金融风险。金融资本的实质在于它所包含的虚拟的劳动价值量远远高于产业资本中实际的劳动价值量，但这种想象出来的、虚假的劳动价值却获得了从产业资本的实际利润中获得一份巨额的利息收益。当劳动价值的虚拟化程度不断攀升到一定节点时，价值体系与价格体系的质的统一性就会遭到破坏，货币的虚拟值与商品的实际价值量完全不相关，那么通货膨胀率就会无限度地升高，金融资本的利息收入与产业利润之间的资金链条断裂，一方面金融部门无法从产业部门分割到利润，另一方面产业部门也无法在金融部门获得融资，从而就会爆发金融危机，如次贷危机就是房地产虚拟价值过快增长、金融创新过度膨胀以至于脱离了实体经济的消化能力而导致的。因为"汇票多数是代表现实买卖的，而这种现实买卖的扩大远远超过社会需要的限度这一事实，归根到底是整个危机的基础"①。在危机中，资本家因无法偿还银行贷款而破产，工人阶级也因无力偿付房贷、车贷、保险等长期性借贷，而陷入贫困中。金融危机往往使社会底层深受打击，他们背负沉重的虚拟债务并以一生的劳作来偿还债务。而金融财团、金融寡头们则凭借他们所绑架的国家权力规避了危机对他们的损害。由此可见，金融化为现代社会隐埋着危机。

二　符号化

货币在金融化中趋于符号化。货币的信用化和虚拟化使货币的市场供给量、增殖力、财富效应等被金融家的贪欲、政治家的野心以及广大小市民的心理预期所决定，成为"以资本化定价为基础的，由心理和观念支撑的价格系统"②，货币的"劳动价值"内涵就逐渐退却，仅仅成为一种"价值符

---

① 《资本论》第 3 卷，人民出版社，2004，第 555 页。
② 刘骏民：《虚拟经济的研究及其理论意义》，《东南学术》2004 年第 1 期。

号",货币进而在金融化中趋于符号化。货币的符号化破坏了货币原来所具有的价值尺度功能,导致货币的"面值"不再由客观的"劳动价值"所界定,而转换为人的意识活动的产物,成为人的非理性与理性相互合谋的结果。货币的"面值"在金融活动的虚拟化中呈现为纯粹量的、直线式的叠加。一方面人在欲望的驱动下追逐无止境的货币收益,实现利益最大化,另一方面人又运用智能化、数学化工具,来设计能满足欲望的货币供给量、货币的财富效应、货币的增殖预期,使得任何真实的事物、虚构的故事都可被量化为货币值,从而制造了可无止境线性上升的财富量。可以看出,货币在符号化中就成为纯粹的财富观念,而货币所标示的财富则是一种由欲望和理性所设置的数量值。

货币的符号化深刻影响着现代社会。首先,货币的符号化催生出现代社会的欲望心理。在传统的社会文化中,欲望是罪与恶的根源,由此生长出一条形而上的禁欲之路,把欲望限制在需求层面上,给精神性的信仰存留空间。需求性的欲望体现在以对劳动产品的消费来满足生存的目的性,由于需求品的获取与消费必定是以劳动价值为依据的,所以货币作为劳动产品相互交换的产物与需求之间存在着内在必然性。随着传统社会的瓦解,传统的欲望需求也在货币的符号化活动中被重塑为现代人的欲望心理,它体现为由满足实物消费品转换为崇尚符号消费品。符号消费品是在一定的实物之上,通过思维的、文化的、娱乐的创意,赋予无限想象的空间,以求给消费者制造无限快感的符号。随着货币符号化的幅度和空间不断增长,符号消费也成为人们所崇尚、所期盼、具有主导性地位的生存观念。货币的符号化所膨胀的炫富感与符号消费品所激发的精神意向性的心理快感之间的合谋,制造了现代社会的欲望心理,即如鲍德里亚所理解的那样,物之所以具有诱惑力,并不是因为物自身,而是物被抽象化为能满足欲望的符号——"它控制了物与主体,使它们屈从于它的编排,将它们的存在抽象化"[1]。在他看来,货币之所以具有拜物教的能力,不在于它的物质载体,也不在于它的一般等价物的意义,而在于它把所有商品价值的可交换性抽象为符号,使人们精神世界形成了对货币符号的依赖,进而把现代社会表象为符号消费的社会。

其次,货币的符号化制造了现代社会的财富观念。马克思把财富理解为物的效用与劳动价值的统一体,商品是具体的、个别的财富,货币是普遍

---

[1] 让·鲍德里亚:《符号政治经济学批判》,夏莹译,南京大学出版社,2009,第79页。

的、一般的财富。货币作为一般财富，以劳动价值为根据具有对所有个别财富的通约权与统摄权，并凭借通约权能够升级为实现财富增殖的资本。随着货币资本转换为金融资本，货币就被虚拟化为仅仅表示着"劳动价值"的"概念"，但本身不是"劳动价值"的价值符号，如纸币、债券、股票，等等。"证券实际上都只是代表已积累的对于未来生产的索取权或权利证书，它们的货币价值或资本价值，或者像国债那样不代表任何资本，或者完全不决定于它们所代表的现实资本的价值"①，金融资本的"最大部分纯粹是虚拟的"②。与货币的符号化相应，货币作为一般财富，也必定失去客观的"劳动价值"，成为虚拟的财富，或者说是象征性的财富。在现代社会，虚拟财富替代了传统的物品效用层面的财富认知，塑造了现代的财富观念。它主要表现如下。①数字崇拜。人们把货币的符号量值当作财富实体的量值，加以宗教祭祖式的崇拜，认为财富数量越大越富裕、越发达。②数字制造。在数字崇拜的基础上，金融家、企业家以及政治家们相互联姻，通过金融产品创新、企业募资、政策调控等各种欲望化和理性化相互联合的手段来推动货币量值的无限上升，制造纯数字式的财富效应。③数字欺骗。数字制造背后隐藏数字欺骗行为，是现代财富观念的极端化表现。例如古尔德的股票操纵、摩根的货币托拉斯、鲁道夫的庞氏骗局等，华尔街金融大佬们都上演着同一个故事——通过数字欺骗来制造财富和攫取财富。

再次，货币的符号化塑造了现代社会的权力意志。在现代货币化交往中，权力主体则为货币所掌控，"我可以用货币的形式把一般社会权力和一般社会联系，社会实体，随身揣在我的口袋里。货币把社会权力当作物品交到私人手里，而私人就以私人的身份运用这种权力"③。货币的符号化使货币能够无限量地以现代金融形式开发出来，通过利率、汇率、金融衍生品、股票、基金等手法在世界市场上扩张开来，形成强悍的支配世界、统治世界的权力意志。不同国家的货币权力意志在世界市场上相互融合、相互较量、相互利用，形成了全球化的货币权力意志。货币符号化不可避免地给现代社会造成诸多负面效应，如加重了生态环境的危机、滋生货币战争等。首先，符号消费品的无止境扩张加重了现代社会的生态环境压力。基本生存层面的

---

① 《资本论》第3卷，人民出版社，2004，第531页。
② 《资本论》第3卷，人民出版社，2004，第532页。
③ 《马克思恩格斯全集》第31卷，人民出版社，1998，第316~317页。

需要并不能够把资本家与工人的实质差别区分出来，从而既违背了资本增殖的目的性，也无法实现资本的人格代表——资本家的欲望，所以资本利润的一部分必然被截取出来提供一种有别于工人基本需要的生活方式——奢侈消费方式。它不断追求稀缺性、精致性的实物消费品，无限制地猎取心理需要的满足，实现财富显现与身份甄别。符号消费是炫耀性消费的极端化发展的结果。实体消费品往往被赋予高科技理念、名人效应、稀缺性特质等符号标记，华丽转身为特供性、特制性的符号消费品，迎合富贵群体的炫耀性欲望心理。符号消费品具有很强的诱导性，能促使劳动者向资本家的消费模式看齐，人人都不会放过在消费方面表现自己的机会，每个阶层的成员会把上一阶层流行的生活方式作为争取达到的理想标准。在货币金融化的条件下，工人阶级通过透支未来劳动力价值的贷款方式也实现了对符号奢侈品的拥有，符号奢侈品逐渐走近普通民众的生活，转换成普通的符号消费品。在货币符号化所提供的虚拟购买力的支撑下，不断大众化和普及化的符号消费品就具有现实的市场空间和市场效应。为此，越来越多的自然资源被吸收到经济体中进行消耗，生产出远超出人的基本需要之外的符号消费品，用于满足心理需要。由于人的心理空间、心理想象力、心理欲望的无止境和不知餍足的特质，符号消费品的生产和消费也变得不可测度和不可遏制。人们在抛弃和浪费符号消费品的物质材料的使用价值满足心理快感的同时，造成了自然资源的日益枯竭和生态环境的恶化。其次，货币的符号化所生成的财富观念和权力意志滋生着货币战争。金融家是现代社会的数字式财富观念的创造者和践履者，传统的"货币万能"早已不及"金钱永不眠"的流行效应。金融家之间几近丛林法则式的货币战争，围绕着如何分割财富数字而展开你死我活式的争抢，"财产在这里是以股票的形式存在的，所以它的运动和转移就纯粹变成了交易所赌博的结果；在这种赌博中，小鱼为鲨鱼所吞掉，羊为交易所的狼所吞掉"①。货币战争产生了如"金融过敏、金融贪婪、货币荒、社会恐慌、投资骑士"②等金融众生相，导致了金融危机的爆发。在全球化的金融环境下，货币战争同时也在以"资本"为轴心的国家之间激烈展开着。货币在金融家们的权力意志怂恿下在国与国之间流动，造成不同国别的货币

---

① 《资本论》第3卷，人民出版社，2004，第498页。
② 任力：《马克思金融危机理论研究》，《厦门大学学报》（哲学社会科学版）2010年第3期，第28~34页。

相互摩擦、冲撞、较量。在利率和汇率的操纵、量化宽松货币政策等战争手段的作用下，国际性的货币战争也大多以危机形态收场。今日甚嚣尘上的货币战争，正是财富观念和权力意志所鼓噪起来的产物。

三 幻象化

货币符号化所生成的社会性贪欲、财富观念与权力意志，对个体心理世界、个体潜意识的撞击与渗透形成了货币幻象。马克思在《1844 年经济学哲学手稿》中关于"货币幻象"有这样的叙述："货币是一种外在的、并非从作为人的人和作为社会的人类社会产生的、能够把观念变成现实而把现实变成纯观念的普遍手段和能力，它把人的和自然界的现实的本质力量变成纯抽象的观念，并因而变成不完善性和充满痛苦的幻象"①。货币作为异化人、统治人的物，在人的精神世界同样筑造了一座令人去崇拜、臣服于祭奠偶像的幻象符号。张雄据此认为货币幻象是货币符号刺激人的心理世界所留下的观念，把"货币幻象"界定为"货币在观念中所彰显出的过溢的权力张力，或指各种未能把货币量值符号同真实量值区别开来的现象。它是人的主观感觉、意念、联想和想象的产物"②。

货币幻象表现为货币符号的实体化、主体化和神灵化。①实体在形而上学中一般指在感性世界背后具有决定和支配作用的东西。货币符号虽仅是纸片和数量值的结合体，或者电子显示器上的一串数字，但它所具有的价值通约性，却能使人们把它视为外部感性事物背后的实体，成为人的心理世界永恒性的决定力量。在货币符号实体化的支配下，人并不去关注或担忧个别事物的零碎性和易逝性，而是坚信货币符号的总体统摄性。②在传统的认识论中，主体通过感性认识把握现象世界，以理性推理把握感性世界背后的实体。货币符号对人的心理世界的占据和支配，掏空了人的精神内核，垄断了人的感知力、思考力以及行动力，成为主体。在现代社会，人失去了作为人的主观能动性，只能以"货币"的眼光来认知世界，以"资本"的逻辑来理解世界，以"财富"的权力来改造世界，形成了以货币为主体的货币化世界。货币化世界翻转为现代人的心理世界、精神寓所。③基督教哲学把上

---

① 马克思：《1844 年经济学哲学手稿》，人民出版社，2000，第 145 页。
② 张雄：《货币幻象：马克思的历史哲学解读》，《中国社会科学》2004 年第 4 期。

帝实体和创世主耶和华等同起来，赋予神灵化的属性和信仰的权柄。当货币符号在人的心理世界既是永恒不变的实体，又是支配人、规制人的主体时，货币符号就成为至高无上的神灵，"货币主体化也使得人对世界的理解趋于物欲化和神灵化。人对货币的顶礼膜拜达到了无以复加的地步。货币是神，是上帝，货币在商品世界中取得了至上的神的权柄和力量的象征"①。货币符号的神灵化使得货币幻象更具有迷恋性与诱惑性，是人的心理世界的神龛。

货币幻象深刻影响着现代人的精神世界。首先，货币幻象滋生出现代人的物欲症。物欲症是人们通过不断渴求占有更多财富、消费更多的生活资料来获得更强烈的肉体快感享受而形成的心理疾病。在《流行性物欲症》一书中，约翰·格拉夫等写道："物欲症（affluenza）：名词。一种传染性极强的社会病，由于人们不断渴望占有更多物质，从而导致心理负担过大、个人债务沉重，并引发强烈的焦虑感。它还会对社会资源造成极大浪费。"② 作为心理疾病，物欲症在行为上体现为如格拉夫等所列举的"购物高烧"、"家庭痉挛""上瘾病毒"等各种现象。货币幻象是物欲症的致病因。当心智折服于虚幻却又坚硬的实体时，人无法控制、驾驭货币符号所具有的对无数零碎的、个别物的穿透力与统摄力，任其肆无忌惮地发酵与爆发，使人患上物欲症。在物欲症的驱动下，人必定要无所约束地去不惜透支未来、花光货币购买一切所能购买的消费品。物欲症通过对商品消费的占有和满足而实现，而商品作为物质材料所具有的不断消失、不断生成的属性给人带来的肉体快乐只是一种转瞬即逝的满足。人沉迷于物欲而不能自拔的结果必定是个体生命存在的零碎化与孤立化、个体生命永恒性的失落与遗忘、个体生命前景的模糊与担忧。在货币化的形而上学支撑下，人的内心世界充塞着焦虑、虚无化等心理隐忧。

其次，货币幻象造成个体之间爱的缺失。马克思是这样来理解爱的真谛的："我们现在假定人就是人，而人对世界的关系是一种人的关系，那么你就只能用爱来交换爱"③。爱的缺失就是人与人之间无法以用爱来交换爱的方式相互恋爱、关爱。在传统社会，"宗教虔诚、骑士热忱、小市民伤感"

---

① 张雄：《货币幻象：马克思的历史哲学解读》，《中国社会科学》2004年第4期。
② 约翰·格拉夫、大卫·瓦恩、托马斯·内勒：《流行性物欲症》，闾佳译，中国人民大学出版社，2006。
③ 马克思：《1844年经济学哲学手稿》，人民出版社，2000，第146页。

所表达的温情脉脉的爱的情感被宗法和血缘关系所支配,家庭关系的基础不是属人的爱,而是封建等级制的权力安排。在现代社会,货币截取了人的主体性地位,赋予人以金钱心理去建构世界、观看人生,从而将属人的爱的渴望、爱的诉求、爱的表达与接受都篡改为货币的意志。男女之爱被性欲与货币所把持,由此而组成的缺乏爱的基础的家庭必定仅是偶合关系,如茶花女式金钱爱情、葛朗台式的金钱家庭。爱的缺失不断生成和加剧现代人的孤独、冷漠、自私欲膨胀的心理疾病。人的内心世界在货币幻象的充盈下失去了爱的能力、爱的渴求和爱的方式,当人试图去爱他人时却不自觉地借助货币的权力去付出爱,当人试图去获得他人的爱时却不自觉地用货币去购买爱,而最终都以虚拟式的 G-W-G 方式达成了"家庭"形式的现代爱情结晶。栖居在没有爱的世界中,人与人之间的内心世界是相互封闭的,进而,个体内心的孤单感、个体之间的冷漠感取代了爱的渴望与期盼而成为现代人的心灵内涵。越是孤单和冷漠,人越是要去守护自己、在乎自己,导致不断去膨胀自私欲,以自私欲为心理归宿。

再次,货币幻象衍生现代人的信仰困境。信仰指"特定社会文化群体和生活于该社群文化条件下的个体,基于一种共同价值目标期待之基础上,所共同分享或选择的价值理想或价值承诺",信仰的基本要素有"理想目的性""意志承诺的坚定性和持久性""排他性"[1]。在西方基督教信仰中,人们企盼通过信、望、爱的精神修炼来实现灵魂救赎的理想目的性。货币在瓦解"君权"的同时,也摒弃了"神授",宣布了上帝的死亡。在现代社会中,"一个人,如果想在天国这一幻想的现实性中寻找超人,而找到的只是他自身的反映,他就再也不想在他正在寻找和应当寻找自己的真正现实性的地方,只去寻找他自身的映象,只去寻找非人了"[2],而是要在现实的货币增殖和财富积累活动中寻找自己、实现自己。进而,现代人被货币置于统治之下,并在心理世界形成神灵化的货币拜物教,建构了新的信仰对象。货币幻象的实质在于货币是商品中的上帝,具有对所有商品的价值通约权,所以货币崇拜的内涵就定位在人对无数商品的占有及在消费中所获得的欲望满足和快感享受。在消费欲望体验中,人们只能在转瞬即逝如过眼云烟的物质材

---

[1] 万俊人:《信仰危机的"现代性"根源及其文化解释》,《清华大学学报》(哲学社会科学版) 2001 年第 1 期。
[2] 《马克思恩格斯选集》第 1 卷,人民出版社,1995,第 1 页。

料中寻求安身立命,而安身立命却绝不是短暂的快感所能提供的。于是,人在沉沦中流逝生命,在无意义的操劳忙碌中打发时间,却无法领会到生命的永恒性和终极价值的神圣性,无法感受到属人的爱的喜悦,无法理解自由的真谛。在货币化生存世界中,人们的精神域正囿于信仰困境之中。

(作者系同济大学人文学院教授)

考察世界经济的双重经济学视角

——兼论资本内在否定性的外在表现

沈 斐

马克思的三卷《资本论》从不同层面论证了资本的内在否定性:"资本主义生产的真正限制是资本自身"①。资本作为财富一般形式——货币的代表,是力图超越自己界限的永无止境和限制的欲望,它不断地生产出剩余价值,也生产出自身的界限,它只有在不断地与自身界限的抗争中,才是资本。一旦"资本不再感到某种界限是限制,而是在这个界限内感到很自在,那么资本本身就会从交换价值降为使用价值,从财富的一般形式降为财富的某种实体存在"②,它就不再是资本了(扬弃了自身)。资本的内在否定性思想可谓一条红线,贯穿着整部《资本论》,揭示出资本主义经济的形式因、动力因和历史限度,为国际共产主义运动提供了重要的理论武器。

然而,著名的西方马克思主义经济学家曼德尔却说了一句令人费解的话:"与一般公认的信念相反,马克思与其说是十九世纪的经济学家,还不如说是二十世纪的经济学家。"③ 考察一下20世纪世界经济的发展就会发现,曼德尔的这句话需要从生产力经济学和生产关系经济学双重视角,才能得到理解。这种双重视角不仅有助于把握马克思所揭示的资本内在否定性,而且对于理解和把握当今时代的世界经济格局和国际分工具有十分重要的意义。

---

① 《资本论》第3卷,人民出版社,2004,第278页。
② 《马克思恩格斯全集》第30卷,人民出版社,1995,第297页。
③ 曼德尔:《〈资本论〉新英译本导言》,仇启华、杜章智译,中共中央党校出版社,1991,第2页。

一　考察世界经济的双重经济学视角

曼德尔指出:"《资本论》第一卷最初出版时,资本主义工业虽然在西欧少数国家中居支配地位,但是在包括西欧大部分地区在内的整个世界上,它还是独立农民和手工业者汪洋大海所包围的孤岛。"① 因此不难理解,马克思为什么选择英国作为典型进行剖析。《资本论》所阐述的,主要是为了追求私人利润并把这种利润用于资本积累的生产方式所具有的无情的和不可抗拒的增长趋势。《资本论》问世以来,资本主义的技术和工业已传播到全世界,不仅物质财富以及把人类从无意义的机械重复劳动的重压下解放出来的可能性增加了,而且社会的两极分化也扩大了,资本的所有者越来越少,被迫向他们出卖自己劳动力的体力和脑力劳动者越来越多。财富和权力越来越集中在少数工业巨头和金融企业手中,这使得资本和劳动之间展开了越来越广泛的斗争。曼德尔指出,资产阶级为挽救资本主义制度做出了巨大的努力,"但是,尽管采取了凯恩斯的办法,尽管实行了各种各样企图使工人阶级与晚期资本主义一体化的措施,最近十几年来资本主义制度如果说发生了什么变化的话,那就是变得比马克思写《资本论》时更加危机四伏了"②。从越南战争到世界货币制度的混乱,从西欧 1968 年以来激进工人斗争的高涨到全世界大量青年人对资产阶级的价值和文化的拒绝,从生态危机和能源危机到周期性的经济衰退,随处都有迹象表明资本主义的黄金时代已经过去。曼德尔总结道,"《资本论》说明了为什么这个制度的日益尖锐化的矛盾同它的迅猛发展一样不可避免"③,也就是资本的内在否定性——资本主义生产的真正限制是资本自身。

曼德尔的看法是完全正确的。由于像 19 世纪的英国那样实现工业化的国家越来越多,今天的世界远比写作《资本论》时的世界更接近《资本论》中的"纯粹"模型。正是在这个意义上,与一般公认的信念相反,马克思

---

① 曼德尔:《〈资本论〉新英译本导言》,仇启华、杜章智译,中共中央党校出版社,1991,第 1 页。
② 曼德尔:《〈资本论〉新英译本导言》,仇启华、杜章智译,中共中央党校出版社,1991,第 1 页。
③ 曼德尔:《〈资本论〉新英译本导言》,仇启华、杜章智译,中共中央党校出版社,1991,第 1~2 页。

与其说是 19 世纪的经济学家,还不如说是 20 世纪的经济学家。

众所周知,《资本论》研究的是生产关系,用马克思自己的话说:"我要在本书研究的,是资本主义生产方式以及和它相适应的生产关系和交换关系。"① 《资本论》第一卷研究的是"资本的生产过程",第二卷研究的是"资本的流通过程",第三卷研究的是"资本主义生产的总过程"。全部三卷所讲的"资本"都是一个生产关系概念,而不是生产力概念。这与我们通常所理解的"资本",特别是西方经济学所理解的"资本"是根本不同的。西方经济学大多把资本当成了生产力概念,它讲究的是投入、产出的效率,在很大程度上混淆了"剩余价值"和"剩余使用价值"这两个不同的概念。

从生产关系的角度看,资本是能够带来剩余价值的价值。这里的"价值"和"剩余价值"都是通过交换实现的抽象劳动,因而表现的是人与人之间互相交换劳动的关系,它只适用于私人劳动与其他私人劳动在相互对立、相互统一中构成整体社会劳动的市场经济。

从生产力的角度看,资本是能够带来剩余使用价值的使用价值,因此不涉及抽象劳动,只涉及具体劳动。具体劳动是人与自然的关系,不需要同其他人的具体劳动进行比较,不涉及与其他人的关系。在生产力经济学中,资本创造的不是剩余价值,而是剩余使用价值。按照这种眼光,资本在一切时代都存在——只要使用价值通过一个生产循环,能够生产出更多的使用价值,它就是资本。在马克思看来,正是这种理解,把资本这种特定时代的生产关系当成了永恒的自然关系。

马克思真正主张的是,在特定的生产关系中考察生产力的发展。尽管马克思强调,资本要追求的并不是使用价值即劳动产品,而是剩余价值即多余的货币;利润是剩余价值的转化形式而不是剩余使用价值的转化形式。但是,在《资本论》第二卷研究资本的流通过程和第三卷研究利润、利润率的时候,马克思恰恰是从价值补偿和实物补偿两个方面来考察资本的循环和周转的。实物补偿实际上就是使用价值的补偿。马克思指出,社会总资本的再生产运动,"不仅是价值补偿,而且是物质补偿,因而既要受社会产品的价值组成部分相互之间的比例的制约,又要受它们的使用价值,它们的物质形态的制约"②。因而,从生产力经济学和生产关系经济学两个方面来考察

---

① 《马克思恩格斯选集》第 2 卷,人民出版社,1995,第 100 页。
② 《资本论》第 2 卷,人民出版社,2004,第 438 页。

社会总资本的再生产和流通,才是马克思主义经济学的题中之义。

今天,我们无论是研究资本内在否定性的外在表现,还是研究当今的世界经济,都应当着眼于生产力和生产关系这两种经济学视角。

二 资本内在否定性的外在表现

罗莎·卢森堡在研究资本积累时发现一个问题,作为一部未完成著作,《资本论》没有顾及资本主义经济的非资本主义环境:"我们在《资本论》全部三卷中看出,马克思的分析的理论前提,是假定资本主义生产方法占着普遍而唯一的统治地位。"在她看来,"这个前提,乃是理论上的权宜之计。现实上,从来没有过那样在资本主义生产方式唯一支配之下的自给自足的资本主义社会。这个前提,如果只是作为论证纯粹形态的问题之助,而不变更问题的条件,那么,它是一个完全可以允许的理论上的权宜方法"。① 然而一旦涉及现实的世界经济,这一前提就不成立了。实际上,到罗莎·卢森堡的时代为止,资本主义经济总是在一个非资本主义环境中,即在与殖民地、半殖民地的联系中得到发展的。卢森堡要考察的,正是在存在资本主义经济与非资本主义经济,尤其是前资本主义经济之间的价值循环和使用价值循环的情况下,资本积累的实现条件问题。

卢森堡的研究可以视为对《资本论》的发展。它把《资本论》关于资本内在否定性的论述和《共产党宣言》关于经济全球化的论述沟通起来了。人们公认,《共产党宣言》最早描绘经济全球化的图景:"不断扩大产品销路的需要,驱使资产阶级奔走于全球各地。它必须到处落户,到处开发,到处建立联系";"资产阶级,由于开拓了世界市场,使一切国家的生产和消费都变成世界性的了";"资产阶级挖掉了工业脚下的民族基础。古老的民族工业被消灭了,并且每天都在被消灭。它们被新的工业排挤掉了,新的工业的建立已经成为一切文明民族的生命攸关的问题";"过去那种地方的和民族的自给自足和闭关自守状态,被各民族的各方面的互相往来和各方面的互相依赖所代替了",等等②。卢森堡所关注的正是《资本论》中资本的内在否定逻辑在世界市场中的现实表现。

---

① 罗莎·卢森堡:《资本积累论》,彭坐舜、吴纪先译,三联书店,1959,第273页。
② 参见《马克思恩格斯选集》第1卷,人民出版社,1995,第276页。

在《资本论》的最初计划中，马克思是把世界贸易、把生产和消费的世界性、把各民族的相互依赖排在"资本主义生产的总过程"，也就是现行的《资本论》第三卷之后来考察的。如果这一计划实现，我们就能够看到，资本的内在否定性是如何从抽象过渡到具体，表现在世界经济的全景中的。遗憾的是，这个宏伟的计划未能完成。马克思生前只出版了《资本论》第一卷，第二卷和第三卷是由恩格斯整理出版的。从形式上看，考茨基根据马克思遗稿编成的《剩余价值理论》可以视为《资本论》的第四卷，但从内容上看，卢森堡和列宁的世界体系论才是名副其实的《资本论》续篇。

在马克思看来，从资本主义到共产主义，并不是一种外部否定，而是资本的自我否定。任何生产力的发展，都必须采取一定的生产关系形式。资本主义的生产关系之所以能够战胜其他生产关系，恰恰是由于它能带来生产力的巨大发展。资本主义生产的目的是获取利润，而不是生产使用价值，但对利润的追求迫使资产阶级生产更多的使用价值，从而推动了生产力的发展。一旦这种发展不再能带来利润，资本就不再是资本，而还原为货币，资本的生产就还原为使用价值的生产。这也就超出了资本的限度。于是，资本的内在否定性就转化为它的外在否定性。

马克思对资本内在否定性的分析主要是一种逻辑限度的分析。如果把卢森堡的研究和列宁的研究加进去，我们可以发现，资本内在否定性所表达的逻辑限度，实际上是在现实的时间限度和空间限度里表现出来的，即在资本积累的世界历史中，资本的内在否定性必然会外化为具体的时空限度。卢森堡指出，"资本主义是第一个具有传播力的经济形态，……但是，同时它也是第一个自己不能单独存在的经济形态，它需要其他经济形态作为传导体和滋生的场所。虽然它力求变为世界普遍的形态，……然而它必然要崩溃，因为它由于内在原因不可能成为世界普遍的生产方式。在自己的生命史中，资本主义本身是一个矛盾，它的积累运动带来了冲突的解决，但同时，也加重了冲突。"[①] 帝国主义的海外殖民扩张为资本主义生产方式赢得了世界市场，大大拓展了工业资本的发展空间，缓解了资本主义宗主国国内的经济危机。但是，这种空间的拓展相对于生产无限扩大的趋势而言是远远不够的，迟早还是会出现宗主国国内的那种生产力与购买力之间的矛盾，只不过原先一国范围内的矛盾升级到世界范围内而已。而且，在世界市场上，除了原有的劳

---

① 罗莎·卢森堡：《资本积累论》，彭坐舜、吴纪先译，三联书店，1959，第273页。

资矛盾之外，又增加了殖民地和宗主国之间的矛盾、不同宗主国之间的矛盾。而作为资本扩张的无限性与扩张空间的有限性之间矛盾的极端表现，就是世界范围的革命的爆发。因而，以卢森堡和列宁为代表的国际共产主义认为，在资本积累的世界历史中，"国内外资本积累的条件将变为自己的对立物，那就是它们变为资本没落的条件"①，到了那个时候，除了实现社会主义外，没有其他的出路。这就是资本主义发展的时间限度和空间限度。

到《资本论》第一卷出版时，资本主义生产方式的典型地点主要是英国，因此，马克思"在理论阐述上主要用英国作为例证"②。但19世纪的英国同其殖民地特别是同印度的关系，无非20世纪的资本主义世界与前资本主义世界关系的缩影，或者说，前者向后者展示的，无非后者未来的景象。

然而，20世纪还是有两大现象超出了《资本论》的范围：一是社会主义阵营的出现和瓦解，二是虚拟经济的出现和繁荣。这两大现象同样必须从生产力经济学和生产关系经济学两个视角加以理解。

三 双重经济学视角下的国际分工

《资本论》所反映的资本主义的内在危机，主要是生产关系的危机。但是，20世纪末，世界共产主义运动所遭遇的困难，特别是东欧剧变，却属于另一种危机：生产力发展的危机。中国的社会主义之所以能够坚持下来，并且不断发展，与坚定不移地奉行一个中心、两个基本点的基本路线，坚持解放生产力、发展生产力，是密不可分的。

在20世纪，资本主义没有灭亡，原因在于通过生产关系的调整，使得资本主义社会的生产力获得了进一步发展。在美国，这是通过"罗斯福新政"、创立"宏观经济"实现的；在欧洲，则是通过社会党创办"福利国家"、建立"消费社会"实现的。而另一方面，社会主义阵营的崛起和国际共产主义运动的挫折，则与卢森堡分析的资本主义世界体系的扩张联系在一起。俄国十月革命，与其说是马克思《资本论》的革命，不如说是卢森堡《资本积累论》和列宁《帝国主义论》的革命。现在回过头来看关于"一国能否建成社会主义"的争论，我们可以发现：这场争论之所以没有成效，

---

① 罗莎·卢森堡：《资本积累论》，彭坐舜、吴纪先译，三联书店，1959，第273页。
② 《马克思恩格斯选集》第2卷，人民出版社，1995，第100页。

恰恰是由于忽视了，社会主义与资本主义之争，不仅应当在生产关系的层面上进行，还应当在生产力的层面上进行。

对争论的一方，即斯大林的观点，人们比较熟悉，历史对这一方的观点已经作了无情的检验；对争论的另一方，即托洛茨基的观点，人们比较陌生。由于托洛茨基在权力斗争中的失败，这种观点没有得到实践检验的机会，但这并不妨碍我们从学理上对托洛茨基的理论进行探讨。

托洛茨基认为，一国不能建成社会主义，至少不能建成作为共产主义第一阶段的社会主义，原因在于由生产力水平决定的国际分工。只有从这一角度来理解世界经济，才能把握马克思主义的要义："马克思主义所依据的世界经济不是各民族部分的总和，而是由在目前时代专横地统治着各民族市场的国际分工和世界市场所建立起来的强有力的独立的现实。"资本主义社会的生产力早就发展得越过了民族界限。帝国主义战争就是这一事实的表现之一。托洛茨基进一步认为，社会主义社会在生产技术方面应代表着比资本主义更高的阶段。既然如此，闭关自守就只能是一种空想。"如果把建立闭关自守的民族社会主义社会作为目标，尽管能暂时取得成就，也意味着把生产力拉回到比资本主义还落后的境地。"俄国的生产力水平本来就比发达国家落后，因此所建设的社会主义也只能是过渡时期的社会主义，即为共产主义第一阶段的社会主义准备物质技术条件的社会主义。但即使如此，这种社会主义也应当顺应生产力发展的要求，不断促进分工的发展，并通过世界分工的自我扬弃进入共产主义第一阶段，而不是脱离世界分工体系，进入闭关自守的状态。"不顾构成世界整体的一部分的国家发展的地理、文化和历史条件，而企图在民族市场内实现各经济部门独立自在的比例，那就意味着追求一种反动的乌托邦。"[①] 在托洛茨基看来，斯大林所追求的正是这样一种乌托邦。

应当说，托洛茨基在国际主义问题上的乌托邦色彩一点也不比斯大林在生产关系问题上少。但是，斯大林混淆苏联的社会主义与马克思所说的作为共产主义第一阶段的社会主义的区别，误把比资本主义还低的生产力水平上建立的苏联社会主义混同于作为共产主义第一阶段的社会主义，这确实带来了严重的后果。"二战"以后，斯大林甚至试图建立平行于资本主义世界市场的社会主义市场，就是这一乌托邦思想的集中表现。

---

① 罗莎·卢森堡：《资本积累论》，彭坐舜、吴纪先译，三联书店，1959，第273页。

尽管托洛茨基有很多错误,今天再来看他的分析,我们还是不得不佩服他惊人的理论洞察力。实际上,东欧剧变并没有证明社会主义的失败,它只是证明了斯大林模式的社会主义的失败。这种失败的理论原因在于只是从生产关系经济学的角度看待世界经济,没有从生产力经济学的角度,特别是没有从国际分工的角度看待世界经济。相反,中国采取改革开放政策,紧紧依靠世界市场,仅用了三十多年时间,经济总量就跃居世界第二,这一事实表明,积极参与国际分工,对于自身的经济发展具有无比重要的意义。

然而,一旦融入世界经济,资本的内在否定性所导致的种种问题就不再仅是资本主义世界的问题,它也成了中国的社会主义制度生死攸关的大问题。尤其是面临虚拟经济的挑战,中国必须拿出自己的对策。这同样要从生产力经济学和生产关系经济学两个角度着眼。

四 双重经济学视角下的中国发展道路

在卢森堡看来,按照与资本主义世界经济的关系,非资本主义国家可以分为两类:一类是自然经济国家,一类是商品经济国家。对后者,资本主义需要购买其原料和向其倾销产品,因此是一种"正常"的贸易关系;对前者,首先必须瓦解其自给自足的自然经济,纳入商品经济体系,然后才能用市场交换的办法进行剥削。因此,对自然经济国家的经济,首先采取的必然是原始积累时期的暴力掠夺手段。

但是,如果非资本主义国家出现了强有力的民族国家政权,利用后发优势主动融入世界经济,那么这种发展顺序就可以被打破,这些国家就可以为自己在世界分工中争取到相对有利的位置。至于这些民族国家政权采取的是社会主义制度,还是资本主义制度,并不影响它们在世界分工中的地位。在成功实现工业化的国家中,德国和日本建立了资本主义制度,而中国则建立了社会主义制度。这些国家的成功,都与自觉进入世界历史进程相关。

意大利著名的马克思主义经济学家阿锐基(又译阿瑞基、阿里吉)在《漫长的20世纪》中追述了从文艺复兴到当代的资本主义扩张和霸权大国的逐次循环。在他的论述中,资本的物质扩张阶段最终在过度竞争压力下逐渐消失,让位于金融扩张阶段,而后者的消亡又促成了国家间混乱的年代的出现。在新的社会集团的支持下,一个能够恢复全球秩序并再次重启物质扩张循环的新兴霸权大国的出现,将消除国家间的混乱状态。热那亚、荷兰、英国和美国依次被称为这种霸权国家。在《亚当·斯密在北京——21世纪的谱系》中，阿锐基断言，世界霸权从美国转到中国的时代来临了。由于中国是一个非资本主义传统的市场经济国家，因此，这一次权力转移将给人类带来曙光。

从资本内在否定性的内在逻辑和外在表现来看，我们不得不说，阿锐基过于乐观了。他忽略了美国马克思主义学者威廉·I.罗宾逊在《全球资本主义论：跨国世界中的生产、阶级与国家》中所关注的全球资产阶级的大联合。这是一种超越民族国家的势力。新自由主义的意识形态不过是这种势力扩张自身的理论反映而已。这种联合不仅改变了《资本论》的语境，而且改变了《资本积累论》和《帝国主义论》的语境。

在《资本论》中，马克思期待的是《共产党宣言》中号召过的那种"全世界无产者"的国际联合。这种联合被第二国际的修正主义者破坏掉了。在《资本积累论》和《帝国主义论》中，卢森堡和列宁期待的是全世界无产者和被压迫民族的联合，这种联合被第三国际的大国沙文主义者破坏掉。在整个20世纪，对资本主义构成制约的，一是国际共产主义运动，特别是社会主义国家的外部压力，二是受到社会党影响的民族国家对资本主义进行社会治理的内部压力。遗憾的是，苏东社会主义的解体，使资本主义失去了外部压力；经济效率的降低迫使社会党放松管制，使资本主义失去了内部压力。尤其是包括中国在内的发展中国家大量引进外资，客观上使得发达国家降低税收，以便把资本留在国内，从而使全球资本获得了空前的主动权。

在这种背景下，已经进入小康社会的中国显然不能延续旧的发展思路。从热那亚到荷兰，再到英国和美国，经济霸权的转移都与全球资源和生态的容纳能力密切相关。中国既没有卢森堡所说的前资本主义经济水平国家作为资本输出和商品输出的目的地，也没有发达的、足以吸纳全球过剩资本的金融市场。唯一的出路是从使用价值生产和价值生产两种经济学的角度，来分析中国的实体经济与发达国家特别是美国的虚拟经济的力量对比，力图从生产力和生产关系两个方面全面超越传统发展模式的局限性。只有这样，才能在国际分工中占据主动。

马克思在《资本论》第三卷中曾经研究过虚拟资本。从生产关系经济学角度看，虚拟资本仅仅是资本的虚拟化。由于整个国际货币体系仍然建立在金属货币即抽象劳动的物化形态上，虚拟资本并未从根本上影响到资本主义的金融市场，反而对通常的所谓"物质资本"即从生产力经济学角度看的资本的发展有一种促进作用。但随着布雷顿森林体系的瓦解，随着美元与黄金脱钩、各国货币与美元脱钩，货币也被虚拟化了。这就为虚拟资本成长为虚拟经济、从而使金融市场空心化准备了前提条件。

因此，中国目前面对的，一方面是国内随着生产力的巨大发展所积累的使用价值的堆积，另一方面是在国际金融战争中所处的劣势地位。中国必须既通过经济结构转型、通过技术创新推进实体经济的发展，又通过金融创新推进虚拟经济的发展。只有在两条战线上都取得胜利，阿瑞基所期待的人类曙光才会显现。

这就需要我们同时既在生产关系经济学，又在生产力经济学上实现理论创新。

（作者系中国浦东干部学院副教授）

参考文献

郑异凡编《托洛茨基文选》，人民出版社，2010。

反思"新蒙昧主义"金融范式

——金融叙事属性背后的危机与不平等*

申唯正 李成彬

全球范围内无疆界的金融化浪潮，促使金融市场对一切权力进行重新分配。全球金融市场对国家经济体的牵制越来越多，而主权国家对金融市场的控制却越来越力不从心。随着苏联解体与东欧社会主义阵营的瓦解，许多人开始相信新自由主义的"华盛顿共识"，开始迷信美国金融范式，成为"新蒙昧主义①"者。但是，就在他们欢呼"美国模式"是"历史终结"、自由市场终于战胜政府权力管制的时候，2008年的金融危机及随后发生的一系列事件让人猛然警醒。它让我们意识到左右这个市场的并不是什么自由竞争的市场力量，而是货币金融体系中，处于权力之巅的三大金融叙事"核心组织"：美联储（美国联邦储备银行）、三大信用评级机构（穆迪、标准普尔和惠誉）和五大投资银行（高盛银行、美林银行、摩根士丹利、雷曼兄弟、贝尔斯登）。随着金融权力从自然属性逐渐向叙事属性转移，其中蕴含着越来越明显的不平等，隐藏着越来越重大的系统性风险。因此，破除金融叙事属性的谜魅，从历史根源和现实逻辑上认清其蕴含的危机与不平等，是我国寻求摆脱美国金融范式绑架，构建自主金融权力的第一步。

---

* 本文系上海财经大学研究生创新基金项目——中国期货市场的风险维度研究（项目编号2015110696）的成果。

① 向松祚：《新资本论：全球金融资本主义的兴起、危机与救赎》，中信出版社，2015，第548页。

一 金融叙事属性的历史起源：
"价值之锚"的衰落之路

黄金作为特殊的商品，具有适宜充当一般等价物的天然属性，正如马克思所言："金银天然不是货币，但货币天然是金银①"。在货币演进的历史上，黄金作为货币的价值之锚，被称为神奇的"黄金常数"②。因为其供给受到自然储量和冶炼生产技术的制约，黄金长期被公认为稳定货币供应量和通货膨胀水平的价值定在。它不受任何中央银行的操控，具有神话般的自然属性。工业革命以来，黄金逐渐被拉下"神坛"，失去了其作为"价值之锚"的地位。这也正是全球范围内的金融化之实质所在：金融权力的自然属性逐渐流失，叙事属性取而代之成为金融权力的本质特点。

金融叙事属性的历史起源依次经历了古典金本位阶段、准金本位制阶段和布雷顿森林体系解体阶段。①古典金本位阶段。在经历了与银本位的激烈竞争之后，金本位制终于成为主要货币之锚。尤其是在1870到1914年间的古典金本位，在货币史上具有独特地位。卡尔·波兰尼在《巨变——当代政治与经济的起源》一书中，提出了19世纪人类文明有四大制度：政治权力均衡制、国际金本位制、自律性市场体制、自由主义国家制，特别强调："在这些制度中，金本位制最具关键性。"③ 他认为，金本位制具有天生的神奇"魔力"，不仅能够自动约束各个政府的财政能力，防止纸币随意滥发，而且能够很好地调节全球范围内的资源配置与自由贸易，达成政治经济权力的均衡体系。②准金本位制阶段。因为金本位时代黄金供应量一直成为全球贸易蓬勃发展的障碍，缺乏弹性的特点，常常导致通货紧缩甚至经济衰退。第一次世界大战的爆发，使这个弊端彻底暴露出来，战争对大量赤字财政的需求，导致交战各国纷纷脱离金本位制。远离战争中心的美国借机一跃成为全球最大黄金储备国，美联储很快取代英格兰银行，开始掌控全球货币政策

---

① 《马克思恩格斯文集》第5卷，人民出版社，2009，第108页。
② 2012年美国国家经济研究所（NBER）两位学者Claude B. Erb和Campbell R. Harvey发表了《金色困境》研究报告，提出了"黄金常数"的概念，即通货膨胀是金价的基本决定因素。
③ 卡尔·波兰尼：《巨变——当代政治与经济的起源》，黄树民译，社会科学文献出版社，2013，第51页。

的导向。1929年华尔街股市大崩盘，接踵而来的是全球大萧条，带来的是以邻为壑的货币战争，更是国际货币体系的严重失衡。为应对乱局，布雷顿森林体系于1944年确立，其最重要的内容就是确定黄金和美元成为战后各国普遍接受的国际货币体系记账单位，各国的主要货币与美元挂钩，而美元与黄金锚定，形成了一个其他货币锚定美元，美元锚定黄金的准金本位制。③布雷顿森林体系解体阶段。1971年8月，布雷顿森林体系解体，从而宣告作为价值之锚的黄金最终走下"神坛"。解体的最突出原因是内耗和外需：内耗来自美国在"二战"之后连续卷入了朝鲜战争和越南战争，使得美国财政耗费巨大，美元的耗费就是对应黄金的减少；外需是随着战后全球经济的复苏和快速发展，各国储备货币需求量持续增加，然而布雷顿森林体系固定汇率制度使其受制于黄金总量。要么增加黄金产量，要么提高黄金价格的解决方法，都受限于布雷顿森林体系的边界条件。再加上一些经常账户盈余国的黄金挤兑，美国的黄金储备严重不足。尽管布雷顿森林体系存在的时间比较短，但仍被称作"人类货币历史上最稳定的时期"，为以美元为中心的完全信用货币金融体系诞生，奠定了良好的基础。

黄金经历了三次角色转变，完成了将至高无上的金融市场权力从自然属性到叙事属性的质变，将美元为核心的完全信用货币体系推向经济的最前沿，这是人类金融史上的一次伟大变革，也宣告了以储备货币为中心的完全信用货币时代、以金融叙事为中心的金融化时代的到来。

二 金融叙事属性的现实逻辑：三大"核心组织"

金融化时代的主要特征是信用货币。一切以信用为中心，其中信用价值的完美代表就是美元。全球金融体系的四大价格信号——汇率、利率、股市、大宗商品，决定了每个国家的资源配置、经济结构和财政政策。这四大价格信号跟多数基本经济变量一样都是相对主观变量，都来自于参与者的主观预期，反映着参与者的主观判断、心理预期乃至"动物精神"。而信用货币背后，是影响众多参与者预期的金融叙事体系。信用的升水、贴水完全受金融叙事的左右。其主要架构是处于金融权力之巅的三大金融叙事"核心组织"：美联储、三大信用评级机构和五大投资银行。三大核心组织"代理人"用他们个人好恶的意识流，编导整个金融市场的叙事景观。他们秉持自然发生论的"渗透效应"① 价值观,以双重标准主观干预和引导全球金融预期,从而导致经济社会一再走向危机。

(一)信用货币的缔造者——美国联邦储备银行

美联储的设立历程可谓曲折,在 1914 年美联储产生之前,美国建立中央银行的尝试超过百年。两次尝试都因为没有得到展期而中断,主要是由于经济学界对国家金融权力的过度集中存在不信任。直到后来,"确切地说,是在 1906 年旧金山地震的瓦砾堆和 1907 年大恐慌的金融废墟之上,人们开始齐心协力地建立一个新的中央银行"。② 从 1908 年到 1913 年经过多次的协商,《联邦储备法案》终被通过,于 1914 年 11 月生效。美联储不是一个单一的实体,而是地方性储备银行的联合体。在成立之初,美联储就成为全球货币金融体系的主要参与者。尽管当时英镑仍是主导货币,但是随着第一次世界大战的打响,英国被深度卷入战争,大批量黄金流入美国,带来了美国金融市场的空前繁荣景象。尽管 1929 年的股市大崩溃,让来美国的投资者铩羽而归,并引来全球经济的大萧条,但是,美元从此彻底替代了英镑。随后,布雷顿森林体系的建立使美元成为全球货币体系的本位货币。自此全球货币金融体系的权力传导路径是:美元作为主要储备货币的发行量和利率水平将决定着全球其他国家的货币利率及国债收益率。美联储实际上在用美国国家信用的金融叙事协调着全球经济运转,但美联储是一家主权货币央行,首要考虑的是其国内需求。受制于国内"弱不禁风的政治平衡",美联储并不像有些分析人士批评的那样,是一个滥印货币的中央银行,但是连续数十年的财政赤字积累,让美联储不得不加大印钞机的印钞速度。"美元货币供应量则取决于美国首都华盛顿特区宪法大道上那座著名神庙里 12 位'神父'的一念之差,尤其是取决于'神父'之首——美联储主席的个人判断和决策。③" 美联储基于过去线性数据的判断所制定的政策,带来的是金融叙事的预期效应。它将深刻影响全球市场投资者的主观判断、心理预期乃至感性冲动,从而主导了未来市场的预期走势。

---

① 《复旦大学国外马克思主义与国外思潮研究国家创新基地》,《国外马克思主义研究报告》2009,上海人民出版社,2009,第 211 页。
② 詹姆斯·里卡兹:《谁将主导世界货币?》,常世光译,中信出版社,2012,第 46 页。
③ 向松祚:《新资本论:全球金融资本主义的兴起、危机与救赎》,中信出版社,2015,第 35 页。

(二) 市场信心的掌控者——三大国际信用评级机构：穆迪、标准普尔和惠誉

完全信用货币时代市场信心决定一切。1975 年，美国证券交易委员会 SEC 认可穆迪、标准普尔、惠誉为合格评级组织（简称 NRSRO）。自此，全球三大评级机构掌握了金融市场信心的裁决权，在全球所有参加信用评级的银行和公司中，三家评级机构拥有着绝大部分的市场份额。国家和企业机构若要发行债券，信用评级越高，付出的利息就越低，融资能力就越强；反之，债券利息就越高，融资能力就越弱。"三大国际信用评级机构掌控了国际金融市场的命门，往往具有极强的威慑力，尤其是在关键时刻……谁能够决定一国主权债券的信用级别和债券市场的价格水平，谁就站到了整个金融市场乃至整个经济体系的权力之巅。"① 三大评级机构的评级模型是依据美国债券市场和资本市场的运作经验所构建的。多年来，三大评级机构只要有一家宣布某个国家的信用等级调降，该国就会陷入崩溃边缘。比如，1997 ~ 1998 年的亚洲金融危机期间，标准普尔对泰国的信用评级下调，同时对韩国的信用评级下调，就直接造成对这两个国家及亚洲地区的恶性冲击；2010 年，标准普尔将希腊的主权债务信用直降三个等级，并展望为负，致使希腊不足 3000 亿美元的债务带来全球股市数万亿美元的市值蒸发。从市场信心上讲，本已捉襟见肘的债务国经济，面对信用评级机构的落井下石，它们的经济状况将更加恶化，不利于问题的解决。三大评级机构若站在客观的立场上，评估并警告风险，担当经济的"温度计"角色，为全球投资者预估债务国的信用级别本无可厚非，问题是它们的信用评级常持有双重标准，有选择的充当市场不安情绪的"鼓风机"。尽管它们的参照标准是美国评估模式，但对美国信用评级却另眼相看。比如，2008 年金融危机期间，美国多家金融机构被政府接管，美国史无前例地三次 QE。连续数十年的巨大财政赤字不断积累，"截至 2013 年 3 月，美国联邦政府的债务总额已达到 16.8 万亿美元，净额为 12 万亿美元②"。如果世界上其他任何一个国家出现此种情况，信用评级早就大幅降低了，但是，直到 2010 年，标准普尔才唯一一

---

① 向松祚：《新资本论：全球金融资本主义的兴起、危机与救赎》，中信出版社，2015，第 101 页。
② 埃斯瓦尔·S. 普拉萨特：《即将爆发的货币战争》，刘寅龙译，新世界出版社，2015，第 41 页。

次下调美国主权信用评级,在多数时间仍然维持 AAA 的最高等级。另外,在资产抵押债券上,经他们授信的一些投资银行利用金融创新规则将很多较大风险的金融产品,通过交叉持有并精心包装后,就成为高等级甚至 AAA 级的金融评级债券,"相当多的次级抵押贷款都是被'AAA'评级粉饰过的有毒垃圾"。① 直到 2008 年美国次贷危机爆发,才被《纽约时报》爆出评级机构用"金钱魔术"所制造的惊天骗局。由此看出,掌握全球金融市场信用评级的三大机构,并不是客观的旁观者或者说公正的裁判,而是作为利益相关方深度介入债券发行之中。它们依靠金融权力地位在全球金融市场中牟利,暴露了金融权力被滥用的弊端。

(三) 金融叙事化的"编导者"——五大投行:高盛银行、美林银行、摩根士丹利银行、雷曼兄弟、贝尔斯登

投资银行是现代证券金融市场和现代企业制度的产物,是发达金融市场的重要组成部分,更是作为"人类追求自由意志的定在"②的金融创新的主要推动力量。投资银行不仅能够沟通资金供求、促成企业并购、达成产业集中和规模经济,也是发明创新金融衍生产品、提高市场杠杆效率、优化资源配置、资产证券化的践行者,更是金融化世界用金融叙事来制造市场神话的"编导者"。1933 年美国通过的《格拉斯-斯蒂格尔法案》,在商业银行和投资银行之间设立了一道"防火墙"。法案规定商业银行不得从事投资银行的业务,投资银行也不得从事商业银行的业务。摩根士丹利正是在此法案的影响下,从摩根财团分离出来的一家投资银行;美林是世界最著名的证券零售商和投资银行之一,也是全球最大的金融管理咨询公司之一;高盛集团是全世界历史最悠久、规模最大的投资银行之一;雷曼兄弟公司尽管在 2008 金融危机中因巨额债务破产,并成为美国建国以来规模最大的破产案例,但其曾经的光辉金融叙事并购案例仍令人称奇;贝尔斯登在 2008 年被低价收购,也曾是全球盈利最高的投资银行。自 20 世纪 80 年代起,随着美国商业银行不满足于低利润的银行零售业,开始向投资银行渗透。在它们的影响下,克林顿政府于 1999 年通过了《金融服务现代化法案》,从而废除了《格拉斯-斯蒂格尔法案》有关条款。这在法律上清除了银行、证券、保险

---

① 纳西姆·尼古拉斯·塔勒布:《反脆弱》,雨珂译,中信出版社,2014,第 336 页。
② 张雄:《金融化世界与精神世界的二律背反》,《中国社会科学》2016 年第 1 期。

机构在业务范围上的边界,其结果是商业银行大规模从事投资银行的活动。在众多投行对新型金融衍生品的低风险叙事渲染下,巨大的利润驱使美国混业经营的金融机构相互持有抵押贷款资产的次级债。这使得他们逐步陷入自导自演的金融灾难。尽管这些投行的"金融巨头们深信他们创造的不仅仅是利润,更是一种放之四海而皆准的新金融模式"①。2008年金融危机的爆发,让这五大金融叙事的编导者们自身也纷纷落入他们营造的"叙事陷阱"之中。高盛和摩根士丹利相继转型为商业银行,美林被美国银行并购,雷曼兄弟公司宣布破产,贝尔斯登被摩根大通收购。"美国式金融工程是全球最佳黄金准则的观点不攻自破。②"

三 金融叙事属性的弊端与超越路径

2008年金融危机证伪了"新蒙昧主义"所膜拜的西方完全自由放任的金融范式;美联储对"大而不倒"金融机构的救助显示了新自由主义的虚伪本质;"皮凯蒂作为资本主义制度的'体检医生'③"从技术向度"诊断"了追求经济利益最大化的发展模式。他在《21世纪资本论》中指出,这种模式只会带来"富者更富、贫者更贫"的社会危机。因此,美国自由主义的金融范式受到现实和理论层面的双重批判,已经显现出其在全球金融市场中人为制造的不平等和危机。三大"核心组织"通过金融叙事的逻辑对全球金融市场进行任性操作。首先,"代理人"以利己主义的出发点行使金融权力,必然带来深刻的不平等。在他们的心理天平上,一个地区或主权国家的金融稳定和经济繁荣抵不过他们私人的经济回报。在"核心组织"代理人那里,利己主义的原则并不是洛克所谓"开明的自利",而是完全舍弃了人性当中的社会化维度,陷进了私向化的单一向度。美国学者克莱顿、海因泽克认为:"基于利己主义原则的经济和政治体制是一种低级的劣等体制。……如果我们人类就是这样一种动物,为什么还要再用一种政治体制把我们变得比先

---

① 安德鲁·罗斯·索尔金:《大而不倒》,巴曙松等译,中国人民大学出版社,2010,第4页。
② 安德鲁·罗斯·索尔金:《大而不倒》,巴曙松等译,中国人民大学出版社,2010,第3页。
③ 申唯正、任瑞敏:《21世纪:资本的社会存在论追问——全国经济哲学研究会高层论坛述评》,《学术月刊》2015年第9期。

前更自私呢?①"就是说我们人类的政治体制只能是以追求整体性自由的经济共同体,而不是强化人性的利己主义倾向的经济共同体。其次,"代理人"以任性的操作行使缺乏有效制约的金融权力,隐含着深层次的系统性风险。当他们以金融叙事的方式将全球金融市场玩弄于股掌之间,对整体性的经济正义缺乏敬畏的时候,金融风险便成为常态。他们以超越常人的创新热情,不断地通过识变、应变、策变的升级,而认为制造"行情"。即便预计到风险的存在,多方博弈的最优选择也是无视风险,继续制造将全球金融市场推向悬崖的泡沫。

由于金融叙事的主体对经济正义缺乏敬畏,仅仅将金融风险视为牟利的"行情"必然带来巨大的不平等和风险。要克服金融叙事属性的根本缺陷,需要经济理性向政治理性升级,将个人的私向化动机和行为纳入社会化的框架之内。这需要理论和实践两方面的努力。①从理论上来说,马克思的政治经济学批判所导引的理论传统是认清金融叙事属性背后的资本逻辑的理论武器。马克思已然指出,资本主义制度自身是导不出经济正义的。"马克思曾把'政治经济学'表述为关于'市民社会的解剖学',而把'政治经济学批判'直接作为《资本论》的副题。"②《资本论》用市民社会的整体性特质分析与对资本逻辑的批判,表明了不同于西方经济学对政治与经济关系的立场。"其要义是追求经济的'政治与哲学的实现'。"③ 马克思的新政治经济学跟马克思唯物主义历史观是一体的,"没有唯物史观,政治经济学批判就会误入庸俗经济学的窠臼"④。"整个所谓世界历史不外是人通过人的劳动而诞生的过程,是自然界对人说来的生成过程。"⑤ 是马克思在研究了人类政治经济历史之后,对人类认识发展史的科学总结,它建立在现代科学和先进社会实践的基础上,并随着科学和实践的发展而不断丰富发展。我们必须看到,"对《资本论》的形而上学解读方式,才是马克思主义政治经济学理论

---

① 菲利普·克莱顿、贾斯廷·海因泽克:《有机马克思主义》,孟献丽等译,人民出版社,2015。
② 张雄:《政治经济学批判:追求经济的"政治和哲学实现"》,《中国社会科学》2015 年第 1 期。
③ 张雄:《政治经济学批判:追求经济的"政治和哲学实现"》,《中国社会科学》2015 年第 1 期。
④ 张雄:《政治经济学批判:追求经济的"政治和哲学实现"》,《中国社会科学》2015 年第 1 期。
⑤ 《马克思恩格斯文集》第 1 卷,人民出版社,2009,第 196 页。

长期处于被压抑状态的内在原因"①。马克思主义政治经济学让位于西方金融经济学量化，多数经济理论实践界人士只相信金融数量化和金融叙事化，而不相信社会整体性的公平正义价值观。从而，西方经济学统领了当代经济学，成为"新蒙昧主义"所崇尚的信条。②从实践上来看，金融领域的国际竞争当中，货币战争和金融战争中的发达国家不会自缚手脚。对于其缔造的不平等和风险操纵机器，我们只有在根本认清其逻辑的基础上，积极构筑我们自己的金融叙事话语权和全球金融市场操作力，从而形成有效的制约力量，以遏制美国金融范式无节制的吸金节奏。

结 语

我们解构"新蒙昧主义"所信奉的金融经济范式，并不是全盘否定美国金融模式，呼吁人们废弃金融生活范式，更不是否认美国建国200多年来取得巨大成功的宝贵经验，而是揭露真相，辨明存在着对人类整体主义精神偏离的美国模式的不可持续性。就如国内著名学者向松祚所写："将美国模式绝对化、简单化、抽象化，将美国模式不分条件地强加给所有国家，将美国模式神化为'人类普世价值、终极价值和最后统治方式'，以此为借口和幌子去侵占、抢夺、损害其他国家的根本利益，就是新蒙昧主义最赤裸和最极端的表现。"② 因此时代的发展需要我们还原真正的马克思政治经济学批判思想，认清美国金融范式中存在的金融资本内在否定性本质，才能立足中国实践，大力发展具有中国特色的社会主义市场经济，扬弃亚当·斯密的国富论走向人民财富论。

（申唯正系上海财经大学人文学院博士，李成彬系上海商学院商务经济学院讲师）

---

① 鲁品越：《〈资本论〉的真谛及其曲解》，《中国经济哲学评论·政治经济学批判专辑》，社会科学文献出版社，2016，第58页。
② 向松祚：《新资本论：全球金融资本主义的兴起、危机与救赎》，中信出版社，2015，第549页。

经济金融化导致资本主义生产关系的分层与断裂

王生升

2017年1月20日，特朗普入主白宫成为美国新总统后，一系列竞选口号被迅速付诸实施，包括废除奥巴马医保改革法案、宣布退出TPP、在美墨边境筑墙、出台"旅行禁令"等。在很多人看来，特朗普政府是美国民粹主义的产物，预示着美国经济向保守主义急转。这种看法将特朗普政府和此前的奥巴马政府视为对立的两极，忽视了美国经济发展中的内在规律和一般趋势，不仅无法解释特朗普政府上台的原因，也无法揭示其战略和政策的未来走向。

1. 美国的经济金融化趋势

1999年，美国的《金融服务现代化法案》在国会通过，以《格拉斯－斯蒂格尔茨法案》为标志的金融业分业经营和监管模式退出历史舞台，美国的经济金融化进程正式拉开帷幕。

这种经济金融化趋势，首先最直观地表现为金融利润占美国国内利润比重的变化。在1965~1980年间，金融利润占国内总利润的比重均值为17%，而2000~2015年间，该比重均值急剧上升为28.9%。与此形成鲜明对照的是，制造业利润比重急剧下降，1965~1980年间该比重均值为49.1%，到2000~2015年间降至20.9%。这种变化表明，金融资本已经取代工业资本成为主导美国经济的新力量。其次，还表现为加速恶化的美国经济产业空心化，这是一个硬币的两面。一国的对外商品和服务贸易状况，反映了该国产业部门在世界分工体系中的地位，产业空心化必然会导致对外商品和服务贸易的巨额逆差。从1965年到1980年，美国对外商品和服务贸易从 46.64 亿（美元）顺差变成 194.07 亿（美元）逆差，16 年的均值为 56.87 亿（美元）逆差。而从 2000 年到 2015 年，对外商品和服务贸易的逆差额从 4778 亿美元增加至 5399 亿美元，16 年间的逆差均值高达 5574 亿美元，是 1965～1980 年间的 98 倍。

美国经济的金融化趋势，是跨国资本在经济全球化进程中不断优化产业和地域布局的结果。经济全球化为跨国资本提供了更有利可图的产业和地域。以中国为代表的新兴市场国家成为这些资本实现价值增殖和积累的新空间。受此影响，美国产业资本持续外流，这导致美国经济的产业空心化程度不断加深。与此同时，跨国资本在金球范围内优化产业和地域布局，也必然要求更复杂，更全面的全球性金融服务，美国经济的金融化是满足这种全球性金融服务需求的产物。

美国经济的金融化趋势，还是资本主义积累和消费间对抗性矛盾不断累积的结果。经济全球化为资本积累提供了新的空间，但社会大众的真实消费能力却增长缓慢，这必然意味着全球范围内积累与消费间对抗性矛盾的加剧，由此导致不断恶化的生产过剩和资本过剩。伴随着经济金融化而涌现的各类金融衍生交易成为过剩资本的乐园，继起的资产泡沫引发的财富效应刺激了债务消费，这又暂时掩盖了生产过剩问题。因此，美国的经济金融化，客观上是应对资本主义生产过剩和资本过剩的重要缓冲器。

2. 特朗普政府是经济金融化的产物

经济金融化对美国的资本主义制度产生了深远影响，它造成了资本主义生产关系的分层与断裂。从事全球性金融服务和金融衍生交易，为美国金融资本提供了巨额利润，也让受雇的少数金融白领（金融部门雇员占私人经济部门总雇员的比重不到 7%）收入丰厚，金融部门的生产关系在总体上运行良好。但在其他部门，生产关系却面临着重重危机，这包括低迷的资本盈利率和萎缩的资本积累，以及受雇的社会大众面临收入增长停滞和高负债压力的困境。在 2000～2015 年间，美国国内非住宅固定资本投资增长率均值仅为 2.6%，还不到 1965～1980 年间 5.9% 的一半；而同期国内总债务占 GDP 的比重则高达 227%，较之 1965～1980 年间的 138% 翻了近一番。

2008 年国际金融危机暴露了美国经济金融化的消极后果，而奥巴马的 8 年执政却对此几乎完全无能为力。与危机前的 2007 年相比，2016 年的 4 项相关指标在恶化，这包括金融利润占国内总利润的比重由 22.2% 升至 29%，制造业利润占国内总利润的比重由 23.7% 降至 20.8%，国内非住宅固定资本投资增长率由 5.9% 降至 1%，国内总债务占 GDP 的比重由 230% 升至 277%。只有对外商品和服务贸易逆差由 7126 亿美元降至 5210 亿美元，但仍高于 2008~2015 年间 4611 亿美元的均值水平。

在 2016 年的美国大选中，经济金融化造就的绝大多数失意者，构成了支持特朗普竞选主张的群众基础。特朗普政府就是经济金融化背景下资本主义生产关系分层与断裂的历史产物。

3. 以"利润至上"原则引领美国经济

美国的经济金融化，是美国资本利用美元霸权建立国际竞争优势的必然选择，同时也是缓解经济全球化进程中生产过剩和资本过剩的必然结果。作为资本主义矛盾运动规律的历史产物，美国的经济金融化趋势不可逆转，美国金融资本的兴衰决定了美国经济的兴衰。这意味着，特朗普政府不仅不会采取金融抑制政策，反而会加强对美国金融资本的扶持力度，帮助其在国际金融市场竞争中攫取更大份额的剩余价值。

与此同时，经济金融化导致的资本主义生产关系的分层与断裂，从根本上威胁着资本主义制度的合理性。削弱经济金融化的消极后果，让其中的大多数失意者再次满意，必然会成为特朗普政府的工作重心，而提高产业资本盈利率、提高普通工薪阶层福利水平则是重中之重。

要同时提高美国的产业资本盈利率和普通工薪阶层的福利水平，只有一条途径，就是在世界经济体系中分得更大的蛋糕，要求改善美国产业部门的国际贸易条件。可以预见的是，美国将在国际贸易领域采取更为强硬的单边主义行动，综合运用其在金融、原油、军事等方面的优势，向贸易伙伴国施加压力，以达到上述目的。

（作者系清华大学社会科学学院经济学所副教授）

经济金融化行为的政治经济学分析
——一个演化博弈框架*

鲁春义　丁晓钦

一　引言

20世纪中后叶，资本主义国家开始推行新自由主义，从以往通过政府权力投入货币流量来实现扩大再生产的模式，转变为以金融自由化为特征的市场来创造货币流量支撑扩大再生产。于是，资本家热衷于通过创造金融产品以分割剩余价值，而不再通过生产商品、创造剩余价值来获得利润，从而出现了金融繁荣与生产萎缩的经济状况，最终导致了2008年蔓延多国的金融危机。然而，有关经济金融化的本质、影响乃至生成机制等方面的研究仍存在争议，尤其是西方经济学和马克思主义经济学的相关研究颇有不同。

西方主流经济学的金融化主要是指利用金融技术及金融工具的不断创新将实体资产置换为金融资产的过程（Blackburn，2006；Langley，2013）；而马克思主义的金融化是指金融资本对实体经济的支配，反映了经济中的生产关系，如股东权益在公司治理中地位不断上升（Lazonick和O'Sullivan，2000；Roberts，2006）以及金融参与者和金融机构的地位不断提高（Epstein，2005）。西方主流经济学的金融化理论主要关注宏观金融层面，探讨金融发展与经济发展的关系，认为金融是促进经济发展的必要前提与关键（Goldsmith，1969；Mckinnon，1973；Galbis，1977；Mathieson，1980；

---

* 本文系上海市哲学社会科学规划课题（项目号2015EJB003），国家社会科学基金项目（项目号10BJY102）研究成果。

Hellmann 等，2001）；而马克思主义的金融化理论主要关注生产分配领域，分析发达国家的金融繁荣所导致的生产萎缩和收入分配差距问题（Roberts，2006；Callinicos，2010），大多是对新自由主义观念的批判（Sweezy，1995，1997；Lazonick，2012；González 和 Sala，2013）。从本质上看，西方主流经济学的金融化理论植根于实证主义哲学体系之中，主要是从纯技术的角度分析宏观经济波动，但这种宏观模型无法分析各不同层次经济主体之间的相互关系；而马克思主义经济学指出了资本主义的本质，而且强调各经济主体之间的生产与分配关系。但是，当前马克思主义经济学有关金融化理论的研究主要关注宏观层面，缺乏从微观行为到宏观影响的机制分析。

鉴于此，本文首先分析金融化的本质及其特征，指出金融化的本质在于资本积累演变为资本脱离剩余价值的生产与交换而通过金融系统实现增殖的过程，金融化的特征主要表现为公司治理目标的股东利益最大化、利润来源渠道的金融主导化、金融体系自由化及其业务全面证券化、食利阶层经济力量权力化；其次，从行为选择的角度构建演化博弈模型来分析金融化过程中的经济关系，从而实现经济分析中微观基础与宏观总体的统一；最后，运用该模型系统而全面地分析经济主体对现实经济的作用机制以及影响。研究发现：现实中家庭的金融行为、非金融企业的金融化行为以及金融企业的金融化行为选择引起了这些群体间的动态经济关系转变，即非金融企业主要通过金融活动获取利润而且试图摆脱银行等金融企业的融资束缚，金融企业则关注中间业务和表外业务并将普通家庭纳入其体系使之成为新的利润源泉，而普通家庭则被动金融化并被迫接受强势经济主体的二次剥削。这些动态经济关系的转变与经济主体的分利技术密切相关：在既定假设下，当非金融主体只通过其资源保护行为影响金融主体的分利技术时，既可以促使一国经济走向新的稳定状态也可促使其走向崩溃；当非金融主体通过其资源保护行为和分利技术影响金融主体的分利技术时，经济可以实现演化稳定状态；如果改变既定假设，那么经济发展状态呈现崩溃性经济金融危机的可能性将增加。模型中所展示的各群体之间的矛盾关系表明，没有政府介入的自由市场必然因非金融企业或金融企业的霸权而陷入危机。本文的贡献主要体现在：①从政治经济学的视角来揭示经济金融化的本质与特征；②构建了一个包含异质性主体的非对称演化博弈模型来解释经济主体的行为选择与经济发展状态之间的对应关系。这有利于我们从经济主体微观行为的角度来理解经济危机的形成机制。

二 金融化的产生、特征和本质

马克思主义经济学没有专门研究不确定性，因此也就没有涉及风险问题。但是，《资本论》中有关剩余价值与资本积累的论述却蕴含了不确定性思想，而不确定性意味着风险，这就为金融系统的生成创造了空间。事实上，伴随着生产技术与管理水平的进步以及劳动者数量和素质的提高，绝对剩余价值与相对剩余价值的生产效率和规模都大幅度提高了，而社会资本的扩大再生产只有在剩余价值实现之后才能进行。但在市场经济中，剩余价值的实现存在很大风险，资本家要售出商品后才能实现剩余价值；即使商品售出去并获得了交换价值，但只有把这些用货币衡量的交换价值进行投资后才能实现资本积累。历史经验表明，金融系统是市场经济中保证剩余价值实现的有效机制。

当金融发展到不再为生产和实现剩余价值服务时，其运行方式将带来新的甚至更高的风险。资本脱离实体经济独立在金融系统中循环以分割剩余价值的现象就是金融化。它呈现以下几个特征：一是公司治理中股东利益最大化的价值导向呈现支配地位；二是资本获得利润的渠道逐渐从商品生产或贸易转移到了金融活动；三是资本市场规模及其作用越来越超过原有以银行为基础的金融制度；四是社会中专门食利的阶层拥有日益增长的政治与经济力量。那么，从政治经济学的角度来看，其为何会呈现这样的特征呢？

金融化是资本积累内在矛盾的进一步激化与拓展。从 20 世纪中后期开始，资本主义社会资本积累过程中不断出现经济滞涨、新经济泡沫等现象。以全球化为代表的"空间修复"模式和以信息革命为代表的"技术修复"模式，都难以缓解不断激化的资本积累矛盾，而以金融化为代表的"时间与空间修复"模式脱离了剩余价值生产领域以追求高额利润率而成为资本修复的新模式。显然，这种金融化模式的本质并没有脱离马克思主义政治经济学范畴。马克思指出："金银作为货币代表一种社会生产关系，不过这种关系采取了一种具有奇特的社会属性的自然物的形式。"[①] Hunt 在此基础上提出"资本的本质是一种社会关系，它以利息、利润和地租的形式给予资

---

① 引自马克思《资本论》第一卷，人民出版社，2004，第 101 页。

本家剥削的权力"①。那么金融资本作为资本的形式之一，其本质也是一种社会关系的体现。这种资本的价值增殖独立于生产过程，独立于使用价值和剩余价值的生产，也就独立于新价值创造。因此，金融化的本质在于资本积累变成了资本脱离剩余价值的生产与交换而通过金融系统实现增殖的过程，且这个过程通过经济主体间的金融关系表现出来。从微观上来看，金融化反映经济主体从生产行为向非生产行为变化的过程，即非金融企业主要通过金融活动获取利润，而且试图摆脱银行等金融企业的融资束缚，金融企业则关注中间业务和表外业务并将普通家庭纳入其体系使之成为新的利润源泉，而普通家庭则被动金融化并被迫接受强势经济主体的二次剥削；从宏观上来看，金融化反映了经济生产与分配方式的转变。

三 经济主体的金融化行为特征与演化博弈设定

（一）经济主体金融化过程中的行为特征

既然金融化反映了经济主体从生产行为向非生产行为变化的过程，那么从行为选择的角度来分析金融化问题，实现微观基础与宏观总体的统一，才能更系统而全面地理解其对现实经济的作用机制以及影响。

与西方主流经济学的假设不同，真实世界的经济主体具有现实主义、整体主义和有限理性等特征。因此，对当前社会经济的金融化现象的分析，要注意以下几点：其一是要注意对其历史背景和当前所处环境特点的分析；其二是要充分运用整体主义的方法论来分析金融化问题，如不能把经济主体都视为同质性的；其三是分析金融化问题时也必须指出经济主体行为特点是过程理性或有限理性的，正是这种有限理性容易引起经济危机。

由于演化博弈理论修正了西方主流经济学有关个人的完全理性假设，分析有限理性状态下个体与群体的行为及其相互关系，因此，可以引入含有上述特征的演化博弈模型来分析金融化现象及其影响。

---

① Hunt, E. X., "Marx as a Social Economist: The Labor Theory of Value", *Review of Social Economy*, 1979, 37 (3): 275–94.

（二）演化博弈在金融化分析中的框架设定

现实中，专门从事金融活动的经济主体擅长于分割价值，可以称为金融主体；另外一部分从事生产性活动的经济主体为社会创造财富和价值，统称为非金融主体。金融主体的各种经济活动影响着非金融主体的经济活动，而非金融主体的经济活动对这个社会经济系统产生更为重要的影响。具体来看，前者包括金融机构等金融企业，后者包括非金融企业以及普通家庭。

由于金融主体与非金融主体具有不同的市场势力，两者行为关系自然表现出演化博弈中的非对称博弈关系。演化博弈与有限理性行为的结合之处在于博弈参与者的某个策略类型所占其群体比例的动态变化，尤其是该动态变化的速度是首要关注的变量。如果博弈参与者采取第一种策略，其行为的动态变化速度可描述为：

$$dx/dt = x(u_1 - \bar{u}) = x(1-x)(u_1 - u_2) \tag{1}$$

可以把上述方程简记为 $F(x) = dx/dt$，从而可以用该式讨论参与者行为的演化稳定策略。时只需令 $F(x) = 0$，即可求出所有的参与者模仿的动态稳定状态，然后分析上述稳定状态的领域稳定性，从而得出演化稳定策略（ESS）。

根据研究需要，本文重点分析非金融主体与金融主体之间的非对称博弈关系及其产生的金融市场影响以及宏观经济影响。其中，分别以局部稳定性和系统稳定性衡量金融与经济系统发展方向，同时以实现这些稳定性的条件来分析这些经济主体之间的行为关系。

四　经济主体金融化行为演化博弈过程及其经济关系

（一）基本假设与模型的建立

为分析经济主体间金融化行为所形成的相互关系，及其可能实现的稳定社会经济状态，在此进行如下假设。

假设1：经济中有两类经济主体，非金融主体和金融主体。非金融主体可选择的策略为（参与投机，专注生产），金融主体可选择的策略为（从事投机，支持生产）。投机行为是对生产行为的一种分利，即分割生产而来的剩余价值。

假设2：在给定的经济环境中，非金融主体参与投机但并不会转变为金融主体，金融主体可支持生产但并不转变为非金融主体。

假设3：双方的策略过程基于有限理性的假设下进行，且每个主体可根据其他成员的策略选择，考虑其在自身群体中的相对适应性来选择和调整各自的策略。

假设4：参与投机的非金融主体比重占 x，则专注于生产的非金融主体比重为 $1-x$，定义大量非金融主体专注生产的社会为生产型社会，反之为投机型社会；从事投机活动的金融主体比重为 y，而支持生产的金融主体比重为 $1-y$。

本文用经济主体在其进行生产或金融化分利活动中所获得的收益作为其博弈决策的标准。可得如下博弈收益矩阵（如表1）。

表1　经济主体非对称博弈收益矩阵

非金融主体 ＼ 金融主体	从事金融化分利	支持生产
参与金融化分利	$A\theta_1, A\theta_2$	$A\theta_1, R$
专注生产	$\alpha A(1-\theta_2+f), \alpha A(\theta_2-f)$	$\beta A, \beta R$

其中，α 和 β 分别表示部分经济主体、全部经济主体从事生产活动时社会财富增长率。θ_1 与 θ_2 分别表示非金融主体和金融主体的分利技术，f 为经济主体用于保护生产的资源比例（鲁春义，2015），A 为社会中初始总禀赋，R 为金融主体正常收益（生产贷款利息收入）。当非金融主体与金融主体都进行金融化分利时，其获得的新收益取决于各自的分利技术 θ_1 与 θ_2，因此其收益分别为 $A\theta_1$ 与 $A\theta_2$；当非金融主体专注生产，而金融主体从事金融化分利活动时，金融主体收益来源于从生产中获得的收益即 $\alpha A(\theta_2-f)$，该部分取决于增加的产出 αA、金融主体分利技术 θ_2 以及非金融主体用于保护其资源的投入 f，剩余部分则归非金融主体所以即 $[\alpha A-\alpha A(\theta_2-f)]$；当非金融主体只进行金融化分利，而金融主体只支持生产的时候，非金融主体获利为 $A\theta_1$，金融主体获取其正常收入 R；当非金融主体专注生产，金融主体也专注生产时，其收益分别与生产率成正比即分别为 βA 和 βR。其中由于 α、β、A、R 等参数由外生决定，经济主体无法控制，所以视为既定参数，且 $R<A$。

首先推导非金融主体金融化行为方程,非金融主体的金融化分利所增加的收益为:

$$U_{11} = yA\theta_1 + (1-y)A\theta_1 \tag{2}$$

非金融主体的生产行为所增加的收益为:

$$U_{12} = y\alpha A(1-\theta_2+f) + (1-y)\beta A \tag{3}$$

则非金融主体的预期平均收益为:

$$U_1 = xU_{11} + (1-x)U_{12} \tag{4}$$

因此,非金融主体的金融化行为的动态复制方程为:

$$F(X) = dx/dt = x(U_{11} - U_1) = x(1-x)(U_{11} - U_{12})$$
$$= Ax(1-x)\{(\theta_1+\beta) - y[\alpha(1-\theta_2+f)+\beta]\} \tag{5}$$

接下来,推导金融主体的金融化行为的动态复制方程,金融主体从事分利行为所增加的收益为:

$$U_{21} = xA\theta_2 + (1-x)\alpha A(\theta_2 - f) \tag{6}$$

金融主体支持生产行为所增加的收益为:

$$U_{22} = xR + (1-x)\beta R \tag{7}$$

则金融主体的预期平均收益为:

$$U_2 = yU_{21} + (1-y)U_{22} \tag{8}$$

所以,金融主体的金融化行为的动态复制方程为:

$$F(y) = dy/dt = y(U_{21} - U_2) - y(1-y)(U_{21} - U_{22})$$
$$= y(1-y)\{x[\theta_2 A - R + \beta R - \alpha A(\theta_2 - f)] - [\beta R - \alpha A(\theta_2 - f)]\} \tag{9}$$

(二)经济主体的金融化行为演化稳定分析

1. 非金融主体的金融化行为演化稳定分析

根据演化稳定策略理论,$F(x)=0$ 时可以解得可能出现的平衡点,即 $x^*=0$(非金融主体都专注生产)和 $x^*=1$(非金融主体都参与投机),是两个可能的稳定状态点。非金融主体的演化行为选择取决于 y,其中 y^* 为分界点,且 $y^* = (\theta_1+\beta)/[\alpha(1-\theta_2+f)+\beta]$ 为分界点。令 $\mu = \alpha(1-$

θ_2+f),则 $y* = (\theta_1+\beta)/(\mu+\beta) = 1-(\mu-\theta_1)/(\mu+\beta)$,下面根据几个极端点分析非金融主体的金融化行为演化动态。

首先,当 $y = (\theta_1+\beta)/(\mu+\beta)$ 时,总有 $F(x)=0$,即当金融主体中完全从事金融化活动的比重为 $(\theta_1+\beta)/(\mu+\beta)$ 时,非金融主体选择参与金融化活动或生产活动所增加的收益是一样的。此时无论非金融主体中从事金融化活动的比重(x)是多少,金融主体和非金融主体都能够保持比较稳定的和谐关系,但这个稳定状态的位置由非金融主体的分利技术(θ_1)、生产收益率(μ)以及社会财富生产率(β)决定。当 $\theta_1>\mu$ 时,意味着分利技术带来的高收益超过生产行为,经济中从事投机行为的金融主体增加;当 $\mu>\theta_1$ 时,意味着分利技术带来的收益低于生产行为,经济中从事投机行为的金融主体减少。如图1(a)所示。

其次,$y<(\theta_1+\beta)/(\mu+\beta)$ 时,$F(0)-' >0$,$F(1)'<0$,所以 $x=1$ 为非金融主体的演化稳定策略。此式表明,当非金融主体的分利技术(θ_1)提高到一定程度或者生产收益率(μ)降低到一定程度,将导致 $y<y*$,即从事投机活动的金融主体比重低于稳定临界点。此时,如果要向稳定状态发展,那么越来越多的非金融主体会参与金融化活动,直至所有非金融主体参与投机性的金融化活动(即 $x=1$)。如图1(b)所示。

最后,当 $y>(\theta_1+\beta)/(\mu+\beta)$ 时,$F(0)'<0$,$F(1)'>0$,所以 $x=0$ 为非金融主体演化稳定策略。此式表明,当非金融主体的分利技术(θ_1)降低到一定程度或者生产收益率(μ)提高到一定程度,将导致 $y>y*$ 即(从事投机活动的金融主体比重高于稳定临界点)。此时,如果要向稳定状态发展,那么越来越多的非金融主体将从事生产性活动,直至所有非金融主体都从事生产性活动(即 $x=0$)。如图1(c)所示。

2. 金融主体的金融化行为演化稳定分析

同样根据演化稳定策略理论,$F(y)=0$ 时可以解得有可能出现的平衡点,即 $y^*=0$(金融主体都支持生产)和 $y^*=1$(金融主体都从事投机活动)是两个可能的稳定状态点。金融主体演化行为选择取决于 x,其中 x^* 为分界点,且 $x^*=[\beta R-\alpha A(\theta_2-f)]/[A\theta_2-R+\beta R-\alpha A(\theta_2-f)]$。令 $\omega=\beta R-\alpha A(\theta_2-f)$ 则 $x^*=\omega/[\omega-(R-A\theta_2)]$。

首先,当 $x=\omega/[\omega-(R-A\theta_2)]$ 时,$F(y)$ 始终为零,即当非金融主体从事投机行为的比重为 $\omega/[\omega-(R-A\theta_2)]$ 时,金融主体选择参与金融化活动或支持生产活动所增加的收益是一样的。此时无论金融主体中从事

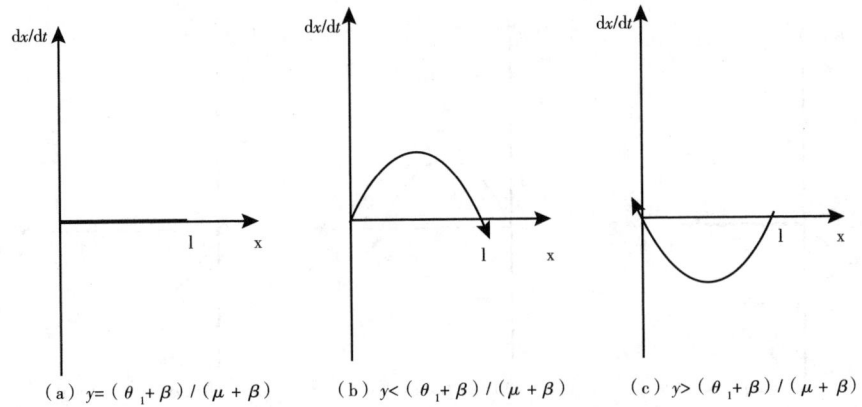

图 1　非金融主体金融化行为复制动态图

金融化活动的比重（y）是多少，金融主体和非金融主体都能够保持比较稳定的和谐关系，但是这个稳定状态的位置由金融主体专注生产的收益与金融主体进行金融化所分利益之差决定的。如图 2（a）所示。

其次，当 $x>\omega/[\omega-(R-A\theta_2)]$ 时，$F(0)'>0$，$F(1)'<0$，所以 $y=1$ 为金融主体的演化稳定策略。此式表明，当金融主体在生产型社会中的比较利差下降或者在投机型社会中的比较利差上升时，将导致 $x>x^*$，即从事投机活动的非金融主体比重高于稳定临界点。此时，如果要向稳定状态发展，那么越来越多的金融主体会参与金融化活动，直至所有金融主体参与投机性的金融化活动（当 $y=1$ 时）。如图 2（b）所示。

最后，当 $x<\omega/[\omega-(R-A\theta_2)]$ 时，$F(0)'<0$，$F(1)'>0$，所以 $y=0$ 为金融主体演化稳定策略。此式表明，当金融主体在生产型社会中的比较利差上升或者在投机型社会中的比较利差下降时，将导致 $x<x^*$，即从事投机活动的非金融主体比重低于稳定临界点。此时，如果要向稳定状态发展，那么越来越多的金融主体将专注于服务生产性经济活动，直至所有金融主体都专注于服务生产性经济活动（当 $y=0$ 时）。这说明当大多数非金融主体都在从事生产活动时，金融主体将通过支持非金融主体的生产活动获得较高收益，此时可以形成稳定的社会状态。如图 2（c）所示。

（三）经济主体金融化行为动态复制系统的稳定性分析

根据上述分析，金融化行为动态复制系统可表示为：

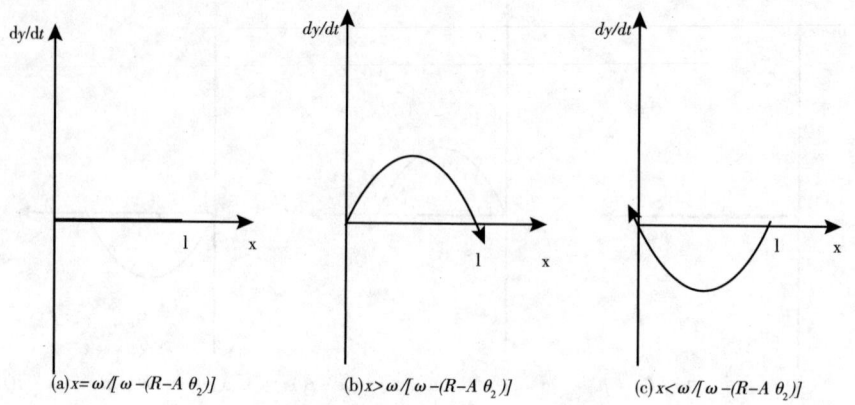

图2 金融主体金融化行为复制动态图

$$dx/dt = Ax(1-x)\{(\theta_1+\beta) - y[\alpha(1-\theta_2+f)+\beta]\} \quad (10)$$

$$dy/dt = y(1-y)\{x[\theta_2 A - R + \beta R - \alpha A(\theta_2-f)] - [\beta R - \alpha A(\theta_2-f)]\} \quad (11)$$

在此系统中讨论演化稳定策略时,令 $F(x)=0$ 和 $F(y)=0$,可以解出有五个平衡点,分别为 $E_1(0,0)$、$E_2(0,1)$、$E_3(1,0)$、$E_4(1,1)$ 和 $E_5\{[\beta R - \alpha A(\theta_2-f)]/[\theta_2 A - R + \beta R - \alpha A(\theta_2-f)],(\theta_1+\beta)/[\alpha(1-\theta_2+f)+\beta]\}$。由演化博弈理论可知,演化均衡指的是动态复制系统的平衡点对应的策略组合。由微分方程稳定定理可知,通过建立雅可比矩阵进行局部稳定分析可得出结果。设矩阵 J 为动态复制系统的雅可比矩阵:

$$J = \begin{vmatrix} \frac{\partial F(x)}{\partial x} & \frac{\partial F(x)}{\partial y} \\ \frac{\partial F(y)}{\partial x} & \frac{\partial F(y)}{\partial y} \end{vmatrix}$$

$$= \begin{vmatrix} A(1-2x)\{(\theta_1+\beta)-y[\alpha(1-\theta_2+f)+\beta]\} & -Ax(1-x)[\alpha(1-\theta_2+f)+\beta] \\ y(1-y)[\theta_2 A - R + \beta R - \alpha A(\theta_2-f)] & (1-2y)\{x(\theta_2 A - R) - (1-x)[\beta R - \alpha A(\theta_2-f)]\} \end{vmatrix}$$

那么,行列式的值和迹分别表示为:

$$Det(J) = [\partial F(x)/\partial x][\partial F(y)/\partial y] - [\partial F(x)/\partial y][\partial F(y)/\partial x] \quad (12)$$

$$Tr(J) = \partial F(x)/\partial x + \partial F(y)/\partial y \quad (13)$$

在局部稳定状态分析中,非金融主体金融化行为与其分利技术(θ_1)、生产收益率(μ)以及社会财富生产率(β)密切相关,而金融主体的金融化行为与由其分利技术(θ_2)、非金融主体资源保护率(f)以及社会财富生产率（α）等所决定的比较利差密切相关。通过雅可比矩阵，可将各局部稳定状态进行对比，从而得到系统性稳定状态。经计算可知，金融主体的分利技术（θ_2）变化直接影响其他各经济变量的变化，从而引起社会经济的动态变化以及稳定状态的位移。金融主体分利技术（θ_2）在不同范围变动分别对应着不同的经济状态，其变动范围有 4 个区间。区间 1 为（0，$M+\alpha f/$（$1-\alpha$）），区间 2 为（$M+\alpha f/$（$1-\alpha$），$N+f$），区间 3 为（$N+f$，（$\alpha-\theta_1$）$/\alpha+f$）区间 4 为（（$\alpha-\theta_1$）$/\alpha+f$，1）。其中，$M=R$（$1-\beta$）$/$［A（$1-\alpha$）］，$N=\beta R/$（αA），而 α、β、A 和 R 等参数为外生决定。那么，这 4 个区间分别由非金融主体用于保护其资源的投入（f）和非金融主体的分利技术（θ_1）所内生决定。如果将非金融主体行为表示为 $\Phi=\varphi$（f，θ_1），那么经济状态区间可以加以简化：区间 1 为（0，Φ_1），区间 2 为（Φ_1，Φ_2），区间 3 为（Φ_2，Φ_3），区间 4 为（Φ_3，1）。其中，$\Phi_1=\varphi_1$（f，0）$=M+\alpha f/$（$1-\alpha$），表示非金融主体行为由其用于保护资源的投入（f）决定，同时以社会财富增长率（反映社会生产率）衡量的系数变动 $\alpha f/$（$1-\alpha$）能增强或削弱 f 的影响程度；$\Phi_2=\varphi_2$（f，0）$=N+f$，表示非金融主体行为由其用于保护资源的投入（f）决定，其系数为常数 1，即社会财富增长率对 f 的强度和方向都没有影响；$\Phi_3=\varphi_3$（f，θ_1）$=$（$\alpha-\theta_1$）$/\alpha+f$，表示非金融主体行为由其分利技术（θ_1）和用于保护资源的投入（f）共同决定。

因此，经济状态取决于金融主体与非金融主体之间的相互关系，其中非金融主体行为起主导性作用。在经济状态 1 和经济状态 2 中，非金融主体通过其资源保护行为（f）影响金融主体的分利技术（θ_2），进而影响经济发展状态；在经济状态 3 和经济状态 4 中，非金融主体通过其资源保护行为（f）和分利技术（θ_1）影响金融主体的分利技术（θ_2），进而影响经济发展状态。具体来看，整个经济可能呈现如下几种状态（各状态及条件如表 2 所示）。

（1）当金融主体的分利技术系数（θ_2）在区间 1 时，E_1（1，0）为演化稳定状态。也就是说，在经济主体为保护生产所支付的资源（f）给定的前提下，此时社会中非金融主体和金融主体最终会形成（参与金融化分利，支持生产）的稳定状态。而当经济主体为保护生产所支付的资源（f）增加时，为保持稳定状态，θ_2 自然也会提高。如果金融主体分利技术（θ_2）给定，那么经济主体为保护生产所支付的资源（f）将会小于 R（$1-\beta$）$/$（αA）$+$（$\alpha-1$）θ_2/α。显然，如果 θ_2 提高，为保持稳定状态，f 自然也会提高。由此可以看到，金融主体的分利技术和非金融主体为保护生产所支付的资源决定了经济中最后的稳定状态。

（2）当金融主体的分利技术系数（θ_2）在区间2时，上述各局部均衡点都不是演化稳定点，所以此时没有演化稳定策略。也就是说，如果金融化主体的分利技术（θ_2）在这个范围里，社会不会形成演化稳定策略。此时非金融主体和金融主体可能选择（专注生产，支持生产）的策略，也可能选择其他策略，但不会形成持久的稳定状态。

（3）当金融主体的分利技术系数（θ_2）在区间3时，E_3（0，1）是演化稳定策略。也就是说，在经济主体为保护生产所支付的资源（f）给定的前提下，此时社会中非金融主体和金融主体最终会形成（专注生产，从事金融化分利）的稳定状态。而当经济主体为保护生产所支付的资源（f）增加时，为保持稳定状态，θ_2 自然也会提高；当非金融主体分利技术（θ_1）提高时，为保持稳定状态，θ_2 就会降低。如果金融主体的分利技术（θ_2）给定，那么经济主体为保护生产所支付的资源（f）在（$(\alpha\theta_2 - \alpha + \theta_1)/\alpha$，$(\alpha A\theta_2 - \beta R)/(\alpha A)$）范围内。因此，无论是 θ_2 或 θ_1 提高，为保持稳定状态，f 都会提高。

（4）当金融主体的分利技术系数（θ_2）在区间4时，E_4（1，1）为演化稳定状态。也就是说，在经济主体为保护生产所支付的资源（f）给定的前提下，此时社会中非金融主体和金融主体最终会形成（参与金融化分利，从事金融化分利）的稳定状态。而当经济主体为保护生产所支付的资源（f）增加时，为保持稳定状态，θ_2 自然也会提高；当非金融主体的分利技术（θ_1）提高时，为保持稳定状态，θ_2 就会降低。如果金融主体的分利技术 θ_2 给定，那么经济主体为保护生产所支付的资源（f）将大于 $(\alpha\theta_2 - \alpha + \theta_1)/\alpha$。因此，无论是 θ_2 或 θ_1 提高，为保持稳定状态，f 都会提高。

表2　雅克比矩阵行列式与迹符号分析

局部均衡点	$De(J)$ 的符号	$Tr(J)$ 的符号	稳定性	条件
E_1（1，0）	+	−	ESS	$0 < \theta_2 < R(1-\beta)/[A(1-\alpha)] + \alpha f/(1-\alpha)$
	−	+/−	鞍点	其他条件
E_2（0，0）	+	+	不稳定	任意条件

续表

局部均衡点	$De(J)$ 的符号	$Tr(J)$ 的符号	稳定性	条件
$E_3(0,1)$	+	−	ESS	$\beta R/(\alpha A) + f < \theta_2 < (\alpha - \theta_1)/\alpha + f$
	−	+/−	鞍点	其他条件
$E_4(1,1)$	+	−	ESS	$(\alpha - \theta_1)/\alpha + f < \theta_2 < 1$
	−	+/−	鞍点	其他条件
E_5	+/−	0	鞍点	任意条件

从上述稳定演化策略可以发现:

金融主体的分利技术 (θ_2) 与非金融主体用于保护生产的资源 (f) 以及非金融主体的分析技术 (θ_1) 密切相关。每一个 θ_2 的取值范围都受到 f 或者 θ_1 的影响,因此非金融主体可以通过提高或降低 f 与金融主体分利行为进行对抗,最终有可能达到某个演化稳定状态。

其次,上述结论的前提假设是 $0 < \alpha < \beta$,即社会财富不断增长,所以可能出现 E_4 (参与金融化分利,从事金融化分利) 策略的演化均衡状态。一旦不具备该条件,上述演化稳定策略就不再成立,$\beta R/(\alpha A)$ 与 $R(1-\beta)/[A(1-\alpha)]$ 将会发生变化。现实中,当社会财富不再增长,E_4 的稳定状况将变为不稳定。如果非金融主体和金融主体都专注于金融化分利活动,那么社会财富将不用增长;此时如果金融主体分利技术 θ_2 还在不断提高,达到一定程度将突破稳定状态,甚至导致金融危机与经济崩溃。

最后,本文设定的参数关系 $\theta_1 < \theta_2$、$\theta_1 < (\alpha A - \beta R)/A$,并不意味着现实中也一定保持这种关系。实际上,由于生产集中的结果,当非金融主体形成垄断后,具备强有力的市场势力,其分利程度可能会超过金融主体,也可能直接成为金融主体,专注于金融化分利活动。这就更直接的打破现有稳定状态,现有稳定状态的打破必将伴随着风险和危机,为经济社会发展埋下隐患。

所以可以通过上述演化博弈模型,分析各经济主体向稳定状态发展的行为,并在该过程中看到他们之间的相互关系,洞察其围绕某个关键因素相互影响或对抗的动态过程;也可以通过分析演化稳定状态的形成条件,来发现可能的打破稳定状态的因素,从而深入理解金融或经济危机的形成机制。

五　理解金融化现实：经济关系生成机制及其影响

既然不能简单地把金融危机原因归结为政策失误、监管不力等原因，那么要如何从经济主体行为关系中理解危机的原因呢？本部分结合上述模型分析各经济主体金融化行为及其现实影响。现实中经济主体的金融化行为主要表现为譬如非金融企业倾向于将资源和生产资本转向金融业务；金融机构倾向于将贷款贷给金融服务业等非生产性行业；而普通家户则是被动的被纳入金融体系。随着强势经济主体分利技术的提高，这些经济主体相互关系最终呈现为：其他经济主体都依赖于金融体系，金融体系可以支配所有其他经济主体；这样能够影响或支配金融的主体，就获得最大的权力，就能够直接或间接影响和支配其他经济主体。而过度依附于金融体系的后果是，一旦风险积聚到一定程度危机发生，将产生连锁反应，导致长久经济困境。譬如以个人金融债务体系为特征的美国金融化，以政府金融债务体系为特征的冰岛、荷兰等欧洲国家金融化。

（一）非金融企业的金融化行为方式及其经济关系

资本寻求增殖与积累以实现扩大再生产是维持人类繁衍和社会发展的基础，因此，资本的增殖与积累是手段，而扩大再生产是目的；但是，经济主体从自身利益出发，反而将扩大再生产当作手段，把追求资本增殖与积累成为目的。因此经济主体的生产行为正如马克思所讲"生产过程只是为了赚钱而不可缺少的中间环节，只是为了赚钱而必须干的倒霉事"（因此，一切资本主义生产方式的国家，都企图不用生产过程做媒介赚钱。）[①]。于是，本来用于扩大再生产的资本积累变成了资本脱离剩余价值的生产与交换而通过金融系统实现增殖的过程，而增殖后的资本将不再投入用以扩大再生产。

从模型可以看到，在生产型社会中，非金融企业可以选择维护生产从而支付 f 的成本，这样可以实现全社会的扩大再生产，增加社会财富。但当经济发展到一定程度（比如资本有机构成提高，平均利润率下降），或分利技术 θ_1 的提高，非金融企业通过分利的方式获利远超其生产所获收益，那么其将开始参与金融化分利活动，不断提高 θ_1 水平。具体的，可从现实中非

---

① 引自《资本论》第 2 卷，人民出版社，2004，第 67~68 页。

金融企业的三个转变理解其是如何一步步走向金融化的。

首先,是企业治理理念的转变。非金融企业的发展目标,从之前强调多元化目标(企业财富、股东价值和社会责任等)逐渐转变为集中于股东价值最大化目标。此时,股利分红以及股权出售获利成为企业关注的最主要指标,这带来了两个方面的影响:一方面,股东价值的增长意味着资本存量的减少,从而抑制了生产投资活动;另一方面,为提高股东价值,企业选择增加金融资产和负债,从而助长了金融投机活动。这种背景下,企业管理者也容易受到股东的股票期权激励,企业股东和企业管理者开始结盟成为利益共同体。美国以及其他经济合作与发展组织成员国的公司管理者都在运用机构投资者的规制重新设计其薪酬,这种基于公司利润和股票市场估值的薪酬体系,极大地提高了首席执行官除工资以外的收入。

其次,是企业业务模式的转变。在既定约束下,企业甚至可通过调整其资产结构以实现盈利,这取决于其金融资产收益率与负债成本之间的关系。随着技术的进步,快速增加的金融资产流动性提高了企业的金融资产收益率,多样且便利的融资渠道降低了企业负债成本。此时企业无须生产实际消费品就能获得高利润。一种方式是公司或企业集团在其内部或相互关联的企业之间开通业务结算中心,甚至直接建立金融公司。比如在母公司内部运作的摩托罗拉财务公司、福特汽车信贷公司等,以及在外部运作的通用电器财务公司等。据统计,2007~2009年次贷危机前夕,美国非金融企业所设立的财务公司,其经营的金融业务范围甚至已经超过银行等金融机构的业务范围。另一种方式是公司企业通过相互担保的方式进行融资,从而摆脱银行金融机构对其资金的限制。这些融资所获资金用来进行金融投资,比如进入股市、期货市场以及外汇市场等进行交易,以在短期内获取超过商品交易的利润。

最后,是企业积累结构的转变。新自由主义对自由市场的推崇,使得企业面临的市场需求具有更大的不确定性,这种不确定性导致企业在战略决策中设法规避长期的固定资本投资,取而代之的是能在短期获得收益的金融投资。这些生产性的长期固定资本投资是社会扩大再生产的基础,而对金融资产持有量的增加则大大降低了企业的资本存量。

因此,非金融企业的金融化行为,是其摆脱银行等金融机构的过程,是股东获得更高利润、管理者获得更高收入、工人工资进一步被压缩的过程;这个过程中,企业股东与企业管理者联合成为利益共同体,非金融企业与银行关系不再紧密,而企业主与工人的矛盾不断恶化。

(二) 金融企业的金融化行为方式及其经济关系

人类从最初的简单协作发展到社会分工的过程中,不断积累的经济剩余是促进其交换、消费(劳动力再生产)以及扩大再生产的基础,在此过程中产生并不断强化的私有化制度又一次次推动了社会分工程度的提高,直至金融行业从一般商业中独立出来专门从事资本交换活动,为资本的运行开辟了新的渠道。此时,金融系统的资本交换活动,通过吸收过剩资本担当资本"蓄水池",为非金融企业提供融资渠道,使企业能够不受自身资本积累限制而扩大再生产,为实体经济服务,开拓资本扩张空间。然而当实体经济利润率下降,难以满足企业资本增殖要求时,金融系统的资产证券化为资本提供了分割未来剩余价值的渠道。这种引入未来剩余价值的"证券化",这些渠道形成了经济中的"财富效应",刺激了消费并引致投资增长,带来了暂时的经济增长,于是各种金融企业都开始尝试这种业务。以商业银行为代表的金融企业,在市场竞争的客观环境中以及政府政策的支持下,其通过经营对象以及业务模式等方面的创新提高分利技术 θ_2,实现其对剩余价值以及超额剩余价值的追求。具有这主要体现为两个方面。

一是其经营对象的转变,从之前的为企业提供发展资金转变为向普通家户提供各类金融服务,主要目的是拓展其利润来源。新自由主义的政策减少了住房、养老、教育等公共支出,使得普通家庭不得不从银行寻求资金帮助,而且普通家户的储蓄也被政府引入金融体系,比如养老金入股市、个人持股计划等。

二是业务模式的转变,从之前的从事单一存贷业务转变为经营各种中间业务和表外业务等。一方面,从以贷款获得利息的经营业务调整为以参与各种证券业务获取相关费用为主的业务。它们按照相应的标准将不同的基础性资产进行分类,同时按照一定的方法将这些基础性资产进行重新组合,这就形成了比如美国商业银行的担保债务凭证等类似的金融创新产品。商业银行开始利用其创新的衍生工具赚取高额利润,基本上脱离了其支持实体经济发展的本职功能。另一方面,已经金融化的非金融企业,越来越多地从事兼并与收购等非生产性经济活动,而这些投资银行的业务也成为原来商业银行主要业务。

(三) 普通家庭被动金融化行为及其与其他主体的关系

这里的普通家庭是指在社会生产中提供工人以及劳动的家庭。前面没有专门讨论普通家庭,是因为普通家户的金融化行为是被动的。这种被动性主要源于两个方面。①当资本利润率下降时,非金融企业减少了实体投资,金融企业开始设法从普通家户赚取利润,其后果是普通家户的债务及金融资产比重不断增加。②普通家户的失业或工资下降,使其必须透支未来剩余价值以信用贷款的方式满足劳动力再生产的刚性需求,如住房抵押贷款等。这种被动的金融化带来两个方面的影响。

首先,普通家庭的收入被纳入金融体系后,将从货币形式变成生息资本或者在资本市场以证券化的方式变成虚拟资本,将不再参与实体经济生产,而是在虚拟经济系统内不断增值和膨胀,积累金融风险。

其次,当普通家户被纳入金融体系后,其负债率以及金融资产比重逐渐增加,一旦发生金融危机,就成金融损失的转移对象,将是危机中最后和最大的受害者。

因此,普通家户作为劳动力的来源,其被动金融化本质上是在生产领域被一次剥削之后在金融领域被二次剥削。

(四) 经济主体金融化行为的现实影响

根据上述金融化经济关系的生成机制,结合现实的经济背景,可以看到经济主体的金融化行为主要有以下几个方面的现实影响。

首先,经济主体的金融化行为促进了经济主体自身的发展。当从事金融化行为的投资主体达到一定程度后,就会出现一部分跟随模仿者,这种跟随模仿的策略(羊群行为)容易带来金融动荡和经济风险。但在现实的市场经济中,经济主体会主动采取改变融资方式的金融化行为规避这种风险。一方面,新的金融化融资方式通过股票、债券等金融工具将利息、股息和利润等未来才能获得的收入转变成可直接进行交易的资产;另一方面,金融化行为给非金融企业提供新的投资渠道,即除了生产之外还可选择在金融领域进行投资。

其次,金融主体的分利行为与非金融主体的生产行为经常呈现对立的经济关系并容易被激化。在现实的经济活动中,虽然在经济发展初期非金融企业与金融企业互相依赖并共同发展,但是经济发展到一定程度后,非金融企业与金融企业经常呈现对立的经济关系,20世纪80年代以来主要资本主义国家都处于这种状态。发达资本主义国家的金融企业发达,利用其先进的金融技术分割剩余价值,使得金融的利润率几倍甚至几十倍于生产利润率,而非金融企业却因承担创造社会财富的历史责任而举步维艰。

最后,没有政府介入的自由市场必然因非金融企业或金融企业的霸权导致矛盾激化而陷入危机。根据模型分析可知,一旦非金融企业通过金融化积累了大量剩余价值并熟练掌握了金融技术、渠道以及经营管理经验之后,其分利程度可能会超过金融主体[条件 $\theta_1 < \theta_2$ 与 $\theta_1 < (\alpha A - \beta R)/A$ 不再成立],也可能直接成为金融主体,专注于金融化分利活动,这就直接打破原有稳定状态导致金融乃至经济陷入危机状态。

六 结论与启示

本文从经济主体微观行为的角度,利用演化博弈方法构建了金融化作用机制的系统分析框架,并分析了现实经济中的金融化现象及其后果。研究表明:首先,经济主体间的经济关系演变推动了全社会的经济金融化乃至金融危机,即非金融企业主要通过金融活动获取利润且试图摆脱银行等金融企业的融资束缚,金融企业则关注中间业务和表外业务并将普通家庭纳入其体系使之成为新的利润源泉,而普通家庭则被动金融化并被迫接受强势经济主体的二次剥削。其次,经济发展状态取决于金融主体与非金融主体之间的相互关系,而非金融主体行为起主导性作用,非金融主体通过其分利技术和保护行为影响金融主体的行为,进而影响经济稳定状态。最后,经济主体的金融化行为主要有三个层面的影响:一是经济主体金融化行为促进经济主体自身的发展;二是金融主体的分利行为与非金融主体的生产行为经常呈现对立的经济关系并容易被激化;三是没有政府介入的自由市场必然因非金融企业或金融企业的霸权导致矛盾激化而陷入危机。

因此,在经济金融化背景下,政府应当积极介入并疏导金融与经济之间的关系。短期来看,为应对中国当前股票市场以及房地产市场的投机行为,可以通过提高劳动报酬率以及社会保障来降低普通家庭的投机行为,通过降低企业融资成本、加大创新补贴力度来降低非金融企业的投机行为,通过约束金融企业的业务范围来引导其投资方向,减少金融企业的金融化分利行为。长期来看,需要构建基于马克思主义经济理论的按劳分配体制,这样才能从根本上解决资本积累的矛盾。

当然,由于本文只是将政治经济学思想与演化博弈方法结合起来的初步研究,因此只构建了包含两类经济主体(非金融主体与金融主体)的分析框架。为了使分析框架更具解释力并符合现实,可进一步构建包括金融企业、非金融企业、行业组织、居民和政府等五类经济主体的演化博弈框架,并在此多重博弈框架下进行经济金融化行为的政治经济学分析。

(鲁春义系上海立信会计学院金融学院讲师,复旦大学经济学院博士后;丁晓钦系上海财经大学马克思主义学院副教授)

参考文献

马慎萧:《资本主义"金融化转型"是如何发生的?——解释金融化转型机制的四种研究视角》,《教学与研究》2016年第3期。

肖斌:《金融化进程中的资本主义经济运行透视》,西南财经大学博士学位论文,2013。

希法亭:《金融资本》,福民等译,商务印书馆,1994。

Beck, T., Demirguc-Kunt, A., Laeven, L. and Levine, R. "Finance, firm size and growth". *Journal of Money, Credit and Banking*, 2008, 40, (7): 1379–1405.

Costas Lapavitsas. "Theorizing financialization. Work Employment &Society". *Work, Employment & Society*, 2011, 25 (4), 611–626.

Hunt, E. X. "Marx as a social economist: The labor theory of value". *Review of Social Economy*, 1979, 37 (3): 275–94.

Jeanneney, S. G., Kpodar, K. "Financial development, financial instability and poverty", Working Paper, No. CSAE WPS, 2011.

Krippner, G. R. *Capitalizing on Crisis: The Political Origins of the Rise of Finance*. Cambridge, MA: Harvard University Press, 2011.

Levine, R, Y. Rubinstein. "Liberty for more: Finance and educational opportunities", NBER Working Paper, No. 19380, 2013.

Palley, T. "Financialization: What is it and why it matters", Political Economy Research Institute Working Paper, No. 153, 2007.

William Lazonick, Mary O'Sullivan. "Maximizing shareholder value: A new ideology for corporate governance", *Economy and Society*. 2000, 29 (1): 13–35.

金融化与利润率的政治经济学研究

孟 捷　李亚伟　唐毅南

一　引言

在新自由主义时代，金融资本的崛起和资本积累的金融化成为发达资本主义经济中引人注目的现象。① 在现有文献中对金融化并没有达成一个普遍认同的定义。美国学者爱泼斯坦的定义是最为宽泛的，根据他的界定，"金融化是指金融动机、金融市场、金融当事人和金融机构在国内外经济运行中的作用不断上升"。② 在以美国为代表的发达资本主义国家，经济重心在过去数十年间出现了由生产向金融的长期结构性转向。1980~2007 年，以 2007 年美元价值计算的全球金融资产存量（含以下四类构成：股本、公共和私人债券、银行储蓄）增加了 8 倍，即从 26.6 万亿美元增加到 241 万亿美元。

在国外马克思主义者中间，以哈里·马格多夫、斯威齐等人为代表的"垄断资本学派"较早注意到了金融化这一新现象，并从 20 世纪 70 年代起

---

① 据美国学者福斯特等人的意见，"金融化"一词的使用在很大程度上要归功于美国学者凯文·菲利普斯（Kevin Phillips），他在 1993 年出版的《沸点》（*Boiling Point*）一书中首次使用了这一术语。一年后，菲利普斯在《傲慢的资本》（*Arrogant Capital*）一书中专辟一章讨论"美国的金融化"（Financialization of America），并将"金融化"定义为"彼此相异的实际经济与金融经济的持久分离"。参见 J. B. Foster & F. Magdoff（2009），"The Financialization of Capitalism"，*The Great Financial Crisis*，Monthly Review Press，p. 148。

② G. A. Epstein，"Introduction"，G. A. Epstein（ed），*Financialization and the World Economy*，Edward Elgar，2005。

对此开展了一系列分析。垄断资本学派对金融化的分析是从其基本理论出发的。依照他们的理论,垄断资本主义阶段的核心矛盾是如何吸收由垄断大企业生产出来的大量剩余。在斯威齐等人看来,技术革命、军备经济等等,都是吸收这一剩余的重要途径。在步入新自由主义阶段后,金融化转而成为吸收上述剩余的一种新途径。在一篇写于1994年的文章中,斯威齐回顾了自20世纪70年代以来美国资本主义的发展,他指出,从资本家的意愿来看,所有利润都应用于投资;但是,发达资本主义经济内在的需求约束以及产能过剩的趋势,使资本家对于在实际经济中进行投资望而却步。那么,他们究竟该如何使用堆积如山的利润呢?"回头来看,答案似乎是明显的:他们应该投资于金融,而非实际的生产性资产。我认为,这正是20世纪70年代的危机使经济再度陷于停滞后,他们开始以日益增长的规模所从事的活动。而在供给方面,变化的形势也成熟了。金融活动(其中大多数尚属于传统类型)曾经为20世纪50和60年代的战后繁荣所刺激,却因停滞的再现蒙受了失望。为此金融家正在寻求新的生意。从实际经济中游离出来的资本被金融部门兴高采烈地接纳了。如此一来就开启了下述过程,即在接下来的二十年间,带来了金融资本的胜利。"[1]

金融资本在新自由主义时代的崛起和资本积累的金融化,改变了以往袭用的资本积累概念。在传统政治经济学中,资本积累都是指"增加既有资本品的存量"。斯威齐对此提出了批评,认为这一概念是"片面且不完备的"。他提出:资本积累不仅仅是"增加既有资本品的存量","也是增加金融资产的存量,这两个方面肯定是相互联系的,但这一联系的性质还完全不明确。传统上处理这个问题的方式事实上是假设问题不存在:例如,购买股票和债券(两种较为简单的金融资产形式)据假设仅仅是以间接方式购买了实际资本品。这肯定是不正确的,全然误导性的。"有鉴于此,他还提出,只有在一个注重实际资产和金融资产的相互关系的更为完备的资本积累理论的基础上,才可能理解当代垄断资本主义。[2] 斯威齐的这种观点,今天已普遍为马克思主义者所接受。金融化问题已成为目前马克思主义资本积累

---

[1] P. M, Sweezy, "The triumph of financial capital", *Monthly Review*, 1994, 46 (2). 转引自孟捷《新自由主义积累体制的矛盾与2008年经济-金融危机》,《学术月刊》2012年第9期。

[2] 见 P. M. Sweezy, "Monopoly capital after twenty-five years", *Monthly Review*, 1991, 43 (7): 56–57。

理论研究的焦点。①

与资本积累概念的上述微妙变化相联系的，是如何理解利润率与金融化以及金融资本的关系。在国外马克思主义经济学研究中，一些学者最近开始从以下两个方面探讨了这个问题：第一，金融资本是否参加利润率的平均化？第二，既然金融资产的增长也是资本积累的重要维度，如何重新界定并测量利润率以反映这一过程？在以下两节中，我们就将依次介绍和评介近年来围绕这两个问题而形成的理论观点。

二 金融资本与利润率平均化

在讨论金融资本参与利润的分配问题时，需要明确金融资本在本文中是如何定义的。希法亭和列宁结合19世纪末20世纪初的资本主义界定了金融资本的概念。在他们那里，金融资本的概念有两方面的含义，第一，这个概念强调了资本主义向垄断阶段的过渡，是与金融（其人格化为金融寡头）的统治地位联系在一起的。垄断资本与金融权力的结合，在股份公司中间得到了鲜明的体现。第二，在希法亭和列宁那里，金融资本的概念较多地反映了德国当时的历史经验。金融的统治具体表现为银行资本和工业资本的融合，以及银行资本在这种融合中的优势地位。一些学者曾批评希法亭－列宁的概念，认为这一概念过度强调了德国的历史经验。但为这类批评所忽略的是，金融资本概念还有超越特殊历史语境的一般化含义。

近年来，围绕金融资本的概念界定问题又出现了不少讨论。在这些讨论中，希法亭和列宁的金融资本概念所包含的一般化含义开始得到更多的承认，并被运用于有关金融化的研究中去。资本主义向垄断阶段的转变，是与股份公司的崛起相伴随的，后者同时带来了资本所有权的二重化和职能资本的商品化。② 资本所有权的二重化意味着，现实资本或职能资本的所有权控制在公司手里，公司的所有权则控制在股票所有者即股东手里。股票不仅是

---

① 弗里曼：《出现金融市场以后的利润率：一个必要的修正》，《清华政治经济学报》第1卷，社会科学文献出版社，2013，第50~52页；E. Bakir & A. Campbell, "The financial rate of profit: What is it, and how has it behaved in the United States?", *Review of Radical Political Economics*, 2013, 45 (3): 296-297.

② 将股份公司纳入马克思经济学概念体系的尝试，可参见希法亭《金融资本》一书的第二篇（王辅民等译，商务印书馆1994年版）。另可参见伊藤·诚在下述著作中的评论，M. Itoh (1988), *The Basic Theory of Capitalism*, London: Macmillan, pp. 278-288.

对一部分利润的索取权凭证,还是现实资本的所有权凭证。因此,股票的交易是职能资本作为一种商品的交易,也就是职能资本的商品化。

希法亭指出,股东通过出卖股票,随时可以收回他的资本,从而处于同货币资本家相同的地位。① 在这里,股票像其他可议价证券一样具有信用货币资本的特点。以股票为代表的信用货币资本或虚拟资本的发展一方面可以使自身脱离现实职能资本的循环,另一方面——借助资本市场对公司治理结构的影响——又能在凌驾于现实职能资本循环之上的同时,将职能资本作为一种金融资产,纳入金融资本的循环中去。在笔者看来,后一点构成了当代金融化的核心内容之一。而这种不仅有能力将自身商品化,而且将包含生产性企业在内的职能资本也转化为金融资产以谋取金融收益的资本,就是金融资本。②

在马克思主义经济学中,围绕银行资本或金融资本是否参与利润率平均化,传统上就有两种对立的观点。一种观点认为金融资本参与利润率的平均化,另一种观点则认为金融资本不参与利润率平均化,仅作为借贷资本取得利息。自20世纪80年代以来,发达资本主义经济经历了重要的结构性变化,金融化便是其中最为突出的新现象之一。在此前提下,一些新出现的理由强化了金融资本参加利润率平均化的观点。譬如,第一,在金融化条件下,资本积累采取了两种形式,即一方面投资于实体经济,另一方面投资于金融资产。第二,银行等金融机构的业务已逾出了存贷中介的范围,转而从事各种以收费为主的业务以及证券发行和转销。第三,非金融类公司也日益通过金融投资来获取利润,从而淡化了非金融类公司和金融类公司的区别。考虑到上述这些变化,那种认为金融部门只取得利息的观点显然是不符合现实的;金融部门变得和实体部门一样,都要取得利润。

一个进一步的问题是,设若金融资本也要取得利润,其所取得的利润究竟是垄断利润还是平均利润?如果是前者,马克思原初的利润率平均化模型

---

① 希法亭:《金融资本》,福民等译,商务印书馆,1994,第105~106页。
② 一位作者霍科最近建议,可将金融资本界定为商品化的资本。他写道:"金融资本是商品化的资本,它在金融市场上流通,并为金融资本家阶级主要通过金融机构所控制;金融资本通过在产业资本中构成了很大且不断增长的一部分而垄断了产业资本,尤其是在危机之后。"见 B. Hoca, "A suggestion for a new definition of the concept of finance capital using Marx's notion of 'capital as commodity'", *Cambridge Journal of Economics*, 2012, Vol. 36, p. 428. 霍科的缺点是没有强调包括产业资本在内的职能资本在金融化条件下已在相当程度上成为金融资产,从而隶属于金融资本的统治。

似乎就不再适用了。笔者认为,在这个问题上,我们可以参考曼德尔的观点,即在垄断资本主义阶段,存在以下两种平均利润率,一个是在垄断部门内通行的平均利润率,另一个是在非垄断部门内通行的平均利润率。这个观点启发我们,利润率平均化或各种不同形式的资本都要参与利润分配的观点,经过某种修正后仍可适用于垄断资本主义经济。在本文第三节,我们还将就此问题略有评论,但在紧接下来的讨论中,我们暂不考虑垄断结构的存在所引发的问题,并与后文介绍的几位作者一样,假设经济中只存在一个通行的利润率。我们将从马克思的利润率公式出发,然后讨论商业资本如何参与利润率平均化,最后讨论金融资本参与利润率平均化。

依照马克思的定义,利润率等于生产出来的总剩余价值与全部预付资本的比率,即有:

$$r = \frac{s}{c+v} \tag{1}$$

马克思的这个利润率公式针对的主要是产业资本。为了进一步反映商业资本和金融资本对利润率平均化带来的影响,需对这一利润率公式再做些拓展或修改。我们首先介绍英国学者本·法因的观点。[①] 他的研究基于马克思的下述分析:商业资本家从产业资本家手中以低于价值的价格购买商品资本,然后再按照等于价值的价格销售商品。在这一过程中,商业资本家要预付一部分资本来购买商品,同时还要预付一部分资本以支付场地、设备、商业工人等各项的费用。

假设产业资本家以下列价格出售商品:

$$(C+V)(1+r) \tag{2}$$

商业资本家按该价格购买商品,再按价值出售商品,他所出售的商品总价格等于商品总价值。依照法因的记号,假设 B 是用来购买商品的商业货币资本,K 是用于楼宇、商业工人等项开支的商业资本,则有:

$$(C+V)(1+r) + Br + K(1+r) = C+V+S \tag{3}$$

在式(3)中,法因提出了一个独特的观点。在他看来,预付商业货币资本 B 虽不加入商品的销售价格,却应获得平均利润率。换言之,在式

---

① B. Fine, "Banking capital and the theory of interest", *Science and Society*, (1985 – 86), 49 (4): 387 – 413.

(3) 中，商品销售价格当中虽然不包含 B，却包含 Br。另一方面，商业资本家的预付资本 K，则被认为是实际消耗了的，并与其获得的利润 K (1 + r) 加入到销售价格之中。

重新排列方程 (3)，法因得出了将产业资本和商业资本都包含在内的利润率公式：

$$r = \frac{S - K}{C + V + B + K} \qquad (4)$$

从定义上看，法因得出的这个新利润率要小于马克思所定义的利润率，因为它从剩余价值中扣除了流通成本 K，同时在作为预付资本的分母中增添了商业资本（即 B 和 K）。

最近，一位学者诺菲尔德试图将法因的方法进一步扩展以纳入金融资本。他将银行或金融部门定义为其活动局限于借入（或吸纳存款）和贷出（或投资于金融资产，包括公司债券或股票）的公司。诺菲尔德申明，他在分析时抽象了金融部门与家庭之间的业务，也不考察银行或金融部门内部各公司之间的关系。他试图将金融部门作为一个整体，考察其与产业资本和商业资本之间的关系。诺菲尔德自己认为，这样做虽然会遗漏金融活动的某些方面，但可涵盖与资本积累过程直接相关的那部分金融交易。[①]

采纳他的记号，令 E 表示银行的股本，它等于银行开办时认购的原始股，加上其他进一步发行的股票，再加上留存收益，最后减去库存股。

令 D 表示存款以及来自非银行部门的借款净额的价值。值得指出的是，在存款中不仅包括非银行部门的剩余现金资源，而且包括因银行部门自身的货币创造而增加的存款。后者仍然被计入 D 之中，是因为它们还是银行系统的存款，并构成银行的负债。

D 和 E 的价值相加等于银行的总负债，它们被用于给银行的总资产 A 提供资金。为简单起见，诺菲尔德假设总资产等于总负债，从而有：

$$A = D + E \qquad (5)$$

诺菲尔德进一步假设，一个相当于 E 的价值支付了银行的固定资本和流动资本（用于楼宇、技术、管理和劳动的成本），并包含了银行的资本公

---

① T. Norfield, "Value theory and finance", P. Zerembka (ed.), *Research in Political Economy*, 2013, Vol. 28, Emerald Group Publishing.

积。另一个相当于 D 的价值则被贷给了产业和商业资本（家庭信贷在此被抽象了）。

在这里，D 代表了产业资本和商业资本向银行部门借入的资金。这一资金被用于预付不变资本、可变资本、商业货币资本和其他固定或流动商业资本。这样一来，全社会不变资本 C 就可分为两部分，一部分由产业资本家直接预付，记为 C1；另一部分借自银行部门，记为 C_2。因此可有：

$$C = C_1 + C_2 \tag{6}$$

同理可得：

$$V = V_1 + V_2 \tag{7}$$

$$B = B_1 + B_2 \tag{8}$$

$$K = K_1 + K_2 \tag{9}$$

根据假设，产业资本和商业资本借入的所有资金等于银行的总存款，故有：

$$D = C_2 + V_2 + B_2 + K_2 \tag{10}$$

诺菲尔德认为，在金融资本参与利润分配的过程中，总剩余价值仍然是 S，但是剩余价值不再只是由产业和商业资本分享，金融部门也要凭借其预付的资本以平均利润的形式瓜分一部分剩余价值。对于商业部门和金融部门而言，它们用于建筑物、技术、人员等的成本（即 K 和 E），并不会转移到商品价值之中，而要从总的剩余价值中补偿。因此，三个部门的总利润可以被表示为：

$$S - K - E \tag{11}$$

三个部门的总预付资本包括下述三者：产业和商业资本家的自有资本，产业和商业资本家从金融部门借入的资金，以及金融部门的自有股本。诺菲尔德把包含全部三类资本的利润率写成：

$$r = \frac{S - K - E}{C_1 + V_1 + B_1 + K_1 + D + E} \tag{12}$$

诺菲尔德的理论尝试是有益的。但是，在他的理论中，有一些假设并不完全符合 20 世纪 80 年代以来发达资本主义经济的金融化现实。例如，依照诺菲尔德的假设，银行将资金贷给产业资本和商业资本，却不像以往那样索取利息，而是直接要求取得平均利润。这一点是有疑问的。银行资本或金融资本有能力取得平均利润的前提不在于提供贷款，而在于它们开展了其他类型的价值增殖业务（比如通过金融服务取得的费用、利用市场价格的变动获取的投机收入等等）。

银行资本在利息之外还要取得利润，早在希法亭那里就已被认识到了（诺菲尔德也提到这一点）。在希法亭－列宁的理论中，银行资本透过股份公司的形式实质性地参与到工业组织中，并与工业资本融合生长，由此也为银行资本取得利润奠定了现实基础。① 然而，希法亭和列宁对"金融资本"的这种分析，包含着特殊性和一般性两面。其特殊性的一面植根于德国资本主义的历史经验，并不切合于今天的金融化。这是因为，一方面，今天的银行资本并不像希法亭－列宁时代那样与工业资本融合生长并服务于生产性投资，另一方面，实体部门的资本也在相当程度上脱离了生产性投资，转而在金融市场上从事非生产性增殖活动。在这种条件下，金融市场的收益率的确存在某种平均化的可能，但这种平均化是发生在与生产性投资相对独立的金融市场内部，而不是将生产性资本和金融资本结合在一起，以取得一个共同的利润率。希法亭和列宁主张金融资本要取得利润，而不只是利息，这无疑是正确的。但今天的金融资本要取得利润的前提，却并非如他们解释的，在于工业资本和银行资本的融合生长，而是更为直接的金融资产的积累。

诺菲尔德在其模型中不考虑金融企业之间的交易，也不考虑金融资本与家庭的关系，这些假设也与20世纪80年代以来的金融化相去甚远。在发达资本主义经济20世纪70年代危机期间，企业和家庭都曾积累了大量债务。但在进入20世纪80年代以后，大企业逐步摆脱了债务负担，开始通过发行自己的股票或债券进行直接融资。结果使得银行渐渐失去了大企业这一重要客户。在这种情形下，面向家庭的各种抵押信贷就在银行业务中占据了非常重要的地位。金融化的另一个核心面向，便是创造条件使劳动力再生产（养老、医疗、教育等）依赖于金融，并以工资收入为对象展开二次剥削。这一点已经为一些当代马克思主义者着力分析过。

在诺菲尔德的利润率定义中，分母是由金融部门的总资产构成的。这个做法与后文即将介绍的弗里曼相一致，我们也赞成这个做法（详见下一节里的讨论）。现在要讨论的问题是其利润率定义里的分子。在这个分子中，

---

① 希法亭：《金融资本》，福民等译，商务印书馆，1994，第186~187页。

是否应计入金融企业取得的利息呢?诺菲尔德是计入利息的。而在我们看来,这样做似乎是个错误。

在马克思那里,银行资本(或生息资本)只满足于取得利息。换言之,在金融化还未出现的古典前提下,并没有必要把马克思的利润范畴用于分析银行资本的经营活动。只有在前提发生变化时,利润范畴对于考察金融资本才变得重要起来。此时金融资本的收益里将包含利润和利息这两个截然不同的范畴。最先认识到这一点的,仍然是希法亭。他第一个承认,银行业和其他行业一样,都是资本的投资领域,在竞争的条件下,银行资本也应该取得利润。为此,希法亭还试图确定与利润相对应的那部分银行资本的规模。依照他的观点,银行自有的资本应该等于所取得的平均利润的资本化。用他的例子来说,如果社会通行的平均利润率是20%,则对于200万马克的银行净利润而言,就对应着1000万马克的银行资本。如果假设银行此时共掌握着1亿马克的可贷资本,那么剩下的9000万马克即可视为其顾客的存款。① 诺菲尔德在引证这个例子时,指摘希法亭弄混了逻辑顺序。在诺菲尔德看来,对银行而言,存款是给定的,而不是事后反推出来的,并且与银行的利润水平也没有关系。笔者认为,诺菲尔德在这里可能没有读懂希法亭的用意。在提出这个例子之后,希法亭再度论及这个问题。他指出,和产业资本不同,银行资本并不生产利润。对银行资本而言,利润是给定的。对于一个接受了银行提供的投资信用的企业来说,"如果利润提高,那么,银行将增加它的自有资本,因为增加了的资本使它能够在不使自己的安全遭到威胁的情况下,以更大的规模把它的银行资本转化为产业资本。促使银行自有资本扩大的因素,主要是产业信用的提供,通过占有股票参与产业企业以及发行活动。这一点为下述事实所证明:英国单纯的储蓄银行,虽然交易额有极大提高,但却没有增加自己的资本,从而分配很高的股息"②。

在这里,通过与传统储蓄银行的比较,希法亭指出了一个现代金融资本的重要特征。由于银行此时从事了与传统存贷中介业务截然不同的新业务,也改变了银行资本和利润的关系。随着产业部门利润的增加,银行可以修改资产负债表,增加其自有资产的比重。而这种改变,与银行负债的来源及其结构并无关系。在以上摘引的他的论述中(以及在包含这些论述的整整一

---

① 希法亭:《金融资本》,福民等译,商务印书馆,1994,第186~187页。
② 希法亭:《金融资本》,福民等译,商务印书馆,1994,第191页。

章里），希法亭都明显地表达出如下意图——不是所有银行资产都与利润有关，为此应该区别利润和利息，并把与这两种收入相对应的金融资产也区分开来。尽管希法亭在这一章里的表述不乏晦涩之处，但所表达的这一意图无疑是合理的。

一旦承认利息和利润分别构成了两种不同性质的金融活动的收入，以下问题就出现了。在定义金融资本的利润率时，是否应该分辨利息和利润，并将纯粹通过借贷而取得的利息从构成分子的利润中予以扣除？笔者是主张扣除的，至少在对利润率进行理论界定时应该扣除，因为只有这样来定义利润率才能反映金融资本纯粹因从事金融资产的积累而实现的价值增殖，并与通过存贷中介活动而产生的收益区分开来。如果这里的意见能够成立，即在分子中扣除利息，那么对分母也要有相应的减除。与取得利息的活动相对应的那部分生息资本（在诺菲尔德的公式中就是分母的 D 项）也要相应地扣除掉。

不过，上述这种意见虽然在理论上是可设想的，但在实际操作中却面临着以下困难。

首先，在马克思的时代，利息仅仅来自对剩余价值的扣除。而在今日金融化的前提下，由于那些面向家庭的信用关系的发展，利息还来自包括工资在内的各种收入。这些来自各种收入的利息，显然不应从利润中扣除掉，因为这部分利息所反映的恰恰是在金融化前提下金融资本积累的新途径。应该予以扣除的，只是传统的面向产业资本和商业资本贷款而产生的利息。

其次，更为重要也更麻烦的是，在金融化的前提下，借贷资本并不能离开其他金融资产而单独存在，它也是其他形态的金融资本（尤其是金融衍生品）赖以存在的基石。在各类金融资产深度融合的前提下，利息并非仅因借贷资本而产生，而是由所有金融资产共同造成的，因而难以和利润分辨开来。以上这些困难的存在似乎使得扣除利息的想法变得不切实际。①

需要强调的是，尽管我们主张金融资本也能取得利润，这并不意味着，

---

① 可以举两个例子说明这个问题。第一个是衍生品的出现，比如可转股债券，其利率可以比同等条件的纯债券要低，因为它复合了转成股票的权利，这时债权就变成了在一定条件下增发股票的基础。另外债权资产可以通过资产证券化复合其他资产（比如应收账款、保险资产甚或实物资产）而变成一个新的产品。为此不应把收益中的利息单独分离出来。说到底这些资产带有一些债权资产的性质，但其本身并不是债权资产。第二个例子就是由此而来的可交易性，比如利率互换交易（SWAP）。既然利息本身就是可交易的，那利息本身也就同时具有了创造利润的能力。

金融资本与职能资本乃至生产性资本之间的区别就消失了。在马克思那里，职能资本包括产业资本、商业资本和货币经营资本，后者又发展为借贷资本和银行资本。在定义金融资本的利润率时，不可忽略的一点是，金融资本并不都属于职能资本，甚至大部分不是职能资本。从社会生产的角度看，金融资本的增加并不必然意味着剩余价值或利润的增加。金融资本所取得的利润在很大程度上是对全社会创造的新价值（不只是剩余价值，还包括一部分劳动力价值）的扣除。在本文结语里，我们将就这一问题再做进一步的评论。

三 如何在利润率的经验量度中反映金融化

在马克思主义经济学中，衡量利润率的最常见方法是将其定义为利润与固定资本的比率。1982 年以后，按这种传统方法衡量的美国非金融部门的利润率从 20 世纪 70 年代以来的谷底得到了一定程度的恢复。为了再现这个过程，法国学者迪梅尼尔和列维计算了美国非金融类企业部门的五种利润率指标。他们计算的第一个指标被称为马克思意义上的利润率，其分子即利润被定义为企业部门的全部收入减去工资成本，分母为固定资本存量；第二个指标则在上述方法得到的利润中扣除了企业的生产税；第三个指标在分子中进一步扣除了企业的直接税；第四个指标在分子中又扣除了利息支付，分母也改以企业净资产代替了固定资本存量；第五个指标从利润中又扣除了派作红利的部分，并被称为企业的自有利润率。

由图 1 可以看到，除了第五个指标外，其他所有指标都表明，美国非金融部门的利润率在 20 世纪 80 年代以来得到了一定程度的恢复，这一点在第三个指标上体现得更为明显，反映出减税对于恢复利润率所起的重要作用。

与前四个指标不同的是，企业自有利润率这个指标呈现出持续下降的趋势。这种变化源于利润份额的构成在新自由主义时代发生了重要变化。一方面，生产性企业的自有利润的比重从 20 世纪 50~60 年代的约 6.3%，下降到新自由主义时代的 3.5% 左右。另一方面，利息和红利等资本收入则实现了显著增长。[1]

---

[1] G. Dumenil & D. Levy, *The Crisis of Neoliberalism*, Harvard University Press, 2011, p.50.

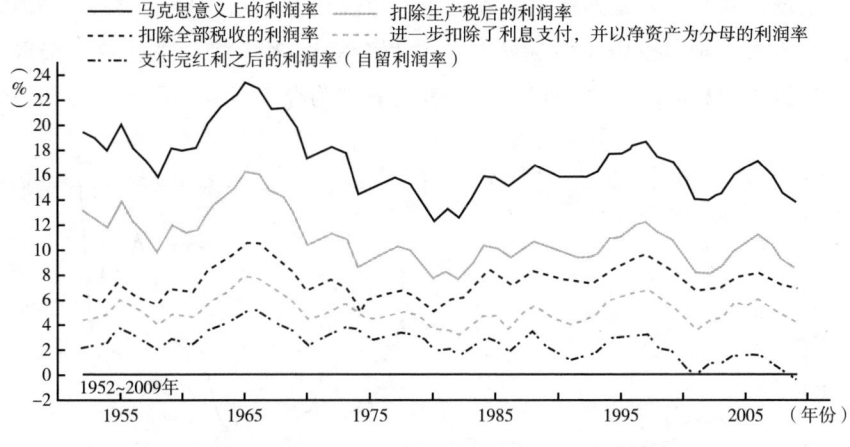

图 1　美国非金融类企业部门的五种利润率

资料来源：G. Dumenil et al.，"The crisis of the early 21th century：A critical review of alternative interpretations"，unpublished manuscript，2011，Fig. 12。

美国非金融类企业部门自有利润率的下降，和新自由主义时代生产性积累的低迷是对应的。巴基尔和坎贝尔计算了美国非金融类企业部门的积累率在税后利润率中所占的份额，用以表示有多少利润被用于（或未被用于）积累。1948~1979 年间，该比率为 0.61；1980~2007 年间，则降为 0.43。在他们看来，那些没有用于积累即生产性投资的利润，在新自由主义时期加入了金融资本的循环。[①]

图 2 描绘了金融部门的利润在美国公司部门税后利润里的份额的变化。在 20 世纪 80~90 年代，金融类公司在美国公司税后利润总额中的比重出现了显著上升，进入新千年后，更出现了异乎寻常的增长。金融部门的利润在全部利润中份额的提高，体现出金融活动已经成为资本积累的一种重要的替代性途径。但是，金融部门所占据的利润份额的变化，并不一定等同于金融部门利润率的变化。鉴于利润率才是反映资本积累动态的关键指标，如果我们想要考察投资于金融资产的积累活动，就有必要在利润率的分析中纳入对金融变量的考量。在晚近政治经济学文献中，出现了两种处理该问题的思路，一种思路是单独计算金融部门的利润率，并与传统积累方式下的利润率

---

① E. Bakir & A. Campbell，"Neoliberaiism, the rate of profit and the rate of accumulation"，*Science and Society*，2010，74（3）．328 – 329．

进行比较，其代表者是迪梅尼尔和列维，以及巴基尔和坎贝尔。另一种思路则是把传统积累和投资于金融资产的积累合并起来考察，通过纳入金融变量，对传统的利润率定义进行修正，其代表者为弗里曼。

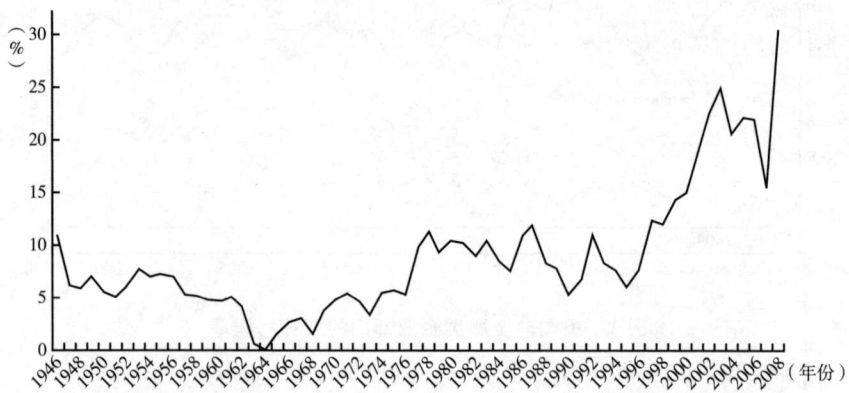

图 2　1946～2008 年金融类公司在美国公司税后利润中的份额

资料来源：E. Bakir & A. Campbell, "Neoliberalism, the rate of profit and the rate of accmulation", *Science and Society*, 2010, 74 (3), p.338, Fig.11。

迪梅尼尔和列维在2004年发表了一篇论文，计算了美国金融类企业部门自战后到2004年的利润率，并将其称为"拓展的利润率"（augmented profit rate）。2013年，巴基尔和坎贝尔则接续了迪梅尼尔和列维的思路，进一步计算了1947～2011年的利润率。在美国经济分析局提供的NIPA数据里，税后利润率 = "毛增加值 - 折旧 - 劳动力的报酬 - 税收 - 净利息 - 净转移支付" 与固定资本存量之比。而按照迪梅尼尔等人的方法，在计算"拓展的利润率"时，要为上述税后利润率里的分子增添如下金融变量：第一，收到的红利；第二，持有资产的收益；第三，净负债因通货膨胀而发生的贬值；第四，在海外留存的利润。另一方面，在分母里也要做如下变动，即增加金融净资产这一项，或从固定资本里扣除净负债。① 图3是巴基尔和坎贝尔按照这种方法计算的1947～2011年美国金融企业部门的拓展利润率（financial business "augmented" profit rate）。在这张图中，他们还计算了美国非金融类企业部门的拓展利润率，并将两者的不同行为做了比较。

---

① E. Bakir & A. Campbell, "The financial rate of profit: What is it, and how has it behaved in the United States?", *Review of Radical Political Economics*, 2013, 45 (3).

首先，由图3可以看出，在20世纪80年代之后，即在新自由主义时代，金融企业的拓展利润率得到了充分的恢复。巴基尔和坎贝尔指出，这与通常计算的美国非金融类公司企业部门（NFCB）的利润率相比有所不同，后者虽然也有恢复，但恢复的程度没有金融利润率来得这么显著。其次，金融企业部门的拓展利润率在1997年后波动幅度也变得明显加大了。①

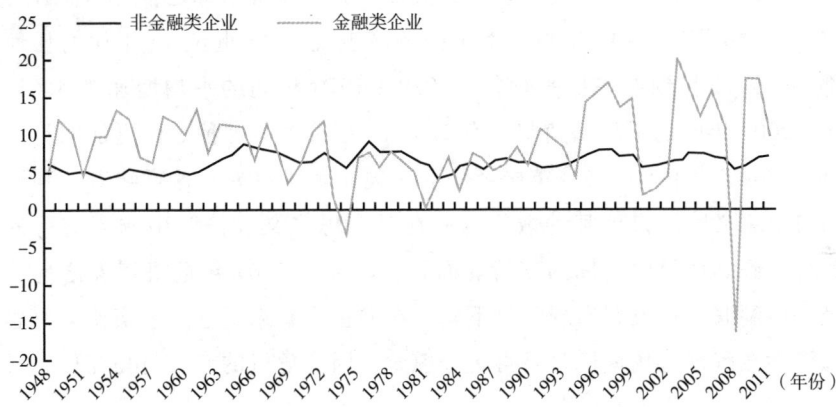

图3　金融类企业和非金融类企业的拓展利润率

资料来源：E. Bakir & A. Campbell, "The financial rate of profit", *Review of Radical Political Economics*, 2013, 45 (3), p.299, Fig.2。

与上述思路不同的是，英国学者弗里曼提出了另一种定义。其特点是，第一，弗里曼没有单独计算金融部门的利润率，而是把金融部门和实体部门合并来考察。第二，弗里曼在分母里添加的是全社会的金融总资产，而不是净资产。②

式（13）是弗里曼采用的利润率公式，其分子中的利润沿用了NIPA对利润的定义，即等于"毛增加值－劳动力薪酬－税收－补贴－固定资产折旧"；分母则在固定资本以外增加了金融资产这一项。即有：

$$利润率 = \frac{利润}{固定资本存量 + 金融资产} \quad (13)$$

---

① E. Bakir & A. Campbell, "The financial rate of profit: What is it, and how has it behaved in the United States?", *Review of Radical Political Economics*, 2013, 45 (3)。
② 弗里曼：《出现金融市场以后的利润率：一个必要的修正》，《清华政治经济学报》，社会科学文献出版社，2013。

弗里曼的定义相当于在整个经济里通行的一般利润率的定义。提出这个定义的理由不仅在于金融活动已成为资本积累的一种替代途径，而且在于下面一点，即金融资本也要参加利润率的平均分配。在进一步评论弗里曼定义的理论基础之前，让我们先看看采纳这个定义后得到的经验结果及其意义。

弗里曼指出，在新自由主义阶段的英国和美国，除了按照马克思主义者传统采纳的方法计算的利润率以外，大部分其他经济指标乏善可陈。以美国为例，在过去的 30~40 年里，美国的经济表现比 20 世纪 30 年代的任何时期都差。从波谷到波谷取平均值，1939~1970 年间的平均增速为 4.61%；1970~2009 年间的平均增速却只有 2.8%。在英国，这种对比更加明显。自 20 世纪 70 年代中期以来，英国经济的表现比美国更差。这意味着，利润率在新自由主义阶段得到某种恢复这一在马克思主义经济学中相当流行的观点，得不到其他经验指标的支持。而且，即便在 2007 年危机爆发之前，美国经济的利润率也没有出现明显下降。在弗里曼看来，这一事实使马克思主义经济学在解释这场危机时显得十分尴尬，因为危机的产生与马克思主义者倚重的利润率下降没有关联。[①]

然而，一旦采用弗里曼推荐的利润率定义，这个矛盾就不存在了。20 世纪 80 年代以前，以传统方法计算的利润率和弗里曼用新的方法计算的利润率在运动轨迹上大致是一致的，而在 80 年代之后，以弗里曼方法计算的利润率并没有跟随传统利润率出现恢复的趋势，而是继续下降。从整体上看，被弗里曼修正后的利润率展现了从 1946 年开始的一个几乎不间断的下降趋势。

弗里曼对利润率分母所做的修正，即在固定资本之外还要添加金融资产，首先面临着是否有重复计算的质疑。在《资本论》里，马克思曾指出，作为虚拟资本的股票仅仅是对未来收入的索取权证书，其本身并不是资本。他写道："即使在债券——有价证券——不像国债那样代表纯粹幻想的资本的地方，这种证券的资本价值也纯粹是幻想的……铁路、采矿、轮船等公司的股票是代表现实资本，也就是代表在这些企业中投入的并执行职能的资本，或者说，代表股东预付的、以便在这些企业中作为资本来用的货币额……但是，这个资本不能有双重存在：一次是作为所有权证书即股票的资本价值，另一

[①] 弗里曼：《出现金融市场以后的利润率：一个必要的修正》，《清华政治经济学报》，社会科学文献出版社，2013。

次是作为在这些企业中实际已经投入或将要投入的资本。它只存在于后一种形式,股票只是对这个资本所实现的剩余价值的相应部分的所有权证书。A 可以把这个证书卖给 B,B 可以把它卖给 C。这样的交易并不会改变事情的本质。这时,A 或 B 把他的证书转化为资本,而 C 把他的资本转化为一张单纯的对股份资本预期可得的剩余价值的所有权证书。"① 按照马克思这里的分析,股票和债券等金融资产只是资本所有权证书,并不是企业中实际投入或将要投入的资本。在这个意义上,计算利润率时将金融资产列入预付资本,似乎难免重复计算之嫌。

在看待这个问题时,关键是要认识到,股票的功能在金融化时代已经发生了不同于以往的变化。正如一些学者注意到,在新自由主义时代,存在着大企业过度资本化的情况。这意味着,大企业在发行自己的股票,并通过回购股票拉升股票价格时,更关注的不是利用股权融资来购买新的固定资产,而是追求资本市场的收益。换言之,股票只在其产生时与固定资产有关联,而在股票回购的场合,已与其对应的固定资产全然无关。在这种情况下,股票价格的膨胀或过度资本化,就与马克思所说的重复计算无涉。即便存在重复计算,也只涉及与固定资产的重置成本相对应的那部分股票价值。股票价格超出重置成本的部分,似乎都无关乎所谓重复计算。不过,即便我们承认这一点,也意味着弗里曼的方法还存在进一步改进的空间。

在当代国外劳动价值论研究中,弗里曼是所谓跨期单一体系(TSSI)的代表人物。在为自己修正利润率的分母进行解释时,弗里曼还提出了以下观点。在价值形成过程里,不变资本转移到产品中的价值并不是内含在产品中的价值,而是在交换中表现出来的价值。换言之,这种转移过来的价值是与货币本身的价值变动相关的。后者决定了相同的价值会有不同的货币表现。在股票价格脱离固定资产的历史成本而增长的前提下,固定资本价值的货币表现也在增加。依照弗里曼的观点,金融资产的不断增长起着两重作用,一方面,金融资产作为信用货币或准货币,也反过来表现着固定资产的价值,并使固定资产的货币价格所代表的劳动价值量下降;另一方面,金融资产作为一种替代性选择,成为资本家阶级积累的新途径和新目标。在弗里曼那里,这一考虑为在利润率的分母中增添包括股票在内的企业金融资产提供了另一个理由。

---

① 《资本论》第 3 卷,人民出版社,2004,第 529 页。

迪梅尼尔、巴基尔等人在定义利润率时以企业的净资产为分母，与此不同，弗里曼在定义利润率时以企业的金融总资产作为分母。两种做法哪一个更为合理呢？我们倾向于接受弗里曼的做法。为了说明的方便，不妨举一个例子来做参照。对一个从事生产性积累的企业而言，假设它用来购买固定资本的预付资本是向银行借来的。在这种情况下，这笔借来的资本仍然构成这个企业的预付资本，即企业实现价值增殖的基础。在计算该企业的利润率时，这笔资本自然也构成了分母。类似的，就金融资本而言，企业也是以总的金融资产为前提进行增殖活动并取得利润的，而不管这一资产究竟是通过何种具体方式形成的（比如是通过股权融资还是债务融资）。换言之，金融总资产也应构成利润率的分母。巴基尔和坎贝尔其实在方法论上也是这样看问题的，他们说利润率的最宽泛概念，是将取得的全部利润除以被束缚在取得利润的过程中的资本。对于决策要在何处投钱并因而决定着整个体系动态的资本家来说，他并不在乎利润是否在产出的价值减去成本的意义上是"真实的"，抑或作为资本收益、作为将钱贷出去而取得的收入等而是"金融的"。类似的，鉴于其资本是被束缚的，他也不在乎该资本是固定资本还是与取得利润相关的金融资产。若以在这段话里提出的标准来考量，即预付资本是"被束缚在取得利润的过程中的"，在计算金融活动产生的利润率时，似乎也没有理由仅以净金融资产为分母。

反对以总金融资产为分母的一个较为技术性的理由是，一个企业的金融资产，往往构成了另一个企业的负债。如果将各个企业的资产负债表合并，资产和负债可能彼此对冲而消失。但问题在于，毕竟只有金融资产才是和取得利润的活动相关的。负债只是表明了融资的过程、属性和相应义务，其本身与企业取得利润的活动并没有直接关系。就像那个生产性企业一样，不管它向哪家银行借钱，这笔钱作为一个价值额最终构成了该企业实现价值增殖即取得利润的基础。另外，当纯粹博彩性的金融交易大行其道时，金融资产和负债作为博彩和金融创新的工具，在其负担的风险上有着极为不同的属性，对冲后就不能反映过度资本化的问题。这也可以支持为何以总资产为分母要比以净资产为分母更为合理的观点。

接下来再看分子。弗里曼直接采用了 NIPA 对利润的定义，即利润 = 毛增加值 - 劳动力薪酬 - 税收 - 补贴 - 固定资产折旧。而在迪梅尼尔、巴基尔等人那里，作为分子的金融部门利润 = 毛增加值 - 折旧 - 劳动力的报酬 - 税收 - 净利息 - 净转移支付；此外还加上了以下几项：收到的红利、持有资产的收益、净负债因通货膨胀而发生的贬值、在海外留存的利润。与弗里曼相比，这个定义似乎更为全面，而且和笔者主张的从金融资本的利润中扣除利息的观点相一致。

与巴基尔等人不同，弗里曼没有把金融部门和非金融部门的利润率分开计算，而是设计了一个包含金融变量的一般利润率。这样做虽然对于分析整个宏观经济是有意义的，但从弗里曼的说明来看，他似乎不愿考虑经济中的垄断因素对利润率平均化的影响。如果要引入垄断的问题，或者就像前文里曾提到的，把垄断和利润率平均化结合起来，就有必要像巴基尔等人那样将金融部门的利润率和非金融部门分开来考察。而且，如若考虑到在金融化条件下许多非金融企业也在从事金融投资活动，在金融部门和非金融部门之间并不存在清晰的界限，那最理想的办法就是破除严格的部门界限，只将全社会的资本积累分为生产性积累和纯粹的金融活动，并分别计算其利润率。这或许可以成为今后发展的方向之一。

四　结语

金融化是新自由主义时代出现的最为重要的结构性现象之一。如何理解金融化与资本积累的关系，是当代政治经济学面临的最具挑战性的理论问题。在那些金融化的发展最为典型的国家，即美国和英国，传统的资本积累方式逐步让位于新的积累方式。以弗里曼等人为代表的学者力图在马克思经济学的架构内把握这一现象。在他们看来，金融化可以通过"利润率平均化的完成形态"来理解。这种完成形态的利润率平均化意味着，不仅产业资本和商业资本，甚至投资于土地的资本和信用货币资本都加入了争夺利润的竞争。弗里曼写道："一旦信用成为一种可交易的工具，它就与资本的其他用途竞争剩余价值份额，因而与商业、土地所有权或工业生产一样，对利润率施加压力。"

随之而来的是利润率概念的变化。弗里曼认为，从这种完成形态的利润率平均化机制出发，马克思原来使用的利润率概念，现在"接近凯恩斯的资本边际效率概念"。"一旦其他形式的资本——商业的、银行的和投入土地的——进入这一平均化过程，它们就成为这些资本'逐渐'投入的替代性领域，并降低全体社会资本的平均收益率。"

可以指出的一点是，以弗里曼为代表的这些分析与另一位马克思主义者哈维对金融化的分析颇有可比之处。与弗里曼等人不同的是，哈维没有采用利润率平均化模型来展开他的分析，而是把整个经济分为两个部门，即他所谓资本的初级循环和次级循环。资本的初级循环指的是产业资本在生产性部门所经历的循环；资本的次级循环则可以扩大到所有虚拟资本所经历的循环。哈维主张，在下述两种条件下，资本会有从初级循环流向次级循环的趋势。这两种条件分别是，第一，在初级循环中出现过度积累和利润率下降；第二，在次级循环中形成所谓阶级—垄断地租。前一个条件是推力，后一个条件是拉力，两股力量共同作用，造成了资本由初级循环向次级循环转移。哈维对两种循环的区分，揭示了垄断结构（其标志是阶级—垄断地租在次级循环的普遍形成）对于积累和资本盈利率的影响。这一分析不同于弗里曼等人所采用的利润率平均化思路，在笔者看来更贴近于当代金融化的现实。

撇开上述分歧不谈，哈维的以下观点则对弗里曼构成了重要补充。哈维以土地为例指出，在现代资本主义经济中，土地是一项金融资产，而不仅是生产资料或生产的条件。与此相应，地租的源泉也不再是对剩余价值的直接榨取，而是来自利润和工资这样的收入。这样一来，正如弗里曼也察觉到的，独立意义的"土地资本"就不存在了，因为一切都只是金融资本的表现形态。事实上，在金融化条件下，就连生产性企业也日益成为金融资产，成为金融资本的特殊表现形态。这种可以随时化身为生产性资本、商业资本、地产资本以及种种信用货币资本的资本，在我们看来就是金融资本。它们是当代金融资本主义的灵魂和主宰。

在定义利润率时考虑金融变量，归根结底是因为资本积累方式因金融化而发生了重大变化。在个别资本看来，生产性积累和金融资产的积累作为两种彼此可替代的活动是没有区别的。但从马克思习惯采用的社会生产的角度看，这两种积累活动之间还是有根本区别的，并会因这种区别派生出积累过程的新矛盾。在本文当中，我们讨论了接纳金融变量的利润率概念。这一拓展了的利润率定义似乎适用于不同形态的资本。但是，若从社会生产的立场来看，金融资本的利润率相对于生产性资本、甚至职能资本的利润率还是有所不同。对生产性资本而言，其利润来自生产中创造的剩余价值。对更为广义的职能资本而言（除了产业资本，还包括商业资本和货币经营资本，后者在马克思那里又发展为借贷资本和银行资本），虽然它们有的并不直接是剩余价值，但对剩余价值的生产还是有帮助的。至于金融资本，情形就比较复杂了，它涵盖了两个不同的部分，其中一部分属于帮助剩余价值生产的职能资本，但另一部分则属于弗里曼强调的信用货币资本或虚拟资本。目前在文献中常见的这个概念，往往是指的后一种含义。关于虚拟资本和价值形成的关系，希法亭曾结合银行资本这样说："银行资本的最大部分是虚拟资本，仅仅是真正在生产中充当执行职能的资本的货币表现，或者仅仅是资本化的剩余价值证书。因此，银行资本的增加，不像在产业中那样，是利润增加的前提。"这意味着，对金融资本而言，利润的增加只意味着金融资本对全社会既有的剩余价值蓄水池的支配权在扩大。

最近，美国新学院大学的马克思主义经济学家邓肯·弗利在一篇文章中深刻地批评了现行的国民收入核算方法，指出为金融部门计算增加值与马克思的劳动价值论相矛盾。从劳动价值论的视角来看，金融部门的活动不创造价值，而只是转移生产性部门创造的价值以供自己支配。这意味着，金融资产的积累或迟或早会面临限制。从长远来看，若要确保金融资产的积累不至于崩溃，就要保证全社会剩余价值乃至新价值蓄水池的渐次扩大，与金融资产对收入的索取权在时间批次上互相匹配。如果某一国度有能力支配他国的储蓄，并借此汲取后者的剩余价值或新价值的蓄水池，这种匹配就还面临一个空间的维度。然而，一旦剩余价值和新价值的蓄水池不再增长，或明显地慢于金融资产的扩张，这种匹配也就越来越困难，并会倾向于证实弗里曼的以下论断，即可交易金融资产越庞大，利润率的分母相对于分子也就越大，利润率也就越是趋于下降。这种下降过程终将诱发一场金融资产积累的崩溃。未来的研究若是能把以上过程的细节交代清楚，我们就会拥有一个金融化条件下利润率下降理论的新版本，作为对马克思的理论的一个发展。

（作者系清华大学社会科学学院经济所教授）

参考文献

Jay Cochran, and Catherine, *Neither Fish Nor Fowl*, November 15, 2001.

Yuliya Demyanyk, Otto Van Hemert, "Understanding the Subprime Mortgage Crisis", working paper, Federal Reserve Bank of St. Louis, 2008.

Robert Van Order, "On the Economics of Securitization: A Framework and Some Lessons from U. S. Experience", SSRN Working Paper, 2007.

菲利普斯:《金融大崩盘》,冯斌、周彪译,中信出版社,2009。

罗斯巴德:《美国大萧条》,谢华育译,人民出版社,2009。

俞吾金:《反思金融危机背后的文化病症》,《文汇报》2009年6月23日。

金融化世界的中国境遇

金融监管的伦理本质与局限性

徐大建

美国次贷危机给我们的最重要教训之一乃是，为了防止金融危机，必须加强金融监管。次贷危机爆发后，为了亡羊补牢，美国布什和奥巴马两届政府也分别于 2008 年 3 月和 2009 年 6 月连续出台了加强金融监管的蓝皮书和绿皮书。在此基础上，美国国会众议院和参议院分别于 2009 年 12 月 11 日和 2010 年 5 月 20 日通过了各自的金融监管改革法案版本，2010 年 6 月 30 日，众议院通过了两院统一的版本，7 月 15 日，参议院通过了最终的版本，7 月 21 日，奥巴马总统签署了这项名为《多德－弗兰克华尔街改革与消费者保护法》的金融监管改革法案。

无疑，金融监管是政府干预市场、弥补市场缺陷的不可或缺的手段之一。不过笔者以为，若要有效地进行金融监管，我们还必须对金融监管的本质和局限性具有清醒的认识。本文试图从经济伦理的角度出发，对金融监管的本质和局限性作一简要的探讨。

一

要正确有效地进行金融监管，必须对金融监管的根本目的、任务和原则有明确的认识。

金融是现代经济的基石。其一，金融活动通过货币的流动大大降低了贸易的交易成本，使得社会分工不断深化，其二，金融通过融资和投资活动来筹措资金，为市场经济活动提供必不可少的资本。早期的观点如亚当·斯密认为，如果说财富来自劳动，那么财富的增加在很大程度上取决于资本的投入，因为劳动量的增加取决于资本的增加①。而从现代的观点看，金融活动之于经济发展的重要性，主要在于金融活动为各种创新包括科技创新提供了必不可少的资本，从而大大提高了劳动生产率。金融的这些功能，使其成为科学技术之外推动经济发展的最主要动力。在当代世界，"符号经济（资本的流动、汇率和信贷的流动）已代替实物经济（产品和服务的流动），成为世界经济的飞轮，而且前者在很大程度上是独立于后者的"。②

然而金融活动本身却内含着自我破坏的因素，即风险。

所谓金融活动，按陈志武的定义，就是跨时间、跨空间的价值交换③，换言之，金融活动的本质就是借贷。无论是储蓄机构的存储行为、保险公司的承保行为、还是证券业的证券发行，本质上都是借贷，都是未来收入的提前兑现，只不过这样的借贷和提前兑现是以货币等有价证券的形式来进行的。而这样的借贷和提前兑现之所以能够实现，完完全全是基于对借贷者的还贷能力的信任，此外别无任何可以依赖的基础。因此，金融的基础是信用，是人们的诚信，信贷本身就被称为信用。

可是，借贷总有可能因各种因素无法收回，储蓄会因银行的冒险扩张政策倒闭而损失，保单会因保险公司遭遇意外关门而失效，股票会因上市公司经营不善破产而一文不值。金融活动始终存在着各种不可避免的或可避免的风险，乃至因信用受损而自我毁灭。

由于金融活动本身包含着自我否定的因素即风险，对现代经济极其重要的金融活动便可对经济发展造成严重的破坏。一旦借贷资本的运作发生亏损，那么不仅借贷双方会由此遭受损失，而且人们会因规避风险而不愿投资。如果金融风险得不到控制，当系统性风险被引发而产生金融危机时，大量的借贷得不到偿还，金融机构纷纷倒闭，即便幸免于难也会因社会信用遭到破坏而不敢放贷，导致流动性枯竭，严重影响经济活动的开展，对整个经济造成重大损害。因此，为了维护正常的金融活动，必须对金融风险进行控制。金融监管的本质就是对风险进行控制或风险管理，保护金融的伦理基础即信用。

---

① 〔英〕亚当·斯密：国民财富的性质和原因的研究（上卷），郭大力、王亚南译，商务印书馆，1972。
② 〔美〕彼得·德鲁克：《社会的管理》，徐大建译，上海财经大学出版社，2013，第137页。
③ 陈志武：《金融的逻辑》，国际文化出版公司，2009。

一般而言，金融风险的原因可分为两大类：经济环境的不确定性和人为因素。环境的不确定因素主要指供求关系的变化和宏观经济形势，人为因素主要是指人们的投机欺诈行为。在现实中，金融风险的原因往往是多重复杂的，既有环境的不确定因素，又有人为的因素。环境的不确定性是无法控制的，不属于监管的范畴；但经济主体为了谋求利益最大化而实施的不道德行为不仅危害很大，而且在很大程度上是可控的，这是我们需要对人们的金融活动进行监管的行为基础。

根据金德尔伯格的研究，凡金融危机都具有相同的模式和要素。大致说来，历史上的金融危机都经过了四个阶段：第一个阶段是"外部冲击"事件阶段，它可以是任何一个改变了盈利机会的事件，如爆发战争、和平来临、降低利率、提高利率、有了新的发现或创造等；第二个阶段是经济繁荣阶段，在这一阶段，财富持有人与投机者找到了利用"外部冲击"事件牟利的手段，对之进行投资而使得经济繁荣起来；第三个阶段是经济过热阶段，由于最初进行新的投资的人赚到了新的利润，其他人便纷纷加入，乃至掀起投机热潮，其中不乏欺诈行为，导致资产价格不断攀升，甚至远远高出所谓的"基本要素水平"；第四个阶段是恐慌和崩溃阶段，在投机热潮之后，聪明的内部人开始出售持有的资产，随着价格的下跌，大家陷入恐慌，纷纷试图逃离，经济崩溃爆发。①

根据上述金融危机的模型，引起系统性风险和金融危机的人为因素主要是金融投机和欺诈行为。出于牟利动机，现实中存在着各种破坏信用的金融投机欺诈行为，如骗取银行贷款、上市圈钱、操纵证券市场、盲目投机等等。但根据以往的经验，会产生系统性风险并导致金融危机的投机欺诈行为，主要是金融机构的冒险扩张行为以及与此有关的欺诈行为。例如，20世纪80年代末美国爆发的一场银行倒闭危机，便源于美国主营房产抵押贷款业务的一种小型商业银行"信贷合作社"（Savings and Loan Associations）的盲目扩张行为。20世纪80年代初，美国政府放松了金融监管，各信贷合作社出于竞争的压力纷纷采取盲目扩张总资产规模的政策，其主要做法是大幅度提高储蓄利率，在竞争中争夺储户。由于当时美国的房地产业不景气，住房抵押贷款利率上不去，便发生了存贷利率倒挂的现象。在这种情况下为

---

① 〔美〕查理斯·P. 金德尔伯格：《经济过热、经济恐慌及经济崩溃——金融危机史》，朱隽、叶翔译，北京大学出版社，2000。

了生存下去，它们只得采取降低业主产权或净资产，并投资于有高额回报但风险也较大的证券等做法。其结果是产生大量坏账，出现资不抵债的情况。到1989年，在3000家这类银行中，破产倒闭的达到了515家，其余大多数也在财务上陷于困境。

20世纪90年代末爆发的亚洲金融危机，主要的原因便是东南亚各国的过分信贷扩张。20世纪90年代前期，东南亚各国的资本市场还不太成熟，企业过度依赖商业银行的间接融资，而银行又过于依恃政府的"主导"与担保，在这样的条件下，经济的快速发展必然使得银行信贷快速扩张。此时，大量的外资主要是西方发达国家的资本，看到有利可图，便迫不及待地流入东南亚各国，一方面加剧了银行信贷的过度扩张，另一方面使得这些国家的国内投资回报率不断下降，迫使这些国家的银行纷纷把流入的资金投向高风险项目，导致银行不良债权或坏账过大。当外资不相信这些国家的政府会担保由此可能产生的损失时，又快速地大量撤回资金，最后致使这些银行因支付危机而破产，并因此引发金融危机。

就目前这场由美国的次贷危机引发的全球性金融危机而言，其直接原因仍然是各种金融机构牟利性的冒险扩张行为以及有关欺诈行为：房贷中介和房贷公司为了牟利搞出了大量次级贷款，投资银行为了高额利润把次级贷款证券化、转移风险并把杠杆率提得很高，评级机构则为了赚钱隐瞒风险等等，共同制造了一个规模巨大的系统性风险，最后由于房地产泡沫的破灭而产生大量坏账，引发金融危机。①

综上所述，如果说金融监管的目的是通过对人为的金融风险进行控制来维护金融的伦理基础，那么金融监管的任务就是防止各种破坏信用的投机欺诈行为，尤其是金融机构的上述冒险扩张行为。由于市场本身无法有效地克服这样的投机欺诈行为，金融监管的任务便自然落到了政府的身上，成为政府不可推卸的责任。在现代市场经济国家中，金融监管从来都是政府的执法行为，是法治的一部分。

当然，金融监管所依据的具体法规并非一开始就有的，也不是一下子就完备的，而是随着问题的不断出现逐步演进的。历史上各国政府已经采用了各种金融法规、会计审计准则，乃至规定存贷款利率的升降幅度和银行的自有资本比例等规定，来防止金融投机和欺诈行为。这次美国政府开始实施的

---

① 徐大建：《对次贷危机深层原因的哲学反思》，《上海财经大学学报》2009年第5期。

《多德-弗兰克华尔街改革与消费者保护法》，又在整合原有的各种金融监管法规的基础上，针对新的金融投机欺诈行为提出了一系列新的监管措施，如建立新的监管协调机制、将场外衍生品纳入监管、将金融高管薪酬纳入监督、设立新的破产清算机制、创立消费者金融保护局等。

不过，无论具体的金融法规如何演变，它们的伦理基础却是不变的。根据金融监管的目的，我们便可得出金融监管的基本原则：融资活动应当遵循诚实不欺的基本伦理原则，严禁各种欺诈行为；投资活动则应当承担信托道德责任，遵循谨慎从事的基本伦理原则。这是制定关于各种金融活动的法律法规的伦理依据。以美国新出台的《多德-弗兰克华尔街改革与消费者保护法》为例，尽管这项法案包含着令人眼花缭乱的复杂内容，但它归根结底是围绕着监管系统性风险和消费者金融保护两大核心展开的，因此它的所有内容都可归纳为两种类型的监管：防止金融机构过度投机冒险以避免系统性风险的审慎监管，以及确保金融机构在为其客户提供服务时遵守一定标准的商业行为规范监管；前者基于信托和谨慎的伦理原则，后者基于诚实不欺的伦理原则。

二

由于金融危机的确与投机和诈骗行为有关，因此，只要金融监管能够有效地抑制投机和诈骗行为，那么加强金融监管便确实能在一定程度上防止金融危机。不过我们也要看到，由于以下的理由，金融监管也有自己的局限性。

首先，在现代经济中，金融危机的最终根源在于市场经济本身的内在矛盾产生的总供给与总需求的不平衡，这种供求不平衡的矛盾是无法通过金融监管来克服的。因此，金融监管不是一种防止金融风险的治本之策。

根据金融危机的直接原因，金融危机大致可以分为两类。第一类金融危机的直接原因虽然不能完全排除金融机构的投机欺诈行为，但主要是因市场经济内生的基本缺陷决定的社会供求不平衡引发的。从效率的角度看，市场经济本身的无政府生产状态必然会造成生产过剩、产生供给大于需求的矛盾；从公平的角度看，市场经济本身的自由竞争必然会造成分配上的贫富悬殊，导致社会购买力不足而产生供给大于需求的矛盾。当市场经济的上述两种基本缺陷相结合，共同产生出供给过剩而需求不足时，就会发生企业大批倒闭、员工大量失业的经济衰退现象，同时引发股市崩盘、银行破产和流动性枯竭等金融危机现象。20 世纪 20 年代末至 30 年代初的世界经济危机就是这类金融危机的一个典型案例。

另一类金融危机的直接原因则主要与金融机构的投机欺诈行为相关，其过程可用上述金德尔伯格的金融危机模型加以说明，其实例可举我们以上所述的几次金融危机，如 20 世纪 80 年代末美国的"信贷合作社"倒闭危机、20 世纪 90 年代末爆发的亚洲金融危机以及目前这场金融危机。从表面上看，这类金融危机与生产过剩和需求不足没有直接的关系。但只要深入探究一下就可发现，上述金融机构之所以采取投机冒险的行为，把大量的资本投到虚拟经济领域或高风险的领域之中，乃是因为实体经济领域或其他的领域已经生产过剩而无利可图了。所以，金融机构的冒险扩张行为的根源仍然在于生产过剩和需求不足。

以目前的美国次贷危机为例，表面上看，这次次贷危机不同于以往的生产过剩经济危机，相反却表现为一种消费过度。但次贷危机中表现出来的消费过度，不是有钱人的纸醉金迷，而是穷人或没有消费能力的人的贷款消费；在自由放任的市场经济中，穷人无法贷款消费，有效需求不足的问题马上就会显现出来，但在美国政府的政策鼓励和金融机构的巧妙运作下，穷人的贷款买房使得"有效需求不足"表现为"消费过度"，只不过金融机构的这种投机欺诈行为注定要演变为危机。可见，这次危机所表现出来的消费过度，本质上仍然是有效需求不足。

其次，如上所述，金融监管的任务是防止各种破坏信用的投机欺诈行为，以便控制风险，维护信用。不过，金融监管虽然能在一定程度上控制投机和欺诈造成的经济过热，但这种控制是有局限性的。

在市场经济条件下，由于生产处于无政府状态，牟利的冲动必然会造成投资过热。如果说监管的对象是投机而不是投资，那么如何来区分投机和投资呢？投资与投机之间并没有截然分明的界线，它们之间的相对界线在事先并不清楚；所谓投机，大都是事后被认识到后才被纳入监管法规的。因此，金融监管从来都是滞后的，它无法预防先前没有出现过的投机行为。

从这次美国次贷危机来看，系统性风险主要产生于金融创新，即证券化贷款或金融衍生品交易。因此许多人认为，过度的金融创新和缺乏监管是导致这次金融危机的主要原因，但这种说法只具有事后的正确性。在危机爆发之前，没有人认为房贷的证券化是错误的，由于这些金融创新是新生事物，人们对它们的风险没有经验,现有的数学定价模式只有理论上的可靠性,没有经过实践的检验,当时也不可能存在针对它们的监管法规。因此从逻辑上说,缺乏对金融创新的监管不可能是导致次贷危机的原因,金融监管永远是为了防止旧的错误,而不能防止新的错误。

最后,金融监管在操作中还要考虑如何维持监管与创新的平衡,由此也限制了金融监管的充分发挥。

正如我们已经指出的,金融活动和金融创新是现代经济的主要动力之一。但投机行为往往会利用金融创新,因此对投机行为的金融监管总要涉及金融创新。然而为了保护投资者的利益而实行严厉的监管,很可能不利于金融创新和金融效率。一个有名的例子是,1720年的"南海股票泡沫"导致了一项严格限制上市公司的"泡沫法案",要求所有新公司上市前必须得到议会的批准,这个法案从根本上扼杀了英国股市的进一步发展,使伦敦股票交易沉闷130余年,阻碍了英国经济发展。为了经济发展,我们不得不考虑监管的限度。

金融监管的实践也表明,金融监管与金融创新是一对矛盾,人们在实践中不断地调整着两者的冲突,努力实现金融安全与金融效率的协调和统一。以金融监管比较先进的美国为例,金融监管的发展是一条从无到严格监管和安全优先、再转向金融自由化和效率优先、最后走向安全与效率并重的道路。20世纪30年代以前,美国的自由市场经济处于鼎盛时期,不存在真正的监管法规,金融机构的行为基本不受监管。从20世纪30年代至70年代,由于1929~1933年的经济大萧条,美国出台了一系列金融法案,并赋予央行和证券监管机构监管职能,实施分业经营、严格市场准入、利率管制等严格监管和安全优先的监管政策。从20世纪70年代至80年代末,由于美国经济长期陷入滞胀,在强调效率的新自由主义经济思想的影响下,美国又出台了另一些法案,实施放松管制、分业经营向综合经营转变和利率市场化等金融自由化和效率优先的监管政策。自20世纪90年代以来,由于金融自由化的潮流和开放式的全球化统一金融市场的初步形成,一系列区域性金融危机相继爆发,迫使人们又重新开始关注金融体系的安全性及其系统性风险,特别是2007年爆发的次贷危机,迫使美国开始实施一系列平衡金融创新与金融监管的安全与效率并重的监管政策。

综上所述,我们应当清醒地认识到,金融监管虽然是防止或缓和金融危机的有效手段之一,因而必须加强,但由于金融监管存在着以上的局限性,既不能消除金融危机的深层原因,也不能有效防止不断翻新的投机欺诈行为,我们不能把金融监管当作防止不道德金融行为和金融危机的万应灵药。为了更加有效地防止不道德金融行为和金融危机,我们还要针对危机的深层原因采取措施,例如加强经济的宏观调控以抑制生产过剩,采取各种消除贫富悬殊的政策以增加有效需求;同时针对金融监管无法有效防止的不道德金融行为采取非监管措施,至少可以采取两种有效的非监管措施。

首先,我们应当加强新闻舆论对资本贪婪的监督作用。事实表明,对于不在法律法规管辖范围之内的不道德行为,包括不道德的金融行为,最有效的制约手段就是公众舆论的制裁了。安然事件、世通公司事件等震惊世界的不道德金融行为,最初都是被新闻媒体揭示出来,引起公众的愤怒,然后才进入司法程序或者引发新的法案制定的;如果仅仅依靠法律监管,那么这些事件要么会由于根本不在法律监管范围之内而得不到处理,要么会由于法律监管的发现成本太高而根本发现不了。公众舆论的制约,不仅适用于金融监管无法有效防止的不道德金融行为,而且由于交易成本较低而不可或缺。

其次,我们应当在制度设计上让金融活动的决策者自己承担起风险责任,具体地说就是政府不应当无条件地为金融机构担保。事实表明,20世纪80年代末美国的"信贷合作社"倒闭危机、20世纪90年代末爆发的亚洲金融危机以及目前这场金融危机,其根源之一,都是因为美国政府或东南亚各国政府为金融机构提供了或明确或隐性的担保。道理很简单,由于政府的担保可以使金融机构在冒很大风险的同时却不必为此承担责任,赚了钱是金融机构的,亏了钱却是国家或老百姓的,这就会促使金融机构胆大妄为,进行过分的投机冒险。因此,在制度设计上让金融机构必须为自己的决策承担起风险责任,是制约投机冒险行为的必要措施。

(作者系上海财经大学人文学院教授)

过度金融化的风险与伦理防范措施

郝 云

一 金融逻辑和资本逻辑的过度演义与金融危机的生成

资本是追逐剩余价值的价值，而金融的功能则是通过对资金的融通使更多的要素成为资本。金融的特点是使跨时间、跨空间的价值交换成为可能，凡是涉及价值或者收入在不同时间、不同空间之间进行配制的交易都是金融交易。① 这种交易形式使土地、固有财富、未来收入流都成为信贷资本，参与资本的增值过程和资本化过程，这在很大程度上增加了资本的供给。

如果说资本追求剩余价值，那么金融业追求的就是套利机会，确切地说是通过对资本的盘活而从中获取套利机会。"如果说经济学更关心的是番茄酱市场供需总量与价格的基本因素"（马歇尔语），金融学家则只研究番茄酱本身的交易价格，关心其中是否有套利机会。因此，萨默斯称金融学家为"番茄酱经济学家"。② 亚当·斯密也看到了金融机构的这个本性，他指出："慎重的银行活动可增进一国产业。但增进产业的方法，不在于增加一国资本，而在于使本无所用的资本大部分有用，本不生利的资本大部分生利。"③ 在古典经济学那里，生利是金融业追求的目标，但这种生利还是交易性的，

---

① 陈志武：《金融的逻辑》，国际文化出版公司，2009，第9页。
② 施东晖：《现代金融学前沿》，上海交通大学出版社，2006，第3~4页。
③ 亚当·斯密：《国民财富的性质和原因的研究》上卷，郭大力、王亚南译，商务印书馆，1997，第294~295页。

金融机构只是作为信用媒介而存在，是被动的参与。在熊彼特那里，信用媒介论发展成了信用创造论。他认为，银行的作用不在于其作为中介人的作用，而在于其信用创造能力。① 这就使投资独立于储蓄，金融的功能不再是被动的。20世纪80年代以来的金融创新，则沿袭并深化了这种理论。金融创新使金融机构的业务不断拓展，从根本上改变了整个金融业的面貌，提高了金融市场的效率。从金融的这种逻辑演义来看，金融过程通过其杠杆作用使货币放大、资本扩张；通过将未来的、潜在的资源大量透支、变现使利润增长、财富积聚。

但另一方面，正是由于资本的逐利本性以及金融套利的逻辑，助长了金融冒险行为。马克思指出："信用使这少数人越来越具有冒险家的性质。因为财产在这里是以股票的形式存在的，所以，它的运动和转移就纯粹变成了交易所赌博的结果；在这种赌博中，小鱼为鲨鱼所吞掉，羊为交易所的狼所吞掉。"② 马克思点到了问题的实质，从金融业近些年的高速发展看，金融的这一逻辑过程使社会高度金融化，作为金融化了的社会，信用交易的泛滥，金融衍生产品的大量推出，使金融行业成为不稳定和高风险行业。其结果是大量投机行为出现，零和游戏、负和游戏以及赌博行为冲刺市场，有些创新产品的推出主要出于投机目的，而不仅仅是融资。

美国次贷危机就是金融逻辑与资本逻辑过度演义的结果。表现为金融逻辑无节制的发展产生的危机。从美国次贷危机的逻辑过程来看，最初的次级债券经过多层的证券化处理与金融创新（MBS、CDO、CDS等），相关资产规模数量呈几十倍的放大，在次级债繁荣时期，次级贷款被打包为证券的比例，曾从31.6%一路增到2006年的80.5%。这样加大了投机行为的发生，且交易各方无法控制这种游戏。

危机的背后是对信用的无节制的滥用和对道德理性的淡化。由于金融衍生产品的过度扩张，使依靠市场或模型定价已变得非常困难，信用评级公司也无法对资产组合给予正确评级，投资者更无从知道衍生产品背后资产的信用情况。再者，金融逻辑与资本逻辑的贪欲与逐利性一面的过度放大使金融市场主体的道德意识淡化。交易各方为追求自身利益的最大化，忘却了自己的义务和责任，希望把利益留给自己，风险转移给别人，这也

---

① 黄金老：《金融自由化与金融脆弱性》，中国城市出版社，2001，第17页。
② 《马克思恩格斯全集》第25卷，人民出版社，1974，第497页。

助长了金融创新的发起者的过度创新甚至恶意创新行为，形成了恶性循环。就某种意义而言，金融危机是一种道德危机，表现为信任关系的断裂以及义务感的沦丧。

反思次贷危机的发生，金融逻辑、资本逻辑与道德逻辑始终交织在一起，在金融逻辑运行的始终，都有道德的相伴。金融逻辑的过度演义，总会突破信用与责任的界限，过度金融行为超出了道德的荷载、信用的边界。因此，道德的力量应该在金融逻辑的演义中发挥重要作用。要解决金融逻辑的过度演义问题就要确定道德的责任体系和信用的边界。

二　信用拓展边界与金融逻辑张力的确定

"信用"把金融与道德紧紧地连接在一起。从经济学的角度看，信用是一种借贷关系，这种借贷关系在法律上表现为契约关系，在道德上表现为相互间的信任。信用交易必须在一定保障体系下才能正常运行，在信用制度未建立之前，信用靠熟人社会的信任关系支撑和维系，近现代则通过信用体系、产权制度、法律制度与伦理规范来共同保障。超出了一定的约束，信用必定会弱化、虚拟化和空洞化。

由此可见，信用有一定的约束条件，约束条件的确立就是其边界的规定。信用的约束条件主要有时间、空间、额度、制度环境等客观因素及主体履行承诺的主观意愿等。当我们说某个金融市场主体是有信用的，是说他（它）在一定时空中有能力和意愿去履行信用承诺，超出这个范围，他（它）就不一定是有信用的。因此，通过信用评级，可以确立信用透支的额度。信用评级也要受时空等因素的影响，它是动态体系，某个信用点的评价只能代表过去或一定时间对借贷人的信用判断。

金融的扩张与信用的延展是相伴而产生的。控制了信用的度就控制了金融发展的量能。按照经典的金融学理论的观点，金融行为是建立在完全理性投资者行为基础上的，金融逻辑追求套利的结果，必定是不加限制地扩张信用、大量推销金融产品、创新金融工具。这样使信用风险与金融风险同步增加。信用风险虽然不能代表金融风险的全部，但它是金融风险的核心要素。如果对风险的程度不加控制，就有可能带来巨大损失直至金融危机。这是因为，以信用风险为核心内容的金融风险与一般的市场风险相比有更大的不确定性。一是由于金融把将来的信用能力作了跨时间的交换、透支与变现，从而增加了不确定性和风险,这种不确定性是不可衡量的不确定性。① 这比可衡量的不确定性风险更大。二是金融市场信用风险不仅包括利息损失,还有本金可能受到损失。三是金融机构的创新导致了信用的不确定性,许多参与者不知道金融产品信用的真实信息。

美国次贷危机就是由于信用风险的不加限制造成的结果。由于风险是未来的、不确定的,参与者或抱着侥幸心理,从高风险中追求高利润;或力图将风险进行转移以规避风险。在次债危机爆发前,整个次级债的产品链条都存在着风险,又都在转移风险,没有一个环节在控制风险。一些保险机构为了利益也铤而走险,为次级债券提供担保。在次贷通过证券化转为次债的过程中,就存在信用担保危机引发的一系列问题,如过度担保。"两房"就是因为隐性的国家担保,误导投资者,在不清楚自己买的是什么,就盲目投资。由美国次贷危机的风险化解样式可以看出,当风险积聚到一定程度,信用担保也不能起到作用,因为信用担保也不能超越限度。美国的次级债担保,使最大的保险公司 AIG 集团被政府接管,有的风险连国家也无法给它担保和买单。

可见,高度的金融风险在金融的发展过程中对市场的损害是巨大的,而高杠杆驱动的金融产品,加之高负债的经营模式使金融的脆弱性暴露无遗,给金融风险的高度积聚推波助澜。金融的脆弱性折射了信用的脆弱,信用的脆弱是由信用度的逾越所决定的。因此,对资本逻辑和金融逻辑张力的把握就要把握信用拓展的边界。

信用的边界就是信用能力的限度以及信用责任的限度,超越了这个规定就是否定,信用的否定形式带来的是对承诺和责任的否定,是自觉或不自觉的违反了承诺,从而失去了信任和信用。

因此,以信任和责任为主要内容的道德约束条件在金融逻辑运行中应起到重要的作用。有种观点认为,金融自由是不应该受到约束的,金融监管是事后发现问题时才采取的措施,本身就是被动的和滞后的,因此,不能因为金融危机而因噎废食。笔者认为,这一观点有失偏颇。正因为是滞后的,我们就有加强防范的必要。不过,这种观点也揭示了金融监管局限性的一面。参与者可以较容易地逃避监管,且在确立对什么样的行为进行监管、何种程度进行监管时,比较难以把握,而道德的作用在此有广泛的用武之地。

---

① 孟庆福:《信用风险管理》,经济科学出版社,2006,第 3 页。

道德作用的重要性还在于金融市场比一般市场对道德的要求应该更高，因为不遵守道德所造成的损失和危害更大。金融市场权利与义务的实现从时间的维度看是非同时进行，而是延时进行的，契约的履行方式是非及时交割，这容易出现信用问题和道德危机。

以上分析可以看出，金融逻辑的运行是金融与伦理的相互促进和相互制约的结果。信用的边界就是道德责任的边界与信用能力的边界的统一。

三 金融的发展与伦理防范措施

确立信用边界与道德的作用之后，更重要的任务是要建构合理的伦理防范体系。在现有的金融体系中，伦理规范作用是有限的，且信用与伦理体系比较紊乱，面对金融的快速发展，道德的建构是滞后的，没有跟上金融发展的脚步，有的规范体系与金融发展不相适应，因此，需要建构和重建。美国金融危机的教训值得我国汲取，金融的发展与道德规制的建设必须同步进行。要进行金融领域的道德建设应注重以下几个方面。

首先，要确立权利与义务的关系。信用主体之间确立权利与义务的关系就产生了信用。债权与债务就是权利与义务的结合，是授信人与受信人之间确立的权利与义务的信用关系。可以说信用主体双方没有建立起以信任为基础的相信的心理预期和伦理期待就不可能有契约，而这种权利与义务关系的载体就是商业票据、股票、债券等信用工具。反过来，这些信用工具传递和固化了伦理关系，如信用工具运用得当，就会产生共同盈利效应；相反如滥用信用，就会破坏伦理关系，使双方遭受损失。

其次，建立信用状况的评级机制以及信用过度的警示机制。一般认为美国金融市场很发达，信用体制比较健全，为什么出现以信用危机为主要形式的金融危机。笔者认为，主要是对信用评级的忽视和滥用，以及对信用边界缺乏警示措施。传统社会的信用边界是熟人，超出一定的范围信用就会失效，因此对陌生人的交易是有警惕性的，这样保证了资金的收益和减少损失。传统银行体系的边界是有担保的，是在借贷能力范围内进行的，金融机构都有一定的边界。而现代金融体系中间环节越来越多，末端很难了解信用的基础状况和初始状况。

此外，经过重新设计过、包装过的衍生产品掩盖了信用的真实性质。次贷危机的导火线是债务抵押证券（CDO）。CDO把从平均质量不好的一堆资产中通过不同的清偿顺序来人为降低一部分资产的风险。但 CDO 买家没有意识到，如果资产质量不好，即使最好的一部分也不会成为优质资产。由于组成 CDO 的资产包之间是高度相关，导致了一损俱损。

因此，每种产品的设计和推出都要建立相应的评级机制和警示机制。评级机制特别要注意源头的评级，信用要从起始端抓起，信用机构不能淡化基本的、为其安身立命之本的承诺体系——为大众提供安全、有保障的信用产品；金融机构还要建立快速及时的警示机制，包括对业务过度交叉的风险的提示。

再次，建立责任分担体系。在金融发展的过程中，由于金融中间环节的越来越多，推脱责任的事情也越来越多。美国金融危机发生后，都把责任推给了别人。如证券公司借口自己只是按照市场的需要出售金融衍生品，将责任推到银行头上，银行借口自己只是根据房贷公司提供的资料发放贷款将责任推到房贷公司头上，而房贷公司将责任推到信用评级机构头上，因为他们提供了不真实的客户资料，而信用评级机构将责任推到消费者的身上，因为客户自己隐瞒了实情，最终这个责任还是由在金融危机中利益真正受损的消费者承担了。

在金融市场中，每位主体都参与了交易，都应有责任的分担。美国次贷危机中参与的主体有投资银行、金融业从业者、保险公司、风险投资基金、贷款公司以及投资者、贷款人等。他们应该共同承担责任或分摊责任。花旗集团前 CEO 查尔斯·普林斯就金融危机接受《财经》记者采访时表示："我不想为投资银行辩护，但是很清楚，这个链条上的每个参与者，包括投行、投资者和评级机构都有责任"。① 应该说这种评价是中肯的。

最后，完善自律机制。银行开展金融创新活动，应遵守职业道德标准和专业操守，完整履行尽职义务，充分维护金融消费者和投资者的利益。努力避免在销售过程中的欺骗行为，诸如夸大产品收益、掩饰产品风险，误导消费者等，要将信息完整地给客户。而投行及华尔街的风险家们只顾通过金融创新取得高薪水、高待遇。而这些待遇来源于他们自己制定的创新产品的高价格以及高额手续费，并将风险转移给了广大投资者，将职业道德要求束之高阁。

---

① 孙飞、赵文锴：《金融风暴启示录》，新世界出版社，2008，第 45 页。

金融共享：一个伦理学脚注

董必荣　张　雄

"金融共享"意指金融资源、平台以及成果的合理分享。它是追求金融本质的民主化和大众化显现。体现了利他主义和经济正义的伦理原则。金融学家、诺贝尔经济学奖得主罗伯特·希勒指出："在经历金融危机之后许多人不禁要问，金融到底能在社会良性发展中扮演怎样的角色？不论作为一门学科、一门职业，还是一种创新的经济来源，金融如何帮助人们达成平等社会的终极目标？金融如何能为保障自由、促进繁荣、促成平等以及取得经济保障贡献一份力量？我们如何才能使得金融民主化，从而使得金融能更好地为所有人服务？"[①] 笔者以为，该论述深刻地提出了一个十分重要的问题：金融化世界的金融共享伦理问题。其中有三个重要的逻辑预设：①金融共享的价值预设是追求经济正义的原则；②金融共享的实质：从金融理性（追求最大化赚钱效应）回归到金融本质（追求民主，服务大众）。③金融共享与好的社会相关联。

一　"金融共享"的起源：聚合－合约－预期

众所周知，金融有三个功能特征：追求价值的跨时间转移；就未来结果达成相应契约和权力；可转让性。金融的功能与本质决定了金融共享是其核心价值观。通常而言，金融共享有三种寓意空间：一是金融与人类生活的共

---

① 罗伯特·希勒：《金融与好的社会》，束宇译，中信出版社，2012，第2页。

享,共享意指,在分有金融服务时人人都有平等的享用权力,即金融服务于每个人,它更多指向作为工具意义上的金融,与作为实体意义、主体意义上的人类,它们是人与工具的关系,是享用与被享用的关系。二是金融与相关利益群体之间的分有关系。利益的需要将相关者聚合起来,如银行与客户的关系、基金公司与基金投资人关系、上市公司与股东的关系等,在这些不同投资关系的框架中,利益的预期成果和风险,应当是借债人与放债人共同担当、共同分有的。这是惯例、暗示以及默会知识的伦理要求。三是金融创新与社会发展各领域的分享关系。

首先,人类最初的金融活动,就已经有着金融共享的伦理胚胎。金融起源可追溯到人类史前时代,据文献考据,金融已有4000年的发展历史。在古巴比伦就出现了人类早期的"贷款合约"[①]。早先金融工具的基础性作用是把相关协议或合约记录下来。共享伦理渗透在合约关系中:借债人与放债人的关系就是共享的关系,机会和利益的分有,既是平等自愿的,也是各得其利的。一方面,原本可能一无所有的借债人,通过合约获得了足够的钱,从而可以将财富机运变成值得预期的财富效应;另一方面,放债人把当下的财富放入"时间机器"中,将其价值转移到未来的某个时间节点,以期更多的利息补偿和财富增量。这种利益和机会的共享,从哲学上说,是时间的财富原理的发现,显示了人类的精神自觉:既反抗了大自然的有限物理时间的力量,又超越了有限的财富流转物感空间的限制。从伦理维度分析,共享是人类原始性存在的一种伦理本质,没有合作,没有集体主义战斗精神,人类不可能从原始自然恶的状态中解放出来;同理,这种原始共享精神,也生成了早期物物交换乃至金融合约、金融工具发明并使用的共享伦理,交换的本质就是利己与利他的贯通。可见,早期金融共享伦理的出现,至少证明两个事实:一是金融工具的发明,意味着人类有了集体无意识的利益聚合方面的诉求;二是金融合约就是共享合约,它不应当是强迫的,而是自主自愿的;它不应当是不对等的,而是体现相对公平公正的;它不应当是随意口述的,而是有记录的。所以,从金融的起源来看,金融有着天然的共享基因。

其次,随着阶级社会逐渐发展,金融秉性发生了改变,人类有关金融伦理的认知也出现了偏差。古希腊哲学关于时空、运动及其数学等认知的发

---

① 威廉·N. 戈兹曼等:《价值起源》,王宇等译,北方联合出版传媒(集团)股份有限公司、万卷出版公司,2010,第1页。

达，为后来金融的发展奠定了基础，但由于古代自然主义价值哲学支配着人类，财富被认定为天意的安排，那些玩转天意外财富智谋的人，被视为不安于天命的人，并值得诅咒。一批古希腊哲学家们普遍憎恨高利贷及利息，亚里士多德就认为："最为可恨的和最有理由仇恨的就是高利贷，因为它是从货币自身获利，而不是从它的自然物最后获利。货币是用于交换的，而不是用于生息的。"① 但尽管如此，由于希腊当时主要依靠航海贸易，而这又充满风险，所以，用于对冲风险的合同、契约是不以人的意志、好恶为转移的。

复次，现代金融有着自身的特点，尽管远古时期就有金融的萌芽，但它还不是现代意义上的金融，主要表现在：①它是偶发性的，不是常态化的；②主要用于战争或解决王室的债务。而战争与挥霍是毁灭财富，所以不具有可持续性。但直到近现代社会，金融才被真正启蒙，马克思在《资本论》中提出："假如必须等待积累去使某个资本增长到能够修建铁路的程度，那么恐怕直到今天世界上还没有铁路，但是，通过股份公司转瞬间就把这件事完成了。"从中可以看到：通过金融工具聚合大众资本，以合约的方式，以预期收益为杠杆，推动分工、市场、工厂制、公司制等的大发展。西美尔在谈到中世纪欧洲的行会与现代货币经济的聚合时说："中世纪的行业协会囊括了一个人的全部生活：一个裁缝行会绝不单单只是有兴趣做衣服的人的单纯联合，而是聚合了技术的、社会的、宗教的、政治的以及诸多其他方面的一个生活共同体。……货币经济与这种整一的形式水火不容，货币经济可能造就出无数形形色色的聚合形式。……股份公司尤其是这样，持股人只是为了分得股份红利走到一块儿，……只共享一种金钱利益。"② 所以，单纯的聚合不能产生资本主义，只有以合约的方式、以预期利益为目的，货币只有借助于金融这一中介，才能最后转化为资本。这充分说明，现代金融对工业革命、对现代资本主义的起源及其发展的重要意义。

可以推论，如果没有金融合约，如果没有金融工具，人类的历史就没有地理大发现、就没有西方的殖民③、就没有工业革命，也就没有现代资本主

---

① 威廉·N. 戈兹曼等：《价值起源》，王宇等译，北方联合出版传媒（集团）股份有限公司、万卷出版公司，2010，第 24 页。
② 西美尔：《货币哲学》，陈戎女译，华夏出版社，2003，第 266 页。
③ 1584 年英国成立"弗吉尼亚公司"，从 700 多名股东那儿融资，其招股书宣称可能是历史上第一份招股书，公司的目的主要是开发北美洲。

义。"荷兰东印度公司创新的融资机制资助了欧洲人在全世界范围内进行航海探险和商业扩张,这是它最重要的意义。……荷兰东印度公司的成立意味着欧洲殖民主义的出现,在其后的300年里,它改变了全球经济格局,并且催生了资本主义的一些最臭名昭著的特征。"① 特别重要的是,荷兰东印度公司的股票全欧洲投资者都可以交易的股票。以至于德国经济学家海因索恩和斯坦格尔认为:"所有的发展和进步,都是银行业在灵活运用有价证券的基础上实现的。"② 布罗代尔在比较了东西方发展的不同历史轨迹后也认为:"如果将之与世界其他地区的经济相比较,欧洲经济更为发展的原因看来是在于其工具与建制的优势,即拥有证券交易所和各种形式的信贷"。③ 毫不夸张地说:金融就像阿基米德所说的,但它既是支点,又是杠杆,正是金融撬动了世界历史。

二 金融共享:历史与逻辑的背离

在现代性的规制下,金融共享问题变成了两种话语体系的批判问题:一种是马克思式的资本逻辑批判文本,主要揭示现代金融在资本的定义下如何背离共享伦理的原理。马克思在批判金融资本时指出:"由这种所有权证书的价格变动造成的盈亏,以及这种证书在铁路大王等人手里的集中,就其本质来说,越来越成为赌博的结果。赌博已经代替劳动,并且也代替了直接的暴力,而表现为夺取资本财产的原始方法。"④ 从现实的社会关系层面透析,金融所反映的已不仅仅是物与物的合约关系,更重要的是,在特定的私有制社会,它深刻地反映了人与人之间的生产关系、经济关系以及不平等的财产剥削关系。所以,金融共享必然出现历史与逻辑的背离。另一种是席勒式的现代金融批判与反思的文本,反思主流经济学极端的经济理性、金融理性的学术教条之错误,倡导现代金融之美、金融共享的伦理精神。特别呼吁一种新型的金融共享社会的构建,特别强调金融与好的社会结合的制度创新。席勒指出:"当今的社会经济结构从本源上讲是受金融的影响而形成的,在这

---

① 威廉·N. 戈兹曼等:《价值起源》,王宇等译,北方联合出版传媒(集团)股份有限公司、万卷出版公司,2010,第13页。
② 索托:《资本的秘密》,于海生译,华夏出版社,2012,第50页。
③ 布罗代尔:《资本主义的动力》,杨起译,三联书店,1997,第23页。
④ 《马克思恩格斯全集》第25卷,人民出版社,1971,第541页。

一前提下,每个人都更应该更仔细地思考个人行为能够对整个社会经济做出怎样的贡献。"① 但是,现实世界中金融的"富人更富"的秉性与金融的民主化、人性化的矛盾对立不可调和。为什么在其历史化过程金融共享会发生偏离?

21 世纪是世界走向金融化的世纪。从经济的金融化到世界的金融化,人类的历史不到 40 年,在现代性的视域下,金融化的生存世界是个高度经济理性、高度世俗化、高度价值通约的世界。无论是物质世界还是精神世界,是制度世界还是生态世界,是产品世界还是资源世界,它们的存在和流转,都直接或间接地受到金融工具的影响及制约。不可否认,现代金融以它特有的抽象性、流动性和杠杆率使得经济社会得到了快速增长、人性得到了解放、自由得到了释放,但它也是一个充满了二律背反的生存世界:人的精神本质与人的对象化世界的异化更趋深重,在西方,金融还使许多家庭的负债呈几何级数式增长:家庭消费的增长并不是因为工资提高,而是低利率以及信用消费的发展。另外,金融也使一些西方国家(如美国)出现所谓"负债式增长",即通过借债来支持其庞大的社会福利、贸易赤字。金融化不但造成全球的两极分化,就连美国本土的两极分化趋势也越来越大。皮凯蒂在《21 世纪资本论》中提出:在 1980~2014 年间,美国 70% 的收入进入顶层 10% 人群的口袋。美国的基尼系数从 1929 年的 0.49 下降到 1968 年的 0.39 再反弹到 2012 年的 0.451;所以,基尼系数高企是一个普遍问题,(美国主要是金融资本的再分配,索罗斯认为,在发达国家,全球化的好处主要是形成了占全国人口不到 1% 的金融资本所有者阶层)。正如列宁所说:"现代法国的金融史,假如要坦率地写出来,那就是一部像洗劫被占领的城市一样的许许多多的掠夺的历史?这是一部狡猾的金融家洗劫愚昧人民的历史……"②

世界发展离不开金融体系的创新,人类自从有了经济活动,也就有了金融创新。金融创新本质上是人类追求自然历史化的意志显现,是人类根据自身实践需要而不断开拓生存时空资源的诉求。但现实的金融体系已偏离了本质。马克思认为:"这种信用民主化不仅要使国家的某些地区,而且要使整

---

① 罗伯特·希勒:《金融与好的社会》,束宇译,中信出版社,2012,第 18 页。
② 《列宁全集》第 39 卷,人民出版社,1971,第 486 页。

个国家成为一个赌窟,以便对它大量地进行欺诈。"① 以西方主宰的全球资本金融体系存在着两个致命问题:一是不断产生世界财富运动的两极分化,贫富差距有增无减;二是遵循资本逻辑的发展,提倡"恶"的历史驱动,弱肉强食、强者必霸的地球生态,追求资本效益的最大化,它必然带来这个地球上的多重灾难,从根本上背离了金融共享理念。

深究背离的原因,主要来自世界资本金融体系的高度垄断,由共享变成独享。以美国为首的西方国家,他们的资本逐利秉性、霸权主义的任性操纵了全球的资本金融市场。如果这种"中心"与"边缘"、主体与"他者"的结构得不到根本改变,那么国际经济新秩序就是纸上谈兵。全球资本金融体系的巨头,通过资本集中的操控权力,积极形成庞大的控制体系,尤其是,实现控制金融虚拟资本的所有者与控制产业资本的所有者,共同构成全球资本垄断权力体系,借助权力与资本的互动,最大化地占有全球范围的剩余产品、剩余劳动和剩余价值,从而导致全球贫富差距进一步拉大、两极分化更为严重的生存态势。

三 金融共享的"中国方案"

希勒尽管提出"金融民主"的概念,但未提出具体的切实可行的解决方案,要想在私有制一统天下的西方资本主义社会实现"金融民主""金融共享",就好比西方"政治民主"一样,无疑是缘木求鱼。列宁早就提出:"股票占有的'民主化'会造成'资本的民主化',会加强小生产的作用和意义等等,可是实际上它不过是加强金融寡头实力的一种手段而已。"② 而中国近30多年发展的道路、制度、模式,却为构建"金融共享"提供了可能,法国学者皮凯蒂提出:"如果公共资本能够保证更均等地分配资本所创造的财富及其赋予的经济实力,这样高的公共资本比例可以促进中国模式的构想——结构上更加平等,面对私人利益更加注重保护公共福利的模式,中国可能在21世纪初的现在最终找到了公共资本和私人资本之间的良好妥协与平衡,实现真正的公私混合所有制经济,免于整个20世纪其他国家所经

---

① 《马克思恩格斯全集》第14卷,人民出版社,1971,第322页。
② 《列宁专题文集:论资本主义》,人民出版社,2009,第138页。

历的种种波折，朝令夕改和从众效应。"①

构建金融共享的中国方案，首先需要处理好三对矛盾关系。其一，共享的技术向度与人本向度的矛盾关系。金融的中心点是资本市场的运营，资本资产的供给和定价，它不同于实物经济中偏向静态和确定性的市场目标及方法，因此，践行金融共享，摆在第一位的是技术向度方面的风险规避、收益核算、运营安全稳定等考量，否则就谈不上金融共享的可能了。可是，遵守收益至上，金融理性的最大化赚钱，又不能违背金融服务大众的人本向度的追求，在实际履行共享原则的过程中，一方面不能"嫌贫爱富"，另一方面又不能批量产生"呆账死账"，这里的关键问题需关键处理，国家要不要做出姿态，如中小微企业贷款难的问题。其二，共享的形式与共享的内容的矛盾关系。共享的形式要服从共享的内容，内容决定形式，内容就是大众的获得感和安全感、服务的便捷性等。一方面，没有共享形式的多样化和规模化，就不能满足亿万中国人民日益增长的金融品需求，但是，共享空间最大化与共享成本合理化的权衡也是必须考虑的。另一方面，过于追求外在的共享形式，不注重共享内容的体验，大众并不感到实惠。那种摊大饼式，为共享而共享，只注重共享形式的表面化和形象工程，不考虑现实条件和能力，做表面文章，结果是品种花样虽多，但既不实惠，又浪费国家资产，更是险象环生。其三，整体的金融共享与局部的金融共享的矛盾关系。首先要做到政府、监管部门、金融企业相互贯通，上下一盘棋。国家的政策拟定、各省市相关配套政策的出台、金融监管部门以及各类金融企业在把握国家整体金融共享战略问题上步调一致，做到政令畅通。局部的金融共享的实施，也要充分考虑发达地区与不发达地区、宗教信仰不同、文化习俗相异等方面的特殊性问题。

在中国这样一个人口最多的发展中国家，尤其是我国已提前步入老龄化社会，金融除了推动经济增长的功能外，更重要的还要关注广大人民群众的养老、医疗、就业等民生需求，金融共享尤为重要。主要是凸显"人民性""大众化""民主化"的价值尺度。目前我国已初步建立以全国社会保障基金、企业年金等国民金融安全和共享体系，并在资本市场上积极运作，以期保值增值。首先，在国家层面：主要是全国社会保障基金。2016 年末，社保基金资产总额 20423.28 亿元。社保基金自成立以来的年均投资收益率

---

① 皮凯蒂：《21 世纪资本论》，巴曙松等译，中信出版社，2014，第 17 页。

8.37%，累计投资收益额 8227.31 亿元。其次，在企业层面：主要是企业年金，2011年2月23日，新修订的《企业年金基金管理办法》正式公布。规定其投资范围包括银行存款、国债、中央银行票据、债券回购、万能保险产品、投资连结保险产品、证券投资基金、股票，以及信用等级在投资级以上的金融债、企业（公司）债、可转换债（含分离交易可转换债）、短期融资券和中期票据等金融产品。企业年金不得用于信用交易、不得用于向他人贷款，但可进行短期债券回购。投资股票等权益类产品以及股票基金、混合基金、投资连结保险产品（股票投资比例高于或者等于30%）的比例，不得高于投资组合企业年金基金财产净值的30%。再次，个人投资者：国家主要是出台各种措施保护中小投资者。2014年10月11日，国务院办公厅下发《国务院办公厅关于进一步加强资本市场中小投资者合法权益保护工作的意见》，证监会系统贯彻落实工作已经初见成效，正积极研究保障中小投资者行权保障监管规定、统一的投资者适当性管理规定、将投资者教育纳入国民教育的实施意见、投资者权益保护检查制度等。主要是保障投资者参与权、知情权和监督权，便利中小投资者行权。采取措施提升市场主体信息披露质量和细化披露、承诺责任。尽快出台实施中小股东单独计票等统一监管要求；还要强化中小投资者赔偿救助，积极推动权益维护。建立各类权益纠纷解决机制。健全督促侵权行为人主动赔偿投资者制度，推动建立监管机构责令购回制度和承诺违约强制履行制度等。

此外，为了实现建构人类命运共同体的伟大使命，中国又推出了"一带一路战略"，为此，我国发起建立了"金融共享"式的"丝路基金"① 以及"亚洲基础设施投资银行"②，用于启动这一人类历史上庞大的投资计划。

构建合理的金融共享模式，值得探讨的有5个现实问题。

（1）金融目标的对错，决定了金融能否实现共享的功能。席勒指出，金融的目标：不是"为了赚钱而赚钱"，而是服务民众。如果目标是霸者恒

---

① 2014年11月8日，国家主席习近平在APEC领导人加强互联互通伙伴关系对话会上宣布，中国将出资400亿美元成立丝路基金，为"一带一路"沿线国家基础设施、资源开发、产业合作和金融合作等与互联互通有关项目提供投融资支持。

② 亚洲基础设施投资银行（Asian Infrastructure Investment Bank，AIIB，简称亚投行）是一个政府间性质的亚洲区域多边开发机构。重点支持基础设施建设，成立宗旨是为了促进亚洲区域的建设互联互通化和经济一体化的进程，并且加强中国及其他亚洲国家和地区的合作，是首个由中国倡议设立的多边金融机构，总部设在北京，法定资本1000亿美元。截至2017年5月13日，亚投行有77个正式成员国。

霸，如现代美国的金融目标：让全球资本流向华尔街，不考虑全球不同国家之间的机会共享、利益共享，"那么金融的力量将颠覆任何试图实现目标的努力。""但是如果它能够正常运转，金融就能帮助我们走向前所未有的繁荣。"① 我们绝不能让逐利挤出共享、让利己挤出利他，让个人挤出集体。所以，要确保金融资源不被"错配"，我们一定要坚持人民性的基本原则。

（2）金融共享要善待利益相关者。其中既有金融从业者，他们核心的工作之一就是撮合交易，要公开、公平、公正；更包括广大投资者，特别是中小投资者，由于信息不对称、投资能力普遍较低等原因，中小投资者历来是资本市场的弱势群体，他们理应得到善待和保护。这既是一个利益共同体，更是一个命运共同体。

（3）确保金融共享，政府有必要干预公司管理层应得薪酬的决策过程，解决道德危机延迟付薪问题。金融共享必须首先防止公司高管贪欲过度的风险，有巨大利益则高层 CEO 少数人分享，巨大风险浮现则是多数人担当。金融共享变成金融蒙难，殃及无辜。如美国华尔街的金融危机事件所带来的后果。据报道：截至 2007 年年底，接受美国政府金融救援资金的首批 9 家银行共欠高级管理人员养老金和延期支付奖金超过 400 亿美元。这意味着政府旨在缓解银行流动性危机的部分资金可能直接流入高管腰包，当时就有 122 位美国经济学家致信国会，反对政府的 7000 亿美元的救助计划。克鲁格曼更是认为：金融中介的道德风险在导致过度风险投资既而形成资产泡沫化中所起的核心作用，即道德风险起初导致过度冒险，最后导致金融体系的崩溃。

（4）金融共享需要大力推进金融（主要是银行业）民主化进程。首先，将银行业的宗旨由传统的为富人和财商卓越的人服务，转变到更多地为大多数人服务上来。其次，加速推进银行业的民主化进程，使金融扮演社会资产管理者的角色。再次，积极探索金融共享的实践新模式。如历史上有过多次创新共享事件。如 19 世纪英国和美国出现的由慈善家联合发起的"共有制银行"，设立的目的在于为低收入人群提供储蓄的渠道和动力，不以营利为目的。再如 20 世纪出现的小额金融运动，以穆罕默德·尤努斯创办的孟加拉乡村银行为代表，其专门为被传统银行忽视的民众提供小额贷款。既加强了民众应对风险的能力，又增进了人民大众社区间的联系，并且开拓了民众

---

① 罗伯特·希勒：《金融与好的社会》，束宇译，中信出版社，2012，第 10 页。

非常规信贷的渠道，真正实现了金融共享的社会效果。再次，互联网的发展，进一步加快了金融共享的进程，它使个人放贷者可以通过小额贷款金融机构向贫困地区的贷款人发放小额贷款成为可能，而且可以借助互联网的力量与接受其贷款的人进行一对一的互动。我国的问题是在目前的条件下如何扩大国有银行对中小企业的融资？中小企业一般是一个国家经济发展的未来，当然，存在着信用资质低、风险大等问题，作为风险厌恶型的国有银行一般会袖手旁观，但他们很有可能再一次错过像腾讯、阿里巴巴等这样的"独角兽"。

（5）实现金融共享是一个综合工程。它至少包括：金融信息共享、金融技术及工具共享、金融发展机会共享、金融话语权的共享、互联网金融红利共享。这里需要指出的是，金融界最近提出"共享金融"新概念，主要指众筹、P2P等互联网金融的创新，与我们提的"金融共享"不同，前者是金融工具、技术等的创新，而"金融共享"更是未来金融发展的方向、理念、目的与愿景，是金融发展的伦理与价值目标。

关于金融科技信息共享，我国已经有了较好的创新平台，该平台是由人民银行下属分行研制开发的创新型信息管理系统。经过多年的上线运行和实际应用，已初步取得了良好的成效。较好地实现了人民银行、商业银行及金融监管机构之间的网络互联和信息共享。还有，关于金融集团实施共享服务战略的构想。该战略注重职能定位、组织结构设计以及信息管理体系设计，针对金融行业监管的特点，强化集团治理结构的优化、决策权的有效配置以及服务交易标准化等优势功能作用的发挥，从根本上杜绝控制集团服务共享所产生的内部交易行为的发生，从而规避集团内部的种种风险。再如，关于金融知识的共享。利用"知识扩散－知识创新－知识应用"等模块的交互作用形成知识价值链，并从价值链理论的视角构建第三方物流金融的知识共享模型，最大化地实现物流金融知识共享与创新。

建构金融资本市场的"反脆弱性"机制

申唯正

现代化建设中的中国正在步入全球金融化,金融资本市场在国民经济中具有非常重要的作用。而金融期货市场正是作为市场经济中商品交易、衍生品交易的高级表现形式,也是金融市场最重要的组成部分,它具有最有效的价格发现和风险对冲功能。发源于美国20世纪70年代以来的当代金融衍生品市场,正是有效率的实现资源配置功能,发现价格和规避风险的金融创新,已被公认是回避金融市场风险最为有效的风险对冲工具,而金融衍生品在对冲金融市场风险的同时,也内生了自身的风险性与脆弱性。如何从技术上建构金融衍生品自身的"反脆弱性"?根源上逐步消除隐含在金融资本逻辑背景下的经济理性,并逐步走向政治理性,用十八届四中全会依法治国的大政方针来实现国家整体性的快速稳定发展,同样也成为保证当代金融市场稳定发展的关键所在。

一 金融市场的脆弱性与"反脆弱性"的经济哲学基因

1. 金融市场脆弱性的经济哲学内涵

发源于西方资本主义社会的当代金融市场,是以边沁的功利主义和亚当·斯密的《国富论》开创的古典经济学为指导理论的,核心思想是市场"看不见的手"的魔力,追求个人利益最大化的同时实现了社会利益最大化。这样的完全市场有效假说理论,影响着现代经济社会的发展,但是这样的资本主义生产方式并不能完全实现总的供需平衡状态,凯恩斯认为,"市场在自发作用下,社会总需求一定会小于总供给,即有效需求不足,由此必将造成部分产品过剩，工人失业，最终酿成经济危机"。出现了"社会愈富裕，则其实际产量与可能产量差别愈大"的矛盾，最终导致了一次次的周期性经济危机。马克思认为，资本扩张的无限性与可扩张空间的有限性是资本主义发展最为突出的矛盾。这样具有市场主要矛盾的经济形态，内生了巨大的市场风险，影响了资本逻辑——利润最大化的目标的实现，为应对这样的市场风险，人类创新了金融衍生品市场来对冲这样的不确定风险，而具有高效率、高杠杆效应的现代金融市场天生是脆弱的。具有现代意义上的金融市场杠杆效应应用，可以追溯到 1790 年 1 月，美国的财政部部长汉密尔顿向国会递交了一份债务重组计划——"旋转门计划"，美国政府以国家信用为"支点"发行新债代替旧债，确保了国民经济的正常运转，从此奠定了美国金融市场全面发展的基础。到后来逐步发展起来的公司法人现代企业制度，进一步大力发展企业债与股份制公司直接从金融市场融资，成为金融市场用高效率高杠杆发挥资源配置功能，引领现代市场进入了快速发展阶段。但是追求高杠杆与高效率的市场规则，带来的必然是金融市场的脆弱性，20 世纪 30 年代的经济大萧条，正是金融市场的脆弱性带来的经济大衰退。

"1970 年代初期，布雷顿森林体系的崩溃则直接导致美元其他货币价格即汇率剧烈波动，芝加哥商业交易所（CME）于 1972 年 6 月 15 日推出英镑、加元、德国马克、意大利里拉、日元、墨西哥比索和瑞士法郎六种货币期货合约，这标志着金融期货正式登台亮相。"正是应对金融外汇市场的异常脆弱性，诞生了外汇期货。"股票指数的出现距今已有上百年历史，但以股票指数为交易标的物的股指期货却只有 30 多年的发展时间。1982 年 2 月，世界首个股指期货指数合约在美国堪萨斯交易所（KCBT）正式推出，美国作为全球率先推出股指期货的国家，成功地将美国股市的现货市场和期货市场打通。"也正是应对股票市场的脆弱性创建了股指期货。如何既利用金融资本市场资源配置的高效率，又能避免这些金融产品所具有的巨大风险性，智慧的人类创新出来对冲风险的金融衍生品正是具备"反脆弱性"的产品。而金融衍生品在对冲金融市场风险的同时，也产生了它自身的脆弱性，发掘金融衍生品自身的"反脆弱性"，防范金融风险成为保证当代金融市场稳定发展的关键。

2. "反脆弱性"（Antifragile）概念及其哲学内涵

"反脆弱性"是《黑天鹅》作者纳西姆·尼古拉斯·塔勒布在最近新作《反脆弱》书中提出的概念："我们之所以将此类包裹冠以'反脆弱性'之名，是因为《牛津英语词典》中找不到一个简单的非复合词来描述'脆弱'或

'易碎'的对立面,不造新词难以准确地表述这一概念。或许我们通常并未意识到'反脆弱性'的存在,好在它天生就是我们祖先行为的一部分,是我们生物机制的一部分,也是所有迄今能生存下来的系统的普遍特征。"塔勒布用"反脆弱性"这个概念,为我们勾画了人类社会中脆弱与反脆弱的重要意义,也特别强调了当代经济社会中金融市场所具有的高负债、高杠杆、高效率的脆弱性。

从哲学内涵上讲,事物既然有脆弱性的一面,我们必然可以找到其对立面——防范其发展的反脆弱性基因。金融市场的高效率、高杠杆特性带来的是脆弱性,对应的冗余与高储蓄就是反脆弱性的呼应。我们必须看到,在金融资本市场中,一方面,债券、期货、期权等金融衍生品工具,真正具备发现价格、套期保值等对冲市场风险的"反脆弱性"功能;另一方面,兼备了高杠杆与高波动的期货衍生品自身的脆弱特性,隐藏着较大的市场风险。对高效率、高杠杆率的证券市场、期货市场的风险处理防范措施,直接关涉整个国家的金融秩序,所以如何既发挥银行、股票市场、期货市场高效率作用,又能提高"反脆弱性"的技术内涵,对金融风险防患于未然对国民经济尤为重要。下面就着重从技术层面讨论如何建构金融市场的"反脆弱性"的来防范金融资本市场的整体性风险。

二 金融市场的整体性风险与金融衍生品市场风险的关系

1. 金融全球化市场的整体性的风险

在我们所处的现代风险社会中,没有比风险更确定的事情了。德国哲学家乌苏里希·贝克著述《风险社会》的观点认为,当代社会是风险社会,社会的整体性风险无处不在。发源于工业社会的全球金融化,在资本逻辑下追求利润最大化,具备高效率功能的发达的金融市场,更是凝结并具备了当代经济社会的高度风险性。从层层叠叠、名目繁杂设计的金融市场系统,到近几十年逐步创新出来的高杠杆效应的金融衍生品工具,都是追求利润最大化的金融资本载体,也同时是金融全球化市场整体性的风险载体。

"全球化发生了,但并不是只带来了好处。它还导致全球在互相牵制状态下的脆弱性,同时降低了波动性,并制造稳定的假象。换句话说,它创造了毁灭性的黑天鹅事件。我们此前从未面临全球性崩溃的危险。"美国是当代金融全球化的发源地,它的金融业经历了混业经营到专业经营再到混业经营的几次演变,正是资本逻辑追求的金融全球化的外在表现:因为20世纪

30年代的大萧条,为保障存款人的资产安全,美国1933年通过了《1933年银行法》,规定银行只能选择要么从事储蓄业务要么从事承销业务,用政治理性分离了原来的处于绝对垄断地位的混合经营投资银行业务,带来了美国金融市场的30年繁荣发展期。到20世纪70年代初期,随着布雷顿森林体系解体,商业银行与投资银行业务因为各种市场需求逐步接近合作,尽管没有实现合并发展,但是相互参股及并购业务层出不穷,逐步接近融合,这同时也是资本逻辑的最大诉求。发展到20世纪最后几年,金融资本市场终于实现了对美国议会的游说。1999年克林顿政府通过《现代金融服务法》,在更大的金融控股公司的平台上,各种金融业再次混合在一起经营了。追求利润最大化的资本的逻辑,造就了大而不能倒的金融平台,就像塔勒布所说的那样,金融市场的更大的金融机构带来的波动是更大的整体性的风险,到了2007年之后,美国第五大金融平台"贝尔斯登"与第四大金融平台"雷曼兄弟"的接连破产,才导致了2008年美国金融危机的爆发,从而带来的是全球整体性的金融危机连锁反应。目前的金融全球化市场带来的脆弱性风险,已经不是单一主权国家的风险,也不是某个国家内部单一市场的风险。

中国为了现代化经济的发展需要,近年来在参照西方市场经济发展模式经验的基础上,组建了包括金融衍生品市场在内的整体性金融资本市场交易平台,在最大化完善市场资源配置的基础上,实现了最大效率的市场机制功能,要明确它同时为我们带来的市场风险性也是整体性的。首先要确定,建立这样的整体性金融资本平台,是为了以国有经济为主体的混合所有制企业对冲不确定性风险服务的,只有充分发挥金融市场的资源配置和对冲市场风险的功能,才能更好地为中国特色社会主义经济服务。我们对金融资本市场的管理需要拥有全球视野兼备多种金融市场应对预案,更需要能协调国内各行业参与主体协作的整体性混业监管体系。比如可以建议全国人大从国家金融安全出发,构建能够管理并指挥全国各个金融系统为主体的"国家金融安全委员会",这样就可以在全球金融市场遭遇不确定性影响带来的系统性风险出现时,统一协调,统一管理,提升到整个国家金融安全级别的应对方案。"资产管理行业的不断创新使各金融机构之间的经营壁垒逐渐被打破,证券市场交易亦开始形成跨市场关联、跨行业联动的特征。这种联动关系主要体现在三个方面:一是证券业务的跨市场关联,如证券公司在向客户提供融资融券业务的同时,还需要从银行等金融机构获得融资,进而形成多重信用关系;二是产品的内生性全行业关联,如包含银行理财产品、券商集合资产管理计划、基金管理公司特定客户资产管理计划等在内的交叉型证券产品;三是金融机构经营的全行业关联,如金融机构牌照放开、交叉持牌而形成的金融控股集团。与金融机构跨市场关联、全行业联动现象形成鲜明对比的是混业监管改革的迟滞。目前分业监管的局面使得在交叉业务领域发生风险时,出现监管职责在一些领域没有明确划分的现象。"

由于中国证监会对场外配资的主要系统分仓模式(包括 HOMS 系统、人工分仓模式、互联网平台模式、私募基金配资模式以及员工持股计划带杠杆模式)的查处,涉及互联网平台、各类金融机构、配资公司和个人投资者等多个主体,最后引发的国内股票市场 2015 年 7 月的"股灾",已经用事实证明:银行、影子银行、上市公司、股票基金市场与期货市场联动的整体性风险的危害性。以银行、保险、信托、股票、基金、期货等各个市场组成的金融市场整体性的风险控制,已经不是单单管理一个市场就能够解决的问题了。比如大量的上市公司股权质押的风险:在股市带来的连锁反应引起的连续下跌之后,导致的千家股票停牌现象(当股价低于平仓线时,若无法追缴保证金,上市公司大股东也同样将会被强制平仓,即银行将质押的股份以大宗交易、二级市场直接抛售等方式变现,以还本付息),如果没有国家层面的统一协调,持有大量上市公司质押品的券商、信托、银行等机构,一样具有和市场其他参与主体一样的脆弱性。未来作为全局性管理的"国家金融安全委员会",也必须面对如何避免强制平仓的不可实现等整体系统性风险。

2. 金融衍生品市场的整体性风险与内在脆弱性

现代市场经济在资本逻辑的利润最大化追求中,用扩大再生产的方式,促进了大量剩余产品的国际贸易发展需求,也需要更大的经济空间并逐步实现了贸易全球化。发源于商品贸易、股票交易、外汇买卖等市场,人类创建了期货衍生品市场,应用衍生品工具的高效率与波动性吸收并规避市场风险的"反脆弱性",来对冲来自各个市场的整体性风险,并用杠杆效应的高效率承接金融市场的整体性风险,那么金融衍生品市场的整体性风险与内在脆弱性是显而易见。对于来自各种市场的风险转嫁,需要有足够的风险承担者——众多投机者,市场的投机者不仅为市场提供了足够的市场流动性,承担了市场的各种不确定性风险,同时也带来了投机过度可能的风险。金融衍生品市场的整体性风险与金融市场,乃至整个国民经济的整体性风险连接在一起,整个金融体系生成了环环相扣的信用担保体制与风险规避机制,这样高效率且紧凑的担保机制具备极高的脆弱性，如果不能总体统筹把握风险控制、防患于未然最终就会导致"多米诺骨牌"效应的金融危机。

期货金融衍生品市场是金融资本市场的重要组成部分，也承载着金融市场所转嫁过来的整体性风险，其高杠杆、高效率的市场运行机制，需要监管层从金融市场整体上来把握和管控。既要借鉴国际商品期货的风险防范措施，又要区别对待股指期货等衍生品的特殊性。要明确区分国际惯例对于商品期货的一些风险防范管理措施，不一定适合于股指期货的风险防范。尤其对股指期货市场的风险控制，要能够把握和适应股票市场与股指期货之间密切联动的特点。例如，商品期货市场是多空双方博弈的结果，如果向某个方向连续涨停或者跌停，可以通过提高单方向保证金来控制市场风险的集聚和放大。但是对股指期货市场，如果仍然用这样的措施来控制，带来的则是最需要规避风险的股票现货市场投资者的无法对冲，从而引发股票市场"踩踏事件"的发生。所以，对金融衍生品市场的风险控制，既要借鉴国际期货衍生品市场的风险控制经验，又要从国内 20 多年的商品期货市场的风险管理经验中，找寻到有别于商品期货市场的衍生产品交易主体的特殊性，从中国金融市场的整体性联动效应系统性的管理，整体性的建构金融衍生品风险的防控机制。

针对期货衍生品市场内生性的风险，包括保证金风险、会员信用风险、交易系统操作风险、基差风险、标的物风险、交割制度风险等基础性风险，在目前的各类市场的监管中已经走向逐步成熟阶段，可以利用各种管理制度，包括保证金管理制度、岗位责任制度、财务与结算制度以及期货公司的风险管理制度，加以调控和防范。但对于不确定事件对金融市场整体性风险的冲击并没有万全之策，只能从增强市场参与主体的自我"反脆弱性"，立足"未雨绸缪"才能具备最强的抗风险能力。

三 "反脆弱性"：探寻防范金融市场风险的"良方"

1. 用"度的守中"作为追求高效率的最佳原则

中国传统的风险防范思想——"防患于未然"，《易经》中有"知几"与"守中"思想，中医的"治未病"思想，都是用防范风险于未发生前的"度"的把握来应对不确定性。当代金融市场及衍生品市场充斥着杠杆效应，金融杠杆变成为一种赋予"意志与想象"的工具：市场高涨时，杠杆效应是天使；市场崩溃时，杠杆效应却是魔鬼。尽管用"度的守中"来调节杠杆效应的效率适中性违背了金融资本利润最大化逻辑，但是最终风险可控性才是真正的经济理性体现。在追求享用现代性建设的快节奏、高效率的同时，未雨绸缪，用冗余、用备份来提高"反脆弱性"能力，抵御各类整体性的系统风险。从而建构整个市场的"反脆弱性"，正是防范金融风险的有效技术性措施。

2. 关于金融衍生品市场的三项"反脆弱性"技术措施

第一，加强投资者教育，正确引导投资者风险观，明确没有国家托底的风险投资。加强法制教育，不仅要让参与的投资者熟悉市场的法律法规与交易规则，更要认识到股票、期货、股指期货等产品是高杠杆的金融产品，本来就是小概率的大成功高风险收益行业。"你不可能期望在不承担巨大风险的前提下会获得巨大的收益。"[①] 因为多数投资者和即将加入的投资者，看到的仅仅是5%的最大成功投资者的财富效应之光环，而忽略了被遮蔽的大多数投机者最终亏损的真实一面。所以建议针对即将加入的投资者，设立风险投资者"反脆弱性"教育警示："你们中的大多数人将遭受失败、挫折和贫困，但是我们非常感谢你们为了金融市场的繁荣发展所做的贡献和承担的风险。"

第二，建议设立应对短期大波动性的浮动市场保证金规则，构建"反脆弱性"。除了随着市场的价格浮动增减保证金比例之外，对于衍生品期货市场给定时期（比如1个月）内，连续上涨幅度超过一定比例的（比如20%），就可以根据结算价，针对投机多头持仓单方向提高一定比例的保证金（比如2%~5%），起到"洒水降温"的作用。而针对连续暴跌的情况，也可以根据市场的波动幅度，针对投机空头实施单向的保证金增加措施。这样的措施一定要用市场规则、市场法规来提前设定，可以减弱市场急速上涨和暴跌带来的市场脆弱性风险。

第三，削弱市场内在的"反身性"。国际投资家乔治·索罗斯著述《金融炼金术》，提出了一个"反身性"（Reflexivity）的概念，强调了市场参与者偏向将影响标的物的估价与价值预期。他还提出了繁荣期与萧条期的金融资产等抵押品的"反身性"，表现出非对称性特点：即抵押品价值在繁荣期的逐步提高与萧条期的贬值后的快速兑现需求的矛盾。那么我们能否在股票

[①] 彼得·L. 伯恩斯坦著《与天为敌》，机械工业出版社，2015，第263页。

市场、期货市场的交易标的可抵押信用额度上，随着标的上涨，不是同步同比例的增加，而是在一定时期内的增加比例上，相对比例的减少质押金融产品的信用额度？以削弱参与者意志偏向所带来的市场价格的"反身性"对未来萧条期可能带来的极为消极的影响。这就是以"减杠杆"的"反脆弱性"应对市场内在"反身性"的自我弱化机制。

四 资本逻辑下建构金融市场"反脆弱性"何以不可能与可能？

1. 资本逻辑下建构金融市场"反脆弱性"何以不可能？

金融资本的趋向也是永无止境的追逐自身扩张，资本天生是逐利的，不仅需要最高效率的金融资本运转，更需要拓展资本的经济空间——脱域性："资本一方面要力求摧毁交往即交换的一切地方限制，夺得整个地球作为它的市场，另一方面，它又力求用时间去消灭空间。"[①] 所以建构技术上的"反脆弱性"至少存在四方面的不可能。其一，资本自身具有的内在扩张驱动——资本的"正反馈增殖机制"导致的不可能。资本对获得的剩余价值转化为扩张资本具备天然的驱动力。"因为人的劳动不仅是为了满足物质生活需要，也是追求自身生命力量的对象化——通过被改造的物质世界来展示自身，只有在这种对象化过程中人类才能实现其生命的存在。"正是无限地追求剩余价值并将其投入下一步的资本扩张中的资本的"正反馈增殖机制"。其二，每一个资本主体之间的竞争迫使单一资本最大限度的追逐高效率的扩张所导致的不可能。马克思说，"自由竞争使资本主义生产的内在规律作为外在的强制规律对每个资本家起作用。"激烈的市场竞争导致单一资本谁不最高效率运转资本谁就将遭到淘汰。其三，全球金融化市场竞争现状需要更大规模化更加集中化导致的不可能。经济全球化、金融全球化带来的是全球范围内的竞争优势一决高下，谁能在更大的范围、更大的规模、更高的效率上调动起来整个社会的资本力量将获得它的竞争优势，这就必然导致企业为了获得垄断竞争优势，走向追求规模的无限扩大趋势。其四，资本的创造并占有更大的经济空间的必然需求导致的不可能。马克思认为，资本扩张的无限性与可扩张空间的有限性是资本主义发展最为突出的矛盾。竞争激烈的全球化市场需要更大的规模资本需求，必然需要进行更大的负债，更大

---

① 《马克思恩格斯全集》第 46 卷（下），人民出版社，1980，第 33 页。

的融资规模以及相关企业并购，那么更效率的利用市场杠杆优势成为必备竞争要素。资本发展更需要对未来经济空间的拓展，很多利用杠杆效应的金融创新，正是扩展经济空间的有效工具。

2. 发自资本内在矛盾的避险诉求，建构金融市场"反脆弱性"何以可能？

在资本无限制逐利的同时，未来需求空间不足与市场不确定性将让资本自身更需要通过金融市场转嫁不可控风险，也就是通过金融市场将贫困转嫁给大众，将风险转嫁给众多投机者。金融工具的参与者以为金融衍生品多了，金融杠杆效应足够了，风险就能够转嫁给别人了。问题是都在转嫁风险，谁来承担？常规理论是冒风险的投机者，但是人们忽视了金融杠杆效应建立的基础是一层层的信用杠杆担保机制，最低层的信用等级也是最差的"支点"在承担着整体性的风险。所以资本逻辑下的经济理性并不能带来整体性的解决之道，最终必然从经济理性走向政治理性，这样的回归正是资本内在否定性的自身诉求，也正是公有制为基础的中国特色社会主义的制度优势所在。

下面探究一下从政治理性的角度建立金融市场整体"反脆弱性"可能途径。

首先，国家中央银行用国家信用保证作为主权金融机构的最后提款人。金融全球化与信息全球化，使任何一个市场的不确定性都会快速传递到别的市场。而由于金融创新和证券市场的快速发展，金融资本预期效应与实体经济脱节，也呈现出独自的运行规律，并冲击着整个经济体系。对金融市场的整体性风险防范，西方发达国家的方法一般都是中央银行作为最后提款人的方式，投放流动性，增加货币投放量，中央银行大量提供信用给危机中的金融机构，以影响金融市场的危机尽量往后延缓。西方发达国家在2008年之后，正是通过各中央银行QE的增杠杆过程避免了再次步入20世纪30年代的大萧条，但是也隐藏了未来整个金融体更大的脆弱性，所以并不具备对我们绝对最优的方法借鉴。

其次，严格执行相关法律制度，加强银行、基金、证券公司与期货公司的金融主体之间的合作监管机制，增强金融体系的"反脆弱性"。除了增强各行业自身的"反脆弱性"（如适度减杠杆）之外，要加强具体合作措施，例如银行体系可以监管场外涉及配资的互联网平台、各类金融机构、配资公司和个人投资者等多个主体的资金来源；又比如银行与股票市场可以规定比例，从杠杆资金质押物的自我提升价值的"反身性"入手，减弱上市公司、基金公司、投资者的股权质押,随着股权的提高而不等比例提高股权的信用额度等等。各个行业在繁荣期的适度去杠杆与协调一致的监管体系才能形成强大的"反脆弱性"力量,才能防范整体性的系统风险。

最后,要从国家的政治理性上,区别两种文化背景的投资主体的风险观不同并加以合理引导。作为东方文化背景的投资者,一方面,以高储蓄率和不动产为主要资产,具备较强的抗风险与反脆弱性能力——冗余,另一方面,对任何风险投资具有较为大胆乐观的投资观念——强赌性,并不认为自己是运气最差的一员,却正是脆弱性的一面。而西方文化背景的投资者,一方面,因为发达社会的高福利(仍是在国家信用背书下的相对脆弱性),较低的储蓄率——缺乏冗余,以高就业为信用来支付未来经济成本——高举债。但个体对风险投资少,具备量入为出较强的"反脆弱性";所以针对中国居民的高储蓄率问题,并不能简单地借用西方经济学所提倡的"将储蓄赶出来投资或者消费"理念。只能给予合理适度地引导,因为"高储蓄"——冗余,恰恰是东方文化背景的投资者所具有的抗风险能力——"反脆弱性"。

五 结语

正在现代性建设的中国已经逐步迈进全球金融化,金融资本市场在国民经济中具有非常重要的作用,在充分利用金融资本市场作为经济发展驱动力的同时,如何避免金融市场在资本逻辑的驱使下走入资本扩张的经济悖论,即资本最大限度的追求剩余价值与最终产品过剩所带来的经济困境,也将是公有制为主体的中国特色社会主义必须面对并必须要解决的问题。

市场经济的道路需要我们大力拓展,发源于西方的金融衍生品市场,其具有高效率高杠杆的价格发现功能和风险对冲功能,被公认为是回避金融市场风险最为有效的风险管理工具。

金融衍生品市场在对冲金融市场风险的同时,也内生了自身的风险性与脆弱性。作为以公有制为主体的社会主义中国,并不能像西方金融市场的金融创新的初衷那样,以为金融衍生品多了,金融杠杆效应足够了,风险就能够转嫁给别人了。因为这样的风险转嫁,正是通过金融杠杆效应建立在一层层的信用杠杆担保机制上,让最低层的信用等级也可能是最差的"支点",承担着金融资本市场的整体性风险,处理不好,伤害的正是整个金融市场自身，在资本主义金融发展史上频发的金融危机就是活生生的案例。

如何从市场参与主体出发，在技术上建构金融衍生品自身的"反脆弱性"，在根源上逐步消除隐含在金融资本逻辑背景下的经济理性所带来的危害性？正是资本内在否定性的辩证规律，决定了金融资本自身的诉求必须从经济理性回归到政治理性，从立法立规上排除那些创建技术上的"反脆弱性"所存在的四方面障碍，从而在根源上建构金融资本市场整体的"反脆弱性"，实现国家金融市场快速稳定发展，同样也成为保证当代中国经济金融市场稳定发展的关键所在。

（作者系上海财经大学人文学院博士）

中国实业投资率下降之谜：经济金融化视角*

张成思 张步昙

一　引言

关于中国宏观调控与实体企业投资经营的关系，以下典型事实日渐清晰：金融部门与实体经济的关系日益微妙，伴随着经济自由化与全球化，经济金融化格局正在加速形成（张成思等，2014；张成思、张步昙，2015）。① 具体表现为，金融部门的资本和规模不断增长；非金融企业投资于金融渠道的资金比例快速提升，基于金融渠道的利润累积逐渐成为企业盈利的主导模式；非金融企业的实业投资意愿低迷，企业固定资产投资占比（即实业投资率）出现持续下滑态势。在此背景下，实体企业的实业投资率下降与金融化并行逐渐成为刻画中国经济运行的重要特征。

为了说明问题，图 1 给出了 2006~2014 年间中国 A 股非金融部门上市公司总体金融化程度，以及固定资产投资占比（实业投资率）的变化情况，其中，金融化水平的定义是"企业金融渠道获利占总营业利润的比值"，②

---

① 近年来，房地产部门和传统的金融部门互动，相关研究都将房地产与传统金融行业作为泛金融部门一并讨论（Krippner, 2005），本文金融部门都是指"泛金融部门"。本文的非金融部门是指金融、房地产之外的其他行业，或称为实体经济。同样，后文所说的金融渠道获利也包括投资性房地产获得的投资收益。

② 需要说明的是，金融化的度量指标可以从多种不同角度界定。例如邓迦予（2014）使用非金融上市公司的金融收益比例（FER）、金融投资率（FIFR）和金融资产持有比例（FAR）三个指标考察我国上市公司的金融化问题。对于本文而言，主题是"实业投资率下降"问题，与之相对应的是投资行为的变化，即金融投资率问题，因此金融投资率以及金融投资对应的金融渠道收益占比这两个金融化指标与本文直接相关，而资产类别份额的变化（即金融资产持有比率）更类似于一个静态指标，无法捕捉投资行为的变化情况，因此与本文"实业投资率下降"的主题不直接对应。本文第三部分对此进行了详细说明。

广义和狭义金融化水平分别对应企业金融渠道获利占比的不同财务口径。①从图 1 中可以看到,我国实业投资率在 2007 年前后达到峰值之后,呈持续下降趋势。与实业投资率不断下降的情况相反,我国企业的金融化水平却呈现不断上行的态势。不难看出,无论是广义口径还是狭义口径,我国非金融上市公司的金融化水平除了在金融危机期间略有下降之外,自 2006 年之后总体保持稳步上升态势,特别是在 2010 年之后上升趋势越发明显。

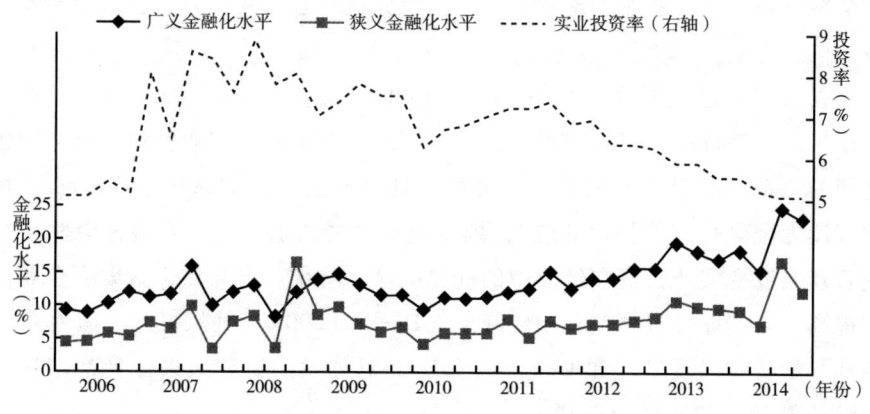

图 1　中国非金融部门整体金融化程度与实业投资率

说明:实业投资率 = (当期投资于固定资产、无形资产和其他长期资产所支出的现金) / (当期固定资产、无形资产与其他长期资产的账面净值);原始数据来自 Wind 数据库。

金融化与实业投资率之间是否存在关联?从已有文献的研究角度来看,对此问题的研究可以分为两类:一类认为金融化对实业投资具有挤出效应;另一类则主要从金融化有助于缓和企业投资决策的金融(财务)约束视角进行分析,两类文献的结论存在明显分歧。

一方面,从理论机制上来说,微观企业经济金融化主要通过两条途径对实业投资产生"替代"作用。第一,金融资产配置的上升会对实业投资存在"挤出"效应。企业用于投资的资金可以用于购买金融产品和实业投资,当金融资产的收益率高于实业投资,将推动企业将更多资金投向金融资产,实业投资相应减少。具体而言,假定由于融资约束带来的外部融资是给定

---

① 这一标准的设定源于 Arrighi (1994),其中广义金融化水平是非金融企业投资收益、公允价值变动损益、净汇兑收益以及其他综合收益加总占总营业利润的比例;狭义指标则剔除合营与联营企业的投资收益与其他综合收益。

的，金融资产投资必须挤占实业投资的资本；同时，企业增加短期回报的压力会迫使管理者倾向于投资金融资产，而非提供中长期利润的实业投资。第二，金融化会增加企业对金融市场的投资支出并且促进企业回购股票，因此会抑制企业的实业投资。具体来讲，基于股票期权的薪酬管理制度使得企业管理者在短期内有动机增加股票分红，且大量回购股票，以推动股价上升。同时，投资者会迫使企业管理者提高股息支付率。在短期内，迫于个人利益和金融市场压力，企业管理者会通过股票分红和股票回购满足股票持有者对高回报的需求。

在研究金融化对实业投资挤出效应的相关文献中，Orhangazi（2008）是比较有代表性的一篇。作者分析了美国非金融企业的实业投资率与金融化之间的关系，发现金融化对实业投资率具有显著的负向影响。Orhangazi 将此解读为金融化的"挤出效应"，即企业从金融渠道获得高收益，会驱使企业管理层改变实业投资在经营中的优先顺序，这样就会导致金融渠道获利占比提高，则实业投资率就会相应降低。Demir（2009）对阿根廷、墨西哥和土耳其的研究以及 Tori 和 Onaran（2016）对英国的研究结果似乎都印证了 Orhangazi 的"挤出效应"说。

另一方面，金融资产配置也可能对实业投资存在正向推动作用，原因在于前者属于短期投资行为，"蓄水池"效应使得企业能够通过出售金融资产降低财务困境成本，进而增加实业投资（Smith & Stulz，1985；Stulz，1996），而且金融资产价格上升会改善企业资产负债表，进而有利于企业再融资并投资实体经济。同时，由于非金融企业的实业投资与其财务状况直接相关（Sean，1999），因此如果金融渠道的获利占比增加，意味着企业的盈利能力增加，这本应该增强而不是减弱企业的实业投资动机，同时也符合企业"产融结合"的基本需求。在实证层面，这种观点也得到了相关文献的直接或间接支持。例如，Zhang（2000）认为，企业的投资活动是为了增加企业的价值，其投资决策取决于盈利能力。Biddle 等（2001）在资本逐利规律的基础上，实证发现了公司投资决策与盈利能力之间存在非线性关系。另外，从融资约束角度考虑，无论是企业自身保有较高的现金（Denis & Sibilkov，2010），还是企业有较强的借贷能力（Aivazian et al.，2005），都会降低企业的融资约束，因此有助于提高企业的投资水平。而且，当企业面临外部负面冲击时，充沛的企业内生性现金流可以有效减少冲击对企业投资的影响（Duchin，2010）。这些研究都表明，企业从金融渠道获得更多资金，一则使企业拥有更多可支配资金,二则使企业参与更多的金融活动(金融发展的一种现实表现),其面临的融资约束有可能放松。这些都有可能正向促进企业的实业投资。确实,Kliman 和 Williams(2015)以"为何金融化并未带来美国实业投资下降"为题,从实证层面给出金融化并未造成美国非金融企业实业投资率下降的证据。

从中国上市企业的现实情况看,金融化似乎并没有提高固定资产投资水平,反而表现为反向关系。图1中呈现的两者反向变化究竟是一种巧合,还是非金融企业的金融化确实会抑制固定资产投资?要对此问题进行回答,还需要确定金融化与实业投资率关系的分析框架。综观金融化与企业投资关系的已有研究,可以发现相关分析框架存在改进空间。例如,Crotty(2005)的研究并非基于新古典企业投资理论而构造模型,而是将金融资产收益武断地引入实证模型。Demir(2009)在设置控制变量时没有考虑融资成本敏感性等融资约束问题,他还同时假设金融资产收益率长期保持不变。这种假设至少不宜用于分析中国的相关问题。事实上,靳庆鲁等(2012)的研究已经发现,宽松货币政策能够普遍地降低融资成本和减少融资约束,而金融资产收益率长期不变的假设使得研究无法纳入金融资产的收益与风险,从而忽视了企业的投资选择问题。

另外,传统理论认为,宽松货币政策能够降低企业融资利率,进而促进企业固定资产投资、提振实体经济,所以货币政策指标一般是企业投资决策模型中的重要控制变量(如靳庆鲁等,2012)。而且,"增加货币供给－降低利率－提高企业投资"这一逻辑似乎已成定论。然而,近年来我国宽松政策提供的流动性并未润泽实体经济,反而出现资金"脱实入虚"、实体部门"空心化"等现象。

有鉴于此,本文尝试从中国微观企业金融化这一新视角对中国实业投资率下降之谜进行诠释,同时为宽松政策未能有效提振实体经济提供一个可能的解释。为了弥补已有研究的不足,本文基于金融资产收益时变假设,建立了企业投资选择模型,用以分析金融资产与固定资产两者风险收益配比对企业投资决策的影响,并验证这种影响是否随金融化程度的提高而加深。本文的贡献在于如下几点。第一,据笔者所知,本文是首篇从经济金融化视角阐释中国实业投资率下降动因的研究,而已有文献多集中于阐释企业投资效率问题(如靳庆鲁等,2012;彭方平等,2013;喻坤等,2014)。第二,本文考虑金融资产和固定资产在收益和波动性方面的异质性,构建企业的跨期最优决策模型,以解释近年来中国非金融企业日益金融化的典型事实。第三,本文不仅考察了金融化程度对企业固定投资的直接影响,同时重点考察了其是否会通过影响其他变量(如货币政策、融资约束)而存在偏效应。

二 理论框架与实证模型设立

本文根据新古典资本需求理论,设立资本存量的需求模型为:

$$\log K_{i,t} = \alpha_1 \log Y_{i,t} - \alpha_2 \log UC_{i,t} + \log Tech_t \quad (1)$$

其中 log 表示自然对数(下同),$K_{i,t}$ 表示公司 i 在 t 期末的净资本存量,$Y_{i,t}$ 为公司的产出(一般采用销售收入来衡量),$Tech$ 代表技术进步,在非着重研究技术进步的文献中一般采用时间虚拟变量代替(彭方平等,2013;喻坤等,2014)。另外,$UC_{i,t}$ 为资本的使用成本,根据 Hayashi(2000),UC 的表达式如下:

$$UC_{i,t} = \frac{1 - \tau_t Z_{i,t}}{1 - \tau_t} \times \frac{p_t^k}{CPI_t}(WACC_{i,t} + \delta_{i,t} - \Delta \log p_t^{k,e}) \quad (2)$$

其中 τ_t 为公司所得税税率,按 25% 计;p_t^k 为 t 期固定资产价格指数,CPI_t 为 t 期消费者价格指数。另外,$WACC_{i,t}$ 表示企业 i 在 t 期的加权平均资本成本,$\delta_{i,t}$ 为企业 i 在 t 期的折旧率。请注意,$\Delta \log p_t^{k,e}$ 为 t 期的预期固定资产价格指数增长率,在实际计算时,我们采用 t 期实际固定资产价格指数增长率作为预期固定资产价格指数增长率(即完全后视)。由于考虑到各省的固定资产价格变动情况会有较大差异,使用全国统一的固定资产价格指数明显与事实不符,因此我们根据企业的注册地分省确定该企业对应的固定资产价格指数增长率。另外,在计算某上市公司 t 期 WACC 时,需要使用该企业的股权融资成本和债权融资成本。本文参照彭方平等(2013)的设计,使用上市公司所属行业的 t 期行业平均净资产收益率(ROE)作为股权融资的成本;以财务费用除以总负债作为债权融资成本,再根据 WACC 的经典计算公式得到企业的 WACC。

由于当期投资率减去折旧率即是资本存量的变化率,即 $\frac{I_{i,t}}{K_{i,t-1}} = \log \frac{K_{i,t}}{K_{i,t-1}} + \delta_{i,t}$,结合式(1)中 $\log(K_{i,t})$ 的定义,可以得到基于新古典资本需求模型的总体投资率基准方程:

$$\frac{I_{i,t}}{K_{i,t-1}} = \lambda_i + \beta_1 \Delta s_{i,t} + \beta_2 \Delta uc_{i,t} + T_t + \varepsilon_{i,t} \tag{3}$$

其中，Δs 是销售收入增长率，用来代表投资产出的增长；Δuc 是式（2）中定义 UC 的增长率，T 是时间变量，用来代表科技因素随时间的变化情况。公式（3）表明，一个公司的投资率受到投资产出增长率、资本使用成本变化率、科技进步以及企业自身特质的影响。

然而，在经济金融化环境下，随着企业金融投资意识的增强以及金融投资渠道的日趋拓宽，金融投资成为企业投资的重要组成部分，即企业面临一个固定资产投资和金融资产投资的组合选择问题。我们可以使用一个相对简约的模型来刻画这一投资选择问题：考虑一个企业将 t 期的资金分别投资于固定资产 I_t^k 和金融资产 I_t^f，固定资产投资收益率为 r_t^k，金融资产投资收益率为 r_t^f，期末企业将获得这两种投资的收益。因此，该代表性企业的跨期最优投资决策可以写成：

$$\max E\left[\sum_{t=0}^{\infty} \beta_t U(C_t)\right] \tag{4}$$

$$C_t = I_t^k \times g(1+r_t^k) + I_t^f \times g(1+r_t^f) - I_{t+1}^k - I_{t+1}^f \tag{5}$$

其中 β_t 为 t 期折现因子，C_t 代表 t 期企业现金流，$U(C_t)$ 为连续凸函数，代表现金流效用。方程（5）表示企业的现金等于本期两种资产获取的收益减去用于下一期投资两种资产的成本，为当前假说下的恒等式约束。显然，等式（4）和（5）是一个标准的投资组合选择优化问题，该最优化求解过程与 Le 和 Zak（2006）中的推导相似，但是我们更进一步采用单个企业时变的 r_t^f，最终可以得到固定资产投资在整体投资中的最优份额（具体求解过程可向作者索取），即

$$\frac{I_t^{k*}}{I_t} = \frac{\operatorname{var}(r_t^f)}{\operatorname{var}(r_t^f)+\operatorname{var}(r_t^k)} + \frac{1}{\theta} \times \frac{1}{I_t} \times \frac{r_t^k - r_t^f}{\operatorname{var}(r_t^f)+\operatorname{var}(r_t^k)} \tag{6}$$

其中，$\theta = -\frac{U''(C_t)}{U'(C_t)}$ 反映投资者风险厌恶程度；I_t 是 t 期金融资产与固定资产投资的总额，等式左侧代表固定资产的最优投资比率；$\operatorname{var}(r^f)$ 和 $\operatorname{var}(r^k)$ 分别表示金融资产和固定资产收益率的波动性。

等式（6）具有明确的经济学含义，其左侧的比率代表企业在金融资产和固定资产之间的投资选择，固定资产投资在总投资中的最优比率受到以下

因素影响：①金融资产的相对风险程度，即金融资产波动性占两种资产波动性加总的比例：金融资产风险程度越高，企业越偏向于投资固定资产，反之，则企业投资于金融资产的比重会越高；②投资者的风险厌恶程度 θ：投资者风险厌恶程度越高，其最优配置情况下的固定资产的投资率越低，一般情况下，金融资产的流动性要优于固定资产，投资者在风险厌恶的情况下总是偏好高流动性的资产；③固定资产与金融资产收益率之差：固定资产相对于金融资产的收益率越高，企业投资于固定资产的热情越高；④两种资产的风险加总，即分母上的两种波动性之和：假设企业投资于固定资产和金融资产，两种资产的风险之和可以反映系统性风险，宏观经济越不稳定，企业越会减少固定资产的投资。

为了专注于金融化视角，本文着重研究两项指标：一是金融资产的相对风险，即等式右边的第一项，记作 $risk = \dfrac{\mathrm{var}(r_t^f)}{\mathrm{var}(r_t^f) + \mathrm{var}(r_t^k)}$；二是经系统风险调整后的收益率差，记作 $return = \dfrac{r_t^k - r_t^f}{\mathrm{var}(r_t^f) + \mathrm{var}(r_t^k)}$。我们结合 Biddle 等（2009）、Chen 等（2011）、靳庆鲁等（2012）以及喻坤等（2014）的模型设计，考虑传统环境下影响企业投资决策的相关变量，同时将上面分析的两个变量以及非金融部门企业金融化程度（ratio）作为解释变量，纳入回归模型进行着重分析，设定实证分析的基准方程如下：

$$\begin{aligned} invest_{i,t} = {} & \gamma_0 + \gamma_1 \times return_{i,t} + \gamma_2 \times risk_{i,t} + \gamma_3 \times ratio_{i,t} + \gamma_4 \times m2_t + \gamma_5 \times cfo_{i,t} \\ & + \theta_1 \times \Delta s_{i,t} + \theta_2 \times \Delta uc_{i,t} + \theta_3 \times size_{i,t} + \theta_4 \times roe_{i,t} + \theta_5 \times lev_{i,t} \\ & + \theta_6 \times Q_{i,t} + \theta_7 \times ind_t + \theta_8 \times halfyear_t + \varepsilon_{i,t} \end{aligned} \quad (7)$$

其中，变量 $invest$ 的定义是企业投资于固定资产、无形资产和其他长期资产的现金之和，并用总资产进行标准化，可以视作固定资产投资率（靳庆鲁等，2012）。在模型（7）中，我们着重关注金融化的三个解释变量，即 $return$、$risk$ 和 $ratio$。$return$ 是经系统风险调整后的固定资产与金融资产之间收益率差，如果 γ_1 为正，即风险调整后金融资产的相对收益率越高，那么企业投资于固定资产的热情越低；$risk$ 是金融资产相对于固定资产的风险程度，从其表达式可以看出，$\mathrm{var}(r^f)$ 相对于 $\mathrm{var}(r^k)$ 越大，$risk$ 值越高，企业出于规避风险的目的越倾向投资固定资产（即 γ_2 为正值）；$ratio$ 是企业金融渠道利润占营业利润的比值，即企业的金融化程度，其系数正负不易预判，因为金融资产获利增多一方面可以改善企业的资产负债表，使企业有更多的资金进行固定投资，而另一方面，企业对金融渠道获利依赖程度增高本身是金融化的一种体现，可能使得企业更倾向于在投资抉择时选择金融资产，从而降低固定资产投资率。同时，我们还关注模型（7）中的 $m2$ 和 cfo：$m2$ 表示货币供应量的同比增长率，按照传统理论，宽松货币政策有助于刺激实业投资；cfo 表示企业经营性现金流比率，从一定程度上可以代表企业面临的融资约束。为节约篇幅，本文实证部分只报告与以上五个变量相关的参数估计结果，其他变量均为控制变量，下文表1给出了相关定义及计算方式。①

三 数据与基准方程回归结果

（一）变量定义

本文研究样本为 2006~2014 年中国 A 股非金融部门上市公司的半年度数据，原始数据来源于 Wind 数据库，为了保证足够长的样本期间，我们剔除 2010 年之后上市的公司，并剔除 ST 类上市公司，最终得到 1458 条数据。所有样本中的连续变量数据均调整到 2.5%~97.5% 取值区间内，以消除极端值的影响。CPI 和货币供应量 M2 等宏观数据来源于 CEIC 数据库，实际所用的半年度 CPI 和 M2 为六个月平均值。表1归纳了回归模型中涉及的所有变量定义与计算方式。

（二）变量计算的特别说明

首先，对于固定资产收益率，会计上并没有明确的计算标准，我们也很难分辨出多大比例的企业主营业务收入应属固定资产贡献、多大比例是人力贡献。从另一个角度说，固定资产是一个企业经营的核心资产，在企业获取主营业务收入、融资、组织管理等方面均发挥核心作用，固定资产与企业的主营业务密不可分。因此，本文将企业的主营业务收益率作为固定资产收益

---

① 已有文献（如靳庆鲁等，2012；喻坤等，2014）多在计量模型中将核心解释变量设立为滞后一期的形式。本文为保持计量模型与理论模型的一致性，模型（7）中右手侧变量均为当期。

率，即如表 1 中 r^k 定义的企业主业经营所得扣除相应费用，再除以相应主业经营资产。

表 1　变量定义与计算

变量名称	变量定义与计算
invest	固定资产、无形资产和其他长期资产支付的现金，并基于总资产做标准化
return	系统风险调整后的固定资产与金融资产之间利差
risk	金融资产风险比重
r^f	金融渠道收益率，企业金融渠道获利/企业金融资产
r^k	固定资产收益率 =（营业收入 − 营业成本 − 营业税金及附加 − 期间费用 − 资产减值损失）/经营资产（即运营资本 + 固定资产 + 无形资产等长期资产的净值）
ratio	金融化程度
m2	M2 同比增长率，取半年期内平均同比增长率
cfo	企业经营性现金流与总资产比率，反映融资约束
Δs	销售收入同比增长率
Δuc	资本使用成本的同比增长率
size	总资产的自然对数
roe	净资产收益率
Q	托宾 Q =（股票总市值 + 债务账面值）/总资产账面价值
lev	财务杠杆率 = 总负债/所有者权益
ind	上市公司门类行业的虚拟变量
halfyear	时间虚拟变量

其次，我们还需要对 r^f 和 ratio 两个指标加以说明。如前文所述，金融渠道获利有广义与狭义之分，广义的金融渠道获利事实上包括了制造业内部产业结构重构：如一家制造业上市公司没有将资金用于扩大自身产能，而是投资于一家未上市制造业公司，持股比例达到有重大影响的程度，该上市公司的行为从宏观上看只是制造业内部的结构重组，而非资金流出实业进入金融渠道。因此，我们分别考察广义和狭义两个口径。在广义口径下，金融化程度指非金融企业投资收益、公允价值变动损益以及其他综合收益等金融渠道获利加总（广义金融渠道获利）占营业利润的比例，记作 ratio1；此时金融资产收益率指广义金融渠道获利除以金融资产，记作 r^f1。根据 Demir（2009）以及中国的会计定义，金融资产包括货币资金、持有至到期投资、

交易性金融资产、投资性房地产、可供出售的金融资产、长期股权投资以及应收股利和应收利息。在狭义口径下,金融化程度是指非金融企业投资收益、公允价值变动损益、净汇兑收益扣除对联营和合营企业的投资收益(狭义金融渠道获利)占营业利润的比例,记作 $ratio2$;此时金融资产收益率为狭义金融渠道获利除以金融资产(扣除长期股权投资),记作 r^f2。

再次,在计算单个上市公司的金融化程度时,对于负值要特别注意:假设 A 企业金融渠道获利 5 万元,当年的营业利润为 -10 万元;而 B 企业金融渠道获利为 -5 万元,而营业利润为 10 万元。如果直接将二者相除会算出二者金融化程度都是 -0.5,但显然,两者金融渠道获利的重要性截然不同,A 企业的金融渠道获利对企业利润贡献很大。因此,本文在计算单个上市公司的金融化程度时,以营业利润的绝对值对金融渠道获利进行标准化,即单个公司金融化程度 =(金融渠道获利 - 营业利润)/营业利润。另外,在计算方差变量(即和)时,我们参考 Demir(2009)的设计,采用 Garch(1,1)模型分别对每个上市公司的 r^k 与 r^f 进行时序回归,以 Garch(1,1)样本期内预测值作为和的值。

需要说明的是,关于中国上市公司金融化程度的界定以及计算结果,已有资料与本文存在明显差别。例如邓迦予(2014)指出,在 2000~2012 年期间我国非金融上市公司的金融收益比例(FER)维持在 20% 以下,金融投资率(FIFR)维持在 35% 以下,金融资产持有比例(FAR)维持在 10% 以下,而且这 3 个金融化指标总体呈现下降趋势。① 不过,由于 2006 年我国会计准则出现较大变更,与相关计算涉及的会计科目密切相关,导致 2006 年前后的样本数据(及结果)不可比。更重要的是,上述研究的指标计算存在细节问题,值得特别注意。首先,关于金融渠道获利占比的计算,根据邓迦予(2014)文中的计算方式,可以计算出单个企业的金融化水平,但整体趋势是如何计算的文中并未详细明说。不过,通过作者在文中提到的"极端值"现象,可以判断出作者是对诸多单个公司金融化水平取算术平均值或加权平均值作为整体水平(为方便起见称为"单个平均"方法)。然而,采用这种方式求整体金融化水平会导致两方面较为严重的问题。第一,大企业更具资金优势,有更高的金融化动力,可能具有较高金融化程度。因

---

① 根据审稿人的建议,本文对邓迦予(2014)一文进行比较,并指出了该文存在的一些关键性问题。

此，大企业和小企业等权重可能会掩盖总体上越来越多利润来源于金融渠道这一现象。第二，样本中金融渠道收益存在负值，营业利润同样也存在负值，因此无论是算术平均还是加权平均都会导致计算出的金融化水平失真。例如：A 企业金融渠道获利 10 元，但其他方面亏损严重，最终营业利润为 –5 元，可得其 FER 为 –200%；B 企业金融渠道获利 5 元，营业利润 10 元，可得其 FER 为 50%。计算二者平均值，可知金融化水平为 –75%。从逻辑上思考，A 和 B 的金融渠道对公司盈利贡献均很大，但是按照这种"单个平均"方式计算的金融化水平却是负值，即使以二者的营业利润为权重进行加权平均，依然面临这个问题。因此，"单个平均"方式下计算出的金融渠道获利占比下降趋势，并不能从逻辑上说明金融渠道收益贡献不重要。基于以上说明，本文在计算整体金融化水平时，采用的是加总方式，即整体金融化水平＝A 股所有非金融企业金融渠道收益加总/A 股所有非金融企业营业利润加总。这种方式既避免了上述问题，也不会出现单个企业金融化极端值现象，能够从整体反映金融化水平（即"整体平均"）。其次，来看现金流投资比率。本文计算了除金融、地产之外的非金融上市公司 FIFR 的变化情况。从整个样本区间内来看，整体平均和单个平均两个指标都存在比较明显的升势。需要说明的是，尽管 FIFR 指标与本文主题相关，但是邓迦予（2014）使用的计算方式存在以下问题：①部分金融投资不一定是通过现金形式进行，以金融资产中计入的长期股权投资为例，可以通过换股得到，因此以现金支出衡量金融投资比率的合理性存疑；②投资支出有可能是在某一期集中以现金支出，而收益可能在未来一段时期分别实现，所以相比较而言，利润构成占比变化更能反映企业业务结构的变迁。

最后，考察金融资产持有比率（FAR）指标。本文在剔除金融和房地产行业的基础上，分别计算了"单个平均"和"整体平均"方式下的 A 股非金融公司的金融资产持有比率变化，结果表明，整体平均下金融资产持有率变化并不明显，而单个平均下，金融资产持有率在近几年甚至在下降，更少的资产却在贡献更高的收益占比。不过，金融资产持有率和金融投资率（即现金流投资比率）的含义并不相同，前者刻画的是资产类别份额变化，而后者表征的是投资行为变化。对于本文而言，主题是"实业投资率下降"问题，与之相对应的是投资行为的变化，即金融投资率问题，因此金融投资率以及金融投资对应的金融渠道收益占比这两个金融化指标与本文直接相关，而资产类别份额的变化（即金融资产持有比率）更类似于一个静态指标，无法刻画投资行为的变化情况，因此本文没有使用该指标作为金融化水平的度量尺度。

综上所述，用金融投资率和金融渠道获利占比这两个指标来衡量金融化，相较而言是合适的，这也是 Krippner（2005）所说的"活动导向视角"的核心内容。为了使研究结论更加全面，我们在本文第四部分也考察了金融投资率对应的实证结果，以增强结论的稳健性。此外，本文在实践中还将房地产行业归属到非金融部门中，重新分别计算了金融化水平（按照本文整体平均方式计算金融渠道收益占比）、金融资产持有比率、现金流金融投资率 3 个指标。结果显示，即便是加入了房地产行业，采用整体平均方式计算得到的中国企业金融化水平依然保持上升趋势。

（三）描述性统计与基准方程回归

为了初步获知各变量对应的样本观测值的基本统计属性，表 2 给出了各变量的描述性统计结果。请注意，各变量的观测个数并不完全相同，这是由于样本期间部分上市公司的财务数据缺失所致。进一步观察表 2 中的统计数据，可以看到各上市公司广义和狭义金融化程度的算术平均值都为负，但根据前文的解释可知，这并不代表中国上市公司总体金融渠道收益都是负的。还需要注意的是，根据本文金融化程度的定义和计算公式，若企业未从金融渠道获利，则金融化程度为 -1。因此，这里大于 -1 的 ratio 值实质上表示金融渠道对企业利润贡献为正。系统风险调整后的收益差（return）均值为正，表明总体上固定资产收益仍然超过金融资产收益；而金融资产风险比重均值远小于 0.5，这也显示金融资产收益相对于固定资产收益波动性仍然较小。

各解释变量对实业投资率的具体影响情况需要通过回归分析进行考察。对于计量模型（7），需要特别注意模型右手侧金融化指标等核心变量的内生性问题。为此，我们考虑了两种可能情形。首先，从基本经济逻辑层面考虑，影响当期实业投资率变量 invest 的随机扰动项，很可能也会影响当期的金融化变量，即 return、risk、ratio 这 3 个核心变量。因此，这几个核心变量与模型扰动项之间很可能非正交（即存在内生性）。为此，本文对模型（7）进行回归时，需要使用广义矩（GMM）估计，并确定合适的工具变量。考虑到即期随机扰动因素不能回到过去影响历史，所以核心变量的滞后项是较为科学合理的工具变量选项，同时因为各变量数据频率为半年期，因此选取

表 2 各主要解释变量的统计性描述

变量名	观测个数	均值	标准差	最小值	最大值
Invest	25549	0.044	0.044	0.001	0.182
return1	25707	61.51	189.69	-76.37	1001
return2	25707	84.26	258.35	-76.35	1385
risk1	25707	0.225	0.331	0.001	0.995
risk2	25707	0.177	0.301	0.001	0.989
ratio1	25858	-0.402	1.007	-1.305	3.040
ratio2	25858	-0.482	0.889	-1.059	2.017
$\triangle m2$	26244	0.173	0.042	0.127	0.288
cfo	25732	0.033	0.067	-0.117	0.198
$\triangle s$	25375	0.179	0.367	-0.463	1.535
$\triangle uc$	24234	0.006	0.083	-0.207	0.181
size	25732	21.69	1.293	19.15	24.88
roe	26244	0.087	0.020	0.023	0.185
lev	25729	1.328	1.292	-1.01	6.028
Q	24769	1.611	1.009	0.520	6.046

这几个核心变量的滞后 1～2 期作为工具变量集中的要素。为增强工具变量估计的效率，我们还将 invest 的滞后 1～2 期项也纳入工具变量集。当然，工具变量的设定是否合适，还需要相关诊断检验（如过度识别检验）进行确认。其次，还可能存在一种情形，就是实业投资率 invest（或者说影响 invest 的扰动因素）不仅影响当期 return、risk、ratio，也会影响当期融资约束（cfo 变量）。此时，内生变量为 return、risk、ratio 和 cfo，相应的工具变量集为内生变量及 invest 的 1～2 期滞后项，这两组不同的设计对应的情形分别用字母 a 和 b 进行标识。另外，我们还可以进一步考察，当 m2 也假设为内生的情形（尽管没有特别明显的理由显示投资率可能反过来影响货币供给），此时回归结果与情形 a 和 b 的结果一致，为节省篇幅，不再赘述。

基于以上分析，我们对模型（7）进行了面板 GMM 估计，结果汇报在表 3 中。首先，考察金融化指标（ratio）对实业投资率的影响。观察表 3 中广义口径对应的结果不难发现，金融化程度对实业投资率具有显著抑制作用。当然，广义口径下的金融渠道获利包括了对合营与联营企业的投资收益，而合营与联营企业的固定资产投资并不合并计入母公司财报，所以可能影响回归结果含义的解读。因此，进一步在狭义口径下对模型（7）进行回归，结果归纳在表 3 的第 3 和第 5 列。从狭义口径对应的结果可以看到，金融化程度仍然对企业固定资产投资具有显著负向影响。因此，无论是广义还是狭义口径，中国非金融企业的金融化都显著抑制其固定资产投资率。这一结果暗示：虽然金融化可以为企业带来更多资金（既包括金融投资获利层面的资金，也包括金融深化给企业带来的融资便利），但是随着金融化程度的不断提高，企业会形成金融渠道获利的路径依赖，使更多的资金投向金融渠道，从而对实业投资形成显著的挤出效应。

表 3　不同金融化口径下方程（7）的系统 GMM 估计结果

因变量：$invest_{i,t}$	广义 a	狭义 a	广义 b	狭义 b
$return_{i,t}$	6.54×10^{-5} *** (8.97×10^{-6})	5.71×10^{-5} *** (7.45×10^{-6})	4.88×10^{-5} *** (7.83×10^{-6})	3.49×10^{-5} *** (6.31×10^{-6})
$risk_{i,t}$	0.034 *** (0.007)	0.037 *** (0.008)	0.029 *** (0.006)	0.044 *** (0.007)
$ratio_{i,t}$	-0.020 *** (0.002)	-0.020 *** (0.003)	-0.024 *** (0.002)	-0.023 *** (0.002)
$\Delta m2_t$	-0.074 *** (0.012)	-0.081 *** (0.012)	-0.004 (0.010)	-0.013 (0.010)
$cfo_{i,t}$	0.495 *** (0.022)	0.505 *** (0.022)	0.079 *** (0.008)	0.084 *** (0.007)
时间/行业虚拟变量	是	是	是	是
Sargan(p 值)	1.000	1.000	1.000	1.000
AR(1)	0.003	0.007	0.013	0.011
AR(2)	0.418	0.329	0.264	0.395

注：系统 GMM 估计中，内生变量分别考察 2 组情形，情形 a 的内生变量设定为 return、risk、ratio 和 cfo，情形 b 的内生变量为 return、risk、ratio；对应的工具变量相应内生变量的 1~2 期滞后项；括号内为稳健标准误；*、**、*** 分别表示系数在 10%、5% 和 1% 显著性水平下显著；广义口径下的对应解释变量是 return1、risk1、ratio1，狭义口径下相应解释变量是 return2、risk2、ratio2。

其次，我们观察到，return 变量对企业固定资产投资具有显著的正向影响。这表明，在考虑系统风险的情况下，固定资产收益率超出金融资产越多，企业投资于固定资产的热情越高。另外，risk 变量的系数也显著为正，表明金融资产的相对风险越大，企业越倾向投资于固定资产。在理性人假设下不难理解这种逻辑：给定收益水平，企业一般会选择风险更低的资产投资；而给定风险水平，企业总是会选择收益更高的资产。

我们还注意到，以往关于金融化的相关研究多是从金融化程度（Crotty，2005）或是金融资产收益（Milberg，2008）等角度考虑，很少引入风险因素。但本文实证结果表明，综合考虑风险建立的 return 和 risk 变量具有合理性。此外，货币政策不具有刺激投资的作用，而企业内部现金流（经营活动产生的现金流）可以给予企业更大的融资自由度，后者对企业固定资产投资水平具有稳定的显著正向影响。无论是广义还是狭义口径金融化，根据传统企业投资决策理论确定的控制变量也都较为显著。

综合来看，基准模型能够较好地刻画中国实业投资率下降现象。随着经济增长模式的转变，中国经历着长期经济增长的"增速换挡期"，与此相伴的是非金融企业实业投资率的持续下降。从上述实证分析结果可以看出，非金融企业的金融化是造成实业投资率下降的显著驱动因素。对于这一结果的解读，一方面，企业的实业投资收益率自 2006 年以来出现持续下滑趋势（通过计算 2006~2014 年之间的实业投资收益率水平获知）；另一方面，宏观经济整体不确定性增加，短期系统风险攀升，这些都可能使经系统风险调整后的收益差（即 return 变量）变小，导致企业更青睐于金融投资。与以上结论相关的重要背景是，虽然近年来我国地方债规模急剧增加，金融机构（特别是银行理财产品）的"刚性兑付"问题依然存在，但是在我国特殊体制和国情下，投资者倾向于默认政府会对此类资产进行背书，这样就会大幅减少金融资产的相对风险，这也是实业投资受到抑制的可能原因。

四 进一步讨论：金融化的间接影响

笔者在上文中从基准方程分析了金融化对企业固定资产投资的直接影响，但金融化程度提高的影响广泛而复杂，它是否会通过影响其他变量的偏效应进而影响企业的固定资产投资？为此，本文进一步讨论以下三个问题，从而进一步探索金融化的间接影响：①是否金融化程度更高的企业对 return 和 risk 变量反应更为敏感？②金融化程度提高是否影响货币政策效力？③金融化程度提高是否影响企业融资约束的偏效应？

金融资产和固定资产之间的投资选择主要通过 return 和 risk 两个变量体现。随着企业金融渠道利润占比的上升，企业会主动寻找更多的金融投资渠道，提高金融投资能力，因此很可能对金融市场信息更为关注，金融市场收益和风险状况的变化对企业投资决策的影响程度也会相应增加。因此，我们在方程（7）的基础上引入了 return、risk 与金融化程度的交叉项，检验上述假说，即：

$$invest_{i,t} = \gamma_0 + \gamma_1 \times return_{i,t} + \gamma_2 \times risk_{i,t} + \gamma_3 \times ratio_{i,t} + \gamma_4 \times \Delta m2_t + \gamma_5 \times cfo_{i,t}$$
$$+ \gamma_6 \times ratio_{i,t} \times return_{i,t} + \gamma_7 \times ratio_{i,t} \times risk_{i,t} + \theta \times Controls + \varepsilon_{i,t} \quad (8)$$

其中 $\theta \times Controls$ 代表方程（7）中系数为~对应的控制变量（下同）。

另外，传统理论认为，宽松货币政策能够有效降低市场利率（包括融资利率），因此在短期价格黏性的情况下可以促进企业进行扩张投资。然而，近年来我国出现了实体企业资金"脱实入虚"现象，央行释放的资金似乎并未全部进入实业投资，而是在金融领域体内循环，刺激实业投资的效应较弱，造成刺激政策的成本越来越高。这种情况可能是由于金融化环境下，金融投资成为企业整体投资决策的主要部分，理性决策与多元化配置理论决定了宽松货币政策释放的流动性有相当部分集中于金融市场，进而影响货币政策提振实体经济的传导效应。为此，本文进一步对基准方程（7）进行拓展，加入货币政策指标变量（即 $\Delta m2$）与金融化指标的交叉项，即

$$invest_{i,t} = \gamma_0 + \gamma_1 \times return_{i,t} + \gamma_2 \times risk_{i,t} + \gamma_3 \times ratio_{i,t} + \gamma_4 \times \Delta m2_t + \gamma_5 \times cfo_{i,t}$$
$$+ \gamma_6 \times ratio_{i,t} \times \Delta m2_t + \theta \times Controls + \varepsilon_{i,t} \quad (9)$$

另外，在面临较强外部融资约束时，企业会使用内源性融资来支付投资成本，从而投资对于内部现金流的敏感性将增强（Fazzari，1988）。本文提出以下假说：金融化程度的提高增强了企业与金融市场的联系，不仅代表着企业投资渠道的拓宽，也是企业外部融资能力增强的体现，因此能够缓解企业的外部融资约束，降低实业投资对内部现金流的敏感性。为此，我们在方程（7）的基础上进一步引入融资约束变量 cfo 与金融化的交叉项，即

$$invest_{i,t} = \gamma_0 + \gamma_1 \times return_{i,t} + \gamma_2 \times risk_{i,t} + \gamma_3 \times ratio_{i,t} + \gamma_4 \times \Delta m2_t + \gamma_5 \times cfo_{i,t}$$
$$+ \gamma_6 \times ratio_{i,t} \times cfo_{i,t} + \theta \times Controls + \varepsilon_{i,t}$$

$$(10)$$

方程（8）~（10）的估计结果分别报告在表 4~6 中（根据豪斯曼检验结果使用固定效应）。观察表中的回归结果可以看到，除 return 在模型（8）中为负数之外，其他所有回归方程中的 return 以及 risk 的系数都显著为正，表明上文模型假设具有合理性。更重要的是，金融化程度变量 ratio 对企业固定资产投资的影响在几乎所有情况下都显著为负，这与本文基本结论

相同。

对于方程（8），return 与金融化程度的交叉项系数无论是在广义还是狭义口径均显著（尽管 return 系数为负），这表明随着金融化程度的加深，企业金融化程度越高对固定资产与金融产品收益率差反应越敏感。risk 与金融化程度的交叉项在广义 b 组显著（10%显著性水平），在其他组不显著，可能是由于风险相对于收益更难判断，所以投资者短期反应并不敏感。

对于方程（9），随着金融化程度的提高，企业运用资金的方式和渠道增多，宽松货币政策释放出的资金可能被"信贷优势"企业用于进行金融资产投资（包括二次放贷等影子银行业务），从而造成货币政策传导效果有所削弱、短期内宽松货币政策可能带来资金在金融领域循环的结果。对于方程（10），企业内部现金流与金融化程度交叉项系数为显著负值，表明随着金融化程度的提高，企业对自身内部现金流的依赖显著减弱。这是由于企业能够接触更多融资渠道、更为娴熟地运用金融工具的原因，从而降低了外部融资约束。

最后，为了使研究结论更加全面，本文还以金融投资率 FIFR 作为金融化的度量指标（剔除该指标的数据缺失部分），对方程（7）~（10）进行相应回归估计，结果报告在表 7 中。从对应的实证结果来看，使用金融投资率作为金融化的度量指标与使用利润占比指标的结果完全保持一致，从而进一步印证了本文结论的稳健性。

表 4　加入交叉项后的系统 GMM 估计结果：模型（8）

因变量：$Invest_{i,t}$	广义 a	狭义 a	广义 b	狭义 b
$return_{i,t}$	-5.32×10^{-4}***	-7.56×10^{-4}***	-6.13×10^{-4}***	-9.08×10^{-4}***
	(8.45×10^{-5})	(1.04×10^{-5})	(8.55×10^{-5})	(1.10×10^{-4})
$risk_{i,t}$	0.025***	0.028**	0.020***	0.029***
	(0.006)	(0.007)	(0.006)	(0.007)
$ratio_{i,t}$	-0.028***	-0.027***	-0.033***	-0.030***
	(0.003)	(0.003)	(0.003)	(0.003)
$\Delta m2_t$	-0.064***	-0.072***	-0.001	-0.013
	(0.012)	(0.012)	(0.012)	(0.012)
$cfo_{i,t}$	0.466***	0.472***	0.079***	0.086***
	(0.022)	(0.023)	(0.007)	(0.022)
$(return \times ratio)_{i,t}$	-6.13×10^{-4}***	-8.25×10^{-4}**	-6.81×10^{-4}***	-9.56×10^{-4}***
	(8.66×10^{-5})	(1.05×10^{-4})	(8.73×10^{-5})	(1.11×10^{-4})

续表

因变量：$Invest_{i,t}$	广义 a	狭义 a	广义 b	狭义 b
$(risk \times ratio)_{i,t}$	0.010 (0.006)	−0.004 (0.008)	0.012* (0.006)	−0.011 (0.008)
时间/行业虚拟变量	是	是	是	是
Sargan(p 值)	1.000	1.000	1.000	1.000
AR(1)	0.023	0.015	0.034	0.026
AR(2)	0.345	0.451	0.296	0.389

注：与表3类似，有内生变量的交叉项设定为内生。

表5　加入交叉项后的系统 GMM 估计结果：模型（9）

因变量：$Invest_{i,t}$	广义 a	狭义 a	广义 b	狭义 b
$return_{i,t}$	7.15×10^{-5}*** (8.91×10^{-6})	6.19×10^{-5}*** (7.37×10^{-6})	7.19×10^{-5}*** (9.04×10^{-6})	5.48×10^{-5}*** (7.44×10^{-6})
$risk_{i,t}$	0.031*** (0.006)	0.034*** (0.008)	0.023*** (0.006)	0.037*** (0.007)
$ratio_{i,t}$	−0.008*** (0.001)	−0.006*** (0.002)	−0.006*** (0.002)	−0.006*** (0.002)
$\Delta m2_t$	−0.068*** (0.012)	−0.072*** (0.012)	−0.013 (0.011)	−0.026** (0.012)
$cfo_{i,t}$	0.320*** (0.029)	0.279*** (0.031)	0.122*** (0.026)	0.187*** (0.028)
$(\Delta m2 \times ratio)_{i,t}$	−0.227 (0.029)	−0.268 (0.029)	−0.448*** (0.041)	−0.526*** (0.042)
时间/行业虚拟变量	是	是	是	是
Sargan(p 值)	1.000	1.000	1.000	1.000
AR(1)	0.036	0.049	0.025	0.038
AR(2)	0.354	0.198	0.261	0.417

注：与表3类似，有内生变量的交叉项设定为内生。

表6　加入交叉项后的系统 GMM 估计结果：模型（10）

因变量：$Invest_{i,t}$	广义 a	狭义 a	广义 b	狭义 b
$return_{i,t}$	5.85×10^{-5}*** (8.38×10^{-6})	5.47×10^{-5}*** (7.05×10^{-6})	4.31×10^{-5}*** (7.54×10^{-6})	3.26×10^{-5}*** (6.25×10^{-6})
$risk_{i,t}$	0.046*** (0.006)	0.046** (0.007)	0.047*** (0.005)	0.057*** (0.007)

续表

因变量：$Invest_{i,t}$	广义 a	狭义 a	广义 b	狭义 b
$ratio_{i,t}$	-0.001 (0.002)	0.003 (0.003)	-0.003 (0.002)	-0.001 (0.002)
$\Delta m2_t$	-0.086*** (0.011)	-0.093*** (0.013)	-0.039*** (0.011)	-0.052 (0.012)
$cfo_{i,t}$	0.467*** (0.021)	0.480*** (0.022)	0.102*** (0.006)	0.103*** (0.006)
$(cfo \times ratio)_{i,t}$	-0.021*** (0.013)	-0.034** (0.005)	-0.039*** * (0.012)	-0.058*** (0.013)
时间/行业虚拟变量	是	是	是	是
Sargan(p 值)	1.000	1.000	1.000	1.000
AR(1)	0.047	0.036	0.068	0.022
AR(2)	0.309	0.385	0.473	0.301

注：与表 3 类似，有内生变量的交叉项设定为内生。

综合以上实证分析可以看到，金融化是伴随着市场经济发展和金融深化的一个过程，随着金融化程度的提高，企业面临的外部融资约束确实得到缓解。同时，随着金融化程度的提高，企业对金融产品的收益和风险反应更为敏感。在这种环境下，金融市场中的收益与风险错配问题就不仅是金融部门自身的问题，而且是涉及整个国民经济的长远发展问题。当前我国信托、银行理财以及部分公司债的刚性兑付问题依然十分突出，当投资者认为国家或国有金融系统对这类资产具有"隐性"担保时，很可能导致这些资产的风险调整后收益偏高，从而吸引资金远离实业投资。同时，金融化环境下货币政策传导机制更为复杂，特别是宽松货币政策的传导效应可能被弱化。

五 结论

近年来，中国非金融企业的实业投资率呈现持续下降态势，宽松货币政策对此似乎并无明显效果。那么到底是什么原因造成了我国实业投资率下降？本文基于经济金融化视角诠释这一重要问题。我们根据标准文献的相关定义，选取了非金融企业金融渠道获利占比日益增加作为研究中国经济金融化现象的切入点，从上市公司财报信息出发，引入三个金融化变量：经系统

表 7 现金流投资率作为金融化水平的系统 GMM 估计结果

内生变量组								
模型	(7)a	(7)b	(8)a	(8)b	(9)a	(9)b	(10)a	(10)b
$return_{i,t}$	$9.54 \times 10^{-5***}$	$5.55 \times 10^{-5***}$	$9.25 \times 10^{-5***}$	$8.37 \times 10^{-5***}$	$8.89 \times 10^{-5***}$	$6.04 \times 10^{-5***}$	$8.90 \times 10^{-5***}$	$4.89 \times 10^{-5***}$
	(9.85×10^{-6})	(8.37×10^{-6})	(1.20×10^{-5})	(1.11×10^{-5})	(9.52×10^{-6})	(8.17×10^{-6})	(9.32×10^{-6})	(7.76×10^{-6})
$risk_{i,t}$	0.003	0.008	0.021^{**}	0.031^{***}	0.012^{*}	0.013^{**}	0.025^{***}	0.033^{***}
	(0.007)	(0.006)	(0.008)	(0.008)	(0.007)	(0.006)	(0.007)	(0.006)
$FIFR_{i,t}$	-0.091^{***}	-0.103^{***}	-0.066^{***}	-0.060^{***}	-0.043^{***}	-0.050^{***}	-0.015	-0.013^{*}
	(0.006)	(0.005)	(0.007)	(0.007)	(0.004)	(0.004)	(0.009)	(0.007)
$\Delta m2_t$	-0.076^{***}	-0.018^{*}	-0.073^{***}	-0.017^{*}	-0.080^{**}	-0.018^{*}	-0.056^{***}	-0.007
	(0.012)	(0.010)	(0.012)	(0.010)	(0.012)	(0.009)	(0.015)	(0.012)
$cfo_{i,t}$	0.508^{***}	0.110^{***}	0.494^{***}	0.113^{***}	0.631^{***}	0.203^{***}	0.517^{***}	0.115^{***}
	(0.023)	(0.006)	(0.023)	(0.006)	(0.027)	(0.011)	(0.022)	(0.006)
$(return \times FIFR)_{i,t}$			-3.11×10^{-5}	$-2.24 \times 10^{-4***}$				
			(5.28×10^{-5})	(5.91×10^{-5})				
$(risk \times FIFR)_{i,t}$			-0.081^{***}	-0.096^{***}				
			(0.026)	(0.024)				
$(\Delta m2 \times FIFR)_{i,t}$					-0.604^{***}	-0.486^{***}		
					(0.057)	(0.053)		
$(cof \times FIFR)_{i,t}$							-0.153^{***}	-0.208^{***}
							(0.056)	(0.044)
时间/行业虚拟变量	是	是	是	是	是	是	是	是
Sargan(p 值)	1.000	1.000	1.000	1.000	1.000	1.000	1.000	1.000
AR(1)	0.041	0.059	0.041	0.027	0.060	0.035	0.035	0.027
AR(2)	0.295	0.417	0.395	0.584	0.342	0.271	0.451	0.316

注：与表 3 类似，有内生变量的交叉项设定为内生。

风险调整后的固定资产与金融资产收益率之差、金融资产相对风险和金融化程度。同时，在标准的企业投资决策理论基础上，构建理论模型刻画企业在实业投资与金融投资上的选择问题，进而研究金融化对企业实业投资决策的影响。

在此基础上，本文基于 2006~2014 年期间中国上市公司的半年度数据，实证检验了金融化对企业实业投资率的影响。研究发现，在固定资产收益与风险确定的情况下，金融资产收益越高、相对风险越低（风险收益错配越严重），越会压抑企业投资固定资产的热情。同时，金融化程度的提高（即金融渠道获利增多），虽然可以为企业带来充裕现金，但是会促使企业更依赖金融渠道获利，相应减少固定资产投资。从实证结果看，样本区间内我国微观企业的金融化程度对实业投资的综合效应为负。本文还进一步讨论了金融化程度变化带来的间接影响。实证结果表明，金融化程度越高的企业对金融市场的收益和风险变动越敏感，同时其对内源融资的依赖性也越弱。在金融化进程中，企业融资能力提升，但同时货币政策对实业投资的推动效应有所减弱。

综合来看，以下结论尤其值得关注：第一，金融化因素显著影响企业投资决策，未来研究与政策决策需要密切关注金融化因素的影响机制；第二，金融资产的风险收益错配会极大压抑企业投资固定资产的动力，影响到整个宏观经济战略布局；第三，系统风险是影响固定资产投资的重要变量，稳健的宏观经济运行有助于企业进行长远的规划和固定资产投资；第四，金融化进程拓宽了企业投资渠道，但是对货币政策传导效力有一定削弱作用。金融化使得企业外部融资约束减弱，同时在可以预见的未来，不管是金融市场本身的发展（狭义口径），还是中国企业加快全球产业链布局（广义口径），都可能会使金融化现象作为一种长期趋势持续下去。显然，如何在金融化环境下更精准有效地制定和实施宏观政策，并促使金融支持实体经济发展，是未来研究的重点内容。

参考文献

邓迦予：《中国上市公司金融化程度研究》，西南财经大学硕士学位论文，2014。
靳庆鲁、孔祥、侯青川（2012）：《货币政策、民营企业投资效率与公司期权价值》，

《经济研究》第5期。

彭方平、连玉君、赵慧敏（2013）:《经济增长与我国通货膨胀容忍度——来自企业层面的经验证据》,《金融研究》第3期。

喻坤、李治国、张晓蓉、徐剑刚（2014）:《企业投资效率之谜:融资约束假说与货币政策冲击》,《经济研究》第5期。

张成思、刘泽豪、罗煜（2014）:《中国商品金融化分层与通货膨胀驱动机制》,《经济研究》第1期。

张成思、张步昙（2015）:《再论金融与实体经济:经济金融化视角》,《经济学动态》第6期。

Aivazian, V., Y. Ge, and J. Qiu, 2005, "The Impact of Leverage on Firm Investment: Canadian Evidence", *Journal of Corporate Finance*, 11 (1), 277 – 291.

Arrighi, G., 1994, *The Long Twentieth Century: Money, Power, and the Origins of Our Times*, London: Verso Press.

Biddle, G., P. Chen, and G. Zhang, 2001, "When Capital Follows Profitability: Nonlinear Residual Income Dynamics", *Review of Accounting Studies*, 6 (2), 229 – 265.

Biddle, G., G. Hilary, and R. S. Verdi, 2009, "How does Financial Reporting Quality Relate to Investment Efficiency?", *Journal of Accounting and Economics*, 48 (2), 112 – 131.

Chen, S., Z. Sun, S. Tang, and D. Wu, 2011, "Government Intervention and Investment Efficiency: Evidence from China", *Journal of Corporate Finance*, 17 (2), 259 – 271.

Crotty, J., 2005, "The Neoliberal Paradox: The Impact of Destructive Product Market Competition and Modernfinancial Markets on Nonfinancial Corporation Performance in the Neoliberal Era", *Financialization and the World Economy*, edited by G. Epstein, Edward Elgar Publishing, 77 – 110.

Demir, F., 2009, "Financial Liberalization, Private Investment and Portfolio Choice: Financialization of Real Sectors in Emerging Markets", *Journal of Development Economics*, 88 (2), 314 – 324.

Denis, D. J., and V. Sibilkov, 2010, "Financial Constraints, Investment, and the Value of Cash Holdings", *Review of Financial Studies*, 23 (1), 247 – 269.

Duchin, R., 2010, "Cash Holdings and Corporate Diversification", *Journal of Finance*, 65 (3), 955 – 992.

Epstein, G., and D. Power, 2003, "Rentier Incomes and Financial Crises: An Empirical Examination of Trends and Cycles in Some OECD Countries", *Canadian Journal of Development Studies*, 24 (2), 229 – 248.

Fazzari, S., R. G. Hubbard, and B. C. Petersen, 1988, "Financing Constraints and Corporate Investment", *Brookings Papers on Economic*, 1988 (1), 141 – 206.

Hayashi, F., 2000, *Econometrics*, Princeton University Press.

Kliman, A., and S. Williams, 2015, "Why 'Financialization' hasn't Depressed U. S. Productive Investment", *Cambridge Journal of Economics*, 39 (1): 67 – 92.

Krippner, G., 2005, "The Financialization of the American Economy", *Socio-Economic Review*, 3 (2), 173 – 208.

Le, Q., and P. Zak, 2006, "Political Risk and Capital Flight", *Journal of International Money and Finance*, 25 (2), 308 – 329.

Milberg, W., 2008, "Shifting Sources and Uses of Profits: Sustaining US Financialization with Global Value Chains", *Economy and Society*, 37 (3), 420 – 451.

Orhangazi, O, 2008, "Financialisation and Capital Accumulation in the Non-financial Corporate Sector: A Theoretical and Empirical Investigation on the US Economy: 1973 – 2003", *Cambridge Journal of Economics*, 32 (6), 863 – 886

Sean, C, 1999, "The Relationship between Firm Investment and Financial Status", *Journal of Finance*, 54 (2), 673 – 692.

Smith, C. W., and R. M. Stulz, 1985, "The Determinants of Firms' Hedging Policies", *Journal of Financial and Quantitative Analysis*, 20 (4): 391 – 405.

Stulz, R. M., 1996, "Rethinking Risk Management", *Journal of Applied Corporate Finance*, 9 (3), 8 – 25.

Tori, D., and O. Onaran, 2016, "Evidence from Firm-level Data for the UK", Post Keynesian Economics Study Group Working Paper, No. 1601.

Zhang, G., 2000, "Accounting Information, Capital Investment Decisions, andEquity Valuation: Theory and Empirical Implications", *Journal of Accounting Research*, 38 (2), 271 – 295.

非货币金融资产和经营收益率的 U 形关系[*]

——来自我国上市非金融公司的金融化证据

宋军 陆旸

一 研究背景

金融化（Financialization）历来受到广泛关注，它被认为和经济全球化、金融危机等现象之间存在密切关系（王芳，2004；Krippner，2005；Palley，2008；成思危，1999、2009；Orhangazi，2008）。关于金融系统的过度膨胀、金融全球化和金融危机等问题已经得到了充分的讨论和研究，本文关注实体经济的金融化行为。

作为实体经济的主要载体，非金融公司（NFCs, Non-financial Corporates）主要向社会提供产品和与金融无关的服务。近年来大量国内上市非金融公司积极投资金融资产。在涌入金融市场的公司中，不乏绩优的行业龙头公司。有的公司购买银行理财产品和信托投资，如洋河股份在 2011 年共购买 26.6 亿元的银行理财产品，占公司净资产的 36%；双汇发展 2013 年 11 月底的理财余额达到 28.7 亿元，占净资产的 24.45%；委托贷款近年增长迅猛，有些公司的利润也主要来自其金融活动，如华北制药 2012 年从委托贷款获得利息收入 9999 万，而当年利润总额仅 1406 万元[①]，这意味着

---

[*] 笔者感谢国家社会科学重大项目（12&ZD074）、自然科学基金（71371055）、上海高等学校创新能力提升计划竞争性引导项目和国家留学基金资助，感谢匿名审稿人的宝贵意见。作者文责自负。

[①] 上述三家公司的数据来自相关公司公告和公司当年年报。

如果没有这笔利息收入,公司当年利润为负。房地产价格的攀升吸引了不少非房地产行业转向房地产行业。早在 2006 年,云南白药就开始涉足房地产市场,成立云南白药置业有限公司。更有不少公司积极在二级市场买卖股票。同时非金融公司面对金融机构丰厚利润的诱惑争先控股和创建金融机构,如 2013 年苏宁云商创建苏宁银行等。上述现象受到了市场的普遍关注①。

从统计数据看,从 2007 年到 2012 年,我国上市公司中非金融公司的金融资产总量大幅上升(图 1a)。2007 年金融资产总量②为 1480 亿元,2012 年则达到 4300 亿元。同期货币性金融资产从 1170 亿元上升至 3600 亿元,非货币性金融资产从 313 亿元增加至 631 亿元。图 1b 给出了分类后的非货币性金融资产的变化。可看出金融资产的总量在逐年增加,尤其是理财信托类金融资产在取样期间从无到有的巨幅增长。

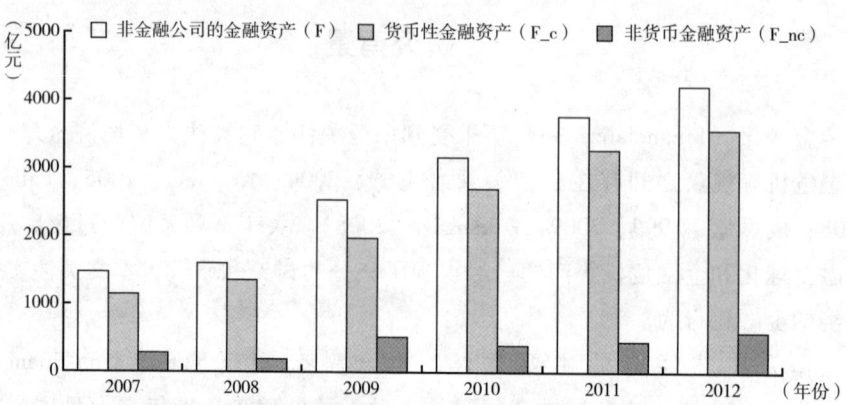

图 1a 2007~2012 年我国 A 股上市非金融公司的金融资产(F)、货币性金融资产(F_c)和非货币金融资产(F_nc)

注:样本包括所有 A 股上市的公司,不含金融行业。
资料来源:国泰安数据库。

投资金融资产将获得收益。仅观察财务费用一个科目,可发现近年来我国 A 股上市公司在盈利来源上的悄然变化。由于利息收入是财务费用的扣

---

① 2011 年 9 月《人民日报》批评上市公司将巨额资金投向理财房贷市场,对公司在证券市场上融资却不进行实体经济投资的行为表示担忧。2014 年 5 月《金融时报》也批评了上市公司不务正业危害实体经济等。
② 金融资产、货币性金融资产和非货币性金融资产的定义详见第三部分。

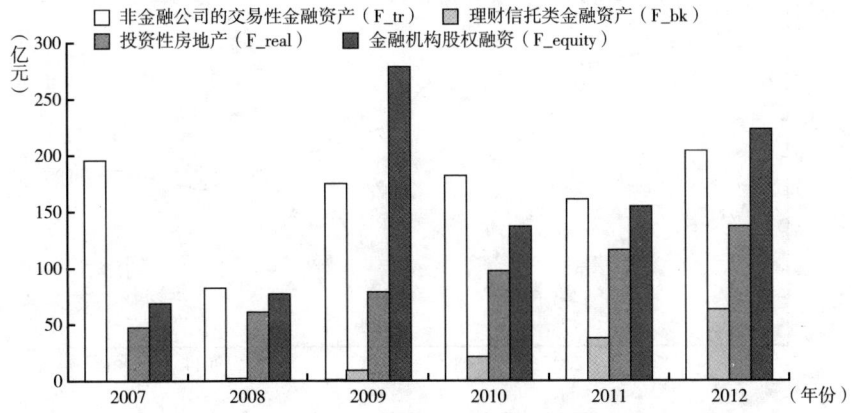

图 1b 2007～2012 年我国 A 股上市非金融公司的交易性金融资产（F_tr）、
理财信托类金融资产（F_bk）、投资性房地产（F_real）和
金融机构股权融资（F_equity）

注：样本包括所有在 A 股上市的公司，不含金融行业。
资料来源：国泰安数据库。

减项目，当利息收入逐渐增加时，会使得财务费用下降，甚至使得财务费用转为负数。从图 2a 可看出我国 A 股非金融上市公司的财务费用相对销售收入的比例从 2005 年到 2012 年由 1.7% 逐渐下降至 0.8%。作为比较，同期美国 SP500 指数中的非金融公司的财务费用相对销售收入的比例由 0.8% 上升至 1.3%。A 股非金融公司的财务费用率下降的主要原因是负财务费用的公司占比增加，2005 年该比例还不到 15%，但到 2012 年该比例上升至 33%！这意味着约 1/3 的非金融公司不仅不需支付财务费用，反而可以获得利息收入。作为对比 SP500 成分股中的非金融公司的负财务费用比例明显下降。

这些现象对学界提出了非常有意义的话题：非金融公司如何投资金融资产？其金融资产投资规模和公司自身经营活动的关系如何？不同公司在投资金融资产时的行为是否存在差异？本文采用 Penman-Nissim 分析框架（2001～2009），对 2007～2012 年我国 A 股上市非金融公司的会计报表重整，从公司资产中剥离出金融资产，从公司收益中剥离出金融收益，然后对面板数据分析，来研究非金融公司持有金融资产的特点和主要影响因素。本文从公司微观视角入手，有助于更好理解公司投资金融资产的行为特征，也可借助充分的样本来研究公司行为在横截面上的差异。本文可以为金融化、虚拟经济和实体空心化的发展规律研究提供来自微观层面的更加准确和扎实

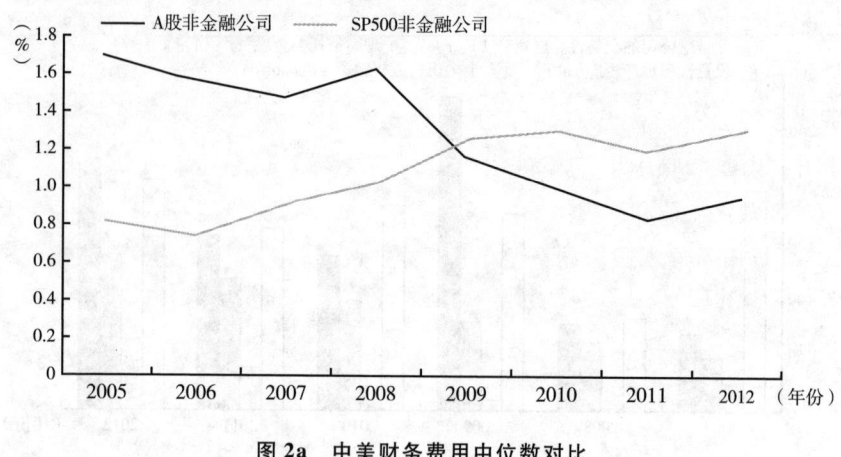

图 2a 中美财务费用中位数对比

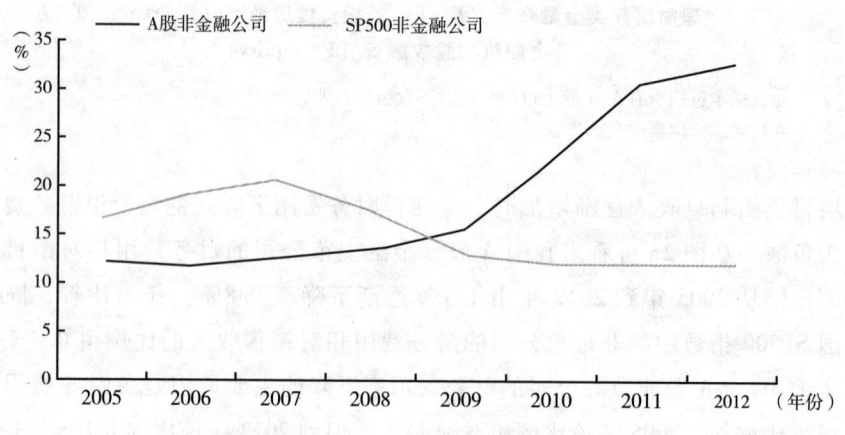

图 2b 中美"负财务费用"的非金融公司占比对比

资料来源:国泰安数据库和 Compustat 数据库。

的证据。

本文的结构安排如下:第二部分为文献综述,第三部分建立计量模型,提出研究假设;第四部分给出了研究结果;第五部分为结论。

二 文献综述

(一) 金融化的概念、测度方法和影响

Krippner(2005)和 Palley(2008)所提出的金融化的定义被广泛接受。

Krippner（2005）认为金融化是利润的获取逐渐更多来自金融渠道而非生产贸易领域。Palley（2008）认为金融化是金融市场、金融机构和金融精英在经济政策和经济收益方面影响力上升的一个过程，这个过程导致金融部门地位上升，财富和收入从实体领域向金融部门转移，同时增加收入不平等。

对金融化特征和测度方法的研究可分为宏观和微观两个层面。Krippner（2005）提出了宏观层面的测度。他在对50年的宏观数据进行深入分析和研究后，发现在20世纪80年代金融监管放松以后，美国社会存在明显的金融化特征。他提出了基于活动的（Activity-centered）和基于利润累积的（Accumulation-centered）两个测度方法。前者用就业率和GDP来衡量，将经济分为三个部门：制造业，服务业和FIRE①（金融，保险和房地产的缩写）来观察三个部门GDP产值的比例随着时间的变化。1950～2001年，制造业从32%下降至17%，而FIRE从11%上升至24%。后者从利润角度看，发现金融化程度更加厉害，制造业从50%下降到10%，而FIRE从10%上升至45%。王芳（2004）采用类似金融资产市值占GDP比例的方法研究，发现我国在改革开放后的实体经济呈现明显的货币化和金融化特征。Assa（2012）用类似方法指出，OECD的大多数国家经历了和美国类似的金融化过程。Cibils and Allami（2013）提供了阿根廷在金融危机后的金融化证据，用Krippner（2005）的方法发现虽然阿根廷的金融部门的利润大幅上升，但并没有给实体部门提供足够的资金用于发展，即侧重短期的消费信贷，而非生产部门的信贷。

微观层面的研究主要基于上市的非金融公司的金融化的特征。大量证据显示很多非金融公司在金融市场利润吸引下将资金投入金融领域。主要有两个测度方法，第一是用新增投资占固定资本的比例（Orhangazi，2008）来研究非金融公司的金融投资对实体投资的影响，研究发现非金融公司日益增加在金融资产和金融机构的投资，从中获得更多的收益，这种行为造成了对实体投资的挤出效应（Crowding Out Effect）。第二种方法则使直接用非金融公司持有金融资产比例（Demir，2009）。

学者们对金融化的影响存在比较大的争议，大致来看，宏观层面的研究

---

① FIRE的这个定义和成思危（2001，2009）所提出的虚拟经济定义范围大致吻合。成思危（2001，2009）指出，虚拟经济是与实体经济相对应的经济活动模式，包括金融市场、金融机构、投资性房地产等领域。

大多持负面和批评态度，而微观层面的研究则表现为比较正面的结果。宏观研究主要从金融化和经济增长、失业率、经济稳定性的关系来进行研究。如 Palley（2008）认为，金融化导致实体经济增长速度降低，经济稳定型下降，债务膨胀，衰退期延长。Dore（2008）认为金融化导致了更多的不安定，误导高素质人才，侵吞社会信用等问题。Freeman（2010）还认为金融化会导致失业，减少公共商品的供给并且降低增长率。Bhaduri（2011）的理论模型指出，金融化后经济系统的脆弱性增加，在投资者预期发生变化的情况下，非常容易发生金融危机。Gonzalez 和 Sala（2013）使用多方程宏观劳动模型研究了金融化对失业率的影响。金融化是影响资本累计的主要变量，因而也影响失业率。模拟结果显示金融化大致会提高2%的失业率。因此呼吁对金融市场发展的评估要考虑到其对实体投资带来的挤出效应。Ortiz 和 Pablo（2014）对金融化的批判极端而严厉，认为如果把经济比拟成人的身体，金融化就类似 AIDS 病毒，它们占据了经济内部资源来进行自我复制和强化，剥夺了其他部门的发展空间。

微观层面的研究则主要从非金融公司的金融化和公司业绩角度考虑。非金融公司在经济金融化的过程中，增加金融资产投资，包括购买金融资产和开设从事金融业务的分支机构，来实现利益最大化，至少在短期内可促进公司股东价值的提升。Baud 和 Durand（2012）对美国零售业的研究发现，虽然在1990~2007年间美国零售业销售增长下降，但 ROE 却上升了。主要原因是这些零售业公司在全球化过程中大幅增加金融资产持有比例，缓冲了主业带来的利润下降。这在很大程度上满足了缺乏耐心的股东的利益。Demir（2009）使用阿根廷，墨西哥和土耳其的上市公司的数据研究发现，在不确定性的外部宏观环境条件下，公司选择了投资预期收益可逆转的短期金融资产而非投资收益不可逆转的实业部门投资，这就解释了20世纪90年代这些国家固定投资率偏低的原因。

本文将研究重点放在微观层面的非金融公司的金融化行为特征上。宏观角度的研究成果已经非常丰富。根据我们的理解，宏观角度研究存在一定局限性。①宏观数据比较少，大多数宏观指标都是年度数据，对一个国家的金融化研究需要很长时间才可得到满意结果。但很多发展中市场无法满足这样的数据要求。即使是发达国家的研究，也受到数据的影响。例如 Palley（2008）只能比较1950年、1970年、2001年少数几年数据，进行一些定性分析。②宏观层面的数据分析无法观察到微观个体之间的差异。上市公司参与金融市场的程度其实存在很大差异。本文采用 Demir（2009）的方法，对我国非金融上市公司的金融化行为进行研究。

（二）公司持有金融资产和影响因素

对于公司持有现金和用于套期保值的金融衍生资产这两个金融资产的研究很多，也有一些研究涉及投资类金融资产。

关于持有现金规模的研究已经有很长的历史。Keynes（1936）认为公司持有现金是出于交易动机、谨慎动机和投机动机。Duchin（2010）研究了公司流动性和分散化之间的关系，发现由于投资的分散化，多行业投资的公司相比于单一投资的公司所拥有的现金显著偏少。Dittmar 等（2003），Harford（1999）和 Harford 等（2008）等则从公司治理的角度研究了公司持有现金和代理成本之间的关系。前者通过研究发现在投资者保护状况较差的国家，管理层倾向于持有更多现金。后者则主要研究了公司持有现金和兼并收购之间的关系，结果发现拥有更多现金的公司更倾向于进行收购，且其收购价格总体上偏高，反映了较多的规金会带来一定的代理成本。

金融衍生资产即公司持有的金融衍生品，包括股权类衍生产品、利率衍生产品、货币衍生产品和信用衍生产品等。公司持有金融衍生产品可以帮助规避经营风险，但也可能产生额外的风险。Bodnar 等（1996，1998）采用大规模问卷的方法来调查非金融公司持有金融衍生产品的状况，研究发现非金融公司特别是小公司对金融衍生产品的使用并不普及，但是总体上使用率在逐年增加。其他各国的学者也纷纷进行了类似的研究。例如 Mallin 等（2001）对英国非金融公司的调查和 Alkeback 等（2006）对瑞典非金融公司的类似调查。

投资类金融资产是本文的研究重点，相关度较高的研究包括 Davis（2013），Da Luz 等（2015）和国内的学者的一些研究。Davis（2013）主要从股东价值回购和波动两个角度来研究公司固定投资行为和公司金融化的关系，研究发现股东价值和公司层面的波动率会影响非金融公司的固定投资率。同时他也发现公司规模也有很大影响。Da Luz 等（2015）从横截面角度研究了巴西 2004～2012 年的 106 家非金融公司，研究显示经营利润对金融资产和金融收入有正面影响。也有学者针对 A 股上市公司的金融资产投资进行了一些研究。如王伟（2010）研究了我国上市公司的证券投资行为。张瀛（2012）研究了非上市公司金融资产规模的影响因素，其研究显示，经营活动状况好、国有企业、盈利状况好、资产负债率低的公司倾向于持有的较多的金融资产，而且宏观经济变量会影响公司所持金融资产的规模。

本文主要有两个创新。①之前国内学者的相关研究的基础都是传统财务报表，无法区分金融活动和经营活动，因此存在偏差。如资产收益率 ROA 中的分子利润中包含了来自经营活动和金融活动的利润，分母中包含了经营资产和金融资产，因此无法区分两类活动的影响。本文采用 Penman – Nissim 分析框架（2001~2009），对 2007~2012 年我国所有 A 股上市非金融公司报表进行重整，从公司资产中剥离出金融资产，从公司收益中剥离出金融收益，剥离后的数据更精确，更具有可信度。②考虑了金融资产配置比例和经营业绩的非线性关系；之前的研究者或关注了替代效应，或关注了富余效应，只简单地考虑了它们的线性关系。而本文则提出这两个效应对经营状况不同的公司的影响方向不同，金融资产配置和经营业绩之间存在 U 形非线关系。

三　金融资产配置和经营收益的关系建模

（一）Penman – Nissim 分析框架

非金融公司金融化的一个明显特征就是将原来的经营资产转投到金融资产，金融资产带来金融收益，原有经营资产还是带来经营收益。要分析非金融公司的金融化，必须将公司的经营活动和金融活动分离开。可目前主流的财务报表将非金融公司的经营活动和金融活动混在一起，资产负债表中的资产按照流动性划分，利润表中的营业利润既包括公司从事实体经济活动所产生的利润，也包括公司从事金融投资活动所产生的收益。所以基于目前主流的财务报表计算的财务指标，如资产收益率、资产负债率等指标其实都是把两种类型的活动结果混合到一起。

Penman 和 Nissim（2001）提出一个新的财务分析框架，被称为"Penman – Nissim 分析框架"，Penman（2009）详细阐述了这个分析框架[①]。Penman and Nissim（2001），Penman（2009）认为可将公司资产分为金融资产和经营资产，将负债分为金融负债和经营负债。公司利润可分为来自经营

---

① 该书对会计理论和实务有巨大贡献，获得美国会计学会和德勤 Wildman Medal。

活动的利润和来自金融活动的利润。本文认为这种会计分类方法可运用到本文对非金融公司的金融化特征的研究中,即将公司资产分为金融资产和经营资产,将公司收益分为金融收益和经营收益。根据上市公司报表科目,金融资产主要包括货币资金、交易类金融资产、委托理财和信托产品、投资性房地产和持有金融机构的股权等几大类,而金融收益主要包括利息收入、投资收益中和金融有关的部分以及交易性金融资产、交易性金融负债和投资性房地产的公允价值变动。本文对2007年到2012年的所有A股上市公司的资产和收益进行了分类和整理,计算出了非金融公司持有金融资产的比例和持有金融资产所产生的金融收益。这样就可以非常清楚地分割相关变量。

(二) 主要变量的计算方法

设公司 i 第 t 年的金融资产配置比例为 $f_{i,t}$,它等于公司 i 第 t 年金融总资产 $F_{i,t}$,除以公司 i 第 t 年的总资产 $A_{i,t}$:

$$f_{i,t} = \frac{F_{i,t}}{A_{i,t}} \tag{1}$$

其中 $F_{i,t}$ 为公司 i 第 t 年的金融资产之和,金融资产可分为货币金融资产和非货币金融资产。设 $F\_c_{i,t}$ 为公司 i 第 t 年的货币金融资产,$F\_nc_{i,t}$ 为公司 i 第 t 年的非货币金融资产。得到:

$$F_{i,t} = F\_c_{i,t} + F\_nc_{i,t} \tag{2}$$

虽然货币本身是金融资产,但公司经营活动中需要用到货币,经营活动本身也产生货币。处于保守原则,可以将公司持有货币资金归于经营目的。非货币金融资产包括四种类型,表示为:

$$F\_nc_{i,t} = F\_tr_{i,t} + F\_bk_{i,t} + F\_real_{i,t} + F\_equity_{i,t} \tag{3}$$

其中,$F\_tr_{i,t}$ 是公司 i 第 t 年交易类金融资产,包括的科目有"交易性金融资产"、"衍生金融资产"、"短期投资净额"、"可供出售金融资产净额"、"持有至到期投资净额"和"长期债权投资净额"等。$F\_bk_{i,t}$ 是公司 i 第 t 年的委托贷款、理财产品及信托产品投资余额,这是近几年新出现的一类金融资产。具体数据可在"其他流动性资产"的明细找到。徐军辉(2013)指出,大量上市公司成为影子银行的放贷机构。它们借用银行的低息贷款投入到委托贷款、理财产品和信托产品中,套利获取利差。近年来这类金融资产投资增速非常高。$F\_real_{i,t}$ 是公司 i 第 t 年的投资性房地产余额。现代房地产越来越脱离实体经济部门，具有虚拟化和独立化的特征。周建军和鞠方（2008）的研究表明货币供应量、利息政策、信贷波动和股价都对房地产价格形成影响，因此认为房地产是特殊的金融资产，且在整体金融资产中占有重要地位。在数据处理中，本文剔除了那些本身为房地产行业的公司所持有的投资性房地产数据。$F\_equity_{i,t}$ 为公司 i 第 t 年末所持有金融机构的股权。数据可从"长期股权投资"的明细中进行筛选。在长期股权投资科目中可观察到，不少非金融公司不仅持有和自己产业链相关公司的股份，也持有银行、券商和信托等金融公司的股份。这时就需要区分，那些和自己产业链相关的公司股权就算为经营资产，而与产业链无关的金融机构股权就计入金融资产。① 对进行归一化处理，得到非货币金融资产持有比例：

$$f\_nc_{i,t} = \frac{F\_nc_{i,t}}{A_{i,t}} \tag{4}$$

同理可得到 f_c。

公司 i 第 t 年的经营资产 $OA_{i,t}$，等于总资产减去金融资产：

$$OA_{i,t} = A_{i,t} - F_{i,t} \tag{5}$$

这样，公司 i 第 t 年经营资产收益率 $ro_{i,t}$ 为：

$$ro_{i,t} = \frac{RO_{i,t}}{OA_{i,t}} \tag{6}$$

$ro_{i,t}$ 代表公司核心经营业务业绩。$RO_{i,t}$ 为公司 i 第 t 年的经营收益，$OA_{i,t}$ 为公司 i 第 t 年的经营资产。由于营业利润包含金融收益，则经营收益 RO 等于营业利润 R 减去金融收益 RF，即：

$$RO_{i,t} = R_{i,t} - RF_{i,t} \tag{7}$$

金融收益 RF 包括下面三个部分：①利息收入。这是财务费用的子项目，从财务费用明细中得到；②投资收益中和金融相关的部分。包括"持有各类金融资产所获得的投资收益"和"持有金融机构而获得的长期股权

---

① 以中国铝业 2010 年的长期股权投资明细为例，其持有国泰君安证券等金融机构股权，把这些股权计入金融投资，而所持有的中铝国际等实业的股权则不计入金融投资。

投资收益"两个部分。非金融公司所持有的实体经济相关的上下游和同业公司的股权而获得的收益不算入金融收益,而其由于所持有的金融公司的股权而获得的收益计入金融收益①;③公允价值变动,包含"交易性金融资产、交易性金融负债和投资性房地产的公允价值变动"。为了排除税收差异的影响,都用税前数据。

(三) 替代效应和富余效应

本文的研究目的是看公司主业的经营收益率如何影响金融资产的配置,即公司经营资产收益率 $ro_{i,t}$ 如何影响金融资产配置比例 $f_{i,t}$。在建立模型时将金融资产配置比例作为被解释变量,而将主业的经营收益率作为主要解释变量,有如下考虑:所有的公司投资必然是先投资然后获得收益。最关键的一点是投资行为本身(具体而言即公司投资时是选择投资实业资产还是投资金融资产)是公司决策层可自行决定的完全可控的变量,但主业的经营资产收益率并不是公司可以自己决定的,这个变量受到行业的盈利性、增长性、外部经营环境和公司竞争能力等多个因素的共同影响。根据本文的资产分类方法,资产分为金融资产和经营资产。从这个层面上讲,金融资产配置比例几乎无法影响经营资产收益率,而是经营资产收益率影响金融资产配置比例。Orhangazi(2008)在研究金融化对非金融公司资本累积的影响时,加入金融收益以及资本支出作为公司投资决策的因变量,其关注的是公司金融活动对其实体投资的影响。本文的研究思路与 Orhangazi(2008)其实类似,因为非金融企业的投资就是金融投资和实体投资之和。同时本文也将金融收益作为控制变量加入模型中。

可认为公司持有金融资产是相对持有实业投资的替代投资。因此,决定下一期金融投资比例的主要变量是预期的经营收益率、金融收益率。用上期实现的经营收益率和金融收益率来表示。从时间上的领先 - 滞后关系看,投资行为在先而投资收益在后,直觉上的要求是将当期的收益变量和下期的金融投资进行回归。考虑本文所采用的是年度数据,金融资产的持有比例是年底的报告结果,而同时,经营收益率在一年的时间中其实也逐渐释放出来,

---

① 仍以中国铝业 2010 年为例,其投资收益中,因持有国泰君安证券等金融机构的股权而确认的投资收益加上持有交易性金融资产期间取得的投资收益可以看作和金融资产相关的投资收益,而持有的中铝国际等股权的收益则不能算入。

因此用当年的经营收益率和当年的金融资产收益率回归已经存在对应的领先 – 时滞关系。应该注意到，不同的公司的经营收益率会有很大差异，这是影响公司金融投资比例的主要原因。而金融收益率则相对而言是一个外部市场变量，不是公司自身能决定的。在横截面上的差异不大。同时，负债率（Chirinko，1993；Kopcke and Brauman，2001）和规模、国有股比例（张瀛，2012）也会影响金融资产的比例，因此把它们作为控制变量。

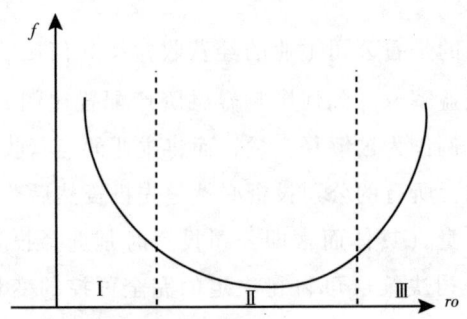

图 3　经营资产配置比例和经营收益率之间的 U 形关系

根据 Davis（2013）、张瀛（2012）和 Da luz 等（2015），主业经营状况对公司投资金融资产的配置的影响存在两个相反的效应，即替代效应和富余效应。①替代效应。由于公司的金融资产和经营资产存在一种替代关系，公司的经营业务收益率越高（低），公司的金融资产配置比例越小（大）。②富余效应。公司的经营状况越好，公司可支配的资金越富余，会配置更多的金融资产比例。

如何协调这两个相互矛盾的效应呢？本文假设，对经营状况不同的非金融企业，这两个效应的作用是不同的。低业绩公司虽然可支配的资金少，但主业业绩不好的困扰更大，因此很有动力用有限资金去投资金融资产，试图用金融收益来弥补甚至扭转主业亏损，让综合收益变得漂亮好看。当来自主业的经营收益率越来越低甚至为负的时候，它们甚至有动力用借来的资金去进行金融投资，利用我国目前的金融市场的不完善来获取价差。而高业绩公司则凸显出富余效应。受到行业规模的限制和实业投资的风险影响，它们会在即使主业业绩很好的情况下也选择投资更多金融资产而非实业资产，这样替代效应就下降。简而言之，低业绩公司主要表现为替代效应，而高业绩公司主要表现为富余效应。这样，金融资产的配置和经营业绩之间呈现非线性的 U 型关系。之前的研究者或关注了替代效应，或关注了富余效应，都只简单地考虑了它们的线性关系。而本文则提出这两个效应对不同公司的影响程度不同，它们之间存在非线性关系。构建如下模型：

$$f_{i,t} = \alpha_0 + \beta_1 ro_{i,t} + \beta_2 ro_{i,t}^2 + \alpha_1 g_{i,t} + \alpha_2 size_{i,t} + \alpha_3 d_{i,t} + \alpha_4 so_{i,t} + \alpha_5 rf_{i,t} + \varepsilon_{i,t} \quad (8)$$

根据前面的假设，得到原假设和备择假设。原假设 $H0:\beta_2 <= 0$ 备择假设 $H1:\beta_2 > 0$

模型（8）中的主要控制变量如下：① $g_{i,t}$ 是公司 i 第 t 年的营业收入增长率。公司资金不投入金融资产，就投入经营资产。如公司成长性有限或公司本身已处于成熟期，公司难以找到合适的投资机会。作为替代，公司将更多的配置金融资产以获得收益。② $size_{i,t}$ 是公司 i 第 t 年的公司规模，用年底的总市值自然对数代表。公司规模越大，金融资产投资比例很难等比例增加，预期金融资产投资比例和公司规模之间呈现反向关系。③ $d_{i,t}$ 为公司 i 第 t 年的有息债务占总资产的比重。其中，有息负债是公司负债中需要付出资金成本的部分，包括短期借款、长期借款和应付债券。公司有息负债越高，表明公司资金越紧张，无法在金融资产投入更多资金。④ $so_{i,t}$ 为公司 i 第 t 年的国有股比例。由于股改之后公司年报不再直接披露国有股的比例，因此本文中的国有股比例是根据公司年报披露的十大股东，加总其中国有股东持股的比例而得到的。国有企业和银行有良好的关系，更容易获得低息贷款，预期国有股比例增加，投资金融资产的比例会增加。⑤ $rf_{i,t}$ 是金融资产收益率，为公司 i 第 t 年的金融收益 $FR_{i,t}$ 对金融资产 $F_{i,t}$ 的比值。金融资产收益率增加，会吸引更多资金进入金融市场。但这个变量往往不由投资公司自身决定，而是一个相对市场化的价格数据。预期金融资产配置比例和金融资产收益率正相关。

本文分别使用 f、f_c、f_nc 以及 f_nc 的四个分量带入模型（8）进行研究。

四 研究结果和分析

（一）描述性统计

本文选取 2007 年到 2012 年之间在 A 股上市的所有非金融公司的年度数

据作为样本，剔除总资产小于 0 的公司，全年停牌的公司以及营业收入为 0 的公司，共 11281 个样本。财务数据和明细科目数据都来自 CSMAR 数据库。其中"投资收益"、"长期股权投资"、"财务费用"和"其他流动资产"的明细分别来自上市公司附注表，其他科目来自上市公司财务报表数据库。为排除极端值对回归结果造成影响，对除国有股比例之外的其他变量均按年份进行了极端值 1% 的 Winsorize 处理。

表 1 给出了被解释变量和解释变量的均值等描述性统计量。从表 1 左侧可看到，金融资产占总资产的均值为 24.95%，其中大部分为货币金融资产，均值为 21.25%。非货币金融资产将近 5%。在非货币金融资产中，交易类金融资产和投资性房地产占比较大。本文的数据截至 2012 年，理财、信托和委托贷款的占比还不高，仅 2.09%，但此数据在 2013 和 2014 年增速惊人。本文主要关注的是非货币金融资产。因为对公司决策而言，前者的增长并非完全自主，受到各种因素影响。但后者必须要公司的决策层主动投资才能形成，是实体经济金融化的集中体现。从右侧可以看到，经营收益率的均值为 5.93%，高于金融收益率的均值 2.14%。但其标准差为 11.47%，而金融收益率的标准差只有 3.62%。和投资经营资产相比，投资金融资产显出"低收益和低风险的特征"。

表 1 主要变量的描述统计

	被解释变量				解释变量		
	样本量*	均值(%)	标准差(%)		样本量	均值(%)	标准差(%)
f	11281	24.95	18.08	ro	11281	5.93	11.47
f_c	11281	21.25	16.98	g	11281	17.87	29.15
f_nc	8427	4.74	8.32	size	11281	22.085	0.983
f_tr	4035	3.05	5.91	d	11281	18.86	16.17
f_bk	532	2.09	1.89	so	11281	23.94	24.25
f_real	3926	3.05	5.02	rf	11281	2.14	3.62
f_equity	5868	1.82	3.55				

注：* 不为 0 的样本个数。

（二）基本模型实证结果和分析

以金融资产比例 f、货币金融资产比例 f_c 和非货币金融资产比例

f_nc，四种非货币金融资产比例交易类金融资产配置比例 f_tr、理财信托产品和委托贷款比例 f_bk，投资性房地产配置比例 f_real 和金融机构股权投资比例 f_equity 作为因变量，对模型（8）进行回归，结果如表2所示。

从表2可看到 f_c 的回归结果与 f 的几乎一致。考虑到货币资产占金融资产比例将近80%，这个结果不出乎意料。对前三个被解释变量，ro平方项的回归系数均显著为正，即加入控制变量后，f、f_c 和 f_nc 都与公司的经营收益率存在向上开口的U形关系，说明经营资产收益率较高和较低的公司倾向于配置更多金融资产。U形左侧，因为经营业绩差，金融资产的收益相对更有诱惑，因此持有较多金融资产，体现出替代效应。U形右侧，金融资产随着经营收益率而增加。前三列的控制变量的符号基本符合预期，金融资产与增长率、公司规模和有息负债率负相关，和国有股比例与金融资产收益率正相关。

货币金融资产具有一定的经营资产特点，它可能来自企业经营活动的现金流入，其数量大小与公司的主观意愿没有直接的关系。但非货币性的金融资产则必须是公司进行主动去投资才会产生。下面重点分析非货币金融资产（表2的右侧4列）。除了交易类金融资产的平方项不显著，其他三种金融资产比例与经营收益率的平方呈显著的正比关系，即存在U形关系。这个结果显示，非货币金融资产持有比例和经营收益率的U形关系主要集中在 f_bk、f_real 和 f_equity 这三类金融资产上。而 f_tr 则表现出和经营业绩平方负相关的关系。这意味着，低业绩公司会选择持有更多的所有投资类金融资产（包括交易类金融资产），而高业绩公司则选择持有更多的除了交易类金融资产之外的其他三项金融资产。为什么会存在这样的差异呢？本文认为交易类金融资产包含了股票等高风险高收益资产，在取样期间，股票和债券等交易性金融资产投资都经历过较大熊市，风险得到充分释放。公司在持有时会充分考虑其中风险。

表2 模型（8）回归结果

	f	f_c	f_nc	f_tr	f_bk	f_real	f_equity
Intercept	0.7253 ***	0.6608 ***	0.0663 ***	-0.0197 **	-0.0011	0.0928 ***	0.0015
	(<.0001)	(<.0001)	(0.0003)	(0.0411)	(0.5877)	(<.0001)	(0.8134)
ro	0.4113 ***	0.4627 ***	-0.0435 ***	-0.0156 ***	0.0037 ***	-0.0140 ***	-0.0063 **
	(<.0001)	(<.0001)	(<.0001)	(<.0001)	(<.0001)	(<.0001)	(0.0195)

续表

	f	f_c	f_nc	f_tr	f_bk	f_real	f_equity
$square\_ro$	1.0931***	0.9483***	0.1000***	−0.0111	0.0096***	0.0270***	0.0190***
	(<.0001)	(<.0001)	(<0.0001)	(0.2429)	(<.0001)	(0.0008)	(0.0043)
g	−0.0138***	−0.0107***	−0.0034***	−0.0015**	−0.0002**	−0.0006	−0.0011***
	(<.0001)	(<.0001)	(<.0021)	(<.0101)	(<.0499)	(<.2629)	(<.0050)
$size$	−0.0199***	−0.0185***	−0.0289***	0.0014***	0.0001	−0.0037***	0.0003
	(<.0001)	(<.0001)	(<.0001)	(0.0014)	(0.3242)	(<.0001)	(0.2842)
d	−0.3278***	−0.2933***	−0.0014*	−0.0210***	−0.0022***	−0.0002	0.0002
	(<.0001)	(<.0001)	(0.0992)	(<.0001)	(<.0001)	(0.9100)	(0.9303)
so	−0.0631***	−0.0708***	0.0081***	0.0071***	0.0002	0.0032**	0.0000
	(<.0001)	(<.0001)	(<.0094)	(<.0001)	(0.4747)	(0.0215)	(0.9761)
rf	0.1011***	−0.1786	0.2601***	0.1780***	0.0051***	−0.0239***	0.0614***
	(0.0049)	(<.0001)	(<.0001)	(<.0001)	(0.0120)	(0.0039)	(<.0001)
Adj. R^2	0.385	0.433	0.029	0.040	0.012	0.017	0.010
公司数	2445	2445	2445	2445	2445	2445	2445
时间	6	6	6	6	6	6	6
F Wald Test	46.86	67.82***	9.64***	21.33***	53.04***	8.17***	1.01
Hausman test	10.06**	22.66***	5.39	5.53	3.81	4.82	

注:*、**和***分别表示在10%、5%和1%的水平上显著,括号内为 p 值。若 F Wald 检验不显著,则采用混合 OLS 估计;若 F Wald 检验显著且 Hausman 检验显著,则采用时间固定效应进行估计;若 F Wald 检验显著且 Hausman 检验不显著,则采用时间随机效应进行估计。

但另外三类金融资产投资则属于风险未经充分释放的金融投资。其收益显性程度远远大于风险。迄今为止房地产价格没有发生过大幅下跌,投资房地产的公司大部分获得收益,投资金融机构就更加如此。至于理财产品、信托和委托贷款,在取样期间也没有发生过集中的风险爆发。那些经营业绩较好的公司,在不能将全部资金投入经营资产时,选择将资金投入到这三类金融资产中。由于样本期间数据不够长,没有包括金融资产价格波动的完整周期,暂时不能准确估计金融资产风险。但在短期中没有暴露风险,不意味着未来没有风险。非金融公司很可能低估了金融资产的风险,导致其在有较多可用资金时持有更多金融资产。在这个层面上非金融公司更像是一种非理性投资者。

(三)稳健性实证结果和分析

从金融资产配置和经营收益率的非线性 U 形关系得到的基本判断是高

业绩公司富余效应主导;低业绩公司替代效应主导,而在两者之间的部分,公司非货币金融资产的配置比例和经营收益率关系不大。那么,富余效应和替代效应是否稳健呢? 不妨将公司按照 ro 分组,比如分为三分组,定义分组变量 ro_rk。ro_rk = 0 对应低业绩组(区间 I),ro_rk = 1 时对应中业绩组(区间 II) 和 ro_rk = 2 时,对应高业绩组(区间 III)。然后再加入第二个分组变量(如主要控制公司规模 size)继续分组进行进一步的分析研究。如果富余效应和替代效应结果稳健,那么在第二层细分变量的分组下,公司非货币金融资产的配置比例与经营收益率的关系也应该分别维持为成反比、不相关和成正比。作为模型(8)的线性变形,得到模型(9):

$$f_{i,t} = \alpha_0 + \beta_1 ro_{i,t} + \alpha_1 g_{i,t} + \alpha_2 size_{i,t} + \alpha_3 d_{i,t} + \alpha_4 so_{i,t} + \alpha_5 rf_{i,t} + \varepsilon_{i,t} \tag{9}$$

根据前面的分析,替代效应主导时 $\beta_1 < 0$。富余效应主导时:$\beta_1 \geq 0$。

表 3 给出了各变量按 ro_rk 分组时的均值。可看到高业绩组的营业收入增长率显著高而公司的有息负债率显著低,处于非常有利地位;而低业绩组的公司增长较慢且有息负债较高,处于不利境地。低业绩组金融收益率为 $rf = 2.91\%$,高业绩组的金融收益率 $rf = 1.61\%$。[①] 这表明低业绩公司(其经营收益率为 -4.25%)很有动力去寻找收益更高的项目投资。金融投资对这些公司就像是"救命稻草",轻则可减少账面亏损,重则可扭亏为盈。高业绩公司有较好主营业绩,投资金融资产的收益是为其业绩"锦上添花",考虑到其经营收益率的均值达到 16.89%,1.61% 的金融收益率确实很低。货币性金融资产随着经营收益率呈递增态势,均值分别为 13.97%,18.04% 和 31.72%。而非货币性金融资产则大致呈现 U 形关系。可比较低业绩组的有息负债(26.3%)和两项金融资产之和(13.97% 和 4.17%)的差异,前者大于后者,表明低业绩公司是净资金需求方。而高业绩组的有息负债(9.82%)远远小于两项金融资产之和(31.72% 和 3.33%),表明高业绩公司是金融市场的净资金供应方。

[①] 由于无法按照各类金融资产投资来拆分金融收益,本文的金融收益率的计算是将金融总的收益除以各类金融资产之和得到。在金融资产中包括了收益较低的货币金融资产,因此这个数据比非货币金融资产的收益率要低。

表 3　按 ro_rk 分组的各变量的均值

	$ro\_rk = 0$	$ro\_rk = 1$	$ro\_rk = 2$
g	10.70%	26.86%	34.42%
$size$	21.75	22.11	22.39
d	26.30%	20.60%	9.82%
so	25.99%	25.29%	20.54%
rf	2.91%	1.89%	1.61%
ro	-4.25%	4.99%	16.89%
f_c	13.97%	18.04%	31.72%
f_nc	4.17%	3.13%	3.33%

然后按照经营收益率 ro 和公司规模 size①进行分组回归，结果如表 4 所示。从表 4 中可以看到，低收益组中，大中小规模公司的非货币金融资产配置比例与经营收益率均成负相关关系，系数分别为 -0.0896，-0.0827 和 -0.1818，均在 1% 的水平上显著；中收益组中，大规模公司的非货币金融资产配置比例与经营收益率呈负相关关系，系数分别为 -0.2186，在 5% 的水平上显著，中小规模的公司该系数不显著；但高收益组中，中大规模公司（$size\_rk = 1$ 和 $size\_rk = 2$）的非货币金融资产配置比例与经营收益率成正相关关系，系数分别为 0.1081 和 0.0364，在 1% 的水平和 10% 的水平上显著。这一现象值得深思。在高业绩组中，是那些大规模和中规模公司（$ro\_rk = 2$ 且 $size\_rk = 1$ 和 $size\_rk = 2$）在经营业绩越高时配置更多金融资产，而这些公司正是实体经济运行中的主要角色，承担着实体经济的主要功能，它们在自身经营状况良好情况下还配置更多金融资产。如果这种个体行为转变成集体性行为，微观层面的个体行为会导致宏观层面的实体经济空心化和虚拟化的后果，后果不甚乐观。

此外，本文还对收入增长率 g，有息负债率 d，国有股比例 so，乃至金融资产收益率 fr 都进行了双变量分组回归。限于篇幅不再给出具体结果。对结果分析后发现，f_nc 和 ro 的 U 形关系非常稳定，但在 Ⅰ 区域、Ⅱ 区域和 Ⅲ 内部并不存在类似 size 那样的明显差异。

---

① 同样定义分组变量 $size\_rk$，按当年公司规模分为三组，最低组 $size\_rk = 0$，中间组 $size\_rk = 1$，最高组 $size\_rk = 2$。

表 4 按照 ro 和 Size 分组面板数据回归结果

	ro_rk = 0			ro_rk = 1			ro_rk = 2		
	size_rk = 0	size_rk = 1	size_rk = 2	size_rk = 0	size_rk = 1	size_rk = 2	size_rk = 0	size_rk = 1	size_rk = 2
Intercept	0.0377***	0.0475***	0.0702***	0.0142**	0.0451***	0.0423***	0.0202***	0.0031	0.0132***
	(<.0001)	(<.0001)	(<.0001)	(0.0263)	(<.0001)	(<.0001)	(0.0002)	(0.6418)	(0.0453)
ro	−0.0896***	−0.0827***	−0.1818***	0.1026	−0.1413	−0.2186**	0.0099	0.1081***	0.0364*
	(<.0001)	(0.0003)	(<.0001)	(0.2894)	(0.2164)	(0.0295)	(0.6882)	(<.0001)	(0.0900)
g	−0.0022	0.0021	−0.0023	−0.0056*	−0.0065*	−0.0042*	−0.0019	−0.0075**	−0.0017
	(0.5302)	(0.6591)	(0.5697)	(0.08)	(0.0639)	(0.0789)	(0.4889)	(0.0169)	(0.5866)
d	−0.005	−0.076***	−0.1025***	0.0168	−0.0507***	−0.0142	0.0816***	0.0336*	0.0034
	(0.6859)	(<.0001)	(<.0001)	(0.2095)	(0.0004)	(0.2748)	(<.0001)	(0.0998)	(0.8573)
so	−0.0096	0.0066	−0.0309***	0.0378***	0.009	−0.0049	0.0248**	0.0511***	0.0047
	(0.3831)	(0.4948)	(0.0028)	(<.0001)	(0.2924)	(0.4863)	(0.0193)	(<.0001)	(0.524)
rf	0.023	0.2926***	0.3159***	0.1849***	0.2691***	0.2844***	−0.0006	0.2776***	0.7412***
	(0.6105)	(<.0001)	(<.0001)	(0.0071)	(<.0001)	(<.0001)	(0.9952)	(0.0002)	(<.0001)
N	1250	1256	1252	1251	1256	1255	1251	1256	1254
公司数	513	616	575	670	737	567	731	694	500
时间	6	6	6	6	6	6	6	6	6
r_square	0.016	0.076	0.103	0.018	0.028	0.027	0.018	0.046	0.075
F test	0.59	1.92*	3.85***	0.78	2.37**	1.36	1.13	2.07*	1.15
Hausman test	4.36		4.65		5.62			4.99	

注：*、** 和 *** 分别表示在 10%、5% 和 1% 的水平上显著，括号内为 p 值。若 F Wald 检验不显著，则采用混合 OLS 估计；若 F Wald 检验显著且 Hausman-test 不显著，则采用时间随机效应进行估计；若 F Wald 检验显著且 Hausman-test 显著，则采用时间固定效应进行估计。

综上可知，U 形右翼所对应的公司为金融市场投资方，虽经营活动获利颇丰，却选择将冗余资金投入到收益率不那么高的金融资产。金融投资于它们而言像是一个获取比银行活期较高收益的一种低收益的投资，它们借此保留未来投资机会；而 U 形左翼所对应的公司是资金需求方，它们从金融市场借入低息贷款，投入金融市场，希望获得收益来弥补在经营活动中的缺憾。总体而言，上市公司不缺钱，它们成了影子银行的资金供给。考虑到上市公司只是实体经济的一个部分，可判断这些金融投资所对应的资金或去了那些无法以正常利率从银行获取资金的非上市公司，或去了房地产项目，或在金融市场中空转。无论资金投向何方，上市公司在某种程度上变成了"银行"、"信托公司"或者"基金公司"。金融市场应有的分工和合作在这里被打破，实体经济公司在执行着金融机构的分配资金功能。这是金融市场不完全不完善的一个结果。这种多元化的行为虽然迄今没有带来恶劣后果，但一旦未来金融风险释放，会导致公司在金融投资上遭受损失。

本文研究结果也对我国现在的银行贷款市场效率提出质疑。那些经营业绩好的公司，有息负债率仅为 9.82%，而经营业绩差的公司，有息负债率达到 26%，表明有息贷款更多地投向了低业绩公司，上市公司作为一个资金需求方，和贷款市场的关系出现错配现象。这个结论与刘小玄和周晓艳（2011）互相支持。刘小玄和周晓艳（2011）发现信贷资源在企业间的配置与企业盈利的相关性很弱，配置效率较低。

五 结论

在越来越多的上司非金融公司纷纷增加投入金融资产的背景下，本文研究了 A 股非金融公司持非货币金融资产在横截面上的差异特征。首先对上市公司报表进行重整，从公司资产中剥离出金融资产，从公司收益中剥离出金融收益，从而了消除了金融活动本身的影响。本文主要结论如下。①公司所持有的非货币性金融资产和公司的经营收益率之间出现 U 形关系，即高业绩和低业绩的公司都趋向于持有更多金融资产；高业绩公司主要表现为富余效应，低业绩公司主要表现为替代效应。②U 形关系在交易性金融资产上体现不明显，而在理财信托类金融资产、投资性房地产和金融机构股权投资上非常明显；③高业绩公司中的中大型公司表现出更加明显的富余效应。

本文没有深入评价非金融企业金融化发展的利弊得失。不过，基于已有文献和本文结果可以得到的判断是金融化的发展在微观层面上对个体（至少是短期内）有一定正效应，但在宏观层面上集体性的非金融公司的金融化对整个实体经济的效应却很可能是负面的。

参考文献

成思危：《虚拟经济与金融危机》，《管理科学学报》1999年第2期。

成思危：《虚拟经济的基本理论及研究方法》，《管理评论》2009年第21期。

胡进：《上市公司从事影子银行业务模式、问题与应对思路》，《长江大学学报》2012年第35期。

刘小玄、周晓艳：《金融资源与实体经济之间配置关系的检验——兼论经济结构失衡的原因》，《金融研究》2011年第2期。

王芳：《经济金融化和结构调整》，《金融研究》2004年第8期。

王伟：《中国上市公司证券投机：行为动机与经济后果》，西南财经大学博士学位论文，2010。

徐军辉：《中国式影子银行的发展及其对中小企业融资的影响》，《财经科学》2013年第2期。

张瀛：《非金融业上市企业持有金融资产规模影响因素探究》，上海交通大学硕士学位论文，2012。

周建军、鞠方：《房地产泡沫的二元结构分析框架——基于实体经济和虚拟经济二分法的思考》，《当代财经》2008年第5期。

Alkeback, P., N. Hagelin. and B. Pramborg. 2006 "Derivative Usage by Non-financial Firms in Sweden 1996 and 2003: What has changed", *Managerial Finance*, 32 (2): 101 – 114.

Assa, J, 2012. "Financialization and its Consequences: the OECD Experience", *Finance Research*, 1 (1): 35 – 39.

Baud, C, and C. Durand. 2012. "Financialization, Globalization and the Making of Profits by Leading Retailers", *Socio – Economic Review*, 10 (2): 241 – 266.

Bhaduri, A, 2011. "A Contribution to the Theory of Financial Fragility and Crisis", *Cambridge Journal of Economics*, 35 (6): 995 – 1014.

Bodnar, G. M, Gregory S. Hayt, and Richard C. Marston. 1996. "1955 Wharton Survey of Derivatives Usage by U. S. Non – Financial Firms", *Financial Management*, 25 (4): 113 – 133.

Bodnar, G. M, Gregory S. Hayt, and Richard C. Marston. 1998. "1998 Wharton Survey of financial risk management by U. S. non-financial firms", *Financial Management*, 27 (4): 70 – 91.

Chirinko, R. S., 1993. "Business Fixed Investment Spending: Modeling Strategies, Empirical Results, and Policy Implications", *Journal of Economic Literature*, 31 (4): 1875 – 1911.

Cibils, A., and C. Allami. 2013. "Financialisation vs. Development Finance: the Case of the Post – Crisis Argentine Banking System", *Revue de la Regulation*, 13 (1): 1 – 18.

Da luz, A. R., J. T. Biteencourt, and T. Taioka. 2015. "Wealth Financialization: Operating Profit as Conditioning of Financial Revenue", *Journal of Financial Innovation*, 1 (1): 53 – 72.

Davis, L., E., 2013. "Financialization and the Nonfinancial Corporation: an Investigation of Firm – level Investment Behaviour in the U. S., 1971 – 2011", Working Paper of University of Massachusetts Amherst, No. 2013 – 08.

Demir, F., 2009. "Financial Liberalization, Private Investment and Portfolio Choice: Financialization of Real Sectors in Emerging Markets", *Journal of Development Economics*, 88 (2), 314 – 324.

Dittmar, A., J. 2009. Mahrt – Smith, and H. Servaes. 2003 "International Corporate Governance and Corporate Cash Holdings", *Journal of Financial and Quantitative Analysis*, 38 (1): 111 – 134.

Dore, R., 2008. "Financialization of the Global Economy", *Industrial and Corporate Change*, 17 (6): 1097 – 1112.

Duchin, R., 2010. "Cash Holdings and Corporate Diversification", *The Journal of Finance*, 65 (3): 955 – 992.

Freeman, R. B., 2010. "It's Financialization!" *International Labour Review*, 149 (2): 163 – 183.

Gonzalez, L, and H, Sala. 2013. "Investment Crowding – Out and Labor Market Effects of Financialization in the US", IZA DP No. 7272.

Harfold, J., 1999. "Corporate Cash Reserves and Acquisitions", *The Journal of Finance*, 54 (6): 1969 – 1997.

Harfold, J., Sattar A. Mansi, and William F. Maxwell. 2008 "Corporate governance and firm cash holdings in the US", *Journal of Financial Economics*, 87 (3): 535 – 555.

Keynes, J., 1936. *The General Theory of Interest, Employment and Money*, Published by Macmillan.

Kopcke, R. W., and R. S. Brauman. 2001. "The performance Of traditional macroeconomic models Of businesses investment spending", *New England Economic Review*, (2) 23 – 39.

Krippner, Greta R, 2005 "The Financialization of the American Economy", *Socio – Economic Review*, 3 (2): 173 – 208.

Mallin, C., K. Ow – Yong and M. Reynolds. 2001. "Derivatives usage in UK Non-financial Listed Companies", *The European Journal of Finance*, 7 (1) 63 – 91.

Orhangazi, Ö., 2008. "Financialisation and Capital Accumulation in the Non-financial Corporate Sector: A Theoretical and Empirical Investigation on the US Economy: 1973 - 2003", *Cambridge Journal of Economics*, 32 (6): 863 - 886.

Ortiz, J. P. D., and J. Pablo. 2014. "Financialization: the AIDS of Economic System", *Ensayos de Economta*, 23 (44): 55 - 73.

Palley, Ibmas I., 2008. "Financidization: What It Is and Why It Matters", IMK Working Papers, No. 525. The Levy Economics Institute.

Penman, Stephen H., 2009. *Financial Statement Analysis and Security Valuation*, Published by McGraw-Hill Education.

Penman, Stephen H., and D. Nissim. 2001. "Ratio Analysis and Equity Valuation: From Research to Practice", *Review of Accounting Studies*, 6 (1): 109 - 154.

（宋军系复旦大学经济学院副教授，陆旸系复旦大学经济学院硕士研究生）

当前中国经济金融化的
水平和趋势
——一个结构的和比较的分析

赵 峰　田佳禾

一　引言

在过去的30年里,全球经济发生了深刻变革。其主要表现是:政府的作用逐渐减弱,市场的作用不断增强;国家间的经济交易规模急剧扩大;国内及国际金融交易增长迅猛。新自由主义、全球化及金融化,正是主导近30年来全球资本主义所发生的重大变革的力量,而金融化在三者中的地位越来越重要,对全球经济有了日益重大的影响。作为理论上的反映和反思,金融化也越来越成为学界关注的热点,无论是从理论上对金融化进行分析,还是从经验上对现实的金融化进程的考察,都已经产生为数不少的重要成果。克里普纳(Krippner)、帕利(Palley)、米尔贝格(Milberg)和奥尔汉佳兹(Orhangazi)等人对美国的经济金融化趋势做了考察,并做出了自己的理论判断。他们总结的经验数据表明,美国经济发展趋势自20世纪80年代以来出现了很明显的变化,具体体现在企业投资策略的变化、金融部门规模的提高、收入分配差距的加大等；①②③④ 爱泼斯坦和杰德夫（Epstein and Jaydev）对 OECD 国家的金融化、中央银行政策和劳工团体进行了研究；杜梅尼尔和列维⑤（Dumenil and Levy）剖析了美国和法国的情况，并对理论做出了重要贡献。⑥ 而在对新兴市场国家金融化与危机之间关系的分析上，阿克亚兹和博拉塔夫（Akyuz and Boratav）研究了土耳其的情况；克罗蒂和李（Crotty and Lee）对韩国自由化和金融开放的结果进行了研究；⑦ 达斯古普塔（Dasgupta）从劳动力弹性的视角，分析了印度金融化带来的影响。⑧

而中国自 20 世纪 70 年代末改革开放后，又经历了 90 年代初的金融市场草创阶段与国有企业市场化改革历程，初步完成了从计划经济到市场经济的转型；在 21 世纪初加入 WTO 后，十余年来，经历了国际市场的洗礼和教育的市场经济变得愈发成熟，中国的金融市场也在经济生活中愈发举足轻重的作用。种种现象表明，金融在生活中的地位越来越高，换句话说，直观上中国经济金融化的程度正在不断加深。然而迄今为止，国内仍然甚少有文献对我国金融化进程与目前所处阶段进行经验研究。

目前，国内既有的研究主要停留在对金融深化程度的描述，或者对金融结构现状的描述。易纲和宋旺通过对金融结构演进的分析，触及了经济金融化的特征；⑨ 而直接针对金融化趋势的研究中，做得较好的有张慕濒、

---

① Krinppner, G., "The Financialization of the American Economy", *Socio-Economic Review*, Vol. 3 (2005), pp. 173-208.
② Palley, T. I. "Financialization: What It Is and Why It Mattes," Working Papers, wp153 (2007), Political Economy Research Institute, University of Massachusetts at Amherst.
③ Milberg, W., "Shifting Sources and Uses of Profits: Sustaining US Financialization with Global Value Chains", *Economy and Society*, Vol. 37, No. 3 (2008).
④ Orhangazi, O., "Financialization and Capital Accumulation in the Nonfinancial Corporate Sector: A Theoretical and Empirical Investigation on the US Economy", 1973-2004, *Cambridge Journal of Economics*, 2008.
⑤ Epstein, G. A., & Jayadev, A., "The Rise of Rentier Incomes in OECD Countries: Financialization, Central Bank Policy and Labor Solidarity", In G. A. Epstein (Ed.), *Financialization and the World Economy*, Cheltenham, U. K. and Northampton, Mass, 2005, pp. 46-74.
⑥ Dumenil, G., & Levy, D., "Costs and Benefits of Neoliberalism: A Class Analysis", In G. A. Epstein (Ed.) *Financialization and the World Economy*, Cheltenham, U. K. and Northampton, Mass, 2005, pp. 17-45.
⑦ 戈拉德·A. 爱泼斯坦：《金融化与世界经济》，《国外理论动态》2007 年第 7 期。
⑧ Byasdeb Dasgupta, "Financialization, Labour Market Flexibility, Global Crisis and New Imperialism - A Marxist Perspective", *FMSH-WP-2013-34*, 2013.
⑨ 易纲、宋旺：《中国金融资产结构演进：1991～2007》，《经济研究》2008 年第 8 期。

诸葛恒中①，他们利用上市公司数据进行了 FIRE 部门和非金融部门个别行业金融化趋势的研究，并得出结论，认为中国企业不存在金融化的趋势。

现有研究的主要不足在于，首先大部分研究都只是关注非金融部门，尤其是非金融企业，而缺少了对金融部门或者非金融部门中住户部门的关注，更缺乏综合金融部门和非金融部门关系的结构性分析其次，现有研究大多利用非金融部门（或企业）的工业增加值或利润率等数据，从积累的视角来考察金融化的进程；再次，现有文献仅将纵向趋势作为初步的描述，但缺少对该情况的国际比较研究，难以对中国金融化的程度形成一个全面的认识。因此，本文的主要贡献在于：一是既考虑宏观各部门的综合关系，又着重强调了住户部门的重要性，填补了研究领域的空白；二是本文更注重从金融账户的结构，尤其是各部门资金的来源及运用的角度来分析中国的金融化进程，为研究中国的金融化提供了另一种视角；三是利用部分相同指标与美国进行了比较，横向分析了中国金融化的程度。

二 当代资本主义的金融化：理论与现实

（一）金融化的理论

"金融化"是 20 世纪 90 年代初期以来西方激进学者分析当代资本主义最重要的理论之一，是对 80 年代以来发生在世界主要资本主义国家的、以金融为核心并支配实体经济的资本主义发展阶段的概括。

在概念的界定上，各派学者从不同的侧重点出发，给出了多种定义，大致可以概括为以下三类。

第一类定义也是最常被人引用的定义，是后凯恩斯主义的经济学家爱泼斯坦从资本主义发展总趋势出发做出的定义，即"金融化是指在国内和国际两个层面上，金融市场、金融机构以及金融业精英们对经济运行和经济管理制度的重要性不断提升的过程"。② 这一定义主要考虑到了金融资产在总资产中的优势，但是其存在的问题在于，如何把自身与希法亭等人对"金融资本"的论述相区

---

① 张慕瀍、诸葛恒中：《全球化背景下中国经济的金融化：涵义与实证检验》，《世界经济与政治论坛》2013 年第 1 期。

② Epstein, G. A., *Financialization and the World Economy*, Edward Elgar, 2005.

别，并且其缺少对现象背后本质的关注，而仅是停留在对现象的描述上。

第二种定义更关注金融资本的支配性质，并强调了资本主义制度变化的周期性，从权力分配与阶级斗争角度来看金融化的内涵。西方比较正统的马克思主义经济学家大多同意这一定义。他们认为，金融化的实质是资本主义积累方式的变革，是与新自由主义相关联的一场经济领域内的变化，是资本主义为了维持其全球统治而自发进行的改变，会使得帝国主义的性质变得更为复杂。同时，从长周期的角度出发，当这种积累形式没有办法继续掩盖资本主义内部的矛盾时，危机就产生了。例如，阿瑞基（Arrighi）在他的名著《漫长的20世纪》中，把金融化与世界经济的霸权周期相联系，把金融化解释为国家间权力分配的斗争。[1] 杜梅尼尔和列维强调金融资本获取了更大的利益，在金融化过程中产生了新的食利者阶层。[2] 拉帕维查斯（Lapavitas）也认为金融化是食利者对其他阶级进行金融掠夺的进程。[3]

第三种定义着眼于宏观或微观不同层面对金融化的实质进行了概括。阿格列塔和博耶强调了金融化下资本主义积累体制的变化，在这一新的积累体制中，企业决策的中心是市值与股利，股东价值在企业目标中占据了决定性位置。[4] 博耶（2000）则更进一步强调了股东价值导向会使工资和就业下降。[5] 而斯托克哈马尔（Stockhammer）强调了企业面临增长与利润之间的选择，股东权利增强将会降低企业的投资水平。[6]

激进经济学的学者们的理论分歧和争论主要在于以下三个方面。

首先，关于导致当代资本主义金融化的根本原因的分歧和争论。巴兰、斯威齐等人的观点认为，是经济停滞导致了金融化，而停滞是资本主义经济的某种常态。福斯特（Foster）认为，金融化是实体经济停滞的外化。[7] 而

---

[1] 杰奥瓦尼·阿瑞基:《漫长的20世纪》，姚乃强等译，江苏人民出版社，2001。
[2] Dumenil, G., and Levy, D., *Capital Resurgent: Roots of the Neoliberal Revolution*, Harvard University Press, 2004.
[3] 考斯达斯·拉帕维查斯:《金融化了的资本主义：危机和金融掠夺》，《政治经济学评论》2009年第1期。
[4] Aglietta, M., "Shareholder Value and Corporate Governance: Some Tricky Questions", *Economy and Society*, vol. 29, No. 1 (2000), pp. 146159.
[5] Boyer R., "Is a Finance – led Growth Regime a Viable Alternative to Fordism? A Preliminary Analysis", *Economy and Society*, vol. 29, No. 1 (2000), pp. 118 – 120.
[6] Stockhammer, E., "Financialization and the Slowdown of Accumulation", *Cambridge Journal of Economics*, vol. 28 (2004).
[7] 约翰·贝拉米·福斯特:《资本主义的金融化》，《国外理论动态》2007年第7期。

后凯恩斯主义者则认为,停滞是金融化或者说新自由主义的结果,即金融部门的不断扩张导致了实体经济的利润被压缩、投资减少、债务增长等等,进而使得经济缓慢增长。而考斯塔斯·拉帕维查斯则认为,在金融化和停滞之间不存在直接关系。①

其次,关于金融资本与产业资本在这一进程中的作用及其后果的分歧和争论。杜梅尼尔和列维认为,金融化所推动的金融资本在其中占优势的新自由主义的积累模式的重构,加强了金融资本在全球的统治能力,金融化以及新自由主义代表着某种"金融"力量的胜利。②而科兹(Kotz)则认为,金融化是整个资产阶级集团共同的要求,推动全球新自由主义兴起是诸如意识形态威胁的消解,以及关于30年代大萧条记忆的减退等外部原因,同时他还认为,金融化并不意味着金融部门对非金融部门的新统治,反而会加快金融部门与非金融部门之间的分离。③相对地,福斯特认为,金融化过程中金融企业和非金融企业出现了联合。④而达斯古普塔则更进一步强调了,在很多发展中国家,经济发展和金融被画上了等号。⑤

再次,关于金融化对当代资本主义的宏观经济后果的影响的争论。科兹等人则从收入差距扩大、阶级矛盾激化等角度来讨论金融化的负面影响。⑥而斯维奇则认为,在资本主义内生的停滞问题之下,金融化是支撑了资本主义经济自20世纪70年代以来持续快速积累的重要原因。⑦

(二) 关于金融化的经验研究

国外有许多经济学家曾就金融化在不同领域、不同国家的具体表现进行过大量的经验研究。

爱泼斯坦和杰德夫考察了OECD国家的金融机构与金融资产的收益占国民收入的比例。他们的研究结果表明,20世纪八九十年代的绝大多数OECD

---

① 考斯达斯·拉帕维查斯:《金融化了的资本主义:危机和金融掠夺》,《政治经济学评论》2009年第1期。
② Dumenil, G., and Levy, D., *Capital Resurgent: Roots of the Neoliberal Revolution*, Harvard University Press, 2004.
③ 大卫·科兹:《金融化与新自由主义》,《国外理论动态》2011年第11期。
④ 约翰·贝拉米·福斯特:《资本主义的金融化》,《国外理论动态》2007年第7期。
⑤ Byasdeb Dasgupta, "Financialization, Labour Market Flexibility, Global Crisis and New Imperialism – A Marxist Perspective", *FMSH – WP – 2013 – 34*, 2013.
⑥ 大卫·科兹:《金融化与新自由主义》,《国外理论动态》2011年第11期。
⑦ Paul M. Sweezy, "The Triumph of Financial Capital", *Monthly Review* (June 1994), pp. 1 – 11.

国家内部资本收入占国民收入的份额大大高于 70 年代。① 坦豪普特（Dünhaupt）研究了 OECD 国家的劳动收入份额，他的研究以 1986～2007 年的数据为基础，结论表明国内非金融企业对股息和红利的支付增加与劳动收入占国民收入的份额下降相关，而其他可能的影响因素都可以由全球经济环境变化来解释。②

杜梅尼尔和列维通过考察法国企业的案例发现，20 世纪 70～90 年代，法国的实际利润率上涨了一倍多，其间，法国金融机构的利润率迅速提高并超过了非金融机构。同时他们发现，自 20 世纪 80 年代以来，美国人和法国人所持有的金融资产占其全部可支配收入的比率大幅提高。他们的研究表明，金融危机使得众多参与者损失惨重，而金融业却能够从中牟利。③

帕利研究了 1973～2005 年美国的主要经济数据，并总结出了美国经济金融化的几大特征。他通过比较 1973 年、1979 年、1989 年、2000 年、2005 年（选择了各个商业周期的波峰以及最近一期，以排除经济波动的干扰）的各项数据得到结论。总体而言，他的研究主要站在企业权益构成即资金来源的角度对金融化做出了分析。根据他的概括，美国经济的金融化有如下 11 个特征：金融部门债务占总债务的比例与非金融部门相比上升；债务占 GDP 的比例上升；抵押贷款占 GDP 比例上升；家庭债务占 GDP 比例上升；NFC 债务占全部非金融部门债务比例下降；家庭债务占国内非金融债务比例上升；FIRE 占 GDP 比例上升；总投资支出占 GDP 比例下降；劳动生产率上升；真实工资或报酬的增长则停止金融创新加速；金融部门通过不同的债务形式增加债务创造。④

克里普纳在前人研究的基础之上，利用美国的宏观及部门数据，研究了 20 世纪 70 年代以来美国经济金融化的情况，她的研究同时也帮助我们建立

---

① Epstein, G. A., & Jayadev, A., "The Rise of Rentier Incomes in OECD Countries: Financialization, Central Bank Policy and Labor Solidarity", In G. A. Epstein (Ed.), *Financialization and the World Economy*, Cheltenham, U.K. and Northampton, Mass, 2005, pp. 46 - 74.

② Dünhaupt, Petra, "The Effect of Financialization on Labor's Share of Income", Working Paper, Institute for International Political Economy Berlin, No. 17 (2013).

③ Dumenil, G., & Levy, D., "Costs and Benefits of Neoliberalism: A Class Analysis", InG. A. Epstein (Ed.) *Financialization and the World Economy*, Cheltenham, U.K. and Northampton, Mass, 2005, pp. 17 - 45.

④ Palley, T. I. "Financialization: What It Is and Why It Mattes," Working Papers, wp153 (2007), Political Economy Research Institute, University of Massachusetts at Amherst.

了一个十分有益的参照标准。根据她的总结,评价经济长期结构性变化的方法主要有两种:一种是"以活动为中心"的观点,这种观点主要关注各个行业的实际经济活动,利用不同行业的就业人数占总就业人口的比重、产出占 GDP 的比重等数据来分析经济结构;另一种是"以积累为中心"的观点,这一观点则主要关注公司的利润积累从何处产生,比如各产业公司利润的比例等。①

海因对金融主导的资本主义下的宏观经济及其危机做出了全方位多角度的研究。他在研究中首先定义了金融化对宏观经济造成影响的三个渠道:收入分配、投资和消费。他主要借助了欧元区国家和瑞典、英国等非欧元区欧洲国家,以及美国、日本和中国的数据来研究金融统治下的资本主义经济收入分配的变化情况。此外,他还构建了理论模型,对金融统治的资本主义条件下资本积累和宏观经济特征的变化、长期要素生产率的变化做出了分析,并对居民的消费与负债情况做出了分析和解释。②

达斯古帕塔(Dasgupta)2013 年研究了印度的金融化进程,并且主要强调,在金融化过程中资本收入和劳动收入的不平衡,从阶级斗争的角度出发,评价了金融化的前因后果。他的研究重点关注劳动力的弹性机制与金融化的可能性之间的关系,认为金融化需要通过弹性劳动机制使劳动者的境况更为悲惨,才能榨取金融扩张所需的剩余价值。而新自由主义政府通过放松金融管制和用弹性劳动机制管制劳动力来为金融化扫除障碍。然而这种积累方式并不长久,最终可能造成资本主义的全球总危机。③

国内对直接针对金融化进程所做的研究并不多。易纲、宋旺(2008 年)通过研究中国金融资产的结构演进,阐明了金融结构是否适应当前经济发展要求等问题,而他们的研究虽然没有直接说明,但在事实上触及了对金融化的研究。

王芳研究了民营企业的金融化现象,研究的出发点是民营经济的蓬勃发展由于缺乏多层次的金融体系的支持,转而寻求"地下金融体系"融资,

---

① Krinppner, G., "The Financialization of the American Economy", *Socio - Economic Review*, Vol. 3 (2005), pp. 173 - 208.
② Hein, E., *The Macroeconomics of Financedominated Capitalism and Its Crisis*, Edward Elgar, 2012.
③ Byasdeb Dasgupta. "Financialization, Labour Market Flexibility, Global Crisis and New Imperialism - A Marxist Perspective", *FMSH - WP - 2013 - 34*, 2013.

同时，大量民营企业转向金融业。她的主要判断是基于股份制银行等金融机构中民营资本的占比，以及民营资本所投资的信托业、典当业等数据，所选指标较单一，且缺乏直接正面的表述。①

张慕濒和诸葛恒中（2013年）从宏观层面，着重在部门层面分析了我国企业金融化的进程，重点关注非金融企业的利润来源与 FIRE 利润相对规模等数据。他们根据针对通信、计算机行业、服装业、仪器仪表及办公机器制造业和饮料行业五大重点非金融行业的研究得出结论，中国经济并未出现显著的、持续的类似美国企业的金融化现象，认为实体经济部门的金融化活动主要是为了扩大再生产或者弥补实业投资不足。② 现有国内研究的主要不足在于局限于对企业部门尤其是非金融企业的研究，缺少了对住户部门和FIRE 部门的分析，并且多采取"以积累为中心"的视角，强调企业的利润来源，而没有关注部门资金的来源和运用；同时，现有研究仅包含对我国金融化趋势的描述，并没有对我国金融化的水平做出任何判断。相对的，本文的主要创新之处就在于从资产结构出发，关注资金的来源和运用，强调了对住户部门数据的分析；最后，结合与美国数据的比较，定位了我国当前金融化的水平和趋势。

三 当前中国经济的金融化水平和趋势：结构和比较分析

本文基本研究前提为，经济的金融化事实上就是金融逻辑渗透到生活的各个角落，因此我们可以通过研究金融逻辑对人民生产生活的影响，尤其是它在国内金融资产结构上的表现来反映金融逻辑的深化趋势，也即中国经济的金融化趋势。

在选取数据进行分析时，主要参照了帕利的设计框架，根据帕利的研究，笔者可以通过研究国内金融资产结构以及各部门的负债相对规模变化、劳动生产率与劳动收入等数据来判断经济是否存在金融化的趋势。③

---

① 王芳：《经济民营化和民营经济金融化：经济结构研究的新视角》，《学习与探索》2004年第4期。
② 张慕濒、诸葛恒中：《全球化背景下中国经济的金融化：涵义与实证检验》，《世界经济与政治论坛》2013年第1期。
③ Palley, T. I., "Financialization: What It Is and Why It Mattes", Working Papers, wp153 (2007), Political Economy Research Institute, University of Massachusetts at Amherst.

在搜集数据编制国内金融资产结构表的过程中,笔者首先根据戈德斯密斯对金融资产结构的分类,① 参照易纲对中国金融资产结构演进的研究,② 同时结合可获取的具体部门数据分类,编制完成了2007~2014年的分部门中国金融资产结构表。其次,在部门资金来源和运用的分析上,借鉴了帕利的研究方法,③ 选取了各年的资金流量表数据进行分析,并延续了帕利对美国的研究,将中美两国之间的指标进行了对比,借以通过比照来侧面反映中国金融化的程度和趋势。此外,笔者参考了海因的研究,从与住户部门结合较紧密收入分配数据入手,考察金融化的进程与趋势。④

(一) 中国的金融资产结构基本特征

在这一节中,笔者将首先把目光投向中国国内的金融资产结构。根据易纲的研究,⑤ 我们编制完成了1999~2014年的中国金融资产结构表。在这份表格中,笔者把国内的总债务划分为金融部门和非金融部门两大块,其中非金融部门债务包括了住户和NFCs的贷款、财政借款、国债以及企业债券等,金融部门债务则主要由各类存款以及通货和金融债券组成(见表1)。

表1 分部门中国金融资产结构

单位:万亿元

年份	2007	2008	2009	2010	2011	2012	2013	2014
国内金融资产(1+11)	111.2	104.5	142.3	167.0	178.8	203.8	227.4	263.7
1. 对国内的总债权(2+7)	78.5	92.3	117.9	140.4	157.3	179.4	203.4	226.5
2. 对国内金融机构债权(3~6)	46.0	55.5	69.3	82.7	93.0	105.4	119.2	130.5

---

① Goldsmith, R. W., *Financial Structure and Development*, Yale University Press, 1969.
② 易纲、宋旺:《中国金融资产结构演进:1991~2007》,《经济研究》2008年第8期。
③ Palley, T. I., "Financialization: What It Is and Why It Mattes", Working Papers, wp153 (2007), Political Economy Research Institute, University of Massachusetts at Amherst.
④ Hein, E., *The Macroeconomics of Finance-dominated Capitalism and Its Crisis*, Edward Elgar, 2012.
⑤ 易纲、宋旺:《中国金融资产结构演进:1991~2007》,《经济研究》2008年第8期。

续表

年份	2007	2008	2009	2010	2011	2012	2013	2014
3. 流通中现金	3.0	3.4	3.8	4.5	5.1	5.5	5.9	6.0
4. 存款	38.9	46.6	59.8	71.8	80.9	91.7	104.4	113.9
住户存款	17.6	22.2	26.5	30.8	34.8	40.6	46.1	50.3
非金融企业存款	18.9	21.7	29.8	30.5	30.4	32.7	36.2	37.8
其他存款	2.5	2.7	3.5	10.5	15.8	18.4	22.1	25.8
5. 金融债券	1.2	2.1	1.6	1.4	1.0	0.8	0.7	1.0
6. 保险准备金	2.9	3.3	4.1	5.0	6.0	7.4	8.3	9.6
7. 对国内非金融机构债权(8~10)	32.4	36.9	48.6	57.8	64.3	74.0	84.2	96.0
8. 贷款	26.2	30.3	40.0	47.9	54.6	62.8	71.7	81.5
住户贷款	5.1	5.7	8.2	11.3	13.6	16.1	19.9	23.1
消费性贷数	3.3	3.7	5.5	7.5	8.9	10.4	13.0	15.4
非金融企业及其他部门贷款	21.1	24.6	31.8	36.6	41.0	46.7	51.9	58.3
短期贷款及票据融资	11.1	12.6	14.4	14.7	17.5	21.3	24.0	26.4
中长期贷款	9.7	11.7	16.7	21.1	23.2	24.7	27.1	30.9
其他贷款	0.3	0.4	0.7	0.9	0.4	0.6	0.8	1.1
9. 财政借款	0.0	0.0	0.0	0.0	0.0	0.0	0.0	0.0
10. 有价证券及投资	6.3	6.5	8.7	9.9	9.6	11.2	12.5	14.5
11. 股票	32.7	12.1	24.4	26.5	21.5	24.4	23.9	37.3

注：
①由于中国人民银行2007年才开始公布分部门金融收支表，因此本表的起始年份为2007年；
②包括机关团体存款、财政存款及其他；
③由于公开数据中没有保险准备金的存量数据，因此本表参照易纲等（2008）的研究，选定保险公司总资产作为保险准备金的近似值；
④中长期贷款是指还款期限在一年以上的贷款；
⑤以股票总市值计。
数据来源：3、4、5、8、10、11来自中国人民银行调查统计司，6、9来自国泰安金融统计数据库，1、2、7来自笔者计算。

表1展示了区分金融企业、非金融企业以及住户部门的中国金融资产结构。由于分部门的数据长度有限，表2作为一个有益的补充，展示了只区分金融部门和非金融部门的中国金融资产结构演进过程。

表2 不分部门中国金融资产结构（1999~2014年）

单位：万亿元

年份	1999	2001	2003	2005	2007	2009	2011	2013	2014
国内金融资产	24.57	34.29	47.09	59.42	111.18	142.31	178.79	227.36	263.71
1. 对国内的总债权	21.92	29.94	42.84	56.17	78.47	117.92	157.32	203.45	226.46
2. 对国内金融机构债权(3~6)	11.14	16.39	23.92	33.21	46.02	69.28	93.03	119.20	130.48
3. 流通中现金	1.35	1.57	1.97	2.40	3.03	3.82	5.07	5.86	6.03
4. 存款	10.88	14.36	20.81	28.72	38.94	59.77	80.94	104.38	113.86
5. 金融债券	0.003	0.01	0.22	0.57	1.15	1.62	1.00	0.67	0.98
6. 保险准备金	0.26	0.46	0.91	1.52	2.90	4.06	6.01	8.29	9.61
7. 对国内非金融机构债权	10.78	13.54	18.93	22.96	32.45	48.63	64.29	84.25	95.97
8. 贷款	9.37	11.23	15.90	19.47	26.17	39.97	54.64	71.71	81.48
9. 财政借款	0.16	0.00	0.00	0.00	0.00	0.00	0.00	0.00	0.00
10. 有价证券及投资	1.25	2.31	3.03	3.49	6.28	8.66	9.65	12.54	14.50
11. 股票	2.65	4.35	4.25	3.24	32.71	24.39	21.48	23.91	37.25

附注：
①为了方便展示，只显示了部分年份，其余年份数据可向笔者索取；
②自2002年起，中国人民银行按照国际货币基金组织《货币与金融统计手册》对货币金融统计制度进行了修订。2002年一季度及以后各期数据与历史数据不完全可比。具体情况请参见中国人民银行网站（www.pbc.gov.cn）；
③以保险公司总资产计算；
④以股票总市值计算。
资料来源：3、4、5、8、10来自中国人民银行调查统计司，6来自国泰安金融研究数据库，11中1999~2002年数据来自《中国金融年鉴2007》，其余年份来自中国人民银行。

首先，根据表1，在强调区分住户部门和非金融企业的前提下，这两部门的存贷款总额均呈高速增长趋势。存款总额平均增速为16.72%，住户部门存款占总额比例基本保持稳定，2014年这一数据为44.13%；非金融企业部门存款以11.03%的平均速度增长，但是占总额比例逐年下降，从2007年的48.41%下降到2014年的33.23%；相应的，其他存款占总额比例有所提高。贷款总额平均增长速度为17.8%。其中，住户部门贷款的平均增速为24.67%，远高于同期非金融企业贷款的平均增速15.77%。因此在结构上，住户部门贷款占总额比例不断提升，到2014年时达到28.40%，但仍然远低于非金融企业贷款。

其次，从表2来看，1999~2014年间中国金融资产总额长期呈现持续增长趋势，平均增长速度达到了17.7%。其中，2007年增长率最高，达到了49.66%，2008年增长率最低，为-6.03%。保险准备金，即保险公司总资产快速增长，年平均增长率为27.57%，占金融资产总额的比例也由1999年的1.06%提升至2014年的3.64%；金融债券总额的变化没有明显规律，2008年以前高速增长，最高增长率为81.25%，此后逐年下降，至2014年略有反弹。

再次，表3展示了国内信贷总额及各部门占比的变化。从中可以看出，金融部门信贷总额的逐渐扩张，由9.43%扩大为11.09%，对于这一现象，后文会有更详细的分析。

表3 国内存款性公司信贷构成

单位：万亿元，%

年份	1998	2000	2002	2004	2006	2008	2010	2012	2014
国内信贷	9.44	11.72	17.26	22.53	28.87	37.94	58.73	80.56	107.70
非金融部门信贷	8.96	11.14	14.30	19.30	23.95	32.56	52.17	69.44	90.25
占比（%）	94.87	94.99	82.85	85.67	82.96	85.84	88.82	86.19	83.80
其他金融部门信贷			1.63	1.68	3.39	2.43	3.11	6.06	11.94
占比（%）			9.43	7.45	11.72	6.41	5.29	7.52	11.09

资料来源：2005年以前数据来自《中国金融统计年鉴2007》，其他数据来自中国人民银行调查统计司。

（二）当代中国经济的金融化：结构的分析

1. 金融部门与非金融部门的结构

本文将先从两大部门之间的比较开始，再进行非金融部门内部的分析，最后把研究重心放在非金融部门中的住户部门。

很显然，自1999年起，金融机构债务存量在国内总债务规模中所占的比重正变得越来越大。1999年时，金融机构债务占比为50.81%，而到了2008年，这一比例达到了最高点60.7%；随后由于受到金融危机的影响，这一比例呈现波动下降趋势，2014年的最新数据为57.62%，与2004年的水平接近（见图1）。根据对金融化的定义，以及已有的其他经验研究成果，金融部门债务总额的扩大表明了金融部门规模的扩大，在一定程度上支持了中国存在经济金融化的判断，而这一趋势在最近几年出现了逆转的可能。

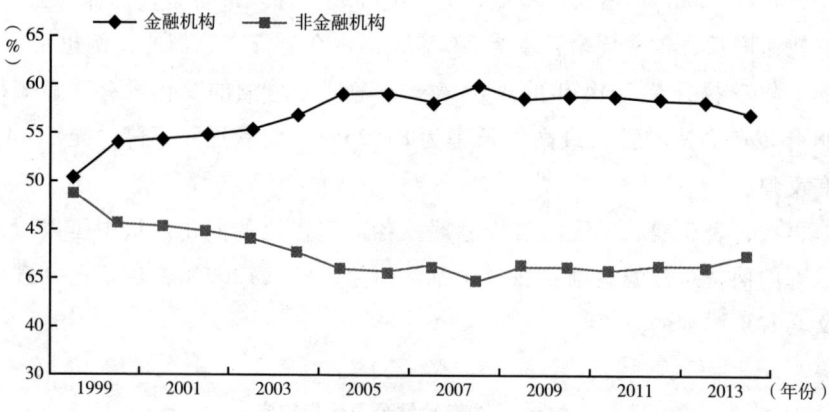

图1 金融部门及非金融部门债务占国内总债务比例（1999~2013年）

资料来源：详见表2。

2. 非金融部门内部的情况

接下来观察非金融部门内部的资产分布情况（见图2），可以看到，贷款始终是非金融部门负债中最主要的部分，占比一直超过80%；而在住户部门与非金融企业和机构之间贷款额的分配中，住户部门贷款额占总贷款额的比例不断上升，从2007年的19.36%上升到了2014年的28.40%；而相应的，非金融企业负债占全部非金融部门债务的比例不断下降。这与帕利所概括的美国经济金融化的特征相吻合。因此，这一点同样可以作为支持中国经济存在金融化趋势的证据。

在引入各年的名义GDP数据后，更多的指标可以得到检验，据此评价金融部门以及国内债务规模的总体扩张趋势。笔者在此处所做的比较可能会存在问题，因为金融资产结构表中的数据是存量数据，而名义GDP是流量数据，笔者在后文还将利用资金流量表进行其他比较。根据帕利的研究，[①] 美国经济金融化的几大标志就在于债务占GDP的比例上升、抵押贷款占GDP比例上升、家庭债务占GDP比例上升、总投资支出占GDP比例下降。

---

① Palley, T. I., "Financialization: What It Is and Why It Mattes", Working Papers, wp153 (2007), Political Economy Research Institute, University of Massachusetts at Amherst.

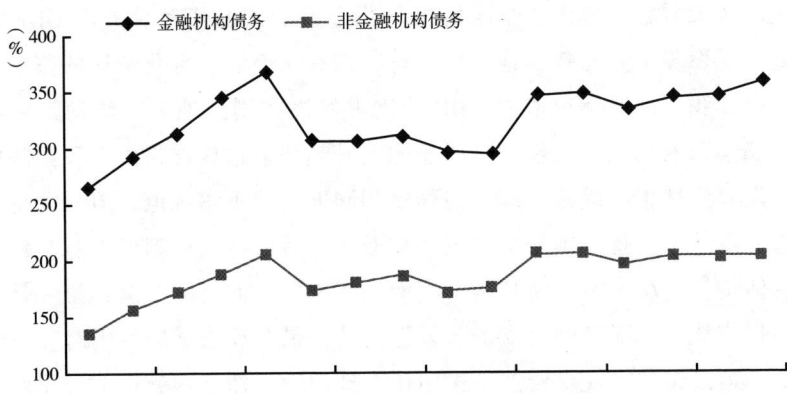

图 2　非金融部门内部负债比例变化

资料来源：详见表1。

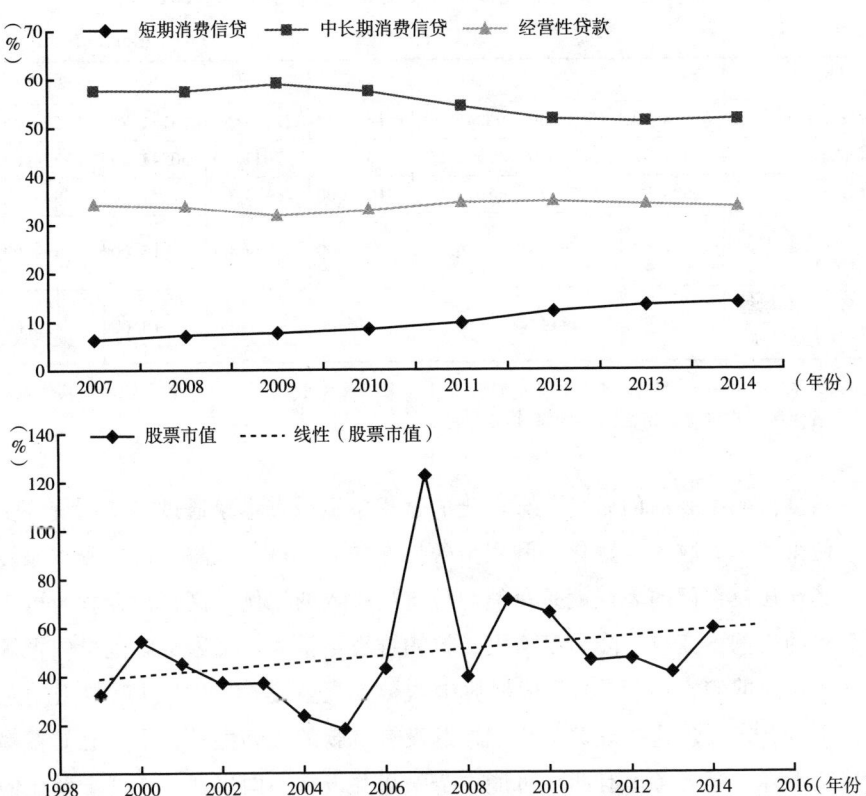

图 3　各项金融资产存量占 GDP 比重变化

资料来源：详见表2。

从图 2 来看，一方面，金融机构与非金融机构的债务总额占 GDP 的比重一直呈现稳步上升态势，这一现象符合现有研究对金融化特征的归纳。而另一方面，我国的股票市值占 GDP 的比重始终在剧烈地上下波动，由线性拟合的趋势来看，也未呈现十分明显的上升趋势。这或许是由于我国的股票市场的发育仍然很不成熟，现有的程序和制度仍然不够规范，但是无论怎么说，这一点并不支持中国经济出现了金融化。后面将要得到讨论的是住户部门的具体负债情况。本节将从两个侧面来反映住户部门的情况：第一是将住户部门存贷款与本部门的可支配收入做比较，借此反映金融逻辑对住户部门的影响；第二是根据金融资产结构中住户部门的负债结构分析金融化对住户部门的影响（见表 4）。

表 4　住户部门新增存、贷款与可支配收入变化（2000~2012 年）

单位：亿元

年份	2000	2002	2004	2006	2008	2010	2012
可支配收入	66538.70	77423.30	92045.60	131426.40	182429.50	243121.70	321399.20
贷款	2971.55	5074.30	5802.50	6664.00	7012.00	30547.80	27724.00
存款	6609.86	14251.70	15678.20	21284.00	46543.00	44491.50	58929.00
贷款/可支配收入(%)	4.47	6.55	6.30	5.00	4.00	13.00	9.00
存款/可支配收入(%)	9.93	18.41	17.03	16.00	26.00	18.00	18.00

资料来源：2000~2009 年可支配收入数据来自《中国统计年鉴 2012》资金流量表，其他数据整理自各年度《中国统计年鉴》，比例数据来自笔者计算。

根据拉帕维查斯的研究，金融化的过程中金融资本家通过消费信贷等手段，使得劳动者收入金融化，利用金融掠夺的方式进一步将收入向资本家转移。其在住户部门的表现就是负债与可支配收入的比例升高，而存款与可支配收入的比例不变或下降。事实上，拉帕维塔斯认为，美国金融危机的根源就在于住户的储蓄崩溃。① 而根据对中国数据尤其是 2008 年以后数据的观察，笔者并未发现这一现象的出现，既没有贷款的大幅上升，也没有储蓄率的持续下降。笔者考虑有两种可能：金融化并未在中国出现，或者金融化的

---

① 考斯达斯·拉帕维查斯：《金融化了的资本主义：危机和金融掠夺》，《政治经济学评论》2009 年第 1 期。

外在表现由于受到其他因素的干扰而影响了我们的判断。事实上，从 2000 年开始，中国居民存款与可支配收入的比例一直呈现上升趋势，而新增贷款与可支配收入的比例在 2008 年以前基本稳定在 5% 左右的水平，在 2009 年时突然大幅度上升至 12%（表 4 中未给出），随后又逐渐经历了下降。综合来看，这两个数据均未表现出随着时间的明显趋势性变化。这与我们通常认为的金融化趋势并不相符合。

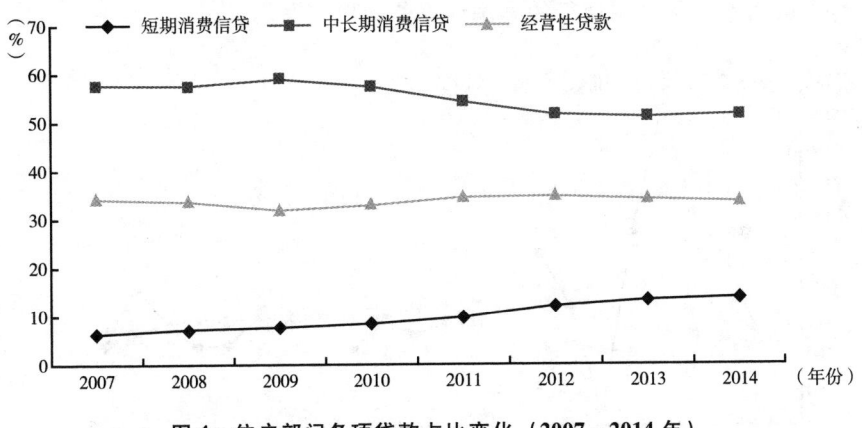

图 4　住户部门各项贷款占比变化（2007～2014 年）

资料来源：详见表 1。

图 4 展现了 2007～2014 年住户部门总债务构成中，各项贷款所占比例的变化情况。观察可知，经营性信贷在住户部门贷款总额中所占比例始终稳定在 35% 左右，而中长期消费信贷（根据中国人民银行的定义，特指一年期以上的信贷）的占比从 58.5% 开始波动下降，到 2014 年在贷款总额中占比为 52.36%；与此同时，短期消费信贷的占比从 2007 年的 6.13% 持续上升到 2014 年的 14.04%。可见，短期消费信贷在住户贷款中所占比例越来越高，而考虑到短期消费信贷主要是用于购置各类易耗品或家用电器等价格并不太高的消费品，而中长期消费信贷主要用于支持对房屋和汽车等高价耐用商品的消费，短期消费信贷占比的提高能够更有力地反映金融逻辑在日常生活中的深化。这一证据在一定程度上支持了中国经济存在金融化的趋势，然而由于中国人民银行公开的数据长度、种类有限，无法进行更细致的分析，故而笔者对于这一点仍持保留意见。

在本节的最后，笔者将从收入分配的角度来观察金融化趋势可能的宏观影响（见图 5）。

全员劳动生产率由各年工业增加值除以全行业每年平均就业人数而来，其中并未区分劳动者的具体岗位。另据张金昌（2002年）的研究，利用购买力平价（PPP）调整后的数据表示实际工资，并且用总的实际工资代替人数以计算劳动生产率，可以得到更接近真实值的数据，能够较好地解释中国高劳动生产率、低劳动成本的事实。① 然本文并未采信此种说法，因为这样的计算方式在方法论上或存在一些问题，同时并不适用本文所需展现的数据趋势，故而本文仍采用通行的办法计算劳动生产率。

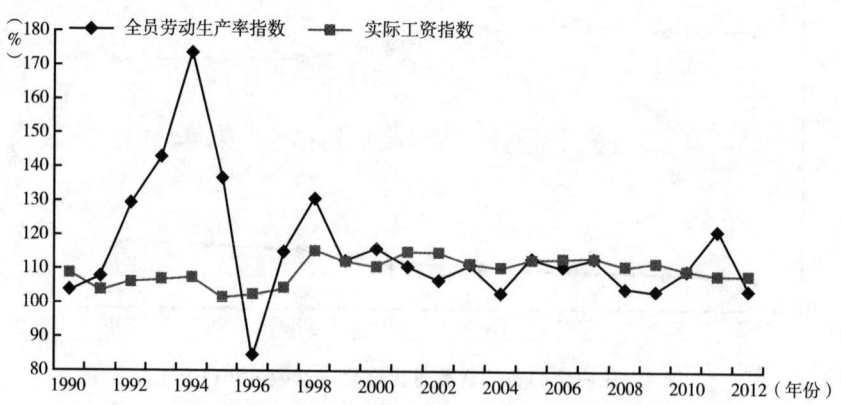

图5　中国全员劳动生产率指数与实际工资指数（1998~2012年）（上年=100）

资料来源：中经网产业数据库、《中国劳动统计年鉴2012》、《新中国六十年统计资料汇编》，以及笔者计算。

根据帕利的研究，美国经济金融化的一大特征就在于工业劳动生产率的增长速度快于实际工资的增长，这被认为是收入差距扩大的表现。② 据美国经济政策研究院（Economic Policy Institute，EPI）的数据显示，1959~1979年期间，劳动生产率与实际工资的增长率基本吻合，而在20世纪80年代金融化进程启动以来，生产率的持续提高并未伴随实际工资的提高，甚至美国的劳动者、非管理人员实际工资几乎没有上升。

不过，由于中国数据并未剔除高层管理者的薪资回报，因此在与美国数

---

① 张金昌：《中国的劳动生产率：是高还是低？——兼论劳动生产率的计算方法》，《中国工业经济》2002年第4期。

② Palley, T. I., "Financialization: What It Is and Why It Mattes", Working Papers, wp153 (2007), Political Economy Research Institute, University of Massachusetts at Amherst.

据的直接比较上可能存在问题,故不将其列入下面讨论内容。而仅从这一数据所呈现的情况来看,中国的劳动者实际工资与劳动生产率以相近的速度提升,表明收入分配的情况可能并未恶化,不符合我们对金融化之影响的预期。其中,1992~1994年期间劳动生产率的快速提高是由工业增加值的小幅提升与全部从业人员年平均数的大幅下降引起的;再考虑到工业增加值统计的是国有及规模以上其他部门的数据,故而可以推测,这一时期的劳动生产率提高可能是国企改革的结果(见图6)。

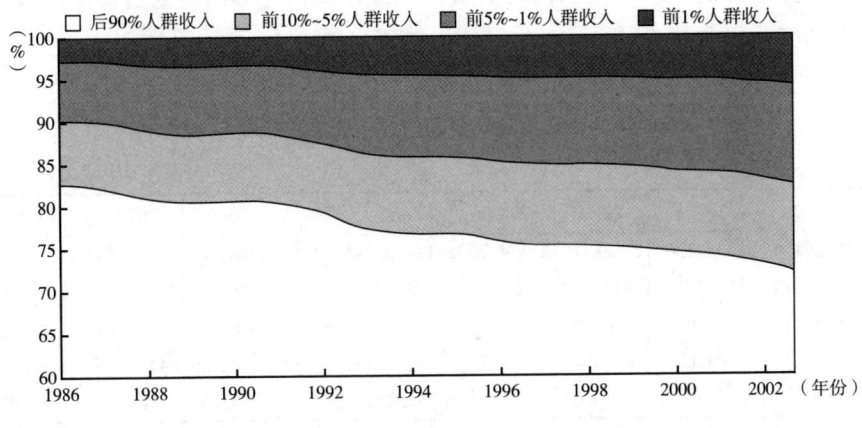

图6 中国各群体收入占总收入份额变化

资料来源:The World Top Income Database. 与其他国家不同,中国数据来自住户部门调查,而非缴税记录核算。

通常情况下,正如前文所述,收入分配差距的扩大往往被认为是金融化的典型特征之一。阿特金森等和皮凯蒂等的研究表明,美国国民收入差距扩大,前1%人群所获取的收入份额越来越大的原因是公司高管得到的薪资和奖金等越来越高,产生了新的"工作富人"(working rich),而资本利得占高收入人群的收入份额基本保持稳定。[①] 此外,工会议价能力的逐渐丧失、劳动力市场的分割与弹性化、全球化和偏向性的技术进步等原因,都有可能会导致收入分配不均等的情况加剧。而针对中国的研究,由于数据来源等问题,无法将收入进行更进一步的分割,因此没有充分的证据接受或拒绝现有

---

① Atkinson, Anthony B., and Thomas Piketty, *Top Incomes over the Twentieth Century: A Global Perspective* (Volume 2), Oxford University Press, 2010; Piketty, T., *Capital in the Twenty-First Century*, Harvard University Press, 2014.

的理论假设。结合图 5 所展示的劳动生产率和实际工资的变化情况,可以有一定理由认为,工资占功能性收入分配的比重并未明显下降,进而与美国类似,中国高收入人群的收入份额提高可能主要来自高管的巨额薪酬和福利,即出现了"工作富人"。

(三) 当前中国经济的金融化:比较的分析

通过选取美国金融账户统计中的类似科目数据,本文将中国金融化的深度、速度与美国进行了比较,以期侧面反映中国经济金融化的趋势与水平。这一部分选取的数据有两国国内信贷的构成以及住户部门贷款占可支配收入比例的变化(见表 5)。

表 5　美国国内信贷总额及各部门分布情况 (1998~2013 年)

单位:10 亿美元

年份	1998	2000	2002	2004	2006	2008	2010	2013
信贷总额	23393.00	27158.10	31574.70	38130.00	45433.60	50860.60	50073.50	53720.30
非金融部门	16223.80	18121.50	20580.10	24945.40	29513.70	33756.00	35617.90	39771.90
占比(%)	69.35	66.73	65.18	65.42	64.96	66.37	71.13	74.04
金融部门	6326.20	8168.40	10038.30	11898.80	14261.50	17104.60	14455.70	13948.50
占比(%)	27.04	30.08	31.79	31.21	31.39	33.63	28.87	25.97

资料来源:Board of Governors of Federal Reserve, Historical Annual Tables 2005 - 2013, L1. 其中 2005 年的部门占比数据与帕利论文中给出的不同,主要原因在于此处为了方便比较,选取的分母是国内总债务,而帕利使用的是全部债务。

根据帕利的研究,1973~2005 年间,美国的金融部门信贷总额占比一直呈上升趋势的。[1] 而事实表明,上升趋势一直延续到了 2007 年,此后美国金融部门的信贷占比就开始呈现下降趋势。这为我们了解金融危机对金融化进程的影响提供了证据。这一下降趋势表明,在金融危机之后,美国实施了更为严格的金融监管,使得金融化的趋势出现了停滞甚至逆转;而与此同时,中国的同类数据始终在一个较为稳定的水平上波动,甚至在最近几年出现了上升的趋势,这一方面表现了中国经济对金融危机的强大的承受能力,另一方面从某种程度上说明在这一阶段,中国相对于美国的金融化程度是在加深的,即就这一指标而言,中国金融化的速度超过了美国(见图 7)。当

---

[1] Palley, T. I., "Financialization: What It Is and Why It Mattes", Working Papers, wp153 (2007), Political Economy Research Institute, University of Massachusetts at Amherst.

然，由于两国金融体制之间的巨大差异性，笔者还不能简单地做出有关两国相对金融化水平的任何论断，仍需要做更多的研究。

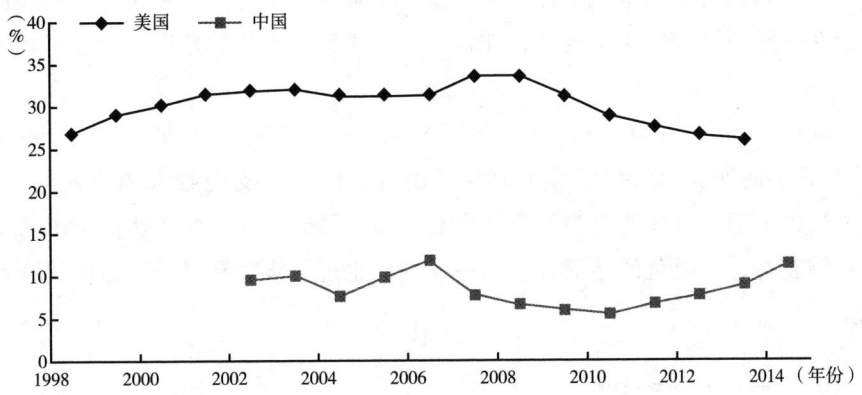

图7 中美两国金融部门信贷占比变化（1998～2014年）

资料来源：表4与表5比例通过计算得出。

表6是美国住户部门的各年新增存、贷款以及可支配收入的数据，通过计算新增存贷款与可支配收入的比例，笔者发现，美国的贷款/可支配收入数据在2007年以前表现出了很明显的金融化特征，随着时间推移，出现了明显的上升趋势而在2007年后开始骤然下降。与前文的金融部门信贷占比变化类似，这一下降表明美国经济受到了金融危机的严重冲击。

表6 美国住户部门新增存、贷款与可支配收入变化

单位：10亿美元

年份	2000	2002	2004	2006	2008	2010	2012
可支配收入	7400.5	8099.2	9002.3	10036.9	10994.4	11237.9	12384.0
新增贷款	574.4	812.1	1051.8	1201.3	145.7	-154.5	203.3
新增存款	286.5	306.7	454.4	486.5	261	162.8	417.0
贷款/可支配收入(%)	7.76	10.03	11.68	11.97	1.33	-1.37	-1.64
存款/可支配收入(%)	3.87	3.79	5.05	4.85	2.37	1.45	3.37

资料来源：Board of Governors of Federal Reserve, Historical Annual Tables 1995 - 2004 & 2005 - 2013, F.100以及笔者计算。

由图8可以看出，美国的指标上升趋势十分明显，而中国则存在比较剧烈的波动金融危机以后，美国的新增贷款比重大幅下降，而中国的居民新增

贷款占比并未表现出受到金融危机的影响，呈现出了波动上升的趋势。据此，有一定的证据表明，在金融危机前，美国的金融化程度明显高于中国，而由于美国遭受金融危机的冲击更严重，更加严格的金融管制使得美国经济金融化的趋势被控制甚至逆转，在这一阶段中国金融化的速度可能已经超过了美国。

此外，2000～2012年间，中国居民的可支配收入平均增长率为14.28%，同期美国的数据为4.14%。由此，由于可支配收入的快速增长，中国居民依旧将其作为自身消费的主要支撑。同时，我国的消费信贷市场本身不够发达，金融化的绝对程度不高，因此也进一步限制了居民的借贷消费能力。

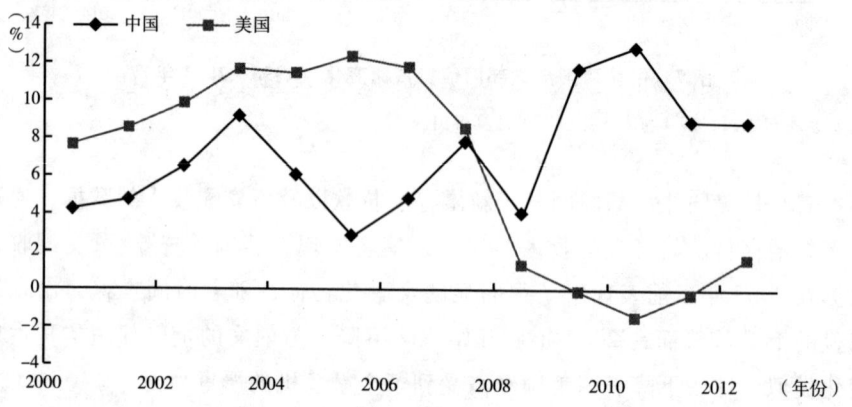

图8　中美两国住户部门新增贷款占可支配收入比例比较（2000～2012年）

资料来源：参见表3、表6中的数据。

四　结论及研究展望

本文主要从宏观视角出发，对中国的金融化趋势做出了分析。首先，根据本文对中国国内金融资产结构以及其他相关数据的研究，我们发现，中国国内总债务规模与GDP相比不断上升，金融机构债务占总债务规模的比例提高，非金融部门内住户部门的债务占比相对提高，居民收入分配差距正在拉大。上述四点证据与现有文献所归纳的金融化主要表征相吻合，表明中国经济存在金融化趋势。但是与此同时，也出现了一些反方面的证据，如股票市值/GDP 的数值不存在持续上升趋势、居民贷款占可支配收入比例未见明显上升、劳动生产率的提高速度并不快于实际工资增长率等。这些事实特征表明中国经济内在地还存在抵制金融化不利影响的因素，还没有陷入金融化的泥潭。

其次，居民部门的数据特征表明其并没有受到金融化的明显影响。就居民部门的消费信贷情况来看，其基本情况和趋势并不符合金融化的典型特征。这一方面是因为在我们考察的这段时期，中国居民的可支配收入平均增长率为 14.28%，同期美国的数据为 4.14%，因此中国的居民消费依然以可支配收入为主要支撑；另一方面，由于我国国内消费受信贷的发展和建设不完善、消费信贷成本较高等因素的影响，也导致居民部门并不依赖金融部门满足日常消费需求。同时，我国劳动生产率和实际工资的增长率基本趋同，同时高收入人群的收入份额呈现缓慢上升趋势，两者结合，则提供了一定的证据表明中国出现了类似美国的"工作富人"阶层。

再次，笔者将中国和美国的部分指标进行了比较，分析和研究了中国当前金融化的相对水平和趋势。通过对两国国内信贷结构以及住户部门贷款/可支配收入的比较，初步可以得出结论认为中国目前的金融化程度仍低于美国。同时，由于美国在经历了次贷危机后实行了日益严格的金融监管制度，故而在近年来金融化的趋势被控制甚至出现了某种程度的逆转与此同时，随着中国市场化尤其是金融市场监管的放松，中国的金融化速度则有加速的可能性。

将本文的研究成果与其他着重于中观的部门或者微观企业研究的成果相结合，就能大致勾画出近十几年来中国经济金融化的图景。针对本方向的未来研究，一方面应当继续强调企业部门的核心作用，同时将目光从非金融部门更多地转向金融部门另一方面，还须注重对于一个完整、科学的金融化衡量指标体系的构建，以期更全面、细致地考量金融危机对于金融化进程的影响，并对中国经济的金融化进程有一个更为准确的把握。同时，本文的研究也在某种程度上表明，金融化的过程同时也是资本主义积累体系的矛盾逐渐累加的过程，当矛盾累积到一定程度时，就会出现金融危机来释放过去累积的矛盾，从而遏制甚或逆转过去的趋势。然而资本主义对利润积累的渴求永远不会停止，新自由主义的积累模式在一次危机后又暂时恢复了活力，重新启动的金融化进程也许会在未来再次寻求危机的释放。美国在积累过程中经济过度金融化、金融资本权力过大对生产造成掠夺性破坏的事实，对我国是一个重要警示。在我国的改革与发展中，要特别注重金融部门与实体部门的关系，既要保持金融的健康发展、充分发挥金融在现代市场经济发展中的关键作用，同时要加强和改善金融监管，防范和化解金融风险，使金融部门的发展服务于实体经济发展的需要，防止金融脱离生产的物质基础盲目膨胀。

（赵峰系中国人民大学经济学院副教授，田佳禾系中国人民大学经济学院本科生）

经济金融化趋向及其对我国金融发展的启示

银 锋

一 引言及相关文献回顾

"经济金融化"是马克思主义经济学分析当代资本主义经济变化的关键范畴。

马格多夫和斯威齐是研究经济金融化问题的先行者，他们从金融资本扩张和资本主义生产的关系出发，认为金融资本扩张是垄断资本主义消化经济剩余的一种方式，是垄断资本主义陷入生产停滞的结果，它脱离了资本主义生产的周期，成为帮助资本主义资本积累的一种方式；金融与生产是一种"颠倒了的关系"。福斯特提出了资本主义双重积累体制理论，认为：生产资本积累的停滞为金融扩张提供了条件，但金融资本的发展却是一个独立的历史过程，并不由生产资本积累周期所主导，相反，金融资本积累显示出相对于产业资本积累的优越性。阿瑞基、克瑞普纳和佩蕾丝等学者从资本主义经济发展的长波理论的角度分析了金融化，认为资本主义的"金融化"是资本主义体系的内生演进过程中的一种周期性的现象，是两个物质资本扩张阶段之间不可避免的一个阶段；在这个阶段，利润主要是通过金融渠道而非贸易和商品生产渠道产生的，而这种积累体制的变化对整个资本主义经济体系产生了重要的影响。爱泼斯坦和奥安格兹将金融化定义为金融动机、金融市场、金融参与者和金融机构在国内和国际经济运行中地位的不断提升。杜梅尼尔和莱维等学者认为当代资本主义的金融化是对"二战"后建立起来的以劳资妥协、产业资本和金融资本妥协为核心的阶级权力结构的全面否定和调整。通过这种调整,资本家阶级获得了相对于工人阶级更大的优势权力;而在资本家阶级内部金融资本阶级获得了相对于产业资本阶级更大的优势权力。

从上述既有文献可以发现,经济金融化过程中表现出一些共通的现象:金融业资本显著膨胀;非金融业资本的金融化;金融业资本对非金融业资本的日益控制和支配;金融资本积累方式成为占主导地位的资本积累方式;资本家阶级与劳动阶级的金融化等。因此,我们只有在合理梳理既有研究成果的基础上,才能正确理解资本主义经济金融化的发展趋势。基于此,本文在马克思主义经济学视阈下认为,经济金融化是金融资本在当代资本主义发展进程中的一个政治、经济和社会的全面扩张过程,这一历史进程首先在经济领域作为一种金融资本主导型的积累体制表现出来,然后辐射到政治、社会领域。

二 经济金融化的实践表现及现实成因

(一)经济金融化的实践表现

第一,非金融业企业的金融化。非金融业企业的金融化主要通过其结构变化体现出来。①非金融业企业中的金融业资本相对于产业资本的比重明显上升。非金融企业从产业渠道获取利润日益困难,转而将其资产越来越多地配置在金融资产之上。据统计,美国的非金融企业持有的金融资产占其总资产的平均比例从25.3%上升到了41.1%;非金融企业拥有的金融业资本与产业资本的比率,从20世纪60年代的40%飙升到了2001年的90%。以通用电气(GE)为例,2002年其属下的金融公司的总资产达到近5000亿美元,在通用电气中占85.15%。②非金融业企业的利润中来自金融渠道的比重大幅度提升。非金融业企业将资产越来越多地配置在金融资产之上必然使得其利润也越来越多地来自金融渠道。据统计,利息、红利等来自金融渠道的利润占非金融业企业利润增加值的比例的年均增量提高了3倍。仍以通用电气为例,2002年,其下属的金融公司的收入为545亿美元,占其总收入的41%;金融公司对其的利润贡献率超过40%。金融业务已经成为GE快速、高效增长的主要源泉,被誉为GE的利润增长机器。

第二,金融业部门相对于非金融业部门日益膨胀。20世纪70年代末以来，在信息技术革命和金融去监管化等因素的推动下，金融业已经迅速发展为美国最大的产业。美国的金融资产总量从1975年的7.48万亿美元增长至2007年的147.07万亿美元，32年平均年增长率为9.76%。另据陈宝森分析，"美国金融业占GDP的比重由1980年的15.9%上升到2007年的20.7%，同期制造业则由19.95%下降到11.67%。金融业成了高附加值产业，从1980年人均年创造的GDP 73819美元，上升到2007年人均年创造GDP 272759美元。而同期制造业人均年创造GDP则只从25355美元上升到99116美元。这一年金融业创造的GDP为制造业的2.75倍。"相关资料显示，美国的金融资产总量在1952年为1.47万亿美元，2008年底达到145.5万亿美元，56年里增长了97倍。金融资产的增长速度远远高于实体经济的发展速度，1952年美国金融资产总量相当于GDP的4.11倍，到2008年扩大到10.2倍。无论是从资产总量还是从相对比例上，美国的金融业部门都已经相当庞大，相对于非金融业部门明显膨胀。

第三，金融业利润在利润总量中比重上升并超过非金融业利润。金融业利润的爆炸式上升从根本上说是源自实体经济的停滞。根据美国官方统计数据，从20世纪60年代中期至80年代初，美国工业部门生产利用率平均水平为83%，而在此后的近30年间，这一指标的平均值下降到80%以下，特别是2000年以来的平均值只有77.6%，是"二战"以来最低的10年。但在同一时期，美国的金融业却开始了自己的繁荣之旅。从里根政府开始，克林顿和布什政府都实行宽松的金融货币政策，从而大大增加了金融业的获利机会。金融业也很好地抓住了这一机会。美国金融业利润在国内利润总额的比重自80年代中期以后迅速提高。从1960年到1985年，金融业利润占国内利润总额比重的平均值只有15.7%，而非金融业利润占国内利润总额比重的平均值为74%；但自此以后，金融业利润比重开始迅速爬升至20%以上，从1986年至2007年次贷危机爆发，金融业利润比重的平均值达到25.4%，而非金融业利润比重的平均值则下降到58%。据摩根士丹利的报告，在2000～2003年间，金融部门的利润总计占到了所有公司利润的50%左右，更令人吃惊的是，这一时期所有公司实现的利润增长额中竟有80%来自金融部门。

（二）经济金融化的现实成因

第一，生产资本积累障碍。20世纪60年代末以来，美国生产资本的积累遇到了巨大问题。美国的利润率从20世纪60年代末到80年代初一直趋向下降，此后开始部分恢复，但也仅仅弥补了前一阶段50%左右的跌幅，并且这种恢复随后就在90年代末被中断。按照伍尔夫的观点，从1966年到1979年，利润率以每年5.4%的速度下降；从1979年到1997年，它又以年均3.6%的速度"反弹"。但迪蒙和莱维则认为，1997年的利润率"仍旧只相当1948年同一数值的一半，相当于1956年到1965年这10年均值的60%到75%"。另外一组数据也同样显示了美国经济的增长率遇到了问题：美国经济的真正增长率，20世纪70年代低于60年代；80年代和90年代低于70年代；2000~2007年间低于80年代和90年代。从2007年起，在自大萧条以来的最深刻危机中，经济进一步下降，使得2000~2009年间成为20世纪30年代到目前为止，经济表现最差的十年。资本在生产领域遇到的利润障碍，便成为其转入金融领域的最主要动力。虽然在20世纪80~90年代出现了新技术革新，但其依然无法解决生产资本的积累问题，相反却大大推动了金融资本的发展。

第二，经济结构重新调整。资本在生产领域的积累受阻，被迫转移至金融领域追逐利润。与此相适应，美国的经济结构也发生了重大变化。强大的工业制造业是成就美国世界霸主地位的首要因素，制造业长期以来都是美国经济结构的核心。随着全球制造业市场的竞争加剧，到1980前后，美国的制造业霸主地位不复存在，并开始需要政府对其加以扶持。"1990年工业制造业在美国GDP中的比重仅为24%，2007年进一步下降至18%；制造业投资的增长率2006年仅为2.7%，投资额仅相当于GDP的2.1%。2007年，以金融业为主体的服务业已占美国GDP的70%左右。20世纪90年代，在全球市场依然保持着较高竞争力的美国实体经济，只有军工、石油、IT、房产、汽车、飞机制造等。此后，先是互联网泡沫破灭使IT产业遭受重创，继而房地产业因次贷危机而一蹶不振，随后的金融危机使得以克莱斯勒、通用、福特为代表的美国汽车产业奄奄一息。至此，美国这个庞然大物稍有竞争力的实体经济产业已经仅剩军工、石油、农业而已。"以工业制造业为主体的实体经济的不景气使得美国经济活动普遍转向金融和其他服务业，从而带来了金融资本的重新调整以及金融业资本的大发展。

第三，主导经济体制转换。在资本主义的发展历史过程中，资本主义制度在不同阶段会采取不同的体制形式。20世纪70年代末，新自由主义成为美国占主导地位的经济体制。美国经济金融化与新自由主义体制密切相关。新自由主义体制的核心特征主要有三个：主张极端私有化，推行市场原教旨主义；主张以金融资本自由化为核心的自由市场的全球化；强资本弱劳动的资本与劳动关系。新自由主义体制的三个核心特征主要通过两个维度推动了美国经济的金融化：①新自由主义体制推行强资本弱劳动的政策主张，大大提高资本的利润率，增强了资本的力量。但也由此加剧了本已非常严重的资本过剩问题。金融化自然成为大量剩余资本寻找出路的首要选项。②新自由主义体制推崇私有化和金融自由化，主张放松或者解除金融监管并大力推进金融创新，促使金融资本寻找到了金融化这一新的获利渠道。

三 经济金融化对经济运行的影响及其对我国金融发展的启示

（一）经济金融化对经济运行的影响

第一，金融业资本重新取得巨大权力和财富。金融化对美国的经济运行产生了重大影响，这种影响首先表现为金融业资本重新取得了巨大的权力和财富。在资本与劳动关系方面，国民收入中资本所占份额相较于工资份额增长迅速。美国国民收入中工资份额从1980年的0.677下降到2006年的0.472，而2006年的利润份额为0.528，比1980年水平上升了40%之多。国民收入分配中资本利润相对工资的快速增长必然加剧美国家庭收入分配的不平等。据统计，1979~2004年美国最富有的5%的家庭收入占全国家庭总收入之比由15.3%上升到20.9%，同时最贫穷的20%的家庭收入占全国家庭总收入之比却由5.5%下降到4.0%。在资本与资本关系方面，金融业资本利润占总资本利润之比快速增长，金融资本家成为统治阶级的支配者。据统计，金融业资本利润份额占资本总利润份额的比例从1960年占全部国内公司利润的17%上升到2002年的最高峰值44%。即使是在金融业资本遭受巨大损失的2007年，其利润份额所占比例仍达到27%。与此相适应，资本家阶级内部的财富分配结构也发生了明显变化，由原来的产业资本主导结构转化为金融资本主导结构，金融资本家已经完全取代产业资本家和其他的资本家，成为当前美国统治阶级的支配者。在资本与国家关系方面，金融资本控制了国家的经济权力。如果说，摩根时代是金融资本家的第一个辉煌时代,那么,20世纪70年代末以来金融资本家又迎来了第二个权力霸权时代。此时期,金融业资本积累起巨大财富,也让金融资本家们拥有了自摩根时代以来美国历史上最高的政治地位和经济权力。如今,金融权力精英们控制和操纵着美国的最高经济和金融权力。

第二,激化资本主义生产方式内在矛盾并导致危机发生。金融化扩大和激化了资本主义生产方式的基本矛盾,造成美国经济发展的停滞,并不可避免地导致危机,这是金融化对美国经济运行的另一影响。①金融化加剧了生产和积累过剩。当非金融业资本由于生产和积累过剩面临利润率低下问题时,其选择之一是将资本转移到金融业部门,通过金融渠道进行积累,从而获取高额利润。非金融业资本通过金融化获取利润主要有两种渠道:一是在发达资本主义经济体内部,二是金融资产的全球性经营,尤其是发展中国家。同样,金融业资本在面临日益激烈的同业竞争和来自于实体经济领域获利渠道受阻的情况下,一方面在发达资本主义经济体内部挖掘新的利润点,即通过劳动力金融化及其他的金融创新获取利润,另一方面通过全球扩张获利。无论是非金融业资本的金融化还是金融业资本开拓利润新渠道,结果只能是进一步加剧生产和积累过剩。因为,非金融业资本通过金融化获取的高额利润依然无法在实体经济领域寻找到有利可图的投资机会,其增加的资本必然加剧积累过剩;金融业资本通过开拓利润新渠道获取的高额利润如果配置到生产领域,无疑也会加剧实体经济领域的生产过剩。②金融化扩大了收入分配的不平等。金融化使资本获得了日益增多的权力和财富,而劳动者的收入在国民收入中的比重不断下降。社会财富和收入分配的贫富分化日益严重,加剧了剩余价值生产与实现之间的矛盾,群众被迫进行维持生计的包括次贷在内的过度消费信贷,最终导致金融危机。③金融化强化了货币资本的投机性。追求剩余价值是资本的本性。资本的这种本性在金融化过程中并没有改变,而且大大地被强化了。在金融化过程中,货币资本企图不通过生产而以钱生钱的"狂想病"发作到了极致,越来越专注于投机性活动。货币资本的这些投机性活动扩大了日益严重的不平等,加重了资本过剩的形势,从而为资产泡沫的产生提高了可能性。因为通过投机性活动获得的巨额利润通常被用来购买资产,如房地产、股票或证券。

金融化过程中形成的资产泡沫为美国经济扩张打下了基础,同时也激化了美国经济的生产过剩和需求不足的矛盾,即剩余价值生产和实现的矛盾。

在金融化过程中，剩余价值的生产条件是有利的，但如何实现剩余价值就成了一个大的疑问。因为金融化过程中的强资本弱劳动特征限制了劳动者的消费能力，资本家只靠自己的积累和消费是绝不可能产生足够大的需求动力带动经济扩张。因此，剩余价值的实现问题只能通过其他方式才能解决，那就是债务和资产泡沫。而这种经济扩张方式是极不稳定的。美国经济就是在这种矛盾不断激化的过程中歪歪斜斜地疾驶的。因此，可以说当前金融和经济危机是金融化导致的一个非常符合逻辑的结果。

（二）经济金融化对我国的启示

第一，正确处理好实体资本与金融资本的关系。金融资本能够推动实体资本以及建立在其基础之上的实体经济的运行和发展，但其本身并不创造剩余价值，也不创造使用价值，它必须依附于实体资本的运行。如果脱离了实体资本，金融资本就会催生泡沫经济，形成虚假的经济繁荣，不但不能推动实体经济的发展，反而会迫使资本从实体经济领域游离，从而损害实体经济的发展。因此，必须要处理好金融资本与实体资本之间的关系，既要大力发展金融资本为实体资本服务，又要坚持金融资本必须要以实体资本为基础，坚决抑制金融资本的过度发展和经济的过度金融化。

第二，建立和完善有中国特色的现代金融体系，强化金融监管。金融体系是我国社会主义市场经济体制的重要组成部分。构建一个完善的现代金融体系，可以大大提升我国国民经济的活力和动力，加快我国社会主义建设的步伐。加强对金融资本的监管。对利润的无止境的追逐是资本的本性，对于不创造剩余价值、只分配剩余价值的金融资本，更是如此。

第三，完善金融开放政策。①积极参与国际货币体系改革，推动新国际货币体系的建立，摆脱美元霸权。在无法以新的国际机构取代国际货币基金组织、世界银行和世界贸易组织的前提下，尽可能提高我国在这些国际组织的话语权。与此同时，我国还应该加快经济增长方式转型，彻底摆脱美元霸权的金融掠夺。②做到金融适度开放，有效防范发达国家金融资本的冲击。当今世界的经济和金融依存度极高，中国不可能也不应该切断与其他国家的联系。在这样的前提下，作为一个金融体系还很不发达的发展中国家，我国必须在增强本国金融体系的抗风险能力的同时保持金融开放的适度性。③保持清醒的头脑，警惕金融掠夺。发达国家金融资本的金融掠夺非常隐蔽，后果极其严重，它最可怕之处就在于，它并非公开的用武力进行抢掠，而且通常伴随能让所有人都失去知觉的舆论宣传战。对此,我们必须保持高度警惕,千万不能被金融资本的善良面目蒙骗过关,尤其是那些打着各种幌子的金融产品。

(作者:东莞理工学院思政部副教授,博士)

参考文献

李超:《21 世纪美国金融风险动态演进研究》,《求索》2012 年第 2 期。
格莱塔·克里普纳:《美国经济的金融化》,《国外理论动态》2008 年第 6 期。
张宇、蔡万焕:《金融垄断资本及其在新阶段的特点》,《中国人民大学学报》2009 年第 4 期。
何秉孟:《美国金融危机与国际金融垄断资本主义》,《中国社会科学》2010 年第 2 期。
谢新、邢华彬:《从美国经济实力衰落看资本主义制度的历史局限性》,《求索》2012 年第 7 期。

当代金融化的社会逻辑及其中国语境*

欧阳彬

作为20世纪70年代以来世界经济发展的主导趋势，金融化不仅深刻改变了各国经济结构，也重新塑造了人们的社会关系、文化心理与日常生活从这一意义上看，超越经济学与金融学的学科桎梏，将金融化纳入经济社会学的研究视野，厘清金融化与社会结构的双向互动机制，不仅有助于深化作为当代社会重要特质的"金融社会"的理解①，也将有助于实质性推动方兴未艾的金融社会学研究②，具有重要的现实价值与理论价值。

一 金融化研究的经济社会学批判

当前对金融化问题的经济学研究主要存在两种不同的路径：新古典经济学与激进政治经济学。新古典经济学根据爱德华·肖与麦金农的金融发展与深化理论，将金融化定义为金融动机、金融市场、金融参与者以及金融机构等金融部门的地位和影响不断提升的过程。在这一过程中金融市场的扩大、金融工具的创新、金融机构的变革能更好地发挥经济信号的传递功能，降低企业外部融资的交易成本，优化配置经济资源和投资组合。而激进政治经济学则基于马克思主义的资本积累理论，提出金融化的本质是垄断金融资本支

---

* 本文系四川省哲学社科规划项目（项目号SC15B028）、中央高校科研基本业务费项目（项目号ZYGX201501601）的研究成果。

① 王崇明：《"货币网络"到"金融社会"与台湾法律社会的兴起》，http://tsasinica.edu.tw/lmform/lmform/file1/2003meeting/11290501.pdf。

② 陈氚：《超越嵌入性范式：金融社会学的起源、发展和新议题》，《社会》2011年第5期。

配商品生产和利润分配的资本主义积累方式。金融化造就了一种实业部门利润率下降、金融部门垄断利润、失业率上升以及工薪阶层收入的长期停滞的经济体制,并引发美国次贷危机与全球金融危机①。

虽然新古典经济学与激进政治经济学对金融化的研究存在一定差异,但是当我们把研究视角从经济学转向经济社会学,可以发现两者共享的四种值得进一步批判的理论逻辑。

一是金融化动因的逐利逻辑。新古典经济学固守理性经济人的逐利本性。激进政治经济学认定为资本的利润冲动。然而,经济社会学的反思却告诉我们,"直接支配人类行为的是物质上与精神上的利益,而不是理念。但是由理念所创造出来的世界图像,常如铁道上的转辙器,决定了轨道的方向。"② 简言之,利益与更大范围内的社会制度、文化和认知结构共同决定着人们的经济行为。

二是金融化效应的抽离逻辑。经济学将金融化从社会、政治、文化与生活方式的互动关系中抽离出来,以数量化、模型化的方式孤立研究。站在经济社会学的立场,金融化与社会结构的分离只是问题的一个方面,金融化的过程与特征既受到不同的政治体制与社会文化观念的影响和制约,同时也通过多种途径与机制影响着社会权力、家庭关系、文化表现与日常生活。

三是金融化趋势的二元逻辑。新古典经济学基于金融深化理论,提出的金融化的发展逻辑,与激进政治经济学基于资本批判理论提出的金融化的危机逻辑形成二元对立。而在经济社会学看来,无论是金融化的发展逻辑还是危机逻辑,金融化的力量主要来源于金融与当代社会文化实践的深度嵌入。从这个角度出发,才能更充分地解释当代金融体系的本质以及它如何与现代社会整体特征、发展趋势相关联的复杂机制。

四是金融化特征的单一逻辑。现有金融化研究大多以发达国家,特别是美国的金融化为样本,将金融化等于西方化、美国化,体现着西方经济学特有的"现代化的宏大叙事"的单一逻辑。经济社会学强调,经济发展总是嵌入一个国家或地区的政策环境、体制条件、文化传统。因此各国金融化具有内在的多重、复杂的生成路径与特征,必须置于地方性与本土化语境中加以具体阐释。

---

① 徐丹丹、王芮:《产业资本金融化理论的国外研究述评》,《国外理论动态》2011 年第 4 期。
② 韦伯:《宗教与世界》,康乐、简惠美译,广西师范大学出版社,2004,第 477 页。

二 金融的社会嵌入

现代经济学基于逐利、抽离、二元、单一逻辑所存在的问题及其理论局限,需要借助经济社会学,将金融化引入更加宽广的社会、政治与文化视野中加以研究。而这一研究的正当性正是取决于金融本身的社会嵌入。

金融,是在货币流通与信用融合的基础上形成的一系列经济活动的总称。它主要包括金融市场、金融机构、金融行为与金融制度四大构成要素。在经济社会学看来,这些活动与要素,都深嵌于所在的政治权力、社会结构、价值观念、文化生活的关系网络之中,是结构嵌入、认知嵌入、文化嵌入与政治嵌入性的统一[1]。

货币与信用是人们商品交换的产物。但这一交换过程本身及其历史发展是被社会性限定的。与商品货币不同,现代货币的有效运作,取决于国家、法律、科技、企业、银行、金融机构之间的相互协调,从而形成了货币的社会嵌入[2]。信用的关键是信任的牢固度与信息的确定性。而要解决这个关键问题,依赖"贷方、借方、两者间正式的合同关系和非正式的社会关系、中介、第三方关系网络已经建构商业法律框架。这些因素有时会系统性的共同改变。"[3] 另一方面,货币的认知和使用与信用结构都受到特定时期社会文化价值观的深刻影响,不存在齐一化、同质化等标准货币,而是"各种特殊货币"[4]。因此,作为现代货币与信用的结合的金融,本身就是通过一系列的制度安排、权力机构与文化观念创造与维持的一种社会秩序。

作为金融活动的载体,金融市场、金融机构、金融行为与金融制度不仅仅是一个交易系统,也是一个社会关系网络,是"一种社会结构"。金融市场中的价格波动、利益诉求、信息获得以及各种交易行为等都是在一定的社会关系网络、制度结构、认知模式和文化系统等社会因素的促使与制约之间

---

[1] Zukingo Dimaggio. *Structures of Capital: The Social Organization Of Economy*. MA: Cambridge University Press, 1990.
[2] 汤姆·伯恩斯:《结构主义的视野:经济与社会的变迁》,周长城等译,社会科学文献出版社,2004,第60页。
[3] 斯梅尔瑟、斯威德伯格主编《经济社会学手册(第二版)》,罗教讲、张永宏等译,华夏出版社,2009,第411页。
[4] Zelizer, V A., "The social meaning of money: special monies". *American Journal of Sociology*, 95 (2), 1989.

的张力中展开①。在历史上，许多重要的金融机构的建立与政府的公共财政政策息息相关。例如英格兰银行、东印度公司的建立都是作为英国政府的金融机构，联结私人资本市场与公共财政。金融行为的背后总是蕴含着行为者的价值观念、期望、认知方式以及收集信息的能力。而这一切又都是植根于具体的社会场域之中，并受到蕴含在该场域之中的制度、文化和思想观念的塑造②。同样，金融制度并不是理性经济人有意识地精心设计与安排的结果，往往是一个更宏大、多重因素交织在一起的历史性的社会构造。如法国国家主导的中央银行监管的金融制度与历史上密西西比泡沫事件密切相关。英国虽然也经历了泡沫，但是其通过资本市场发行债券筹措资金赢得英法百年战争，这成为他们继续选择市场主导型的金融制度的因素之一。

三 金融化的社会建构

金融的社会嵌入是金融化得以展开的社会基础。金融化之所以成为形塑当代世界经济与社会发展的主导因素，并非自发的过程，而是与20世纪70年代以来政治、法律、社会、科技、文化与生活方式的变革息息相关，是制度、权力、网络与认知诸社会机制作用于金融领域的社会产物③。

金融化的制度建构。金融化是一个制度化的过程。"这些制度促使个人选择，引起构成经济过程的相互依赖的运动。"④ 20世纪70年代以来，西方国家的经济政策、法律制度、信用体制都发生了促进金融化的重要变革。1973年布雷顿森林体系固定汇率制度的终结为利率市场化、美元国际化和金融自由化带来机会。以强调自由化、私有化、全球化为核心的新自由主义成为国内公共政策的核心理念。在金融法律方面，1999年美国通过《金融服务现代化法》，废除了对混业经营的相关限制，放宽金融管制，鼓励金融创新，给予金融化以法律保障。各种经营个人与企业信用数据库的征信公司、信用评级公司的发展，有效降低了金融市场中的道德风险，为金融业务的开展与金融产品销售创造了广阔的社会需求。

---

① 周长城：《金融市场的社会学视野》，《社会学研究》1999年第6期。
② 王国伟：《经济社会学视野中的金融行为研究》，《学术研究》2011年第10期。
③ 弗兰克·道宾：《新经济社会学读本》，左晗、程秀英、沈原译，上海人民出版社，2013。
④ 马克·格兰诺维特、理查德·斯威德伯格：《经济生活中的社会学》，瞿铁鹏、姜志辉译，上海人民出版社，2014，第37页。

金融化的权力建构。经济的制度化过程背后体现的是权力的作用："权力在决定国家政策、企业策略以及我们所采取的具有明显理性的个体行为中扮演着重要角色。"① 20世纪70年代以来，由资本所有者的上层和大型金融机构组成的垄断金融资本集团的权势不断上升。他们通过向政府部门的人事与组织渗透，掌握对公共金融的监管权与实施权，促使政府采取浮动利率、放松管制、强化银企并购、刺激地产信贷等有利于垄断金融资本集团利益的经济与金融政策措施，将自身的金融权力转换为政治权力。因此，金融化过程也是"食利者阶层收入、财富和权力的恢复及其政治、经济势力的不断增强"的过程②，是垄断金融资本权力的重新恢复和扩张过程。

金融化的网络建构。金融化依赖于社会关系与网络的发展与成熟，因为"银行交易是嵌入社会关系之中的，这些社会关系独特地形塑了信贷道及其成本"③。在新自由主义与信息科技革命的推动下，各金融企业之间、金融企业与非金融企业之间、金融企业与家庭个人之间的关系结构都发生了明显变化。首先，以汇丰、花旗为代表的银行集团通过相互持股、兼并收购、资产重组等方式，组建了一大批"金融航母"，并且纷纷加入海外扩张的行列，形成覆盖全球的金融网络。其次，传统商业银行的金融中介主导地位被削弱，投资类金融机构的市场份额持续上升，资本市场取代银行成为企业动员社会资本和投融资的主渠道。再次，金融机构业务范围由企业贷款转向中介公开市场和与个人进行交易，家庭消费信贷和零售投资业务成为重点，个人银行业务得到迅猛发展，加强了金融机构与家庭、个人的联系。

金融化的认知建构。"经济活动的每一领域都包含着自己的文化形式"④。金融化得以发生总是伴随着人们对于股票、债券、保险、投资等金融活动、金融行为的肯定性理解、认知与意义表达。在宏观层面，以超前消费、透支消费、借贷消费为特征的消费主义文化与将坐取利息、股息或分红视为一种对生产与风险的激励的股票文化成为金融得以深入人们日常生活的

---

① 斯梅尔瑟、斯威德伯格主编《经济社会学手册（第二版）》，罗教讲、张永宏等译，华夏出版社，2009，第47页。
② 热拉尔·迪蒙、多米尼克·莱维：《新自由主义与第二个金融霸权时期》，《国外理论动态》2005年第5期。
③ 弗兰克·道宾：《新经济社会学读本》，左晗、程秀英、沈原译，上海人民出版社，2013，第341页。
④ 莫洛·纪廉等编《新经济社会学》，姚伟译，社会科学文献出版社，2006，第154页。

文化土壤。在中观层面,企业的战略目标与观念发生重要转变,即从追求实物资产的长期增长和创新转向短期的、以股票价格变动为基础的"股东价值最大化"目标。在微观层面,在现代心理学、行为学基础上发展起来的金融心理学、行为金融学与新型信息技术相结合,提高人们对金融市场与金融产品的理解水平,使得每一个普通民众都能够通过自身的知识水平来选择自己可操作的金融活动。"金融市场也许是知识经济最好的例子。在金融市场里,就驱动市场行为的意义而言,知识就是生产力。"①

四 金融化的社会结构

金融借助于现代政治、法律、科技、文化与生活方式的作用得以加速发展的过程,同时也是其对现代经济社会各基本单元高度渗透的过程。在这一过程中,金融化与各国具体的社会历史与文化背景相结合,呈现出地区性差异,从而构造出一个具有共性与个性的金融化社会世界。

在金融化的过程中现代金融凭借其作为政治经济的核心力量与主导地位,不断向社会生活全面延伸与扩张,使得社会组织与个人不断地接受、遵循和采纳金融的活动方式、行为规则、思维理念。首先,政治权力的金融化。政府的组织架构、公共政策、权力运作等越来越被金融所挟持,形成金融资本与国家权力高度依存与融合的权力结构。最典型体现在美国所谓的"华尔街—财政部"政商联合体,"高盛的利益就是美国的利益"②。其次,社会关系的金融化。商业银行、投资银行、保险公司等金融机构通过汽车、住房抵押等消费信贷与工资收入、家庭储蓄、养老金的投资理财结合,将越来越多的家庭与个人融入金融市场,家庭资产结构的金融化水平不断提高,以在投资银行、对冲基金、私募股权基金等机构工作的金融精英为代表的新社会阶层崛起,社会分层与阶级对立越来越表现为金融关系。再次,科技创新的金融化。现代科技创新的高风险与不确定性决定了科技创新必然依赖于强大的金融支持,"金融资本始终扮演着关键的角色"③。高新技术产业的强大潜力和超额利润满足了金融资本的食利性冲动,成为金融资本的一种财富

---

① 弗兰克·道宾主编《经济社会学》,冯秋石、王星译,上海人民出版社,2008,第155页。
② 罗伯特·布伦纳:《高盛的利益就是美国的利益》,《政治经济学评论》2010年第2期。
③ 佩雷丝:《技术革命与金融资本》,田方萌等译,中国人民大学出版社,2007,第2页。

创造工具。最后，文化价值观的金融化。"任何综合性的金融的资本主义，都需要深入到膨胀了的文化领域，以测绘其影响。"① 一方面金融活动中的自由选择、平等交易、创新技术与风险抉择增强了人们的独立自主意识、开拓创新精神与风险管理能力；另一方面，股票、债券、基金以及数不清的金融衍生产品，开辟了一个创造更多的虚拟财富的梦想空间，助长了社会的拜金情结、投机冲动与食利心理。

另外，正如"在不同的国家里，历史造就了人们关于秩序和理性的不同观念，而各个国家的现代产业政策正是围绕着这些不同的观念建立起来的"②，金融化也会受到特定的社会发展模式、政治意识形态与文化价值观的制约，从而呈现出各自不同的结构差异。在推崇个人主义与自由市场的英美国家，通过放松金融管制，鼓励金融创新等途径，整个社会的金融资产急剧膨胀，社会阶层的金融分化与对立突出。在以社会民主主义为指导，实行社会市场经济模式与高福利社会政策的欧陆国家，扩大财政赤字和巨额公共债务是其金融化的必然选择，由此形成债务化的经济与社会结构，社会创新活力不足。在儒家价值观影响下政府主导经济发展的韩日社会中，金融化采取了金融自由化与国际化策略，并形成了与政府关系密切的，在经济与社会生活中举足轻重的财阀式的金融家族集团。基于依附理论的发展主义，实行进口替代的拉美社会的金融化路径表现为经济发展外资化、金融市场自由化与财政结构债务化的结合。金融问题也因此成为解决拉美政治、经济、社会乃至文化发展的中心问题。

五 金融化的中国语境

随着我国加速融入世界经济与金融体系以及国内市场经济体制改革不断推进，金融化也已经成为当前经济发展一个重要趋势③。相对西方国家的金融化，我国的金融化，其成因、特征与影响包含着"两股巨大力量的共同作用，即现代性全球化的长波进程的力量和本土社会转型的特殊脉动的

---

① 杰姆逊：《文化与金融资本》，《天涯》1999 年第 3 期。
② 弗兰克·道宾：《打造产业政策：铁路时代的美国、英国和法国》，张网成、张海东译，上海人民出版社，2008，第 4 页。
③ 张慕濒：《全球化背景下中国经济的金融化：涵义与实证检验》，《世界经济与政治论坛》2013 年第 1 期。

力量。"①

从金融化的社会建构看，我国的经济金融化依然是嵌入其中的转型时期社会结构各因素变动的产物：不断深入的市场经济与金融体制改革为金融化营造了有力的制度环境；流入的国际金融资本与巨量的各级政府投资成为金融化的权力驱动；以大数据、云计算、物联网为基础的互联网金融以及各种金融产品创新强化了各金融机构之间、金融机构与民众的社会网络；民众在投资、理财、风险、信用等方面的金融知识普及以及意识觉醒增强了人们理解金融、参与金融的广度、深度与效度。但同时由于受国际热钱的短期冲击、财政主导的投融资体制、国有银行垄断性地位与对民企的歧视性金融环境与意识形态成见等因素制约，与发达国家持续、全面、深入的金融化相比，我国社会的金融化呈现结构化、区域化、行业化的特点：金融开放过程的渐进性、金融市场融资方式与产品的单一性、民间资本金融化程度的不充分性、金融行业高利润与实体行业融资难的不平衡性。这又为我国经济社会发展带来了广泛而复杂的影响，在经济层面，金融化一方面既拓宽了企业融资渠道，增强了融资能力，但也刺激企业经营更依赖金融市场，行为日益短期化，从而阻碍企业自主创新、技术进步与经济结构升级。在政治层面，地方政府在城市发展、土地出让、地方债务等方面呈现出财政决策金融化趋向。金融部门本身日益显示出特权阶层的财富积累能力与民营企业融资难、融资贵、融资少形成鲜明对照。这对国家协调各方利益需求，增强金融现代化的治理能力提出了新挑战。在社会关系层面，金融化在增加了广大民众的财产性收入的同时也在加剧贫富分化，"总体性社会的不平等性在渐进式的改革过程中，通过现代金融体系的转化机制，不断地生产和再生产着经济上、财富收入上的巨大的不平等。"② 在精神文化层面，金融化既改变了传统的储蓄与消费观念，同时又在刺激人们"赚快钱、快赚钱"的投机暴富心理与社会浮躁情绪。

六 结论与展望

金融化研究的经济社会学转向对于隐含于经济学中的理论前提的批判与

---

① 杨敏：《中国社会学的理论自觉与社会学的本土化和中国化》，《马克思主义研究》2004年第12期。
② 王水雄：《金融工具、信用能力分化与社会不平等》，《社会》2007年第1期。

突破，除了提供一种崭新的解读视角之外，更意味着针对金融化的理解更加逼近相对真实的社会现实，即人们的金融活动虽早已存在，但并不是"孤立""绝对""封闭"的货币交换与信用活动，而是始终嵌入在一定的社会结构与文化背景。金融化作为金融发展的最新形态与特征，则必定是金融嵌入其中的各种社会、文化要素本身变动的结果，并通过社会结构的金融化体现出来。这一过程交织着两个方面的结合，一是金融化作为一种"因变量"，是社会诸因素共同作用的结果。作为一种"自变量"，其特点与影响也通过社会生活表现出来，从而形成金融化与社会世界的双向互动机制。

更重要的是，金融化的社会逻辑为兴起中的金融社会学研究，如何在文本解读与理论梳理的基础上加强对现实问题，特别是中国问题的分析与解答，提供了新的契机。社会的金融化与金融的社会化面临着政府融资模式的金融创新与国家现代化治理能力、金融财富分配中的社会公平与效率的关系、社会法治体系建设与金融信用秩序的关系、金融企业的野蛮生长与社会责任的博弈、金融意识与社会文化价值观培育等诸多问题的挑战。这些问题直接关系到"新常态"条件下如何建立健全中国特色社会主义金融体制，实现经济与社会的良性互动和协调发展。而对这些问题的思考与研究都不能仅仅化约为一个基于"成本-收益分析"来追求"利益最大化"与"资源配置效率最大化"的单纯经济学问题，有必要将其嵌入转型时期的中国特定社会结构与文化情境中，结合金融化进程背后的制度环境、权力运作、关系网络、思想观念等因素以及由此产生的社会文化效应而展开。这些问题的研究也必将有助于构建能对中国正在发生的重大经济社会问题即我们正在发生着的经济社会秩序变迁提供有效解释和预测[①]的金融社会学。

（作者系电子科技大学马克思主义教育学院副教授）

[①] 汪和建：《新经济社会学的中国研究》，《南京大学学报》（哲学、人文科学、社会科学版）2000年第2期。

"金融抑制"的法律镜像及其变革
——中国金融市场现实问题的制度思考

黄 韬

回顾三十余年来中国金融体系的发展，一条主线就是"金融抑制"(financial repression)。"金融抑制"理论最早是在20世纪70年代由罗纳德·麦金农和爱德华·肖这两位学者分别在各自的著作《经济发展中的货币与资本》①和《经济发展中的金融深化》②中提出的，它指的是一种货币体系被抑制的情形，这种抑制导致了国内资金市场受到割裂，对于现实资本积聚的质量和数量造成严重的负面效果。③

"金融抑制"描述的是后发国家的一个普遍现象：政府有意识地全方位地介入金融市场，通过人为干预金融市场的交易，扭曲金融市场的交易价格（利率和汇率）来实现特定时期的经济发展目标。这些国家往往对存贷款利率设置上限，对汇率水平进行严格控制，以此保证国家对资金价格的有效引导，降低融资成本，从而服务于实体产业的发展。除了价格型金融抑制手段之外，还会存在大量的结构性金融抑制策略，以保证国家对金融资源配给的有效控制和高度动员能力，例如人为调配直接金融和间接金融的比重，为金融市场准入设置严苛的条件，对新型金融产品的交易实施高度管制，禁止或者限制外汇自由兑换和资本的自由流动等。④简言之，后发国家经济赶超战

---

① Ronald I. McKinnon, *Money and Capital in Economic Development*, The Brookings Institution, 1973.
② Edward S. Shaw, *Financial deepening in Economic Development*, Oxford University Press, 1973.
③ Ronald I. McKinnon, *The Order of Economic Liberalization: Financial Control in the Transaction to a Market Economy*, The John Hopkins University Press, 1991.
④ 王曙光：《金融自由化与经济发展》，北京大学出版社，2004。

略的一个重要构成环节就是"金融抑制"。

上述种种在我国金融市场上几乎无一例外地存在，而且较之其他发展中国家，我国的"金融抑制"现象在广度和深度上都表现得更为突出，除了利率和汇率管制之外，我国大量金融机构（甚至是上市银行）有着很高的国有股权比重；不少金融机构的高管来自于监管部门的委派，并且有着相应的行政级别；证券市场上股票和债券发行的总量和节奏被政府严格控制；金融创新的主导权完全掌握在金融监管部门而非市场主体手中；金融市场的稳定和风险控制成为各级政府维稳工作的一个组成部分等。

2013年6月底，我国的金融市场上出现了"钱荒"现象，上海银行间同业拆放利率（Shibor）出现大幅上涨，资金紧张的直接起因是银行资产的久期错配（短贷长借），而深层次的原因恰恰就在于：长期在"金融抑制"背景下经营的我国商业银行到目前为止还没有达到利率市场化条件下的风险管理能力要求。有什么样的金融市场就会有什么样的金融法律制度，中国金融市场的发展路径也会决定中国金融法律制度的特点，"金融抑制"所导致的中国金融体系不完全转型这一现实必然在我国的金融法律制度中以各种形式表现出来。

一 "金融抑制"背景下我国金融法律制度的特征性表现

（一）金融法律规则为公权力的行使提供了极为宽泛的空间

在一个金融秩序主要基于自发而生成的国家里，最初的金融法律规则多表现为私法规范（例如银行与客户、投资人与经纪商或投资顾问之间的法律规则），而涉及行政权力行使的公法规范（主要是中央银行和金融监管法律制度）的出现是相对较晚的。例如，在美国金融市场的早期，基于司法判例而逐步发展起来的金融法律规则主要是为交易者之间确立游戏规则，而扮演中央银行角色的联邦储备体系则要到1913年《联邦储备法》（*Federal Conserve Act*）之后才开始运作。此外，标志着国家对市场交易全面介入的《1933年证券法》（*Securities Act of 1933*）（要求股票发行人履行强制性的信息披露义务）和《1934年证券交易法》（*Securities Exchange Act of 1934*）

（决定设立证券交易委员会来负责对市场的监管）的出台则是更晚的事。①在英国，长期扮演中央银行角色的英格兰银行直到1946年才基于《英格兰银行法》（The Bank of England Act）的出台而被国有化；在金融监管领域，直到2000年依据《金融服务和市场法案》（Financial Services and Marketing Act 2000）而设立金融服务局（Financial Services Agency，FSA）之前，整个英国的金融市场在很大程度上还是依靠自律组织来维系其健全性。

透过金融市场发达国家的法制沿革历程，我们可以看到，公权力对市场交易的干预和介入只是对金融市场的一种补充，而非主导，因此对于市场交易者来说，法律规则运行总体上还是遵循"只要法律不加以禁止的行为，那就是允许的"这一基本逻辑。而且，在较为成熟的政治和司法体制下，公共部门亦会受到法律的制约，以防止其权力的滥用。

反观中国金融市场及其法律制度的发展脉络，在"金融抑制"的大背景下，我们很容易发现公权力对市场的主导和介入是贯穿始终的。中国金融体系产生和发展的历史起点决定了我们的市场不是交易者群体建立的，而是国家建立的。在这种情况下，法律规则对于公权力的行使者来说更多的是"授权"含义，而非"限权"含义。例如，我国于2005年修订的《证券法》大量借鉴了美国证券法律制度中关于授权证券交易委员会（SEC）对违法行为进行调查和处罚的内容，为证监会的"扩权"提供法律基础，但是法律的修订却有意无意地忽视了美国《证券法》的另一面，即强调在SEC的行政执法过程中融入司法裁判的某些特质，弱化行政行为的单方性，尊重行政相对人（被调查人、被处罚人或其他相关主体）的程序权利，增加透明度等"限权"法律规则。②

而对于市场参与者来说，法律规则的实际运行逻辑其实是"只要法律没有规定允许从事的行为，那就是违法的"。例如，在民间委托理财法律关系中，即便双方基于"意思自治"而达成的协议在民法上毫无瑕疵，由于涉及"金融活动的国家特许属性"，其合法性也有可能不被司法机关承认。在此问题上，最高法院一度持有的观点是"虽然法律、行政法规并无明确的禁止性规定，委托理财合同在原则上似不属于法律禁止之范畴，但鉴于实

---

① Louis Loss & Joel Seligman, "Fundamentals of Securities Regulation", Aspen Law & Business, 2001.

② 黄韬：《证券执法："扩权"与"限权"》，《法人》2006年5月。

践中的委托理财大多发生在证券、期货领域，且基本上被视为一种新生金融品种，成为一种衍生金融业务。尤其是我国历来对金融采取严管政策并实行金融业务特许经营，故应将委托理财在金融品质上纳入特许经营范畴"。①可见，极其宽泛的公权力行使边界很大程度上来源于基础性金融法律文本中普遍存在的"兜底条款"和"授权性规则"。

（二）大量发挥实际作用的金融法律制度以"隐性规则"的形式表现

在一个行政权力主导的金融市场中，由于公共部门对资源的超强掌握能力，现有的法律规则本身在多大程度上能够发挥实际效果，往往还要受制于诸多外部因素。很多时候，我们会发现，在中国金融市场上起实际作用的制度规范其实并不是纸面上的法律规则，而是由权威部门实际上施行的一套"隐性规则"（implicit rules），这种"隐性规则"可能抵消甚至否定正式的"显性法律规则"（explicit rules）的效力。以下阐述可以说明在"金融抑制"背景下我国金融市场法律制度所呈现出的这一特性。

对于中央银行可采用的货币政策工具，《人民银行法》作了明确规定，包括存款准备金、基准利率、再贴现、再贷款以及公开市场业务。但是，在货币政策的实际操作过程中，央行最常依赖货币政策工具并非《人民银行法》明文确立的这几种类型，而是经常性地通过直接或者间接的信用控制手段来达到调控货币供应量的政策目标。虽然央行早在1998年起就取消了商业银行贷款规模的指令性计划管理，然而近年来由于在"金融抑制"条件下，受制于我国金融市场利率自由化程度的有限性，货币政策的传导机制受阻，各种法定货币政策工具的使用并不能够起到良好的货币总量调控目标，因此为了控制商业银行的过度放贷行为，央行发现想仅仅依靠利率和准备金率的调整以及公开市场的正、负回购操作是远远不够的，相反重拾计划体制下的额度管理模式却能收到立竿见影的效果。在这里，真正的金融法律制度恰恰是那些没有写在纸面法律文本上却实际起作用的"隐性规则"。

另外就是关于上市公司退市的法律规则。1994年颁行的《公司法》对于上市公司退市的条件有着明确的规定。但实际操作中，尽管有大量"达标"的上市公司，但真正被强行退市的例子其实并不多。市场的经验

---

① 高民尚：《关于审理证券、期货、国债市场中委托理财案件的若干法律问题》，《民商事审判指导》2006年第1辑，人民法院出版社，2006。

是，一旦一家上市公司因为经营亏损而有被退市的可能性，当地政府往往会利用手中的资源来牵头为其提供资产重组的机会，以免"壳资源"的浪费，而证监会考虑到市场的稳定性，基本上也乐于促成这样的资产重组，而不是希望借由退市机制来实现证券市场的优胜劣汰。在这一过程中，《公司法》《证券法》的明文规则很大程度上被直接无视了，我国证券市场很长一段时间内成了一个"只进不出"的市场，因而也就导致了"金融抑制"战略在证券市场上的突出表现形式——股票发行的高溢价。而这一现实情形的源头就是取代了显性金融法律规则而大行其道的"隐性规则"。

（三）金融法律规则制定与实施的"部门化"倾向

与"金融抑制"伴生的是国家行政性权力在市场发展过程中的快速扩张。在中国金融市场上，这种行政权力的扩张还会表现为不同的实权部门之间的权力和利益博弈。因此，在法律制定和法律实践过程中，金融法律规则的"部门化"倾向十分明显。

关于这种法律规则的"部门化"或"自利化"倾向，除了前文已经提到的低位阶的法律规则和"隐性法律规则"大行其道之外，出自最高立法机关的基础性金融法律规则也会多多少少带上"部门化"的烙印。理论上来讲，像《商业银行法》《证券法》《保险法》这类由全国人大或者其常委会制定的基础性法律规则应当是超越部门利益的，然而在实际的立法操作过程中这些法律仍然会被"部门化"。究其原因，一方面，我国行政部门相对于立法部门的强势地位体现十分明显，他们在立法过程中占据了专业知识和信息上的优势；另一方面，在我国目前的政治架构下，银监会、证监会、保监会等这些法定的金融监管机构其实是承担了各自行业的"主管部门"角色，因而在法律起草过程中往往可以获得"立法牵头部门"的身份，进而使得人大反而只能扮演一个从属的角色。可以想见，在立法过程中各行政实权部门其实有很大的运作空间来把自身的利益需求写进以国家名义颁行的基础性金融法律文本中。

一个典型的例证就是关于我国投资基金法律的适用范围。全国人大常委会于2003年通过的《证券投资基金法》仅适用于公募证券投资基金，而将其他各类募集资金投资于证券市场以外的基金品种（例如货币市场基金、风险投资基金、私募股权投资基金等）排除在这部法律的适用范围之外。

但事实上，从1999年3月立法起草小组成立之后的很长一段时间内，全国人大的立法目标一直都是制定一部能够涵盖各种基金类型的《投资基金法》，但是在立法过程中，各个"实权"部门（包括证监会、发改委、科技部）在诸多问题上无法达成一致，最终才导致了出台的法律加上了"证券"一词作为限定，使其成为中国证监会的"部门"法律。而在此后《证券投资基金法》的修订过程中，立法机关出于投资者保护的考虑，试图再次将私募股权基金纳入法律适用的范围，但是由于在事实上已经对私募股权基金行使着监管权力的国家发改委的坚决反对，最终法案的三审稿删掉了相关内容，使得2012年新修订的《证券投资基金法》还是没有脱掉"证券"的帽子。可以说，我国投资基金法律的制定和实施过程其实就是一部"神仙打架"的历史，部门之间的利益争夺使得法律制定和实施的有效性大打折扣。

二 "金融抑制"导致的中国金融市场法治化转型障碍

"金融抑制"作为发展中国家"经济赶超战略"的一个有机组成部分，它在短期内的确可以实现某些政策目标，例如保证实体经济获得低成本的融资、引导资源流向国家优先支持的"支柱"产业、确保国家通过"租金"收入来获得财政资源等。此外，有学者发现，在"金融抑制"的背景下，因为法律实施的严格性得不到保证，金融资源反而可以不时地通过不合法的渠道漏损到非国有部门，有效地缓解私人部门资金紧张的困境。[①]

然而，"金融抑制"战略在长期经济发展过程中的作用却是十分消极的。研究表明，"金融抑制"战略阻碍了经济增长，它所导致的落后金融体系是许多发展中国家和转轨国家经济增长水平较低的原因。[②] 经济学家鲁比

[①] 卢峰、姚洋：《金融压抑下的法治、金融发展和经济增长》，《中国社会科学》2004年第1期。
[②] World Bank, *Finance for Growth: Policies Choice in a Volatile World*, World Bank and Oxford University Press, 2001; Frederic S. Mishkin, *The Next Great Globalization: How Disadvantaged Nations Can Harness Their Financial Systems to Get Rich*, Princeton University, 2006; Ross Levine, "Financial Development and Economic Growth: Views and Agenda.", *Journal of Economic Literature*, Vol. XXXV, No. 2 (1997).

尼和马丁通过对52个国家的实证分析，证实了"金融抑制"对长期经济增长率的负面影响。① 中国经济在过去30多年间所取得的高速成长似乎在告诉我们国家深度介入金融市场的模式在某种程度上是可取的。但是，我们还应当清醒地意识到，"金融抑制"战略因其内在的无法有效分配资本的固有缺陷而不可能长期持续发挥积极作用，② 苏联和日本经济发展的大起大落就是鲜活的反面教材。

由于利率管制的存在，我国商业银行长期以来可以获得相当稳定的利差收益，而另一边却是大量的中小企业求贷无门，通过民间借贷市场来融资又面临合法性的问题。可见，导致资金价格扭曲的"金融抑制"并没有起到普遍性惠及各类企业的效用，而只是让大型国有企业获得了低利率的贷款，商业银行获得了超额收益。一项研究表明，虽然非国有部门对中国GDP的贡献超过了70%，但是它在过去十几年里获得的银行正式贷款却不到20%，其余的80%以上流向了国有部门。③ 如果说在既往的计划体制下，是因为出于政治原因的"所有制歧视"使得大量非国有企业无法从银行获得充分融资的话，那么随着市场经济体制的正当性在我国被逐步确立，金融体系的管制放松却显得始终慢了一拍，以至于中国主流金融体制中出现了由以产权结构为主的歧视向以规模结构为主的歧视转化的制度变迁。④ 如果从这样的一个大背景出发再来审视我国当下关于利率管制法律规则的话，我们就会发现所谓的打击"高利贷"活动的《民法》、《行政法》和《刑法》制度其实归根结底都还是在为强化"金融抑制"来服务的。

具体到金融法律制度领域，在"金融抑制"这一既定的外部条件之下，因为国家与市场关系没有理顺，两者之间的边界十分模糊，进而使得我国金融市场正在进行的法治化转型过程不可避免地会遇到各种障碍。

---

① Nouriel Roubini & Xavier Sala-I-Martin, "A Growth Model of Inflation, Tax Evasion, and Financial Repression", NBER Working Papers 4062, National Bureau of Economic Research, 1992.

② Frederic S. Mishkin, *The Economics of Money, Banking &Financial Markets*, 9th Edition, Pearson Education, 2010.

③ Ross Garnaut, Ligang Song, Yang Yao, and Xiaolu Wang, *The Emerging Private Enterprise in China*, The National University of Australia Press, 2000.

④ 张捷：《结构转换期的中小企业金融研究——理论、实证与国际比较》，经济科学出版社，2003。

首先，由于缺乏法律规则和司法体制对公权力的严格制约，因而行政部门会以"维护市场秩序，保护公共利益"之名而行滥用权力的寻租之实。基于《证券法》的规定，中国证监会拥有对股票发行的实质性审核权力，并且通过自身部门规章的制定而把这一权力的边界扩大到极致。在中国证券市场上，对于股票发行人而言，融资的成败与否，最重要的一项工作是"搞定证监会"而不是"搞定市场"；中国证监会的行政性权力行使，而非上市公司的强制性信息披露成为中国证券市场监管工作的核心所在。在这种制度体系下，我们可以发现一方面中国的证券法律体系有着对上市公司最严格的监管标准；但是另一方面却接二连三地爆出财务造假和信息披露不实的丑闻，证监会的公信力受到了极大的挑战。

其次，"金融抑制"使得法律的制定和实施只是从"正规金融"的需要出发，而忽视了对"非正规金融"的有效回应，造成了法律适用上的难题。由于存在国家对"正规金融"市场交易的干预，在那些存在着"金融抑制"状况的国家中，普遍地存在非常活跃的"非正规金融"体系，我国也不例外。但我国的金融法律基本上还是着眼于"正规金融"体系，对"非正规金融"采取了"掩耳盗铃"的态度。由于金融立法的"部门化"倾向，《证券法》、《证券投资基金法》、《信托法》等基础性金融法律规则严格限定了适用范围，立法者看到的只是国家主导下的金融市场，而忽视了民间自发生成的金融交易，以至于现实中大量存在的民间委托理财和私募基金因其没有一个明确的"主管部门"而找不到相应的金融监管规则，法律适用上的空白为金融市场留下了巨大的风险，不少理财工作室打着"私募"的旗号来进行公开募集资金的活动，但却得不到有效的法律约束。也正是因为这样的原因，我们会周期性地发现最高行政当局牵头各家金融监管机构来针对非法集资、非法设立金融机构等"非正规金融"体系中的交易活动进行"运动式"的执法整治，但这样的一种法律实施方式很大程度上是高成本而低效率的，甚至还有可能损及有益的民间金融创新。

再次，"金融抑制"背景下国家与市场之间的边界并没有被法律规则界定得十分清晰，这既导致了公权力扩张，同时也意味着国家要承担更大的责任，而这个责任远远超越了显性法律规则的要求，以至于在隐性法律规则之下，国家成了金融市场风险的最终"兜底者"。显然，国家在这里承担的并不是成文法律中的义务，而是"隐性规则"要求它这么做的。例如，虽然

《中国人民银行法》明文规定了"中国人民银行不得向地方政府、各级政府部门提供贷款",但是在历次问题金融机构偿付危机的解决方案中,多是通过由人民银行发放再贷款的方式来筹集偿付资金。作为金融市场风险的"隐性最后担保人",承担了无限责任的国家只能通过增发货币,向全体公众征收"铸币税"的方式来解决眼下的危机,这一方面损害了货币政策的独立性,另一方面也因为金融机构和其他金融市场参与者享受到国家的"免费午餐"而放大了自身的道德风险,由此进一步为金融市场风险的长期积累埋下隐患。

三 迈向"金融深化"的法律制度转型

(一)摆脱"金融抑制"掣肘的法律制度转型方向

"金融抑制"的消极作用现正表现得日益突出,与之相关的研究所揭示的现象包括了:对于农村和中小城镇金融体系的漠视;[①] 利率管制和信贷配给而导致的对中小企业的融资歧视;[②] 对股票一级市场高溢价发行的推波助澜,输出过多储蓄资金而导致的经济外部失衡[③]等。其实"金融抑制"这一问题已经进入了决策者的视野。例如,时任中国人民银行副行长的吴晓灵就曾经公开表示"金融压抑是造成中国金融发展现状与中国经济发展现状不匹配的根源"。[④]

在意识到"金融抑制"的不可持续性之后,就应当寻找摆脱这一困境的"出路",实施"金融深化"(financial deepening)策略,逐步减少对金融市场价格的扭曲,鼓励金融机构之间更多的竞争,重视"非正规金融"的积极作用,实施配套的财政和外贸体制改革等。在金融法律制度领域,则应当将法律视作控制公权力行使的一项重要机制,避免给予行政部门以宽泛的授权,尤其是要限制金融监管机构行政立法权力的过度使用;落实法律的

[①] 王子恢:《金融抑制使县域经济成无源之水》,《金融信息参考》2003年第2期。
[②] 余鹏翼、李善民:《金融抑制与中小企业融资行为分析》,《经济学动态》2004年第9期。
[③] 傅勇:《中国式失衡辨析及其货币政策含义——基于分权式改革与金融压抑视角的分析》,《上海金融》2010年第10期。
[④] 《央行副行长吴晓灵:中国仍未摆脱"金融压抑期"》,http://news.xinhuanet.com/fortune/2006-04/13/content-4418566.htm。

权威性,减少"隐性规则"的适用;遏制金融法律制定和实施过程中的"部门化"倾向,提升基础性金融法律规则对于金融市场各个领域的普遍适用性等。

在理论上设计出一条由"金融抑制"向"金融深化"转化的理想路径并不是一件难事,重要的是,在我国金融法律制度摆脱"金融抑制"掣肘而转型为符合"金融深化"要求的现代法律体系过程中,制度变革的主要推动力会表现在哪些方面?转型的阻力又有哪些?

(二) 金融市场法治化转型过程中所必然遇到的阻力

任何法律制度的改革都是一个重新分配利益的过程,除了极少数的状况之外,通常情形下都是一种非帕累托改进必然会损及一部分的既得利益者,而他们总会通过各种方式来为制度变革制造阻力。[①] 而且改革方式越激进,越是迅速,就越是会遇到较大的阻力。[②] 因为在长期的"金融抑制"背景下,公权力扩张的背后是坚实的既得利益,这是任何"金融深化"改革都必须面对的。既得利益首先来自公权力行使者本身,以至于任何要求取消审批或干预的呼求都会触碰权力寻租者埋下的礁石,这也就解释了在我国为什么把股票发行核准制改为注册制的证券市场改革方案会遇到如此之大的抵触。另一方面,制度变革的反对声音也会来自于被管制者,这些之前已经获得特许资格的市场参与者不希望因为新加入者带来的竞争增加而稀释其"牌照价值"(charter value)。因为在"金融抑制"条件下,金融机构的"牌照价值"(上市公司的"壳资源"也是同样的道理)在其总体价值中很有可能是占据了最大的比重。

(三) 金融市场法治化的助推力——管制者的自我"减负"

"金融抑制"条件下,在手握巨大的支配金融资源的权力同时,管制部门也必然负担着同样巨大的政治责任和压力。例如在证券市场上,证监会拥有对拟上市公司财务信息的实质性审查权力,这意味着每一家上市公司是经过了国家的选择和核准而筛选出的"好"公司,这就代替了本应由投资者

---

① 樊纲:《非帕累托改变:既得利益与改革阻力——体制转轨的基本理论问题:改革及其阻力》,《改革、开放、增长》,上海三联书店,1991年。
② 盛洪主编《中国的过渡经济学》,上海三联书店、上海人民出版社,1994。

根据市场情况自己作出的决策，并为此承担了本应由上市公司承担的市场信用。这种情况下，投资者往往容易产生依赖心理，认为监管者有能力、有责任对上市公司公开资料的安全性、真实性、准确性及股票的投资价值作出正确的判断，而这一种过度依赖心理会使其自身减少应有的市场风险意识，以至于投资者会将自身的投资损失归罪于国家，而不是市场。还比如，在以往为了处理各类问题金融机构的善后偿付，各级政府的财政资金历来承担了不小压力，而且将面临群体性事件的发生。在这种情况下，行政部门其实也会期望缩减自身的权力空间，逐步培育市场主体的健康风险意识，从而换取承担相对较轻的政治责任。所以说，在一种由国家来代替市场进行决策的"父爱主义"管制模式之下，管制机关在一定的临界点上也会出现缩减自身权力的倾向。

（四）期待制度竞争的积极效应

前文将中国金融市场法律规则制定的"部门化"定性为"金融抑制"在法律层面上的一种负面表现。一方面，法律规则制定权力的"碎片化"固然是导致部门利益凌驾于整个金融市场利益之上的一个制度性源头，但我国的这一金融法律现实格局也为市场的法治化转型提供了现实的契机。原因就在于：金融法律规则制定和实施的"非集中化"、"部门化"倾向实际上使得那些阻碍市场变革的既得利益者们本身就是手握金融法律规则制定权的决策者，他们出于自利的目标而制定法律规则的过程可能也就是不必要的市场管制获得逐步放松的过程。其实，我们可以更多地鼓励不同管制部门之间的"制度竞争"，以此来促使法律规则向更加优化的方向演化。既然无法通过"触及灵魂"的方式来改变既得利益者的自利性追求，那就应当通过制度化的方式来激励它们进行"自我革命"。

其实，美国金融市场的发展历程很好地向我们展示了一个国家内部不同政治实体之间的制度竞争给金融发展所带来的益处。在美国建国之初，因为各州与联邦都希望通过发放银行牌照来最大化自身的财政收益，而州与联邦之间为此展开的制度竞争则导致了银行业市场准入限制的瓦解。监管权力的非集中性就使得美国没有办法维持一个垄断的银行业市场，而这种"事实上的自由银行体系"（De Facto Free Banking）就为日后"法律上的自由银行体系"(De Jure Free Banking)提供了现实的基础。① 在美国,另一个制度竞争的实例就发生在"公司法市场"上。为了吸引公司到本州注册,以获取注册费用上的直接收益以及本地服务业发展的间接收益,美国各个州在19世纪末、20世纪初展开了公司法层面的制度竞争,最终结果是绝大多数州的法律先后取消了对公司经营范围的限制、对出资形式的限制、对参与并购活动的限制等以往常见的管制措施。

和美国历史上发生在联邦与州之间,或者州与州之间"权力(利益)争夺"的情况有所区别的是,近年来我国债券市场法律规则的演变过程则表现为不同行政管制机构为了争夺债券市场发展的主导权力而展开的制度竞争,事实证明这样的制度竞争有效地促进了金融市场的发展,使得中国的债券市场正在逐步摆脱既往所受到的"金融抑制"的约束。长期以来,发改委和证监会分别主导了企业债和公司债的市场,并设定了诸多高门槛的管制性要求,因此我国债券市场的融资功能未能够充分发挥,资本市场的重心一直过于偏向股票市场。但近年来,中国人民银行逐渐扮演了债券市场的一个"增量"制度供给者,在它的主导下,银行间市场的企业债券交易和发行的各种管制被大幅度削减,尤其是取消了企业发行短期融资券和中期票据的行政审批,由此带动了我国债券市场的日趋活跃,为大量企业开辟了一条融资的新渠道,也丰富了我国金融市场的交易品种,而证监会也于2012年推出了中小企业私募债,并推动公司债发行审核程序的简化工作。很明显的是,在这样一种解除过多的市场管制以推动"金融深化"过程中,随着国家管制部门的公权力行使空间受到了越来越多的法律限制,以及法律规则的透明度和可操作性的渐趋增强,金融市场法治化程度的局部提升已是客观事实,这无疑是我国金融市场中通过制度竞争来促进"金融深化"的一个正面例证。

(作者系上海交通大学法学院副教授)

---

① Stephen Haber, "Political Institutions and Financial Development: Evidence f rom the Poli tical Economy of Bank Regulation in Mexico and the United States", in Stephen Haber, Douglass C. North and Barry R. Weingast (eds.), *Politi cal Institutions and Financial Development*, Stanford University Press, 2008.

图书在版编目(CIP)数据

中国经济哲学评论.2018：金融化世界专辑／张雄，鲁品越主编．--北京：社会科学文献出版社，2018.7
ISBN 978-7-5201-2869-8

Ⅰ.①中… Ⅱ.①张… ②鲁… Ⅲ.①政治经济学-研究 Ⅳ.①F0

中国版本图书馆CIP数据核字（2018）第115526号

中国经济哲学评论2018·金融化世界专辑

主　　编／张　雄　鲁品越

出 版 人／谢寿光
项目统筹／周映希
责任编辑／周雪林

出　　版／社会科学文献出版社·区域发展出版中心（010）59367143
　　　　　　地址：北京市北三环中路甲29号院华龙大厦　邮编：100029
　　　　　　网址：www.ssap.com.cn
发　　行／市场营销中心（010）59367081　59367018
印　　装／三河市东方印刷有限公司
规　　格／开　本：787mm×1092mm　1/16
　　　　　　印　张：32.25　字　数：553千字
版　　次／2018年7月第1版　2018年7月第1次印刷
书　　号／ISBN 978-7-5201-2869-8
定　　价／98.00元

本书如有印装质量问题，请与读者服务中心（010-59367028）联系

▲ 版权所有 翻印必究